UMBANDA
A Protossíntese Cósmica

UMBANDA
A Protossíntese Cósmica

Mestre Arhapiagha
Mestre-Raiz da Escola de Síntese

*OBRA MEDIÚNICA ILUSTRADA
CONTENDO MAPAS, TABELAS E ILUSTRAÇÕES*

Editora Pensamento
SÃO PAULO

Copyright © 2002 F. Rivas Neto (Arhapiagha).

Copyright © 2002 Editora Pensamento-Cultrix Ltda.

Ilustrações de William José Fuspini.

1ª edição 1989 – catalogação na fonte (CIP) 2007.

14ª reimpressão 2025.

Obs.: O texto do miolo ainda não está de acordo com a nova ortografia.

Todos os direitos reservados. Nenhuma parte deste livro pode ser reproduzida ou usada de qualquer forma ou por qualquer meio, eletrônico ou mecânico, inclusive fotocópias, gravações ou sistema de armazenamento em banco de dados, sem permissão por escrito, exceto nos casos de trechos curtos citados em resenhas críticas ou artigos de revistas.

A Editora Pensamento não se responsabiliza por eventuais mudanças ocorridas nos endereços convencionais ou eletrônicos citados neste livro.

Dados Internacionais de Catalogação na Publicação (CIP)
(Câmara Brasileira do Livro, SP, Brasil)

Caboclo Sete Espadas (Espírito).
    Umbanda : a proto-síntese cósmica / Caboclo Sete Espadas ; [psicografada por] Mestre Arhapiagha (F. Rivas Neto) ; [ilustrações de William José Fuspini]. — rev. e atual. — São Paulo : Pensamento, 2007.

"Obra mediúnica ilustrada contendo mapas, tabelas e ilustrações".
4ª reimpr. da 1ª ed. de 2002.
ISBN 978-85-315-1235-3

    1. Espiritismo 2. Psicografia 3. Umbanda (Culto) I. Rivas Neto, F. II. Fuspini, William José. III. Título.

07-2047   CDD-133.93

Índices para catálogo sistemático:
1. Umbanda : Mensagens mediúnicas psicografadas :
Espiritismo 133.93

Direitos reservados
EDITORA PENSAMENTO-CULTRIX LTDA.
Rua Dr. Mário Vicente, 368 – 04270-000 – São Paulo, SP
Fone: (11) 2066-9000
E-mail: atendimento@editorapensamento.com.br
http://www.editorapensamento.com.br
Foi feito o depósito legal.

Impresso por : Graphium gráfica e editora

"In Memoriam"
A Woodrow Wilson da Matta e Silva, Mestre Yapacany (1917-1988), Meu Pai, Meu Mestre, Meu Amigo, que com sua sabedoria milenar me alçou aos últimos degraus da Filosofia do Oculto – A Proto-Síntese Cósmica.

Meu Mestre...
A Ti dedico mais este livro, na certeza de que me inspiras e me susténs na jornada do hoje e do porvir...
Mestre, Tuas bênçãos! Com todo o respeito, permite-me desejar-te que os ORIXÁS te abençoem sempre.
Haverão de abençoar-te, eternamente!

Mestre Arhapiagha
F. Rivas Neto

Aos Meus Pais
Minha eterna gratidão, pela bênção do recomeço.

Aos Irmãos
Wilson, Regina e Iara.

À Sacerdotisa Yamaracyê
Esposa, companheira e mãe, por sua tolerância, amor e sabedoria milenares.

Aos meus 7 Filhos
Domingo, Marcelo, Márcio, Thales, Athus, Thetis e Mariah, meus agradecimentos sinceros, pela compreensão das horas que não pudemos estar juntos. Que Arashala – Senhor Luminar – de todos os Iluminados os abençoe sempre.

À Terezinha
Irmã Espiritual e Amiga milenar, meu fraternal agradecimento.

Aos Irmãos Espirituais de Todos os Sistemas Filorreligiosos.
Estamos à busca da Proto-Síntese Cósmica, da Tradição de Síntese, que reformulará idéias, conceitos, derrubando dogmatismos estéreis, unindo-nos nos Princípios da Convergência Universal, onde acima de Sistemas Filosóficos, Científicos, Artísticos e Religiosos, prevalecerá a Síntese Cósmica firmada na Triunidade Amor / Sabedoria / Atividade Cósmicos.
Assim, congratulo-me com todos os Irmãos Planetários que, como nós, estão vivenciando os tempos chegados da UNIDADE, da PROTO-SÍNTESE CÓSMICA.

Aos Meus Discípulos Templários.
Membros integrantes da O.I.C.D., nos graus de Mestres Espirituais, Mestres de Iniciação, Iniciados Superiores, Guardiões do Templo, Artesões do Templo, Neófitos em provas e Neófitos, meus agradecimentos pela dedicação e amor à vivência templária e à minha pessoa.
Que os ORIXÁS os abençoem com o Poder da Verdade e esta traga Paz e Alegria eternas!
OM... ARANAUAM... RÁ-ANGÁ... EUÁ... ORIXÁS... HUM!

Aos "Irmãos Espirituais"
Que como eu, tiveram a alvissareira oportunidade de conviver e vivenciar, como discípulos, o Mestre Yapacany em sua última e iluminada missão planetária.

Mestre Arhapiagha
F. Rivas Neto

ÍNDICE

In Memoriam 5

Prefaciando — W. W. da Matta e Silva (Yapacany) 17

No Limiar de uma Nova Era 18

Caboclo Pede Agô 19

Cap. I — A Divindade Suprema — Postulado sobre a Divindade — Conceito sobre Consciência-Una — Noções sobre Hierarquia Divina — Atributos da Divindade — A Coroa Divina 21

Cap. II — Os Seres Espirituais — Seres Espirituais no Cosmo Espiritual — Seres Espirituais no Universo Astral — Individualidade — Atributos do Ser Espiritual 27

Cap. III — Os Planos de Evolução do Ser Espiritual — Necessidade de Evoluir — A Queda do Cosmo Espiritual — Afinidades Virginais — O Enigma Causal — O Desequilíbrio do Par Espiritual — Universo Astral 33

Cap. IV — A Lei das Conseqüências Naturais — Lei Kármica — Ação e Reação — Karma Causal — Karma Constituído — Causas das Dores, Doenças e Sofrimentos 39

Cap. V — O Ciclo da Vida — Evolução — Nascimento e Morte — Origem do Planeta Terra: sua Constituição Astral e Física — Surgimento da Vida no Planeta Terra; Evolução Filogenética — Surgimento do Homem — A Pura Raça Vermelha — Filhos Oriundos da "Terra" — "Estrangeiros" Cósmicos — Formação dos Veículos ou Corpos do Ser Espiritual — Os Primeiros Habitantes do Planeta — As Raças e Sub-Raças — Reencarnação: Tipos — Desencarne 45

Cap. VI — O Brasil, Pátria da Luz — A Tradição Esotérica sobre o Brasil — Baratzil, o Solo mais Velho do Planeta — Surgimentos da 1ª Humanidade — Missão do Brasil — O Brasil do 3º Milênio — Ressurgimento da Luz Cósmica — Predestinação do Brasil 83

Cap. VII — Surgimento da Umbanda ou Aumbandan — A Proto-Síntese Cósmica — A Tradição da Raça Vermelha — Conhecimento UNO — Proto-Síntese Relígio-Científica — Os 4 Pilares do Conhecimento UNO: a Religião, a Filosofia, a Ciência e a Arte 91

Cap. VIII — A Umbanda nos 4 Cantos do Planeta — Deturpações — Cisão do Tronco Tupy — Desaparecimento da Tradição do Saber — Confusões — Aparecimento da Tradição Hermética ou Ciências Esotéricas 103

Cap. IX — Surgimento da Mediunidade — Necessidades — Os 7 Sentidos — A Tela Atômica ou Etérica — Os Núcleos Vibratórios ou Chacras — A Verdadeira Cabala — As Primeiras Manifestações Mediúnicas — Manifestações dos Magos da Raça Vermelha na Raça Atlante — O que são os Médiuns — O Verdadeiro Mediunismo — O Mediunismo como Via Evolutiva 117

Cap. X — O Movimento Umbandista — Ressurgimento do Vocábulo Umbanda no Solo Brasileiro — Movimento Astral — Os Tupy-nambá e seu Reencontro Kármico com os Tupy-guarany — Os Tubaguaçus — O Egito — A Índia 141

Cap. XI — Umbanda e suas 7 Linhas ou Vibrações Originais — Conceito sobre Orisha — Horário Vibratório dos Orishas: Conceito — Atividade Kármica — Atuação Mediúnica — Banhos de Ervas — Defumações — Lei de Pemba 157

Cap. XII — Umbanda e sua Hierarquia — Hierarquia Divina — Hierarquia no Cosmo Espiritual — Hierarquia no Reino Natural — Hierarquia Galática — Hierarquia Solar — Numerologia Sagrada — Os Números: Aspectos Geométricos e Qualitativos 233

Cap. XIII — Umbanda e suas Ramificações Atuais — Culto de Nação Africana, Aspectos Milenares e Atuais — Candomblé de Caboclo I — Candomblé de Caboclo II — Catimbó — Xambá — Toré — Kimbanda — Aspectos Kármicos e Deturpações 249

Cap. XIV — Umbanda e sua Rito-Liturgia — Vivência Ritualística na Umbanda Popular — Sincretismo — Tipos de Rituais — Modelos de Templos — Teoria e Prática dos Processos de Imantação, Cruzamento e Assentamento — Umbanda Esotérica — Rituais Secretos e Seletos 267

Cap. XV — Umbanda e a Magia — Artes Teúrgicas — O Médium-Magista — As Leis da Magia — Magia do Som (Mantras, Pontos Cantados de Raiz) — Grafia dos Orishas — Alfabeto do Astral — Magia Talismânica — Como Preparar o Verdadeiro Talismã — Magia das Oferendas 287

Cap. XVI — Umbanda Iniciática ou Esotérica — As Escolas Iniciáticas do Astral Superior — Revelação sobre o Vocábulo Aruanda — A Iniciação nos Templos Sagrados Ontem e Hoje — O Iniciado na Umbanda — Rituais Iniciáticos — O Mestre de Iniciação — As Artes Mágicas Reveladas — Quiromancia — Erindilogum (Jogo de Búzios) — Opele Ifá e Oponifá 313

Cap. XVII — Umbanda e os Agentes da Disciplina Kármica — Origem Científica e Real do Vocábulo Exu — Exu Cósmico — A Coroa da Encruzilhada — Os Exus e sua Hierarquia — Os Exus das Almas ou Manipuladores das Energias Livres — Os Agentes do Mal — Magos-Negros — A Kimbanda — O Submundo Astral — Zonas Abismais e Subabismais — Exu e seu Trabalho de Combate aos Emissários das Trevas — Magia dos Exus — A Oferenda Ritualística — Lei de Pemba — Triângulos Fluídicos e a Verdadeira Lei de Pemba ou Sinais Riscados dos Exus 341

Cap. XVIII — Movimento Umbandista e suas 7 Fases — Evolução Planetária — Funções das Fases — Missão do Movimento Umbandista — Considerações Finais 361

Introdução

Entregamos ao público leitor esta edição de *Umbanda – A Proto-Síntese Cósmica*, escrita e editada pela primeira vez em 1989, exatos cem anos após a Proclamação da República e a abolição da escravatura. Para a coletividade umbandista, esta obra, bem como *Umbanda de Todos Nós*, escrita em 1956 por W. W. da Matta e Silva (Mestre Yapacany), foi responsável por grandes mudanças no panorama do Movimento Umbandista, mostrando uma organização estrutural, filosófica e doutrinária até então inexistente.

Temos nas palavras de Mestre Orishivara (Sr. Sete Espadas) a pedra basilar sobre a qual edificamos nosso santuário que se transmite ao mundo através dos livros que escrevemos subseqüentemente. Acreditamos que tudo evolui e que os conceitos aqui apresentados correspondem aos necessários para o momento. Muitas pessoas podem ter avançado além dos ensinamentos entregues a nós por Mestre Orishivara; outros ainda não atingiram a compreensão mesmo de assuntos mais básicos. Compreendemos então que o momento a que este livro é dedicado está no interior de cada pessoa, não no calendário temporal, mas no das vivências espirituais. Assim, esperamos contribuir com todos os irmãos planetários, não importando em que etapa da jornada espiritual se encontrem.

Bênçãos de Paz e Luz dos Orixás a todos!

Aranauam

Mestre Arhapiagha
Mestre Tântrico Curador

ESCLARECIMENTOS PRELIMINARES

HISTÓRIA DO MOVIMENTO UMBANDISTA

O Movimento Umbandista surgiu no final do século XIX, utilizando-se como cenário os cultos miscigenados de negros, índios e brancos, conhecidos como macumbas, candomblés, catimbós, torés, xambás, babassuês, xangôs, etc. Nesse contexto, começaram a se manifestar entidades espirituais, através da incorporação, nas formas de índios (Caboclos) e de Pais-Velhos trazendo as mensagens dos espíritos ancestrais desses povos. O processo do sincretismo facilitou a inclusão da cultura católica pela assimilação dos santos com as divindades do panteão africano e ameríndio. Logo apareceriam também as entidades que se apresentavam como Crianças, completando o ternário de manifestação mediúnica que serviria de base para a sustentação da doutrina umbandista.

Essas três formas de apresentação, Crianças, Caboclos e Pais-Velhos, correspondem a arquétipos do inconsciente coletivo com seus valores intrínsecos — o enigma da esfinge desvendado. Assim, a forma "infantil" representa o início do ciclo e também a Pureza; a forma adulta, de "caboclo", carrega o valor da Fortaleza e da Simplicidade; e a forma senil, de "pai-velho", identifica-se com a Sabedoria e a Humildade. Pureza, Simplicidade e Sabedoria Humilde seriam as virtudes a serem cultivadas por todos os umbandistas, bem como regeriam a ética desse setor filorreligioso.

No início do século XX, com o médium Zélio Fernandino de Moraes, a Umbanda recebeu sua primeira roupagem, com organização à parte dos cultos afro-ameríndios. Nessa época também surgiu o vocábulo Umbanda para designar aquela forma ritualística monoteísta, que cultuava os Orishas como representantes da Divindade e que tinha as entidades espirituais, que se manifestavam pela mediunidade dos adeptos, como ancestrais ilustres enviados pelos Orishas. A característica mais marcante do culto, nesse tempo, era o fato de ser simples, objetivo, aberto a todos os segmentos sociais, econômicos, religiosos ou étnicos. Desde o início, a abertura universal era estigma da Umbanda.

Com o passar do tempo, várias formas de culto surgiram, cada uma com proporções diferenciadas de influências africanas, ameríndias, européias e mesmo orientais, facilitando a adaptação e assimilação da doutrina por recém-egressos de outros cultos. Essa fase caracterizou-se por uma rápida propagação e expansão da Umbanda, especialmente pela abundância de manifestações espíritas concretas, fenômenos físicos, curas espirituais e movimentação das forças sutis da natureza pela magia manipuladas pelos orishas, guias e protetores que "baixavam" nos vários terreiros, cabanas, choupanas, tendas de Umbanda de todo Brasil. Apesar de todas as manifestações impressionantes, o tônus do movimento umbandista nessa época era dado pelo pragmatismo e pelo empirismo doutrinário, não havendo um sistema consistente filosófico acessível aos praticantes.

A partir de 1956, com o lançamento do livro *Umbanda de Todos Nós*, novo alento foi dado à Umbanda por Mestre Yapacany (W. W. da Matta e Silva) que viria mostrar o aspecto oculto do conhecimento trazido pelas entidades militantes nesse movimento. Em mais oito obras, Mestre Yapacany desenvolveu as bases da escrita sagrada da Lei de Pemba, a hierografia umbandista, apresentou os fundamentos da metafísica da Umbanda e revelou a conexão com o sistema cosmogônico ligado à cabala ário-egípcia, descrito em 1911 por Saint-Yves d'Alveydre em seu *L'Archéomètre*.

Apesar de toda a contribuição filosófica e científica dada à Umbanda por Mestre Yapacany, na denominada Umbanda Esotérica, as mudanças práticas no sistema ritualístico foram modestas, considerando-se que a profundidade da doutrina era alcançada por poucos e raros iniciados, não havendo um método sistemático de transmissão de conhecimento, nem uma organização templária capaz de conduzir os neófitos aos patamares superiores da iniciação, a não ser que uma predisposição inata se fizesse sentir de maneira muito evidente.

Chegamos então à fase representada pela Ordem Iniciática do Cruzeiro Divino, fundada por nós em 1970, honrando o compromisso que temos com nossos mentores e com Mestre Yapacany, do qual fomos discípulo e recebemos a incumbência de continuar a tarefa.

Dois anos se passaram do desencarne de nosso Mestre quando lançamos nossa primeira obra, esta *Umbanda — A Proto-Síntese Cósmica*, agora com sua quarta edição nas mãos do leitor.

Muitos fatores fizeram de *Umbanda — A Proto-Síntese Cósmica* um novo marco para o Movimento Umbandista, a começar pelo fato de ter sido a primeira obra a ser escrita diretamente por uma entidade de Umbanda, o Caboclo Sete Espadas (Mestre Orishivara) que deixou o linguajar de terreiro, o jargão umbandista, para transmitir os conceitos próprios de um sábio do Astral Superior.

Nesta obra, o Sr. Sete Espadas apresentava, já no início, uma controvertida teoria antropológica que, se ainda não confirmada, ao menos encontra nos estudos recentes do sítio arqueológico da Pedra Furada no Piauí respaldo para o benefício da dúvida. Se esperarmos que aconteça como na profecia concretizada em relação ao vigésimo primeiro aminoácido ou nas questões que trata de matéria e antimatéria, basta o tempo para que o rigor científico venha ratificar esses escritos.

A heterodoxia de *Umbanda — A Proto-Síntese Cósmica* avança ainda na demonstração geométrica e aritmética do número correto dos Arcanos Maiores e Menores e ainda explica o motivo do conceito vigente. Discorre sobre magia etérico-física em minúcias conceituais e aprofunda-se nos métodos oraculares restituindo seus valores adormecidos. Um capítulo especial é dedicado à organização do processo iniciático, em suas várias fases, ilustrado como acontecia nos tempos antigos dos grandes Colégios Divinos da tradição hermética.

Finalizando, Mestre Orishivara levanta os véus da universalidade da Umbanda, antecipando as mudanças sociais esperadas para o Movimento Umbandista no Brasil e para a coletividade planetária como um todo.

Constituindo-se como tratado de filosofia hermética, magia, doutrina espiritual e prática mediúnica, *Umbanda — A Proto-Síntese Cósmica* foi elevada à condição de texto sagrado basilar para boa parte dos templos umbandistas de todo o país e se tornou o paradigma da fase iniciática da Umbanda, por ela inaugurada. Tudo isso contribuiu para uma transformação da Umbanda e do que se pensava da mesma.

Vivemos, atualmente, uma fase prolífica no setor umbandista que deixou de ter um caráter regional e passou a se relacionar naturalmente com outros setores filorreligiosos. A Umbanda participa ativamente das discussões das necessidades sociais e espirituais brasileiras e planetárias, propondo um método de abordagem da Realidade que se direciona para o universalismo expresso na meta de Convergência com vistas à Paz Mundial.

Temos sido testemunha das mudanças na Umbanda. Atuamos no meio umbandista desde a década de 1960, quando ainda aos doze anos de idade tivemos os primeiros contatos mediúnicos. Já aos dezoito anos assumíamos a direção de um templo e em 1969 tivemos a honra de conhecer Mestre Yapacany, do qual nos tornamos discípulo.

Em 1970, fundamos a Ordem Iniciática do Cruzeiro Divino que, desde então, representa uma referência para os adeptos umbandistas, contando com vários templos em todo o Brasil e discípulos por todo o mundo. Em função da atividade espiritual, sentimo-nos inclinado ao estudo aprofundado das mazelas humanas, inclusive do ponto de vista físico, o que nos levou à graduação em Medicina e especialização em Cardiologia.

Desde que iniciamos nossa produção literária, temos sentido o peso da oposição, mesmo dentro do próprio Movimento Umbandista. Acreditamos que tudo evolui, tudo precisa transformar-se e por que não a Umbanda? Afinal, o universo todo progride, caminha... É justo que nossa compreensão da Realidade também o faça. Preferimos ser heterodoxo (ter opinião diferente), especialmente em relação àqueles que se acomodaram no misoneísmo e fizeram de suas verdades os dogmas que lhes garantiram o conforto material.

Longe, muito longe estamos da Realidade Absoluta, que é uma e não duas. O mínimo que podemos esperar daqueles que buscam a evolução espiritual é uma atitude aberta, não sectária, disposta a modificar-se em função do aprendizado.

Empenhado nessa atitude de evolução constante, iniciamos a tarefa de escritor em 1989 com *Umbanda — A Proto-Síntese Cósmica*. A cada novo lançamento, em obediência ao Astral, temos revisado conceitos, aprofundado conhecimentos, ampliado nossos horizontes. Esperamos assim colaborar para o ressurgimento da Tradição-Una, que é patrimônio de toda humanidade e se encontra eclipsada pela visão fragmentária e parcial que temos da Realidade.

Nossa segunda obra, *Umbanda – O Elo Perdido*, também psicografada por Mestre Orishivara (Caboclo Sr. Sete Espadas), lançou nova luz sobre os delicados mecanismos hiperfísicos da mediunidade, esclarecendo as várias formas de intermediação dimensional, como a incorporação nas fases inconsciente e semiconsciente, a irradiação intuitiva, a clarividência, a clariaudiência, a psicografia, a psico-hierografia e a dimensão-mediunidade. Discorre Mestre Orishivara ainda sobre os distúrbios da mediunidade classificados em animismo vicioso, ficção anímica, atuação espirítica patológica e obsessões. A fisiologia astral é detalhada em *O Elo Perdido* na seção que fala sobre prana, kundalini e chacras.

Sempre temos nos posicionado como aprendizes do Astral Superior, que nos incumbiu de transmitir alguns poucos ensinamentos aos nossos irmãos planetários. A repercussão de nossa obra no Movimento Umbandista deve ser creditada aos Mestres Astralizados e nosso próprio mestrado se faz em obediência a eles.

Lições Básicas de Umbanda, nossa terceira obra, firmou-se como manual prático seguido por muitos umbandistas para a formação de várias coletividades-terreiros, com orientações no tocante à rito-liturgia da Umbanda, bem como a movimentações magísticas básicas necessárias ao funcionamento dessas casas espirituais.

Umbanda – O Arcano dos Sete Orixás, nova obra escrita por Mestre Orishivara, foi determinante para a mudança de concepção dos praticantes umbandistas acerca dos Orishas, nossos Genitores Divinos e suas hierarquias. Através das correlações vibratórias que atribuem a cada Orisha número, cor, som, letras sagradas, dias propícios, horários vibratórios, ervas sagradas, essências voláteis específicos, estabeleceu as bases para o que seria conhecido, mais tarde, como yoga umbandista.

Exu – O Grande Arcano abalou a coletividade umbandista desde sua base até suas "instituições coordenadoras". Ditado pelo Exu Sr..., esse livro descerrou os véus do arcano e separou a real manifestação de Exu da mitologia que anima o inconsciente de muitos que dizem estar por ele mediunizados. Separado o joio do trigo, revelou-se Exu como o Agente Executor da Magia e da Justiça Kármica, entidade responsável e conhecedora da movimentação de forças magísticas nos processos de agregação de forças positivas e desagregação de forças negativas no "eró" da encruzilhada de Exu (a cruz dos quatro elementos).

Em 1996, escrevemos a obra *Fundamentos Herméticos de Umbanda* onde consta a exposição inicial da Doutrina do Tríplice Caminho. Apoiada nas Doutrinas Tântrica (Luz), Mântrica (Som) e Yântrica (Movimento) representadas pelos Mestres da Sabedoria (Pais-Velhos), do Amor e da Pureza (Crianças) e da Atividade (Caboclo), a Doutrina do Tríplice Caminho é a base dialética da iniciação dentro da Umbanda.

Compromissado com a qualidade e não com a quantidade, voltamo-nos para o interior do Templo e nos dedicamos à prática dos ensinamentos recebidos do Astral Superior. Acreditamos que teoria e prática devem caminhar *pari passu* e, por isso, estabelecemos a Escola de Síntese que deu origem a um Centro de Meditação Umbandista e à Faculdade de Teologia Umbandista.

A ESCOLA DE SÍNTESE

No Movimento Umbandista, em decorrência da variedade de ritos, de formas de se compreender a Umbanda e de cultuar o Sagrado, várias tendências ou correntes doutrinárias surgiram. Naturalmente, essas tendências agruparam-se por afinidade e favoreceram a eclosão do conceito de escolas de pensamento filosófico dentro da Umbanda. Assim, no universo que engloba todos os umbandistas, há escolas mais voltadas à tradição africana, à ameríndia, como também outras que privilegiam os conhecimentos do dito esoterismo, além das denominações conhecidas como Umbanda Omolocô, Traçada, Oriental, etc.

Consonante com a visão universalista preconizada pelos Mestres Astralizados responsáveis pela Ordem Iniciática do Cruzeiro Divino, formalizamos nossa abordagem da Umbanda através da Escola de Síntese, que coincide com o pensamento filosófico de conciliar todos os segmentos umbandistas e, ao mesmo tempo, conectar-se com os demais setores filorreligiosos existentes no globo terrestre em busca da Convergência para a Paz Mundial.

A base discursiva para essa escola compreende a idéia de que as Religiões são visões particulares e parciais do Sagrado, que é a Realidade-Una, portanto, Absoluta. Em que pesem os variados graus de percepção da realidade espiritual, cada religião e, analogamente, cada setor do movimento umbandista correspondem a uma visão mais ou menos abrangente dessa Realidade.

Partindo-se do pressuposto de que ninguém detém o conhecimento integral da Verdade, chegamos à conclusão de que todos devem ser respeitados por conterem parte da Verdade. Por outro lado, evidencia-se a necessidade de evolução para toda a humanidade, o que implica o desapego gradual dos vários rótulos e partir em busca da Essência que deve ser comum a todos. Aí está delineado o processo de Convergência que a Escola de Síntese propaga.

Na prática, o que se verifica na Ordem Iniciática do Cruzeiro Divino são seis ritos diferentes, seis níveis de interpretação do Sagrado, partindo da apreensão pela Forma e caminhando, dialeticamente, até a percepção da Essência. Por conseguinte, nos ritos de primeiro nível prevalecem as raízes étnicas e folclóricas da Umbanda; logo a seguir, observam-se os valores sincréticos, místicos, no segundo nível; o aspecto de Exu, no terceiro nível; a chamada escola esotérica, no quarto nível; os fundamentos básicos do Tríplice Caminho, no quinto nível; e, por fim, os fundamentos cósmicos do Tríplice Caminho, no sexto nível. Nesse último rito, a O.I.C.D. irmana-se com representantes de outros setores filorreligiosos falando uma linguagem comum a todos.

Finalizando, cabe ressaltar que a Escola de Síntese, em virtude de sua consistência doutrinária expressa em Epistemologia, Ética e Método próprios da Umbanda, tem ampliado sua atuação na sociedade planetária, contribuindo para a formação de uma consciência de cidadania planetária através da Fundação Arhapiagha para a Paz Mundial. Essa fundação promove ações educativas, difundindo a necessidade da mudança de valores sociais, contrapondo-se ao convencionalismo e ao condicionamento de pensamento que precisam ceder para que surja uma nova humanidade, na qual espírito e matéria não sejam conflitantes, mas partes integrantes de uma só Realidade.

A DOUTRINA DO TRÍPLICE CAMINHO

O Movimento Umbandista, surgido no Brasil, apresenta duas perspectivas ou ângulos de visão a serem considerados: a dos seres encarnados que integram a coletividade de adeptos e a dos mestres astralizados, as entidades que se manifestam através do mediunismo dos umbandistas.

Do ponto de vista dos seres encarnados, é evidente que o movimento umbandista surgiu como amalgamação de ritos oriundos de povos culturalmente diferentes. Tal integração cultural permitiu amenizar os conflitos ou choques de culturas. Esse meio-termo, representado pela Umbanda, conseguiu congregar uma variedade de influências étnicas que passaram a conviver harmoniosamente. É interessante notar que o Brasil pode ser considerado um miniplaneta, pois aqui temos representantes de todos os continentes e tradições convivendo pacificamente, sem os atritos provenientes do fundamentalismo de um ou outro setor. O mesmo não acontece em outros pontos do planeta, onde os conflitos baseados na "fé" têm lugar, deixando marcas de dor e violência em todos os povos.

Qual seria a causa do congraçamento entre tradições tão diferentes no Brasil? Não fosse o bastante, podemos ainda dizer que isso acontece com maior intensidade na Umbanda, onde não apenas tradições diferentes intercambiam valores, mas também todos os extratos sociais e econômicos encontram um campo de trégua, favorecendo o convívio em termos de igualdade perante o Astral. Esta é uma "magia" que a Umbanda faz e que poucos percebem. Por trás da aparência de colcha de retalhos, existe um princípio inteligente que coordena as diferenças e promove a união pelas semelhanças.

Em outras palavras, na Umbanda não há o rico e o pobre, o douto e o analfabeto, essa ou aquela etnia. Todos sentem-se iguais e o mérito parece ser o principal fator determinante na hierarquia social. Quer dizer: o que tem mais a oferecer assume o posto de maior doador. Exercer uma função sacerdotal ou semelhante corresponde a uma responsabilidade maior, uma dedicação e doação maiores, e não privilégios eclesiásticos ou políticos.

É claro que nos referimos aos umbandistas de fato e de direito, e não aos aproveitadores e mercadores do templo de todas as eras, que mancham nosso meio com suas atitudes farisaicas. Preferimos ser tachados de heterodoxos ou revolucionários a nos submetermos à fé institucionalizada que sempre contribuiu para a manutenção de um *status quo* onde prevalecem as diferenças e a concentração de poder tão a gosto do submundo astral e de seus feudos.

Lutamos pela Umbanda de todos, sem a primazia de Pai Fulano ou Babalaô Sicrano, muito menos daqueles que se utilizam dos nomes das entidades para escudar suas empreitadas materiais.

Pedimos escusas ao leitor por esse desabafo, mas acreditamos em uma Umbanda ampla, que atende a todos com igual respeito. Muito fomos criticados ao instituirmos em nosso templo seis níveis diferentes de rito, cada um representando um segmento da Umbanda. Queriam que fôssemos sectários, elitistas, dizendo: isso é certo, aquilo é errado. Nossa posição é a de Síntese; respeitamos a todos e entendemos que as diferenças de graus conscienciais são um fenômeno transitório. No decorrer do tempo e do espaço encontraremos cada vez mais pontos de união e caminharemos todos para uma mesma Realidade, à qual almejamos mas que ainda se encontra distante de todos nós.

Assim posto, voltemos às considerações sobre o movimento umbandista em seu lado humano. Observamos um sistema aberto, que permite tantas variações quanto as necessárias para atender a multitude de graus conscienciais que encontram na Umbanda sua identidade espiritual.

É claro que não podemos esperar um consenso universal entre os umbandistas. Se isso acontecesse agora, seria por força de imposição, contrariando o princípio de liberdade espiritual que deve beneficiar a todos. Contudo, não podemos negar que o amadurecimento deve conduzir a uma visão mais abrangente da Realidade, aparando as arestas e fazendo ressaltar a Essência até então velada pela pluralidade da Forma.

Com isso, somos remetidos ao aspecto espiritual da Umbanda, à perspectiva das entidades atuantes nesse movimento. Penetremos agora nos bastidores do rito, na força motriz que impulsiona essa Umbanda ao resgate da Tradição-Una.

Com a chegada de imigrantes de todos os continentes e os antecedentes espirituais de nossa terra (como poderá o leitor ver no Capítulo V), estabeleceu-se aqui o local ideal para se dar início à reintegração da Humanidade. Com esse compromisso, representantes de todas as culturas aqui se encontraram através de migrações físicas ou reencarnatórias em obediência aos desígnios traçados por nossos Ancestres Ilustres, na expectativa de construir uma nova sociedade.

É claro que nossos Ancestres Ilustres — os Mestres Astralizados — necessitavam de um ponto de entrada para atuar entre os encarnados e incutir as novas diretrizes. Para isso, utilizaram-se dos cultos miscigenados de índios, negros e brancos, marcados ainda pelo fetichismo e crendices várias.

De par em par, entidades de alto escol espiritual usaram das formas de Caboclos, Pais-Velhos, Crianças e outras para trazer nova luz à nascente identidade brasileira. Por essa perspectiva, podemos observar que o Movimento Umbandista não apenas surgiu para minimizar os choques étnicos, religiosos, econômicos e sociais brasileiros, mas também serviu como porta de entrada para um movimento que visa atingir todos os cidadãos planetários, aqui representados pela população de várias nacionalidades.

Fica evidente que somente entidades espirituais elevadas, já destituídas de qualquer atavismo espiritual e conhecedoras da sistemática evolutiva planetária poderiam atuar nesse movimento. Mas, para serem mais bem aceitos, esses Mestres planetários necessitavam adaptar suas formas de apresentação para melhor entendimento da coletividade-alvo. Todos sabemos que espíritos superiores estão livres de atributos como idade, raça, língua ou religião. Contudo, escolheram as formas de Crianças, Caboclos, Pais-Velhos e sucedâneos para atuar entre a massa de adeptos.

Qual o motivo de escolherem essas formas? Por que se travestir com essas roupagens fluídicas?

Primeiro, escolheram estas variações regionais para facilitar o contato com aqueles que ainda traziam fortes traços culturais. Assim, os brasileiros de origem ameríndia facilmente se identificaram com os "Caboclos"; os brasileiros de origem africana se identificaram com os "Pais-Velhos"; os de origem européia se identificaram com as "Crianças", e assim por diante.

Um segundo aspecto é que Crianças, Caboclos e Pais-Velhos representam as três etapas da vida humana: infância, maturidade e senilidade, aspectos esses presentes em todas as raças.

O terceiro aspecto são os valores inconscientes ou arquetípicos que essas roupagens traduzem. Assim, a Criança é símbolo de Amor e Pureza; o Caboclo é símbolo da Fortaleza e da Atividade; o Pai-Velho é símbolo da Sabedoria e da Humildade.

Novos horizontes se descortinam. O que antes parecia um fenômeno folclórico, fruto do animismo fetichista como quiseram fazer crer, agora passa a ser observado como movimento coordenado com intenções universalistas. Esse é o ponto de vista espiritual.

Então a Umbanda não é uma religião brasileira? Não. Apenas surgiu no Brasil, mas destina-se a toda humanidade. Isso não significa que veremos Pais-Velhos "baixando" na China ou Caboclos incorporados na Rússia. Isso tudo faz parte do aspecto regional do movimento umbandista, das adaptações necessárias ao povo brasileiro, incluindo as formas de baianos, boiadeiros, marinheiros e outros, que têm funções ainda mais particulares e menos universais.

Por outro lado, deve haver formas que simbolizam a Pureza, a Fortaleza e a Sabedoria em outros povos. Podemos ter, talvez, um Guerreiro europeu simbolizando a Fortaleza para aquele povo, ou um Velho Mestre oriental simbolizando a Sabedoria entre os chineses. Os arquétipos e seus valores são os mesmos para todos; mudam apenas as formas de simbolizá-los ou representá-los. Os arquétipos são universais e estão no inconsciente de todos os seres.

Entendemos agora que, na verdade, os espíritos que se apresentam na forma de Crianças são Mestres do Amor e da Pureza que usam essa vestimenta para transmitir sua valência espiritual. Igualmente, os Mestres da Fortaleza e da Atividade se manifestam como Caboclos, e os Mestres da Sabedoria e da Humildade se apresentam como Pais-Velhos.

Mas isso não é tudo. O objetivo da Umbanda é resgatar para o Homem sua cidadania espiritual, sua consciência eterna, perdida nas brumas do egoísmo, da vaidade e do orgulho. A perda da consciência espiritual levou-nos à fragmentação de nosso psiquismo e, conseqüentemente, a uma visão fragmentária do mundo.

Para restituir a sanidade espiritual do Homem, os Mestres Astralizados apresentam-se como Mestres da

Sabedoria, atuando diretamente no campo mental dos adeptos; os Mestres do Amor e da Pureza promovem a cura dos sentimentos; e, completando o ternário de forças, temos os Mestres da Fortaleza e da Atividade, atuando nas energias físicas dos consulentes.

Nós, seres encarnados, expressamos nossa personalidade através de Pensamentos, Sentimentos e Ações. Os pensamentos têm sua sede no Organismo Mental, os sentimentos no Organismo Astral e as ações estão situadas no Organismo Etérico-físico. Por conseguinte, os "Pais-Velhos" atuam no Organismo Mental, as "Crianças" atuam no Organismo Astral e os "Caboclos" atuam no Organismo Etérico-físico.

É precisamente isso o que se verifica nos templos de Umbanda. Sem que os consulentes percebam, os "Pais-Velhos" orientam as mentes através de seus conselhos e experiência; as "Crianças" infundem alegria, bom ânimo e felicidade; os "Caboclos" trazem energias positivas dos sítios sagrados da Natureza, para dar saúde, impulso e movimento aos filhos de fé. Resumindo, a tríplice manifestação dos Mestres Astralizados na Umbanda visa trazer Equilíbrio na Mente, Estabilidade no Sentimento e Harmonia nas Ações.

Neste ponto, podemos dizer que já temos uma visão muito mais abrangente do que seja o Movimento Umbandista e uma leve noção do que seja a Tradição Cósmica, Aumbandan ou, simplesmente, Umbanda, que o Movimento Umbandista pretende resgatar. Compreendemos que a Umbanda tem caráter universalista e que o Movimento Umbandista tem o objetivo de adaptar as verdades universais ao entendimento de cada povo, enquanto a adaptação for necessária.

Podemos ainda ir além e verificar que tudo no Universo é interligado e que o macrocosmo se reflete no microcosmo. O princípio ternário que faz o homem expressar sua personalidade em Organismos Mental, Astral e Físico é o mesmo que ordena a tríplice manifestação dos Mestres Astralizados e foi o mesmo que ordenou o caos e presidiu a gênese do Universo.

No momento da cosmogênese, conhecido como big-bang, três fenômenos concretizaram a Criação: a Luz, o Som e o Movimento. A interação da Essência Espiritual com a Substância Etérica amorfa produziu a Existência consubstanciada em Luz, Som e Movimento. Por isso, tudo na Natureza se apresenta de forma ternária, pela interação entre o ativo e o passivo que dá origem ao neutro ou gerado.

Por isso dizemos que a Umbanda tem fundamentos cósmicos, porque remontam à cosmogênese. A Doutrina do Tríplice Caminho contém Epistemologia, Ética e Método para conduzir o Homem à união com o Sagrado, através da Triunidade.

Na Doutrina do Tríplice Caminho temos três doutrinas convergentes denominadas: Doutrina Tântrica, Doutrina Mântrica e Doutrina Yântrica. A Tântrica corresponde à Luz, a Mântrica ao Som e a Yântrica ao Movimento. Embora Tantra, Mantra e Yantra sejam termos conhecidos de outras línguas, como o sânscrito, seus valores são cósmicos e, cabalisticamente, seus significados diferem um pouco do que atualmente é conhecido na Ásia.

A Doutrina Tântrica é o caminho para a purificação e sublimação do Organismo Mental no homem, e os Mestres Tântricos são os Mestres da Sabedoria e da Humildade. A Doutrina Mântrica é o caminho para a purificação e sublimação do Organismo Astral, e os Mestres Mântricos são os Mestres do Amor e da Pureza. A Doutrina Yântrica é o caminho para a purificação do Organismo Etérico-físico, e os Mestres Yântricos são os Mestres da Ação e da Fortaleza.

Podemos agora observar o quadro sinóptico abaixo e fazer a síntese:

O que varia entre os vários templos de Umbanda é o quanto esses fenômenos são expressos ou velados. Nos locais em que a vivência espiritual ainda é restrita, as entidades fazem tudo de forma menos aparen-

Homem	Organismo	Sincretismo	Arquétipo	Doutrina	Cosmo
Pensamento	Mental	Pai-Velho	Sabedoria	Tântrica	Luz
Sentimento	Astral	Criança	Amor	Mântrica	Som
Ação	Físico	Caboclo	Atividade	Yântrica	Movimento

te. Nos locais onde já há um certo amadurecimento espiritual, esses fundamentos são mais abertos e os adeptos buscam conscientemente se reajustarem nesses três aspectos.

Em nosso humilde templo, em consonância com a vontade de Mestre Orishivara, recebemos pessoas de todos os graus conscienciais. Por isso temos seis níveis de rito, cada um direcionado a um grupo da nossa comunidade. Todos são igualmente importantes para nós, pois constituem etapas de um caminho que todos percorrem. Se alguns se encontram mais adiantados é porque começaram mais cedo. Os que iniciam agora também chegarão aos patamares superiores, de acordo com o tempo e sua vontade.

Com esse espírito constituímos a primeira Faculdade de Teologia de Umbanda, onde podemos ensinar as bases de todos os segmentos umbandistas, seja o da Umbanda Omolocô, da Umbanda Traçada, da Kimbanda, da Umbanda Esotérica ou da Doutrina do Tríplice Caminho, em aspectos básicos ou avançados. Podemos falar disso porque realizamos todos esses ritos quinzenalmente; temos a teoria e a prática.

Procuramos fazer um esboço geral de nossas atividades nesta introdução à nova edição de *Umbanda – a Proto-Síntese Cósmica*, na intenção de mostrar que tudo evolui e que continuamos trabalhando em busca do aperfeiçoamento. Estamos convencidos de que o Terceiro Milênio reserva grandes mudanças e surpresas para toda a humanidade. Haveremos de viver em um mundo mais espiritualizado, derrubaremos o tabu da morte física e experimentaremos a fraternidade e a igualdade da família planetária a que pertencemos. Esperamos contribuir para a evolução nossa e de todos, para extirpar de vez a dor, a miséria, a doença e a fome da face da Terra.

Desejamos a todos os irmãos planetários votos de Luz na Mente e Paz no Coração concretizados em uma Vida Longa plena de realizações positivas, neutralizadoras do karma negativo. Temos certeza de que a Paz do indivíduo reflete-se na Paz do Mundo e de que somos todos interdependentes.

Pedimos, humildemente, aos Augustos Orixás, Supremos Curadores do Mundo, que nos auxiliem a todos a neutralizarmos o Egoísmo, a Vaidade e o Orgulho, e que estejamos todos em sintonia com o Soberano e Misericordioso Orixá – o Sr. Jesus, que nos abençoa a todos desde sempre.

Aranauam... Rá-anga... Eua... Orixá... Hum...

MESTRE ARHAPIAGHA

> "A Escola da Síntese preconiza a Universalidade e a Unidade de todas as coisas que nos remete à Paz Mundial que se consolida na Convergência."
> *Mestre Arhapiagha*

PREFACIANDO

Sim, Caboclo pede licença aos poderes das divindades, ou seja, aos Orishas Superiores, para expressar para a coletividade umbandista as verdades, ou melhor, levantar um pouco do véu dos arcanos, para reafirmar ou mesmo revelar muitas coisas que fazem o mistério da vida deste mundo e do outro.

Esses ensinamentos que o leitor vai encontrar nesta obra foram transmitidos por intermédio dos canais mediúnicos de F. Rivas Neto, filho do meu "Santé", ou seja, coroado em nosso Santuário de Itacuruçá. Ele é um Mestre de Iniciação de 7º grau, no grau de mago, e com a outorga do Astral Superior de promover a Iniciação de seus médiuns.

Assim, desejamos que o leitor se conscientize de que esse "Caboclo"(Entidade Espiritual que usa a roupagem fluídica de índio), que pede agô (licença) para transmitir o que vai transmitir, traz ensinamentos da doutrina esotérica da Umbanda.

Quando qualificamos de Umbanda Esotérica, queremos que fique bem claro que ela não tem nada em comum com o "Círculo Esotérico da Comunhão do Pensamento".

É só o leitor abrir um dicionário e verificar o que significam os termos esotérico e exotérico, que são as coisas internas e externas, respectivamente.

Assim é que, como Umbanda em seus aspectos externos, entendemos os rituais que são produzidos pelos atabaques ou palmas, quer seja nos terreiros, praias, cachoeiras, etc., alimentados por crenças, crendices e superstições, sem querermos apontar diretamente para o animismo vicioso que pode se manifestar nesses setores ditos dos cultos afro-brasileiros.

Então, "Caboclo" vem através de seu médium autenticar os ensinamentos mais límpidos, que são eternos ou de todas as escolas esotéricas ou filosóficas de conceito da antigüidade.

Assim é que ele fala primeiro da Divindade Suprema sem que com isso queira defini-la, e rasga os véus de certos mistérios que eventualmente foram ditos muito por alto em obras de outros autores conceituados. Assim é que fala do Além, isto é, "do outro lado da vida", das vivências grosseiras que existem e aguardam os Seres Espirituais imprevidentes que se mancharam de vícios, egoísmos, ódios, ambições, luxúria, e que são imediatamente atraídos para campos de teor vibratório de energias degradantes e morbosas após o desencarne. Eles são reconhecidos devido ao aura de seus corpos astrais, ou seja, pela cor vibratória que modela suas características psicoastrais.

Esta obra é de certa forma um pouco contundente, porque revela conceitos que podemos chamar até de inéditos.

Em *Umbanda — A Proto-Síntese Cósmica* o leitor vai verificar como essa entidade fala das 7 fases da Umbanda no Brasil, como tem um ensinamento muito preciso sobre os Exus, como aborda a questão do desencarne, etc. Caboclo 7 Espadas, que é como se identifica essa Entidade, fala com muita propriedade da ancestralidade da Umbanda, vindo até a comprovar a sua origem no seio da Raça Vermelha, em pleno solo brasileiro. Faz o mesmo com a origem do termo Exu, coordenação precisa de termos que sofreram ligeiras alterações semânticas mas que no fundo são a mesma coisa.

Inumeráveis leitores de nossas obras vão encontrar semelhanças no que escrevemos e no que está nesta obra. Evidentemente, a verdade não são duas, é uma só. Uns alcançam-na até certo ponto e outros ainda vão além, dentro de sua relatividade.

Finalizando este prefácio, queremos dizer aos nossos leitores que nos sentimos até certo ponto envaidecido com o que *Umbanda — A Proto-Síntese Cósmica* ensina.

Portanto, leia o leitor, atentamente, porque vai ficar plenamente satisfeito.

Mestre Yapacany
Woodrow Wilson da Matta e Silva

Itacuruçá, 18 de dezembro de 1987.

No Limiar de uma Nova Era

Escrever um livro talvez não seja tarefa das mais fáceis, mormente em se tratando de assunto tão pouco aceito pela maioria das humanas criaturas, mesmo aquelas que se dizem umbandistas.

Acreditamos que seja esta uma das raras oportunidades em que a Cúpula da Corrente Astral da Umbanda se predispõe a informar seus prosélitos e Filhos de Fé através de uma forma não-habitual que chamaremos dimensão-mediunidade.

Propositadamente, deixaremos aqui o linguajar tão comum nos terreiros que atendem a grande massa de seres que, por motivos vários, se situam na faixa kármica afim à Sagrada Corrente Astral de Umbanda.

Mas urge que esclareçamos que essa é apenas uma das formas de comunicação entre nós, "Guias" de Umbanda, e os inumeráveis Filhos de Fé que peregrinam por esses "terreiros".

Assim, Filho de Fé, entregamos a ti, agora, um pequeno volume que outra pretensão não tem a não ser a de mostrar que Umbanda se agita e se expressa de mil formas e que, neste clarear de uma Nova Era, queremos tornar mais esclarecida e espiritualizada a nossa grande família umbandista.

Claro que de inédito esta obra não terá nada. Outros já com louvor escreveram os reais fundamentos de nossa Doutrina, que ainda infelizmente custa a ser assimilada pelos melhores e mais entendidos Filhos de Fé. Nossa gratidão a todos aqueles que já escreveram, pela obra benemérita, pelo compromisso e pela missão.

De nossa parte, queremos transmitir notícias-ensino de caráter bem abrangente, que possam preencher a lacuna de todos aqueles que esbarram logo de início nas lições mais simples desta nossa tão sagrada Umbanda.

Assim, este pequeno volume visa ser informativo, buscar novos enfoques. Como dissemos, a Doutrina em seu bojo já foi descrita e esmiuçada por Filhos de Fé que ainda se demoram no plano físico em missão de esclarecimento e auxílio a essa grande coletividade universal, que hoje é denominada adepta dos cultos afro-brasileiros.

Filho de Fé, que a Suprema Luz do Senhor Jesus inunde todo o teu ser em Paz, Amor e Harmonia, e que estas notas possam despertar-te para as coisas maiores da vida e de nossa Doutrina.

Que este pequeno volume fale por si mesmo. Que suas letras, frases e capítulos sejam o rumo para uma vida de umbandista mais aberta, mais consciente e mais ligada aos nossos verdadeiros fundamentos.

Nesta obra não estamos interessados, como dissemos, em grandes revelações, mas deixamos a critério do "Caboclo" que escreve o livro se aprofundar naquilo que achar necessário, e que o mesmo possa, como velho participante ativo desse Movimento, estender sobre todos seu entendimento e atenção. A esse nosso "mano" de Corrente, nosso sincero saravá e agradecimento.

Assim Urubatão da Guia agradece a atenção de todos os que lerem esta obra. Queiram receber desse humilde Caboclo votos de assistência e paz de Oxalá em seus caminhos.

Creiam que o Caboclo guardará no coração todos que, ao lerem este livro, fizerem-no por amor às coisas da Umbanda, ou mesmo por mera curiosidade.

Assim, que o SENHOR JESUS te cubra com Seu manto de Luz, Paz e Amor. E vamos às palavras de Caboclo, que já pediu agô...

Anauan... Savatara... Samany...
URUBATÃO DA GUIA*
(ARASHAMANAN)

São Paulo, 28 de setembro de 1987.

---

* *Nota do Médium* — Urubatão da Guia é o mentor superior da Ordem Iniciática do Cruzeiro Divino, entidade que nos assiste desde a infância, quando, aos 12 anos, iniciamos nossa jornada mediúnica.

Caboclo Pede Agô

O inabitual sempre traz espanto e quase sempre descrença! Por mais bem-intencionada que seja a maioria dos Filhos de Fé que se agrupam nos mais variados terreiros, raros deles podem crer que Caboclo deixe o terreiro, o charuto, a vela, e troque a pemba de giz pela pemba de lápis ou caneta. De fato não trocamos, apenas usamos, também, quando temos oportunidade, o lápis, em algum recinto do terreiro ou em qualquer local em que o "cavalo" (médium) sentir-se bem à vontade — vibratoriamente falando.

Assim, sabemos que muitos de nossos "Filhos de Terreiro" não estão habituados a observar um Caboclo de Umbanda fazer uso do lápis. De fato, não nos é comum expressarmo-nos nesta modalidade mediúnica, que é a dimensão-mediunidade, que também pode ser traduzida como psicografia dimensional e sensibilidade psicoastral.

A grande maioria dos Filhos de Fé, bem como a grande massa de crentes, está acostumada a ver Caboclos "montarem" em seus "cavalos" através da mecânica de incorporação.

Não raras vezes, falamos de maneira que nem sempre quem nos ouve nos entende, precisando da ajuda imprescindível do cambono. Muitas vezes usamos este artifício visando nos tornar bem próximos do consulente, bem como permitir que o cambono aprenda e observe as mazelas humanas, e saiba como encará-las de frente, segundo nossas próprias atitudes perante cada consulente.

Outros, menos ligados aos fenômenos da Ciência do Espírito, não conseguem entender como um Caboclo (Entidade Espiritual que usa a vestimenta fluídica de um Ser Espiritual da Raça Vermelha) pode escrever através de seu "cavalo" ou dizer coisas que só o homem civilizado conhece. Como pode um Caboclo escrever? No tempo em que ele vivia na Terra era analfabeto, nem sabia que tinha escrita, muito menos ciência, filosofia, etc. É, muitos Filhos ainda pensam assim! Pura falta de informação sobre as leis da reencarnação e sobre a lei dos ciclos e dos ritmos.

Caboclo acredita que realmente à primeira vista, isto pode suscitar dúvida e descrença, tanto sobre o Caboclo como sobre o intermediário entre os dois planos — o médium ou cavalo. A grande maioria tem em mente que o Caboclo não fala português, é bugre da mata virgem; como, de repente, já vem ele ditando normalmente o português, ou, o que é mais estranho, escrevendo?

Realmente muitos pensarão: Ou o cavalo é mistificador, ou essa Entidade que diz ser um Caboclo não o é.

Pode até acontecer que algum cavalo seja mistificador e que algum Caboclo não seja Caboclo, mas palavra de Caboclo que o Caboclo que aqui escreve é o mesmo que baixa no terreiro, e que o cavalo é o mesmo que nos "recebe" nas sessões semanais, tanto no "desenvolvimento" mediúnico como nas sessões de caridade, onde atendemos grande número de consulentes, por meio da mecânica de incorporação. Os mecanismos são diferentes, mas as finalidades não, pois ambas visam direcionar os Filhos de Fé, dirimindo as suas dúvidas.

Imaginem, como simples exemplo, se de repente, em todas as "giras", o Caboclo se apresentasse não na incorporação, mas completamente materializado, isto é, se todos os Filhos de Fé, sem precisarem fazer uso da mediunidade que lhes dilatasse os poderes de alcance visual, nos vissem em corpo astral densificado?! Provavelmente, de início, ficaríamos com pouquíssimos ou nenhum Filho de Fé no terreiro! Uns sairiam correndo apavorados e tresloucados. Outros ficariam extáticos, em profunda hipnose, tal o choque psíquico.

Outros mais, pelo estresse, teriam fortes descargas de adrenalina, podendo ter crises de arritmias graves e até espasmos coronarianos, distúrbios que poderiam levá-los ao desencarne.

Com isso, afirmamos que tudo que foge do habitual traz espanto, traz dúvidas. Isso é naturalíssimo! Mas um dia teríamos que começar a nos manifestar sob outras formas não-habituais. E de há muito já começamos! Esta é mais uma dessas formas. Mas, com o decorrer do tempo, tudo tornar-se-á comum. Esperemos! Os tempos são chegados! Para muito breve, veremos que muitos dos Filhos de Fé se acostumarão a ver seu próprio Caboclo também ditando um livro, uma mensagem. Chegará o tempo em que as mensagens ditadas serão tão habituais como a importantíssima mecânica de incorporação em nosso ritual.

Filhos de Fé! Entendam que o Caboclo que ora escreve é um desses mesmos Caboclos que "baixam no terreiro" e atendem aos Filhos de Fé, nas tão costumeiras consultas, conselhos, passes, etc. Este Caboclo é o mesmo 7 Espadas de Ogum, que "baixa" nas sessões de nossa humilde tenda, e que agora, nestas pequenas lições, vez por outra usará termos tão comuns em nossas "giras de terreiro". Os Filhos de Fé de nossa humilde choupana de trabalhos já estão acostumados com as variações da mediunidade e entendem que o ser espiritual pode usar a vestimenta astral que melhor lhe aprouver, tudo visando ser melhor compreendido quando se dirigir aos filhos da Terra, ainda presos a certos conceitos arraigados sobre Caboclos, Pretos-Velhos, etc. Devemos entender também que a mediunidade é fruto do perfeito entrelaçamento vibratório entre o cavalo (médium) e a entidade atuante, através de sutis laços fluídico-magnéticos, e principalmente através da sintonia e dos ascendentes morais-espirituais.

Quando queremos ditar, escrever ou levar o cavalo a certos transes mediúnicos (dimensão-mediunidade), emitimos certa ordem de fluidos que se casam com os do cavalo, tanto em seu mental como em seu emocional (corpo astral), fazendo com que ele sinta nossa presença, em forma de "um quê" que o emociona até as fibras mais íntimas de seu ser, e "um quê" que o deixa levemente ansioso, devido a vibrarmos com alguma intensidade em certas regiões de seu sistema nervoso central e nos centros superiores da mente, principalmente nos lobos frontais e temporais e em todo o complexo celular neuronal moto-sensitivo. Por processos astrais técnicos que regem o mecanismo mediúnico, e mesmo etérico-físicos, que deixaremos de explicar por fugir da singeleza destas lições, o cavalo conscientemente sente-nos a presença e, como servidor leal, aquiesce de boa vontade à tarefa que irá desempenhar em comunhão conosco. Não raras vezes, nos vê através da clarividência, e a maior parte das vezes pela sensibilidade psicoastral. Pronto! Entidade e cavalo agora formam um complexo em perfeita simbiose espiritual, todo favorável aos trabalhos que irão ser desenvolvidos. Ativamos certas zonas em seu corpo mental e em todo o sistema nervoso periférico, para que não haja excessos de desgaste energético em sua economia orgânica. Desde a epífise, a glândula da vida espiritual, passando por complicada rede hipotalâmica, chegamos a promover esta ou aquela ativação ou inibição hormonal.

Tudo é criterioso; não podemos lesar nem sobrecarregar tão abnegado cavalo que montamos e dirigimos. Em rápidas palavras, apresentamos resumidamente os cuidados e as técnicas para a execução deste livro. Foi dessa forma que surgiu este pequeno volume que agora está em suas mãos. Nele, procuramos um enfoque simplificado dos tópicos mais complicados, em que muitos Filhos de Fé desanimam em progredir em seus estudos e conclusões. Esperamos alcançar o objetivo.

Já é alta madrugada, Caboclo falou demais... O dia já vai clarear e o galo vai cantar, anunciando um novo dia de bênçãos renovadas que vai chegar.

Povo d'Aruanda, lá no Humaitá (plano do astral em que vibram as entidades de Ogum), já está me chamando...

Antes de Caboclo "subir", ir a "oló", quer deixar fixado no papel as vibrações de amizade e simpatia por todos os Filhos de Fé. Que Oxalá os abençoe sempre.

— Filho de Fé — Caboclo fala sussurrando para não te assustar. — Acorda, é novo dia. Os clarins estão tocando e a todos chamando. Abre os olhos. Abre os ouvidos. E muito principalmente o coração. Caminha trabalhando e aprendendo sempre. Um novo dia está surgindo. Vamos, desperta! Testemunha com trabalho o raiar da Nova Era...

Filho de Fé, saravá... Estarei sempre contigo. Fica sempre comigo. Que TUPÃ nos abençoe a tarefa que temos de cumprir. Iremos cumpri-la.

Vamos às lições de Caboclo, que espero serão bem assimiladas por todos, umbandistas ou não. Assim, Umbanda — Caboclo Pede Agô...

Saravá Oxalá — Senhor do planeta Terra
Saravá Ogum
Yama Uttara... Ogum... Ê... Ê... Ê...
OGUM...

Caboclo 7 Espadas (Orishivara)

São Paulo, 28 de setembro de 1987.

Capítulo I

*A Divindade Suprema — Postulado sobre a Divindade —
Conceito Sobre Consciência-Una — Noções sobre
Hierarquia Divina — Atributos da Divindade —
A Coroa Divina*

Há uma realidade que é universalmente aceita em todos os planos do Espírito: a eterna existência do Supremo Espírito — *Deus*.

Na Umbanda, cremo-Lo como de Perfeição Absoluta, a Suprema Consciência-Una.

Também afirmamos que o Supremo Espírito domina e dirige TUDO. Como TUDO entendemos todos os Seres Espirituais, a substância etérica (matéria, energia), o Espaço Cósmico e a Eternidade. Também ensinamos que o Supremo Espírito é o *Único Conhecedor em Causas do Arcano Divino*, sendo pois o *Único* que pode saber do "ser ou não-ser", da origem-causa de tudo que temos como Realidades incriadas e criadas.

Entendemos que o Supremo Espírito estende Seu Poder sobre as várias Consciências Espirituais, criando Hierarquias Galácticas, Solares e Planetárias.

Ensinamos também que o Supremo Espírito é o Divino Manipulador da Substância Etérica, "criando", com seus Arquitetos Divinos, todo o Universo. Que fique claro ao filho de Fé que como *criar* entendemos *transformar*.

A Cúpula da Corrente Astral de Umbanda tem como ponto fechado da Doutrina, principalmente ensinada aos Filhos de Fé mais adiantados, que existem 3 Realidades extrínsecas, coeternas e coexistentes, aquém do Poder Divino; essas 3 Realidades são os Seres Espirituais, o Espaço Cósmico e a Substância Etérica. Ao afirmarmos que são realidades eternas, somente a Divindade, como o "Único Senhor das Realidades", é quem sabe das origens delas.

O que podemos dizer é que essas 3 Realidades são extrínsecas entre si, isto é, nenhuma foi "gerada" da outra. Tampouco são partes da Divindade, como se a Divindade Suprema pudesse ser dividida.

Muitos afirmam que Deus criou os Espíritos. No próprio Gênesis de Moisés é citado: "E Deus criou o homem à sua imagem e semelhança"...

A Umbanda entende que, através de Sua Suprema Vontade e de Seu Supremo Poder Operante Idealizador, *Deus plasmou o protótipo das formas* para todos os Seres Espirituais que desceram ao outro lado da *Casa do Pai*, isto é, desceram de seus *planos virginais* onde habitavam sem nenhum veículo que expressasse suas *afinidades individuais virginais*. Frisemos que desceram do Cosmo Espiritual, onde "habitavam", e só eles "habitavam" (não há interpenetração da Substância Etérica), para as regiões onde tem domínio a Substância Etérica.

Como dissemos, foi através do Poder Idealizador Operante do Supremo Espírito que se deu a formação dos mundos, bem como dos veículos de expressão dos Seres Espirituais[1] neste Universo Astral, para os mesmos que desceram às regiões onde já havia a interpenetração da Substância Etérica, ou seja, o outro lado da Casa do Pai.

Desceram, pois, provenientes do *Cosmo Espiritual*, penetraram no *Universo Astral*. No mais, foram as Hierarquias Cósmicas da Deidade que transformaram essa Substância Etérica em seus átomos primeiros,

---

1. Quando citarmos Ser Espiritual, entendemos como Ser Espiritual astralizado, aquele Ser Espiritual que já desceu ao Universo Astral.

na energia ou energia-massa, em seus diversos níveis de densidade, gerando todos os sistema galácticos, solares com seus planetas, etc...

Assim, entendemos o porquê do Universo Astral: a Infinita Misericórdia ajustou a substância Etérica, dando formação aos vários sítios vibratórios universais, para dar condições aos Seres Espirituais que, fazendo uso de seu livre-arbítrio, descessem às regiões do então formado Universo Astral (onde esses Seres desconheciam as propriedades e qualidades da Substância Etérica, transformada em energia-matéria), o qual possibilitaria às mais variadas Consciências Espirituais tornarem concretas suas *afinidades virginais*, isto é, a percepção, consciência, desejos, inteligência, etc. A par desse Universo Astral, criou formas, veículos ou corpos por meio dos quais esses Seres Espirituais se expressariam no Universo Astral.

Nessa descida do Cosmo Espiritual para o Universo Astral, cada coletividade de Seres Espirituais foi direcionada a uma determinada galáxia e, dentro dessa, a um determinado sistema solar.

Dentro do sistema solar, foram também direcionadas, obedecendo a uma Lei, para os planetas afins. Essa afinidade era de caráter espiritual, ou seja, relativa aos Ascendentes Espirituais de cada coletividade. Cada uma dessas coletividades planetárias ficou sob o *beneplácito* da Misericórdia da Divindade Solar.

Assim, os Seres Espirituais, segundo suas qualidades evolutivas virginais, desceram, como dissemos, às várias galáxias e dentro dessas a vários sistemas solares obedientes às Leis predeterminadas pelo Poder Operante do Supremo Espírito e das Hierarquias Virginais.

Afirmamos com isso que o Supremo Espírito também foi quem criou todo o sistema de Leis que regem os Espíritos no Cosmo Espiritual ou Reino Virginal. Chamemos essa Lei de *karma causal*, que, como seu próprio nome afirma, implica as Origens, as Causas, e é de conhecimento único da Deidade.

Também as Leis que regem a 2ª Via Evolutiva, o Reino Natural ou Universo Astral foram criadas pela Divindade. É o que denominamos de *karma constituído*, o qual é supervisionado pelos Senhores do Universo Astral, com suas Hierarquias Constituídas.

Assim, vimos que, com o rompimento do karma causal, no Cosmo Espiritual, e com a conseqüente queda do Espírito às regiões do Universo Astral, foi criado o karma constituído, como 2ª Via Evolutiva de Leis Regulativas aos Seres Espirituais.

A Umbanda e seus emissários têm com ponto fechado de nossa singela Doutrina que o Supremo Espírito, tendo Seu Primeiro Nome Sagrado em TUPÃ, é Eterno, Indivisível, nunca tendo recebido sobre Si qualquer agregação ou sopro-vibração de nenhum outro Ser ou Realidade. Entendemo-Lo como Onisciente, Onipotente e Onipresente. Ressalvamos que, como Onipresente, entendemos não como se Ele, em Espírito, estivesse presente em tudo e em todos, mas sim por meio das Hierarquias por Ele constituídas. Entendemos também que o Supremo Espírito *FOI, É e SERÁ no sempre ATEMPORAL — ETERNO*.

Como dizem outros: É o Divino Ferreiro que malha incessantemente na Bigorna Cósmica, plasmando através da Sua Vontade tudo aquilo que existe, o que é, e tudo aquilo que não existe, mas é. É O SENHOR DE TUDO. É O SENHOR DO NADA. É O SENHOR DE TODAS AS REALIDADES.

Não podemos progredir em nossos humildes estudos sem citarmos as diversas Hierarquias que nos regem os destinos. Queremos que os Filhos de Fé entendam o que é a SUPREMA CONSCIÊNCIA UNA. Preste bem atenção, Filho de Fé, para que sua mente não perca o fio da meada que a liga ao verdadeiro entendimento. Vamos lá!

Já explicamos que é no Cosmo Espiritual que há a 1ª Via de Evolução para todos os Seres Espirituais. Se o Ser Espiritual pode evoluir nesse Cosmo Espiritual, é óbvio que há posicionamento hierárquico, há hierarquia. É como se o PAI, o Supremo espírito, estivesse por fora desse Cosmo Espiritual, mas atuante através de sua Onisciência, irradiada em forma de Onipresença, naquilo que denominamos de *Hierarquia Constituída Virginal*. Esses Seres de Máximo Poder Evolutivo nesse Cosmo Espiritual vibram em Consciência, como um *colegiado*, com o Supremo Espírito, como seus Emissários Primeiros. É como se fossem (perdoem-nos a analogia pálida) "médiuns divinos" ou Emissários diretos do Supremo Espírito, Primeiro Elo entre Ele e as Hierarquias subseqüentes. São os constituintes daquilo que chamamos de COROA DIVINA. É bom que entendamos que essa Coroa Divina *vibra de forma UNA com a CONSCIÊNCIA DIVINA.*

No Universo Astral, a 2ª Via de Evolução, já que os Seres Espirituais usando do livre-arbítrio, desceram às "regiões da energia". Terão eles, por meio da experimentação, dores e sofrimentos vários, inclusive o das sucessivas reencarnações, regidos pelo karma constituído desde o Instante-Eternidade em que desceram ao Universo Astral, que ascender até alcançarem o Cosmo Espiritual e evoluir segundo o karma causal. Nesse instante, terão anulado todo o karma constituído.

Mas de volta onde nos posicionamos hoje, no Universo Astral, enquanto aqui estivermos teremos a supervisão da Hierarquia Galáctica — ou *Divindade Galáctica* —, a qual está em Sintonia Espiritual Pura com a Consciência do Supremo Espírito, através da Coroa Divina. Essa Divindade Galáctica ou Colegiado Galáctico estende Suas poderosas vibrações a outros Seres Espirituais de Altíssima relevância, os quais dão formação à *Hierarquia Constituída Galáctica.*

Filho de Fé, mais atenção, vamos continuar nos planos e subplanos de toda Hierarquia Divina!

Voltando ao assunto central, dizíamos que as galáxias têm uma Divindade Galáctica, e essa Divindade estende Suas Vibrações a vários Seres Espirituais, os quais formam a Hierarquia Constituída Galáctica.

Essa dita Hierarquia Constituída Galáctica, por sua vez, supervisiona as *Hierarquias Solares* ou dos sistemas planetários como um TODO.

No sistema solar, tomado isoladamente, temos a DIVINDADE SOLAR ou o *Verbo Divino*, o qual promove Hierarquias afins nos sistemas solares de uma galáxia.

Dentro do sistema solar, temos os planetas, nos quais encontraremos o *"DEUS PLANETÁRIO"*, o qual já promove a Hierarquia Planetária Superior e Inferior. A Hierarquia Planetária Superior é compostas de todos os Seres Espirituais ligados diretamente, em vibrações, com a DIVINDADE PLANETÁRIA. São Seres Espirituais distintos da coletividade planetária. São esses Seres Espirituais que "mediunizaram" no espaço-tempo, os Grandes Condutores de Raça, os Profetas ou Grandes Iniciados. Raros deles já desceram até a crosta planetária. São Seres Espirituais de outros planetas mais elevados que, por Amor e Misericórdia, se dignaram a vir ajudar seus irmãos menos evoluídos, que se demoram no turbilhão do erro e da consciência culpada. Enfim, são grandes Seres Espirituais, que entendem que grande é a *FAMÍLIA CÓSMICA UNIVERSAL.*

A Hierarquia Planetária Inferior é formada por Seres Espirituais que se encontram em planos superiores do planeta, mas fizeram parte desta coletividade planetária. É o que podemos chamar de *Confraria dos Espíritos Ancestrais*, os quais foram grandes *Tubaguaçus*, como se expressa no NHEENGATU, os Grandes Condutores de Raça em todas as épocas ou eras do planeta.

Assim, esperamos que, de forma bem simples como tentamos expor, possam os Filhos de Fé ter noções básicas sobre as Hierarquias que compõem ou fazem parte dos vários compartimentos da "Casa do Pai". Outrossim, nossos Filhos de Fé devem ter percebido que, desde a Hierarquia do Cosmo Espiritual até a Planetária, já no Universo Astral, todas essas Hierarquias, através de seus Dirigentes Maiores, se encontram em sintonia vibratória com a Hierarquia imediatamente superior, até alcançarem a Hierarquia Divina. É o que entendemos por *Consciência Una*, isto é, as várias Potências Espirituais que em seus planos afins vibram em sintonia com o Divino Espírito.

Ao citarmos HIERARQUIA PLANETÁRIA, entraremos aqui diretamente nos conceitos relativos ao nosso planeta Terra.

Essa *Hierarquia Planetária*, relativa ao nosso planeta, 3º de nosso sistema solar, que caminha no espaço entre as órbitas de Vênus e Marte, tem também promovido de há muito sua função em conjunto com a Divindade Planetária.

A Divindade Máxima de nosso planeta é o CRISTO JESUS, o OXALÁ de nossa Umbanda. De fato, Ele é, por misericórdia, o Tutor, o responsável kármico pelo nosso planeta, quer seja da 1ª à 7ª esfera do Astral Superior como da 1ª à 7ª esfera do Astral InferiorInferior, dirigindo-se às regiões subcrostais. O CRISTO JESUS é o "SENHOR DO PLANETA TERRA", promovendo HIERARQUIAS, SUB-HIERARQUIAS, COMANDOS, SUBCOMANDOS, etc.

Lembrando o que já explicamos em relação à Hierarquia Planetária, queremos ressaltar que a Hierarquia Planetária Superior do planeta Terra é o que chamamos de "Hierarquia Crística", a qual é responsável, em nível muitíssimo elevado, pela supervisão do planeta.

Em capítulos futuros, relacionaremos essas Hierarquias com os ditos ORISHAS ou Senhores Refletores da Luz Divina.

Após nossa exposição, queremos deixar patenteado que de forma alguma o pensamento interno da Corrente Astral de Umbanda é *politeísta*, ou seja, fragmenta a Divindade em Divindades menores. Somos totalmente *monoteístas*, mas no sentido que aqui empregamos, no sentido de *Suprema Consciência Una*. Já nos fica difícil entender as Hierarquias relativas ao nosso planeta, que diremos então das Hierarquias de outros planetas em nosso próprio sistema solar, ou mesmo de outro sistema solar, e daí até as várias galáxias? Começa a ficar impossível para nosso mental tornar inteligível ou acessível. Por isso cremos em um Deus Planetário, que em nosso caso é o CRISTO JESUS, e em toda sua Hierarquia, a qual, de forma simples, vai dando ao homem comum, herdeiro da Coroa Divina, o direito de ir, de forma bem lenta, se imbuindo de um Poder Supremo, proveniente de um Ser Supremo, o qual denominamos DEUS, TUPÃ, ZAMBY, etc.

Mais uma vez queremos afirmar que cremos num só Deus Indivisível, o qual chamamos SUPREMA CONSCIÊNCIA UNA, que estende, através do seu Poder Volitivo, Suas Vibrações Divinas às diversas Hierarquias nos vários *locus* do Universo, formando a organização do Governo Cósmico.

Num pequeno e despretensioso livrinho que pretende ser elucidativo, não devemos nos aprofundar em considerações sobre o Governo Cósmico Sideral. Deixaremos esses *arcanos* para um futuro livro. Esperemos a assimilação dessas pequenas lições pelos vários Filhos de Fé, pois muitos desses nossos Filhos de Fé ainda não têm um conceito bem-formado sobre a Divindade, o que é até natural nas condições atuais do planeta.

Mas, visando incrementar a evolução de vários Filhos terrenos, ressurgiu no Brasil (há mais de 100 anos) a Umbanda.

Visamos, nessa 1ª fase de reimplantação de nossa LEI DIVINA, aplicada às várias consciências a nós ligadas através dos laços de afinidade milenar, abarcar a todos, através de um culto simples e que gradativamente vá lançando as sementes da real espiritualidade superior. Assim, nessa 1ª fase, que chamamos de OGUM, visamos atrair o maior número de pessoas dentro do menor espaço de tempo possível, pois os Novos Tempos são chegados e não desejamos que muitos Filhos sejam relegados a um planeta inferior, pois é certo que neste 3º milênio teremos várias transformações em nosso planeta, e aqueles que não se enquadrarem a esta Nova Era, de 1.000 anos, terão que deixar o orbe kármico do planeta Terra, indo cumprir pena coletiva em zonas subcrostais do próprio planeta Terra ou em planetas inferiores, para depois poderem voltar, não perturbando assim a evolução à qual a Terra é destinada.

Com isto, afirmamos que a Umbanda vem, com os clarins de OGUM, despertar algumas consciências que dormem em sono profundo, para que no amanhã não distante não venham a permanecer em hodiendos pesadelos. Acordemos, pois! O galo já cantou, anunciando o clarear de Novos Tempos...

E se muitos estão sendo chamados, queremos que todos os chamados sejam escolhidos. Trabalhemos em nosso auto-aperfeiçoamento. Acendamos a Luz Interior, centelha dos planos mais elevados do Universo, que dormita em cada um de nós. Procuremos a senda da recuperação. Deixemos de lado os perniciosos processos da ilusão. Caminhemos com OXALÁ. Umbanda com OXALÁ é o caminho seguro para uma Nova Realidade de Amor, Sabedoria e Progresso. Vamos com OXALÁ.

Capítulo II

Os Seres Espirituais — Seres Espirituais no Cosmo Espiritual — Seres Espirituais no Universo Astral — Individualidade — Atributos do Ser Espiritual

Quando falamos Seres Espirituais, queremos nos referir não apenas aos Espíritos tanto encarnados como desencarnados no Reino Natural ou Universo Astral; também são Seres Espirituais aqueles que não desceram das infinitas regiões do Cosmo Espiritual ou Reino Virginal onde evoluem, como vimos, isentos de qualquer veículo composto de Substância Etérica.

Tanto os Seres Espirituais PUROS, isto é, isentos de qualquer veículo, no Reino Virginal, como os Seres Espirituais que já estão com veículos de exteriorização de sua consciência, percepção, desejos, etc., através da Substância Etérica, são de uma natureza diferente, quer seja do Espaço Cósmico, quer seja da Substância Etérica ou da energia condensada a vários níveis. É também importante salientar que, ao contrário da matéria, os Seres Espirituais não se desintegram, não estão sujeitos aos processos associativos ou dissociativos tão comuns na matéria.

Com isso, afirmamos que os Seres Espirituais são Eternos, Incriados e Indestrutíveis, sendo pois sua Natureza Vibratória distinta da Setessência da matéria, ou seja, os Espíritos não são nada daquilo que seja inerente à matéria, mormente em seus processos de transformação, tais como as transformações da matéria densa para as mais sutis, como por exemplo no fenômeno da morte física ou desencarne.

Os Seres Espirituais ou Espíritos, tal como cada um de nós, pois também somos Seres Espirituais, são ETERNOS. Somos Eternos, pois a origem de nossa natureza Vibratória Espiritual Pura é do conhecimento único da Deidade, sendo, pois, Arcano Divino. Somos, pois, coeternos com a Divindade Suprema. Somos INCRIADOS, pois somos da mesma Natureza Vibratória da Divindade, sem sermos a própria Divindade, e muito menos centelha ou fagulha Dela. Somos, sim, Espíritos e a Divindade Suprema é o TODO-PODEROSO — o SUPREMO e IMACULADO ESPÍRITO. Somos Incriados, pois não fomos Criados.

Há quem diga que nós, os Seres Espirituais, fomos criados simples e ignorantes para, após períodos de elevação, na *Lei de Causa e Efeito*, alcançarmos a relativa perfectibilidade. Esta é uma assertiva que, embora respeitemos, não aceitamos em nossa Corrente Astral de Umbanda, pois se a aceitássemos estaríamos negando os atributos do Supremo Espírito — Deus. Como um Ser Supremo, infinitamente JUSTO, infinitamente BOM e SÁBIO, criaria de Si mesmo *seres imperfeitos*, tal qual cada um de nós?

E mesmo que nos criasse distintos de sua Natureza Vibratória Divina, simples e ignorantes, como dizem alguns, onde estaria Sua Suprema Sabedoria?

Para que criar Seres Espirituais ignorantes que iriam desejar o Universo Astral, ou seja, a descida do Cosmo Espiritual ao Universo Astral, fazendo-se necessária, como foi, a manipulação da Substância Etérica caótica, transformando-a em Substância organizada, para dar formação ao Universo Astral onde a energia tem domínio?

Que Deus caprichoso é esse? Que Pai Sublime é esse, que gostaria de ver Seus Filhos passarem pelas mais difíceis situações, só para que eles aprendessem a dar valor à Sua Superioridade e Perfeição?

Claro que nosso bom senso rechaça veementemente essas afirmações. Assim, a Corrente Astral de Umbanda entende que os Seres Espirituais são *incriados*. Não foram *criados* por Deus, como se o Supremo Ser pudesse criar algo imperfeito. Embora todos sejamos sujeitos ao aperfeiçoamento, não foi Deus que nos criou imperfeitos, mas sim, ajustou Leis, para que essas nos regulassem e fizessem com que alcançássemos a perfectibilidade, ou através do Cosmo Espiritual, ou do Universo Astral.

Esperamos pois ter deixado bem claro que nós, Seres Espirituais, *não fomos criados pelo* Pai Supremo, como também *não somos originários da própria Natureza Divina*.

Se todos fôssemos de origem divina, por que não seríamos todos iguais? E mesmo que a Divindade nos tivesse criado simples e ignorantes, por que não seríamos todos iguais? Ou será que houve privilégios?

Como vêem, Filhos de Fé, se quisermos crer que Deus nos criou, chegaremos às raias do absurdo, como o acima citado, de que o Supremo Espírito "fez" seres privilegiados.

Assim, a Corrente Astral de Umbanda, em seus Fundamentos, tem como ponto-chave que todos os Seres Espirituais são Individualidades, e que como Individualidades têm suas Vibrações Individualizadas próprias, de maneira que a tônica espiritual que lhes seja própria possa se revelar, isso tanto no Cosmo Espiritual como no Universo Astral, obedecendo aos ditames do livre-arbítrio, prerrogativa do Pai Supremo estendida a todos os Seres Espirituais, para que cada um se revele e evolua segundo sua própria vontade.

As Afinidades Virginais, tais como percepção, inteligência, desejos, vontades, são pois inerentes a cada Ser Espiritual, sendo que cada um, segundo essas mesmas Afinidades Virginais, se expressa desta ou daquela forma.

Muitos, nessa hora, já devem estar com uma pergunta de há muito na cabeça:

— Como, se não somos criados por Deus, a Entidade que escreve o livro O chama de DEUS-PAI?

Muito inteligente sua pergunta, Filho de Fé estudioso. Atente pois para a resposta!

Cremos na PATERNIDADE MORAL da Divindade, pois temo-Lo como o Supremo Espírito, Inacessível, mas INFINITAMENTE MISERICORDIOSO E SÁBIO.

Assim, aceitamos a *Paternidade Suprema* de Deus, no aspecto de ter Ele permitido, através de Sua Onisciência e Onipotência, meios para que evoluíssemos, criando Leis Regulativas para que nos educássemos espiritualmente.

Para finalizarmos este pequeno capítulo relativo à nossa Realidade Eterna, como Seres Espirituais ou Espíritos, queremos que fique bem claro aos Filhos de Fé o seguinte:

1. Todos os Espíritos são IMATERIAIS — Somos isentos de matéria, de energia ou qualquer processo agregativo sobre nós. Não somos compostos atômicos, eletrônicos, fotônicos, quarks, antimatéria, etc. Somos apenas Espíritos, com nossa própria Natureza Vibratória Espiritual.

2. Todos os Seres Espirituais são INCRIADOS — Somos incriados, pois nossa origem se perde na Eternidade. Somente a Deidade, *Detentora e Conhecedora da Eternidade*, é quem sabe nossa origem. Afirmamos também que o Supremo Espírito *não nos criou*. Quando dizemos que nossa ESSÊNCIA ESPIRITUAL é originada da mesma do PAI, não estamos dizendo que é a própria do PAI.

3. Todos os Seres Espirituais são PERFECTÍVEIS — Todos nós, indistintamente, caminhamos para o aperfeiçoamento.

4. *Não fomos criados por Deus simples e ignorantes* — DEUS não criaria ninguém simples e ignorante, esperando que cada um evoluísse e alcançasse a evolução através de duríssimas e penosas provas. A Corrente Astral de Umbanda crê num Deus infinitamente *Bom e Justo*, e não num DEUS *sádico e cruel*.

5. Cremos inabalavelmente na *Suprema Consciência Una*, que estende sobre nós, Individualidades Espirituais, o Seu *beneplácito espiritual*.

6. Todos os Seres espirituais podem evoluir em 2 regiões distintas:

   a) COSMO ESPIRITUAL — É o que já definimos como as infinitas regiões do *espaço cósmico* onde jamais houve, por menor que fosse, interpenetração da *matéria* ou *energia*. Nesse campo espiritual ou *reino virginal*, o Espírito pode evoluir, segundo um karma causal. É óbvio que, nesse lado da "Casa do Pai", os Seres Espirituais estão isentos de "veículos" ou *Corpos*. Não têm a mínima agregação sobre Si de elementos da matéria ou antimatéria.

   b) UNIVERSO ASTRAL — É o que também já definimos como uma região do *espaço cósmico* que já foi interpenetrada pela *substância etérica* ou *matéria-energia*.

Nesse Universo Astral é que há os milhões de galáxias, com seus sistemas solares, e esses com planetas, satélites, etc.

É nesse Universo Astral que o Espírito pode evoluir segundo um *karma constituído*.

Nesse lado da "Casa do Pai" é que o Ser Espiritual constitui seus 7 Corpos ou Veículos de Expressão de sua consciência, percepção, inteligência, sentimentos, etc., através dos Arquitetos Siderais. Esses 7 Corpos ou "veículos" do Espírito-Consciência são de Energia-Massa em vários níveis, obedecendo a Setessência da Matéria.

Que não se faça confusão entre *Cosmo Espiritual* e *Universo Astral*. Como dissemos, no Universo Astral há os vários níveis energéticos, e o Ser Espiritual, dependendo de seu grau evolutivo, em sua jornada evolutiva, ora estará num dado plano — que lhe caracterizará a necessidade de reajuste no Corpo do plano afim imediatamente superior —, ora no plano imediatamente inferior, gerando, como exemplo aqui na Terra, o fenômeno do NASCIMENTO e MORTE, que veremos detalhadamente nos capítulos que se seguem.

Capítulo III

Os Planos de Evolução do Ser Espiritual — Necessidade de Evoluir — A Queda do Cosmo Espiritual — Afinidades Virginais — O Enigma Causal — O Desequilíbrio do Par Espiritual — Universo Astral

O Espírito sopra onde quer. Assim como outros, também nós afirmamos esse axioma. Interessante notar que, desde o Instante-Eternidade em que conscientemente tivemos Consciência e Inteligência, tivemos também a percepção do "Si mesmo", consubstanciada no "EU SOU". Sempre soubemos, no Cosmo Espiritual, o que era o "EU", como algo intrínseco a nós, em suma, nós mesmos em Natureza Vibratória Espiritual. Diferenciávamos muito bem o que era similar à nossa Natureza, ou seja, os outros Seres Espirituais, mas também sabíamos que eles não eram "EU". Com essas afirmativas do que é "EU" em relação ao "NÃO EU" surgiu a *percepção consciente da Individualidade*.

Também distinguíamos o meio em que "habitávamos" como o "NÃO EU", e também distinguíamos que sua Natureza Vibratória era diferente da nossa.

Claro está que o *Cosmo Espiritual*, essa outra Realidade onde "habitávamos", era e é o Espaço Cósmico, o Vazio-Neutro.

Como Seres Espirituais, diferenciávamos a nossa Individualidade, essa que também, em sentido mais genérico, pertencia a uma das "duas qualidades inerentes" à nossa Pura Vibratória Espiritual.

Essas duas "qualidades inerentes" à nossa Vibratória faziam com que todos os Seres Espirituais se agrupassem em duas faixas de PURA VIBRATÓRIA ESPIRITUAL, diferentes entre si. Sabíamos então que a nossa Realidade Espiritual se particularizava em dois pólos. Chamamos esses pólos de "Afinidades Virginais Positivas" e "Afinidades Virginais Negativas". Assim, de forma bem inteligível, demos nomes a essas duas "qualidades inerentes" a todos os Seres Espirituais.

Essas "Afinidades Virginais", tanto Positivas como Negativas, faziam com que os seres Espirituais percebessem que suas *propriedades individuais* vibravam em sintonia com os de sua polaridade afim, na forma de percepção, desejos, inteligência, etc. Para que fique bem claro, aquilo que denominamos como POSITIVO e NEGATIVO, também poderíamos chamar de ATIVO e PASSIVO. Reforçando nossos conceitos, reafirmamos que os Seres Espirituais são de um Princípio Dualista em suas vibrações. Assim, os Seres Espirituais também perceberam que se agrupavam em Pares Vibratórios, e que, se desejassem exteriorizar de *forma concreta* suas Afinidades Virginais, fariam-no através do Universo Astral, ou seja, um dos lados da "Casa do Pai", onde a matéria ou energia-massa já havia interpenetrado, e, é claro, tudo ficando à mercê de suas propriedades e qualidades. O Ser Espiritual, portanto, de forma concreta, impregnaria na matéria suas Afinidades Virginais, surgindo assim a consciência do *"ETERNO MASCULINO"* ou do *"ETERNO FEMININO"*.

Que fique bem claro ao Filho de Fé que, somente quando o Ser Espiritual, fazendo uso de seu livre-arbítrio, desceu do Cosmo Espiritual ou Reino Virginal, ao Universo Astral ou Reino Natural, identificou conscientemente aquilo que denominamos de Eterno Masculino ou Eterno Feminino, surgindo assim a diferenciação dos Seres Espirituais, naquilo que *a posteriori* veio ser denominado SEXO.*

---

* É por isso que, em sentido cosmogônico, fala-se de andrógino. Seria, pois, o véu que encobre o "Par Vibratório". No espaço-tempo surge o hermafrodita, isto é, o Ser Espiritual com seu "par" no Universo Astral. Somente depois é que surge a separação dos sexos, significando a perda ou quebra do Par Vibratório. É devido a esse Par Vibratório, que confundiam, que ao invés de 7 Orishas e Exu surgiram os 16 Orishas. Exemplo: Obatalá—Odudua; Ogum—Obá, etc.

Quando afirmamos "eterno masculino" ou "eterno feminino", queremos dizer que os Seres Espirituais que, por exemplo, são da linha do *eterno masculino*, sempre (exceto casos anormalíssimos, que deixaremos para abordar detalhadamente em outro livro) foram e serão MASCULINOS, não importando se encarnarem e reencarnarem centenas de vezes, o mesmo acontecendo com os seres do *eterno feminino*.

Este Universo Astral, como vimos, é uma 2ª Via Evolutiva do Ser Espiritual, mas como veremos, o mesmo Ser Espiritual pode evoluir na 1ª Via, ou a do Cosmo Espiritual.

Assim, fica óbvio que no Cosmo Espiritual ou Reino Virginal os Seres Espirituais também podiam evoluir, naquilo que chamamos de Karma Causal. Dentro desse Karma Causal, os Seres Espirituais, segundo suas próprias Afinidades Virginais, se posicionam em determinados graus hierárquicos. Muitos desses Seres Espirituais sentiram que, para avançar nesse sistema evolutivo (o do Reino Virginal), necessitariam "melhor se conhecerem" ou se "auto-experimentarem". Nesse determinado instante da Eternidade Espiritual desse Ser, sentia ele a necessidade de ser envolvido em "veículos" de sua Consciência, que consubstanciariam suas vontades. Tinha necessidade de experimentar a si mesmo e ao seu "par kármico causal" ou par vibratório espiritual.[2] Sentiriam suas Afinidades Virginais agregar sobre si a matéria, com suas qualidades e propriedades e, através dela, definiriam certos Enigmas-Chave de sua Natureza Vibratória Espiritual que obstavam a evolução na 1ª Via (Reino Virginal ou Cosmo Espiritual). Esse "Enigma Virginal" era a necessidade de completar-se, de envolver sua Individualidade, ativa ou passiva, na de seu oposto e sentir-se pleno. Essa necessidade de romper esse "Enigma Virginal" não é inerente a todos os Seres Espirituais, pois muitos daqueles que não o romperam descendo, por suas próprias qualidades individuais "quase perfeitas", subiram ainda mais, rompendo-o por cima, se é que assim posso me expressar. No Instante-Luz da Eternidade em que o romperam por cima, ficaram conhecendo e sendo Senhores desse "Enigma" por baixo. Conhecer e ter domínio do Universo Astral, eis a conseqüência de ter vencido o "Enigma" por cima. Não necessitaram experimentar objetivamente, mas conhecem-no e, como "Divinos Guardiães", abrem ou fecham os portais aos Seres Espirituais que desejam e necessitam romper o "Enigma Virginal" pela 2ª Via, a do Universo Astral.

À primeira impressão, poderá parecer que o livre-arbítrio ou vontade de cada Ser foi cerceada, pois citei "portais" que se abrem e se fecham. Em todos os planos da "Casa do Pai Supremo" há Leis Regulativas, que obedecem a "momentos-instantes" mais favoráveis, e em obediência a essa lei é que todos os Seres Espirituais que desejaram descer, desceram, mas como afirmei, no "momento-instante" exato.

Esses "Seres Espirituais Superiores", também por meio de sua "quase infinita capacidade operante", informam, através de formas-mensagens de Pura Vibração Espiritual de Espírito para Espírito, a esses Seres que quiserem romper o "Enigma Virginal" por baixo, que, se tiverem para consigo e seu oposto o "Equilíbrio Virginal" necessário, alcançarão em um determinado "Instante-Eternidade" a evolução pelo próprio hábitat virginal, que é o Cosmo Espiritual.

Dependendo do Ser Espiritual e seu oposto, ou melhor, do "Par Vibratório", "aguardam" eles até o Instante-Luz bendito em que, rompendo o "Enigma Virginal" ou Causal, conseguem "equilibrar" suas Afinidades Virginais que estavam desajustadas e evoluem nessa 1ª Via de evolução ou ascensão pelo Karma Causal do Cosmo Espiritual.

Em verdade, o que mais acontece é que há um desequilíbrio importante em todo o Par Vibratório Espiritual. Suas Puras Vibrações Espirituais, no sentido de serem unicamente de Realidade Espiritual, começam a ser abaladas, fazendo com que os Seres Espirituais percam a noção de sua própria individualidade. Nessa e só nessa condição é que o Ser Espiritual recebe "passe livre" para a descida ao Reino Natural, onde tem domínio a Substância Etérica ou

---

2. É o Par Espiritual, ativo e passivo, que se completa. São Seres de polaridades diferentes que se tornam unos. É também denominado ou vagamente conhecido como *almas gêmeas*.

energia-massa, através de um processo extremamente vertiginoso e inexprimível em linguagem humana.

Filho de Fé, sabemos que estamos rasgando alguns véus difíceis de serem rasgados. Assim, concentre sua atenção um pouco mais e verá o entendimento, como Luz Bendita, iluminando todo o seu Ser. Continuemos.

Quando citamos o Par Vibratório, é claro que nos referimos a Seres de *polaridades opostas* e situadas em mesmo nível evolutivo, desde O Instante-Eternidade, por nós desconhecido, onde os quais, por Afinidades Virginais, se reúnem para a jornada evolutiva da perfectibilidade.

Quando falamos do desequilíbrio do Par Vibratório Espiritual, estamos nos referindo ao desejo ardente de um dos Seres Espirituais componentes do Par expressar-se no mundo da energia-massa. Só o desejo de um dos componentes do Par desequilibra o sistema, fazendo com que haja, no componente que desejou, uma espécie de perda da Individualidade. Nesta altura, só a descida ao Reino Natural é o remédio. Perguntará o Filho de Fé: — E o outro componente do Par, como fica? Respondemos: — Embora pertença ao "Par Vibratório", estando sujeito aos Choques Virginais do mesmo, continua com sua Individualidade. Assim, pode acontecer de ter sentido as mesmas necessidades, mas conseguido sobrepujá-las, continuando temporariamente sua evolução no Cosmo Espiritual. Temporariamente, pois, num determinado instante, não conseguirá mais evoluir, pois sentirá a necessidade de complementação, que só é conseguida com seu PAR. Nessa condição, mas já em condições muito superiores que a de seu "Par Vibratório", desce às regiões do Universo Astral para, ao longo dos milênios, "procurar" seu Par, através da "queima" do Karma Constituído, logicamente já no Universo Astral. Após essa "queima", retornam ao Reino Virginal, no ponto ou plano em que estavam quando desceram, seguindo doravante o Karma Causal.

Neste momento de nosso capítulo, devemos levantar mais um dos véus que cobrem certos conceitos, ainda tabus, mas que de forma bem simples tentaremos quebrar.

Imaginemos que o "Par Vibratório" consiga, como falamos em linhas anteriores, romper o "Enigma Virginal ou Causal" por cima, se gabaritando a ser "SENHOR e GUARDIÃO" dos portais que limitam as duas "regiões", isto é, a do Reino Virginal e a do Reino Natural. Num determinado momento-instante, um dos elementos do Par sente-se profundamente desajustado, e, num ato de insubmissão e revolta, desce do Cosmo Espiritual ao Reino Natural. Esse "Plano Virginal Superior" em que vibrava foi alterado, gerando em outros pares o desequilíbrio, que se consubstanciou na insubmissão e revolta. É esse Instante-Eternidade primeiro que as Filosofias Religiosas chamam de "Queda dos Anjos", que gerou os conceitos do Bem e do Mal. Em verdade, aos primeiros Seres que desceram através da revolta e insubmissão, achando-se melhores e ludibriando através do orgulho as Leis Virginais, é que foi dado o comando das Zonas Condenadas de todas as regiões do Reino Natural, ou seja, das galáxias, daí aos sistemas solares e desses aos planetas.

Entendemos que a revolta, a insubmissão às Leis Divinas, fez desses Seres Espirituais verdadeiros opositores da Divindade e Sua Corte Suprema. Mas a Suprema Misericórdia permite que o próprio Mal sane-se através de si próprio, estendendo-lhe domínios e reinos provisórios, onde as Almas insubmissas aprenderão de *per si*, após liberarem-se do orgulho, da vaidade e da insubmissão, que só o Bem é ETERNO, que só a COROA DIVINA é a SENHORA DE TUDO E DE TODOS. Até lá, serão Almas decaídas, mas não esquecidas pela Divina Providência. O tempo será medicamento para todos esse Seres Espirituais insubmissos e revoltados de todos os tempos.

Não pararemos aqui. Mas, neste capítulo, tentamos, além de citar os planos de evolução do Ser Espiritual, mostrar como e por que surgiram esses planos, e, nesses planos, breves comentários sobre as Leis Regulativas que os regem.

Claro está que doravante nos ateremos aos planos do Reino Natural ou Universo Astral. Dentro desse Universo Astral, localizaremos nossa abençoada Terra, componente de um dos sistemas da Via Láctea.

Nos capítulos que se seguem, voltaremos aos planos do Ser Espiritual, só que associando, para mais fácil assimilação, com outros temas, tais como Karma, Ciclo da Vida e outros.

Filho de Fé, não desanime. Persevere mais um pouco. O verdadeiro aprendizado requer auto-esforço. Não creia em aprendizado sem esforço. O verdadeiro aprendizado é obra do tempo e acima de tudo da verdadeira vontade de interpenetrar, com a Alma e o Coração, o que deve ser aprendido. Tenha certeza de que assim o aprendizado jamais será esquecido, pois sempre será vivido no âmago da Alma.

E assim, vamos à Lei das Conseqüências ou Destinação Natural.

Capítulo IV

A Lei das Conseqüências Naturais — Lei Kármica — Ação
e Reação — Karma Causal — Karma Constituído —
Causas das Dores, Doenças e Sofrimentos

F ilho de Fé, sigamos avante em nossos estudos. No capítulo anterior, embora seu título anunciasse os "Planos de Evolução do Ser Espiritual", entramos propositadamente, e quase que o capítulo todo, no tema que cita as causas e efeitos do rompimento do Karma Causal. Como dizíamos no capítulo anterior, não fomos tabular, e também entendemos como Planos de Evolução não somente os "locais de habitação" de nossa Realidade no tempo-espaço. Citamos que o Ser Espiritual pode evoluir numa via independente de energia-massa, naquilo que já definimos como Reino Virginal ou Cosmo Espiritual. Também, fazendo uso de seu livre-arbítrio, pode evoluir nas imensas regiões onde a matéria ou energia-massa, em seus diversos graus de densidade, já interpenetrou, naquilo que também já definimos como Universo Astral ou Reino Natural.

Neste presente capítulo, ao falarmos da Lei das Conseqüências ou Destinação Natural, também os Filhos sentirão que haverá profundo encadeamento com o tema "Planos de Evolução do Ser Espiritual". Assim, deixemos bem claro ao Filho de Fé, ao leitor estudioso, que em nossos capítulos temos a liberdade de entrar em vários temas que estão encadeados, não ficando estanques em prejuízo ao raciocínio básico central. Outrossim, a cronologia, ou tempo de apresentação dos temas, como vimos, nem sempre é seguida, tudo visando a um melhor entendimento e assimilação destes estudos pelos diversos Filhos de Fé. Esperamos ter deixado claro que não queremos solução de continuidade em nossos estudos, sendo portanto comum não ficarmos estáticos em nossos capítulos. Afinal, o livro é um TODO, e somente para facilidade de manuseio e estudo é que resolvemos dividi-lo em capítulos, os quais mais uma vez afirmamos não serem estanques.

As noções de Justiça, em toda a sua grandiosidade e plenitude, são os pontos fundamentais da Lei Divina. Essa Lei Divina se expressa sob a forma de *LEIS REGULATIVAS*, visando educar e aprimorar os Seres Espirituais, fazendo-os ascender aos planos mais elevados da vida espiritual.

Essa Lei é chamada de Lei das Conseqüências ou da Destinação Natural. Muitos Filhos de Fé, ainda ligados à vestimenta física, citam-na como *LEI KÁRMICA*. A palavra *karma* tem sua origem, praticamente, na primeira língua falada pelos Seres Humanos, o Abanheenga. No Abanheenga, tínhamos o vocábulo *Kaarama*. O fonema *kaa*, em sentido hierático, significa Vida; *rama*, também em sentido hierático, significa fluxo e refluxo ou ação. Assim, temos, na íntegra, a tradução como: *VIDA EM AÇÃO* ou *AÇÃO DA VIDA*. É claro que essas "ações na vida" geram suas reações, e entramos no ciclo incessante dos fluxos e refluxos da Lei para nós mesmos, criado em virtude de termos Leis que viessem fiscalizar e orientar nossas ações, em qualquer plano de manifestação do Ser Espiritual.

Mais recentemente, por corruptela do termo, vamos encontrá-lo nas margens do Ganges, através dos brâmanes e sua língua sagrada, o sânscrito, como *karma*, onde também lhe emprestam o significado de *ação*.

No capítulo anterior, vimos que, quando o Ser Espiritual se encontra PURO em suas Vibrações Virginais, isto é, isento de qualquer veículo que expresse no mundo da energia suas Afinidades Virginais, ele está na primeira Via Evolutiva ou Virginal, a qual é regida por Leis consubstanciadas no Karma Causal. Chama-se Causal, pois está envolto em suas origens, sendo de acesso exclusivo da Deidade e Seu Colegiado Divino, os quais, como Senhores do "Tempo Eternidade", sabem o porquê de assim o ser. Também entendemos, no capítulo anterior, que no Cosmo Espiritual ou Reino Virginal, onde o Ser Espiritual evoluía segundo o Karma Causal, a não aceitação dessa via, ou rompimento desse Karma, fez com que as Hierarquias Virginais adaptassem LEIS E DIRETRIZES REGULATIVAS para essa nova situação, que era a do Reino Natural, surgindo assim o Karma Constituído. Repisemos: quando o Ser Espiritual desceu às diversas regiões do Universo Astral onde dominava a Substância Etérica ou energia em vários níveis de condensação, com o objetivo de regular essa descida e mesmo as ações nesse "outro modo de evoluir", foi criado um conjunto de Leis Regulativas inerentes ao Universo Astral ou Reino Natural, o qual foi chamado de Karma Constituído. Constituído, pois a partir do rompimento do Karma Causal, objetivamente, o Ser Espiritual começou a imantar sobre si certos fenômenos, gerando ou constituindo ações, as quais precisariam ser reguladas; e o foram através do Karma Constituído, gerando assim todo o séquito de reações conseqüentes às ditas ações. É a propalada DESTINAÇÃO NATURAL ou KARMA.

Para que venhamos a entender muito bem o Karma Constituído, teremos que voltar ao Reino Virginal e estudar certas particularidades que vieram se consubstanciar no Karma Constituído.

Quando do rompimento do Karma Causal por diversos Seres Espirituais, nem todos estavam em um mesmo plano evolutivo. Os Seres Espirituais que, provenientes de planos evolutivos diferentes, desceram ao Universo Astral, fazendo uso de seu livre-arbítrio, foram direcionados a planos afins à sua evolução no Reino Virginal. Com isso, afirmamos que certos Seres Espirituais foram enviados para uma determinada galáxia, outros Seres para outras, e dentro delas, para os sistemas solares afins.

Em nosso caso, confinados no sistema solar em que gravita nosso planeta, cumprimos, segundo as necessidades de cada um, nosso Karma Constituído.

Em verdade, devemos entender a "Lei de Ação e Reação" ou das Conseqüências como se fosse uma "contabilidade" aplicada pelos SENHORES DO KARMA a cada um de nós, vistos como Individualidades, no Karma Constituído Individual, ou quando formos colocados em um determinado grupo ou coletividade, no Karma Constituído Coletivo.

A contabilidade pressupõe "créditos e débitos", e é exatamente assim que a Lei Kármica contabiliza nossos acertos (créditos) e erros (débitos) na tão falada BALANÇA KÁRMICA, a qual penderá para um dos lados até o instante em que, resgatando nossas dívidas, teremos os braços na horizontal, mostrando o equilíbrio entre nossos débitos e créditos.

Assim, como em uma instituição lucrativa terrena, se nossos débitos forem intensos, não teremos mais créditos e seremos levados à falência, situação essa dificílima perante os *Tribunais Kármicos*, pois, se estamos na falência, isso se deve aos nossos próprios desatinos, às "aquisições catastróficas" que fizemos, principalmente relativas a nós mesmos, pois, quando a alguém ferimos, o primeiro a se ressentir dessa violência somos nós mesmos.

Assim, nossos gastos em ações deletérias ou más aumentam nossos débitos, e a Balança Kármica penderá para o pagamento deles.

Tal qual a balança comercial que contabiliza os débitos e créditos, a Balança Kármica, com seu fiel, contabiliza nossos acertos e nosso erros. Os débitos deverão ser sanados ou eliminados através do resgate ou da corrente de créditos. Muitas vezes, assim como na Terra, para saldarmos determinados débitos, fazemos uso do empréstimo de verbas, as quais também são contabilizadas em nosso passivo, para serem resgatadas após determinado tempo. Seria como uma pausa para que, com nossa balança praticamente equilibrada, conseguíssemos retornar à linha justa e acumular créditos, ou seja, acertos, e nos desvincular do erro, do mal.

Normalmente, quando recebemos empréstimos, os mesmos são superiores aos nossos débitos, sobrando-nos algo. Após o pagamento de nosso passivo, se soubermos espalhar bênçãos com essa sobra de nossos empréstimos, teremos "rendimento de juros". Se soubermos guardar esses juros, na forma de bem-estar a nós e a todos que nos cercam, teremos condições de, na época aprazada, pagar ou saldar os empréstimos a nós conferidos pela MISERICÓRDIA DIVINA e Sua Corte de Emissários do Bem.

Em boa hora é necessário frisar que nossos benfeitores, aqueles que nos fizeram o empréstimo, se tornam nossos credores. Somos devedores pois, mas de amigos, e não de Seres rigorosos, inflexíveis e implacáveis, quando não intensamente cruéis. É melhor "dever" a um amigo do que a um estranho inflexível.

Mas se, por nossa vez, tivermos o beneplácito de ficar devendo a um amigo, isso não nos dá o direito de não saldarmos nosso débito para com ele.

Provavelmente, aqueles que nos emprestaram não necessitam de nossos créditos. Mas não é da Lei que não se pague o que se deve.

Assim, no decorrer do tempo, sentiremos necessidade de ressarcir o empréstimo. É necessário que fiquemos quites com nossa consciência.

É a nossa vez de saldarmos o empréstimo realizado pelos nossos "nobres credores", os quais, mesmo não querendo ou não sentindo-se mais credores, têm outros "amigos" que estão em débito e necessitam de empréstimos. É a "grande família espiritual", que, mesmo enleada ainda no mal, no próprio mal encontra oportunidades benditas de ir de encontro ao infinito Bem, que a todos, indistintamente, mais cedo ou mais tarde, aguarda serenamente.

É, Filho de Fé, todos estão, bem ou mal, cumprindo seu Karma, ou melhor, cada um é hoje o que quis ser, e será amanhã o que quiser ser. Quem muito deve, muito terá de trabalhar, em situações até precárias, para saldar seus débitos. Abençoada oportunidade estendida a todos os devedores, os quais não foram condenados à falência insolvente. Todos podem equilibrar a sua "balança", no decorrer do tempo-espaço. Ninguém é deserdado. Os erros, faltas e culpas, com seus séquitos de arrependimento e remorso, são os esquemas de que se serve a Lei Divina para fazer com que seus Filhos saldem seus débitos uns com os outros e fortaleçam, por meio das qualidades nobilitantes do Espírito, seus créditos.

Antes de terminarmos este despretensioso capítulo, não poderíamos deixar de citar os *TRIBUNAIS KÁRMICOS*.

Os TRIBUNAIS, no Reino Natural, iniciam-se pelos TRIBUNAIS KÁRMICOS GALÁCTICOS, os quais supervisionam os TRIBUNAIS SOLARES (de cada sistema solar).

Cumpre salientar que os Tribunais Galácticos são regidos pelo Supremo Tribunal Kármico, sob a égide do Glorioso *ARCANJO MIKAEL*, o qual é o Regente Kármico de TODO o sistema de Leis que regulam os Seres Espirituais em evolução no Reino Natural ou Universo Astral. No astral do planeta Terra, quem o representa são as *Santas Almas Guardiãs do Cruzeiro Divino*, as quais têm Ordens e Direitos de Ação e Execução sobre nossa humanidade terrena.

Como dizíamos, os Tribunais Galácticos estendem sua jurisdição sobre os Tribunais Solares; esses Tribunais Solares, por sua vez, estendem sua poderosa vibração aos Tribunais Kármicos Planetários, e esses aos Tribunais Kármicos Superiores e Inferiores.

Por ora, não nos ateremos a esse assunto, visto que, quando entrarmos no porquê da "roda sucessiva das reencarnações", no próximo capítulo, voltaremos ao tema, que, como vimos, Caboclo não pretendeu e nem pretende esgotar. Assim, serenamente, vamos ao fim deste capítulo, que em seu ocaso anuncia outro que lhe segue.

Retomemos fôlego, e partamos para o CICLO DA VIDA...

Capítulo V

O Ciclo da Vida — Evolução — Nascimento e Morte — Origem do Planeta Terra: sua Constituição Astral e Física — Surgimento da Vida no Planeta Terra; Evolução Filogenética — Surgimento do Homem — A Pura Raça Vermelha — Filhos Oriundos da "Terra" — "Estrangeiros" Cósmicos — Formação dos Veículos ou Corpos do Ser Espiritual — Os Primeiros Habitantes do Planeta — As Raças e Sub-Raças — Reencarnação: Tipos — Desencarne

Filho de Fé, ao retomarmos fôlego, logo de início haveremos de entender que nossa "casa planetária" teve um dia seu início. É claro que a gênese do planeta Terra teve uma causa inteligente, pois sabiam os componentes da *Hierarquia Crística*, que é a responsável por todo o planeta, que a Terra, como planeta novo, serviria para albergar Filhos desgarrados de outros planetas mais velhos e evoluídos, além de sua própria humanidade.

Sabe-se que o planeta Terra é um fragmento que se desprendeu do próprio Sol, estrela que alberga a Hierarquia Crística, e, obedecendo as leis imutáveis da Mecânica Celeste, iniciou naquele instante sua peregrinação, ou seja, sua jornada em plena galáxia que lhe serve de suporte.

Podemos dizer que um fragmento solar é uma pira em movimento, um bólido ígneo que gravita a determinada distância, dependendo inclusive sua massa do próprio Sol.

Através de longos e longos períodos de tempo, devido a vários processos, inclusive o da evaporação da massa líquido-pastosa do planeta, foi-se formando, gradativamente, uma atmosfera. É óbvio que o Filho de Fé já deve estar imaginando o "processo estufa" que era a nossa abençoada Terra.

De fato, a Terra era extremamente quente, e sua atmosfera já saturava-se de elementos que deveriam retornar à superfície plenos de forças propulsoras imantadas pelo poder vibratório da Hierarquia Crística.

Uma pequena alteração da massa gasosa e em sua inércia foi condição suficiente para que uma pioneira faísca desencadeasse alterações eletrostáticas e eletrodinâmicas que culminaram com a precipitação de abundantes "dilúvios".

Quando afirmamos faíscas, é claro que entenderemos descargas elétricas que *a priori* eram de pouca intensidade, até alcançarem intensidades jamais observadas *a posteriori*.

O planeta, que em verdade incandescia como um gigantesco cadinho, foi abençoado pelo seu Divino Tutor e Sua Hierarquia com a bênção do "BATISMO CÓSMICO", e choveu vários e vários milênios.

As águas precipitadas estavam imantadas de verdadeiras cargas "*Luz e Vida*", imantadas que foram pelos componentes da Hierarquia do Senhor Jesus (Ysho ou Oshy, como veremos mais tarde).

Com as chuvas caindo em verdadeira fornalha, na qual se encontrava a mal delimitada superfície terrestre, certos elementos químicos necessários à futura organização das formas densas no planeta foram surgindo, através de vários fenômenos físico-químicos, e também, muito especialmente, através do Poder Operante dos Poderosíssimos Seres Espirituais da Hierarquia Crística.

Essas chuvas, em contato com a massa telúrica, moldaram para o nosso abençoado planeta um novo relevo, embora ainda parcial e imperfeito. A Terra, ao destacar-se do núcleo central do Sol, como vimos, precisou manter-se em equilíbrio, obedecendo a complexos fenômenos, os quais submeteram-na a leis matemáticas obedientes à Mecânica Celeste, que por sua vez obedece aos influxos de Generosos e Sapientíssimos Emissários de Jesus.

Estava, é bom que se frise, distanciada do Sol em 150 milhões de quilômetros e deslocando-se no espaço, em movimento de translação em torno do mesmo, com uma velocidade aproximada de 2,5 milhões de quilômetros/dia.

Nesses fenômenos cósmicos que presidiram a gênese e formação de nosso planeta, acharam por bem os Seres Espirituais da Hierarquia Crística promover a formação de um satélite, que chamamos Lua, o qual equilibraria toda a massa da Terra em seu movimento de translação em torno do Sol, trazendo e conferindo também estabilidade vibratória ao planeta, a essa altura quase já formado. Em seus vários posicionamentos, o satélite que orbita em torno da Terra serviria como *transdutor de luz polarizada e magnetismo*, os quais seriam necessários à formação e reprodução dos vários seres vivos que futuramente iriam habitar essa "nova casa cósmica".

Mas, voltando às chuvas milenares, com elas iniciou-se o processo de resfriamento das camadas externas do planeta, as quais se tornaram densas.

Nesse momento da formação de nosso planeta, iniciou-se a diferenciação da matéria, surgindo *a priori* o hidrogênio e a condensação dos metais, que permitiu a configuração densa de nossa superfície.

As zonas internas, sobre as quais nos ateremos parcialmente ainda neste capítulo, tiveram e têm regiões vazias ou cavernas, com rios incandescentes, materiais pastosos e sistemas coloidais. Em sua zona central, os processos ígneos, que dão impulso vibratório para parte dos movimentos que a Terra executa, são hoje também responsáveis por certas queimas, já de ordem etérica, de massas mentais completamente desorganizadas, que por processos atrativos são direcionadas para essas zonas do "fogo central" da Terra, sendo elas, atualmente, verdadeiras zonas de "arquivo dos experimentos planetários".

Ainda devassando as zonas muitos e muitos quilômetros abaixo da superfície, além da zona ígnea encontraremos regiões de densidade ou consistência semelhante ao estado sólido da água, com características "enregelantes".[3] No decorrer de nossos estudos, entenderemos melhor essas zonas.

Neste momento, ao fazermos uma pequena pausa em nossa apagada descrição dos fenômenos que deram origem à formação do nosso planeta, queremos chamar um pouco mais a atenção de nossos diletos Filhos de Fé.

Filho de Fé, neste instante você deve entender que não é interesse deste Caboclo entrar em polêmica sobre a gênese planetária, tão nobremente defendida pela nossa humanidade atual através de seus mais expressivos expoentes na área das Ciências.

Acreditamos que, no momento dos "tempos chegados", nossos Filhos ainda presos aos grilhões abençoados do Corpo Físico entenderão melhor todos esses processos, e verão que acima das leis que regem os fenômenos físicos, foram eles presididos por "Mentes Excelsas", as quais deram seqüência às imutáveis Leis Divinas.

Aguardemos aqueles que semeiam; a eles, na hora certa, caberá a primazia da colheita.

Augurando assistência aos abnegados cientistas terrenos, voltemos onde havíamos parado.

Retomou o fôlego, Filho de Fé? Então sigamos avante.

Sim, após longos e vários dilúvios, tiveram início, embora a superfície da crosta terrena estivesse totalmente submersa, novos processos de evaporação, sendo que desse fenômeno emergiu pela primeira vez, após os dilúvios, a primeira zona de terra firme que permitiria, no futuro, os processos biológicos ou da vida. Essa primeira zona que emergiu das águas foi aquela que hoje conhecemos como BRASIL, em seu Planalto Central.

Após a emersão de terras sólidas, que se consolidou no decorrer dos tempos, ocorreram novas chuvas, as quais já não mais inundaram essa região. Após essa região, é claro que, no decorrer do tempo, outras foram emergindo.

Formaram-se rios em várias regiões, os quais eram veículos de elementos rochosos que, sem darmos os pormenores, foram dando às águas em que estavam submersas outras porções de terra uma composição diferente da dos rios e das chuvas. Essas águas com elementos oriundos da erosão das rochas eram de características mais concentradas, e sua composição, já salina, daria no futuro condições para o surgimento da vida vegetal e animal, naquilo que definiremos como PROTOVIDA (*material gelatinoso que depois banhou as terras firmes, sendo o precursor da vida física densa propriamente dita*).

Assim, esperamos que fique bem claro ao Filho de Fé que o mar foi formado e deve sua composição às chuvas, que foram carreadas juntamente com certos elementos erosivos da superfície rochosa pelos rios, os quais emprestaram ao mar suas qualidades

---

3. Estas zonas enregelantes não são no plano físico denso e sim nos planos etérico-astrais.

biofísico-químicas especiais. É o mar, pois, o próprio "SANGUE PLANETÁRIO".

Antes de voltarmos ao planeta, cujo cenário encantador e belo aguardava o pulsar maravilhoso da vida, voltemos a falar sobre a Lua.

Como dissemos após longas noites açoitadoras, de profundos e extensos fenômenos aquosos e eletromagnéticos, acharam por bem os "responsáveis espirituais" pelos destinos do planeta Terra fazer surgir a Lua.

Da mesma forma que a Terra se desprendeu do fulcro solar, nossa fonte de Luz e Vida, surge o nosso satélite que se desprende da Terra, tudo, claro, como afirmamos, sob o beneplácito das Hierarquias do Cristo.

Assim, o surgimento da Lua, que *a priori* era mais próxima, deu ao planeta a necessária estabilidade mecânica. Sua cinética celeste foi alterada, dando nova configuração à sua trajetória, em relação ao seu movimento de translação. Seu magnetismo e sua luz polarizada favoreciam os processos da vida, como também os fluxos e refluxos dessa mesma vida que surgiria no planeta.

Relembrando ainda um pouco mais, após esse período houve novos fenômenos nas massas líquidas, com conseqüentes resfriamentos e solidificações de outras zonas do planeta.

As águas do mar eram excessivamente quentes, e os vapores formados desencadearam novas e milenares precipitações atmosféricas. Após esses fenômenos, estabiliza-se a paisagem terrena, aclaram-se as regiões e o Divino Disco Solar começa a enviar sua "Luz-Vida" a esse novo cenário de vida e evolução.

Tudo pronto, pois, para receber as vidas no planeta. Nesse instante, queremos frisar que resumimos ao extremo esse grandioso e arrojado projeto dos "Arquitetos Crísticos", pois neste capítulo nossa finalidade é o estudo do "Ciclo da Vida" e da necessidade do NASCIMENTO e da MORTE, que, como veremos, nada mais são do que processos de transformação, os quais atendem a programas sábios e justos da evolução.

Em relação à explicação resumida da gênese e formação do planeta, achamo-la plausível em virtude de ser este abençoado planeta o palco do nosso nascimento, sendo então berço e veículo de aprendizado e evolução no decorrer de uma existência, além de ser o palco de nossa transformação em direção a novos planos e dimensões da vida, através da tão mal compreendida morte.

Antes de prosseguir informamos que, em obra futura, se possível, descreveremos a gênese do Universo, nos atendo por ora à gênese do planeta que nos serve de mãe-berço e evolução.

Retornando ao assunto, tentemos descrever a origem ou gênese da vida nesse cenário de evolução chamado planeta Terra. Sob a orientação de Digníssimos Prepostos da Hierarquia Crística, iniciam os "Arquitetos e Engenheiros da Forma-Vida" o arcabouço básico onde se desenvolveria a vida. Edificam assim o mundo das células, sendo essas precursoras das formas organizadas e inteligentes que viriam a se consubstanciar no futuro como "vida complexa" propriamente dita, até chegar na "idealização e realização" mais trabalhosa das Formas-Vida — o HOMEM.

Antes de chegarmos na complexidade da forma humana, deveremos entender que vidas inferiores tiveram necessidade de aprimoramento, em que "Divinos Modeladores da Forma" tiveram que experimentar exaustivamente até alcançarem formas estáveis e adequadas à futura humanidade que surgiria.

Ao iniciar-se a "grande gestação da vida" no planeta, Emissários das Cortes de Jesus (Ysho) aproveitaram-se da *matéria colóide-albuminóide* para semear as primeiras sementes da vida. Essa matéria colóide-albuminóide se estendia das profundezas do mar até os mais disformes sítios do até então irregular relevo terrestre. Iniciou-se no mar, através da matéria albuminóide, a odisséia da vida no planeta Terra. Edificaram-se as unidades básicas da vida, os unicelulares.

Vários desses unicelulares surgiram e se diferenciaram, mas, de maneira geral, chamá-los-emos de *seres amebóides*. Esses seres só tinham o sentido do tato, e gradativamente foram desenvolvendo funções especiais, as quais seriam importantíssimas nos seres superiores, pois, como sabemos, cada célula tem uma função específica. Mas voltemos aos unicelulares, que aos poucos se agruparam formando colônias celulares, que seriam a base evolutiva dos seres unicelulares aos pluricelulares.

Nesse período da "gestação da vida", surgiram seres que captavam a energia solar através de sua luz, e através de várias outras transformações expeliam oxigênio, o qual até hoje é indispensável à vida no planeta. Longos períodos, milênios foram gastos para os Prepostos de Jesus* ajustarem essas formas que, ao absorverem a luz, expeliam oxigênio. Vencida essa transcendental barreira, a qual era de vital importância para a manutenção e prosseguimento da vida no planeta, novos objetivos são buscados e, graças ao Sapientíssimo e Misericordioso Mestre e Senhor Jesus, os experimentos são coroados de êxito. Assim é que, na superfície terrestre ainda pantanosa, começam a surgir os vegetais simples, os quais evoluíram para formas mais superiores, as quais, além de embelezar o "novo jardim do Mestre", também transdutavam elementos vitais necessários à manutenção do equilíbrio da Forma-Vida planetária, muito em especial da forma humana, a qual encontraria nos vegetais uma fonte energética contra elementos físicos e etéricos deletérios para o Corpo Físico e todo o seu bioeletromagnetismo. Adiante, quando citarmos o Corpo Astral, entenderemos melhor as ações dos vegetais...

Mas voltemos às cadeias de vida, que, como vimos, iniciaram-se no mar. Os complexos celulares no mar, a *Protovida*, ao se amalgamarem, formaram *complexos celulares vegetoanimais*. Sem entrarmos em digressões, diremos que esses complexos evoluíram em dois ramos. O primeiro ramo pertenceria ao mar e dele tiveram origem a atual flora e fauna marinha. Mais tarde, a fauna marinha originaria toda a fauna terrestre, e a flora marinhaoriginaria, através das algas, a maior parte do reino vegetal terrestre. O segundo ramo deu origem a outra parte do reino vegetal terrestre, a microflora (bactérias), além dos vírus. Neste instante perguntará o Filho de Fé atento e estudioso:

— Como esse primeiro ramo, ainda no mar, daria origem às formas terrestres?

Através das correntes marítimas, esses "complexos celulares vegetoanimais" gradativamente alcançariam, como em verdade alcançaram, a terra firme. No clima ainda tépido do planeta, em terrenos alagadiços e pantanosos, erguer-se-ia a vida. Alcançando terra firme, as algas, que ainda hoje são responsáveis, a partir do mar, pela maior porcentagem de produção do oxigênio atmosférico, deram origem às grandes vegetações terrestres, que perduraram por vários períodos geológicos, permanecendo algumas até nossos dias atuais. Com o aparecimento das espécies vegetais, tornou-se propícia a atmosfera terrestre para o surgimento da vida animal complexa.

No mar, muitos animais, agrupados hoje em dia pela Ciência em Filos, já tinham surgido e estavam em pleno processo evolutivo, quando os primeiros crustáceos (artrópodes) começaram a experimentar o hábitat terrestre. A seguir, surgiram os anfíbios, que gradativamente foram trocando as águas salgadas do mar pelas regiões alagadiças, até alcançarem a terra firme.

No cenário terrestre ainda havia uma certa instabilidade telúrica, modificando o relevo e promovendo a evolução do reino mineral. O reino vegetal era provido de exuberante e interessantíssima flora, a qual sofreria transformações, sendo que temos resquícios de sua passagem pelo planeta através das minas carboníferas. A fauna terrestre, como dizíamos, recebera os anfíbios, os quais foram se adaptando através de um processo de seleção natural, a qual é básica em todo sistema evolucionista da forma. Obedecendo esses mesmos influxos evolutivos, surgem os répteis, tal qual os conhecemos na atualidade.

Logo após os répteis, surgem no cenário terrestre monstruosas criaturas animais, formas assombrosas e descomunais, gigantescas, desprovidas de estética. São marcadas por sua forma desmesurada e desarmônica. Foram más-formações da Natureza. Embora perdurassem por longos períodos, essas formas teratológicas desapareceram para sempre do planeta; apenas os museus são depositários de suas formas atormentadas. Assim, mais uma vez vimos que os "Arquitetos da Forma", ao experimentarem as formas biológicas anômalas, após longos períodos conseguiram debelar e banir para sempre da superfície terrestre aqueles ditos espécimes pré-históricos. Na atualidade, os mesmos, ou suas formas degeneradas, fazem parte do "arquivo vivo" das experiências pla-

---

* Nota do médium: Prepostos de Jesus = "Orishas".

netárias, em *zonas internas do planeta*, na sua região subcrostal profunda, invisível ao humano comum, mas não desconhecida daqueles possuidores da faculdade mediúnica. Essas regiões são verdadeiras zonas do submundo astral inferior, das quais ainda voltaremos a falar.

Filho de Fé, para que não percamos o fio da meada, resumamos o que até aqui expusemos:

Dos seres unicelulares animais, que são chamados de protozoários, e dentre os pluricelulares ou metazoários, até chegarmos nos mamíferos, passamos pelos poríferos, celenterados, ctenóforos, platelmintos, asquelmintos, anelídios, moluscos, artrópodes (insetos, crustáceos), equinodermos e cordados. É bom lembrar que nos cordados estão inclusos os peixes, tanto cartilaginosos como ósseos, os anfíbios, répteis, aves e mamíferos.

Pela explanação que demos, lembrarão os Filhos de Fé que, após o surgimento dos répteis, para chegarmos às formas mais evoluídas, tivemos uma série de experimentações, as quais, como experimento não-aceito, foram relegadas aos "arquivos vivos" do planeta.

Chamaremos esse período de pausa biológica normal, a qual estabilizou definitivamente as formas pré-monstruosas e delineou com clareza o que era anfíbio, o que era réptil e assim sucessivamente. Então, tendo chegado até os répteis, vejamos pois os processos evolutivos que se fizeram necessários para chegarmos ao reino hominal.

Vencidas grandes barreiras biogenéticas e do corpo de matéria sutil (corpo astral), caminham mais celeremente os Arquitetos da Forma para fazer eclodir sua grande obra, a FORMA HUMANA.

Como vimos, no cenário terrestre, já tinham se estabilizado o reino mineral, o vegetal e o animal, embora ainda não tivessem os Arquitetos da Forma superado *in totum* as dificuldades do surgimento do reino hominal.

Nos primórdios da Era Terciária do Cenozóico, vamos encontrar os primeiros antepassados da forma humana, naquilo que chamaremos de ANTROPÓIDES. Desses antropóides "surgiria" o homem atual. Interessante que muitos desses antropóides foram os antecedentes dos símios. Neste instante da descrição, daremos a entender o porquê do parentesco sorológico do chimpanzé com o homem atual. Nos processos evolutivos, houve um ponto comum a ambos, que chamamos de CONVERGÊNCIA. Essa convergência aconteceu num determinado tempo-espaço. Após esse tempo-espaço, um "evoluiu para cima" se é que assim posso me expressar, originando o homem, e outro para as escalas superiores do animal, originando os símios. Então, cai por terra a tese de que o homem descende dos símios; o que houve foi uma convergência evolutiva entre determinados antropóides. Com isso, também refutamos que o homem adaptou-se através da seleção e "desceu das árvores". Para que fique bem claro, afirmamos que os antropóides deram, em seu processo evolutivo, uns o homem, outros os símios.

Neste período em que foi superada a convergência, pelos processos naturais e pelos Prepostos de Jesus, eles mesmos aguardaram a forma humana evoluir, *a priori*, de braços longos e pernas curtas, excessivamente peludos, para formas mais aperfeiçoadas, mais próximas da forma humana atual.

Muitos milênios se passaram, e entre uma encarnação e outra, que é nosso tema central, foram os Arquitetos da Forma aperfeiçoando os patrimônios do corpo astral, em zonas pré-hominais, e mesmo através de estágios em sítios elementares da própria Natureza terrena. Nessas condições, surgem verdadeiramente os primeiros HOMENS, embora selvagens, com fenótipos melhorados quase idênticos aos de hoje. Assim surgiram condições para a FORMA HUMANA, tanto para os Filhos oriundos da própria Terra como para "Seres de outras Pátrias Espirituais".

Ao aqui chegarmos, é necessário que entendamos quem seriam os Seres Espirituais que formariam a então futura humanidade. Neste momento, devemos entender que tanto o planeta como as "Formas-Vida" que surgiram, até chegarmos em nossa humanidade, tiveram uma causa inteligente e acima de tudo misericordiosa, pois o Mestre e Senhor Jesus, através de Seus Emissários, reuniria nesse novo cenário de vida e trabalho, e portanto repleto de esperanças em realizações futuras, os Filhos errantes de outros páramos do Cosmo. Assim, através de sua Infinita Sapiência e Bondade, permitiu que vários Filhos errantes de várias regiões cósmicas, as quais já tinham se elevado a níveis inimagináveis para nossa humanidade atual, tivessem condições de regenerar-se e, após estágio depurador, retornar às suas "Pátrias afins".

Seriam como "estrangeiros" em terras longínquas, e, através de suas próprias ações, iriam readquirir condições para retornar às suas "Pátrias" sem as manchas e impenitências que os fizeram emigrar para o planeta Terra.

Como estrangeiros, iriam ter que conviver com os Seres oriundos da própria Terra, ou seja, sua humanidade afim, a qual iniciara seus primeiros passos rumo ao progresso e reascensão aos "planos superiores da vida espiritual". Estariam se redimindo perante a Lei Divina, e concomitantemente ajudariam, pois eram mais experientes e evoluídos, seus irmãos menos dotados a galgar novos rumos e alcançar a evolução a eles destinada.

Caboclo os vê (os estrangeiros) como se fossem professores de uma Universidade que de repente foram compulsoriamente obrigados, por não acompanharem o ritmo, a largá-la, sendo enviados a ministrarem suas aulas em escola primária.

Exerceriam nessa condição a humildade, o desprendimento, a tolerância e o Amor Fraterno, pois sairiam de seus planos-mundos muito evoluídos, indo para um planeta em fase inicial de evolução. Acreditamos que não raras vezes muitos deles (os estrangeiros) quiseram renunciar devido ao tédio e aos vazios imprescindíveis, além da nostalgia da "Pátria" distante, que então se afigurava aos seus olhos como um verdadeiro paraíso, que estava agora muito distante. Restava-lhes trabalhar e erguerem-se moralmente, através da força do trabalho renovador, e ajudar nos primeiros passos seus inexperientes irmãos, livrando-se daquilo que lhes parecia o próprio "inferno". Muitos, após determinado tempo de trabalho, após várias reencarnações, retornaram às suas "Pátrias Cósmicas de Origem". Outros também poderiam ter retornado, mas sentiram-se tão gratos ao Cristo Jesus (Oxalá) e ao próprio planeta e sua humanidade, que permaneceram e se demoraram ainda por aqui, na expectativa de ajudar a evolução de seus "irmãos menos experientes". Queriam participar, como realmente participaram e participam, da obra de regeneração e elevação de todos os filhos terrenos.

Com isso, fica claro entender que nosso planeta Terra, em sua "população terráquea", era constituído por seus PRÓPRIOS FILHOS e por ESTRANGEIROS.

Os Estrangeiros vieram de diversas "Pátrias Siderais", alguns de outras galáxias muito distantes e muitíssimo evoluídas, outros até de planetas de nossa própria galáxia. Sabemos que cada coletividade tinha seu grau de ajuste perante as "Leis Divinas".

Nos parágrafos que se seguem, tentaremos explicar como tudo isso aconteceu e acontece, como também clarear ainda mais o entendimento de todos os estudiosos das Leis Cósmicas, e inclina-los para a senda justa do aprimoramento e evolução, que é Lei-*mater* em todos os planos do Universo. Ao prosseguirmos, queremos ressaltar que, ao citarmos os antropóides, em linhas anteriores, não estávamos afirmando que o homem descende dos símios, ou que há elo de ligação entre ambos. A forma intermediária entre o homem e os símios é de competência dos "arquivos astrais", e não no plano físico denso. Debalde procurar-se-á o "elo perdido", tão vulgarizado em nossos tempos, mesmo que o esforço e estudo de nobres antropólogos e arqueólogos digam o contrário. Chegará o tempo em que a Ciência entenderá melhor que o ascendente dos símios, ainda não achado pela Ciência oficial até o presente momento, não é o ascendente do homem. Como explicamos em outras linhas, num determinado tempo-espaço da evolução houve convergências entre as raízes dos símios e dos homens; após divergirem é que apareceria o ascendente dos símios e o ascendente primeiro do homem. O ascendente dos símios continuou a evoluir chegando ao máximo da escala animal, nos símios. O ascendente do homem, para evoluir até o homem como conhecemos atualmente, passou por vários processos de ajuste em seu corpo astral, já não mais aqui no plano denso, mas sim no plano astral, no intervalo entre seu desencarne e próximo nascimento, obra essa de complexidade ímpar executada pelos Arquitetos Siderais da Forma. Afirmamos com isso também que é extemporâneo o aparecimento, aqui no plano físico denso, do homem e dos símios.

Após essa ligeira mas necessária elucidação, tentemos resumidamente explicar como surgiu a primeira humanidade no planeta Terra.

Já dissemos que nossa humanidade era constituída de "Filhos da própria Terra" e que também albergaria os "estrangeiros" ou "Filhos errantes" de outras Pátrias siderais.

Entendamos como oriundos da própria Terra todo Ser Espiritual que, ao descer do Cosmo Espiritual para as infindáveis regiões do Universo Astral, onde a Substância Etérica já havia interpenetrado, tenha sido direcionado para o planeta Terra.

É óbvio que, antes de surgirem no solo terreno, passaram pelo campo astral terrestre, onde os Arquitetos e Engenheiros da Forma, como já vimos, estruturavam para eles um Corpo Astral que serviria de molde para seus Corpos Físicos densos. Assim, houve vários experimentos de ordem genética e astral. O Ser Espiritual teve que imantar e haurir sobre si os processos coesivos, sensitivos, instintivos e de memória (arquivo vivo). Assim, experimentou o REINO DOS ELEMENTARES.[4] Por que Elementares? Pois aquilo que seria básico teve que ser vivenciado, ou melhor, teve que ser haurido. A passagem pelo reino mineral foi importante, pois foram hauridos os processos coesivos e estruturais, inclusive da rede atômica. As células futuras seriam modeladas obedecendo a complexidade arquitetônica dos diversos minerais. Neste instante, o Filho de Fé deve saber que, por apenas diferente disposição estrutural do elemento químico carbono, o qual é muito importante, tem-se o grafite ou o diamante, um completamente diferente do outro, inclusive nas propriedades elétricas e dinâmicas. Após o reino mineral, experimentou o reino vegetal, onde hauriu a sensibilidade e os primórdios de funções importantíssimas para a futura organização física densa. Logo a seguir, experimentou o reino animal, ou seja, hauriu, bebeu vivências do reino animal. Funções instintivas, automáticas e mecânicas foram adquiridas. Experimentou desde os unicelulares, passando por todos os processos evolutivos da escala animal, ou seja, até a fixação dos elementos básicos da inteligência e sua expressão. Frisemos que, de forma simplista, fomos passando de um reino a outro, fases essas que demoraram às vezes milênios dentro de um só reino apenas, e que, de reino para reino, tinha-se um período considerado de complexas operações nos Corpos do Ser Espiritual que futuramente encarnaria pela primeira vez, ou seja, nos Corpos de ordem Mental e Astral, em seus diversos aspectos, inclusive em relação ao adestramento de seus Núcleos Vibratórios ou Chacras, como tentam explicar outras Escolas Filosóficas do passado e do presente.

Todos esses processos experimentais primeiros, até o estabelecimento definitivo da via para o Ser Espiritual que iria encarnar no planeta Terra constituindo a sua primeira humanidade, ficaram patenteados na então chamada RAÇA PRÉ-ADÂMICA. Então, nessa Raça Pré-Adâmica, temos os mais diversos experimentos, tendo a face terrena observado verdadeiro "laboratório genético", inclusive com formas descomunais e com morfologias aberrantes, com suas desproporções estaturo-ponderais. Tivemos nessa época verdadeiros gigantes, tão bem retratados na mitologia, já que todo mito, no fundo, vela uma verdade. A forma se estabeleceu mais ajustada na Raça que sucedeu a Pré-Adâmica, isto é, na RAÇA ADÂMICA. Com a forma mais aperfeiçoada, na Raça Adâmica, começaram, juntamente com os Filhos da Terra, a encarnar os primeiros estrangeiros, *a priori* de planetas mais evoluídos que o nosso de nossa própria galáxia. Alguns vieram de Marte, já que Marte era paragem obrigatória de todos os Seres Espirituais desgarrados de nossa galáxia quando impulsionados a encarnar no planeta Terra. Era como uma "passagem vibratória obrigatória", e após esse reajuste vibratório encarnavam no planeta Terra. Eram todos de pele vermelha, provavelmente estando aí o porquê de dizer-se que o homem foi feito de barro, o qual tem essa cor. Os próprios Filhos da Terra, com suas tribos, eram de cor vermelha, e os estrangeiros vieram a encarnar nessas tribos primitivas, mesmo fazendo uso de vestimentas físicas ainda não totalmente aperfeiçoadas. Não importando a forma física, logo foram lançando seus ensinamentos e, como só poderia ser, tornaram-se condutores tribais, sendo seus líderes ou *CHEFES*. Eram seus Pais Maiores, eram seus Condutores. Ensinaram-lhes a *LÍNGUA*

---

4. "Reino dos Elementares": Sítios vibratórios da Natureza onde os Seres Espirituais imantam, haurem elementos e propriedades dos minerais, vegetais e animais, tudo visando à constituição e organização de seus veículos de exteriorização no "mundo das Formas".

BOA, polissilábica e eufônica, a qual tinha relação com certos fenômenos da própria Natureza e suas Leis Regulativas. Essa primeira língua polifonética e polieufônica, obedecendo a um metro sonoro divino e sendo chamada de ABANHEENGA — aba (homem), nheenga (língua sagrada) —, foi a base para todas as demais línguas que seriam faladas na Terra. Esse fenômeno da primeira "língua raiz" teve início no Brasil, através do Tronco Tupy, sendo seus Condutores chamados de *tabaguaçus*, em verdade *tu babá guaçu* — (nosso Pai-Condutor — nosso Patriarca).

Assim foi a Raça Adâmica. Agora, ao fazermos um parênteses, gostaríamos de estender um conceito sobre o porquê dessa Raça chamar-se Adâmica.

Partamos do mais externo, explicado pelas religiões do culto exterior (que têm um porquê de ainda existirem), de que a humanidade terrestre provém de um casal mítico ADÃO-EVA, do qual, temos certeza, todo Filho de Fé conhece a história, de que Adão foi feito de barro, etc... Preste atenção, Filho de Fé, que agora entraremos direto com o conceito vigente nos arquivos das Escolas Iniciáticas do Astral Superior.

Adão e Eva têm uma alta significância oculta e forte tradição esotérica, que agora deixará de ser oculta.

Nas línguas futuras e mesmo no Abanheenga e sua primeira derivada, o Nheengatu, portanto Línguas Adâmicas, os vocábulos Adão e Eva significavam, como veremos a seguir, de acordo com a grafia e com o som dos termos, o seguinte:

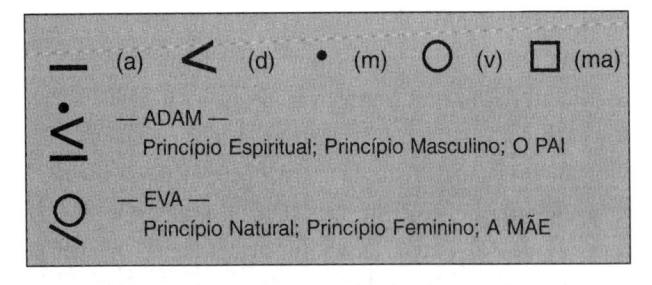

```
— (a)   < (d)   • (m)   O (v)   □ (ma)

∴  — ADAM —
   Princípio Espiritual; Princípio Masculino; O PAI
O  — EVA —
   Princípio Natural; Princípio Feminino; A MÃE
```

Então, Adão significa o Princípio Absoluto; Eva, o Princípio Natural. Podemos também expressar que Adão é o *Princípio Espiritual* e Eva é a *Geradora da Forma*. É como se Adão, o Princípio Espiritual, tivesse fecundado Eva, o Princípio Natural, e dessa tivesse surgido ou nascido a HUMANIDADE — O MUNDO DA FORMA propriamente dito (Filhos). O Princípio Espiritual interpenetrou a Natureza, onde tem domínio a energia-massa, gerando a FORMA. Entendeu, Filho de Fé?

Resumamos:

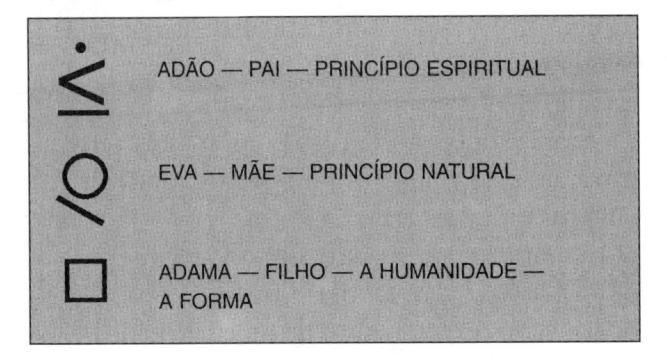

```
∴  ADÃO — PAI — PRINCÍPIO ESPIRITUAL

O  EVA — MÃE — PRINCÍPIO NATURAL

□  ADAMA — FILHO — A HUMANIDADE —
   A FORMA
```

Neste momento, perguntará o Filho de Fé arguto e atento:

— CAIM e ABEL, dentro desse conceito, como seriam interpretados?

— Boa a sua pergunta, Filho de Fé!

Raciocinemos, e a Luz do entendimento nos guiará para a resposta. Quando o *Princípio Espiritual* (Adão) desceu do Reino Virginal, interpenetrando o *Princípio Natural* (Eva), expressou ou concretizou suas Afinidades Virginais na Forma (Filho). Assim é que devem ser entendidos Caim e Abel.

Podemos também lembrar que Caim matou Abel.

CAIM seria o PRINCÍPIO DO MAL, enquanto ABEL seria o PRINCÍPIO DO BEM, os quais seriam expressos na FORMA, ou seja, as Afinidades Virginais teriam seus aspectos negativos, os quais se expressariam através do egoísmo, inveja, domínio, poder e agressividade.

Os aspectos positivos dessas Afinidades Virginais seriam a fraternidade, cooperativismo, união e mansidão, todas essas virtudes associadas ao Amor.

Do ponto de vista moral, podemos afirmar que todos os Seres Espirituais, no Reino Natural, têm Caim e Abel consigo mesmos. Nossa tarefa é fazer o oposto do que Caim fez a Abel. Sufoquemos em nós o Caim e façamos força para que o Abel sobreviva em todos nós para sempre.

Assim, nem de leve esgotamos o assunto. Em poucas linhas, tentamos mostrar a visão da Umbanda sobre ADAM-EVA — CAIM-ABEL. Falta-nos dizer que o casal mítico teve um 3º filho, pouco lembrado, o qual é denominado SETH. Para que não fique perdido, diremos que Seth seria o *VERBO*, que, após Caim e Abel, faria o homem reascender aos planos mais elevados do Universo, onde se agita a vida das Almas já enobrecidas pelo Amor e Sabedoria.

Após termos explicado o porquê do termo Adâmico, repisemos que, na Raça Adâmica, a nossa humanidade já tinha recebido os Estrangeiros, *a priori* de planetas mais evoluídos de nossa própria galáxia. Mais uma pergunta deve estar na mente do Filho de Fé: — Como esses Seres Espirituais vieram ao nosso planeta e por quê? Vamos à resposta:

— Vieram ainda pelos processos naturais vigentes no *Homo brasiliensis*, que em futuro seria chamado por outros setores de *Homo hominis*. Somente a passagem pelos reinos naturais era muito mais rápida, mesmo porque já tinham estagiado num planeta que praticamente estava bem próximo dos padrões terráqueos, mas que já estava terminando sua jornada evolutiva, que era o planeta Marte. Não estamos, com isso, dizendo que o planeta Marte é o mais evoluído de nossa galáxia. Não, mas dentro de sua evolução, ou seja, naquilo que havia sido determinado, sua coletividade havia obtido sucesso, indo habitar outros sítios do Universo. Vieram coletividades decaídas de Vênus, Júpiter, Saturno e outros. Entendam como "decaídos" Seres Espirituais retardatários[5], para os quais a única maneira de serem impulsionados na senda evolutiva seria virem como degredados para planetas inferiores ou que estavam no início de sua jornada. Assim, aconteceu a migração desses Seres Espirituais para o planeta Terra. Nesse período da Raça Adâmica, o relevo terrestre era completamente diverso do que conhecemos na atualidade, e muitos continentes que conhecemos e hoje estão separados pelas águas, naquelas épocas, não o eram.

Dissemos que no Brasil a humanidade surgiu, mas não foi somente aí que ela ficou. Com o decorrer dos tempos, ocorreram migrações para outras plagas, *a priori* para as Américas, e depois para a Ásia e a África também. Esse processo migratório, além de físico, pois o relevo permitia, também foi impulsionado pelas migrações espirituais. Através delas, muitos Seres Espirituais deixavam de encarnar em uma sub-raça de uma Raça-Raiz para irem animar novas correntes reencarnatórias, as quais, em outros locais, iriam formar a nova sub-raça que estava surgindo.

Em geral, da 4ª sub-raça até o início da 5ª sub-raça é que tínhamos o apogeu máximo da Raça-Raiz, para depois termos sua decadência ou perigeu, indo os mais adiantados constituir a 1ª sub-raça da Raça subseqüente. Neste momento, devemos conceituar que cada Raça-Raiz faz 7 sub-raças; 7 Raças-Raiz fazem 1 Período Mundial; 7 Períodos fazem 1 Ronda Kármica, e assim por diante, até esgotar-se o esquema evolutivo do planeta Terra.

Estávamos na 2ª Raça-Raiz, a Raça Adâmica, lembrando que a 1ª foi a Pré-Adâmica. Após 7 sub-raças, a Raça Adâmica cede vez a outra Raça, a 3ª Raça-Raiz, a *RAÇA LEMURIANA*.

Essa Raça se caracteriza pelo início dos processos de conscientização e aplicação das LEIS DIVINAS, que desde aqueles tempos longínquos chamava-se AUM-BAN-DAN. Estamos já no meio da 4ª sub-raça Lemuriana, com quase todo o planeta ocupado pela humanidade, quando surgiram no planeta estrangeiros de outra galáxia, os quais, em tempos passados, tinham orientado outros planetas de nossa galáxia, muito principalmente os mais evoluídos, tais como Saturno, Júpiter, etc.

Assim, num dos mundos de uma galáxia distante, sua coletividade afim tinha alcançado níveis evolutivos inimagináveis, tinham banido o "Caim" definitivamente de seus egos. Quando digo que tinham banido, digo a grande maioria, pois uma minoria retardatária ainda não o havia feito. Haviam tido as mesmas oportunidades que os outros, as mesmas condições, mas não tinham conseguido o nível dos demais.

Como a evolução não cessa, aqueles que evoluíram continuavam a evoluir, não sendo do direito e da justiça que esperassem até uma equiparação integral de todos. Entendamos como se estivéssemos em uma imensa sala de aula, onde a grande maioria passou para níveis superiores, enquanto outros não. Nessa "escola", só temos uma sala de aula, e como aqueles retardatários teriam também que evoluir,

---
5. São os estrangeiros... esses Seres Espirituais...

foram enviados a outra escola, e quando nela obtivessem o aproveitamento devido, retornariam às suas escolas afins originais, pois seus locais estariam a esperá-los. Assim, desceram para o planeta Terra. Entendamos que os estrangeiros dessas Pátrias distantes já estavam presentes na Raça Adâmica, e na Lemuriana apenas vieram em maior número, e de várias galáxias.

Assim, esses Seres Espirituais, em plena Raça Lemuriana, ficariam em contato com os simples, pois, perto deles, a humanidade terrestre, em sua grande maioria, era bem simples. Digo em sua grande maioria, pois os Filhos da Terra sempre foram em maior número em termos de contingentes de Seres Espirituais. Muitos daqueles Seres elevados, que havíamos chamado de *Tubabaguaçus*, já de há muito não reencarnavam no planeta Terra; uns já tinham voltado a seus planetas de nossa própria galáxia, outros aos seus "mundos distantes" em galáxias que não a nossa. Alguns tinham ficado no campo astral do planeta Terra e, em conjunto com a Hierarquia Crística, ajudavam na evolução do planeta, ou melhor, de sua humanidade.

Neste exato momento, queremos reafirmar que todo o orbe terreno já estava com sua população, algumas ainda bem primitivas. Foi aqui mesmo no BARATZIL (Brasil) que surgiu o *Homo brasiliensis*, embora muitos pesquisadores ainda procurem na África, em especial em terras etíopes, os fósseis da 1ª humanidade. Em verdade, essas terras foram as primeiras a serem habitadas após a América, juntamente com os atuais Egito e Sudão, além de outras plagas africanas. Todo esse processo, como vimos, obedeceu sábios planos etnoespirituais dos Prepostos de Jesus. Ao falarmos em Prepostos de Jesus, lembramo-nos da Hierarquia Crística e do Cristo Jesus, o Qual havia, como TUTOR ESPIRITUAL, se responsabilizado pelo planeta Terra. A Misericórdia do Senhor Jesus albergou em Seu seio todos os Filhos errantes (estrangeiros) do Universo que estariam vibratoriamente afins ao planeta Terra.

Assim, entendemos que muitas arestas tinham sido aparadas na Raça Lemuriana, e que é no final dessa Raça que surgem os grandes MAGOS, que eram conhecedores profundos das Leis que regem a mecânica do Micro e do Macrocosmo, e sobre eles podiam interagir. Mantinham contato direto com seus superiores. Eles mesmos tinham poderes que, em relação aos demais, eram supranormais. Assim, extinguia-se a Raça Lemuriana, abrindo passagem para a RAÇA ATLANTE, a qual seria poderosa por sua sabedoria e grandes feitos cósmicos. Mas, por motivos vários, dentre os quais citaremos a interferência de Seres Espirituais de baixa estirpe, foram os atlantes se perdendo em mesquinhos e comezinhos desejos, os quais logo começaram a exaltar a vaidade, o egoísmo, a inveja, o autoritarismo e muito principalmente o magismo como Força Negra para atacar e subjugar seus iguais em condições de menor poder. Houve verdadeiras GUERRAS NEGRAS, em que o ódio e o sangue varriam templos que possuíam um passado glorioso e sagrado. As reações não se fizeram demorar, sob a forma de grandes catástrofes, hecatombes sem fim. Era a própria Terra que, como força de reação, tentava expulsar seus "marginais", já que eles haviam trazido um clima de ódio e vingança, e ativado "marginais cósmicos" de todas as partes. Tinham também manipulado de forma agressiva e inferior os vários reinos da Natureza, e com eles os Seres Espirituais que estagiavam nos sítios da Natureza, acarretando-lhes um karma pesado e negro, fazendo-os encarnar já com pesados débitos, devido a grandes delitos em que foram veículos de seus manipuladores. Nesta altura, o Filho de Fé deve estar entendendo como deve ter ficado nosso planeta em nível de matéria astral e mesmo mental. Saturou-se de elementos perigosíssimos, que trouxeram gravíssimos danos ao Organismo Astral, e daí as grandes moléstias, algumas perseverando até hoje em nossa humanidade.

Assim, o planeta viu cair por terra a portentosa Raça Atlante, a qual não soube manter-se acima dos desejos inferiores e belicosos de outros seres que faziam parte também de nossa humanidade. Foi uma Era onde o egoísmo e o personalismo substituíram a cooperação e a fraternidade. Claro que isso aconteceu com a maioria, mas uma minoria ainda guardava as "Tradições dos Tempos de Ouro", e foram esses que velaram a TRADIÇÃO OCULTA. Foi nessa época que as Ciências foram ocultadas, a Tradição deturpada e que as cisões se iniciaram. É realmente o Babelismo, a verdadeira TORRE DE BABEL. Houve muita confusão, iniciando-se uma inversão dos valores morais-espirituais, mágicos, kabalísticos, etc.

Mas uma minoria ainda guardava e velava a Tradição, consubstanciada na Raça Vermelha, na Raça Negra e na Raça Amarela. Velariam pelos processos da Síntese Religiosa, Científica, Filosófica, Artística, etc. Velariam pela própria Lei Divina. Velariam por AUMBANDAN — o conjunto das LEIS DIVINAS.

Nesses convulsionamentos, a Hierarquia Crística sempre enviava seus Emissários, na expectativa de banir a ignorância e o ódio, incrementando a Luz da Sabedoria e do Amor.

No ocaso da Raça Atlante, arrasada pelos próprios atos desmesurados, surge a RAÇA ARIANA, como a possível restauradora da *Tradição Oculta* que se esvaíra. É grande no Astral a expectativa por essa 5ª Raça Raiz, a expectativa de reaver à humanidade a dignidade perdida. Surgem as raças de epiderme clara. Temos nessa época os vermelhos em menos número, os negros em decadência quase completa e os amarelos, que seriam o equilíbrio, parecendo amedrontados, reagindo sempre agressivamente.

Mas no Egito, na Índia, na própria Europa e na América surgem os Grandes Patriarcas; não nos esqueçamos que Prepostos de Jesus fixaram seus Fundamentos, como RAMA, como KRISHNA, como PITÁGORAS, como JETRO, como MOISÉS, como DANIEL, todos eles preparando, como realmente prepararam, o advento do próprio MESTRE JESUS, o Qual, com Seu sangue, viria redimir essa humanidade ingrata.

Em capítulos futuros nos ateremos mais devidamente ao que ora falamos apenas superficialmente, mas como o Filho de Fé pode perceber, aí está o motivo para tantos desencontros, tantas guerras e sofrimentos em nossa humanidade atual.

Mas o tempo já passou, é hora de reconstruir, e vamos reconstruir. Peguemos a obra com Amor e Sabedoria que reconstruiremos ceitil por ceitil, como já nos dissera o Cristo Jesus.

Após quase 2 milênios do Advento Cristão, ainda se demora o homem em guerras fratricidas, em egoísmo destruidor. Fala-se em Estado, em fronteiras, mas qual o Estado que não pertence à Terra? Quais serão as fronteiras da intransigência humana? Não bastou a queda de impérios portentosos? Parece-nos que a memória não é o forte de nossa humanidade. Ligamo-nos e sintonizamo-nos com Seres inferiores, degredados de nosso próprio planeta, que se encontram em regiões subcrostais em verdadeiras cavernas ígneas, no que há de nefando no submundo astral inferior. Explicaremos em outro capítulo esse difícil e estarrecedor quadro, em que figuras patibulares, alienadas e desviadas das Hostes da Luz se encontram, e como estão em perfeita simbiose com Seres iguais que se encontram aqui no plano físico denso em plena crosta e suas camadas próximas.

EVOLUÇÃO NO PLANETA TERRA

Filho de Fé, antes de prosseguir raciocine serenamente no que você já leu neste capítulo. Analisou? Interpenetrou nossas palavras com a mente e o coração? Se a resposta for sim, vamos avante; se for não, releia com calma, que seu entendimento se iluminará e dissipará suas dúvidas.

Nosso planeta, esse abençoado palco de mais de 5 bilhões de anos, tem presenciado um sem-número de transformações em sua morfologia e função. Lembremo-nos da PANGÉIA: nela, temos a *Terra de Gondwana*, ou seja, a LEMÚRIA que compreendia a América do Sul, a África e a Oceania, e dentro dessa a própria *Terra de Mu* ou ATLÂNTIDA.

Por vários motivos esses continentes, que eram unos, separaram-se, dando a configuração atual da Terra. Mas é importante entendermos que nem sempre foi assim. Para entendermos melhor os mecanismos evolutivos em nosso planeta, entendamos que ele é um geóide em sua forma, isto é, arredondado e achatado nos pólos. Nossa Terra pode ser dividida em camadas, que são:

a) *Atmosfera* — a camada gasosa que nos envolve
b) *Hidrosfera* — a camada líquida
c) *Litosfera* — a camada rochosa
d) *Biosfera* — os seres vivos em nosso planeta.

Interesse especial para nós terá a atmosfera e a litosfera. Sabemos que a atmosfera corresponde a aproximadamente uma camada de mil quilômetros, subdividida em faixas. A faixa mais próxima da Terra, a

TROPOSFERA, começa com a superfície terrestre e vai até uma distância de 12 km; a seguir temos a ESTRATOSFERA, que compreende uma faixa que vai de 12 a 80 km; depois, temos a IONOSFERA, acima de 80 km.

Sabemos que os principais elementos que constituem nossa atmosfera são o nitrogênio e o oxigênio, numa proporção aproximada de 4:1, respectivamente, embora tenhamos também outros elementos mais raros. Atente, Filho de Fé, pois isso é essencial para o prosseguimento de nossos estudos.

Assim, vimos a Terra e as camadas acima de sua superfície. Vejamos agora as camadas que compõem nossa superfície e seu interior.

A litosfera ou crosta terrestre compreende a camada externa, com a espessura aproximada de 50 km. Há uma divisão, que também aceitamos, em 2 subcamadas: SIAL e SIMA.

- SIAL — parte superior da litosfera — corresponde ao solo e subsolo — é composta de rochas graníticas e sedimentares e dos minerais sílica e alumínio, e eis o porquê do sial (silício e alumínio) — a espessura aproximada de 15 a 25 km.
- SIMA — é a porção inferior da litosfera, predominando nela as rochas basálticas e os minerais silício e magnésio. Eis o porquê do sima (silício e magnésio) — temos uma espessura aproximada de 30 a 35 km.

Logo abaixo da litosfera temos o magma pastoso, e no centro da Terra temos o NIFE ou Barisfera, a qual é composta de níquel e ferro, materiais que dão importantes efeitos eletromagnéticos para o nosso planeta, tanto nos processos físicos como nos hiperfísicos, de que a Ciência oficial por ora nem desconfia. É interessante frisar que o raio da Terra, nas proximidades do Equador, é de aproximadamente 6.300 km. Nossa Ciência terrestre, merecedora de nossa mais alta estima e respeito por suas aplicações e mesmo deduções, afirma que a cada 30 ou 40 m de profundidade a temperatura sobe na razão de 1°C. Em outras palavras, a 50.000 m teríamos uma temperatura de aproximadamente 1.700 a 2.000°C. Na verdade isso é válido apenas para determinadas profundidades, pois há lugares na subcrosta em que a temperatura é baixíssima, fenômeno esse que, por fugir completamente de nossa tarefa, não o descreveremos, mas não deixaremos de transmitir ao médium (cavalo), para que ele, dentro de sua própria Iniciação, a qual é infinita, possa entender melhor certos fenômenos naturais, que alguns querem ligar às "bruxarias". Não que o "cavalo" que usamos seja privilegiado, e só a ele daríamos a explicação do que acima expusemos; deixaremos a ele mesmo a oportunidade de revelar a quem achar de direito, dentro dos aspectos Iniciáticos, algo que não poderíamos escrever num livro de alcance geral.

Pelo que expusemos, o Filho de Fé deve entender que queremos nos aprofundar mais nos aspectos de nossa Terra, e é claro, nos aspectos ocultos ou hiperfísicos, mas não deixaríamos de fazer a integração entre o que é denso e o que é sutil.

Nosso sistema de estudo é um geóide, onde subiremos de 500 a 1.000 km da superfície, como também desceremos 6.300 km abaixo da superfície para melhor entendê-lo.

Para facilidade de estudo, consideramos a Terra como uma esfera onde, a partir de sua superfície, faremos 7 círculos concêntricos em sentido externo, como também faremos 7 círculos concêntricos da superfície para o interior da Terra. É claro que isso é bem didático, para melhor entendimento dos Filhos de Fé.

Cada círculo ou esfera corresponderá a um plano onde se agitam várias Consciências — gloriosas e vitoriosas, ou culpadas e derrotadas. Se por um lado a glória do Bem e da Vitória traz a humildade, a pureza e a sabedoria, a culpa ou remorso dos encarcerados no Mal os encaminha para a própria falência ou derrota, embora jamais queiram admiti-las, pois para essas Consciências das Trevas eles são os certos, e errados são os outros.

Para breve, o Filho de Fé entenderá melhor o que estamos dizendo. Voltemos aos planos da Terra.

Dissemos que são concêntricos, mas na realidade podem até coexistir numa determinada região. Eles se entrelaçam, as diferenças e fronteiras são apenas vibratórias. São e estão em freqüências dimensionais diferentes, mas, para fácil assimilação, entenderemos como regiões.

Veja o gráfico explicativo na página ao lado.

ASTRAL SUPERIOR
7ª CAMADA
6ª CAMADA
5ª CAMADA
→ **ZONAS LUMINOSAS**
Seres iluminados, isentos das reencarnações. Cumprem missão no planeta — estão se libertando deste planeta, muitos já estagiam em outros.

4ª CAMADA → **ZONA DE TRANSIÇÃO**
Espíritos elevados, que colaboram com a evolução de seus irmãos menores. Há também verdadeiros mundos de regeneração e transição.

3ª CAMADA
2ª CAMADA
1ª CAMADA
→ **ZONAS FRACAMENTE ILUMINADAS**
A maior parte dos homens que desencarnam no planeta. Estão em reparação e aprendizagem para novas encarnações.

SUPERFÍCIE → Homens encarnados

ASTRAL INFERIOR
7ª CAMADA
6ª CAMADA
5ª CAMADA
→ **ZONA SUBCROSTAL SUPERIOR**
Zona das Sombras
Zona "purgatorial" e de trabalhos regeneradores.

4ª CAMADA → **ZONA DE TRANSIÇÃO**
Entre Sombras e Trevas
Zona dos seres revoltados e dementados.

3ª CAMADA
2ª CAMADA
1ª CAMADA
→ **ZONA SUBCROSTAL INFERIOR**
Zona das Trevas
Zona dos seres insubmissos e renitentes ostensivos à Lei Divina.

Essa divisão das zonas ou camadas, fizemo-la para que houvesse um relacionamento entre as camadas da esfera física com as da esfera hiper-física. Todos esses planos, com suas camadas, são de uma densidade peculiar da matéria. Partindo da superfície terrestre, em que a matéria se agrega em sólidos, gasosos e etéricos, subindo para planos superiores, teremos a matéria mais rarefeita em densidade, surgindo assim a matéria astral e a matéria mental. Interessante que, em todos os planos ou zonas, possuímos as 2 matérias, ou seja, astral e mental. Somente no plano físico denso é que possuímos as 3, ou seja, física, astral e mental. É claro que essa matéria se subdivide em 7, diminuindo sua densidade e aumentando sua freqüência quando passamos da matéria física para a astral e dessa para a mental.

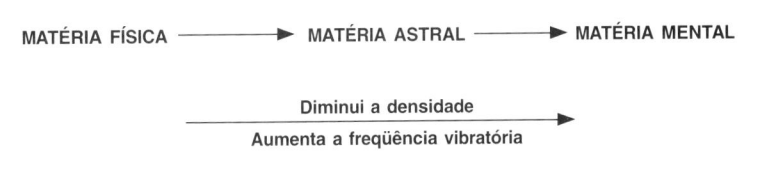

MATÉRIA FÍSICA → MATÉRIA ASTRAL → MATÉRIA MENTAL

Diminui a densidade
Aumenta a freqüência vibratória

Essas 3 qualidades de matéria-energia é que basicamente formam ou interpenetram respectivamente o plano físico, o plano astral e o plano mental.

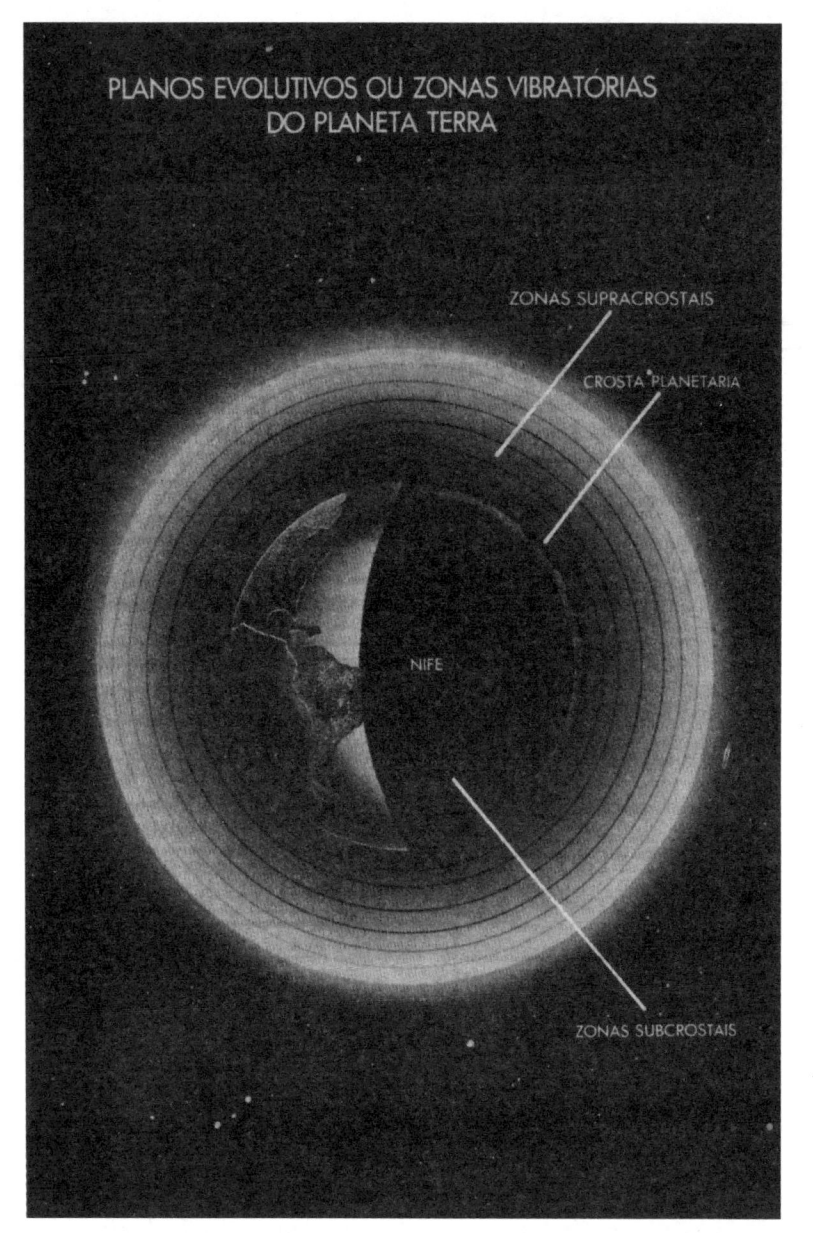

PLANOS EVOLUTIVOS OU ZONAS VIBRATÓRIAS DO PLANETA TERRA

- ZONAS SUPRACROSTAIS
- CROSTA PLANETÁRIA
- NIFE
- ZONAS SUBCROSTAIS

Assim temos:

PLANO FÍSICO
{ MATÉRIA FÍSICA DENSA
  MATÉRIA ETÉRICA

PLANO ASTRAL
{ MATÉRIA ASTRAL GROSSEIRA
  MATÉRIA ASTRAL SUTIL

PLANO MENTAL
{ MATÉRIA MENTAL GROSSEIRA
  MATÉRIA MENTAL SUTIL

Nos planos-limite entre o Universo Astral e o Cosmo Espiritual, temos um plano de matéria acima da mental, constituído de matéria simples, ou seja, o 1º aspecto da ordenação da Substância Etérica, que antes do poder volitivo das Hierarquias Divinas era indiferenciada. Esse é o primeiro aspecto, pois o segundo é o da antimatéria. É justamente nessa zona limite que estão impressas, em um veículo apropriado, as primeiras impressões que o Ser Espiritual, segundo sua própria tônica eternal individual, imprimiu na descida do Reino Virginal para o Reino Natural. É a sua *ficha kármica original*. É o retrato espiritual do Ser. Desde o primeiro instante, ela já registrou as qualidades e debilidades do Ser Espiritual que desceu, e é essa impressão nesse "Corpo", que foi chamado de **Psicossomático-karmânico** — nome que por ora não alteraremos, embora achemos o termo impróprio —, que qualifica qual a zona cósmica afim aos processos evolutivos de cada Ser. Em última análise, é o "raio X do Ser Espiritual". É o exteriorizador e concretizador de que o Ser Espiritual evolui e de onde se situa perante seu próprio karma causal. Aliás, é devido a esse próprio karma causal que, como disse, foi concretizada a sua tônica nesse veículo em forma de tendências, qualidades, consciencial, habilidades, etc.

Esse veículo é como se fosse o passaporte que o Ser Espiritual tem para "entrar" em determinada zona cósmica e lá seguir a escala evolutiva que lhe for afim. É também o modelador dos veículos subseqüentes do Ser Espiritual, os "***corpos*** ou ***veículos***" que serão imantados segundo a "carta-código" desse corpo psicossomático-kármico. Com o mapa kármico em mãos, iniciam-se os processos de formação do 1º corpo de expressão real do Ser Espiritual, o "***corpo*** ou ***alma do espírito***". É o plasmador das Afinidades Virginais, ainda composto de *substância una* com certo arranjo em sua estrutura, a qual chamaremos de matéria mental. É uma espécie de "invólucro" da Individualidade. É a individualidade plasmada. É o transdutor ou decodificador do Psicossomático-karmânico para os demais corpos; tem consigo as informações para a estrutura e constituição dos demais veículos, sendo pois, com muita propriedade, também chamado de "*Corpo Causal*". O veículo subseqüente é o *Corpo Mental* propriamente dito, já constituído de *matéria mental organizada,* isto é, totalmente diferenciada. É a sede eletiva da percepção-consciência e inteligência do Ser Espiritual. É de ação e execução no mundo das formas. Após citarmos esses últimos veículos, digamos que eles formam o **ORGANISMO MENTAL**. Após formado o organismo mental, se prepara o Ser Espiritual, com a intercessão de Arquitetos do Astral, para imantar sobre si outros veículos de suma importância para sua evolução, quer seja no plano astral, quer seja no plano físico. Vejamos pois como adquire ou imanta sobre si esses veículos. O próximo veículo é o *Corpo Astral Superior* ou *Puro*. Esse veículo é essencialmente plástico, dando origem à morfologia ou Forma segundo os ascendentes do organismo mental. O primeiro corpo astral adquirido, que irá servir de arquétipo para os futuros, chamaremos de *Matriz Astral*. Ele é muito ideoplastizado, ou seja, assume sua forma segundo as idéias geradas pelo organismo mental. É o chamado "perispírito" por outras correntes evolucionistas no planeta. Constitui a sede dos desejos, das emoções e da afetividade. Mais uma vez afirmamos que o mesmo reflete o ESTADO CONSCIENCIAL DO INDIVÍDUO. É rudimentar ou sublime, segundo o estado evolutivo do Ser Espiritual. O estado evolutivo do Ser Espiritual que faz uso de um corpo astral pode determinar aparências angelicais ou bestiais nesse veículo de MATÉRIA UNA já diferenciada em *matéria subatômica* ou *subiônica*.

Atua no Corpo Físico através do *sistema nervoso central* e daí ao *periférico* ou *parassimpático* ou *simpático*. Seu posicionamento em relação ao corpo físico é o de circundá-lo, em sentido horário ou anti-horário. Segundo o Ser Espiritual seja masculino ou feminino, respectivamente. Sua posição fundamental é à esquerda do corpo físico, ligeiramente inclinado, obedecendo em geral o eixo inclinado de 23,5°. Está inclinado ao corpo físico, só desligando-se totalmente no fenômeno da chamada morte, em vários pontos-chave, sendo 3 de vital importância.

O mais superior se liga através de um **CORDÃO VIBRATÓRIO** (campo) que emerge do Corpo Astral, inserindo-se no encéfalo e lá se repartindo em todos os centros nervosos, tais como os sistemas límbico, hipotalâmico, cortical, cerebelar, bulbopontino e medular. É de cor dourado-azulada. O 2º cordão vibratório se engasta no precórdio, no plexo cardíaco, sendo um dos responsáveis pelo automatismo do coração, independentemente da inervação parassimpática (inibidora) e simpática (ativadora). É um automatismo próprio, que provém das freqüências do corpo astral. Em outro livro, gostaríamos de dar maiores detalhes sobre esse cordão vibratório e o porquê das tão famigeradas e temidas, pela Medicina terrena, arritmias cardíacas. É claro que também há as arritmias do 1º cordão vibratório, sendo essas chamadas de arritmias cerebrais.[6] Sua cor vibratória é prateado-amarelada. O 3º cordão vibratório proveniente do corpo astral se engasta no corpo físico na região do plexo sacral, onde se dicotomiza várias vezes, sendo responsável pelos processos inferiores dos fenômenos vegetativos no indivíduo. É coordenado pelos 2 cordões já citados, que lhes são superiores. Sua coloração é vermelha com laivos amarelos. Entendemos pois que esse veículo de matéria astral tem seus tecidos de sustentação e de constituição formados por unidades morfofisiológicas vitais; as células físicas lhes seriam cópias grosseiras. Determinados compostos de unidades vitais formam os **NÚCLEOS VIBRATÓRIOS**, que em outras Escolas são chamados de **CHACRAS** ou **RODAS**. O vocábulo é de origem nheengatu — *sha caá aara* — (força que ilumina a natureza ou poder de absorver ou emitir energias naturais). Temos 7 mais importantes. O 1º é o *Coronal*, que se assenta, no corpo astral, no alto da cabeça, em sua região póstero-superior, apresentando uma proeminência iluminada para mais ou para menos, segundo o grau evolutivo do Ser Espiritual. Sua cor é branco-azulada com laivos dourados. O 2º núcleo vibratório é o *Frontal*, que se localiza na região frontal interorbital; sua cor é amarelo-prateada. O 3º núcleo é o *Cervical*, que se as-

---

6. São as tão famigeradas epilepsias ou devido a algum processo expansivo (tumor).

senta na região que intermedeia o tórax e a cabeça. É de cor vermelho puro com laivos dourados se bem desenvolvido, esverdeado-escuros quando se encontra com bloqueios. O 4º núcleo é o **Cardíaco**, assentando-se na região intermamária, ou seja, no meio da região torácica, se fosse no corpo físico. Sua cor é o verde puro, tendo laivos amarelo-dourados se estiver em atividade superior. Caso contrário, sua cor é verde-escura com laivos escarlates. O 5º núcleo vibratório é o *Gástrico* ou *Solear*, que se assenta na região abdominal superior. Sua coloração é alaranjada pura, bem brilhante. Se estiver em atividade superior, é alaranjado com laivos verde-musgo; caso contrário, é alaranjado-afogueado com raios verde-escuros. O 6º núcleo vibratório é o *Esplênico*, que se assenta próximo da região umbilical (se fosse no corpo físico). Sua coloração, em atividade superior, é azul-clara com laivos anil-brilhantes; caso contrário, é azul-escura com laivos roxos. O 7º núcleo vibratório é o *Genésico*, que se assenta na região hipogástrica. Sua coloração é o violeta-claro. Sua atividade superior gera a coloração violeta com laivos dourados; caso contrário, é roxo-escuro-avermelhado com laivos acinzentados.

Queremos ressaltar que cada núcleo vibratório principal divide-se em 7 núcleos secundários, e esses em terciários, etc.

Filho de Fé, estamos nos aprofundando em nossa constituição astral; tenha serenidade e mantenha sua atenção, pois vamos prosseguir.

Tendo constituído o corpo astral, o qual descrevemos parcialmente, o Ser Espiritual imanta sobre si outro veículo. Esse 5º veículo é de objetivação maior para o mundo das formas densas, envolvendo o corpo astral puro como um recipiente cristalino. Dá à Forma certa consistência. Impede que a matéria astral, que é muito plástica, sofra modificação substancial em sua forma. Não permite que a forma do corpo astral puro seja alterada. Regula suas energias básicas e metaboliza suas substâncias, as quais exsudam sobre si dando origem ao Condensador Etérico. Esse veículo é o **Corpo Astral Inferior**, um invólucro do corpo astral superior, sendo altamente energético, em virtude de manter o arranjo e a arquitetura do corpo astral puro. Dele parte um arranjo atômico propriamente dito, o qual constitui o Condensador Etérico ou **Corpo Etérico**; esse 6º veículo é a sede transmutada de todos os processos energéticos dos veículos superiores ao veículo físico, do qual ele faz parte integrante. É nesse Corpo Etérico que acontecem os fenômenos da absorção de PRANA[7] ou metabolização intermediária do prana astral para o prana físico. Esse corpo é um intermediário entre o físico denso e o corpo astral. Está para o corpo físico assim como o corpo astral inferior está para o corpo astral superior. Está intimamente ligado ao corpo físico denso, sendo decomposto com ele no fenômeno da chamada morte. O corpo etérico é composto de 7 camadas. As 3 camadas mais sutis são agregadas ao corpo astral inferior, e as 4 camadas mais densas interpenetram o corpo físico denso, estando aí o porquê de dizermos que está intimamente ligado a ele. É também uma projeção astral e física de transformações importantes, sendo um dos principais constituintes do *aura humano*.[8] É através dele que há uma concretização das *linhas de campo* ou *linhas de força*, que virão a formar ou condensar a matéria astral em matéria física propriamente dita. Os núcleos vibratórios do corpo astral puro (*chacras*) enviam, através dos campos vibratórios, as forças sutis da Natureza, as quais, por equivalência no corpo físico denso, formam todo o sistema neuroendócrino. Assim, no corpo físico denso temos plexos e glândulas como órgãos equivalentes aos núcleos vibratórios do corpo astral puro. Falávamos do corpo etérico, o qual se apresenta, como realmente é, um invólucro superior do corpo físico denso. Sua coloração, em geral, é azul-acinzentada. Está engastado no corpo físico denso, e a partir de sua superfície tem uma espessura de 7 a 14 cm, dependendo da vitalidade do Ser encarnado. É também um dos componentes do AURA TOTAL. Aura total é a emanação fluídico-magnética luminosa que representa a atividade e vitalidade do psicossoma do Ser encarnado. Ao encerrarmos o corpo etérico, lembremos que tudo está

---

7. Prana: Energia vital proveniente do Sol e absorvida pelos seres vivos.
8. O aura humano é formado de uma parte energética externa e uma parte energética interna. A parte externa faz a conexão entre os processos energéticos do corpo etérico e físico denso (4 camadas). A parte interna faz a conexão entre os processos energéticos do corpo etérico e o corpo astral inferior. Assim, podemos dizer aura externo e aura interno.

pronto para o surgimento do corpo físico denso. O 7º veículo do Ser Espiritual é o **Corpo Físico Denso** propriamente dito, o qual é constituído de átomos que, em combinações, formam moléculas sólidas, líquidas e gasosas. É constituído de unidades morfológicas e funcionais fundamentais, chamadas células. Essas, diferenciando-se, geram os vários tecidos, e esses geram os órgãos, os quais formarão os vários sistemas, que em conjunto formam o organismo físico. Nesta altura, cumpre ressaltar que não expusemos como o Ser Espiritual imantou sobre si todos os veículos, nem como se processaram na intimidade do Ser todos esses fenômenos. Quando em outro capítulo citarmos os *elementares*, explicaremos detalhadamente todos os processos da passagem do Ser Espiritual pelos reinos mineral, vegetal e animal, embora já tenhamos falado superficialmente sobre isso em outros tópicos deste livro.

O Ser Espiritual, com seus veículos de expressão já constituídos, está apto para o início da jornada no mundo das formas, através do nascimento. Antecedendo o nascimento, vejamos os processos pelos quais passa o Ser Espiritual que recebeu o *passe* do reencarne. Haveremos de entender que nenhum caso é igual ao outro. Existem semelhanças, mas igualdades nunca, nem mesmo nos gêmeos idênticos. Com isso, afirmamos que não se tem um paradigma do fenômeno do nascimento, como para a morte também não. Não há bom ou mau nascimento, nem boa ou má morte; existem simplesmente o nascer e o morrer, os quais obedecem a elevados planos de justiça da Lei Divina.

Após essas considerações, é importante que o umbandista consciente tenha um razoável conhecimento e compreensão dos porquês e dos mecanismos de ordem moral-espiritual relativos aos fenômenos do nascimento (reencarne) e da morte (desencarne).

Tenhamos em mente que o nível consciencial dos diversos Seres Espirituais encarnados é polivariável, e isso explica-se pelo fato de que nem todos os Seres Espirituais vieram de um mesmo *locus kármico* (outros planetas, galáxias, etc.). Mesmo aqueles que desceram do Reino Virginal, não vieram na mesma época, podendo alguns, até, ter encarnado milhares de anos antes. É claro, pois, que tenham maiores facilidades de aprendizado, como tenham também conquistado maiores riquezas espirituais, tais como sentimentos elevados e apurada sensibilidade de ordem astral-espirítica. É o mesmo que observamos, por exemplo, nos bancos escolares terrenos, onde em uma sala de aulas temos alguns Seres Espirituais que aprendem facilmente as lições, enquanto outros, por mais que se esforcem, não conseguem bons níveis de aproveitamento no aprendizado.

Claro está que aquele que tem maiores facilidades seguramente, em uma ou várias encarnações, já esteve ligado ao que atualmente estuda, ou, em verdade, hoje apenas revê. Não estamos com isso tendo uma visão conformista; achamos que, se não temos as facilidades de que outros usufruem, é porque, além de começarem antes, se auto-esforçaram e conquistaram-nas. Por isso, devemos respeitá-los e jamais invejá-los, embora devamos seguir seus exemplos. O importante é que comecemos, que a hora seja agora, o melhor momento é este, pois se deixarmos o momento passar, sabe Deus quando teremos novas oportunidades?!

Esperamos deixar bem claro daqui para a frente que *reencarnação é sinônimo de evolução*. Não venhamos confundir a reencarnação, que é o Espírito ou Ser Espiritual retornar após a morte em um corpo físico novo e diferente do precedente, para seguir avante em seu processo evolutivo, com a *ressurreição*, que pretende ser ou fazer um corpo inerte, com todas as suas células já mortas, algumas até decompostas, voltar à vida, o que qualquer Filho de Fé que se diga umbandista sabe ser incoerente e não lógico.

Após essa ligeira elucidação, o Caboclo que ora conversa com você, Filho de Fé, entende que muitos e muitos Seres Espirituais que se internaram na reencarnação, através dos ditamos superiores da Lei, nem sempre fazem dela a escola, o hospital, o remédio ou mesmo a sala de estudos ou oficina de trabalho que ela deveria ser. Aí está o motivo das decepções, das angústias, dos dramas internos, culminando nos deslizes e retorno aos velhos hábitos e erros do passado. Certo está o axioma de que ninguém regride na senda evolutiva, mas seus veículos de expressão sofrem, como ação contundente em seus tecidos, todos os desmandos cometidos, alterando-lhes a constituição e desestruturando a forma de núcleos importantes no corpo astral, os quais só voltarão à normalidade após o Ser Espiritual reinternar-se nas correntes da reencarnação.

Antes de reencarnar, pois esse é, em última análise, o caminho evolutivo para o Ser que faliu ou delinqüiu, necessitará ele estagiar algum tempo nas regiões ou zonas do Astral que lhe sejam afins, e com o auxílio e apelo de seus superiores ou responsáveis pelo seu reencarne, estruturar detalhadamente a futura reencarnação. Serão rigorosamente observados os fatores morais que fizeram o Ser Espiritual falir em sucessivas reencarnações, incorrendo nos mesmos erros. Será observado, além do karma individual do Ser Espiritual, o seu karma grupal. Às vezes, para que uma reencarnação possa ter as maiores possibilidades de sucesso (sim, pois mesmo com tudo ajustado, o Espírito, fazendo uso de seu livre-arbítrio relativo, pode vir a falhar), são observadas não somente a última e a penúltima reencarnação, mas sim várias, além dos Seres Espirituais envolvidos no drama kármico do indivíduo reencarnante.

A finalidade para quem reencarna é a reparação, o aprendizado, a aquisição de novas experiências que venham enriquecer as faculdades nobres do Ser Espiritual. Visa a reencarnação acabar com velhas e renhidas inimizades, reajustar e reparar velhos enganos, ignominiosos crimes e delitos que às vezes firmaram no tempo escabrosas histórias de sangue e sofrimento. Necessário que vítimas e algozes se reencontrem e se ajustem, olvidando-se as ofensas, destruindo-se as mágoas e o ódio e construindo-se para todo o sempre o bem maior, a afinidade, o puro e verdadeiro Amor das Almas. Escrever para os Filhos de Fé é simples e fácil; agora, o Ser Espiritual colocar em prática o que apregoamos em linhas anteriores, é tarefa hercúlea, dele exigindo uma grande dose de humildade, vontade e fortaleza moral, algo que de sobejo sabemos ser muito difícil, inclusive nas mais "boas criaturas" encarnadas no planeta Terra. Mas não desanime, somos herdeiros da Luz da Coroa Divina, trabalhemos para nos elevarmos. Iremos trabalhar; eis uma das grandes tarefas da Sagrada Corrente Astral de Umbanda. Dizíamos que para o reencarne ser coroado de êxitos, claro que segundo o grau de merecimento e o grau evolutivo do Ser que vai reencarnar, os mínimos detalhes são projetados, estudados e supervisionados, sendo que na maior parte das vezes essa supervisão se estende de "Astral a Astral", ou seja, antes do reencarne, durante a reencarnação e após o desencarne. Nessa projeção da futura reencarnação, além de uma série de ajustes nos tecidos sutis do corpo astral, o futuro corpo físico é demoradamente estruturado segundo as necessidades do Ser Espiritual reencarnante. Anatomia e fisiologia são exaustivamente estudadas em conjunto com o Espírito reencarnante. Sua constituição física, a estética, o magnetismo pessoal, tudo é minuciosamente projetado para que a reencarnação tenha o máximo de proveito e sucesso. Dizíamos que a beleza do Ser Espiritual, com todo o seu patrimônio magnético, na maior parte das vezes constitui-lhe pesado fardo, mas às vezes essa beleza é até necessária dependendo do meio em que o Ser Espiritual for atuar. Servir-lhe-á de provas, como também, através de seu magnetismo, direcionará vários outros Seres Espirituais que de alguma forma estão a ele ligados no encadeamento do tempo-espaço. Assim, também os grandes missionários reencarnados poderão vir ou não com uma constituição de rara beleza. Eles, devido aos seus grandes créditos, é que escolherão; é prerrogativa deles. O Ser Espiritual reencarnante que se encontra em evolução, sem grandes créditos, mas sem grandes débitos perante a Lei, após ser estudado por "Técnicos Siderais da Forma", recebe a sugestão desta ou daquela conformação física, desta ou daquela debilidade, tudo visando, é claro, equilibrá-lo perante a Lei. Logicamente, o "mapa reencarnatório", uma espécie de gráfico com dados básicos para o futuro Corpo Físico, de posse dos Senhores dos Tribunais Kármicos afins, terá que ser seguido, pois, como já informamos, desregramentos e deslizes de ordem mental, astral ou física do Ser Espiritual encarnado podem, após o desencarne, trazer desequilíbrios de grande monta ao corpo mental e muito principalmente ao corpo astral, o qual poderá conter as maiores aberrações, com formas atormentadas e completamente degradadas, ou até animalizadas, como ainda veremos neste capítulo. A reencarnação ou várias reencarnações, dependendo do Ser Espiritual, é o único remédio para reequilibrar os núcleos vibratórios do corpo astral, fazendo com que sua forma se refaça. Assim, o corpo físico denso servirá de "filtro kármico". Muitas doenças da face terrena têm essa explicação, e por mais que se aprimorem os abnegados cientistas da Medicina terrena, ainda não suspeitaram que estão tratando apenas de efeitos, já que a etiopatogenia é de ordem astral. É difícil entender que o próprio desequilíbrio organocelular é remédio salutar ao corpo astral, que em verdade é o que está doente. Antes de darmos seguimento aos nossos informes, deveremos entender os tipos de reencarnação. Ao Filho de Fé já dissemos que nenhuma reencarnação é igual a outra, mas, para facilitarmos o entendimento, e sem afastarmo-nos da realidade, dividiremos o reencarne em:

A. REENCARNAÇÃO DO SER ESPIRITUAL COM O CORPO ASTRAL ANÔMALO
  a. 1 — *Reencarnação compulsória ou inconsciente;*
  a. 2 — *Reencarnação semi-inconsciente;*
  a. 3 — *Reencarnação consciente.*

B. REENCARNAÇÃO DO SER ESPIRITUAL COM O CORPO ASTRAL NECESSITANDO DE EQUILÍBRIO
  b. 1 — *Reencarnação probatória;*
  b. 2 — *Reencarnação evolutiva.*

C. REENCARNAÇÃO DO SER ESPIRITUAL COM O CORPO ASTRAL SEM ANORMALIDADE
  c. 1 — *Reencarnação voluntária;*
  c. 2 — *Reencarnação missionária.*

D. REENCARNAÇÃO DO SER ESPIRITUAL QUE HABITA A 7ª ZONA DO ASTRAL SUPERIOR
  d. 1 — *Reencarnação sacrificial.*

Após essa ligeira e apagada, embora real divisão, explicaremos cada uma delas.

A. REENCARNAÇÃO DO SER ESPIRITUAL COM O CORPO ASTRAL ANÔMALO

A.1. *Reencarnação compulsória ou inconsciente*

Consideramos mui respeitosamente esses Seres Espirituais como se fossem doentes inconscientes que precisam de tratamento urgente; estando inconscientes não podem opinar se querem fazer ou não o tratamento. Nem o local em que farão o tratamento poderão escolher. Esses são Seres Espirituais que se encontram com a vestimenta astral completamente degradada, nas mais diversas formas. Foram Seres Espirituais endurecidos, que se encarceraram no mal, nunca cogitando de melhorar. Devido à insensibilidade, usaram e abusaram da Lei; uns foram até grandes pensadores, grandes cientistas ou sacerdotes do culto exterior. Usurparam a muitos. Os parricidas, os genocidas, os suicidas se enquadram nessa classe. Muitos deles demoram-se no "baixo mundo astral", arraigados às falanges dos "filhos das trevas", sendo subjugados pelos mesmos. Outros são os próprios "filhos ou gênios das trevas", que às vezes demoram-se milênios e milênios para saírem da insubmissão e insubordinação às Leis Divinas, alcançando a bênção da reencarnação. É claro que ninguém está condenado a penas eternas, pois somente o Bem é eterno, mas terão que galgar gradativamente e subir dos abismos que criaram para as zonas mais elevadas, por meio do sofrimento e experimentações várias, onde em um dia glorioso retornarão à razão e entenderão que só o Bem é realmente duradouro. Até lá, muitos e atrozes padecimentos os aguardam. Quem semeou ventos, só poderá colher tempestades. Reencarnação em corpos atormentados por doenças congênitas, tanto no âmbito das debilidades neuromentais (mongolismo, autismo e outras) como das doenças cardiovasculares (atresias, comunicações intercâmaras, transposições, etc.). Deformações físicas, paralisias, cegueira, além de muitas outras alterações os aguardam. Várias encarnações serão necessárias para despertá-los, encarnações em que abnegados Seres Espirituais lhes emprestarão por amor a bênção da maternidade e paternidade, visando despertar-lhes a consciência.

Assim, Filhos de Fé, muita atenção quando se depararem com esses Seres Espirituais encarnados, pois às vezes seu mediunismo poderá sentir alguns abalos, devido ao grande cortejo de Seres Espirituais completamente dementados ou sem corpo astral, os chamados **ovóides do astral**, que se ligam profundamente, como parasitas, ao Ser Espiritual reencarnado. São também pontes para o assédio de Seres perversos das zonas abismais, isto é, subcrostais, e que ferem profundamente, de forma contundente, o aura do médium ou sensitivo, o qual deverá munir-se de equilíbrio e suporte fluídico-magnético, através de cinturões de defesa vegetomagnética, com defumações ou banhos de ervas purificadores e regeneradores, bem como por elevados pensamentos e conduta exemplar. Esperamos ter sido claro em expressar nosso pensamento. Filhos de Fé, caminhemos avante em nossos apontamentos, sempre aprendendo e colocando em prática o aprendizado.

A.2. Reencarnação semi-inconsciente

A reencarnação semi-inconsciente, segundo nossa divisão, é aquela em que o Ser Espiritual necessita ser internado não em ritmo de urgência, como o do inconsciente, mas requer às vezes os mesmos cuidados, pois se há os períodos de lucidez, há os períodos de inconsciência, verdadeiros pesadelos para o Ser Espiritual nessa situação. Na maior parte das vezes, já não mais se encontram em zonas ou regiões do submundo astral, mas sim em entrepostos avançados dos "Emissários da Luz" em plenas sombras. Essas zonas são como se fossem um "Forte" para o qual muitos Seres semi-inconscientes são levados, recebendo socorros necessários, mas não podendo dispensar o ambiente vibratório do local, pois se assim fosse feito suas constituições astrais sofreriam impactos terríveis, podendo agravar já debilitadas condições. Muitas vezes estacionam, ou melhor, estagiam nesses "sítios intermediários" por vários anos. Raros conseguem, a par da dedicação dos mentores do sítio, melhorar rapidamente. Se pudéssemos qualificá-los através da patologia conhecida na superfície terrena, diríamos que muitos deles se deterioraram em sua personalidade, confundem o *hoje* com fatos de *ontem* mais ou menos distante, dependendo é claro do grau de endurecimento do Ser Espiritual. Com isso afirmamos que os alienados em todos os seus matizes, por imprevidentes que foram, sofrem sobre si mesmos os desatinos que fizeram aos outros, e é claro que acabam por ficar alheados, dementados. Há as neuroses, as psicoses, com todo seu desencadear de fatos e atos. Se no plano físico denso é doloroso observarmos um Ser Espiritual alienado, os Filhos de Fé haverão de entender quanto é pior ao Ser Espiritual que já perdeu seu corpo físico denso através da morte encontrar no outro lado da vida verdadeiros martírios, verdadeira loucura.

Mas não queiramos culpar a Lei, pois é ela a mesma que permite hoje o sofrimento ou a dor como um agente retificador. Com isso, poderiam os Filhos da Fé perguntar:

— Mas isso nos fere a sensibilidade, temos os nossos corações doídos diante de tanta miséria espiritual, e ninguém os ajuda? Onde estão seus tutores espirituais?

Caboclo responde:

— Filhos de Fé, todos os Seres Espirituais *tutores* não são insensíveis, e até conseguem certos créditos para seus pupilos; mas daí a intervir na própria Lei vai uma distância meridiana, mesmo porque sabemos que o único remédio para suas mentes semi-adormecidas são os entrechoques do sofrimento, os quais, tenham certeza, despertarão o Ser para uma realidade maior. A Lei é justa mas nunca verduga, e sim muito misericordiosa.

Passados os primeiros tempos, já melhorados em suas constituições mentoastrais, muitos deles trabalham como auxiliares dos Guardiães Vibratórios da zona que os acolheu. Querem fortalecer-se mais e mais, e, como não poderia deixar de ser, no trabalho em favor dos outros. Trabalharão para si mesmos, tornando-se portadores de alguns créditos, os quais lhes facilitarão o ingresso ou a internação na carne, para "início do tratamento". Se tiverem, além do mal e da discórdia, semeado, por mínimo que seja, simpatia e amizade, essas lhes servirão como passaporte para o mundo das formas ou reencarne. Há casos em que esses Seres Espirituais têm a cobertura direta de um grande Missionário, o qual ajusta por cima e por baixo (familiares e futuros pais) o momento exato do reencarne do Ser Espiritual que sem dúvida estará no reto caminho do soerguimento moral. Óbvio que não deverá esperar uma reencarnação de concessões ou facilidades. Haverá de ter momentos duríssimos; a dificuldade será a tônica central de sua reencarnação. Às vezes a doença insidiosa, os complexos, as manias, a inafetividade alheia, e mesmo a incompreensão no seio familiar, são pesados fardos que terá de levar sem esmorecer. Mas, se estiver proposto a evoluir, as luzes d'Aruanda (Plano Astral Superior), através de seus expoentes afins, lhes enviarão forças em forma de intuição, bom ânimo e alegria interior que não saberá o Ser Espiritual explicar sua origem mas sente-as, e assim consegue evoluir, e nessa encarnação melhorará muito, melhorando outros possíveis desafetos e desventuras do tempo ido. Assim, retorna ao plano afim de onde veio como vitorioso. Disse que retorna ao plano de onde veio, pois não lhe bastou ficar na Terra para desvencilhar-se de uma série de erros e culpas; é necessário que volte às suas últimas "origens", onde esteve e está engastado, magneticamente falando.

O vitorioso, perguntará o Filho da Fé, quanto tempo ainda terá de ficar nessa zona? Já vai reencarnar de novo?

A pergunta é pertinente, assim, atente:

Chamamo-lo de vitorioso, pois conseguiu parcialmente sanar seus erros, mas não esqueçamos que isso ocorre no âmbito pessoal. Quando na carne, em sua última encarnação, se reencontrou com vários Seres Espirituais, a maioria antipáticos e inflexíveis cobradores, aos quais terá agora que ressarcir, pois ele foi um dos causadores das antipatias sobre si mesmo. Passarão alguns anos — 10, 20, 50, 100 — até que seja possível reestruturar, com o maior número possível de seus credores, formas e meios para que, numa futura reencarnação, sejam quebradas para todo o sempre as cadeias do ódio, da vingança e da mágoa, e possam ser estruturadas, através de lágrimas e suor, as cadeias do Bem, da harmonia e dos laços indestrutíveis do Amor. Assim deverá seguir o curso evolutivo daqueles que se reerguerão. Aqueles que continuam no erro encontrar-se-ão mais culpados, e acumpliciam-se cada vez mais perante a Lei, sendo que, se não se esforçarem para evoluir, cairão cada vez mais na inconsciência, podendo chegar na deterioração total do corpo astral. Com o corpo mental desajustado, desestruturam-se e perdem o poder coesivo as células do corpo astral, o qual se desfaz, se transforma. É como se fosse uma "morte astral". O Ser fica em planos iguais, se é que assim posso me expressar, a Seres indiferenciados; é como se perdesse a Individualidade, em zonas já subcrostais. Já que não puderam evoluir na superfície, terão que se remediar no subsolo, a grandes profundezas, distância essa maior ou menor segundo maiores ou menores forem os desatinos do Ser Espiritual. São zonas subcrostais que se formam em verdadeiras cavernas, onde muitos dormitam nas profundezas da Terra, como vermes, outros como ofídios, batráquios, etc. *Não queremos dizer com isso que são animais*. Não. Degradaram tanto as consciências que seus *corpos astrais doentes*, os que ainda os têm, se AMOLDARAM *à forma mineral, vegetal ou animal. Eis o porquê de termos nos atido aos processos evolucionistas da vida no planeta Terra.* Quando falamos da função de alguns Exus Guardiães, explicaremos melhor essas zonas subcrostais e os Seres Espirituais a elas imantados.

A.3. Reencarnação consciente

A reencarnação consciente se processa quando o Ser Espiritual com o corpo astral doente está perfeitamente lúcido e consciente de sua doença e das causas dessa mesma doença, como também do medicamento-remédio para curar-se.

São Seres Espirituais que, embora tenham débitos perante a Lei, são menos debilitados, e já procuram meios para melhorar, cogitando os seus enganos e ilusões, como também sobre atos menos felizes que tenham praticado. A lucidez desses Seres Espirituais facilita-lhes o uso da memória, e com a orientação de seus "superiores", que manipulam em seus núcleos vibratórios certas zonas da memória ou arquivo vivo, podem eles ter ciência de seus erros não só na vida precedente mas também nas vidas passadas, sendo que esse aprofundamento no passado é feito de acordo com o grau de alcance e entendimento do Ser Espiritual que passa pelos processos de regressão. Essa regressão, que alguns estudiosos terrenos já estão investigando, é algo profundamente grave e de danos incalculáveis quando em mãos pouco habituadas nos misteres de perscrutar a Alma. Devassar a Alma não é obra para aventureiros e muito menos para satisfazer a curiosidade convencional terrena. Entende-se que a "regressão da memória-vida" é algo teoricamente fácil, mas isso nos planos especializados do astral superior, e mesmo assim não são todos os Seres Espirituais que passam pelo processo. É necessário que se tenha equilíbrio para melhor se conhecer, o que nesse caso é aplicado *sensu lato*. Nem todos podem se relembrar de tudo sem enlouquecer ou entrar em correntes de profundo remorso destruidor. Tudo tem sua hora e seu momento certo, como aliás diz o ponto cantado de terreiro: "Canta, canta, minha galo, que a folha da jurema ainda não caiu"...

Assim, aconselhamos aqueles que querem ajudar seus irmãos encarnados que o façam de outra maneira que não seja a "regressão", a não ser sob a supervisão astral direta de um "Centro de Recuperação do Astral Superior" ou de um Mestre Astral que tenha dado esse beneplácito ou lhes assista quando vierem a fazer o processo da regressão, e mesmo assim aconselhamos total e real prudência.

Mas voltando à questão central, os Seres Espirituais chamados por nós *conscientes* terão determinadas prerrogativas no "passe da reencarnação", bem como poderão ter acesso aos locais onde irão se internar através dos laços consangüíneos terrenos. Têm a facilidade, por créditos, de reencarnar no mesmo grupo familiar e continuar a tarefa de resgate e regeneração. Assim vão gradativamente evoluindo e, após determinado número de reencarnações, que varia para cada Ser Espiritual, superarão as deficiências em seu corpo astral e alcançarão novos patamares da Consciência, em planos ou zonas mais elevadas. Essa é a Lei: nem castigo, nem prêmio, simplesmente aplicação da Justiça em sua mais alta expressão.

Para finalizarmos, encontramos na corrente humana de umbanda muitos — a maior parte — dos Filhos de Fé pertencendo a esta classe. Felizmente, muitos deles estão procurando a melhora a passos largos, e para tanto ligaram-se ao Movimento Umbandista, onde resgatam, em expiações salutares através da mediunidade, os débitos contraídos no ontem. Que Oxalá os abençoe na tarefa de libertação e autoconhecimento.

B. REENCARNAÇÃO DO SER ESPIRITUAL COM O CORPO ASTRAL NECESSITANDO DE EQUILÍBRIO

B.1. Reencarnação probatória

As vidas sucessivas engastadas em vários corpos físicos, no fenômeno sábio e justo da reencarnação, atendem, como vimos, a esquemas evolutivos necessários ao Ser Espiritual.

Dentro das reencarnações, encontramos aquelas em que o Ser espiritual necessita redimir-se e aparar arestas definitivas em seu consciencial, aperfeiçoando seus veículos de expressão, em especial os núcleos vibratórios de seu corpo astral, que presidem a forma e a função do "Corpo dos Desejos". Para isso se processar, ainda no plano astral, o Ser Espiritual demora-se em longos aprendizados, em longas perquirições sobre as ações do passado, sempre orientado por sapientíssimos e experientes Emissários dos Senhores da Luz,[9] que visam equilibrar-lhes emoções, sensações e sentimentos, ajustando assim suas vestimentas de matéria astral (corpo astral). Antes de reencarnarem, são estruturadas atitudes, encontros com outros Seres Espirituais, visando a reparação e a redenção; a aparência física, doenças ou debilidades físicas e psíquicas; esta ou aquela dificuldade de ordem material; acréscimos vibratórios, pois todos os que estão debaixo da reencarnação de provas, além de todos esses fatores previamente estruturados, recebem como acréscimo o assessoramento direto de um dos mentores do plano afim, o qual irá acobertá-lo, orientá-lo e, dentro do possível, responsabilizar-se pela cobertura e pelos meios para que a reencarnação de seu pupilo alcance o sucesso desejado. Mais uma vez frisamos que citar ou comentar os meios para se obter sucesso na reencarnação é uma coisa e colocar em execução o planejado é outra. É necessário que entendamos que não há um determinismo, ou seja, nem tudo se processa como

---

9. Senhores da Luz: Orishas.

foi programado, como se o Ser Espiritual fosse um autômato ou robô. Óbvio está que o determinismo pode até existir, em forma de efeitos, como decorrência natural das ações. Também o uso total do livre-arbítrio ou livre escolha é aquisição de Seres Espirituais enobrecidos que alcançaram planos elevados na Hierarquia Cósmica. Quanto mais elevado em relação à Hierarquia, maior será o livre-arbítrio do Ser Espiritual, sendo a recíproca verdadeira. Com isso, afirmamos que quanto mais se autoconhece o Ser Espiritual, maior será a sua vontade e, sendo senhor de sua vontade, poderá decidir o que lhe seja melhor. Mas, como vimos, isso é fruto de um profundo amadurecimento espiritual.

Voltando à reencarnação de provas, a maior parte desses Seres Espirituais, quando encarnam na Corrente Humana de Umbanda, vêm como médiuns, na dita mediunidade probatória, onde lhes custa encontrar o equilíbrio, bem como também os Princípios mais elevados da Sagrada Corrente Astral da Umbanda. Embora sejam merecedores de nossa profunda admiração, são os que nos dão maiores tarefas no âmbito da vigilância, pois, estando em reencarnação de provas, precisarão provar para si mesmos e para os Tribunais do Astral competentes que estão se regenerando e evoluindo e nem sempre consegue-se o sucesso almejado e desejado. Mesmo não tendo anormalidades no corpo astral, necessitam de um equilíbrio em sua constituição mais sutil, que deverá vir através das linhas de força mentoespirituais, as quais são imantadas na constituição astral do Ser espiritual através de sua corrente de pensamentos, a qual deverá ser a melhor e mais pura possível, o que, convenhamos, não é tarefa fácil para o Ser Espiritual nessas condições. Mas terá, como vimos, o suporte vibratório-moral de seu "protetor espiritual", no caso de ser ele médium da Corrente Astral da Umbanda. Muitos desses cavalos, quando reencarnados aqui na Terra, esquecem os compromissos assumidos e ajustados lá em cima, no plano astral, antes de encarnarem. Alguns, enleados no materialismo convencional, desviam-se completamente do proposto e até passam longe de alguma instituição terrena tipo cabana, tenda ou terreiro de Umbanda. Conseguem isso por algum tempo. Depois, cansados e desiludidos, se encaminham aos terreiros na ânsia de alcançarem lenitivos para suas Consciências sôfregas e desequilibradas. Em raras vezes, conseguem alinhar-se com as diretrizes previamente traçadas e, na maior parte das vezes, adiam seus compromissos para uma possível futura reencarnação. É muito triste observarmos a posição desses Filhos de Fé, mas...

Outros, desde a tenra idade, são levados ao terreiro, ao fenômeno mediúnico, mas empolgam-se e podem pôr a perder muitas Consciências. Alguns infelizmente até conseguem, além de colocarem as próprias Consciências como joguetes, que se projetam ora para aqui, ora para lá. Alguns são levados a isso pelos entrechoques; esses, nós os escoramos, e se quiserem descambar, não os deixamos, visto imputarmo-lhes até doenças, que após curadas fazem-nos caminhar na linha justa do mediunismo, aplicando a caridade ao próximo e a si mesmo.

Em nossas habituais sessões, onde "montamos o cavalo" que usamos para escrever este livreto, afirmamos que em outro local também incorporamos em outro cavalo, o qual não gostava muito do trabalho honesto e tinha o péssimo hábito do furto. Hoje, nossa falange praticamente fica incorporada nele quase 12 horas por dia, não tendo ele tempo, depois, para qualquer outra atividade que não seja o sono, o descanso. Perguntarão os Filhos de Fé: — Mas ele não trabalha? Resposta: — Trabalha sim, além das quase doze horas de trabalho espiritual diárias, onde permitimos que receba algumas quireras (e nada mais). É o mesmo zelador do prédio onde vive; zelam pelo local sua esposa e seus filhos, enquanto ele, através de seu mediunismo, atrai também "zeladores espirituais" (Exus de Lei), impedindo o assédio de desocupados e marginais do Astral em seu "prédio" (mediunismo). Para nós, já é uma razoável vitória. Ontem ele furtava; hoje até dá seu suor em favor dos necessitados, em sua grande maioria credores do mesmo, de vidas passadas.

Ah! Filhos de Fé, os bastidores do Astral de "terreiro" têm seus dramas, cenários e ajustes. Um dia, quem sabe, retornaremos mais acuradamente ao assunto...

Para encerrar, afirmamos que para nosso regozijo, muitos dos Filhos de Fé, esses mesmos que estão em reencarnação probatória após várias reencarnações — pois não é em apenas uma ou duas que se consegue sair das correntes reencarnatórias probatórias — alcançam novos níveis conscienciais, que os habilitam a entrar em correntes reencarnatórias evolutivas. Logo que demonstrem essa condição, é dado, com o aval do Tribunal do Astral de Instância Superior, o *passe* para a entrada em reencarnações evolutivas.

B.2. Reencarnação evolutiva

A reencarnação evolutiva já é uma conquista dos vários Seres Espirituais que nela se enquadram. Conquistaram-na a duras provas, pois provavelmente devem ter passado pelas reencarnações probatórias e dentro delas obtiveram o respectivo *passe reencarnatório*.

O passe reencarnatório é a autorização do Astral, ou melhor, dos Tribunais competentes, ao Ser Espiritual que se encontra no plano astral e necessita descer ou se internar no plano físico denso. Essa autorização sempre obedece a um estudo prévio do Tribunal competente, o qual veta ou viabiliza o pedido do passe reencarnatório, às vezes vetando por achar melhor outro momento, ou viabilizando por achar mais proveitoso o momento atual. Enfim, é de competência de Seres Espirituais legisladores do Astral.

Obtido o passe reencarnatório, são projetadas as minúcias do que concerne ao corpo mental, astral e físico.

O corpo mental é acrescido em suas células de elementos ativadores, fazendo com que haja uma emissão, em freqüências altas, de linhas de força superiores mentopsíquicas, as quais, no corpo astral, darão potente resistência e ativação a certos núcleos vibratórios que se consubstanciarão no corpo físico como um organismo salutar e magneticamente bem-dotado. No corpo astral, as células de matéria astral, através de seu metabolismo ativo, formam substâncias de resistência aos entrechoques possíveis que esse Ser Espiritual poderá sofrer. Lembrando que seus méritos já estão neutralizando seus deméritos, estará ele sujeito a muitas ações contundentes, seja ele ligado ou não a qualquer corrente filorreligiosa.

Sim, pois não reencarnam somente como membros da Corrente Astral de Umbanda, muitos deles reencarnam em outras correntes que mais lhes forem afins, mas sempre se sobressairão dos demais em virtude de seus conhecimentos e experiências anteriores, como também pelos laços espiríticos que os ligam com os planos ou Escolas Iniciáticas do Astral afim, através de seus Mestres ou Instrutores. Dissemos dos conhecimentos, sim, pois dentro do processo evolutivo desses Seres Espirituais, conhecimento e experiência se confundem. Os conhecimentos adquiridos de forma consciente são freqüentes e com o passar do tempo vão ficando em outro compartimento mental, na forma inconsciente, naquilo que se firma como experiência. Todo esse mecanismo faz com que esses Seres Espirituais avancem na evolução espiritual, conseqüentemente lhes advindo o progresso consciencial-moral e intelectual. Amor e Sabedoria é a Iniciação que eles se propõem a trilhar, e nisso são ajudados por seus Mestres do Astral. Quando esses Seres Espirituais encarnam, em geral vêm com uma sólida cultura moral-intelectual, fruto de experiências vividas, sentidas e bem aproveitadas. São Espíritos na fase da "maturidade espiritual". São em geral "condutores" em suas coletividades afins. A maior parte desses Seres Espirituais tem reencarnado como cientistas, filósofos sérios, artistas de mensagens sólidas e religiosos não de fachada, mas de coração, alma e verdade.

Alguns deles se encontram na Umbanda da atualidade. No Movimento Umbandista, são eles veículos de seus próprios Instrutores Astrais, os quais lhes conferem certos conhecimentos e poderes para que possam desempenhar a contento suas tarefas, as quais visam incrementar a evolução da comunidade umbandista. São médiuns simples, honestos, cônscios de seus deveres e muito voltados às coisas do espiritual, em forma de evolução e mudanças de conceitos simples. São veículos, dentro da Hierarquia da Corrente Astral de Umbanda, de uma Entidade Espiritual no grau de Guia ou Chefe de agrupamentos ou falanges menores. Procuram evoluir o meio umbandista, e para isso criam meios, como aulas para seus médiuns, estudo das Leis que regem os fenômenos mágicos, sendo os últimos em especial de forma bem superficial, embora seus Guias afins, em geral, sejam profundos conhecedores da Magia, como Magos Brancos do Astral que são.

Assim, esses Seres Espirituais, os da reencarnação evolutiva, vão se credenciando a galgar novos degraus de escala evolutiva cósmica. Ajustam-se seus corpos mais sutis, suas Consciências libertas estão das paixões e das ilusões, e após 2 a 3 reencarnações, já no karma evolutivo, se credenciam, após um estágio razoavelmente longo nos planos mais elevados das zonas gravitacionais karmáticas do planeta Terra, em geral 3 a 5 séculos, a reencarnarem em reencarnações missionárias ou voluntárias dentro do seio coletivo ou comunitário em que atuaram. Continuam no mesmo meio, não como atavismo espirítico, mas querendo ajudar os retardatários de suas coletividades afins. Muitos deles, segundo arquivos do Astral Superior, foram da Raça Atlante, reencarnando há milhares de anos, sendo que somente agora é que estão se libertando. São Seres Espirituais dignos representantes do bom ânimo e da luta no auto-aperfeiçoamento, exemplo que deveria ser seguido por todos, algo que nós da Umbanda necessitamos sempre em maior número, mormente nesta fase da reimplantação da Umbanda, em que OGUM tem soado seus clarins procurando despertar e chamar todos os Seres Espirituais para se reintegrarem perante a Lei, pois para breves tempos o planeta Terra passará por uma reavaliação. Assim, no momento, é-nos interessante um culto simples e que atenda ao maior número de pessoas num menor espaço de tempo possível, visando prepará-los para a nova mentalidade que deverá reinar no planeta Terra após a citada reavaliação. É por tudo isso que mais e mais, de 40 anos para cá, num crescente, encarnaram muitos Seres Espirituais com karma evolutivo na Corrente Humana da Umbanda. Que Oxalá os cubra de forças e poderes para, com paciência e fé, cumprirem, junto de nós, seus Guias, a tarefa que lhes foi designada.

C. REENCARNAÇÃO DO SER ESPIRITUAL COM O CORPO ASTRAL SEM ANORMALIDADE

C.1. Reencarnação voluntária

Após vários períodos de aprimoramento, o Ser Espiritual que venceu as barreiras de si mesmo, vencendo as correntes reencarnatórias evolutivas, já se habilita a habitar as esferas kármicas do planeta Terra em suas mais altas expressões. Está prestes a vencer a força gravitacional karmática do planeta Terra, ou seja, a força-necessidade que sempre o impulsiona ao reencarne, através da qual está ligado, por fortes laços de "energia de ligação", com o planeta Terra. Essa energia de ligação deverá ser vencida quando o Ser Espiritual se libertar de certos e últimos débitos para com a lei kármica. Quando se libertar, deixando para trás seus débitos, enfraquece-se a energia de ligação com os planos evolutivos do planeta Terra, ou seja, o mesmo consegue, karmicamente falando, libertar-se; assim, poderá estagiar nas últimas camadas do plano astral superior, podendo também estagiar em outros planetas mais elevados, acrescentando-lhe experiências e aprendizados, bem como sustentáculo para futuras incursões em outros *locus* da Casa do Pai, seguindo assim sua jornada evolutiva em outra casa planetária ainda de nosso sistema planetário. Alguns até podem estagiar em outro *locus* do Universo Astral, em sistemas diferentes do nosso.

Esses Seres Espirituais, na verdade, de há muito já são "senhores de si mesmos"; são veneráveis Seres Espirituais, batalhadores incessantes das Hostes do Bem. Têm sua organização astral completamente plástica, podendo amoldá-la segundo seus fortes pensamentos, que vêm pelas linhas de força mento-superiores. Assim, muitos deles preferem guardar a "forma-astral" em que mais evoluíram, ou, por necessidade, ideoplastizam a forma-astral segundo lhes seja mais interessante e proveitoso para a tarefa que vão desempenhar.

Esses Seres Espirituais são vitoriosos de si mesmos, não tendo necessidade de reencarne, a não ser que seja a pedido da Confraria dos Espíritos Ancestrais, nobre e digna Confraria ligada às Hierarquias Crísticas de nosso planeta.

Mesmo não tendo necessidade do reencarne, muitos deles sentem-se com laços afetivos muito fortes no orbe planetário. Entes a eles ligados desde o pretérito longínquo às vezes se demoram em zonas das sombras ou trevas, e nem por sonhos de lá procuram sair. Ao invés de evoluírem para novos sítios do universo, os Seres Espirituais voluntariamente são internados na reencarnação terrestre, visando à melhora do grupo familiar a que pertenceram. Em geral, encarnam em lares com profundas discórdias e desequilíbrios vários, os quais se tornam perigosíssimas pontes avançadas para outros parentes desencarnados, que se encontram em zonas trevosas, escravos de outros mais endurecidos nas lides do mal, ou sendo eles mesmos os *Gênios das Trevas*, que seguramente não cogitam de melhorar.

Assim, quando em um lar terreno em desarmonia e desequilíbrio total reencarna um desses Seres Espirituais cuja reencarnação é voluntária, logo de início, desde a primeira infância, começará a haver mudanças radicais no seio familiar. A "criança" que reencarnou traz para si toda a atenção e uma corrente de simpatia começa a se formar no próprio lar até então em desequilíbrio. Essa corrente de simpatia começa gradativamente a neutralizar as correntes de antipatia e aversão. É o Bem trabalhando sereno e confiante...

Esses laços de simpatia sobre a criança recém-reencarnada, na verdade, brotam da própria criança reencarnada que, através de seu poder volitivo e desprendimento, está conseguindo unir e equilibrar uma família que estava à beira da falência moral, e o que é mais grave, ligando-se com Seres altamente acumpliciados com a Lei. Com a casa-lar estando feliz e retornando a harmonia cabe ao Ser Espiritual reencarnado (a criança reencarnada) fazer as primeiras tentativas de ajuste para libertar definitivamente o lar terreno da investida de Seres Espirituais filhos das sombras. Para isso, consegue reuniões de esclarecimentos, através de um contato direto entre o Espírito das sombras e os seus então familiares. Isso, é claro, é feito durante o sono. Faz com que haja o desdobramento inconsciente dos familiares e na própria casa terrena traz o agente das sombras para uma queima mais direta. Após acusações, agressões, lamentações, o Espírito reencarnado, com o auxílio de muitos Seres Espirituais desencarnados, consegue mostrar a todos que o passado já passou e se alguém errou, esse já pagou, que não seria justo aquele que pagou por meio de padecimentos, dores atrozes, infortúnios vários, ainda ser acusado disto ou daquilo e que perante as Leis Divinas nós todos não estamos na condição de sermos juízes de ninguém, mesmo daqueles que nos tenham ultrajado e ofendido profunda e violentamente. Assim, após vários reencontros durante o sono, algo que muitos Filhos terrenos nem cogitam da existência, consegue-se o sucesso desejado. Esse sucesso pode levar vários anos, uma encarnação inteira, mas o sucesso pode ser aguardado, pois só o mesmo é que vence. Aliás, todos vencem: o lar e o filho das sombras. Neste instante devemos salientar que, em geral, os filhos da sombra, inimigos até então, são aceitos pelos familiares que eles atacavam. Assim serão desfeitos ódios, vinganças, agressões, etc., e serão construídos, com paciência e abnegação, os laços indestrutíveis da amizade e do Amor.

Claro que exemplificamos apenas uma faceta, pois existem infinitas facetas, vários dramas em que, como vimos, são dirimidos grandes pesadelos do passado, entrando-se na realidade de um sonho bom. Para terminarmos essa modalidade reencarnatória, frisemos que o Ser Espiritual que reencarnou através da reencarnação voluntária, além de ajudar o soerguimento moral dos familiares, resgatou um ente querido ao seu coração e conseguiu que a própria família recebesse o antigo algoz, transformado agora em filho e irmão. Dá o que pensar, não é, Filho de Fé? Assim, não te lastimes se no lar ou no trabalho te encontras com pessoas avessas ou mesmo que te agridam; tem a certeza de que há Espíritos que velam para o reajuste, principalmente sobre ti, que és "cavalo de terreiro". Tolera e pondera, não vá simplesmente retribuindo os ataques com a mesma moeda. Às vezes o reajuste está em aparentemente sofrer a ação da agressão e não revidar. O revide sempre é um ataque e seguramente irá desencadear uma "guerra". Afasta-se dessas idéias infelizes e inferiores, pois nós, Mentores da Sagrada Corrente Astral de Umbanda, não ensinamos o ataque ou o revide a quem quer que seja. Temos, sim, profundo zelo por nossos cavalos, mas não compartilhamos com eles nos desmandos mágicos.

A defesa sempre é aconselhável e o médium que não souber se defender deve perguntar ao seu Mentor, que ele lhe ensinará, dentro da Luz como encontrar meios de defesa portentosos. Aos que sabem, aconselhamos escudos mágicos e nunca armas de ação contundente, o que virá complicar o karma do Filho da Fé. Em futuro, falaremos sobre isso com minúcias.

Bem, Filho da Fé, esperamos ter deixado claro que o Ser Espiritual que desce no reencarne voluntário é um Ser já muito equilibrado e com grandes créditos planetários, só faltava dizer que, quando atuam na Corrente Astral de Umbanda como médiuns, são médiuns de excelentes dons, promovem grandes doses de PRANA, com o qual vitalizam a todos. São médiuns que se utilizam não só da mecânica da incorporação, mas muito mais da clarividência, clariaudiência e até da escrita, devido a formarem conosco perfeito complexo simbiótico astroespirítico. São profundos conhecedores das causas e efeitos que regem cada fenômeno natural. Conhecem a fundo e de há muito o Movimento Umbandista. São auxiliares diretos dos médiuns missionários, com os quais já se ligam no decorrer dos milênios. Hoje em dia é muito raro encontrarmos em um mesmo Templo Umbandista médiuns evolutivos com médiuns cujo reencarne tenha sido voluntário. Mais raro é o médium missionário com o seu auxiliar reencarnado voluntariamente. Quando ocorre, o Templo Umbandista se torna automaticamente o carro-chefe de todo o Movimento Umbandista, com grandes e inadiáveis responsabilidades. Esses nossos Filhos de Fé são guardados em sua cobertura por verdadeiras falanges, pois o assédio é constante e intenso. Na retaguarda há os poderosos Guardiães de Lei ou Exus Coroados, que comandam verdadeiros exércitos de Exus menos graduados, mas a serviço da Umbanda, os quais combatem as investidas dos *filhos das sombras* e *agentes das trevas* em renhidas batalhas. Mas se hoje ainda assim o é, amanhã será diferente. Façamos hoje o amanhã...

C.2. Reencarnação missionária

Como o próprio nome está dizendo, o Ser Espiritual que reencarna nessa condição o faz debaixo de uma séria missão, missão essa de âmbito grupal e coletivo diante da coletividade kármica afim. Diante de sua coletividade sempre está muito avançado em conhecimentos e sentimentos, por isso é o líder natural, embora a maioria deles assim não se qualifique, achando-se na verdade igual aos demais do grupo ao qual pertença. Esses Seres Espirituais são possuidores de uma excelsa modéstia, aliás nem cogitam da soberba; agem de forma natural, seus atos não são forçados nem estereotipados. Isso o diferencia dos demais, as suas ações são sempre muito naturais e verdadeiras. Seus ideais visam o bem comum, não estão interessados na projeção pessoal. Ao contrário, esquivam-se polidamente de qualquer movimento nesse setor. Assim como para muitos fere o desdém alheio, para eles fere o elogio ou a gratidão. Não estamos afirmando com isso que são Seres Espirituais perfeitos. Não, não o são, mas estão próximos da perfectibilidade relativa aos seus planos afins. Quando encarnados, estão sempre em posição de comando vibratório e isso não é imposto. Ao contrário, os outros é que os aclamam naturalmente e se assim não fazem, pelo menos respeitam-nos, na certeza de estarem ouvindo a voz de um grande instrutor, embora eles, mais uma vez frisamos, se julguem apenas iguais. A sua conduta não difere dos demais. Às vezes poderia até ser diferente, mas para evitar o "endeusamento" e a figura extrema e prejudicial do mito, agem igual aos demais. Têm os mesmos desejos, têm os mesmos anseios, os mesmos obstáculos, as doenças às vezes os incomodam, têm dissabores, como também seus próprios desencontros afetivos e emotivos. Mas aí é que está o valor desses missionários, pois mesmo sendo iguais a todos, até nos problemas do dia-a-dia, conseguem ser instrutores dos demais. Todos são possuidores de um penetrante intelecto, o qual está atenuado a fim de não ferir outros seus irmãos não tão aquinhoados neste plano. Têm profundos conhecimentos filosóficos, os quais procuram colocar em prática. São, é claro, Seres Espirituais experientes, mormente nos Conceitos e Princípios da Lei Divina. Com isso, afirmamos que o verdadeiro missionário não diz que o é. Falam mais alto seus exemplos do que suas palavras. Embora sejam Seres Espirituais em reencarnação missionária, com toda a assistência astral e espiritual que merecem, não estão isentos dos entrechoques vibratórios por correntes de pensamentos inferiores emitidas por Seres Espirituais, quer encarnados ou desencarnados, despeitados e contrariados por aquela reencarnação missionária. Assim, muitos deles às vezes padecem de patologias insidiosas, muito principalmente no seu sistema cardiovascular, através dos sucessivos choques vibratórios em seu aura e dos choques emocionais devidos a contrariarem profundamente as ações negativas que se atiram sobre eles.

É claro que os mesmos têm potentíssimos meios de se autodefender, e até de emitir certas classes de formas-pensamento coágulo-elementais, os quais formam verdadeiro *cinturão magnético* de defesa e ataque se necessário, numa espécie de dardo vibratório magnético que contunde o atingido na forma de praticamente paralisar sua vontade e sua ação. Esse artifício é muito usado pelo Ser Espiritual superior, quer seja ele na Umbanda um Orisha Intermediário (vide Capítulo XI) ou Guia, o qual, quando desce em compromisso ou missão às regiões do submundo astral, às vezes se vê obrigado a utilizar esse artifício mágico. É uso da magia astromental, a qual é movimentada pela vontade, projetando-se no alvo através da matéria astral. Alguns Exus Guardiães, Emissários da Luz para as Sombras, também usam esse artifício e outros mais contundentes. Mas voltando ao ser Espiritual cuja reencarnação é a missionária, é o mesmo detentor de grandes créditos e somente está encarnado em virtude de seus altos sentimentos de fraternidade espiritual pelos seus irmãos menos esclarecidos.

Muitos deles trouxeram grandes contribuições para as Ciências, visando melhorar o nível de vida do Ser Humano e de sua saúde; outros mudaram através de sua forma de pensar a atitude de muitos, isso no campo da filosofia; outros surgiram na política e nas ciências sociais, visando a um equilíbrio maior entre os segmentos e as classes sociais; outros nas artes e nos esportes, todos visando atrair as massas e com elas caminhar para novos padrões conscienciais; em suma, que a grande massa avance na senda da evolução.

Em todos os setores religiosos eles têm surgido, na ânsia de incrementar o progresso e a evolução de seus confrades. Não poderia, no Movimento Umbandista, ser diferente. Na atualidade, temos raros desses médiuns que chamamos de "médiuns de karma missionário". Os conceitos que expressam em seus humildes "terreiros", "tendas" ou "cabanas", estão muito à frente da grande massa umbandista. Seus terreiros não são em geral locais de grandes massas, atingem as massas populares através da literatura consciente e que tem o verdadeiro aval da Cúpula da Corrente Astral da Umbanda. Além de suas obras serem esclarecedoras e orientadas, se pautam nos profundos conhecimentos do mediunismo, da Doutrina Secreta de nossa Corrente, do magismo em sua mais pura essência. O médium de karma missionário é também, dentro de seu grau, um médium-magista, o qual sem dúvida tem a assistência direta de um Orisha Intermediário ou vários. Sua mediunidade se prende mais aos aspectos mais sutis, tais como sensibilidade psicoastral, psicometria astrofísica e clarividência, além de ser versado nas artes divinatórias, ou seja, ter conhecimentos positivos sobre a astrologia esotérica, quiromancia e sobre a arte de movimentos, através de um sistema fixo e outro móvel, aquilo que ficou vulgarizado como manipular magicamente os búzios ou o mais profundo em suas raízes, as quais veremos mais adiante, o OPONIFÁ — com os coquinhos de dendê.[10] Na verdade, esse sacerdote, com todos os conhecimentos conquistados através de profunda maturação espiritual em várias encarnações, é que realmente recebe a outorga do Astral, nas Ordens e Direitos de Trabalho. Em outras palavras, os direitos no magismo e mediunismo foram adquiridos através de várias experimentações, sendo pois um direito conquistado. As Ordens ou a Ordenação vêm na época certa, através de seu próprio "Guia Superior", que é um MAGO filiado à

---

10. O OPONIFÁ é um instrumento oracular originário do Planalto Central Brasileiro, do seio da Raça Tupy, que depois substituiu o instrumento oracular e os "coquinhos" (que não eram de dendê) pelas itapossangas, tembetás e itaobymbaés colocados dentro de uma cabaça, no chamado *Mbaracá*. Em terras etíopes e egípcias, e depois persas, é que surgiu o dendê, e de lá veio para o Brasil. Hoje, no Brasil onde nasceu, sabemos que alguns raríssimos Filhos de Umbanda manipulam o verdadeiro oponifá com os 21 dendês em um tabuleiro especial, pois na África o mesmo já não existe mais; o que restou foram alguns Sacerdotes, que conhecem uma porção de historietas, os *Itanifá*, mas que, em verdade, só acertam mesmo pela intuição...

CONFRARIA DOS MAGOS BRANCOS, o qual se responsabiliza pelo seu adepto, que por ora se encontra encarnado. Após o desencarne, esses médiuns retornam, após períodos variáveis, às suas Escolas de Iniciação do Astral Superior. É por tudo isso que, no passado distante e glorioso, em pleno seio da Raça Vermelha, depois estendido para a África (no Egito) e Ásia (na Índia), o Sacerdote que possuía esse Grau de Iniciação era chamado de BABALAWO. O vocábulo *baba'awô*, que por alterações fonéticas e semânticas é vocalizado como *babalawo*, significa PAI DO MISTÉRIO ou SACERDOTE DO MISTÉRIO. Em outro capítulo, deixaremos clara a semântica desses termos, que infelizmente hoje perderam sua verdadeira função.

Ao terminarmos, precisamos informar que esses médiuns missionários são raríssimos. Dentre aqueles que passaram pelo planeta, citaremos o *cavalo* do *Caboclo 7 Encruzilhadas* — o Filho ZÉLIO FERNANDINO DE MORAES, o qual astralmente, não materialmente, preparou para a Umbanda de RAIZ, para a verdadeira Umbanda, o advento do PAI GUINÉ DE ANGOLA, mano de Corrente que, através de seu médium, WOODROW WILSON DA MATTA E SILVA, deu nova fisionomia para o Movimento Umbandista, levantando véus importantíssimos para o porvir. Suas obras levarão de 30 a 40 anos para serem totalmente assimiladas pela grande massa umbandista. Mas é inegável que, de 32 anos até hoje, os conceitos expressos pelo Filho Matta e Silva fizeram e fazem Escola, sendo no momento da literatura umbandista o que a Corrente Astral de Umbanda recomenda para aqueles que querem conhecer uma Umbanda sem mitos e sem fantasias. De forma alguma estamos menosprezando outros autores encarnados; a todos eles nosso carinho e compreensão, mas no que tange ao Movimento Umbandista, dentro de sua real pureza, o que mais alcançou, não há dúvidas, foi o Filho Matta e Silva, e só.

D. REENCARNAÇÃO DO SER ESPIRITUAL QUE HABITA A 7ª ZONA DO PLANO ASTRAL SUPERIOR

D.1. Reencarnação sacrificial

O Corolário do Sacrifício foi o do Mestre Jesus, o nosso OXALÁ da Umbanda. Quando digo o nosso Oxalá, quero dizer e reafirmar que a Umbanda, em seu movimento interno e mesmo externo, é Cristã, ou seja, crê e aceita OXALÁ — OSHY — como o VERBO DIVINO, o pai de nossa humanidade, o Deus do planeta Terra, pois é o Mesmo e Sua Augusta Confraria "Tutor" de nossa casa planetária. Sobre o SENHOR JESUS ou OXALÁ e Sua Hierarquia já nos ativemos, bem como em capítulos futuros O citaremos, mas fique bem claro que em todos os nossos humildes capítulos haverá o laurel do Senhor Jesus como marco de Misericórdia e Amor, e que nós da Umbanda O amamos e O veneramos, pois jamais olvidaremos o Seu Santo Sacrifício no Calvário como símbolo de Redenção e de Iniciação pela VIDA plena e espiritual e como exemplo aos Filhos da Terra e aos estrangeiros, pois viram eles o próprio Deus no planeta descer e exemplificar o trabalho, o Amor, a compreensão, o entendimento, a renúncia, a humildade e o perdão.

No tempo-espaço, vários emissários Seus, em reencarnações sacrificiais, estiveram nos 4 cantos do planeta Terra, todos preparando o advento do CRISTO JESUS, nosso OXALÁ.

O mistério solar simbolizado no Cristo Cósmico não é privilégio dos modernos, pois surgiu na portentosa RAÇA TUPY, como conta o *Tuiabaé-Cuaá — A Sabedoria Integral*, que fala sobre os feitos de YURUPARY (Ser Espiritual integrante da Hierarquia Crística).

Antecederam-no outros, tais como *Arapitã* e *Suman* ou *Samany*. O Cristo Cósmico tem similares em toda a América, na África, na Ásia e na Europa. Frisemos que o mito sobre os atos e fatos do Cristo está para ser desvelado. O que queremos deixar firmado é que a religião de Jesus é a própria Proto-Síntese Relígio-Científica, pois seus Evangelhos nos dizem: *Não vim destruir a Lei nem os profetas, mas sim cumpri-los.* Com isso, Ele afirma que sua doutrina não tinha nada de novo, era a mesma preconizada pelos profetas de todos os tempos. O Cristianismo de hoje, açambarcado por alguns Filhos terrenos ainda envoltos no poder temporal, é muito diferente do professado por Oxalá, o Cristo Jesus, que era o mesmo de Rama, de Krishna, de Sidarta Gautama — o Buda (Iluminado), de Fo-Hi, de Pitágoras, Sócrates, Moisés e outros.

Todos Eles, os Missionários de Oxalá, tiveram uma reencarnação sacrificial no planeta Terra, pois é óbvio que esses Poderosos Prepostos Diretos de Jesus somente vieram por Amor ao Mestre o Qual nos envolve até hoje com Seu Amor Messiânico.

Reencarnaram muitos Prepostos, que foram em verdade pioneiros no planeta Terra, alguns desses até de outros sítios planetários, ou mesmo de outros sistemas solares, sujeitando-se às intempéries atuais em que vive o planeta.

A todos esses grandes Seres Espirituais devemos o progresso alcançado, pois sem Eles não teria o Cristo Jesus encontrado condições para Sua encarnação.

Muitos desses Espíritos altamente relacionados na Hierarquia Crística atuam em nossa Corrente Astral de Umbanda, através do Poderoso *Arcanjo Gabriel*, na *Vibração de Orixalá*; muitos também atuam na corrente das Santas Almas do Cruzeiro Divino, sob a égide de Jesus e das Poderosas Vibrações do Glorioso *Arcanjo Mikael*. Não vamos confundir as Santas Almas Guardiãs do Cruzeiro Divino (da Doutrina do Verbo Divino) com o sentido vulgar que se emprega como "Linha das Almas". Em verdade, algumas Entidades Espirituais atuantes na "Corrente Astral de Umbanda" receberam a outorga das "Santas Almas do Cruzeiro Divino", ou seja, receberam a outorga da *ORDEM DE MIKAEL*, e se tornaram, através de seus próprios méritos, Poderosíssimos Emissários da Luz, da Lei e da Justiça. A Entidade Espiritual que tem a "Coroa" das Santas Almas do Cruzeiro Divino é uma Entidade de Ação e Execução sobre o planeta Terra e sua coletividade afim.

Com isso, esperamos ter deixado bem claro que existe a reencarnação sacrificial, mas que a mesma é raríssima e, quando acontece, os Seres Espirituais reencarnantes são diretamente ligados à "Confraria Crística" e a uma subdivisão dessa, que é a "Confraria dos Espíritos Ancestrais".

Bom, Filho de Fé, após nos estendermos um pouco neste capítulo, esperamos que tenha entendido os mecanismos e a excelsa faculdade do renascer, do reencarnar. Deve ter visto que, dependendo do Ser Espiritual, terá ele um número maior ou menor de reencarnes, nesta ou naquela modalidade, segundo seu grau evolutivo. Daremos agora, em poucas linhas, como se processa para o Ser Espiritual que está desencarnado no plano astral a tramitação e os fenômenos que antecedem o seu reencarne ou nascimento na Terra. Para que fique mais claro ao Filho de Fé, entendemos que uma reencarnação termina com o fenômeno da chamada morte ou desencarne, mas a personalidade do Ser Espiritual reencarnante só termina, ou melhor, só se transforma, no ato de outro reencarne e não no fenômeno da morte. Assim, atente para o esquema:

$$\rightarrow NASCIMENTO \rightarrow VIDA\ ENCARNADA \rightarrow$$
$$\leftarrow VIDA\ DESENCARNADA \leftarrow MORTE \leftarrow$$

Eis um ciclo da personalidade em dois planos de densidades diferentes. Se o morrer é transformar-se para planos de matéria menos densa, renascer é incorporar elementos para planos de matéria mais densa. Esquematizando, para facilitar:

Nascimento — Faz-se com ganho de energia. A energia precisa ser condensada da matéria mais sutil para a matéria mais densa.

Morte — Faz-se com desprendimento de energia. A matéria densa se rarefaz libertando energia, que se incorpora na matéria menos densa do corpo astral.

Obs. — A perda de energia é proporcionada pela perda do corpo energético ou corpo etérico.

Após esses conceitos essenciais, partamos para um reencarne. Exemplifiquemos mui respeitosamente um reencarne de um Ser Espiritual com karma evolutivo.

Após períodos variáveis de trabalho e estudo no plano astral correspondente, sente o Ser Espiritual a necessidade de voltar à carne. Sente-se fortalecido para a grande viagem, da qual espera retornar com grandes bagagens, usando essas para outros vôos na senda da evolução.

É sabedor de que o "mundo das formas densas" constitui uma difícil tarefa que terá de enfrentar. É sabedor também de que muitos vão com grandes planos e lá por baixo, infelizmente, esquecem-se deles e voltam para o plano astral derrotados ou complicados.

A *priori* vem a imensa vontade de recomeçar, mesmo porque se acha experiente; reviu erros do passado e acha que, com a experiência adquirida, conseguirá amanhã o que não superou ontem.

O tempo de estudo e trabalhos nobres no plano astral lhe deu muita confiança em si, pois ajudou a muitos; desceu muitas vezes ao plano terreno ainda como Espírito; desceu mais, às regiões das sombras, viu o sofrimento, a angústia e o ódio. Observou dramas e mais dramas kármicos; discutiu com outros iguais a sua situação em vidas passadas, seus erros, seus acertos, seus pontos vulneráveis, seus pontos fortes, suas tendências, e o porquê de todas as facilidades ou dificuldades. Ouviu impressões e opiniões até de seus superiores no plano astral afim. Afinal, pensa ele: — Já é hora de pôr em prática o aprendido por aqui. Sinto-me fortalecido e preparado para esse "exame" através da reencarnação.

Assim, vai procurar os tutores responsáveis e pede-lhes permissão para o retorno à sombra da carne. Após alguns dias, recebe o aval do "passe reencarnatório". Imediatamente começarão os preparativos para o futuro reencarne. Após longos dias de estudos básicos sobre as melhores condições para o desejado, recebe o pleiteante o "mapa reencarnatório" (já citado). Tudo pronto. Reúne-se com seus superiores, que o estimulam e o animam na certeza do sucesso. Faltando dias para o início do processo, inicia-se uma espécie de pânico no Ser Espiritual pleiteante ao reencarne. Sente-se sozinho, há o receio do fracasso, da contração de novos débitos; isso o aflige, o angustia. Seu campo mental divide-se em imagens ora animadoras, ora desanimadoras. Estás prestes a renunciar e, na verdade, muitos adiam o pedido, pois querem achar-se mais fortalecidos. Querem, ou melhor, sentem necessidade de maiores créditos em suas fichas kármicas. Mas o do nosso caso não teve dúvida, seguiu avante, encorajado pelo seu instrutor direto e vários amigos, que aceleraram o processo.

Com o crédito que possui, necessitaria encarnar numa família em que seu maior credor já estava encarnado há alguns anos; era o único filho de um casal, o qual necessitaria, por sua vez, acertar os ponteiros como o nosso amigo reencarnante.

Numa das noites, foram, em corpo astral, na casa do casal que receberia o nosso amigo como filho. Mentores espirituais gabaritados acompanham e dirigem a conversa de redenção e Amor. Os futuros pais aquiescem de pronto e se comprometem a tudo fazer pelo nosso amigo, bem como favorecer-lhe o reajuste com o outro filho.

Neste momento de aceitação, de anuência entre pais e futuro filho, já inicia-se o processo de ligação e imantação, através das Linhas de Força de ambos os pais e do filho. Esta ligação é feita do campo mental dos pais para o campo mental do filho. É uma ligação de Linhas de Força mentoastrais, as quais já dão os primeiros impactos no corpo astral do futuro reencarnante. Nesse instante, inicia-se o processo de transformação do corpo astral e a ligação entre a mãe e o futuro filho. Seus corpos mentais já estão ligados por laços vibratórios sutilíssimos. Inicia-se assim uma metamorfose interessante no Ser que vai reencarnar: é levado para uma espécie de câmara em que há uma ligeira queda de temperatura, se é que assim posso me expressar para me tornar mais facilmente compreensível, e aos olhos de técnicos no assunto começa a condensação do corpo astral, através de miniaturização. Essa miniaturização não é feita para que se fique do tamanho das células germinativas. É uma miniaturização para aquilo que seria como se fosse um embrião-feto. Logo após os processos de fecundação, em que o óvulo recebe o espermatozóide afim ao patrimônio genético estipulado, forma-se o ovo ou zigoto. O patrimônio genético é previamente selecionado segundo as necessidades do Ser reencarnante e o espermatozóide vencedor é aquele que recebeu o maior acréscimo magnético, só penetrou no óvulo em virtude desse processo ser como "chave—fechadura", ou seja, naquela fechadura (óvulo) só entraria mesmo a chave certa (espermatozóide), estando aí o porquê dos outros milhões não conseguirem vencer a barreira. Neste momento, queremos referenciar o que se segue. No instante da união dos gametas masculino e feminino, é óbvio que isso ocorre num determinado dia, ano, mês, hora, minuto e segundo, de acordo com o referencial do planeta Terra. É claro que tudo isso não foi por acaso, pois nesse momento em que falávamos, tudo no Universo se movia como sempre, mas a configuração planetária era uma em especial, a qual imprimiu em tudo suas qualidades ou debilidades, através das Linhas de Força, sendo que a que presidia o processo será muito importante, pois ela foi um dos canais kármicos impressores no clichê do futuro reencarnante de tudo aquilo que lhe será afim, quer seja de positivo, quer seja de negativo. Ao nascer, nascerá debaixo da mesma Linha de Força do ato da fecundação, bem como seu desencarne se dará debaixo da mesma Linha de Força.

Assim, vemos que ilustres e estudiosos astrólogos terrenos não conseguem palavras definitivas sobre o mapa astral ou carta natal do Ser Espiritual, justamente por faltar-lhes os detalhes do mês, dia e hora da *fecundação*, como também não sabem qual a Linha de Força que tudo presidia. Não queremos que os Filhos de Fé venham a supervalorizar os vaticínios astrológicos convencionais, mas entendam que tudo no Universo age e interage num TODO. De total e suma importância é saber em que fase da Lua o Ser Espiritual encarnado nasceu, bem como os já citados detalhes sobre a fecundação.

Dizíamos acima que quando o zigoto prepara-se para a nidação, o Ser Espiritual já está ligado, em corpo astral, com a mãe. Lembremos só que no ato da anuência dos pais ele já estava ligado à mente materna. Para futuro, ou seja, nas primeiras semanas do embrião, as Linhas de Força do corpo astral do Ser Espiritual reencarnante se aprofundam na intimidade do tubo neural e começam a presidir a ontogênese até a fase pós-parto. Durante os nove meses que se seguem, haverá uma série de modificações no embrião-feto, as quais culminarão com o *nascimento*. Inicia-se para o Ser Espiritual o recomeço, a nova oportunidade, a bênção renovada. *Talvez seja por isso que o Ser Espiritual reencarnante chora...*

A bênção do corpo físico denso, como vimos, inicia-se apenas com 2 células germinativas, isto é, células que têm, cada uma, a metade de cromossomos do total de células somáticas. Quando unidas, formam o zigoto. As células germinativas, que eram haplóides (metade do número de cromossomos), quando do ato da fecundação formam o zigoto, uma célula diplóide. No caso do homem, o zigoto tem 46 cromossomos. Esse número é constante para a espécie, só havendo alterações nas ditas patologias cromossômicas (47, 45, 49, etc.). A disposições dos cromossomos, bem como seu tamanho e número, formam o CARIÓTIPO, o qual "personaliza" a espécie.

Mas o que queremos expressar e os Filhos de Fé também já devem ter pensado é o seguinte: como podem apenas 2 células diferentes dar origem a trilhões de células, sendo muitos milhões delas diferentes em forma e função umas das outras?

É, caro Filho de Fé, neste capítulo, que é o mais longo, quando falamos da evolução dos Seres vivos, passamos por todas as fases do desenvolvimento, o qual é chamado filogênese. Em verdade, a ontogênese imita a filogênese. A passagem do Ser Espiritual pelos reinos mineral, vegetal e animal, faculta-lhe essa memória mentoastral que preside a formação do corpo físico denso.

Com isso, afirmamos que dentro do zigoto temos todas as informações em código para o surgimento do organismo como um todo.

O sexo do Ser Espiritual no corpo físico denso quem determina é o homem, pois é ele que envia cromossomos X ou cromossomos Y. Envia um ou outro. Expliquemos:

A mulher, em seu óvulo, só tem cromossomos X e o homem tem cromossomos X ou Y.*

— Se o homem enviar X, teremos o zigoto XX — Ser feminino (mulher).

— Se o homem enviar Y, zigoto XY — Ser masculino (homem).

Não ficaremos nos atendo em detalhes sobre as demais funções do zigoto. Só afirmamos que o mesmo é totipotente, isto é, tem informações para se desenvolver até chegar no organismo adulto.

Temos algo que gostaríamos de chamar a atenção dos Filhos de Fé que estão acompanhando nosso raciocínio: o zigoto tem 46 cromossomos, e cada

---

* Os cromossomos determinam o sexo do indivíduo reencarnante, obedecendo, é claro, o sexo do ascendente de origem espiritual.

cromossomo tem milhares de genes, os quais, sintetizando proteínas, dão formação e coloração à pele, à cor dos olhos, ao tipo físico, enfim, a tudo.

Mas a proteína é composta, em sua molécula, de unidades, que chamaremos aminoácidos. Os aminoácidos, para formar as proteínas, são carreados por genes específicos (os nucleotídeos seriam as unidades básicas do código, sendo que com eles se constrói tudo o que é vivo).

Com isso, afirmamos que há um "código" ou "Alfabeto da Vida". Até nossos dias, os eminentes cientistas da Biologia Molecular não conseguiram encontrar mais do que 20 aminoácidos, com os quais escrevem todo o misterioso processo da vida.

O "Alfabeto da Vida" em verdade é composto de 21 aminoácidos, sendo que o 21º, por ser muito instável devido a processos de isomeria desconhecidos da Ciência oficial atual, ainda não foi identificado. São as 21 "letras da vida". E como letras, não podem ser alteradas em suas posições. Exemplo para o Filho de Fé: a palavra ATOR, mudando as posições de suas letras, colocando-as ao contrário, dará o vocábulo ROTA. Ou seja, as mesmas letras em posição diferentes, dão vocábulos diferentes. O mesmo se dá com o alfabeto da vida, em que os 21 aminoácidos terão que estar numa seqüência adequada para formar certa proteína. Por exemplo: 10 aminoácidos poderão formar várias proteínas, pois além deles dependerá a posição de cada um deles. É um alfabeto qualitativo e quantitativo. O alfabeto dos 21 aminoácidos, sem dúvida alguma, escreve a formação da vida no planeta Terra.

Interessante notar que o Alfabeto Sagrado ou Vatânico tem 21 sinais, embora queiram-lhe emprestar 22.

O mesmo acontece com os Princípios Filosóficos que foram velados no Tarô, o qual é composto de 78 arcanos, sendo 21 os maiores e 57 os menores, embora também façam-no como 22 maiores e 56 menores, fatos esses que provaremos cientificamente em futuros capítulos.

Bom, Filho de Fé, esperamos que lhe tenha sido útil nossa dissertação sobre a reencarnação, responsabilidade, mecanismos, etc. Só faltou falar algo sobre o reencarne frustrado. Tentemos pois.

Muitos Seres Espirituais em situação moral precária são internados na carne de forma compulsória, sem todo aquele aparato técnico que descrevemos. Não escolhem nada, muitos não querem, outros desejam ardentemente, e pelas suas ações nefastas e mesmo pelo tônus mental, se afinizam com Seres encarnados inferiores, sem escrúpulos, infantis e irresponsáveis. Imaginem, por exemplo, um prostíbulo e nele um casal tendo apenas contato sexual. No orgasmo, é lançado na roda da reencarnação por CARCEREIROS DO ASTRAL o Ser Espiritual de que estamos falando. Tão logo a mulher sabe que está grávida, arruma meios de abortar, e aborta mesmo, infelizmente para o reencarnante não merecedor de maiores cuidados e infelizmente também para a pobre infeliz que faz de seu corpo um instrumento de trabalho. Nós, da Umbanda, acreditamos que cada um tem o direito de agir como bem quiser, mas *aconselhamos* que jamais venham a praticar o aborto. Primeiro por ferir o sentimento fraterno e cristão. Segundo, por ser crime tão doloso quanto outro homicídio qualquer.

Filhos de Fé que estejam nessa situação, ponderem bem. Por Amor a Oxalá, não exterminem a planta minada e doente, mas dêem-lhe o adubo da compreensão e da oportunidade do reencarne. Deixem as demais decorrências sob a supervisão do astral. Que Zamby de Preto Velho, Senhor da Sabedoria, os abençoe. Pois bem, após o nascimento ou reencarne, há o período de vida terrena, com seus seqüenciais de acontecimentos e fatos que atendem o karma individual de cada Ser Espiritual. Assim, temos a infância, a juventude, a maturidade, a velhice e fatalmente o desencarne. Não são para todos essas fases, uns desencarnam logo no início da infância, enquanto outros somente na senilidade. Seja como crianças, jovens ou velhos, todos desencarnam. Então, vejamos alguns detalhes do desencarne: embora nem todos desencarnem por motivo de doenças, todos sem exceção desencarnam quando lesam estruturas nobres do organismo, podendo-se dar o ocorrido repentinamente ou de forma lenta, como é o caso das doenças crônicas. Nobres patologistas terrenos em vão procurarão explicar a morte de forma a preencher as lacunas do coração e da mente. Não se sabe ainda as causas de muitas doenças e muito menos o tratamento eficaz que combata definitivamente essas causas.

Vimos ainda neste capítulo que a insubordinação e a revolta do Ser Espiritual foram as causas geradoras das doenças físicas, codificadas pelas Linhas de Força no ato generativo. Não estamos dizendo com isso que toda doença é kármica, mas todas provêm dos desequilíbrios da mente e do coração. Os desequilíbrios da mente e do coração, os desvarios da Alma, refletem-se vibratoriamente no corpo físico denso, desarmonizando as unidades da vida. Essas, por sua vez, alteram suas vibrações peculiares, alterando suas funções específicas, levando à desarmonia o órgão, o sistema e, por último, o organismo todo. Mas voltemos às alterações vibratórias celulares, as quais alteram suas funções diferenciadas, em vários graus, podendo culminar com a total indiferenciação. Em verdade, a célula perde sua identidade e controle, torna-se alienada, proliferando-se desordenadamente, levando a economia física ao caos total; é o chamado câncer, as neoplasias malignas tão bem conhecidas pelos patologistas.

Muitos Filhos de Fé, mesmo sem serem versados nas Ciências Médicas, devem estar lembrando dos tumores não malignos. Qual a explicação que os mesmos teriam, não é?

Pois bem, este Caboclo tentará responder sem precisar entrar em detalhes anátomo-fisiológicos complexos. Atente pois:

Se o câncer é o resultado da total alteração, autoritarismo e egoísmo celular, que na verdade reflete as condições psíquicas do Ser Espiritual encarnado, nos tumores benignos as células podem estar até alienadas, se tornando egoístas e já não solidárias, mas não invadem outros compartimentos que não são seus afins. Ou seja, numa neoplasia maligna, o câncer, ou as células cancerosas, se tornam ditadoras de todas as províncias orgânicas. Subjugam os "governos provinciários" e, por acharem-se melhores que os demais, querem realizar a função para a qual não estavam habilitadas e para isso se reproduzem de forma ostensiva e abusiva, mas mesmo assim não conseguem cumprir as funções que as originais cumpriam. Não satisfeitas, com voracidade atacam outros domínios. Mas tudo em vão, pois em verdade já não se prestam nem mais para a função que primitivamente desempenhavam, quanto mais para outras funções que não estavam e não estão habilitadas.

Nessa situação, as células ficam como que "deprimidas", e nessas depressões se "suicidam" (autólise ou autofagia) em massa, levando consigo a economia orgânica à falência completa, advindo a morte em total alienação. Nas neoplasias benignas, as células dão conta de seus desvarios, e após algum período retornam à linha justa.

Bom, Filho de Fé, demos o exemplo de um caso extremo em que a Medicina terrena, não obstante sua incansável e indômita luta, ainda não conseguiu debelar o câncer, sendo esse, em todas as formas, um grande flagelo para a humanidade.

O câncer em verdade reflete a desarmonia do corpo mental que desestrutura a forma do corpo astral. Quando o Ser Espiritual reencarna, traz consigo essas alterações no corpo astral, as quais são depuradas pelo filtro do corpo físico denso. Nem sempre isso acontece. Pode acontecer que, pela própria conduta, serenidade e harmonia interior, o Ser Espiritual consiga reestruturar o corpo astral sem precisar sofrer os impactos desse ajuste no corpo físico em forma de doença.

Não somos o mais versado para tratar da etiologia das doenças com vinculação na Alma e, mesmo que o quiséssemos, o momento pede outros caminhos e enfoques. Quem sabe em outra ocasião, em outros tempos...

Mas para terminarmos as doenças, as quais invariavelmente culminam com o desencarne do Ser Espiritual, lembre-se que:

O corpo mental doente pode trazer sérios distúrbios ao corpo físico denso, principalmente ao sistema nervoso central e glândulas endócrinas e, dentre elas, em especial à hipófise.

O corpo astral doente pode acarretar profundas alterações patológicas no sistema nervoso periférico (simpático e parassimpático), bem como em todo o sistema cardiovascular.

É claro que todas essas doenças refletir-se-ão no corpo físico denso, bem como outras doenças, as quais também têm explicações. Acreditamos já ter levantado alguns véus; o amanhã está aí, chegará. Esperemos, mas trabalhemos por nossa melhora...

Bem, falemos do desencarne propriamente dito, o qual ainda agride entendimentos e sentimentos na maior parte dos Seres encarnados no planeta Terra.

Nascer e morrer são fenômenos biológicos e como tal devem se processar. Do ponto de vista evolutivo, nascer é a oportunidade do recomeço, reajustando-se e reajustando outros. Morrer é renovar-se para outros planos da Consciência e da Vida. Em verdade nada morre, tudo se transforma. É, Filho de Fé, nada morre. A morte é uma ilusão e nunca a total aniquilação. Morrer é muito simples, é ato simplíssimo como fenômeno natural, é o *post-mortem* que deve chamar atenção. Sabemos que a morte choca consciências, traumatiza e torna-se dramática. É o máximo de carga emotiva que uma pessoa pode suportar, quando vê um ente querido seu em uma urna; parece ser o fim. Aí o engano, é um grande recomeço. Embora muitos Filhos de Fé aceitem a morte, dela têm medo. Mas por que medo?

Sabes, Filho de Fé, quantas vezes já nasceste e morreste e quantas ainda haverás de fazê-lo? Não importa, o medo em geral é devido às outras "mortes" e aos choques que enfrentaste: temes hoje por não saberes o que enfrentarás amanhã.

Bom, não tenhamos medo de nós mesmos, pois em verdade, após a morte, estaremos frente a frente com nossa Consciência, seremos juízes de nós mesmos. Encontraremos amigos ou inimigos, segundo nossos gostos pessoais quando estivemos encarnados. Encontraremos um ambiente fraterno ou hostil, segundo nossa própria escolha quando ainda nos demorávamos na carne. Planos superiores são o mérito para os Seres Espirituais vitoriosos; planos inferiores, o local afim aos Seres Espirituais que não criaram condições de méritos e só destruíram, criando para si zonas de sofrimento, sombras, tristezas e revoltas. Tenham certeza que de vocês dependerá a melhor ou pior situação no "mundo dos mortos", digo, dos "mais vivos".

O Ser Espiritual encarnado, ao desencarnar, sofre sobre si uma série de fenômenos, dependendo é claro do seu grau evolutivo. Aqueles que são merecedores de uma assessoria, logo após o desencarne permanecem num certo entorpecimento, sendo que alguns, após minutos ou horas, já se encontram completamente lúcidos e presenciam as últimas técnicas de desligamento do corpo astral do corpo físico.

O primeiro cordão vibratório a ser rompido é o que se engasta no precórdio, fazendo com que o corpo etérico se desprenda parcialmente do corpo físico denso, retirando alguma energia, a qual é transformada, por processos muito sutis, em energia astral.

Após aproximadamente 8 horas, o segundo cordão, ou seja, o que se engasta na região do plexo sacral, é rompido. Com este rompimento, começam a esvair-se as energias mantenedoras das células viscerais, as quais permaneciam ainda vivas.

Por volta de 16 a 20 horas após o desencarne, com o corpo astral não necessitamos estar presentes no local onde se encontra o corpo físico denso, é rompido o terceiro e último cordão vibratório, o qual estava ligado ao cérebro, encerrando definitivamente a odisséia do Ser Espiritual no corpo físico que lhe serviu de veículo evolutivo. Parte do Corpo Etérico, apenas o córtex ou "casca", ficou aderido ao corpo astral, o qual se desprenderá após 72 horas, retornando ao local onde encontra o corpo físico denso, já em fases iniciais de decomposição dos elementos sólidos, líquidos, gasosos, etc. (Vide pág. 82.)

Demos com isso um pequeno exemplo de um desencarne, o mesmo assistido pelo astral, pois o Ser desencarnado era merecedor dessa assistência. Não creia que tudo se processa assim; as variações são infinitas, atendendo à individualidade de cada Ser Espiritual.

É errônea a idéia que muitos têm, embora respeitemo-la, de que o Espírito fica "vagando no espaço". Em verdade ninguém fica "vagando" no sentido de não fazer nada. Algo de bom ou de ruim estará fazendo, sempre é claro norteado por suas afinidades vibratórias, as quais caracterizam seu grau evolutivo.

Assim é que todo Ser Espiritual desencarnado, independentemente de seu grau evolutivo, antes de ser encaminhado para sua zona astral afim, permanece naquilo que chamaremos *TÚNEL DE TRIAGEM VIBRATÓRIA*. É uma zona astral, uma dimensão diferente, mas bem próxima da superfície terrestre. Zona vastíssima, que é delimitada por fronteiras vibratórias, tal qual os países da Terra. Nada mais justo para aqueles que voltaram ao "outro lado da vida" não estando acostumados com os planos do astral afim. Essa região é penumbrosa, mas dentro dela há verdadeiros entrepostos do plano astral superior; fora desses entrepostos é que existe todo tipo

CORPO ASTRAL E OS TRÊS CORDÕES VIBRATÓRIOS

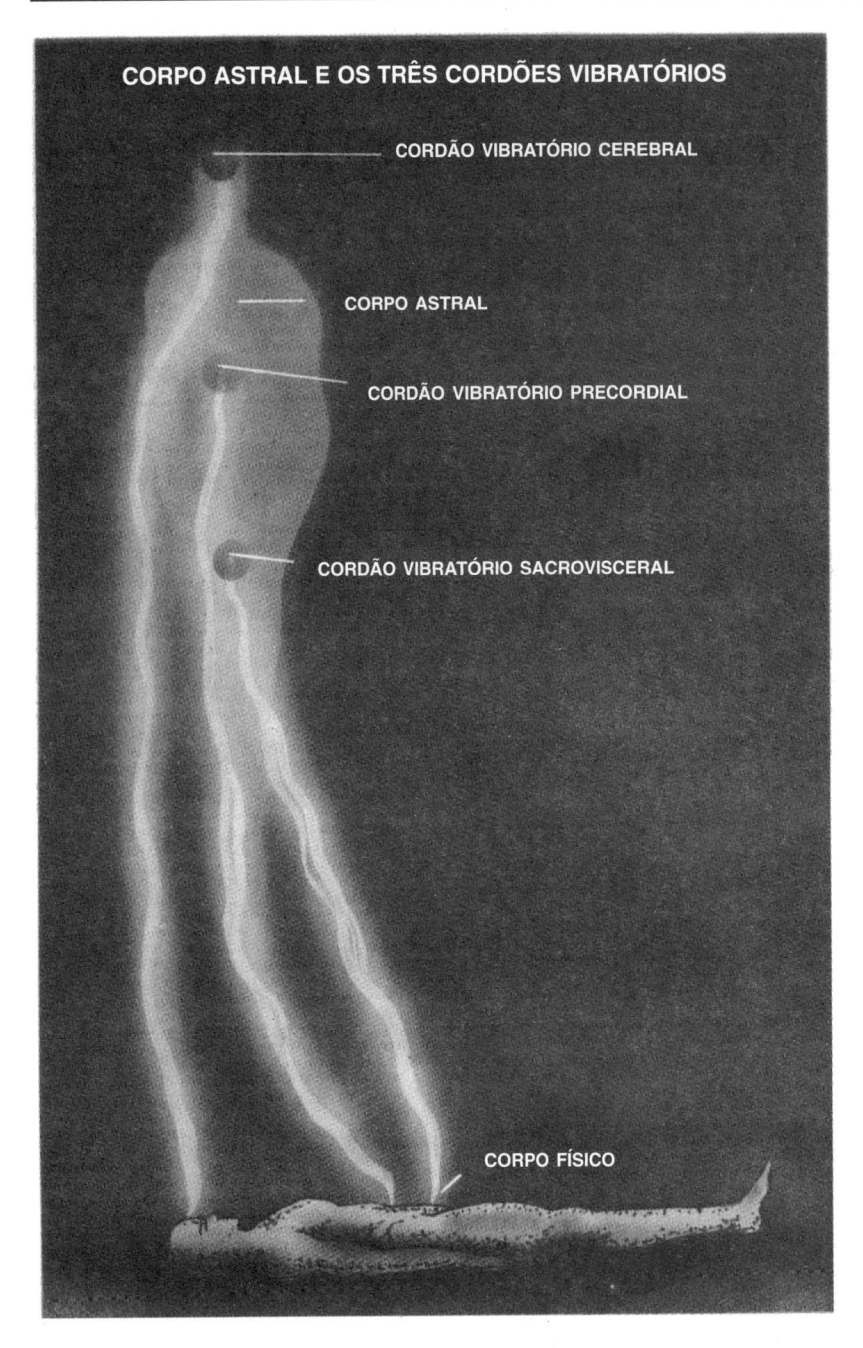

- CORDÃO VIBRATÓRIO CEREBRAL
- CORPO ASTRAL
- CORDÃO VIBRATÓRIO PRECORDIAL
- CORDÃO VIBRATÓRIO SACROVISCERAL
- CORPO FÍSICO

de Entidade. Cada Ser Espiritual tem um aura, como característica individual psicoastral e, assim identificado, é logo atraído para seu entreposto afim ainda nesse Túnel de Triagem Vibratória. Imaginemos que o Ser Espiritual vibrasse em seu aura a coloração amarelo-clara; é óbvio que seria atraído para o entreposto dos que têm a coloração do aura amarelo. Lá chegando, os técnicos em exame de aura observam que o aura está impregnado. Haverá necessidade de uma desimpregnação antes de ser enviado ao seu plano afim no astral superior. O tempo que ficará dependerá da impregnação do Ser Espiritual e enquanto lá ficar trabalhará segundo suas afinidades e habilidades na "casa" que lhe serve de moradia, de refúgio das intempéries externas e de hospital, o qual sanará suas impregnações.

Nesse Túnel de Triagem Vibratória há verdadeiros "postos" e "guardiães" que encaminham muitos Seres Espirituais imprevidentes, viciados, egoístas, grandes malfeitores, facínoras, para as zonas mais densas e mais pesadas em pleno astral inferior, com suas cavernas e abismos.

Descreveremos o Túnel de Triagem Vibratória em detalhes no capítulo que trata do Exu Guardião, Senhor dessa zona e Guardião dos planos condenados, onde há as vivências grosseiras dos Seres que se chafurdaram na imprudência, nos vícios, na luxúria, no ódio e noutras tantas aberrações conscienciais.

Bom, Filho de Fé, poderíamos continuar o nosso diálogo, mas deixaremos a você o mérito da assimilação dos conceitos aqui expostos, na expectativa de que os mesmos possam lhe trazer uma visão clara e mais real da necessidade do Ciclo da Vida, da Evolução, do Nascimento e da Morte.

Descanse, Filho de Fé, estarei ao seu lado, bom ânimo sempre. Estamos acertando a rota, renove a vontade e o entendimento que Caboclo vai fazer "soar o clarim" e desse soará em ritmo bem altissonante — BARATZIL — *a Terra das Estrelas*.

Vamos a ele...

Capítulo VI

O Brasil, Pátria da Luz — A Tradição Esotérica sobre o
Brasil — Baratzil, o Solo mais Velho do Planeta —
Surgimento da 1ª Humanidade — Missão do Brasil —
O Brasil do 3º Milênio — Ressurgimento da Luz Cósmica
— Predestinação do Brasil

Há aproximadamente 5 bilhões de anos, um fragmento se desprende das camadas ou porções externas de nosso Sol. Esse fragmento ou bólido entra em determinada órbita em obediência à Mecânica Celeste, iniciando, assim, o mais novo planeta da família solar, a sua peregrinação cósmica. Nascia assim o planeta Terra.

Após longos períodos, inicia-se no planeta Terra a moldagem e estruturação de sua forma. Sem citarmos as fases intermediárias, que se encontram esmiuçadas no capítulo V, sabemos que após longos períodos de abundantes precipitações cósmicas e atmosféricas, verdadeiros dilúvios, toda a crosta terrestre fica imersa, sob as águas. Após período relativamente longo, ou seja, após os dilúvios, tem início, muito lentamente, a emersão das primeiras porções de terra firme. Essa primeira porção de terra firme a emergir das águas oceânicas foi aquela onde hoje está o Planalto Central Brasileiro, sob o véu vibrado do Cruzeiro Divino.*

Penetremos naqueles recuados tempos em que se iniciaria a eclosão da vida humana no planeta Terra; como só poderia ser, as primeiras raças humanas propriamente ditas surgiram em terras brasileiras, vibradas como vimos, desde aqueles tempos, pelo símbolo cosmogônico do Cristo Jesus. Como as terras brasileiras tinham sido as primeiras porções de terra firme a emergir, deveriam pois ser as primeiras a presenciar o surgimento do homem, o que de fato aconteceu. Frisemos que dissemos o surgimento das primeiras raças humanas propriamente ditas, pois os experimentos necessários às raças pré-humanas aconteceram em outras plagas. Na atual América do Norte, tivemos Seres que se aproximavam muito da primeira raça humana, com características que podem ser observadas ainda hoje em sua constituição morfológica.

Após esses necessários esclarecimentos, devemos deixar claro que aqui em terras brasileiras tivemos o surgimento da augusta RAÇA VERMELHA. Muitos povos, como os egípcios, caldeus, persas e hindus, tiveram ciência desse acontecimento cósmico. A própria Sagrada Escritura hebraica, a denominada Bíblia, livro apontado de autoria de Moisés (Pentateuco), afirmava que o primeiro homem, ou seja, a primeira humanidade planetária, havia sido "feita de barro", o qual é, como todos sabem, de cor vermelha. Livros Sagrados de todos os povos, inclusive o *Popol Vuh* — Livro Sagrado dos povos de língua Quiché ou Quíchua, ou mesmo do Chilam Balam — atestam a Tradição da primeira humanidade terrestre ter sido da pura Raça Vermelha. Quando afirmamos "pura" Raça Vermelha, queremos dizer que não havia amalgamação ou miscigenação com nenhuma outra raça.

Assim, foi aqui no *Brasil* ou *Baratzil* que se iniciou o processo evolutivo da Raça Vermelha, cujas primeiras sub-raças eram, em sua grande maioria, originárias do campo gravitacional kármico terrestre, ou seja, eram Seres Espirituais que, no Reino Natural, iniciaram seu processo evolutivo no planeta Terra; aqui iniciaram e aqui teriam que terminá-lo, antes de alcançar outros planos ou casas planetárias mais evoluídos. São esses os verdadeiros filhos terrestres. Após as primeiras sub-raças, na 4ª sub-raça propriamente dita, uma minoria que depois foi crescendo incorporou-se ao seio da Raça Vermelha. Eram Seres Espirituais degredados de outras "Pátrias Siderais", os quais, como já vimos, tinham sido albergados e arrebanhados pela *Hierarquia Crística* ou pelo *Governo Oculto do Planeta Terra*.

---

* Cruzeiro do Sul.

Nesse processo de degredo sideral, acompanharam os "degredados" Seres Espirituais da mesma origem sideral, mas que não possuíam nenhum débito perante as Leis Superiores vigentes em suas Pátrias Siderais. Vieram para ajudá-los a superar-se e vencer as primeiras dificuldades, principalmente no que se referia ao inóspito ambiente natural, já que tinham de há muito, em suas "Pátrias Siderais" de origem, superado as intempéries dessa espécie.

Assim, ao encarnar no seio da então Raça Vermelha, de pronto começaram a incrementar a evolução de seus irmãos desgarrados ou degredados, ao mesmo tempo que impulsionavam ao progresso evolutivo seus irmãos do próprio campo vibratório do planeta Terra, os quais eram, em relação a eles, muito inexperientes.

Tudo isso, bom Filho de Fé, ocorrendo aqui na *Terra do Cruzeiro*, no já então futuro Coração Espiritual do Mundo — o **BARATZIL**.

No início, não foi fácil aos Seres Espirituais mais elevados encontrarem meios de fazer evoluir seus irmãos mais atrasados e inexperientes. Houve nesse tempo sérios obstáculos e arestas a serem vencidas, mas no coração do Ser Espiritual "estrangeiro" vibravam os conceitos de Luz, Amor, Verdade e Tradição da Lei Divina, que um dia tinham aprendido a respeitar e amar.

Foi assim que, nestas terras, foi revelado pela primeira vez ao homem vermelho o conceito da Lei Divina e da Divindade Suprema, os quais foram bem aceitos. O vermelho, tanto filho da Terra como estrangeiro, vive aqui na Terra do Cruzeiro em perfeita harmonia e fiel às Leis Divinas. Foi a primeira manifestação do *RELIGARE* ou retorno às Coisas Divinas, consubstanciado *a posteriori* na RELIGIÃO. Foi também aqui que, desde aqueles tempos, se forjou a *Terra Sideral*, pois Seres Espirituais de diversas procedências siderais aqui se entendiam e viviam em harmonia. Adiantando-nos no tempo, parece-nos que hoje, também como ontem, muitos povos do próprio planeta Terra aqui no Brasil vencem diferenças e fronteiras e vivem em harmonia. Esta terra, desde seu início, parece-nos possuída e vibrada de poderoso e misterioso magnetismo, que em verdade são as poderosas e magnânimas vibrações do *CRUZEIRO DIVINO*, o qual canaliza ou concretiza as Puras Vibrações do "Tutor Maior" do Governo Oculto de nosso planeta, o *CRISTO JESUS*, o *VERBO DIVINO* e Suas augustas Hierarquias.

Após ligeira elucubração, façamos alusão ao sentido místico-religioso e cosmogônico da Raça Vermelha aqui no Baratzil.

Os Seres da Raça Vermelha, ajudados e orientados por nobres Seres Espirituais encarnados em seu meio, tornavam-se possuidores de uma Tradição Religiosa retratada muito principalmente em sua Cosmogonia, a qual apontava constantemente para os "céus", já que o mesmo era meio de retorno para alguns e de subida para novos e melhores rumos para a grande maioria.

Sem nos aprofundarmos, algo que faremos no capítulo subseqüente, dizemos que o alto misticismo dos Seres da Raça Vermelha era voltado aos poderes da Natureza, vistos como atributos visíveis e concretos da Divindade. Tinham um culto aos mortos e ancestrais, veneravam-nos, pois tinham a idéia, que era real, de que muitos deles (os que tinham desencarnado) tinham retornado às suas "Pátrias Siderais". Assim, organizaram o CULTO AOS ANCESTRAIS, na esperança de obterem intercessões para que, quando desencarnassem, alcançassem a "Pátria perdida". Assim surgiu o culto dos mortos, o qual se generalizou dentre vários povos, mas surgiu com a Raça Vermelha. Esperamos, em reduzidas palavras, ter expressado o conceito de evolução ou "retorno" através do culto aos ancestrais, algo que, como já dissemos, voltaremos a falar no capítulo ulterior.

Assim, no âmago da Raça Vermelha, já muito poderosa em conhecimentos e cultura religiosa, não raras vezes observava-se muitos deles, após suas atividades, cultuarem horas e horas os céus, numa abstração visual tão intensa que entravam em fortes transes anímicos enquanto observavam os fenômenos celestes, aos quais emprestavam caracteres divinos. Nesse período, no planeta, observava-se, sem grandes dificuldades, muitos fenômenos físicos luminosos vistos ainda hoje, os quais eram comuníssimos naqueles idos e gloriosos tempos. Não raras vezes, a "estrela cadente", ou seja, um meteoro, em seu movimento, produzia um som que foi traduzido, por onomatopéia, como *TZIL*. E como eram freqüentes esses fenômenos visuais e sonoros aqui na Terra do Cruzeiro Divino!

Dissemos que o som era *Tzil* e para representá-lo ou perpetuá-lo na memória, grafaram-no. A imagem pictográfica ou mesmo mnemônica era a de uma CRUZ, que por assimilação era Estrela, Luz, Divindade, etc. Além desses Seres da Raça Vermelha observarem os fenômenos cósmicos e meteorológicos, tinham os estrangeiros, sólidos conhecimentos e uma poderosa Cosmogonia, a qual logo foi aplicada aos demais irmãos planetários, ainda dentro da própria Raça Vermelha. Assim, além de revelarem a religião, ou seja, a aplicação das Leis Divinas, tornaram visíveis a todos, através dessa mesma religião, formas e meios de se ligarem à Divindade e Seus Prepostos. Também ensinaram um idioma, uma língua polissilábica, a qual foi denominada, fazendo inclusive parte do acervo dos arquivos e das tradições do mundo astral, como **Abanheenga** — A LÍNGUA DO HOMEM — A PRIMEIRA LÍNGUA DO HOMEM — de onde todos os demais idiomas de alguma forma derivaram ou sofreram fortes influências. Em sentido hierático, temo-la como LÍNGUA SAGRADA DAS ALMAS. Dissemos polissilábica, profundamente melodiosa e eufônica. Confundia-se a sua harmonia com a harmonia que se desejasse das coisas. Era, em verdade, a própria VOZ de todas as coisas, animadas ou inanimadas. Era grande o poder da palavra no Abanheenga; em verdade era o VERBO VIVO, o VERBO PURO SEM TEMPEROS, o VERBO MANIPULADOR, *atributo extrínseco da Divindade ao homem*, era o **som sagrado**, a primeira parte da comunicação entre os sentimentos e desejos das Almas; era a concretização da abstrata Idéia. Desse idioma que depois e até hoje é velado, se derivou o **Nheengatu**, a Língua Sagrada, a Língua Boa, no sentido de ainda conservar em seus fonemas ou sons principais e elementares as características do Abanheenga. Em bom momento afirmamos que a primeira Escrita, ou seja, a representação gráfica de idéias, fenômenos naturais, sons onomatopáicos, ou mesmo o desenho (pictografia), são representações dos sons provenientes da língua Abanheenga e depois Nheengatu. É nesses idiomas polissilábicos que encontraremos o significado exato do vocábulo BARATZIL, grafado posteriormente como BRASIL.

No sentido profano do termo, temo-lo significando *Terra das Estrelas*; no sentido hierático, **Terra da Luz**; **Guardiã da Cruz**; **Guardiã do Mistério da Cruz**, ou **Terra do Cruzeiro Divino**. Analisando a composição, temos:

BARA — Terra; Guardiã; Alma Sagrada ou Iluminada.

TZIL — Luz; Cruz; Cruzeiro Divino; Divindade.

Adiante, veremos que do onomatopáico *tzil* surgiram os termos TUPÃ, TEMBETÁ, TAO, etc. Assim, os demais termos que surgiram expressam os significados de ordem mnemônica, ideográfica e teogônica.

Com o que em linhas anteriores afirmamos, observamos que o nome Baratzil não foi escolhido ao acaso, ou simplesmente por ser esta terra farta em fenômenos luminosos. Obedece sim a uma forte Tradição Esotérica, já calcada nos mistérios do Verbo Solar, no mistério da Cruz e no Santo Sacrifício do Senhor Jesus, o **YESHUA**, YSHO ou *YSHVARA*. Por isso tudo é que chamaram esta abençoada terra de Baratzil, justamente por observarem os céus brasileiros e, com isso, o CRUZEIRO DIVINO.*

Filho de Fé, vá guardando não só na memória mas no entendimento esses conhecimentos e verdades de um passado glorioso, em que se venerava a terra que tinha e tem o Símbolo ou o Signo Cosmogônico do Redentor e Libertador de Consciência — o Cristo Cósmico.

Até o momento falamos em Raça Vermelha, que era também o portentoso TRONCO TUPY. Assim, são sinônimos para nós os dois termos. Interessante que o próprio vocábulo **Tupy**, o qual era pronunciado ligeiramente diferente, sem a apócope, hieraticamente significa PAI DA TERRA DAS ÁGUAS, ou seja, a RAÇA RAIZ DA VIDA NO PLANETA. Esse poderoso Tronco dividiu-se em dois povos evoluidíssimos. Os **Tupy-Nambá** e os **Tupy-Guarany**. Os Tupy-Nambá se radicaram no solo e Astral brasileiros, mantendo-se fiéis às Tradições do Verbo Divino, enquanto os Tupy-Guarany migraram para outras plagas, inclusive pelo processo da "migração das almas", indo participar ou incorporar-se

---

* Baratzil: Terra da Luz, no sentido de Verdade Universal.

a novos grupos reencarnatórios em outras partes da América, Ásia, etc. Em capítulos futuros, veremos como e por que houve a cisão do Tronco Tupy, e como a Umbanda participou e participa da reunião, no astral superior, dos Condutores dos dois grupos.

É bom que fique guardado na mente do Filho de Fé esse fato, pois entenderá melhor quando citarmos deturpações, cismas e outras cisões na tormentosa história da humanidade. Então, fica claro que foi aqui no Brasil, com a Raça Vermelha, que se iniciou o primeiro cisma, que como veremos não foi *a priori* totalmente divergente e nem o mais significativo.

Interessante é o fato de ter sido aqui no Brasil o início das deturpações e da divergência do Conhecimento Total, daquilo que seria futuramente chamado de Proto-Síntese Relígio-Científica. Aqui pois terá de ser restaurado esse Conhecimento Total. É bom o Filho de Fé entender e guardar esse conceito que, como vimos, expressa os altos desígnios da Justiça Cósmica. Mas voltemos àqueles áureos tempos, no seio da Raça Vermelha, aqui em pleno Baratzil. Já vimos como tinham surgido os Seres Espirituais degredados de outras Pátrias Siderais, bem como os Seres Espirituais ligados ao campo gravitacional kármico do planeta Terra. Só precisamos citar o fato importantíssimo que a maioria dos Filhos da Raça Vermelha que vieram degredados de outros locais cósmicos não eram "os mais endividados". Ao contrário, tinham maiores créditos que as futuras raças que surgiriam no planeta. Assim, eles conseguiram evoluir e fizeram com que muitos Filhos da Raça Vermelha ligados ao sistema evolutivo do planeta Terra também evoluíssem muito. Alcançaram naqueles tempos, evolução inimaginável e inatingível nos dias atuais. Assim, vejamos o que aqui no solo e astral brasileiro aconteceu com eles.

Aqui por baixo, em pleno solo brasileiro, esses dois segmentos da Raça Vermelha se uniram e foram, é claro, os Condutores intelectuais de toda a raça.

No aspecto relígio-moral, tiveram na contribuição dos nossos nobres Seres Espirituais não degredados, mas também originários de outras Pátrias Siderais, o corolário para as suas atuações no seio da Civilização Vermelha. No astral, esses Seres Espirituais prepararam o advento de outras raças, mesmo as de cútis vermelha, tanto na Lemúria como na Atlântida, e depois da raça subseqüente, ou seja, a Ariana. Assim, o GOVERNO OCULTO DO PLANETA TERRA estava já formando a *CONFRARIA DOS ESPÍRITOS ANCESTRAIS*, composta essa Augusta Confraria por Grandes Condutores da Raça Vermelha, que mantêm até hoje o comando vibratório, como também emissários representantes de todas as raças do planeta. Essa Confraria, se é que posso assim me expressar, habita a 7ª Esfera do astral superior inerente ao planeta Terra.

Do exposto, esperamos ter deixado claro que muitos Seres Espirituais da Raça Vermelha voltaram às suas Pátrias Siderais de origem, sendo que alguns, por renúncia, até hoje permanecem como membros de comando na Confraria dos Espíritos Ancestrais. Os outros Seres Espirituais da Raça Vermelha, cuja evolução estava condicionada ao sistema vibratório do planeta Terra e que também tinham alcançado inimaginável evolução através da roda das reencarnações, também compõem a Augusta Confraria dos Espíritos Ancestrais, e muitos deles já estão em planetas distanciados de há muito, no setor evolutivo, do planeta Terra. Mesmo assim, a par de suas jornadas em outros planetas, ainda atendem a humanidade terrestre nos dias atuais.

Os demais contingentes da Raça Vermelha que não conseguiram evoluir naqueles áureos tempos foram reencarnando em mistura com outras raças, onde também desempenharam papel importantíssimo na evolução delas.

Nos capítulos futuros veremos essas atuações dos Seres da Raça Vermelha em todos os demais movimentos étnicos planetários. Com isso, realmente afirmamos que, pela sua evolução e pelo grau alcançado diante da Hierarquia Cósmica, são os Seres Espirituais da portentosa Raça Vermelha os *regentes de toda a humanidade*. Justamente por isso é que praticamente não têm encarnado no planeta Terra, pois os mesmos se encontram no plano astral superior, dirigindo ou orientando os destinos de nossa humanidade, ontem e hoje.

Com isso, queremos que fique claro ao Filho de Fé que o Brasil (Baratzil) tem, no cenário astral e moral-espiritual, responsabilidade de altíssima relevância, a qual é reimplantar em todo o planeta as Leis Divinas e a aplicação dessa Lei em forma de Amor e Fraternidade. Dentro desse esquema evolutivo teremos a *RESTAURAÇÃO DA UMBANDA*, que aqui ressurge como *MOVIMENTO UMBANDISTA* desde a época do *redescobrimento do Brasil*. Sim, a Proto-Síntese Relígio-Científica há de ressurgir, e será aqui, onde um dia nasceu.

Aguardemos o sábio tempo com seu ciclo incessante, mas até lá contribuamos com trabalho e mais trabalho.

Antes de encerrarmos o capítulo referente à *Pátria de Todos*, o *Miniuniverso*, o Brasil, não poderíamos deixar de citar a época em que o mesmo foi intencionalmente redescoberto, com a interferência da poderosa Raça Tupy no astral. Claro está que os *fenícios*, antes dos espanhóis e portugueses, aqui estiveram. Mas nas Leis que regem os ciclos e os ritmos, os portugueses e espanhóis que aqui aportaram eram reencarnações de grupos fenícios, os quais vieram trazer à Pátria do Cruzeiro sua contribuição. Ao aqui chegarem, encontraram vermelhos, negros e brancos vivendo em perfeita paz e harmonia. É por isso que foram muito bem recebidos. Somente muito tempo depois é que houve os desmandos, que infelizmente culminaram com atos extravagantes e insólitos, de total desequilíbrio, calcados na vaidade e no egoísmo destruidor.

Nessa época é que foi mudado o nome, que até então era Terra de Santa Cruz, para Brasil. Quiseram os Emissários da Hierarquia Crística velar o nome Terra de Santa Cruz, em virtude de uma *ordem religiosa* ter o nome "Cordeiro Divino" e, sendo ela ligada, na época, às "classes dominantes", estar cometendo ferozes atrocidades. Assim, mudando o nome, não correria perigo esta Santa Terra de receber os "Filhos do Dragão" vestidos de Cordeiro, e que aqui poderiam se instalar. Foi um estratagema dos Altos Mentores do plano astral superior a mudança do nome. Em verdade, não trocaram, apenas colocaram um sinônimo, um nome vibrado e sagrado, mas que para os profanos ficou sendo devido à abundância da madeira chamada pau-brasil. É óbvio que o sinônimo era, é e será BARATZIL — a TERRA DA SANTA CRUZ, a TERRA DO CRUZEIRO DIVINO, etc...

Assim, Filho de Fé, vai você começando a entender melhor o alto senso de Justiça das Leis Cósmicas, bem como os desígnios da Terra do Cruzeiro, orientados diretamente pelos mensageiros de Oxalá, o Cristo Jesus.

Não obstante, prosseguindo em nossos estudos, o Brasil venceu várias fases, muitas das quais eram verdadeiros assédios das "Forças Negras em ação", dos magos negros de todos os tempos e de todos os locais do cosmo. Tivemos a escravatura negra, o massacre dos mesmos e mesmo dos indígenas, e o detrimento de muitos outros direitos.

Prosseguindo na história, ou melhor, em pequenos fatos históricos, lembramos os embaraços sociopolíticos pelos quais passou e passa o povo brasileiro; em verdade, isso tudo é passageiro, a noite há de passar, um novo dia vai raiar, e com ele um novo BARATZIL vai surgir — a verdadeira TERRA DAS ESTRELAS. Estamos trabalhando para isso e como falo a todos os Filhos de nossa humilde Cabana, nenhum de nós veio à Terra para perder, viemos para vencer e vamos vencer. Venceremos mesmo!

Muitas raças, muitos povos já passaram pelo planeta, alguns até com grandes oportunidades de reunir e remir toda a família terrena; perderam-nas, mas nós não iremos perdê-las.

Somos sabedores dos grandes mananciais econômicos e da riqueza da Terra do Cruzeiro. Mas sua soberania será sem vassalos! Haverá de ser o celeiro do Universo em RIQUEZAS ESPIRITUAIS. O Baratzil será a grande potência do terceiro milênio. O milênio do clarear da NOVA ERA chegará e com ele novos conceitos aflorarão no Ser humano. Não está longe de termos completas inversões dos valores. Não está distante o dia em que a Ciência terrestre redescobrirá o Espírito e redescobrirá também que a vida não termina com a morte. Essa será a grande revelação do terceiro milênio; o homem vencerá a morte e vencendo a morte vencerá a ilusão, evitando grandes transtornos e decepções para si mesmo no outro lado da vida. Essa revelação, ou melhor, comprovação, ocorrerá *aqui no Brasil*. Então, o mundo todo voltar-se-á para o Brasil e'nessa "terra dos simples, puros e humildes", renascerá uma NOVA HUMANIDADE, a qual lembrará e viverá os grandes feitos da Raça Vermelha. É o Baratzil pujante, sua pujança de atividades espirituais; são chegados os tempos e o relógio universal aponta a hora do Baratzil. Abram os corações — o Brasil vai passar e nele todos vão ficar. Fiquemos com o Brasil — Luz do Mundo — Pátria de AUMBANDAN — MACAUAM — A LEI DIVINA EM AÇÃO.

Saravá Oxalá — Senhor do planeta Terra.
Saravá os Tubaguaçus — Senhores do Brasil.
Saravá a UMBANDA* — Senhora de toda a BANDA.

---

* O vocábulo sagrado AUM-BHAN-DAN (pronuncia-se OMBHANDHUM), foi grafado pelo "Caboclo 7 Espadas", para fácil assimilação, como: UMBANDA ou AUMBANDAN.

Capítulo VII

Surgimento da Umbanda ou Aumbandan — A Proto-Síntese Cósmica — A Tradição da Raça Vermelha — Conhecimento Uno — Proto-Síntese Relígio-Científica — Os 4 Pilares do Conhecimento Uno: a Religião, a Filosofia, a Ciência e a Arte

A superioridade moral-espiritual da augusta Raça Vermelha foi por nós reiteradas vezes citada. Citamo-la de forma velada, deixando nas entrelinhas... no entanto, agora iremos falar sobre ela sem véus e sem alegorias...

Para que fique bem firmado na mente e no coração dos Filhos de Fé, continuamos a afirmar que a *1ª raça humana propriamente dita* (vide capítulo VI) surgiu aqui no BARATZIL, em seu Planalto Central. Há milhares de anos, quando a Raça Vermelha surgiu, ela recebeu, em seu início, os Seres Espirituais ligados ao campo gravitacional do planeta Terra. A par desses Seres Espirituais, outros mais atrasados encarnaram, mas em outras regiões de terra firme (após aproximadamente 1.000 anos das primeiras encarnações no Baratzil). Isso aconteceu em terras da própria América, em suas regiões Central e Norte. Bem, para que estamos dando essas informações? É para que o Filho de Fé, na hora precisa de nossa exposição, possa entender como surgiu o *AUMBANDAN* e como ocorreram as deturpações que acabaram culminando com o desaparecimento dessa *PROTO-SÍNTESE CÓSMICA*.

Quando falamos sobre a superioridade moral da pura Raça Vermelha, devemos lembrar que ficou ela ainda mais fortalecida quando do encarne de Seres Espirituais de Pátrias Siderais adiantadíssimas em relação ao nosso esquema evolutivo.

Foram os Seres Espirituais de Pátrias Siderais distantes que incrementaram, para a então Raça Vermelha, os conhecimentos plenos e puros da Lei Divina.

Antes do advento desses excelsos Seres Espirituais na Raça Vermelha, a mesma já possuía uma sólida concepção sobre as Coisas Divinas.

Alguns Seres Espirituais elevados, de grande escol, tinham já lançado algumas sementes, tanto é que eles, os da Raça Vermelha daquela época, conheciam os MISTÉRIOS SOLARES e o MESSIAS — o CRISTO CÓSMICO.

Toda a futura TEOGONIA, bem como a pureza de suas concepções sobre as Coisas Divinas, era calcada num inflexível MONOTEÍSMO. Para eles, desde aquela época, a Divindade Suprema era **TUPÃ**.

Mas, em verdade, como surgiu a religião no seio da Raça Vermelha ou Tronco Tupy?

Logo que os primeiros missionários começaram a encarnar em seu seio, fizeram sentir que, para religarem-se com as verdades imutáveis, com as Coisas Divinas, necessitariam entender que havia um SER SUPREMO e que o Mesmo possuía Emissários. Deveriam também entender que *um de seus mais iluminados e expressivos expoentes-emissários* tinha se responsabilizado pela TUTELA ESPIRITUAL deste "novo cenário de Vida", onde deveria ser lançada a semente da Luz Espiritual que redimiria e libertaria todos os Filhos da Raça Vermelha e outros que futuramente encarnariam neste solo de elevação e recuperação.

Futuramente, muitos fariam a emigração para planos mais elevados da Vida Cósmica. Assim surgiram sua Teogonia, sua Mística de rara beleza e suas concepções sobre a Natureza física e hiperfísica. O *religare*, a ligação do homem da Raça Vermelha com as Coisas Divinas, chamou-se AUMBANDAN. Esse vocábulo trino e Sagrado, que mais tarde se tornaria litúrgico, mágico e vibrado, foi, é e será bandeira do Amor e Sabedoria Cósmica. Mas, repisando, como era a crença dos Seres Espirituais da Raça Vermelha, dos Tupy?

Era uma crença calcada nos fundamentos mais puros da **realidade cósmica**. Até deixava de ser crença, pois era tão transparente a ligação com os Seres Espirituais do plano astral superior que todos na época, exceto raríssimas exceções, tinham não apenas os 5 sentidos hoje por nós conhecidos, como também mais 2 superiores, perfazendo um total de 7 SENTIDOS.

Esses 2 sentidos superiores facultavam a eles a VISÃO e a INTUIÇÃO CÓSMICAS, sem necessidade de terem adestrado ou magnetizado seus corpos astrais. Não havia essa necessidade, pois era uma *condição natural*. Assim, conheciam *naturalmente* outras dimensões, além das 3 que hoje conhecemos.

Eram eles voltados às Coisas Divinas e às suas Leis, sendo fiéis às mesmas. Enfim, foram os primeiros a cultuar em espírito, coração e verdade a *RELIGIO VERA*, a *PROTO-RELIGIÃO — AUMBANDAN* — que pronunciavam de forma explosiva, não agressiva.(OMBHANDHUM)

Além de cultuar, foram os primeiros a beber de suas águas cristalinas, tanto que, em suas futuras reencarnações em outros locais do planeta, no meio dos povos semibárbaros, tinham que fazer, como fizeram, ADAPTAÇÕES, já que esses "novos" Seres Espirituais, de outros *locus* siderais, não tinham o mesmo cabedal moral e nem eram tão creditados. Ao contrário, eram muito debilitados perante a Lei Divina.

Mesmo no Baratzil, Terra do Cruzeiro Divino, embora mantivessem o máximo possível a pureza das concepções sobre as Coisas Divinas, os outros Seres Espirituais que vieram *a posteriori* não souberam manter as Tradições.

Quando se deu a quebra das Tradições Cósmicas firmadas pela Raça Vermelha? Deu-se após o planeta estar com praticamente todas as suas regiões de terra firme já tomadas por vários povos.

Os continentes e as águas oceânicas, como já vimos, não tinham as mesmas conformações que têm hoje. Naquela época já tinham florescido a Raça Lemuriana e, com o término dela, a 4ª Raça Raiz, a Atlante. Interessante notar que quando nos referimos ao Tronco Racial Tupy, a pura Raça Vermelha, *não estamos nos referindo* a esses Seres Espirituais que vieram a ser conhecidos como índios.

Após milhares de anos, quase 1 milhão, é que surgiram aqueles que poderíamos chamar de índios e que não eram, é claro, esses últimos remanescentes que perduram até nossos dias em várias plagas do planeta.

Aqueles que surgiram há milhares de anos guardaram alguns reais e verdadeiros conceitos de seus ancestrais, os Seres Espirituais da pura Raça Vermelha. Os que permanecem até hoje, tidos como vermelhos, são degenerações da Raça, degenerações no sentido astroespirítico. Não que estejamos qualificando-os como inferiores. Ao contrário, achamo-los tão iguais quanto os demais Seres planetários da atualidade. Esperamos ter deixado claro que os Seres do Tronco Tupy, daqueles áureos tempos da Raça Vermelha, não tinham nem o fenótipo e nem a condição dos que habitavam o Baratzil mais ou menos 500 anos atrás. Eram sim os PUROS TUPY, um povo evoluidíssimo, cuja *Mística Sagrada*, a sua *Religio Vera*, como veremos em capítulo posterior, se espraiou pelos 4 cantos do planeta. Após longos períodos, que distam milênios daquelas épocas, surgiram as deturpações, interpolações, inversões de valores, cisões, desaparecimento de Tradições, etc.

Importante também é que sua língua, o **Abanheenga**, foi modelo para praticamente todas as línguas ainda hoje faladas em nosso planeta. Também o alfabeto que se convencionou chamar de ADÂMICO ou DEVANAGÁRICO já é modificação do Alfabeto Sagrado dos Tupy daqueles tempos.

Trouxeram-nos esses veneráveis e abnegados Seres Espirituais da Raça Vermelha, além da *religião*, a *filosofia*, a *ciência* e as *artes* — enfim, o AUMBANDAN.

Assim, AUMBANDAN é a *síntese ou reunião entrelaçada de todo conhecimento ou gnose humana*. E não é só desses 4 pilares do conhecimento humano que o *Aumbandan* é Síntese. Ele, em verdade, está além dessa Síntese. Ele é a SÍNTESE DAS SÍNTESES. Assim, vejamos:

Se Aumbandan não é apenas a Revelação das Leis Divinas e dos Conceitos Integrais da Verdadeira Natureza Espiritual do Homem, o que é Ele então?

Ele é o próprio elo de ligação vivo entre o que é espiritual e o que é do reino natural, ou seja, em sentido bem abrangente, *é a porta, é o veículo de retorno ao cosmo espiritual* e ao encontro *de nosso karma causal*.

Mas, para Ele ser tudo isso, tem que ser *SÍNTESE*.

Terá de ser mais do que *SÍNTESE*. E Ele é. Ele é a *Proto-Síntese Cósmica*.

CAPÍTULO VII

Neste exato instante, queremos que os Filhos de Fé entendam que nos referimos até o momento ao Aumbandan e, é claro, que não estamos falando do *Movimento Umbandista da atualidade*. Falamos sim daqueles áureos tempos, dos quais temos apagadíssimas impressões, no final da já então decadente Raça Lemuriana e de alguns remanescentes da 4ª Raça Raiz, a Atlante. Entre os remanescentes dos atlantes, poderemos citar os povos indígenas das Américas, os egípcios, hindus, persas, mongóis e outros. Os próprios Tupy daquelas épocas já não eram os mesmos, mas guardaram resquícios da fabulosa civilização vermelha. Retornando, porém, queremos que fique bem claro que naqueles tempos sagrados, na aplicação dos Conhecimentos, não havia Movimento Umbandista como se conhece hoje. Havia sim AUMBANDAN — O CONJUNTO SAGRADO DAS LEIS OU O CONJUNTO DAS LEIS DIVINAS.

O Movimento Umbandista é coisa da atualidade. Nada, em verdade, tem a ver com o verdadeiro Aumbandan, *mas pretende restaurar o verdadeiro* **Aumbandan**, ou seja, a Verdadeira Proto-Síntese Cósmica. Com isso, não ficará difícil entender como os Seres Espirituais da pura Raça Vermelha, os quais comandam todo o astral superior, já estão se interpenetrando nesse Movimento Umbandista que, como vimos, visa restaurar o AUMBANDAN ou UMBANDA.

Portanto, Filho de Fé, em verdade você faz parte não do AUMBANDAN, mas do Movimento Umbandista e daquilo que ele propõe, ou seja, de seus ousados planos. Você deverá se conscientizar da responsabilidade que o aguarda, se é que você ainda não percebeu o peso em seus ombros. Assim, esperamos que os Filhos de Fé mais interessados, e mesmo os não Filhos de Fé, tenham percebido quão ousada e difícil é a tarefa do Movimento Umbandista. É bom que todos percebam que é de novo aqui no Baratzil que o Movimento Umbandista nasceu e é aqui mesmo que, das brumas do passado, do esquecimento e do obscurecimento, ressurgirá a *SENHORA DOS 7 VÉUS*. É, minha Mãe Sagrada e Velada, ajude-nos com Tua Bendita Luz a respeitosamente Te desvelarmos; e ao Te desvelar, que Tua Luz inunde a tudo e a todos. Dá-nos a paciência para que, ao Te desvelarmos, a potência Divina de Tua Luz não venha nos ofuscar ou cegar. Assim, UMBANDA, minha Mãe Sagrada, mais uma vez eu Te peço agô... *Umbanda, Caboclo pede agô...*

Voltemos àqueles tempos gloriosos, onde nem a morte era temida, pois entendia-se que era ela uma transformação necessária para se alcançar novos rumos, novos degraus em nossa escala evolutiva.

Tanto que, naqueles tempos, os processos atuais da hoje chamada MEDIUNIDADE eram completamente desconhecidos, pois era algo natural, como natural era também o diálogo com os Seres Espirituais de outros planos, os planos hiperfísicos. No seio da civilização vermelha, havia Seres Espirituais que tinham uma maior abertura consciencial, que os fazia enxergar com maior facilidade as coisas mais além... De qualquer forma, todos enxergavam, e muito bem, os fenômenos extraterrestres. É por isso que, para eles, o nascimento e a morte eram fenômenos naturalíssimos e necessários à própria evolução do Ser Espiritual encarnado. Eram portas que os faziam alcançar novos planos do universo. Se estivessem em planos do astral e necessitassem evoluir, sabiam que a porta do nascimento preencheria essa condição. Assim, o nascimento e a morte para eles eram sagrados e, como tal, revestidos dos mais belos e puros rituais, ao contrário de hoje em dia, em que principalmente o fenômeno da morte, salvo raríssimas e honrosas exceções, é encarado como extermínio, aniquilação total, sendo revestido de paixões, de choques e de profunda dramaticidade. Claro que respeitamos a dor daquele que perde um ente querido, mas gostaríamos que após o choque, após o impacto, se entendesse que não se perdeu nada. Quando muito, perdemos temporariamente o convívio físico, e só.

Assim, quanto mais nos distanciamos da Proto-Síntese Cósmica, mais o desencarne é chocante e constrangedor, atingindo os últimos limites da resistência emocional do Ser, que se sente privado ou subtraído. Em verdade, na atualidade, a morte choca quem morre, pois o mesmo chega ao astral que lhe seja afim completamente em desequilíbrio. A morte choca profundamente quem fica, se não houver o devido preparo para essas situações inevitáveis. Importante que mantenhamos a paz, tanto para nós como para quem deixou sua indumentária física. Acreditamos que, para o futuro, fará parte dos bons costumes ou da educação ser bem comportado para com o fenômeno da chamada morte.

A preparação fará com que cada filho deixe de ver a morte como sendo constrangedora, não trazendo então para si próprio sentimentos de angústia e aflição, os quais afloram à mente e ao coração quando vem a lembrança de que fatalmente, um dia, será sua vez. É por esses e outros motivos que o mediunismo teve de surgir, mas não em todos, pois os contatos que antes eram diretos já o tinham deixado de ser há milênios. Não houve outra alternativa, tiveram que surgir os médiuns, como porta-vozes e veículos de Seres Espirituais. Em geral são os médiuns aqueles que naquelas épocas remotas colaboraram para que o contato natural deixasse de existir. Assim, estão eles, hoje, como porta aberta entre o plano astral e o plano físico. Como dissemos, não são todos os médiuns que têm essa história, mas uma grande maioria a tem.

Surgiram os médiuns como veículos de Espíritos, os quais procuram gradativamente e sem ostentação dizer a todos que a vida continua, que a morte não existe, que o que existe mesmo é só a vida.

E se assim o fazem, é porque sabem que não está muito distante o dia em que o próprio Ser terreno descobrirá que a morte não existe. A própria Ciência oficial chegará a essa conclusão. Já pensaram se não houver nenhuma preparação nesse sentido? Aí está um dos motivos pelos quais nós, do plano astral, não temos até agora dado provas contundentes e finais sobre a imortalidade da Alma. Os Seres terrenos não teriam a tranqüilidade necessária, e...

Após essa nota, voltemos onde havíamos parado. Não era assim naqueles tempos gloriosos em que a portentosa Raça Vermelha, com todos seu Conhecimento, era pura e tranqüila. Já dissemos que, em meio a todos, havia os que eram possuidores dos maiores poderes, e os mesmos não eram invejados como aqueles que hoje possuem uma faculdade superior às dos demais. Ao contrário, naqueles tempos, eram eles respeitadíssimos e, sem afetação, também respeitavam seus iguais. Eram sempre aclamados por todos como CONDUTORES, como SACERDOTES, os quais naqueles tempos eram chamados TUBABARASHA ou BABARASHA. Eles e só eles tinham condições, devido à sua própria natureza, de entrar em contato, de forma mais natural possível, com seus Mestres Espirituais do astral superior. Esses Mestres do astral superior recebiam a denominação ARASHA.

Assustado, Filho de Fé? Você está pensando que Caboclo trocou ORISHA por ARASHA. Não, Filho de Fé, preste atenção que você entenderá perfeitamente nosso raciocínio.

Como dissemos antes, os primeiros vocábulos do planeta são de origem *Abanheenga* ou de sua primeira ramificação, o *Nheengatu*. Ora, nada mais justo pois que busquemos nos fonemas, nas sílabas eufônicas e onomatopáicas desses idiomas, o vocábulo desejado em sua mais pura raiz. É claro que o vocábulo sagrado Arasha foi anterior a Orisha. O termo *Orisha* é corruptela de 3ª ou 4ª geração do termo Arasha.

Foram também anteriores ao termo Orisha a maioria de todos os termos litúrgicos e sagrados usados para denominar as Potências Superiores.

Assim, à guisa de exemplo, o mesmo aconteceu com os vocábulos *YAMANYA (YEMANJÁ)*, *XINGU (XANGÔ)* e *AXALÁ* ou *OSHILA (OXALÁ)*.

Resumidamente, sem entrarmos em complexas discussões fonossemânticas ou filológicas, vejamos as traduções de:

ARASHA
ARA — LUZ
SHA — SENHOR

ORISHA
ORI — CABEÇA, LUZ
SHA — SENHOR

Vimos, pois, que o vocábulo sagrado **ARASHA** tem a mesma significação que Orisha — *Senhor da Luz*. Como o Abanheenga foi a primeira língua raiz, é justo que se diga que arasha é milhares de anos anterior ao vocábulo Orisha.

Vejamos também os seguintes vocábulos sagrados:

YAMANYA
MÃE DAS MÃES DO MAR — MÃE DAS ÁGUAS — MÃE NATUREZA, etc.

YE OMO EJA
MÃE DOS FILHOS PEIXES — MÃE DOS FILHOS DA ÁGUA, etc.

Assim, entendemos as similitudes do vocábulo. Ainda nos reportando ao vocábulo YEMANJÁ, temos:

No Abanheenga — YAMANYA
YA — Mãe ou Natureza
MAN — Mar, Água
YA — Mãe ou Natureza

Hieraticamente: Mãe das Águas ou Senhora da Natureza.

No Yoruba (Nagô) — YE OMO EJÁ
YE — Forma antiga de Mãe
OMO — Filho
EJÁ — Peixe

Hieraticamente: Mãe das Águas ou Senhora da Natureza.

O mesmo acontece com o vocábulo sagrado XINGU:

XINGU ou XINGÓ (Abanheenga)
SENHOR DAS ALMAS — SENHOR DO FOGO ETÉRICO

XANGÔ (Yoruba)
SENHOR DAS ALMAS — SENHOR DO FOGO ETÉRICO

Para robustecer o que falamos, queremos citar que, no idioma Quiché ou Quíchua, a Divindade que representava o SENHOR DA LUZ era denominada AH RAXA. Esse termo é encontrado nos livros da comunidade, o chamado POPOL VUH. Como vimos, a SEMELHANÇA é incrível!!!

Tentemos agora, de forma bem simplista e com total transparência, explicar como surgiu o termo TUBA entre os índios atuais e BABA entre os africanos e hindus.

Em verdade, no Abanheenga ou Nheengatu, o vocábulo era TUBABA, cuja significação era Meu Pai Sagrado e, posteriormente, Meu Pai. Com o passar dos tempos, houve uma apócope da sílaba repetida (simplificação do vocábulo), ficando somente TUBA, que continua significando Pai.

Em terras africanas aconteceu algo muito similar ao ocorrido aqui em terras brasileiras. Por processos de facilidade de adaptação fonética, suprimiram o TU do vocábulo TUBABA. Assim, ficaram com o termo BABA, que continua significando PAI. Em Tupy, MÃE é YA ou CY. Em Yoruba, MÃE também é YA. Interessante, não é, Filho de Fé? Será apenas coincidência? Claro que não, isso é o que tentamos provar nas linhas anteriores.

Na África, o termo *baba* é de origem Yoruba, mas em Angola e Congo, ou seja, no idioma Kibundo, TATA também significa PAI. Esse, por sua vez, é corruptela de BABA dos Yorubas. Ainda completando, também na Índia, quando querem se referir ao PAI, usam o vocábulo BABA. O diminutivo para eles é BABAJI (Paizinho).

Dentre muitos vocábulos que ainda vamos mostrar, queremos salientar o termo BABARASHA — SACERDOTE DOS SENHORES DA LUZ. Em verdade, os Babarashas eram verossímeis Sacerdotes da Luz, pois comunicavam-se, como vimos, diretamente com Eles, seus Arashas (no seio da Raça Vermelha Pura).

Ao contrário, BABALORISHA — BABA ORISHA — é o Sacerdote que é possuído pelo orisha, isto já em Yoruba (africano).

Vejamos o vocábulo ASHALÁ ou OSHALÁ:

No Abanheenga — ASHALÁ ou OSHILÁ — houve uma apócope no termo ARASHALA, que significa A LUZ DO SENHOR DEUS.

No Yoruba — OXALÁ — O SENHOR DO ALÁ, ou do PANO BRANCO, que hieraticamente tem a significação de: A Luz do Senhor Deus.

Poderíamos citar centenas de termos equivalentes e analisar sua sonância, e veríamos que no fundo significariam a mesma coisa. Quisemos dar o vocábulo original pois é o mesmo fonocronometricamente ideal, até no movimento de certas vibrações, naquilo que os Filhos da Terra chamam de MANTRA.

De forma alguma há intenção de menosprezar ou desvalorizar os Filhos da Terra ligados aos Cultos de Nações Africanas, nem muito menos nossos irmãos da Raça Negra que se encontram no astral; a eles MOJUBÁ, pois eles, como nós, sabem dos arquivos existentes no astral superior, em que consta que os primeiros vocábulos místicos sagrados de todos os povos derivaram ou foram revelados na pura Raça Vermelha, a qual, sem prepotência, é "Senhora dos Céus (Planos) Brasileiros e do Planeta".

Se alguns vocábulos se encontram de posse exclusiva da Raça Negra, é porque:
1º) Houve sérias inversões fonométricas, alterando ou não o verdadeiro sentido;
2º) Foram perdidos pelas raças indígenas atuais, mas é claro que devem se encontrar nos arquivos do astral da Raça Vermelha.

Bem, estávamos falando dos Tubabaraxá ou Babaraxá, que como dissemos eram Sacerdotes. Hierarquicamente eram subordinados, pois eles assim queriam, aos Tubaguaçus, os quais eram profundos conhecedores das Leis Cósmicas. Também buscavam formas e meios para conduzir a Raça Vermelha a melhores dias.

A ordem sociopolítica era perfeita, não havia despeitos, nem orgulho, nem vaidade, muito menos a inveja ou o egoísmo. Havia sim perfeito cooperativismo entre todos sem exceção. Cada um cumpria sua função, segundo seu grau de habilidade naquilo necessário à tribo. As funções realmente eram ocupadas pelos melhores, pois visava-se à tribo como um todo. Se um queria a função, mas o outro era melhor, esse fraternalmente abraçava o primeiro, desejando-lhe sucesso, e pedia-lhe para ajudá-lo, no que o outro aquiescia de pronto. Não bastasse isso, tudo fazia para que seu auxiliar se tornasse igual ou melhor que ele mesmo. Vimos pois que não existiam melindres, tão comuns nos Filhos de Fé infelizmente atrasados para consigo mesmos. Pois, se há os melhores, que esses cumpram suas funções. Não permitir isso é egoísmo, é tola vaidade. Paciência, amanhã a vida lhes ensinará segura e serenamente...

Retornando ao que falávamos, Aumbandan, naqueles tempos, era a Proto-Síntese Cósmica, ou seja, continha em seu bojo a Religião, a Filosofia, a Ciência e a Arte. Naquela época, o conhecimento ainda não havia sido fragmentado. Quem era conhecedor da Religião entendia a Filosofia, aplicava a Ciência e executava a Arte. Era, enfim, um polignóstico, isto é, tinha vários conhecimentos que se entrelaçavam. Usamos o termo polignóstico, o qual nada tem em comum com determinada Ordem espiritualista, a qual deve ser por todos respeitada em seu trabalho, assim como outra Ordem qualquer. Usamo-lo devido à teoria do conhecimento, que estuda a natureza do conhecimento em geral, ser chamada gnosiologia (ramo da Filosofia).

Assim, no seio da portentosa Raça Vermelha, a religião realmente foi revelada. Tinham sido revelados ao homem conceitos integrais de sua realidade espiritual. Se a Religião, primeiro pilar do conhecimento humano, foi revelada, o segundo pilar nasceu da observação e dedução. Assim, a Filosofia nasceu da observação constante das coisas, fenômenos naturais, anseios, desejos, expectativa de vida, ou mesmo no sentido de tentar explicar certas realidades. Naquela época, o Ser Espiritual encarnado buscava um conhecimento especulativo ou analítico sobre a REALIDADE.

Uma dessas REALIDADES poderia ser:
a) Autoconhecimento — conhecer profundamente a si mesmo;
b) Conhecimento relativo à sua própria espécie — conhecer os outros;
c) Conhecimento da Natureza Universal e suas Leis.

Falando tecnicamente, a Filosofia é a disciplina que estuda o entendimento, bem como as relações entre o Ser, o conhecimento e o objeto.

Na Filosofia, o Ser Espiritual raciocinou, analisou-se, analisou o meio, deu explicações especulativas e analíticas sobre a Realidade, mas claro que na visão dele. Quando o Ser Espiritual tentou explicar a Realidade em Princípios e Causas, fê-lo através de modelos; assim iniciou-se o processo das Ciências — o terceiro pilar.

A epistemologia ou o método científico, sem dúvida, surgiu para o Ser Espiritual encarnado nesse tempo auspicioso. No mais foram apenas induções, deduções, observações, etc.

Após a Ciência, surgiria o quarto pilar: o pilar da Arte, que como diz outro, dizemos nós:

"Só a Arte conhece a Eternidade; tudo passou no Egito, salvo a grandeza dos seus colossos erguidos da areia; tudo passou na Grécia, salvo o conhecimento; embora tudo tenha passado, parece-nos que a Arte ficou..."

Para nós também. E a Arte é a disciplina que estuda o valor dos símbolos. São esses símbolos expressões do sentimento. É também a Arte o sentimento ou o "Espírito Vivo" expressando um ato, um momento, uma emoção, uma época. Enfim, é o sentimento expresso.

Assim, caro Filho de Fé, observe que aqueles Seres Espirituais da pura Raça Vermelha não ficaram a dever nada aos mais gabaritados cientistas, artistas ou filósofos da época atual. Ao contrário, esses conhecimentos atuais eles haviam superado de há muito, ou seja, ainda estamos muito distantes daqueles conhecimentos. Esses eram trazidos de LOCAIS CÓSMICOS muito mais adiantados que o nosso atual. Gradativamente, os Seres provenientes desses locais foram instruindo seus irmãos menos experientes, e sem dúvida lhes ensinaram, pois poucos deles não subiram a planos de evolução completamente inimagináveis ao atual estado de evolução em que se encontra o planeta Terra.

Um dia, sem dúvida, chegaremos lá, mas como sempre muitíssimo trabalho nos aguarda. Em verdade, trouxeram uma enorme bagagem de conhecimentos, incríveis para a época. Conheciam profundamente os meios do RELIGARE, na sua mais pura e real expressão religiosa. Tinham fortes conquistas filosóficas sobre todas as coisas, sem nenhuma dúvida ainda hoje não alcançadas no planeta. Do poderio de suas Ciências temos resquícios através das pirâmides e processos de mumificação ensinados aos egípcios e aos povos das 3 Américas. As ARTES MÉDICAS eram inclusas em conjunto com a Filosofia, Religião, Ciência e Arte, pois para curar através da administração de medicamentos, o *médico-mago* ou *payé* devia ter sólidos conhecimentos de Física, Química, Botânica, Zoologia, Fisiologia, Anatomia oculta, Filosofia e Artes. É óbvio que essas disciplinas deviam ter outras denominações, e realmente tinham, pois o conhecimento deles era de SÍNTESE. O importante é que eles eram conhecedores de todos esses ARCANOS CULTURAIS, os quais eram a base de todo o CONHECIMENTO.

Ao Filho de Fé e mesmo ao livre-pensador, pedimos especial atenção. Falamos até o momento dos 4 PILARES DO CONHECIMENTO HUMANO, estando eles dispersos, rompidos em suas interligações. Assim, em verdade, nós não podemos citar Proto-Síntese Relígio-Científica. Só poderemos citar Proto-Síntese Relígio-Científica quando houver uma inter-relação entre esses 4 pilares, ou seja, quando tivermos um CONHECIMENTO UNO.

Talvez, através da forma geométrica, consigamos esse intento. Vejamos:

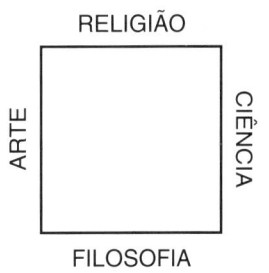

Parece-nos que essa figura geométrica une os pilares, embora essa união seja de forma completamente estática, pois não há dinamismo, não há ponto em comum entre os 4 pilares do conhecimento. Tentando colocar os 4 pilares do **conhecimento humano em um ponto único, podemos obter uma PIRÂMIDE de base quadrilátera**.

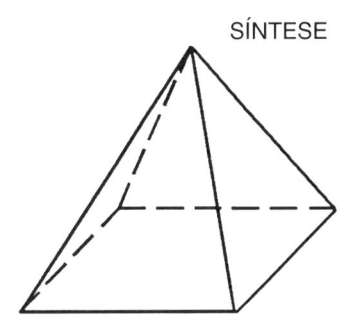

Parece-nos que essa pirâmide de base quadrada atende nossas necessidades. Senão, vejamos: Os 4 pilares, sejam eles quais forem, ao dirigirem-se ao vértice para formar a pirâmide, estão formando a SÍNTESE, ou seja, os 4 conhecimentos reunidos em único ponto. A intersecção dos 4 pilares convergiu em um único ponto, o qual foi chamado de SÍNTESE.

Agora, já temos a Síntese dos 4 pilares — a Religião, a Filosofia, a Arte e a Ciência.

Se observarmos bem, chegamos a 5 pontos. Acreditamos que até poderíamos iniciar, agora, uma pequena analogia iniciática com todos os Filhos de Fé. Tentaremos aqui chegar nos 7 pontos.

Relacionaremos os ORISHAS SUPERIORES com esses conhecimentos.

Vejamos:

CIÊNCIA	XANGÔ	FOGO
FILOSOFIA	OXOSSI	AR
RELIGIÃO	YORIMÁ	TERRA
ARTE	OGUM	ÁGUA

Se relacionarmos de forma cabalística esses Orishas com a gnose humana, veremos que faltam 3 Orishas. Aliás, são os 3 ARQUETIPAIS, se é que assim podemos defini-los.

A geometria ou forma que melhor expressa essa Proto-Síntese Relígio-Científica é:

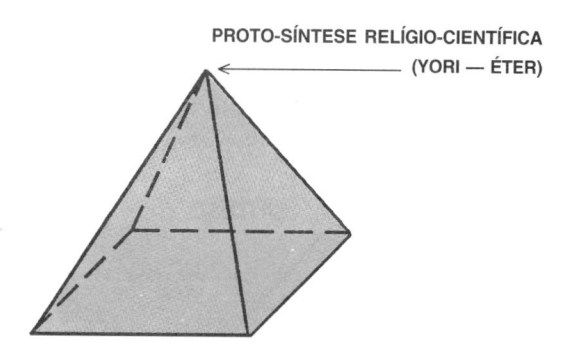

PROTO-SÍNTESE RELÍGIO-CIENTÍFICA
(YORI — ÉTER)

Após encontrarmos a Síntese, falta-nos a *Proto-Síntese Cósmica*.

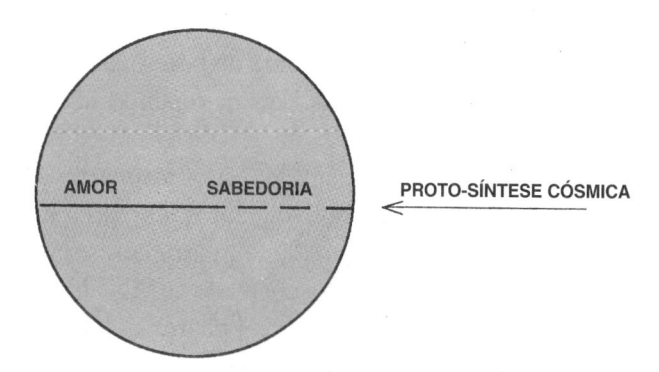

AMOR   SABEDORIA   PROTO-SÍNTESE CÓSMICA

AMOR — Relacionaremos com a vibratória de YEMANJÁ e com a Energia Mental

SABEDORIA — Relacionaremos com a vibratória de ORIXALÁ e com a Energia Espirítica.

Na geometria plana, o círculo representa a Proto-Síntese Cósmica. A Proto-Síntese Cósmica está encerrada no círculo, que representa a própria Lei, e essa Lei, através do Amor e da Sabedoria, rege a Proto-Síntese Relígio-Científica.

Assim, com os 7 pontos revelados, temos:

SABEDORIA	ORIXALÁ	ENERGIA ESPIRITUAL	
AMOR	YEMANJÁ	ENERGIA MENTAL	
PROTO-SÍNTESE RELÍGIO-CIENTÍFICA	YORI	ENERGIA ETÉRICA	
CIÊNCIA	XANGÔ	FOGO Força Sutil Ígnea	
ARTE	OGUM	ÁGUA Força Sutil Hídrica	
FILOSOFIA	OXOSSI	AR Força Sutil Eólica	
RELIGIÃO	YORIMÁ	TERRA Força Sutil Telúrica	

A Proto-Síntese Cósmica encerra, em seu Círculo Uno, a Lei, e essa, por sua vez, exterioriza-se através da sabedoria e do amor, que movimentam a síntese inferior ou a Proto-Síntese Relígio-Científica, a qual equilibra, de forma harmoniosa, a Religião, a Ciência, a Filosofia e a Arte.

Busquemos na PIRÂMIDE a explicação, pois a mesma ainda nos permite algumas alusões.

Os povos que foram herdeiros dessa tradição guardaram os mistérios a 7 chaves, e, como veremos em outros capítulos, em 78 (57 + 21) placas de ouro, que se encontravam no topo de uma pirâmide egípcia.

Há também pirâmides no solo brasileiro, algumas perdidas, outras achadas e não declaradas e outras mais completamente destruídas, como há também em outros locais das Américas.

Basta lembrarmo-nos das pirâmides mexicanas e peruanas, como a Pirâmide do Povo do Sol, etc.

Preste bem atenção, Filho de Fé!

Todas essas pirâmides tinham uma característica especial: suas faces estavam voltadas para os 4 pontos cardeais. Nos importantes Centros Iniciáticos na América e da África, como os egípcios, nas 4 faces havia portas. Cada porta representava uma disciplina. Entrava-se pela porta que correspondia à disciplina mais afim ao discípulo. Cada entrada dava numa espécie de saguão, o qual tinha um lance de escadas, e após esse, outro saguão, e assim sucessivamente até o topo da pirâmide.

Como dissemos, dependendo do aprendizado, ia-se gradativamente subindo seus degraus internos.

Vimos que cada porta, em cada cardeal, representava uma disciplina. Podia-se entrar por qualquer porta e permanecer naquela face por 7 dias. Caso não quisesse prosseguir, poderia sair e entrar por outra porta. Mas após ter completado os 7 dias, não poderia mais sair. Se o Iniciado não se desesperasse, conseguiria encontrar "portas" que o levariam ao local que desejasse. Mas, no fim de tudo, ficava sabendo que o que desejava era TUDO, e então subia, até que chegava no topo da pirâmide. Era então considerado INICIADO NOS PEQUENOS MISTÉRIOS, era conhecedor da Proto-Síntese Relígio-Científica.

Em outros capítulos, veremos melhor esses aspectos importantes da INICIAÇÃO CÓSMICA.

Ao terminarmos, é bom que entendamos que tudo isso iniciou-se aqui no Baratzil. Foi aqui que a portentosa Raça Vermelha surgiu e alcançou seu apogeu, bem como foi aqui que a Proto-Síntese Cósmica foi revelada. Assim, o Movimento Umbandista da atualidade visa restaurar todos esses processos do Aumbandan.

Deve o Filho de Fé ou o leitor atento estar se perguntando: Não é por tudo isso que se processa nos céus ou astral brasileiro, sob o Cruzeiro Divino, esse portentoso movimento vibratório? Todos os movimentos espirituais sérios parecem apontar para o Brasil!

A resposta é: Sem dúvida que sim!

Assim, não fica difícil entender como será o Brasil no 3º milênio.

BRASIL
CORAÇÃO DO MUNDO
PÁTRIA UNIVERSAL DO 3º MILÊNIO

É por tudo isso que a CORRENTE ASTRAL DE UMBANDA trabalha, pois nestas terras iluminadas pelo Cruzeiro do Sul ressurgirá o AUMBANDAN — a verdadeira PROTO-SÍNTESE CÓSMICA.

Com tudo isso, esperamos que tenha ficado claro que a PROTO-SÍNTESE RELÍGIO-CIENTÍFICA se expressa como um TODO, como um conhecimento integrado e não desassociado, como infelizmente observamos em nossos tempos. É dessa associação que cogita, embora de forma velada, o Movimento Umbandista da atualidade.

Peçamos a TUPÃ que nos dê forças para trabalhar. O tempo rápido há de passar, para colocarmos no lugar certo o que ontem colocamos em lugares completamente errados.

E vamos, sem perda de tempo, ao outro capítulo.

Capítulo VIII

A Umbanda nos 4 Cantos do Planeta — Deturpações — Cisão do Tronco Tupy — Desaparecimento da Tradição do Saber — Confusões — Aparecimento da Tradição Hermética ou Ciências Esotéricas

No capítulo anterior, explicamos de forma simples e objetiva o surgimento do Aumbandan ou Umbanda. Quisemos que todos entendessem que, quando falávamos Umbanda ou Aumbandan, estávamos nos referindo a um bloco uno do conhecimento. Desse CONHECIMENTO UNO faziam parte: a Religião, a Filosofia, a Ciência e a Arte. Vimos também que tínhamos o conhecimento em dois níveis, ambos unos.

A **Proto-Síntese Relígio-Científica** era um conjunto de conhecimentos que compreendia 4 pilares do conhecimento unificados. Essa Proto-Síntese Relígio-Científica compreendia o primeiro nível de conhecimento, sendo representada graficamente por uma PIRÂMIDE, cujo vértice expressava esse conhecimento integrado, uno.

A **Proto-Síntese Cósmica** era um conjunto de conhecimentos unificados que compreendia, em essência, o AMOR CÓSMICO e a SABEDORIA INTEGRAL ou CÓSMICA.

Essa Proto-Síntese Cósmica compreendia o segundo nível de conhecimento. Era representada graficamente, geometricamente, pelo CÍRCULO, sendo ele limitado pela linha curva, chamada circunferência, tendo ela infinitos pontos, expressando pois o CICLO, o RITMO, ou seja, Sabedoria e Amor Cósmico, os quais fazem parte de toda a Lei Cósmica.

No diagrama que demonstraremos a seguir, a Proto-Síntese Relígio-Científica está contida na Proto-Síntese Cósmica, ou, de modo inverso, a Proto-Síntese Cósmica contém em si a Proto-Síntese Relígio-Científica, sendo que a última não contém a primeira. Aí, pois, dividiremos o conhecimento em dois níveis.

Atentemos para o gráfico:

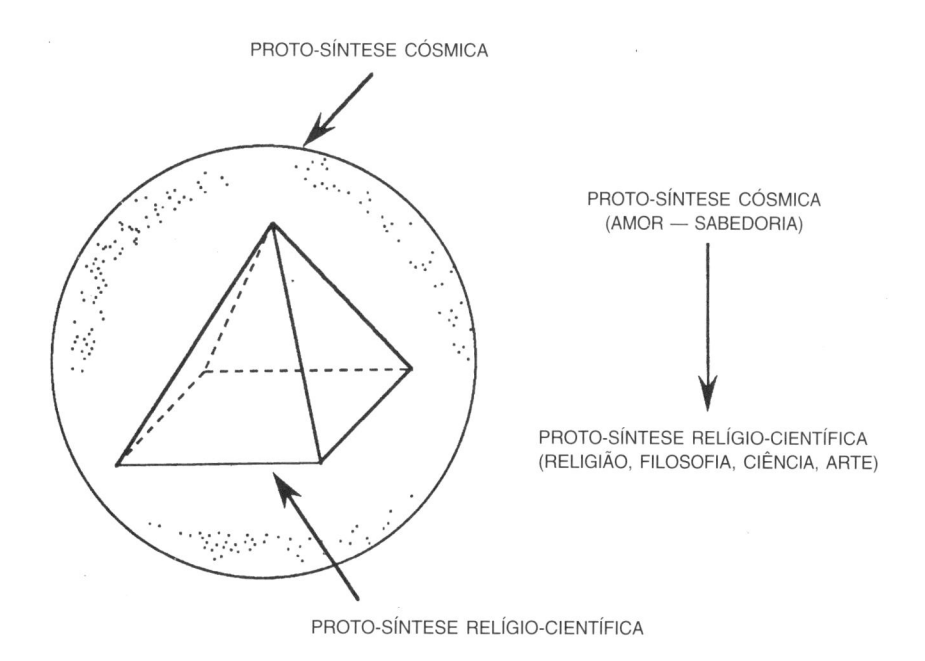

Iniciaticamente, diríamos que o Iniciando teria dois níveis a serem superados, o primeiro sendo preparatório e o segundo sendo superior. A INICIAÇÃO CÓSMICA preconiza que o primeiro nível é o da Proto-Síntese Relígio-Científica, sendo ele dividido em 5 graus. Os primeiros 4 graus ou pilares, distintos *a priori*, são estudados e sentidos de forma individual. Com o passar do tempo, vai havendo uma integração entre os mesmos, até culminar com a interligação e integração total. Temos aí o 5º grau.

Após esse primeiro nível composto de 5 graus, em que o Iniciando foi, num longo período, amadurecendo todo seu senso iniciático, surge o nível superior, composto do 6º e 7º graus. O 6º grau seria o AMOR CÓSMICO, e o 7º grau a SABEDORIA TOTAL ou CÓSMICA.

Deixemos claro que nem todo Iniciando do passado alcançava a Iniciação, nem a relativa ao 1º nível, e muito menos à do 2º nível.

Os que alcançavam o 1º nível, vencendo os 5 graus, eram considerados INICIADOS NOS PEQUENOS MISTÉRIOS, e aí poderiam parar sua Iniciação. Se prosseguissem, rasgando os véus do 2º nível, vencendo os 2 graus, o 6º e o 7º, teriam alcançado a *Iniciação Total*, eram INICIADOS NOS GRANDES MISTÉRIOS.

Eram conhecedores, por cima, da Proto-Síntese Cósmica e, por baixo, da Proto-Síntese Relígio-Científica. Acreditamos assim ter deixado bem explicado esse importantíssimo tema.

Eram os Iniciados nos Grandes Mistérios que compunham o corpo de condutores morais-espirituais da pura Raça Vermelha. É por isso que, na época, a pura Raça Vermelha conseguiu evoluir em todos os setores, isto é, evoluíam em bloco, com um CONHECIMENTO UNO. Evoluíram tanto que os conhecimentos mais avançados da atualidade e alguns que estão próximos de serem descobertos já faziam parte, naquela época, de seus registros em seus livros de arquivo, já superados há milênios.

É essa poderosa e pura Raça Vermelha, cultuadora da Religião como caminho para o Alto, da Filosofia como caminho para uma Realidade sempre mais definida, da Ciência como veículo que os levaria a novos planos de conhecimento, de Arte como meio que lhes facultaria a capacidade de simbolizar, expressar e deixar com marcas indeléveis seus sentimentos puros e fraternos, que iremos citar. É por tudo isso que a Raça Vermelha conseguiu os mais altos patamares evolutivos em nossa CASA PLANETÁRIA.

Cumpriram suas tarefas em nossa casa planetária, pois, como degredados que foram de Pátrias Siderais distantes, tinham se redimido e impulsionado muitos de seus irmãos terrestres a novos planos do universo. Evoluíram fazendo outros evoluírem, essa é a lição da Raça Vermelha que jamais será esquecida.

No âmago da Raça Vermelha daqueles tempos, sabiam seus mais altos expoentes que muitos estavam prestes a retornar às suas Pátrias Siderais, não mais voltando a reencarnar no planeta Terra. Não que com isso toda a Raça Vermelha iria retornar. Nem todos, mas algum dia todos retornariam...

Os grandes condutores espirituais da pura Raça Vermelha mantinham toda a tradição sob a guarda de verdadeiros GUARDIÃES DO SABER, os quais, quando consultados, expressavam ao seu povo, sem fazer mistérios, tudo aquilo que era perguntado, no âmbito da Proto-Síntese Relígio-Científica. Eles respondiam e explicavam, às vezes durante muitas e muitas horas. No concernente à Proto-Síntese Cósmica, eram eles os ouvintes de seus **condutores espirituais**. Essa tradição não era somente oral; era grafada com caracteres que correspondiam ao alfabeto da língua Abanheenga.

Como dizíamos, os Altos Condutores estavam retornando às suas Pátrias Siderais e não mais encarnariam aqui, embora tivesse sido assim que incrementaram, de forma lúcida e coerente, o conhecimento da Proto-Síntese Relígio-Científica a todos os Seres Espirituais que constituíram a Raça Vermelha. Embora não encarnassem mais, a maior parte deles permaneceu como "Pais de Raça" no Astral Superior e, sempre que possível, faziam ressurgir os conhecimentos que porventura pudessem estar sendo esquecidos ou postergados. Assim é que esses abnegados Senhores ficaram, como sabemos, sendo integrantes da *Confraria dos Espíritos Ancestrais* e da *Confraria dos Magos do Cruzeiro Divino*, agremiações que se integrariam na *Corrente dos Magos Brancos do Astral*. Com isso, naquela época, assumiram a paternidade moral da Raça Vermelha, tendo também assumido a paternidade astral de todas as demais raças que passaram pelo planeta. É claro que as demais raças tiveram seus grandes condutores, mas todos eles reconhecem a supremacia moral da pura Raça Vermelha, a qual, por Amor e Sabedoria, também os albergou no *Governo Oculto do Astral*, sob a égide viva do AMOR-SÁBIO de OSHY, o *Cristo Jesus*. Com isso queremos afirmar que, em relação aos altos comandos do astral superior, os ex-componentes da pura Raça Vermelha são os nossos dirigentes superiores, tanto é que não temos praticamente nenhum componente da Raça Vermelha encarnado. Quando dissemos praticamente nenhum, não quisemos dizer que não haja vários. Há vários sim, insignificantes porém em número, em relação à população mundial. Não os confundamos com os aborígines das várias partes do globo que, embora sejam nossos irmãos mais novos e menos experientes, não são nem retardatários dos Vermelhos, são seres retardatários miscigenados. É uma das metas da Raça Vermelha pura incrementar-lhes a evolução desejável, o mesmo acontecendo a certos povos da Ásia, África e Oceania. Os pouquíssimos Seres Espirituais da pura Raça Vermelha que estão encarnados no planeta Terra cumprem sérios compromissos missionários em vários setores do mundo moderno, ajudando o homem de hoje a ser o portentoso homem de amanhã. Estão na Ciência, na Arte, na Filosofia, na Religião, enfim, em todo o conhecimento humano.

Alguns deles têm encarnado na CORRENTE HUMANA DE UMBANDA. Têm sido de valia ímpar no esclarecimento aos seus irmãos de todas as raças, que se encontram em busca de uma bússola norteadora para poderem começar a galgar o caminho a novos patamares da Consciência, isso tudo dentro do Movimento Umbandista da atualidade. São os cavalos silenciosos, que amam o que fazem, sendo até reconhecidos devido a suas fisionomias diferentes. Poderiam alcançar, aqui por baixo, altíssimos postos nas Artes, Ciências, Filosofia, etc, mas não se misturam. Têm função definida, a par das constantes incompreensões de que são vítimas, o que para eles não significa nada. Aliás, significa **aprimoramento**.

Mas voltemos à temática central, ou seja, de que os grandes condutores não reencarnariam mais. Por aqui, deixariam sólidos conceitos espirituais, filosóficos, científicos, artísticos e vestígios da mais pura e bela de todas as Ciências — a Ciências das Ciências, a Síntese das Sínteses — a PROTO-SÍNTESE CÓSMICA — AUMBANDAN, que teve como sinonímia, para os mais adiantados da Raça Tupy — os Tupy-nambá e os Tupy-guarany — o vocábulo sagrado MACAUAM. Era uma maneira de não pronunciar o Aumbandan, embora expressasse a mesma Proto-Síntese Cósmica. Foi a primeira forma de velar o termo sagrado.

Esse próprio vocábulo, *Macauam*, através de uma pequena alteração fonética, gerou *Anauam*, que é uma 3ª forma de expressar a Proto-Síntese Cósmica.

E por que os Tubaguaçu ou Pais de Raça resolveram, já naqueles tempos, velar o Conhecimento? Em verdade, não ocultaram ou velaram nada, apenas preservaram as Tradições Cósmicas, que infelizmente poderiam ser, como *a posteriori* foram, sabotadas. Assim é que, prevendo as deturpações que viriam através de fortes cisões, começaram a compilar e guardar todo o Conhecimento em seus Centros Iniciáticos, até então abertos a todos. Embora continuassem abertos, o Conhecimento foi compilado e velado, ou melhor, guardado pelos 12 mais Velhos, ou os 12 Anciãos Guardiães de Toda a Síntese.

Assim, foram preparadas *78 placas de nefrita verde*, onde foi cunhada (inscrita) toda a TRADIÇÃO DO CONHECIMENTO HUMANO. Essas 78 placas constituíam as 2 Sínteses. *As primeiras 21 placas* estavam relacionadas com a *Proto-Síntese Cósmica*, seriam os Ensinamentos Superiores (futuramente seriam chamados ARCANOS MAIORES). As 57 *restantes* constituíam as placas que estavam relacionadas com a Proto-Síntese Relígio-Científica, seriam os Ensinamentos Menores ou preparatórios (futuramente seriam denominados ARCANOS MENORES). Repetimos que foram os 12 Anciãos que guardaram a 7 chaves a TRADIÇÃO UNA DO CONHECIMENTO, que até então não era oculta. *Estava Apenas Sendo Guardada*. Entre eles, a *Proto-Síntese Cósmica*, que englobava a *Proto-Síntese Relígio-Científica*, ficou conhecida como Tuyabaé-Cuaá — a Tradição dos Velhos, ou a Sabedoria dos Velhos Payés (eram os 12 Anciãos que citamos acima).

Esmiuçemos um pouco mais as placas e seu conteúdo. As mesmas, como dissemos, foram grafadas *a priori* no Abanheenga, isto é, no alfabeto correspondente a esse 1º idioma universal, em frente e verso. Esse grafismo foi escrito de tal forma que quem fosse lê-lo poderia interpretá-lo sob ângulos diferentes, sendo que só quem conhecia as *chaves corretas* poderia interpretá-lo adequadamente. Caso contrário, como de fato aconteceu, a interpretação seria completamente dissonante da realidade. Seus próprios números, aliás, um avanço ímpar naqueles tempos, tinham várias interpretações, pois além de expressar quantidades, expressavam também qualidades. O mesmo se dava com as 21 letras do alfabeto vermelho. Por aí, os Filhos de Fé poderão perceber que muitos decifradores, e mesmo decodificadores usurpadores, podem ter trocado número por letra e vice-versa, pois um número podia significar uma letra, bem como uma letra poderia significar um número. Em ambos os casos, poderiam estar dizendo respeito não à qualidade, e sim à quantidade, e vice-versa. Agora, perguntamos nós:

Aqueles que usurparam esse Conhecimento tinham ciência de como decodificá-lo? Claro que não, pois se tivessem não teriam confundido ou invertido tanto o sentido das coisas. Aliás, *ocorreu uma completa inversão dos valores morais, culturais e espirituais*, como veremos mais avante.

Havíamos dito, porém, que as 78 placas de nefrita verde tinham sido escritas em 3 ângulos diferentes. E por quê?

Porque sabiam os condutores da Raça Vermelha que os cismas aconteceriam. Dar-se-ia a inversão dos valores morais, científicos, místicos e esotéricos, em favor do egoísmo, autoritarismo, poder temporal, etc. De fato, os cismas, desde aquela época até os de hoje, vêm atravancando a evolução, embaraçando os entendimentos em todos os níveis. Em verdade, houve uma onda de reação perversa através de MARGINAIS CÓSMICOS de todos os tempos. Como chegaram aqui esses marginais do cosmos?

Lembremo-nos de que o planeta Terra era um planeta novo, propício a se desenvolver, fazendo com que vários "filhos desgarrados do universo" aqui encontrassem a regeneração e evoluíssem. Além dos "filhos desgarrados do universo", havia também os renitentes marginais do cosmos, os quais, como piratas siderais, invadiam sempre que podiam vários páramos do universo. Nem sempre conseguiam o intento, em virtude das condições morais das "casas cósmicas" em que tentavam suas incursões, pois eram elas possuidoras de plêiades e plêiades de poderosos Guardiães.

No caso do planeta Terra, o Cristo Jesus albergou em seu seio todos os desgarrados e não colocou empecilhos para os de boa vontade e os sedentos de justiça e reconciliação aqui encontrarem refúgio e escola. O que aconteceu, a par da portentosa interferência da pura Raça Vermelha, é que devido à sua reduzida dinâmica reencarnatória nessa época, por mais que se tentasse manter viva e acesa a Tradição da Sabedoria e do Amor, nem sempre todos conseguiam imunizar-se contra as daninhas ervas do egoísmo, do ciúmes, da inveja e da intriga, própria dos Seres mais atrasados, os quais um dia teriam de evoluir, mas até lá muitas desavenças para si e para outros teriam arrumado. Foi por esses Seres Espirituais retrógrados que os marginais cósmicos encontraram brechas para penetrar em suas mentes já doentes, deixando-as completamente alienadas. Iniciou-se assim o PROCESSO PONTE, ou seja, um Ser encarnado, usando de sua vontade, toma atitudes completamente opostas ao Bem; obviamente alguém há de sintonizar-lhe. Isso feito, é o caminho, é a ponte entre os dois mundos, entre os dois conceitos — o Bem e o Mal. Assim, o Mal encontrava avançados porta-vozes através desses Seres Espirituais atrasados que estavam caminhando a passos largos para a marginalidade, pois já estavam com as portas abertas, claro que por sua única e inteira responsabilidade. Assim na verdade é que ocorreu o processo pelo qual se embaralharam os Reais e Verdadeiros Fundamentos Cósmicos. Foi também aí o início, em nosso planeta, da organização das hostes inferiores, naquilo que se consubstanciaria na oposição declarada aos Princípios da Lei, aos Princípios da Proto-Síntese Cósmica e de sua Proto-Síntese Relígio-Científica. Haveria desestruturação e oposição ferrenha a esses princípios, com embaralhamento da Tradição Cósmica, o Aumbandan, que foi combatido à socapa e diretamente também, naquilo que positivamente se consubstanciou numa reação contra todos os seus

CAPÍTULO VIII

Fundamentos, na chamada KIMBANDAN ou KIMBANDA, que nada mais é que o Oposto da Lei.

Errado está, pois, o sentido que alguns querem empregar, como sendo a Kimbanda apenas agente da Magia Negra, e como sendo coisa recente aqui no Baratzil ou no mundo. Mas vejamos como ocorre ou ocorreu tudo isso aqui no Baratzil.

Dissemos que, pelo processo de Ponte Vibratória, os marginais do cosmos se comunicavam com os Seres Espirituais atrasados encarnados aqui no planeta Terra. Essa Ponte Vibratória foi o caminho para muitos desses marginais cósmicos entrarem, ou melhor, receberem o passe do reencarne. Marginais agora encarnados, juntamente com os que lhes propiciaram o reencarne, teriam que sanar seus débitos para com o planeta, entrando na linha justa do Bem. Era o que se esperava e desejava. Muitos até que conseguiram, mas a maioria... A maioria delinqüiu, deturpou e confundiu a muitos. Infelizmente, esse fato permanece até os dias atuais.

É claro que esses fatos ocorreram no final ou no perigeu da Raça Vermelha, já que, como vimos, sua dinâmica reencarnatória estava próxima do zero.

Antes de prosseguir e entrar no âmago das deturpações e cisões, culminando com o desaparecimento do Aumbandan, resumamos os acontecimentos:

A primeva Raça Vermelha, no solo do Baratzil, recebeu muitos e portentosos Seres Espirituais de evoluidíssimas Pátrias Siderais, os quais deram diretrizes e aumentaram ainda mais o poderio da Raça Vermelha. Quando esses últimos Seres Espirituais desceram, foi REVELADA a Proto-Síntese Cósmica — o Aumbandan a toda Raça Vermelha. Ao terminar a 3ª Raça Raiz, a Lemuriana, pois foi nela que foi revelado o AUMBANDAN, muitos Seres Espirituais da Raça Vermelha estavam em seu comando condutor moral. Assim é que no perigeu da 3ª Raça Raiz, a Lemuriana, e no surgimento da 4ª Raça Raiz, a Atlante, tiveram os Vermelhos participação ativa. Participaram não somente os Vermelhos atlantes, mas os Negros atlantes e Amarelos atlantes. Quando dizemos participaram, queremos nos referir aos reencarnes de muitos dos Seres primitivos da Raça Vermelha. Isso é muito importante, pois quando falarmos de certos conhecimentos da Raça Negra, saberemos que os mesmos foram revelados ou mesmo "bebidos" nos tempos da Atlântida e não recentemente, como Filhos de Fé encarnados, apenas por paixão, assim querem. Beberam esses conhecimentos dos puros Vermelhos, ou melhor, dos Vermelhos atlantes que, embora possuidores de uma forte Tradição, já não era ela a mesma dos tempos da pura Raça Vermelha, no período adâmico e lemuriano. É bom que frisemos que a Raça Negra teve um suntuoso conhecimento, oriundo da Raça Vermelha. É o mesmo que ocorreu em outros locais; muitos Seres da pura Raça Vermelha encarnaram no seio da Raça Negra, a qual conheceu a Síntese, a Proto-Síntese Relígio-Científica. Nas suas construções ciclópicas temos ainda vestígios de seu poderio religioso (que foi o dos Vermelhos), filosófico, científico e artístico. Pena que, de há muito, na Raça Negra deixaram de encarnar, isso há milhares de anos. Por isso que seus *remanescentes* se ligam a sistemas filorreligiosos que jamais se correspondem ao poderio filorreligioso que um dia, no passado, teve a Raça Negra. Como veremos, tudo isso é conseqüência de deturpações, cisões, etc. Continuando, antes da catástrofe atlante, muito antes dos fatores morais, espirituais, mesológicos, telúricos e hecatombes que dizimaram o continente atlante, os Vermelhos, representados por seus mais altos expoentes, já não encarnavam de há muito. É interessante observar que todas as vezes que a Raça Vermelha em sua grande maioria deixava de encarnar em uma raça, essa fatalmente entrava em decadência. Isso aconteceu com a Lemuriana e muito principalmente com a Raça Atlante. Entre os remanescentes atlantes, vamos encontrar os últimos grupos dos Tupy-nambá e dos Tupy-guarani, os negros asiáticos (que depois incursionaram para a África), os povos do Himalaia, chineses, mongóis, índios da América do Norte, etc. Assim, esses remanescentes da Raça Vermelha, principalmente os do Tronco Tupy, estiveram presentes em todas as fases evolutivas do planeta. Mais uma vez frisamos que os Tupy-nambá *não correspondem à pura Raça Vermelha*. Surgiram, sim, após as primeiras cisões do Tronco Tupy (pura Raça Vermelha), sendo portanto seus remanescentes.

Antes da estaticidade reencarnatória da Raça Vermelha pura, no seio dos Tupy, vejamos como estavam eles na época.

Como dissemos, os Tupy-nambá e os Tupy-guarany faziam parte, ou melhor, eram o TRONCO TUPY. Foram remanescentes da pura Raça Vermelha, recebendo influências últimas dos Vermelhos atlantes, grupos do qual fizeram parte.

Os Tupy-nambá (os mais fiéis à Tradição, através de seus Payés) e os Tupy-guarany (os que menos guardavam a Tradição) se separaram no tempo e no espaço e até tiveram doutrinas antagônicas em alguns pontos vitais.

Os Tupy-nambá não saíram das terras do Baratzil, permanecendo em sua região central, sul e sudeste. Assim, velariam a Tradição dos Velhos, dos Anciãos. Velariam as terras abençoadas e iluminadas pelo Cruzeiro Divino, Signo Cosmogônico da Hierarquia Solar. Eram eles, os Tupy-nambá, profundamente ligados ao Mito Solar, ao Verbo Divino. Foram também Guardiões da 78 placas de nefrita, as quais, como vimos, sintetizavam o *Aumbandan — Macauam — o Tuyabaé — a Tradição dos 12 Anciãos*.

Os Tupy-guarany, por sua vez, migraram por todo o Baratzil e muito especialmente para outros locais da América do Sul. Muitos se instalaram nas regiões do Prata e do Paraguai, como também incursionaram para a América Central, do Norte e Ásia. Nessa época, ainda não tinham deturpado *in totum* o Conhecimento que tinham aprendido. No seio dos Tupy-guarany, cresciam porém as disputas pelo poder, a par de grandes líderes pacificadores tentarem impedir que tal fato viesse a ocorrer. Infelizmente aconteceu. E por que aconteceu? Todos eles eram descendentes diretos dos Vermelhos puros, sendo que alguns Condutores estavam reencarnados nos 2 Troncos. Mas, por tendências nômades e conquistadoras associadas ao belicismo, os Tupy-guarany não concordavam com as atitudes de seus irmãos Tupy-nambá, que não eram nômades, não eram conquistadores e abominavam as armas agressivas. Nessas condições, se separaram *em paz*, é bom que se diga, de seus irmãos, os Tupy-nambá. Fecharam completamente os ouvidos e os corações aos Condutores da Raça Vermelha do Astral Superior. Queriam, pois, caminhar sozinhos, pelos próprios poderes. Acontece que, não fazendo uso das faculdades superiores, foram-nas deteriorando até exterminá-las por completo, exceto em raríssimos Iniciados, mas que não eram mais ouvidos pelo Conselho Tribal. Mesmo sem serem ouvidos, esses Iniciados-Magos conseguiram velar a Tradição e sempre que podiam relembravam-na aos mais jovens. Mas, enfim, os Tupy-guarany separaram-se dos Tupy-nambá, depois de terem permanecido juntos milênios e milênios, pois faziam parte de um mesmo Tronco, o poderoso Tronco Tupy. Ainda neste capítulo veremos como o astral os uniu, para júbilo dos Senhores da Pura Raça Vermelha.

Antes de prosseguir, mostremos como era a crença dos Tupy, ou seja, dos Tupy-nambá e Tupy-guarany.

As concepções do Tronco Tupy, sua Teogonia e sua Mística Sagrada eram exponenciais. Eram essencialmente **monoteístas**, pois acreditavam numa única Divindade Suprema, à qual chamavam de TUPÃ. Era o Supremo Espírito, o Divino Ferreiro, o SUPREMO PODER CRIADOR. Tinham-No como PAI de TUDO, como PAI do NADA. Emprestavam-lhe essa paternidade pois sabiam que O mesmo era o SUPREMO ESPÍRITO e abaixo Dele havia as Hierarquias. Foram essas HIERARQUIAS CÓSMICAS, segundo eles, que teriam trazido o Tuyabaé-Cuaá — a Tradição dos 12 Anciãos.

Representavam ou velavam e cultuavam essa Tradição através de GUARACY e YACY. Guaracy e Yacy representavam para eles, respectivamente, o Sol e a Lua. A Proto-Síntese Cósmica representavam como sendo a Sabedoria e o Amor. Futuramente, milênios *a posteriori* em franca decadência, consideravam Guaracy como o Pai da Humanidade, o Poder Ígneo da Natureza, que tudo vitalizava, o que em verdade é correto. Discordamos apenas da profundidade da concepção, que já havia sido perdida.

O mesmo aconteceu com Yaci — a Lua — que traduziram como a Mãe Natureza, que como afirmamos acima não é incorreto.

Na mesma época surgiu um terceiro termo, o termo RUDÁ, como sendo o Amor, no que discordamos.

Rudá foi o aparecimento do terceiro elemento, o *trinitarismo* substituindo o *binário*. Teria sido o *filho de Guaracy com Yacy*, ou seja, em sentido positivo, teria sido a Humanidade, o Homem. Em sentido hierático, seria a Proto-Síntese Relígio-Científica. A questão fica bem clara quando dizemos que a Proto-Síntese Cósmica era composta da *Sabedoria* e do

Amor, do masculino e do feminino, e que ele encerrava a Proto-Síntese Relígio-Científica.

Ligada intimamente ao culto de Guaracy, que na verdade era uma Ordem essencialmente espiritual, sendo seus Sacerdotes exclusivamente masculinos (somente o Sacerdócio, nessa Ordem era vedado à mulher), tínhamos a ORDEM DO TEMBETÁ, como sendo o elo de ligação entre os homens daquela época e o Poder Espiritual da Corrente de Jesus ou Oshy.

Em verdade, desde aquelas idas épocas, esboçava-se no astral uma poderosa corrente ligada à Confraria dos Espíritos Ancestrais, que ficaria conhecida como CORRENTE DAS SANTAS ALMAS, ou CORRENTES DO TEMBETÁ, diretamente ligada às **Cortes de Jesus**, sendo de ação e execução aqui no planeta Terra através do mediador cósmico e kármico Mikael.

Na decadência da Raça ou do Tronco Tupy, confundiu-se tudo. Colocou-se o **Tembetá**, que quer dizer **cruz de pedra**, no lábio inferior do Ser masculino ou Abá.

Também havia um culto ligado à Yacy ou às Coisas da Natureza Cósmica. Esse culto era o do MUYRAKITAN, que em verdade não era vedado ao homem; podíamos ter até homens Sacerdotes, mas à mulher (cunhã) também era dado esse direito.

Em verdade, no início, o culto de Guaracy e Yacy era um só. Somente após as cisões é que foram separados, cada um representando respectivamente o Culto do Espiritual Puro e o Culto das Forças da Natureza ou Movimento dessas Forças.

Em verdade, Macauam ou Aumbandan era traduzido por Tuyabaé-Cuaá, o qual representava o poder de Tembetá e do Muyrakitan juntos, UNOS. Futuramente é que houve a cisão, surgindo a Ordem do Tembetá e a Ordem do Muyrakitan.

A Ordem do Tembetá (que se ligava às Coisas Divinas — Teurgia) deu origem à Ordem de Osíris no Egito, que também era *solar*, consubstanciando-se mais tarde na Ordem Dórica.

A Ordem de Muyrakitan (que se ligava aos Princípios e Causas Naturais, tendo como básico a matéria) deu origem à Ordem de Ísis, culto essencialmente *lunar* que se ligava aos Princípios da Magia Etéreo-Física, na movimentação das forças ocultas da Natureza, degradando-se na *Ordem Yônica*.

Em verdade, os dois cultos, tanto o do Tembetá (solar) como o do Muyrakitan (lunar) em suma, representavam a Lei Divina, as Sínteses Cósmica e Planetária.

Como o Filho de Fé deve estar percebendo, o Tronco Tupy, em sua pureza, muito pouco tem em comum com o que sobre ele se escreve ou fala. Em verdade, deturparam todos os reais e verdadeiros conceitos.

Após o conceito do Culto Solar e Lunar, voltemos à Proto-Síntese Cósmica — o Tuyabaé-Cuaá — a Tradição dos 12 Anciãos — que mais tarde foi ocultada, ficando chamada apenas de a Sabedoria dos Velhos Payés.

Lembremos que o Tuyabaé-Cuaá, como vimos, consistia nas *78 placas de nefrita* em que estavam sintetizados todos os conhecimentos humanos e de seus ancestrais, que já faziam parte da "População do Astral Terreno", aliás, da primeira população do astral terreno, e isso no astral correspondente ao Baratzil. Mas, como dizíamos, segundo reza a *tradição*, o Tuyabaé-Cuaá foi conservado e velado de Mago a Mago, ou de Payé a Payé. Mas, na decadência, esqueceram-se por completo das 78 placas de nefrita, guardando apenas uma pequena tradição oral, que consistia em alguns conhecimentos mágicos. Sabiam manipular o magnetismo, conheciam os medicamentos e a Medicina Oculta, no culto do CAÁ-YARY (a Natureza como Mãe, no sentido de dentro dela mesma encontrar-se o remédio; CAÁ — *Mata, Vida, Natureza*; YARY — *Potência que reina*); interpretavam certos fenômenos naturais; aplicavam o mediunismo. Mas no Tuyabaé-Cuaá só ficou mesmo como fator importante o Mito Solar, ou a Lei do Verbo Divino, em que eles guardaram a tradição de YUPITÃ, SUMAN e YURUPARY.

Interessante notar que, no período que antecedeu as deturpações, cisões, etc., nas placas, em algumas delas ficou bem expresso que o Messias ou o Redentor, ou seja, aquele que viria relembrar a Lei postergada, chamar-se-ia YURUPARY, o filho de Chiucy — a *virgem* — e que antes dele viriam ARAPITÃ ou YURUPITÃ e SUMAN. Não percamos o fio da meada e penetremos no âmago dessa questão.

Ora, o próprio vocábulo Arapitã é deveras significativo, traduzindo-se por Menino da Luz, Criança Iluminada.

Reza o Tuyabaé-Cuaá que, antes do Messias vir, viriam dois outros preparar-lhe o caminho. Então, fica claro que Arapitã, embora possa ter existido, para nós tem maior significado como sendo a representação da primeira época ou da primeira fase da Raça Vermelha, ou seja, sua *infância*. Infância essa que recebeu em seu seio, realmente, o nascimento de Yupitã, a Criança Dourada, em sentido de *prosperidade, evolução*, novos conhecimentos que naqueles tempos nasceram vindos da LUZ (ARACY), ou seja, dos planos mais elevados do Cosmo.

Atestam ainda que milênio e mais milênio após Arapitã, surge no seio deles um velho que se chama Samany ou Suman.

Nesse caso, nos parece estar mais do que claro que a pura Raça Vermelha tinha chegado à MATURIDADE, tanto que dizem que foi Suman quem lhe ensinou o Tuyabaé-Cuaá. Como dissemos para Yupitã, Samany e sua Ordem podem ter existido, mas o que prevalece é que estávamos no apogeu da Raça Vermelha. O próprio vocábulo assim se expressa — Samany — Enviado que Traz o Pensamento Divino — ou seja, o *precursor*, aquele que prepara o advento de Yurupary, isto é claro já no final dos tempos da pura Raça Vermelha.

Finalmente, Yurupary — o Agonizante, o Sacrificado.

Analisemos mais detidamente essa história do Mito Solar. Na *teogonia ameríndia* era Ele filho de Chiucy — a *Mãe Dolorosa*. Repisemos: Ele, o *Messias, o Agonizante, Filho da Mater Dolorosa*. Sem dúvida um dos Emissários da Confraria Crística, o Primeiro Cristo, desceu no seio da Raça Tupy, visando restaurar uma raça já em decadência. É o que nos expressa o que expusemos acima, pois o Agonizante, o Sacrificado, cremos que seja a *cisão* e a *decadência* da grande civilização Vermelha, em plena Atlântida, e que Chiucy, a *Mãe Dolorosa*, é a Proto-Síntese que se esvai de uma raça, ou melhor, de alguns membros ou componentes, pois em verdade a grande maioria já há milênios não mais reencarnava no seio da então decadente Raça Vermelha. Aliás, não era a Raça Vermelha, e sim remanescentes dessa mesma raça. Também aí está o porquê de na mente e no coração dos últimos Vermelhos ter ficado bem clara a lembrança da CRUZ, à qual chamavam de CURUÇÁ. O que é a Cruz senão os 4 Pilares do Conhecimento Humano, a Síntese Dispersa? Somente um Messias colocado ou pregado nela é que poderia restabelecer a Proto-Síntese Relígio-Científica, e isso seria feito através da Proto-Síntese Cósmica — Amor e Sabedoria. Então, para eles como para nós, A CRUZ É SÍMBOLO DA SÍNTESE DA DIVINDADE, DA LUZ, DO AMOR UNIDO À SABEDORIA. Em suma, foi isso que o Cristo veio resgatar ao homem, a sua Proto-Síntese Relígio-Científica, a sua Proto-Síntese Cósmica — a Religio Vera — Aumbandan.

Filho de Fé, esperamos que tenha assimilado nossas deduções e descrições, pois muitas vezes ouvimos diretamente de ilustres Condutores da Raça Vermelha esses conceitos, já que os mesmos se encontram nos arquivos kármicos da Raça Vermelha no astral superior, *no topo da pirâmide astral*.

ANAUAN — RA-ANGÁ — Salve a LEI DOS SENHORES DA LUZ. Era assim que falavam os Seres Espirituais da Raça Vermelha ao venerarem suas Potestades Espirituais. Para isso, faziam um ritual muito superior e puro, ao qual chamavam de *Guayú*, que visava evocar os *Ra-Angá*. O prefixo RA, mais tarde, transformar-se-ia, em pleno Egito, no sufixo do termo AMON-RA. É bom que os Filhos de Fé e o leitor paciente vão percebendo desde cedo as analogias entre os Tupy e os egípcios. Veremos, em futuro, que uns e outros são os mesmos, em diferentes épocas.

Queremos patentear o conceito de que Yurupary, para os Tupy-Nambá, era o Messias, ao contrário do que muitos queriam que fosse, ou seja, o Satã, o diabo da mitologia greco-romana. De fato, quem consagrou Yurupary como o demônio foram os próprios Tupy-guarany. É aqui que se iniciam os grandes cismas ou cisões, e mesmo as deturpações, interpolações, extrapolações, interpretações pessoais, etc. Esse ponto é fundamental, pois, como vimos, a Proto-Síntese Cósmica *já havia sido postergada* e, pela falta de guarida, as disciplinas que sustentavam os 4 pilares do Conhecimento começaram a ruir. A Ciência se opôs à Religião, a Filosofia se opôs à Ciência, essa se opôs à Arte; enfim, tivemos a TORRE DE BABEL — A DISSOLUÇÃO DAS SÍNTESES, o término do unicismo do Conhecimento, confusões em cima de confusões, distorções, dissensões, e as tão famigeradas cisões ou cismas, que até hoje confundem todo o conhecimento humano. Vejamos como essas cisões em todos os âmbitos (religioso, social e político) aconteceram com os Tupy. Entendendo o que aconteceu com eles, entenderemos os demais, que infelizmente ainda permanecem até nossos dias.

Os Tupy-nambá, como dissemos, predominavam no Planalto Central Brasileiro e nas regiões sudeste e sul do Brasil, permanecendo, como também já dissemos, em solo e astral brasileiros, como detentores da Tradição Oculta — o Tuyabaé-Cuaá — o Aumbandan da Raça Vermelha.

Os Tupy-guarany, por sua vez, perderam grande parte dos segredos que compunham a dita Tradição, e passaram a predominar nas regiões nordeste e norte do Brasil, depois incursionando para a América do Sul, na região do Prata.

É importante que não nos esqueçamos que, para os Tupy-guarany, Yurupary significava o diabo, demonstrando a inversão de Conhecimentos que caracterizava esse grupo. Com o passar do tempo, através dos processos migratórios (de natureza física e espiritual de grupos reencarnatórios), os Tupy-guarany originaram outras civilizações na América do Sul e Central, principalmente os Maias e Quíchuas.

Quando dissemos que originaram, quisemos dizer que eles, através das migrações espirituais, encarnaram no seio dessas tribos, como é o caso dos Maias, Incas, Quíchuas e Astecas. Nessa época, os Grandes Condutores das Raças, os *Tubaguaçus*, já não mais encarnavam, aliás de há muito não encarnavam. Partindo dos Quíchuas e Maias, vamos encontrar os primeiros índios habitantes da América do Norte, nas regiões do atual México do sul dos Estados Unidos os Navajos, que posteriormente originariam um grupo muito maior, os Sioux, cujo verdadeiro nome pronunciava-se *Ciuá* (originário de Quíchua). Com o passar do tempo, esses grupos acabaram por chegar até as regiões do atual Canadá, originando as várias nações indígenas da América do Norte. Mais uma vez, através de processos migratórios, tanto de natureza física (as incursões vencendo distâncias) como espiritual (reencarnações), os remanescentes dos Tupy-guarany chegaram ao Oriente. Antes de prosseguir, queremos informar que a todas essas plagas, onde no seio das respectivas civilizações os Tupy-guarany encarnavam, levavam eles a evolução. Mas a *Tradição Oculta* já estava totalmente deturpada. Tanto é verdade que muitos cultos com sacrifícios humanos já estavam fazendo parte do ritual de alguns povos. Os Tupy-guarany não tinham esses costumes, que existiam onde eles incursionaram ou encarnaram. Como os Tupy-guarany estavam em completa decadência, não tiveram forças morais para impedir tais atrocidades. Após essas incursões, chegaram ao Oriente.

No Oriente, a civilização que lá florescia teve sua evolução dinamizada pelas reencarnações desses remanescentes, que chegaram até a influenciar a Raça Negra, como vimos, originária da Ásia. Quando nos referimos ao Oriente, estamos nos referindo à Índia, Nepal (nome originado do vocábulo Tupy *Nepalâ*), Tibete (originário de *Tembetâ*), China, Mongólia e Manchúria. O próprio nome Himalaia, de origem Tupy, significa *casa das neves*. Simbolicamente, essas **neves** irão funcionar como *Refletoras da Luz*, ou seja, *A Luz Veio do Ocidente, Iluminou o Oriente e Retorna ao Ocidente*. Assim funciona o Himalaia, como "Refletor da Luz", ou seja, dos Conhecimentos e da Tradição, que nessa época encontravam-se nos *Livros Sagrados da Índia*, de RAMA, KRISHNA, BUDA (*Sidarta Gautama*), no *Rig Veda* e nos *Upanishades*. Aí no Oriente, especialmente na Índia, 6 milênios antes do advento do Cristo, IRSHU fez um grande cisma. Nessa época as Grandes Verdades já haviam sido levadas a outras regiões do globo. Aí mesmo na Índia, Nepal e Tibete, tinham eles recebido de Altos sacerdotes egípcios (os quais eram reencarnações dos verdadeiros Sacerdotes da pura Raça Vermelha) a incumbência de serem os Guardiães da Tradição Oculta, que estava agora em seu poder. Lembra-se das 78 placas de nefrita, Filho de Fé, reveladas aqui no Baratzil, que sintetizavam toda a Lei ou a Proto-Síntese Cósmica? Visando o Conhecimento Total a outros *locus* do planeta, os Tupy-nambá reencarnaram no seio do "povo do Nilo", e lá tornaram-se poderosos SACERDOTES de OSÍRIS e de ÍSIS, velando toda a Tradição Oculta, ou seja, o Aumbandan, o Macauam, o Tuyabaé-Cuaá. Velaram, como Guardiães da Lei Universal que são, *pois no solo brasileiro ainda permanece a original Lei Divina em 78 placas de nefrita*.

Está enterrada em pleno Planalto Central Brasileiro, e lá está como um forte talismã, já que "egregoricamente" vibra lá toda a pura mística da Raça Vermelha. Bem, antes de voltarmos ao Egito, passemos pela Mesopotâmia.

Como havíamos dito, os Tupy-guarany, lá no Himalaia, reencontraram-se com a Lei, através de seus sábios condutores que agora, novamente, embora de forma lenta, retomavam o comando e construíam um povo dócil, evoluído e mantenedor das Tradições da Lei. Muito lutaram por cima, no plano astral superior, os ancestrais da pura Raça Vermelha, para que os Tupy-guarany reencontrassem seu verdadeiro caminho. Desta feita vale o adágio de se "escrever certo por linhas tortas", pois o povo Tupy-guarany muito penou, muito perambulou antes de alcançar novamente a linha justa. Já que eles mesmos procuraram as dissensões, então teriam que responsabilizar-se pelos choques ocasionados, pois na verdade até nossos dias temos seus reflexos. Assim, até hoje lutam desassombradamente, sem tréguas, na esperança de verem restaurada a Proto-Síntese Cósmica — o Aumbandan.

Como falávamos em linhas anteriores, voltemos à Mesopotâmia. Então, a partir da Índia, a Tradição difunde-se pela Mesopotâmia, na Assíria e na Caldéia (caracterizada por evoluídos conhecimentos na área da Astronomia), atingindo finalmente o Egito.

Façamos aqui um lembrete ao leitor amigo. Os *Tubaguaçus*, originários dos Tupy-nambá, já haviam encarnado no Egito, como também na Índia, velando pelos Mistérios Maiores da Proto-Ssíntese. Pela imigração, os Tupy-guarany chegam também ao Egito, chegam recuperados, e de novo se juntam a seus irmãos Tupy-nambá. É a Lei Kármica em ação. Repetindo: no Egito, encarnam não só os antigos *Tubaguaçus* originários dos Tupy-nambá, mas também os originários dos Tupy-guarany, além dos outros Seres originários, que até lá chegaram pelo processo de imigração espiritual (correntes reencarnatórias), ocorrendo aí a fusão dos dois grupos desde há muito separados pelas citadas cisões de ordem religiosa, social e política.

Nessa época, a Tradição Oculta é sintetizada pelas Ordens de Yo: Yoshi (conhecida como ORDEM DE ÍSIS) e Yoshirá (conhecida como ORDEM DE OSÍRIS), cujos Templos situavam-se em três cidades principais: Mênfis, Tebas e Almarak.

Devemos frisar a importante atuação, nessas Ordens, de Grandes Sacerdotes originários do primitivo Tronco Tupy. No Egito, grande parte da Tradição permaneceu oculta e acabou por se perder. Mesmo assim, o Egito influenciou de forma significativa toda a África, principalmente o povo Bantu (Congo, Angola, Cassange) que mais tarde retornaria ao Brasil através do processo escravagista, que trouxe muitos africanos ao solo brasileiro. Com essa nossa pequena viagem aos 4 cantos do mundo, através do espaço-tempo, fica claro que, com o ressurgimento do Movimento Umbandista no Brasil, a Tradição até então oculta estará retornando à sua verdadeira origem.

Em solo brasileiro, sob a Luz do Cruzeiro Divino, a Tradição do Saber e do Conhecimento Humano se fará presente, como há muito tempo, tempo em que a Raça Vermelha vivia no apogeu.

Bom, Filho de Fé, após longas passagens, onde interpenetramos os 4 cantos do Universo, observamos que a Lei, de todas as formas, tentava se fazer presente, mesmo com os vários obstáculos.

Vimos também que a Proto-Síntese sempre esteve presente, de forma velada, com todos os povos. Em virtude dos marginais cósmicos é que a Proto-Síntese *precisou ser ocultada*, surgindo assim as CIÊNCIAS OCULTAS ou TRADIÇÕES HERMÉTICAS. Foi então, desde essa época, que o Conhecimento foi fragmentado e disperso.

A *Corrente Astral de Umbanda*, através do *Movimento Umbandista*, o qual será motivo de estudo em outros capítulos, visa estabelecer a Síntese perdida. Até lá a Tradição estará oculta. Logo após a restauração da Umbanda, a Tradição deixará de ser oculta: nada que está velado deixará de ser revelado, depende apenas do momento certo de sê-lo.

Sabemos que o Conhecimento está todo embaraçado, todo adulterado. Até a própria Tradição, a Proto-Síntese Cósmica, o Tuyabaé-Cuaá, teve seus fundamentos mais simples invertidos, começando pela sua Numerologia Sagrada.

Assim é que, através do povo egípcio, um Sacerdote Iniciado em seus Templos Sagrados, que mais tarde iria reunir as 12 tribos judias, formulou ao povo hebreu ou judeu a Proto-Síntese, chamando-a de Cabala, que para eles significava "*A Potência dos 22*". Em sentido hierático, Cabala significa: "Aquela que Acoberta", "A Guardiã da Lei Divina". Assim é que ASSARSSIF, seu nome de Iniciação nos Templos egípcios, velou *ao seu povo* a VERDADEIRA TRADIÇÃO, pois além de chamar a Tradição de Cabala, dividiu-se em Arcanos. Chamou os Arcanos de Maiores (22) e Menores (56) e guardou na Arca Sagrada da qual se falam maravilhas, mas que em verdade era uma *pilha* de grandes proporções e, como é óbvio, provocava, quando aberta, pois fechava então um pequeno circuito elétrico, a eclosão de faíscas elétricas, com verdadeiras descargas.

Como vimos, caro Filho de Fé, as deturpações e as confusões foram muitas e todas vieram embaralhar cada vez mais todos os entendimentos.

A dita Escritura Sagrada, ou Bíblia, veio ocidentalizar-se totalmente adulterada, composta segundo o desejo de uns e outros, à revelia dos verdadeiros e reais Princípios.

Muito já foi adulterado, e daqui para a frente muito terá de ser mudado.

Em outros capítulos, entraremos mais detidamente em tópicos em que aqui só passamos por alto.

Ao terminar este capítulo, vamos nos preparar para o outro, que fala do **mediunismo**, que aliás somente surgiu para restaurar a VERDADE, a PROTO-SÍNTESE CÓSMICA.

Assim, sem demora, falemos do mediunismo.

CISÃO E REUNIÃO DO TRONCO TUPY

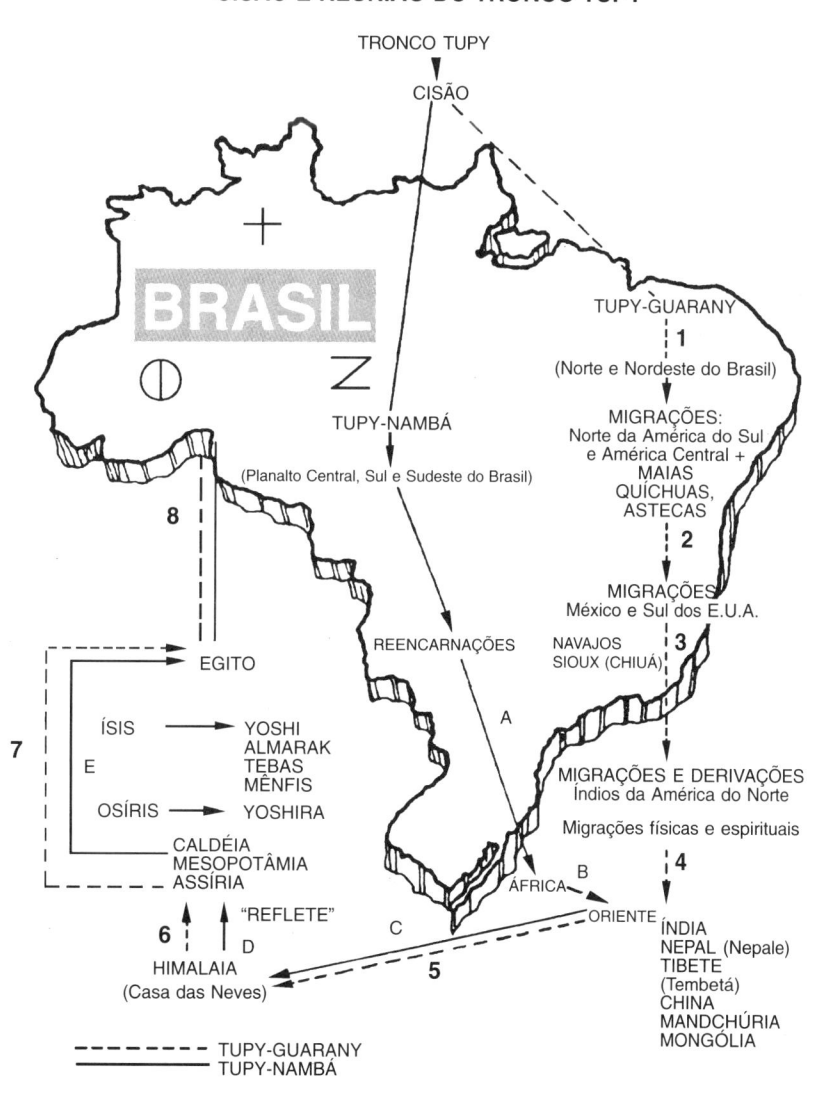

Capítulo IX

Surgimento da Mediunidade — Necessidades — Os 7 Sentidos — A Tela Atômica ou Etérica — Os Núcleos Vibratórios ou Chacras — A Verdadeira Cabala — As Primeiras Manifestações Mediúnicas — Manifestações dos Magos da Raça Vermelha na Raça Atlante — O que São os Médiuns — O Verdadeiro Mediunismo — O Mediunismo como Via Evolutiva

Filho de Fé, após viajarmos pelos 4 cantos do planeta, observamos que, no decorrer do espaço-tempo, a Proto-Síntese Cósmica, e com ela a Proto-Síntese Relígio-Científica, foram sendo deturpadas, confundidas, interpoladas e completamente invertidas em seus mais profundos e puros valores e, por fim, completa e totalmente esquecidas pela grande maioria das humanas criaturas. Assim, antes de adentrarmos no surgimento da mediunidade, é necessário que nos aprofundemos até as raízes das deturpações e, quando lá chegarmos, entenderemos o mecanismo real, sem os véus do mito, do porquê da mediunidade.

Como dizíamos, a Lei vinha sendo postergada, quando alguns raríssimos Iniciados, Guardiães da Tradição do Conhecimento ou Proto-Síntese Cósmica, guardaram-na, trancafiaram-na no interior das *Ordens, Templos, Colégios Divinos, Academias Sagradas*, etc. E, por que assim o fizeram? Assim o fizeram porque foram combatidos e perseguidos cruel e ferozmente por todos aqueles interessados em inverter e encobrir as Verdades, isso para que eles pudessem se sobressair e para que seus instintos e desejos ligados ao mundo das sombras pudessem ter caminho livre às ações nefastas e deletérias. Guardaram-na muito principalmente dos olhares e das mãos dos hipócritas de todos os tempos, pois o Conhecimento em suas mãos seria, seguramente, muito perigoso e danoso para toda a humanidade.

Nesse período houve uma *retração*, um *ocultamento* das Tradições do Conhecimento Uno, surgindo assim, como vimos, as *Ciências Esotéricas* ou *Tradições Herméticas*, as quais eram transmitidas apenas no interior dos Templos. Com o ocultamento da Tradição do Conhecimento Uno, ficamos pois com dois Conhecimentos. Primeiramente, o do interior de raríssimos Templos, que eram os Guardiães da *Tradição do Conhecimento Uno*, que passa a ser chamada de *Tradição Oculta* ou das *Ciências Herméticas*, que em verdade velavam e resguardavam o *Conhecimento Integral*, o Conhecimento Total.

O outro conhecimento era o profano, aberto, público, que ficou ou permanece até os dias atuais, que foi denominado como oficial, sendo transmitido a todos. Esse conhecimento é o das nossas Ciências oficiais, ou dos bancos acadêmicos.

Foi então, nessa época, que as Ciências foram ocultadas, passando a chamar-se *Ciências Ocultas*. Ao contrário do que muitos dizem, as Ciências Ocultas *não são empíricas*, pois contêm a Tradição do Conhecimento Integral. Dias chegarão em que haverá o reconhecimento dessa Tradição; até lá aguardemos, cumprindo a nossa parte. Mas se falamos que essas Verdades eram guardadas nos Templos, que Templos eram esses?

Para responder, precisamos nos aprofundar na história das deturpações nos 4 cantos do planeta, o que já esboçamos no capítulo anterior.

Então, relembremos: todo o Conhecimento surgiu da pura Raça Vermelha, em pleno solo brasileiro, e ficou velado em Templos que foram e permanecem soterrados em pleno Planalto Central Brasileiro. Velam as *78 placas de nefrita*, que se compõem de *21 placas* numeradas e grafadas que se correspondem com a *Proto-Síntese Cósmica* e *57 placas* numeradas e grafadas que se correspondem com a *Proto-Síntese Relígio-Científica*, isto é, o *Conhecimento* UNO de que fazem parte a *Religião*, a *Filosofia*, a *Ciência* e a *Arte*. Também já vimos que, através do processo migratório tanto físico como espiritual, a Tradição do Conhecimento Uno ou do Saber Total alcançaria todos os cantos do planeta. Tudo se iniciou na América, no Baratzil, e é daqui que a *Luz-Tradição* irradiar-se-ia para todo o planeta. Vimos que o primeiro nome dessa Proto-Síntese Cósmica foi Aumbandan. Surgiu um sinônimo, ainda no seio da Raça Vermelha — Macauan —, que em verdade significa a mesma Proto-Síntese Cósmica. Os condutores da pura Raça Vermelha assim fizeram em virtude das possíveis deturpações e cisões que poderiam surgir, como em verdade surgiram. Assim, o segundo nome foi Macauam. Lembremo-nos de que, quando a Proto-Síntese Cósmica foi ocultada, no seio da Raça Vermelha, foram seus Guardiães Sagrados os 12 Anciãos. Aí teremos o terceiro nome da Proto-Síntese Cósmica — TUYABAÉ-CUAÁ — A SABEDORIA DOS ANCIÃOS — A TRADIÇÃO VELADA PELOS 12 ANCIÃOS. Repetimos esses fatos para que os Filhos de Fé possam entender, logo mais, nossos estudos relativos às primeiras manifestações mediúnicas.

Bem, após revelar a Tradição do Conhecimento Uno ou Integrado, o povo da Raça Vermelha, através do Tronco Tupy, pela nação Tupy-guarany, levou o Conhecimento deturpado desde a América Central até a América do Norte, atingindo depois o Oriente, principalmente Índia, Nepal, Manchúria, Mongólia, China e arredores.

Os brâmanes, sacerdotes hindus, velaram pela Tradição que tinham recebido diretamente dos egípcios, por meio de seus grandes sacerdotes, que eram *reencarnações dos próprios Tupy-nambá* que haviam ficado no Baratzil, reencarnando apenas no Egito e Índia, para em verdade refazer a união com seus irmãos errantes, os Tupy-guarany. Assim, levaram ao povo do Nilo os ensinamentos relativos ao Tuyabaé-Cuaá.

Transmitiram-lhes, em solene e singela cerimônia astral do planeta, as 78 placas de nefrita que, no entanto, para serem decifradas ou decodificadas, precisariam de mais uma *chave*. Realmente foi uma CERIMÔNIA PLANETÁRIA. *Houve, no Egito, a materialização das 78 placas, que, após serem copiadas em 78 placas de ouro, foram desmaterializadas e rematerializaram-se quando voltaram ao seu local original, no Planalto Central Brasileiro.* É claro que, nos Arquivos Iniciáticos do Astral, existe a cópia original, a qual, como veremos no fim de nosso pequeno livro, está nas mãos da pura Raça Vermelha e de sua representante — a Umbanda. Nesse solo africano, a Raça Vermelha, através dos egípcios, transmitiu seus ensinamentos aos negros do continente, principalmente os etíopes. Muitos sacerdotes egípcios (a pura Raça Vermelha — reencarnações dos primitivos e poderosos Tupy-nambá) reencarnaram na Índia, no intuito de restaurar o Conhecimento que já estava deturpado, pois lá chegou já esfarrapado com os Tupy-guarany. Então, na Índia, os dois povos, ou melhor, as duas nações que formavam o Tronco Tupy, se reencontraram e juntas começaram a reconstrução do poderoso Tronco Tupy, isso em nível kármico-astral. Muito lutaram para isso os Tupy-nambá, que desde o início foram fiéis às Leis Cósmicas.

Antes de prosseguir com a Índia, relembremos que a China também recebeu deturpados os Conhecimentos relativos à Proto-Síntese Cósmica. Muito mais tarde é que, através do FO-HI, LAO-TSÉ e outros, tentaram, sem conseguir restaurar o Conhecimento. Rudimentos ou resquícios da Proto-Síntese Cósmica são encontrados no I KING que, como outros, tornou-se um mero jogo especulativo, para divertir e acalmar a curiosidade leiga. É bom que se diga que já há uma forte Corrente Astral restabelecendo a Verdade no seio dessa próspera nação amarela.

Mas, voltando às terras banhadas pelo Ganges, a Índia fica parcialmente depositária da Tradição, pois através de Rama, em seu *Livro Circular* ou *Estrelado* em futuro teria também as *chaves certas* para abrir e interpretar os mistérios da Proto-Síntese Cósmica — o Aumbandan. Com tudo isso, os Filhos de Fé devem ter percebido que o vocábulo Sagrado — o Aumbandan — já estava perdido e adulterado. Raríssimos sacerdotes egípcios e hindus (herdeiros dos Tupy-nambá e Tupy-guarany) é que o pronunciavam no âmago do Templo e mesmo assim somente diante da mais alta Cúpula Sacerdotal. A partir dessa época, os Fundamentos da Proto-Síntese Cósmica seriam velados pelos egípcios e estariam pois liberados os hindus, os quais ficariam na retaguarda, como fortes guardiães das Verdades Universais. Assim é que, no Egito, os sacerdotes resolveram (a Raça

Vermelha decidiu) velar mais uma vez o nome da Proto-Síntese Cósmica. Lembremo-nos de que o terceiro nome foi Tuyabaé-Cuaá, a Tradição mantida pelos 12 Anciãos ou a Sabedoria dos Velhos. O quarto nome, então, seria ITARAÔ. Decifremos o vocábulo Itaraô: ita — pedra ou I — potência, ta — fogo, portanto, Divindade; raô: ra — reinar, aô — mistério, véu. Assim, podemos traduzi-lo como A PEDRA DO REINO DA LUZ ou o MISTÉRIO DA LEI DIVINA — a própria LEI DIVINA — a SÍNTESE TOTAL. Mais tarde foi chamado Itarô, para finalmente tomar a denominação de Tarô, o qual tem o mesmo significado de Itaraô, podendo também ser decodificado como o Mistério da Vida, vida no sentido de Amor e Sabedoria. Assim, nos Templos de Mênfis e Tebas (nos Templos de Yokabed), o Tarô foi guardado e velado a 7 chaves. O Tarô foi dividido em forma de ARCANOS. Dividiu-se em 21 Arcanos Maiores e 57 Arcanos Menores. Muito depois dessa época é que o Arcano foi definido como mistério, segredo, mas *a priori* eram as REVELAÇÕES DIVINAS, e com elas certa ordem de fatores morais-espirituais.

Só nos falta relembrar ao Filho de Fé e ao amigo leitor que foi no Egito que os dois Troncos se reuniram de fato, para de lá poderem retornar ao Baratzil com toda a Tradição restaurada.*

Assim, retorna adulterada a Tradição e com as deturpações ocorre todo o séquito de cisões que invadiu o Baratzil até nossos dias. Mas a Proto-Síntese há de ser restaurada, e está sendo através do MOVIMENTO UMBANDISTA, que justamente surgiu com essa missão.

Após as cisões tradicionais, temos as mais recentes, como aquela em que a Ordem Dórica (de Melquesedeque) foi substituída e totalmente vilipendiada pela Ordem Yônica. Na própria Índia, há 6.000 anos aproximadamente, tivemos o Cisma de Irshu, com destruição quase que total da Tradição que já era oculta. Aí está um dos motivos pelos quais os mistérios da Proto-Síntese não foram lá velados, tanto que os sacerdotes egípcios se responsabilizaram por sua guarda. Assim é que até hoje, na Índia, permanece uma série infindável de Filosofias e Religiões, sem que nelas se encontre o substrato da Proto-Síntese Cósmica. Claro que uma ou outra Escola Iniciática hindu tem Fundamentos, os quais, assim como quaisquer outros, devem ser respeitados. Mas daí a se dizer que contenham a Proto-Síntese Cósmica vai uma diferença meridiana. *O Movimento Umbandista da atualidade não se utiliza de Conceitos Teosóficos ou mesmo do Ocultismo Indiano, por não representarem eles os anseios da restauração do AUMBANDAN.* Muitos dirão que, na própria Índia, no Budismo Esotérico, em sua mística sagrada, encontraremos o termo *Kumbandas*. Claro que isto é real, mas não com significação de Proto-Síntese Cósmica. Como dissemos, as deturpações e interpolações existiram e existem, mas acreditamos que o budista convicto merece nosso sincero respeito e que o Budismo deve atender a muitas almas ainda a ele ligadas por injunções kármicas diversas, sendo ele um dos caminhos ao *Religare*, assim como outros e quaisquer sistemas religiosos. Mas é bom que se entenda que nós não somos a favor ou contra os sistemas religiosos, pois acreditamos que eles existam com finalidades justas. No entanto, estamos sendo apologistas não de uma religião, pois a nossa religião é aquela que nos une em Espírito com a nossa Essência, ou seja, a nossa Consciência Cósmica, que não é Deus (vide Capítulo 1).

Como dizíamos, somos apologistas da Proto-Síntese Cósmica e, dentro dela, da Proto-Síntese Relígio-Científica. Assim, o verdadeiro umbandista é universalista, não no sentido de fazer uma "grande mistura", mas no sentido de entender as misturas e os vários entendimentos que se encontram dentro delas. Assim, quanto mais dissermos que somos religiosos, menos nos encontraremos próximos da verdade, e sim cada vez mais distantes dela.

O verdadeiro Umbandista não é só religioso, é ligado às Filosofias, às Ciências e às Artes. Separa o joio do trigo e, mesmo assim, com critérios.

Mas voltemos ao Cisma de Irshu, na Índia. Em relação a ele, devemos dizer que não foi o único, pois o povo hebreu, através de seus condutores, em especial

---

* Obs. — Dissemos *de fato* pois na Índia também houve o encontro, mas através da reencarnação dos Tupy-nambá, os quais carrearam o Tronco para as plagas africanas, lá se reunindo e voltando juntos ao Baratzil.

cial Moisés, inverteu e deturpou a dita Proto-Síntese Cósmica, que eles começaram a chamar de Cabala (5ª nome), também com seus Arcanos, só que dividimos em 56 Arcanos Menores e 22 Maiores, somente porque seu alfabeto, o hebraico, tinha 22 letras.

CABALA HEBRAICA — TARÔ

$$56 \longrightarrow 5+6 \longrightarrow 11 \longrightarrow 1+1 \longrightarrow 2 \longrightarrow \text{---}$$
$$+$$
$$22 \longrightarrow 2+2 \longrightarrow 4 \longrightarrow 4 \longrightarrow 4 \longrightarrow \square$$

$$78 \longrightarrow 7+8 \longrightarrow 15 \longrightarrow 1+5 \longrightarrow 6 \longrightarrow \text{✡}$$

Assim, embaralhou-se e confundiu-se ainda mais todo o entendimento, no Oriente e no Ocidente. Até hoje, infelizmente, até certo ponto, muitas Escolas Iniciáticas guardam e ensinam a seus prosélitos, até iniciando-os, essa Tradição completamente adulterada e deturpada, rota, arrumada e ajeitada ao entendimento de um e outro e ao bel-prazer de seus dirigentes. Enfim, usurparam e usurpam a Verdade, mas enfim... Sim, Moisés ajeitou, ajustou ao seu povo, fez uma nova *chave de interpretação*, pois em verdade ele, Moisés, sabia que a Proto-Síntese Cósmica era composta de 57 Arcanos Menores e 21 Arcanos Maiores.

Em outros capítulos, provaremos geométrica e matematicamente que 57 e 21 são os Arcanos menores e maiores, respectivamente. Também tentaremos provar como Moisés chegou nos 22 e 56, velando através de uma chave simples toda a interpretação.

Por ora, só queremos que o Filho de Fé perceba que existe uma forte Tradição Esotérica nas figuras geométricas, em especial no *triângulo*, o qual será motivo de estudo mais avante em nossos humildes apontamentos, bem como na *estrela triangulada* ou *hexagrama*, que é o mesmo CÍRCULO ESTRELADO DE RAMA (Emissário da Raça Vermelha, enviado da Confraria de Oxalá), que não é diferente do *Livro Circular* citado por João em seu *Apocalipse*. Disso os hebreus tiraram proveito, tanto que seu símbolo máximo é o HEXAGRAMA SAGRADO. Neste exato momento, pedimos ao Filho de Fé que redobre a atenção, pois de forma bem simples provaremos agora o que também faremos, de forma mais profunda, em capítulo ulterior.

O dito Tarô é composto de 78 placas. Essas placas são os chamados Arcanos. Dividiram os Arcanos em: *22 Arcanos Maiores e 56 Arcanos Menores (Cabala Hebraica)*.

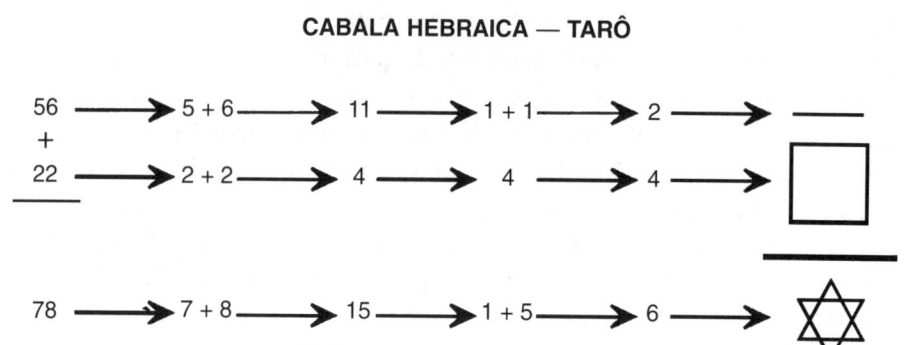

Analisemos pois geometricamente e aritmeticamente os dois sistemas: o hebraico e o egípcio (o da antiga Tradição, não o atual).

Como vemos, o Triângulo e o Hexagrama, que deveriam fazer parte do sistema (entre os menores e maiores) como manifestações da própria Lei, não apareceram. Surgiu a linha singela como símbolo de 2 (—), e o quadrado como símbolo de 4 (□). O hexagrama apareceu no 78, mas o que é o hexagrama senão triângulos entrecruzados em seus centros, com os vértices invertidos? Assim, para surgir um hexagrama, são necessários triângulos, o que não aconteceu.

Muitos Filhos de Fé não devem ter entendido como, do número 56, chegamos ao 2. É fácil, Filho de Fé. Observe acima. Do número 56, somamos seus algarismos (5 + 6), temos o nº 11 como resultado; do número 11, somamos seus algarismos (1 + 1 = 2). Assim chegamos ao 2. Em verdade, o que fizemos é tirar aquilo que se aprende em matemática ou aritmética como sendo a "prova dos noves". Observe:

$56 - 9 = 47; 47 - 9 = 38; 38 - 9 = 29; 29 - 9 = 20;$
$20 - 9 = 11; 11 - 9 = 2,$

como queríamos provar. Na verdade, no sistema por nós aqui mostrado, o 2 é excedente. Todo sistema de numerologia obedece esse esquema, claro que para o sistema cuja base seja 10.

Observamos aqui a coerência, pois tanto os Arcanos Maiores como os Arcanos Menores, na Numerologia Sagrada e mesmo na Geometria Sagrada, representam a própria **LEI**, na forma de **ESTRELA TRIANGULADA** ou **HEXAGRAMA MÓVEL**

CAPÍTULO IX

CABALA EGÍPCIA (Antiqüíssima) — **TARÔ**

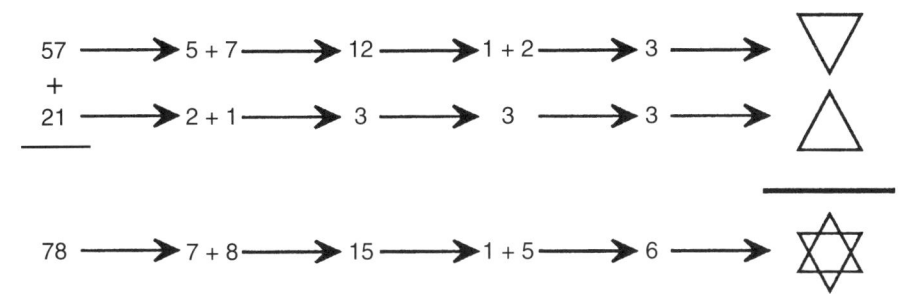

57 ⟶ 5 + 7 ⟶ 12 ⟶ 1 + 2 ⟶ 3 ⟶ ▽
+
21 ⟶ 2 + 1 ⟶ 3 ⟶ 3 ⟶ 3 ⟶ △
―――――――――――――――――――――
78 ⟶ 7 + 8 ⟶ 15 ⟶ 1 + 5 ⟶ 6 ⟶ ✡

DO LIVRO CIRCULAR (O Livro Cósmico deixado por Rama).

Assim:

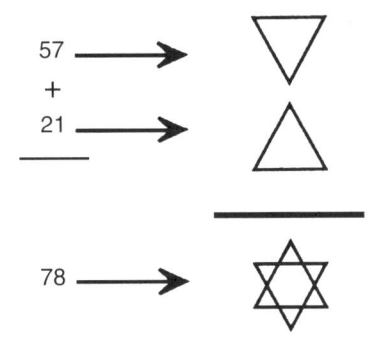

57 ⟶ ▽
+
21 ⟶ △
―――――
78 ⟶ ✡

A Síntese, o 78, é representado por um triângulo com um vértice apontado para baixo — Leis Regulativas ao nosso Sistema Kármico, ou seja, ao planeta Terra — e por outro triângulo com um vértice apontado para cima, correspondendo à Proto-Síntese Cósmica, isto é, às Leis Regulativas do Universo Astral. Os Triângulos entrelaçados dão o Hexagrama ou a Estrela Triangulada, que é o próprio número 78.

Assim, mostramos esses fatos só para que o Filho de Fé estudioso possa ir sentindo e entendendo como aconteceram as deturpações, o que na verdade é uma constante em nossos dias. Outrossim, ao citarmos o ITARAÔ, não podemos deixar de relacioná-lo com o Ifá, que em verdade era Itafaraó, para depois ser chamado Ifaraó. Observemos que aqui houve divergência.

A primeira foi que o Sacerdote-Rei, do Egito, era o Faraó.

Houve a perda do I, que no alfabeto sagrado quer dizer Potência; Senhor.

A segunda foi a perda de RAO, originando Ifá. Perdeu-se RAO — o Poder ou o Fogo Poderoso. A sílaba FA significa Vozes Harmoniosas e I, Potência. Enfim, IFÁ significa Potência da Voz ou O que Fala.

Ao citarmos Ifá, não poderíamos deixar de grafar um sinal que se relaciona diretamente com o Tuyabaé-Cuaá e com aquilo que ficou vulgarizado como Oponifá. Este sinal é tão velho, que somente antigos sacerdotes de Ifá, no próprio Egito, é que eram conhecedores de seu significado oculto.

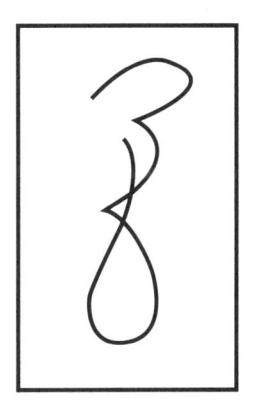

Bem, Filho de Fé, assim nos expressamos para que você possa entender bem quando citarmos o Oponifá, que, como veremos, nasceu no seio da pura Raça Vermelha, transmitindo-se depois aos Tupynambá e, através desses, aos egípcios, que o passaram aos hindus. Esses, por sua vez transmitiram esse Conhecimento velado aos povos arianos, isso já muito próximo de nossos tempos. Os árabes e persas passaram-no ao povo africano, em especial aos Sudaneses.

Em alguns povos, hoje nações africanas de línguas Yoruba (moderna), os Fon, o vocábulo Ifá é chamado Fá (perdeu-se o I inicial e o Raó final).

Mas voltemos ao nosso tema central. O mediunismo surgiu justamente para sanar as deturpações que, como vimos, foram uma constante na história de nossa humanidade. Vejamos pois como era o relacionamento astro-matéria antes, ou seja, nas fases imediatamente anteriores ao aparecimento do mediunismo.

Na pura Raça Vermelha, possuíam os Seres encarnados 7 sentidos naturais, intrínsecos aos seus corpos físicos. Em outras palavras, os sentidos de ordem astral eram inerentes ao psicossoma dos Seres Espirituais daquela época. Expliquemos mais minuciosamente: entre o corpo físico e o corpo astral não havia nenhum delimitador vibratório ou dimensional, ou seja, os meios de comunicação com o plano astral eram naturais. Não eram necessárias *pontes*, ou seja, portas vibratórias que se abrem ou fecham. Já dissemos que alguns Seres Espirituais tinham como próprias de suas constituições físicas maiores facilidades de "penetração", tal como qualquer Ser humano normal que possua um ou outro sentido mais desenvolvido. No caso desses Seres Espirituais terem "maior poder de penetração" isso se explica por serem os mesmos Condutores Morais da pura Raça Vermelha, tendo pois um contato mais direto com seus comandos ancestrais. Naqueles áureos tempos, tinha-se plena convicção dos porquês da reencarnação e do desencarne. Tinha-se enfim uma Grande Família Cósmica, composta de Seres Espirituais encarnados e desencarnados, em outras dimensões da matéria. É por isso, por causa desse conhecimento, que muitos aborígines dos tempos atuais dizem que vão retirar-se para as montanhas e lá irão esperar a morte, fazendo isso de maneira natural, tal qual naqueles idos e gloriosos tempos em que o nascer, o viver e o morrer eram considerados condições naturais e necessárias, não causando nenhum trauma. Não havia mortes bruscas, pois não havia contundência em seus corpos. Com isso, afirmamos que humano não matava humano e humano não matava animal para alimentar-se. A alimentação era totalmente composta por elementos vegetomarinhos. Muito mais TARDE é que houve a inversão da alimentação da humanidade e com ela o terrível fluido de um semelhante destruir a vida de seus semelhantes. Aí acabou o PARAÍSO TERRESTRE, que era uma casa planetária de recuperação e higienização.

Por esses fatores, o Filho de Fé atento deve estar entendendo o porquê de ter surgido o mediunismo, pois os fenômenos sensoriais ou os sentidos, principalmente os superiores, foram se deteriorando em cada nova fase reencarnatória.

No período em que eram naturais, conscientemente inerentes aos sentidos físicos, a relação entre os Seres Espirituais encarnados e seus ancestrais no plano astral era, como dissemos, natural. Não possuía o Ser encarnado aquilo que erroneamente chamam de *tela atômica*, a qual teria sido rompida com o aparecimento do mediunismo. Com todo respeito aos Filhos de Fé terrenos que assim pensam, o que aconteceu foi justamente o oposto. Vamos primeiro entender o que é essa *tela atômica*. Essa tela atômica, de forma bem simples, seria uma espécie de *resistência altíssima*, que impede que a vida astral se manifeste na vida física densa.

Na verdade, quando essa tela atômica surgiu, todas as portas de comunicação entre os planos físico e astral foram fechadas. Com esse fechamento ou proibição vibratória, não era mais possível haver a comunicação natural com o astral. Também a memória de outras vidas foi bloqueada, num complexo mecanismo exercido sobre o corpo mental em seus *núcleos vibratórios intrínsecos* e até os centros de forças superiores do *corpo astral* e seus equivalentes no *corpo etérico*, que passou a ter "consistência" e fazer parte da *resistência vibratória* que acima falamos. No corpo físico denso, a memória, que antes tinha dimensões ilimitadas, limitou-se e ficou, no que concerne ao passado, impressa em regiões medulares, na denominada paleopsique e nas regiões do encéfalo correspondentes às regiões corticais occipitais, algo que veremos mais adiante. Importantíssimo que citemos que as fontanelas cranianas, na época da comunicação natural, eram abertas, fato esse que também facilitava, magneticamente falando, os processos visuais e auditivos. Aliás, os sentidos superiores seriam os que hoje denominamos de *Vidência astral* ou *clarividência* e *intuição*, sendo essa uma espécie de antena captadora das mensagens dos ancestrais. Eram, enfim, a 4ª e 5ª dimensões, ou seja, o espaço-tempo ilimitados. Resumamos o que até aqui expusemos, para depois prosseguir rumo ao mediunismo.

Então havíamos dito que na pura Raça Vermelha era natural a comunicação entre os Seres Espirituais do plano físico com os do plano astral. Vejamos como era o processo:

1. *Os 7 sentidos ou órgãos dos sentidos* eram muito mais sensibilizados. Dissemos 7 pois, naqueles tempos, além dos 5 órgãos conhecidos, tínhamos mais 2, ditos *superiores*. Os 2 sentidos superiores relacionavam-se com a *visão astral* e a *intuição premonitora* (devido a centros da memória abertos). Eram a 4ª e 5ª dimensões (espaço-tempo ilimitados).
2. O *corpo mental* tinha acesso livre ao corpo físico, através de fracos laços de impedância do corpo astral, facilitando assim a plena *consciência do meio*.
3. O *corpo astral* tinha seus *núcleos vibratórios* em perfeita harmonia; freqüências as mais altas possíveis dominavam seu tônus; havia muita facilidade em ter-se normalmente aquilo que hoje é chamado desdobramento da consciência ou *desdobramento astropsíquico* (nas ditas viagens ao astral, transes, etc.).
4. O *corpo etérico*, na época, era apenas um anteparo vibratório *armazenador* de ENERGIAS LIVRES, as quais podiam, por exemplo, ser usadas no ato do desdobramento da consciência. Não tinha a função que desempenha hoje.
5. *Não havia a tela atômica*, que é uma guarnição protetora aderida às últimas camadas do corpo etérico, filtrando ou impedindo imagens, sensações e vivências de outra dimensão que não esses 3 a que os Seres Espirituais encarnados aqui na Terra estão habituados em seus sentidos e conscienciais. É verdadeiramente uma *tela protetora*, inibidora das imagens do plano astral no plano físico, bloqueando inclusive certos planos da memória (a do passado). Em verdade, naquela época, essa tela atômica não existia. Portanto, não foi do rompimento da tela atômica que decorreu o mediunismo, ou seja, não foi uma condição *sine qua non* para o mediunismo. Ela surgiu para impedir a comunicação natural com as outras dimensões. Quando ela surgiu, essa comunicação natural desapareceu. Não faziam mais parte da constituição física os outros órgãos superiores do sentido. Com isso, fica patente que os órgãos se *atrofiaram* com o surgimento da tela atômica.

Mas insistimos que, naquela época de comunicação natural, não havia a tela atômica. *Ela surgiu justamente para impedir essa comunicação natural entre o plano astral e o plano físico.*

6. Como a relação entre os Seres Espirituais no corpo físico denso e os de corpo astral era natural, conheciam os do corpo físico denso meios de alimentação que os preservavam de sacrificar qualquer animal. *Não conheciam o que era o sangue vermelho. A alimentação era basicamente constituída de algas e vegetais.* Aproveitavam o máximo a energia solar e respiravam com sabedoria, absorvendo elementos vitais para sua organização.

Quando citamos a alimentação, os Filhos de Fé devem ter imaginado que os corpos físicos eram fragilíssimos. Puro engano, caro Filho de Fé! Ao contrário, eram corpos muito mais hígidos e robustos, sem precisarem, é claro, ficar distróficos devido aos excessos alimentares e aos hábitos menos refinados de alimentação. Assim, a alimentação era essencialmente natural. Nada de doces (glicídios), nada de sais (cloreto de sódio) e muito menos as hoje tão propaladas dietas dessa ou daquela forma. A alimentação era sagrada e como tal os alimentos. Não se alimentavam por prazer, mas por necessidade de manter seus corpos físicos e astrais hígidos para desempenhar as funções que os ajudassem a se elevar espiritualmente. Fala-se muito, hoje em dia, da *Macrobiose*. Acreditamos que seja ela uma tentativa empírica de se conseguir um balanço energético no organismo já intoxicado e impregnado de carnes e mais carnes sangrentas.

Por ter ela essa finalidade, achamos uma valiosa tentativa. Visa dar uma pausa e, quem sabe, restaurar as funções naturais dos órgãos. Acreditamos que mesmo essa alimentação deve ser criteriosamente analisada e, por preconizar somente o arroz, ou como base o arroz, carece de maiores estudos por parte das humanas criaturas, que naturalmente têm um tendência a serem radicais. Ainda neste livro, preconizaremos uma alimentação que visa energizar sem ferir as organizações etérico-físicas. *Vimos pois que a alimentação era algo que facilitava, e muito, a comunicação natural entre os 2 planos.*

7. A conduta dos Seres Espirituais da pura Raça Vermelha era essencialmente responsável e fraterna. Não tinham sentimentos menos dignos, tão comuns nos melhores Filhos da Terra em nossos dias.

Assim *não conheciam ações contundentes sobre seus corpos* — físico, astral e mental. Pelas próprias ações benéficas, as reações eram as melhores possíveis, *e mesmo a Natureza nunca os agredia*, pois eles viviam em perfeita harmonia com a mesma. *Também não conheciam os reveses naturais e nem as ditas fatalidades. Ninguém morria por morte violenta, quer fosse por acidente quer fosse provocada. Não havia o fratricídio e nenhuma forma de violência contra a vida. Claro está que o suicídio era completamente ignorado. Não havia desvios de conduta sexual. O sexo era ato divino, era ato de "despertar Consciências" e de unir mais profundamente as Almas. Era a concretização do Amor das Almas e não era considerado coisa pecaminosa ou contrária aos bons costumes.*

Após esse pequeno resumo, devem os Filhos de Fé estar pensando como seria bom termos uma humanidade com esses elevados e dignos padrões conscienciais e vivenciais. Filho de Fé, o caminho é longo, a jornada íngreme, mas caminhemos para aqueles gloriosos tempos. Essa é a finalidade da Proto-Síntese Cósmica. A via é a Tradição rediviva e é por isso que existe a Corrente Astral de Umbanda e a mediunidade como meio para se alcançar esses novos tempos. Não paremos, já perdemos muito tempo. Teremos de trabalhar, trabalhos árduos nos aguardam. Mas valerá a pena, pois iremos reconstruir. Aliás, já começamos e só pararemos quando retornarmos àqueles tempos de Amor e Sabedoria.

Bem, o Filho de Fé deve estar pensando quando aconteceu esse obscurecimento da humanidade, como foi o rompimento desse mecanismo natural de comunicação entre os planos astral e físico.

A resposta não é tão simples, não foi apenas um fato isolado em si, mas sim a contaminação e deterioração da mente e da conduta da humanidade que levaram ao rompimento dessa porta aberta entre os planos.

Isso aconteceu na 4ª Raça Raiz, a Raça Atlante. Aconteceu porque a pura Raça Vermelha foi deixando de reencarnar e iniciaram seus processos evolutivos, através da encarnação terrena, outros Seres Espirituais desgarrados do Universo. Quando dissemos que deixaram de reencarnar, não queremos dizer que "todos" deixaram de reencarnar. Os grandes Condutores haviam preparado outros Condutores, e esses, outros e mais outros. Os primeiros Condutores da Raça Vermelha não estavam reencarnando, estavam participando da Confraria dos Espíritos Ancestrais e aceitaram receber SERES ESPIRITUAIS MARGINAIS DO UNIVERSO, que encarnaram em conjunto com os seus remanescentes retardatários. Isso aconteceu na Atlântida, em um de seus locais, e não na Atlântida toda. Nesse local, onde encarnaram em massa os marginais do universo, eram eles a população dominante. Infiltraram-se, mui sutilmente e sabiamente, através das migrações reencarnatórias, entre muitos Vermelhos da própria Atlântida, os quais mantinham vivos em seus conscienciais os mecanismos naturais da comunicação com o plano astral. Começaram então a incrementar a evolução dos até então marginais do universo. Muitos deles conseguiram evoluir, desataram os laços do crime em que tinham se envolvido e logo passaram a ajudar seus irmãos ainda envoltos e caídos nos fulcros do crime. É claro que os Marginais do Universo não possuíam os mecanismos naturais da comunicação astral, pois já possuíam a tela atômica em seus organismos astrofísicos. Assim, tinham que evoluir e redimir-se e muitos até que conseguiram, mas a maioria voltou aos velhos costumes e hábitos onde predominavam o orgulho, o egoísmo, a vaidade, o autoritarismo, o militarismo, etc. Tinham recebido a chance de se remodelarem, buscando a senda da reabilitação, mas em verdade se revoltaram, foram insubmissos e formaram verdadeiras rebeliões, as quais se estenderam sobre toda a Atlântida. Se insurgiram contra os Condutores que lhes mostravam o caminho da libertação e da recuperação. Movimentaram várias formas de opressão contra seus tutores beneméritos. Usaram da agressividade, do militarismo e do autoritarismo para coagir, para coibir idéias e ideais, usando violência física e astral. Iniciam-se então os morticínios, criando um karma passivo muito negro aos seus executores intelectuais. A par desse morticínio, desenrolaram-se verdadeiras GUERRAS MÁGICAS.

A *Magia*, a *Sagrada Arte*, passa a ser usada como arma portentosa para agredir, contundir, ferir e matar. É um confronto entre a *Magia Branca*, o *aspecto puro da Magia*, e a *Magia Negra*, o *aspecto deturpado, agressivo e ostensivo*. Assim, é dessa época negra, em que se fizeram vários rios de sangue, com homem matando homem, que surgiram as várias doenças, como reação às ações nefandas criadas e geradas. Surgiram as *doenças de todos os matizes*, pois já haviam alterado profundamente o corpo astral, através de atos espúrios, os quais resultaram nas mais terríveis moléstias e no aparecimento de uma **microflora patogênica agressiva**, além da BASE DA REVOLTA NATURAL — os **vírus patogênicos**, ou seja, os que produzem doenças.

Tanto os vírus como a microflora (bactérias) são degenerações da Natureza, devido ao acúmulo de pensamentos inferiores e animalizados. As energias da mente degeneraram, agrediram a Natureza, que por sua vez reagiu promovendo sua microflora e os vírus como meios de equilibrar e sanar através da doença e da morte as mentes revoltadas, insubmissas e desequilibradas. É também nessa época que surgem as mortes violentas, os crimes, os infortúnios. Enfim, *surge a morte antinatural*, que seja ela como for, vem contundir quem a recebe, bem como a todos que de alguma forma se ligam àquele que morre. Surge a morte como aniquilação. É a conseqüência dos desatinos do próprio homem. Ele terá de remir a si mesmo!

Assim, algo que era natural passa a ser contundente, chocante e até dramático, dependendo das condições em que a morte acontece.

Mas é preciso que se entenda que a dor, o medo e o trauma da morte é o remédio, embora amargo, para doentes renitentes e que várias vezes fizeram suas moléstias recrudescerem.

Assim, a morte é a reação justa e sábia que enfrenta e dirime as ações que se precipitam, cobrando a renovação. Neste instante é necessário que falemos ou esbocemos algo sobre os *agentes da disciplina kármica*, que surgiram desde essas épocas. Dissemos antes que muitos daqueles que vieram ao planeta Terra como marginais do universo tinham conseguido se regenerar perante a Justiça Cósmica, e se reergueram, entrando na linha justa do Bem. Justamente esses Seres são chamados a serem *mensageiros*, como *executores da justiça kármica*, em suas paralelas ativas ou de cobrança sobre toda a coletividade que haviam delinqüido. Seriam também Guardiães das zonas vibratórias no plano astral do planeta Terra.

Seriam Guardiães das Zonas da Luz para as Sombras, como também *Guardiães das Zonas de transição entre as Sombras e as Trevas*, no plano astral inferior, como veremos minuciosamente quando do capítulo referente a EXU. Então esses agentes, veículos da Justiça Kármica em todas as suas expressões, seriam os Exus. Não estamos com isso afirmando que o conceito que se tinha naquela época sobre o Guardião da Lei seja o mesmo vigente em nossos dias. O conceito atual está deformado e deturpado, e quem tenta esclarecer isso é o Movimento Umbandista, através dos chamados Terreiros, Cabanas ou Tendas, que já entendem a função desse *agente da justiça cósmica*, em especial no planeta Terra e de sua Justiça Planetária. O próprio termo Exu, num primeiro nível simples de interpretação, significa *aquele que saiu*, ou seja, *aquele que venceu os costumes e imperfeições de seu povo*. Assim, nada mais justo para aqueles que um dia foram marginais do universo, hoje, recuperados, sejam os Agentes da Justiça e Guardiães de Zonas do Astral, pois eles sabem bem como pensam e agem, em seus "comandos das Trevas", os ditos marginais do universo.

Revisando, vimos como terminaram os fenômenos naturais de ligação entre o plano físico e o plano astral e como surgiram no planeta Terra a marginalidade e a animalidade, as doenças e a morte como sendo a aniquilação total. Vimos também o surgimento das guerras mágicas, e o aparecimento, como um acréscimo da Lei, do *agente da justiça cósmica*, o Exu. Sua função também se atrelava à de *vigia*, sendo Guardião das Zonas das Sombras e das Trevas, as quais tinham sua população de marginais do astral (desencarnados), sendo os mesmos arrebanhados pelos *agentes da insubordinação e da rebelião*, como vimos no capítulo referente à queda do Ser Espiritual. Assim, as Zonas de Arquivo do planeta começaram a funcionar em todos os seus planos e subplanos e, dividindo essas Zonas Condenadas (até o momento em que todos entenderem que só o Bem é eterno) das Zonas Superiores, estavam e estão os Agentes da Justiça — os EXUS GUARDIÃES. Esses também estendem seus comandos e subcomandos até as *zonas trevosas* ou dos *abis-*

mos, onde habitam os mais endurecidos marginais cósmicos de todos os tempos, os piores que estagiam no planeta Terra. São verdadeiros agentes do crime, agentes do Mal, gênios das Trevas, verdadeiros Magos-Negros, que se dizem emissários da Serpente ou do Dragão e que querem se opor às HOSTES MAGNÂNIMAS DO CORDEIRO. Embora os respeitemos, pois queiram ou não estão cumprindo a Lei, são Espíritos que desceram até os últimos degraus e agora terão de subir degrau por degrau, isso somente quando entenderem e sentirem essa necessidade. Ninguém os coagirá para assim agirem. Acreditamos que a dor, a miséria moral, o Mal de que eles são "senhores", um dia os cansará e então, de insubmissos que são, serão submissos à LEI DO CORDEIRO. A Lei Cósmica, que os abraçará como Filhos pródigos, gradativamente os reerguerá à senda da reabilitação. Neste instante em que escrevemos através do cavalo que nos empresta a ferramenta física, pedimos à Entidade de sua guarda, *Caboclo Urubatão da Guia*, que lhe dê cobertura e proteção, pois já se faz presente o "ranger de dentes" desses Magos-Negros de todos os tempos, que não se encontram satisfeitos com essa nossa humilde contribuição ao entendimento dos vários Filhos de Fé ou aos livres-pensadores. De nossa parte, estamos vigilantes sobre o *valente cavalo*, impedindo que o mesmo receba de forma contundente as projeções negativas de ordem astral e mental provenientes de emissários das Trevas, tanto encarnados como desencarnados. Nossos maiores cuidados se devem à manutenção de sua paz e de sua saúde física e astral, bem como para que o mesmo não seja contaminado, ativando suas reminiscências de um passado longínquo, onde atuou como Mago das Sombras. Que Oxalá lhe faça a guarda e que os Exus Guardiães o guardem e o livrem dessas ações contundentes.

Caro Filho de Fé, que está atentamente seguindo nosso raciocínio, já deve você ter entendido como e por que houve a necessidade do *mediunismo* como força ou caminho redentor para reerguer a humanidade decaída e corroída pelos seus próprios desatinos.

Assim, os integrantes da Confraria dos Espíritos Ancestrais, supervisionados diretamente pelo *Cristo Planetário*, acharam por bem incrementar a evolução da massa humana decaída e iriam fazê-lo através do *mediunismo*, da *mediunidade*. Mas o que seria a mediunidade, o mediunismo? Como surgiria? Quais suas finalidades e propósitos?

Não esqueçamos que tudo isso acontecia no final ou no perigeu da 4ª Raça Raiz, a Raça Atlante. Lembremos também que as deturpações haviam tentado se instalar desde o final da 3ª Raça, a Lemuriana, mas não conseguindo, só conseguindo o intento no final da Raça Atlante, que também havia tido seu período de glória e elevação. Assim é que, mesmo entre eles, os atlantes mantinham contato ou comunicação, por meio dos 7 sentidos aguçadíssimos, com os Seres Espirituais da dimensão astral. A comunicação ou o intercâmbio era naturalíssimo, não *mediúnico*, ou seja, não *havia intermediários para essas comunicações*. O atlante que se comunicava com o astral fazia-o de forma lúcida, tinha plena consciência de seu ato e da situação, a qual lhe era naturalíssima. Essa comunicação natural entre as dimensões diferentes só foi fechada quando das deturpações causadas pelos marginais do universo. Esses já não possuíam os órgãos dos sentidos superiores e os 5 restantes estavam inibidos. Tinham, em contrapartida, recebido ou acrescido sobre sua constituição astroetérica uma tela atômica ou etérica, a qual impedia que as sensações da vida astral se tornassem sensíveis na vida física. Fechavam-se assim as portas entre os planos ou dimensões, ou seja, entre o plano físico e o plano astral.

Em plena catástrofe atlante, que vitimou e dizimou milhares de pessoas, deveria surgir o mediunismo, como ponto de apoio e rumos seguros para uma humanidade completamente vencida e sem rumos. Assim, os Integrantes da Confraria dos Espíritos Ancestrais incrementaram o mediunismo, *a priori* por meio de Seres Espirituais encarnados como instrutores da massa humana ignorante e decaída. Eram os GRANDES MISSIONÁRIOS de todos os povos em todos os tempos. Viriam para reerguer, dar novo dinamismo aos seus irmãos menos esclarecidos e, assim, iniciar a grande obra do reerguimento moral de toda a humanidade. Os médiuns, como primeiros veículos dos Seres Espirituais do plano astral, iniciaram de forma oportuna o intercâmbio das Verdades Universais esquecidas pela grande massa humana. *A priori*, esse intercâmbio fez-se na forma de profecias, previsões, vaticínios, que de alguma maneira atraíram a atenção de muitos. Restabelece-se assim a existência do TEMPLO, que havia sido destruído. A par do Templo, ensinamentos de ordem geral pública, também são ministrados. Havia-se, é claro, perdido as facilidades de comunicação com o plano astral, a qual só poderia ser feita através do mediunismo dos médiuns. Com isso, teve início uma reforma do pensamento humano vigente na época. Vários fatores sociais, políticos e mesmo de ordem moral, foram mudados, visando atender aos novos tempos e nisso os médiuns tiveram um papel de suma importância. O médium foi o sacerdote que precisou ir ao encontro das massas aflitas e desesperadas, que muitas vezes necessitava de fenômenos espetaculares para acalmar-se e encontrar forças para evoluir. Durante muito tempo, os médiuns precisaram também ser os instrutores da massa humana sem rumo, que aos poucos, graças ao mediunismo de uns e outros, foi encontrando forças para caminhar em direção a novos rumos.

Assim, a pura Raça Vermelha havia conseguido sanar o desvio que os marginais do universo haviam levado à população terrena. Sanaram os desvios através do mediunismo, que seria a ESTRELA-GUIA da massa humana em especial dos marginais do universo, os quais, como Seres Espirituais, teriam oportunidades benditas de reencontrar o rumo um dia perdido. De início, a Raça Vermelha trouxe Seres Espirituais para serem *veículos de suas palavras*. Eram os seus próprios integrantes reencarnados. Com o passar dos tempos, foi havendo uma seleção entre aqueles que faziam parte da população terrena para atuarem como médiuns, que iriam ajudar a si e à coletividade afim. E assim foi feito.

Esses médiuns, antes de encarnarem, passaram por uma preparação toda especial, tanto no que era concernente aos aspectos morais como aos aspectos especiais sobre suas constituições astrofísicas. Os *técnicos do astral* ajustaram-lhes os Núcleos de Força, ou *Núcleos Vibratórios*, fazendo-os vibrar de acordo com as freqüências dos Seres que iriam, por meio deles, se comunicar com a grande massa humana. Ao mesmo tempo, energizaram todo o sistema astral dos futuros médiuns e envolveram-no em verdadeiro *escudo magnético*, pois enfrentariam grandes obstáculos, tanto de ordem moral, como astral e mesmo o constante assédio de Seres encarnados, que poderiam exaurir suas energias e tornar o médium inútil à função que se havia proposto. Assim, tudo era minuciosamente ajustado.

Muito importante o que dissemos a respeito das freqüências vibratórias em determinados *núcleos vibratórios do corpo astral*, as quais se assimilariam com os de seu mestre astral, que atuaria através do mecanismo mediúnico.

No início do mediunismo, houve essa necessidade de ajuste vibratório, pois só um "instrutor" é que se comunicava com seu médium. E por que isso? Em virtude do plano físico ser muito vulnerável às influências do submundo astral, que como vimos enviava grandes contingentes de marginais, visando atuar na massa humana então decaída. Assim, eles, os médiuns, ficariam isentos de ser veículos das Sombras e das Trevas e assim foi por muito tempo aqui no planeta Terra. Mais uma chance havia sido dada à grande massa humana. Mais uma vez havia ela sido preservada contra o verdadeiro assalto das Sombras, mas a invigilância e a imprudência não demoraram, e...

Mas queremos que fique claro aos Filhos de Fé que, naquela época, como hoje também, nem todos eram veículos das mensagens do astral, ou seja, *médiuns*. A MEDIUNIDADE ERA UMA CONDIÇÃO ESPECIAL, dada ao Ser Espiritual que encarnava com o compromisso de ser o porta-voz vivo do astral superior para os Seres encarnados. Sendo assim, suas constituições ou veículos eram diferentes. O corpo mental, o astral e o físico tinham recebido acréscimos em seus centros vitais, que os faziam vibrar e sentir as coisas diferentemente de outros Seres Espirituais não médiuns. Eram possuidores da tela atômica, a qual não era rompida, como muitos podem pensar. Essa tela atômica era como que afrouxada, para que houvesse o processo de ligação fluídica ou casamento vibratório entre o médium (Ser encarnado) e o seu instrutor astral (Entidade Espiritual). Esse ajuste era feito em 3 Núcleos Vibratórios, ou seja, a tela atômica era afrouxada, ou suas malhas eram dilatadas e não rompidas, em 3 regiões do complexo etéreo-físico do médium. Obviamente comandados pelo comando central do corpo mental, que enviava impulsos em forma de mensagens, veiculadas pelas

Linhas de Força (condutores vibratórios) ao corpo astral e esse, através dos Núcleos Vibratórios principais, vibrava em consonância com os Núcleos Vibratórios de ordem etérica, que no corpo físico denso equivalem aos plexos nervosos (conjunto de nervos) ou glândulas endócrinas (que produzem ou armazenam hormônios, os quais são indispensáveis ao funcionamento de todo o organismo). Vejamos se conseguiremos simplificar ao Filho de Fé os circuitos dos Núcleos Vibratórios do corpo astral ou de ordem astral, os Núcleos Vibratórios do corpo etérico ou de ordem etérica e os plexos, glândulas e nervos no corpo físico denso propriamente dito.

Ao começar, é bom lembrarmos que o Ser Espiritual possui 7 veículos que expressam sua Consciência, ou seja, são veículos da Consciência Espiritual. Para facilitarmos, já que citamos os 7 veículos em outro capítulo, falaremos sobre os três organismos de que se utiliza o Ser Espiritual encarnado, pois, como já ficou claro, quando ele desencarna perde um organismo, o organismo físico.

Bem, esses 3 organismos são: o organismo mental, o organismo astral e o organismo físico. Expliquemos suas formações:

O organismo mental, através do Núcleo Vibratório Propulsor Intrínseco (1ª concretização da Consciência em percepção, vontade, inteligência, noção de existência) do Ser Espiritual, envia certos impulsos-mensagens através das Linhas de Força, que veiculam a *matéria mental*, e fazem-na transformar-se em *matéria astral*, ou seja, as Linhas de Força concentram a *matéria mental* e essa se consolida nos Centros de Força ou Núcleos Vibratórios do corpo astral. Assim, queremos que fique claro que os NÚCLEOS VIBRATÓRIOS ou CHACRAS *se formam pela condensação da matéria mental em certas regiões do organismo astral*; é como se no organismo astral, nesses locais, estivesse o próprio corpo mental. Entendido o processo de formação dos Núcleos Vibratórios de ordem astral, veremos que o organismo astral projeta e condensa seus Núcleos Vibratórios através de um processo de transformação de energia, fazendo com que fiquem assentados, através de um circuito oscilatório eletromagnético, no corpo etérico, que faz parte, como vimos, do organismo físico. Do corpo etérico, as Linhas de Força que dão condições à formação do organismo físico denso penetram em todo o seu processo embriogênico e presidem, como equivalentes astrais e etéricos, toda a formação das glândulas endócrinas, sistema nervoso central (encéfalo — medula) e sistema nervoso periférico, com seus plexos e feixes nervosos. Esperamos ter sido claro e objetivo num assunto em que a maioria dos Filhos terrenos ainda não está muito habituada ou desconhece completamente. Assim, de forma esquemática, teremos uma figuração como a que se vê na página seguinte.

Já que citamos os 3 organismos da Consciência Espiritual e seus órgãos nobres, os Núcleos Vibratórios, dissertemos e mostremos aos Filhos de Fé como são esses órgãos nobres do organismo astral e etérico.

Já estudamos que tudo parte do corpo mental, até concretizar-se no corpo físico denso.

É como se tivéssemos idéias (corpo mental), essas gerassem os desejos (corpo astral) e esses gerassem a ação (corpo físico). Para que fique mais claro nosso objetivo, falemos, não de forma definitiva (nada é definitivo), sobre os órgãos do sentido ou sensoriais, como transdutores das percepções externas e como transdutores entenderemos um "conversor de energia". Com exemplo, alguns cientistas terrenos já falam de estímulos que excitam os órgãos dos sentidos e dão nomes a esses estímulos. Assim, temos os FÓTONS que incidem sobre o órgão da visão dando a sensação de luz, os FÓNONS, que estimulam a audição, os ÓSMONS, que estimulam o olfato, os GÊNSONS, que afetam ou estimulam o paladar e os ÁFENONS, que afetam ou estimulam o tato.

Todas essas sensações são eletricamente transdutadas em nosso complexo bionervoso através de complicadíssimo conjunto de circuitos bioelétricos e cibernéticos, nos quais, por fugir completamente desta singela demonstração, não nos aprofundaremos, embora queiramos dar a idéia de que todos os fenômenos de recepção (exteroceptivos) como de interação (interoceptivos) são complexos de ordem mental, astral e física, e que têm a participação ativa dos órgãos nobres, como vimos, dos organismos mental, astral e físico (etérico e denso).

DIAGRAMA VERTICAL

ORGANISMO MENTAL
Os Núcleos Propulsores
CHACRAS SUPERIORES

↓ Envia Linhas de Força ao

ORGANISMO ASTRAL
Dando formação aos
Núcleos Vibratórios de ordem astral

↓ Envia Linhas de Força ao

ORGANISMO FÍSICO — CORPO ETÉRICO
Formando os Núcleos Vibratórios
de ordem etérica

↓ As Linhas de Força se solidificam no

**ORGANISMO FÍSICO
CORPO FÍSICO DENSO**
Formando os plexos nervosos,
glândulas endócrinas, sangue, linfa etc.

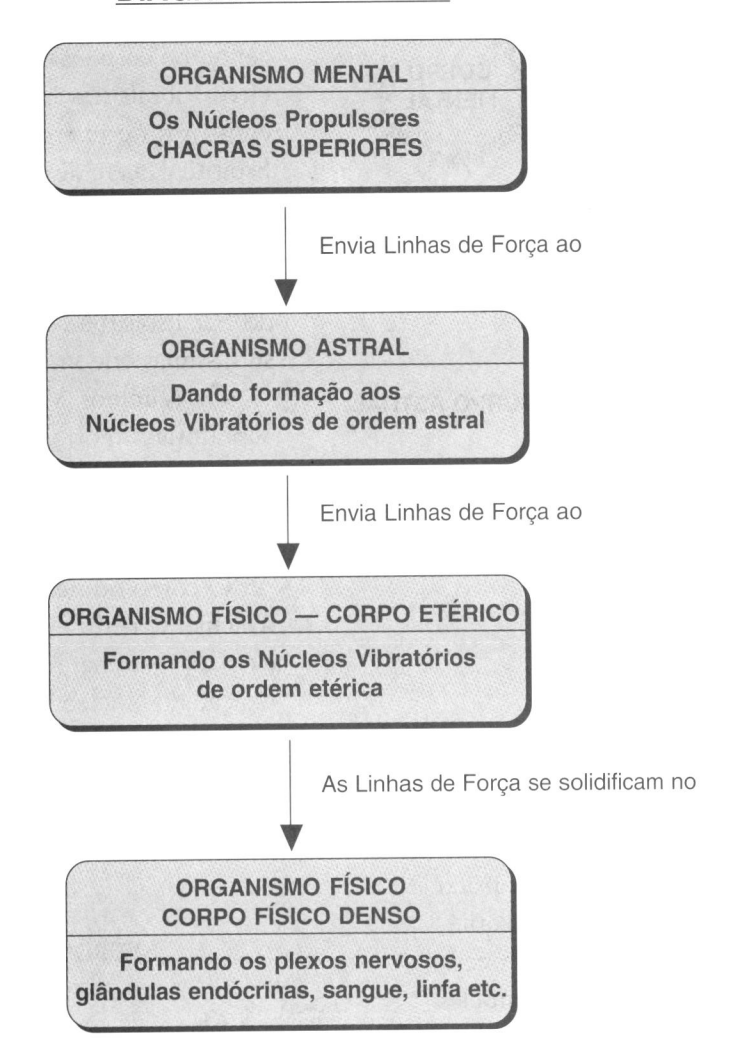

DIAGRAMA HORIZONTAL

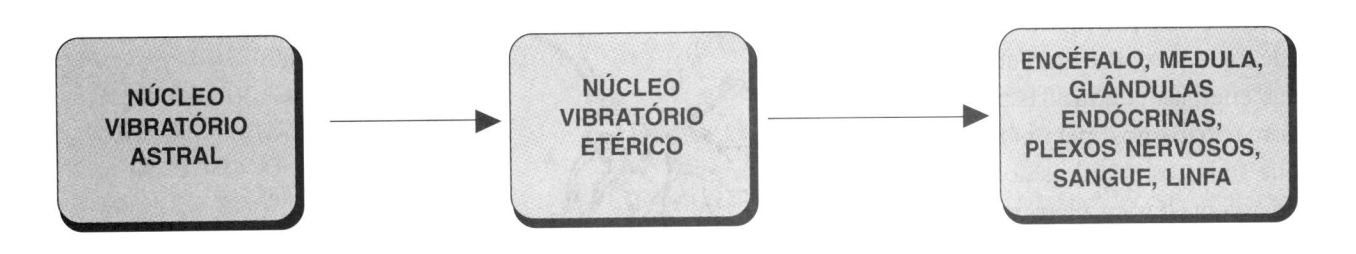

NÚCLEO VIBRATÓRIO ASTRAL → **NÚCLEO VIBRATÓRIO ETÉRICO** → **ENCÉFALO, MEDULA, GLÂNDULAS ENDÓCRINAS, PLEXOS NERVOSOS, SANGUE, LINFA**

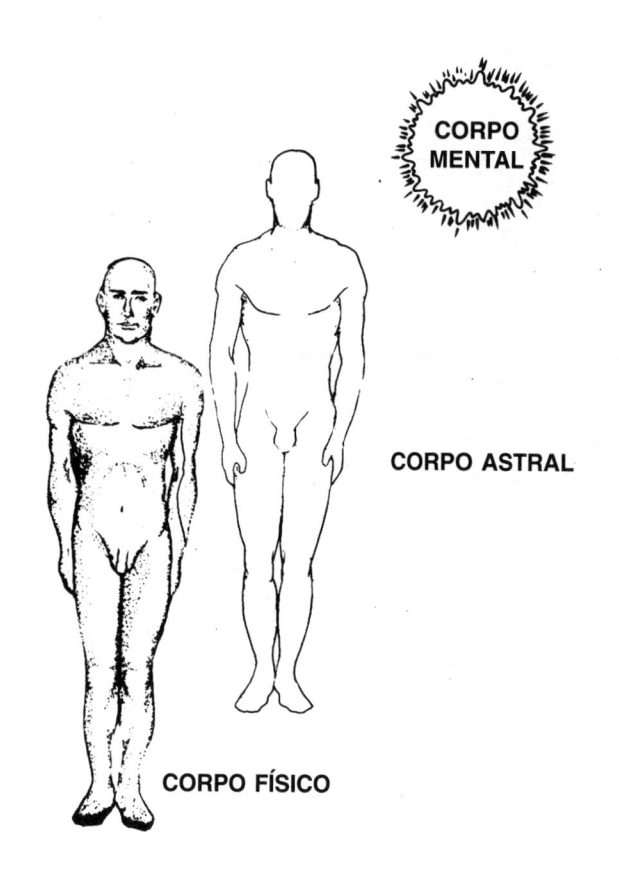

como o ciclo cardíaco e as funções viscerais, provêm de "comandos superiores" assentados, em ordem crescente, no corpo astral e corpo mental, sendo os Núcleos Vibratórios importantes núcleos receptores e emissores de energias várias ao organismo do Ser Espiritual, além de captarem energias primárias (eletricidade, prana e kundalini) que vitalizam e são importantíssimas aos processos da VIDA e à manutenção da mesma, bem como do equilíbrio astropsíquico do Ser Espiritual. Captam também outras energias sutilíssimas que são alimentos para a própria Alma.

Os Núcleos Vibratórios ou Chacras (Rodas Vibratórias) morfologicamente são constituídos de 2 elementos: o elemento central captador e a haste que conduz as energias captadas. Temos uma pálida idéia do mesmo, na morfologia do neurônio.*

O corpo do neurônio, com seus dendritos, seria o elemento central ou "corpo" do Núcleo Vibratório e o axônio do neurônio seria a haste condutora e de fixação do Núcleo Vibratório. (Vide figura a seguir.)

A figura mostra a analogia entre o Núcleo Vibratório e o neurônio. Vemos pois que o neurônio é um equivalente do Núcleo Vibratório no organismo

Assim, no próprio organismo físico temos o sistema nervoso central e periférico como coordenadores totais da economia orgânica. E de onde recebem eles as informações superiores? Claro que do organismo mental e astral.

Então, o sistema nervoso central representaria no corpo físico denso o próprio ORGANISMO MENTAL, enquanto o sistema nervoso periférico e as glândulas endócrinas representariam o ORGANISMO ASTRAL, sendo que o sangue e a linfa representariam a solidificação das energias conduzidas pelas Linhas de Força. Sabemos, pela biologia humana, que todos os impulsos do organismo são de ordem elétrica, claro que em voltagens mínimas, na unidade de *milivolts* (milivoltagem). As energias bioelétricas que mantêm o ritmo e o ciclo neural, bem

NEURÔNIO (CÉLULA NERVOSA)

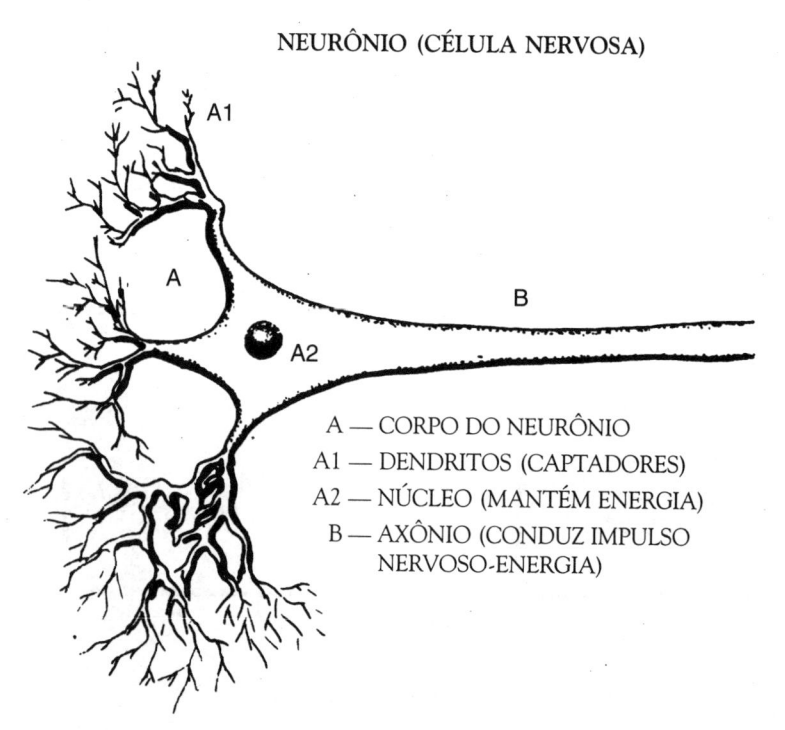

A — CORPO DO NEURÔNIO
A1 — DENDRITOS (CAPTADORES)
A2 — NÚCLEO (MANTÉM ENERGIA)
B — AXÔNIO (CONDUZ IMPULSO NERVOSO-ENERGIA)

---

* Neurônio: célula nobre do sistema nervoso, no corpo físico denso.

CAPÍTULO IX

NÚCLEO VIBRATÓRIO (em corte lateral)

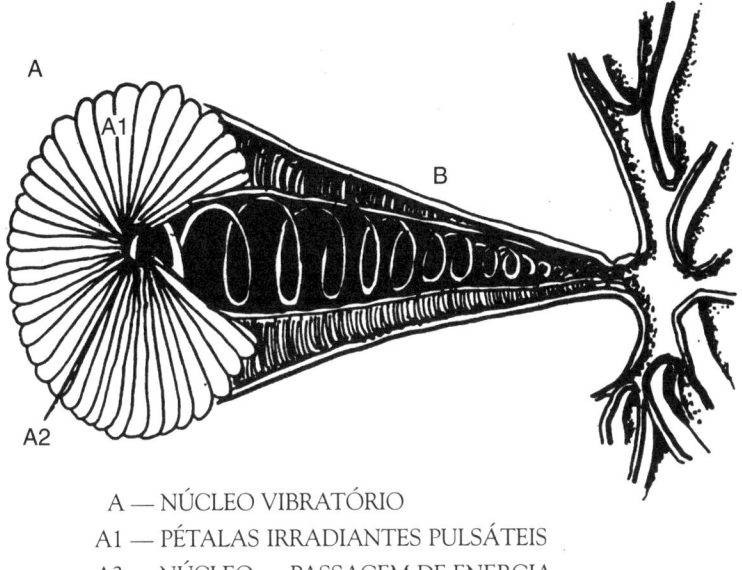

A — NÚCLEO VIBRATÓRIO
A1 — PÉTALAS IRRADIANTES PULSÁTEIS
A2 — NÚCLEO — PASSAGEM DE ENERGIA
B — CONDUTOR — HASTE FIXADORA

físico, no corpo denso. Foi, como dissemos, pela condensação das projeções dos Núcleos Vibratórios do organismo astral ao corpo etérico que esses (os neurônios) se consubstanciaram no corpo físico denso, sendo a unidade fundamental do sistema nervoso.

Assim, podemos associar certas funções neuronais, algumas extremamente complexas, com o funcionamento dos Núcleos Vibratórios.

No organismo astral há *57 Núcleos Vibratórios fundamentais*, sendo 8 considerados *principais, de 1ª Ordem* ou *Magnos*. Em verdade 1 + 7, pois o 1º é de transição entre o organismo mental e o astral. No corpo etérico também temos *Núcleos Vibratórios principais* ou *magnos*, além dos secundários, terciários, etc. Os 7 *principais* se localizam no organismo astral e, no organismo físico, no duplo etérico ou corpo etérico, segundo a ilustração da página 134.

Além desses Núcleos Vibratórios principais há os secundários, terciários, etc. Interessante e digno de nota é que entre os Núcleos Vibratórios há uma profusa rede de ligação e comunicação, idêntica à que existe no sistema nervoso do corpo físico denso.

A rede que liga os diversos Núcleos Vibratórios não guarda analogia anatômica com sua equivalente no corpo físico denso, mas existe uma rede vibratória no corpo físico denso, que corresponde aos chamados MERIDIANOS DA ACUPUNTURA. Aliás, essa era a arte de manter a energia vital sempre em tônus próprio, em pleno seio da Raça Vermelha, que a revelou à Raça Amarela, isto já bem recentemente, há poucos milênios.

Se dissemos que existem os principais, os secundários se encontram em várias regiões e suas equivalências físicas também. Temos uma importante equivalência física de Núcleos Vibratórios nas mãos.

Como vamos ficar sabendo em futuros capítulos, as mãos representam AÇÃO, e seus componentes digitais se equivalem a vários núcleos superiores do encéfalo, principalmente de suas regiões corticais: zonas talâmicas, epitalâmicas e hipotalâmicas. (Vide Figuras 1 e 2 nas págs 135 e 136.)

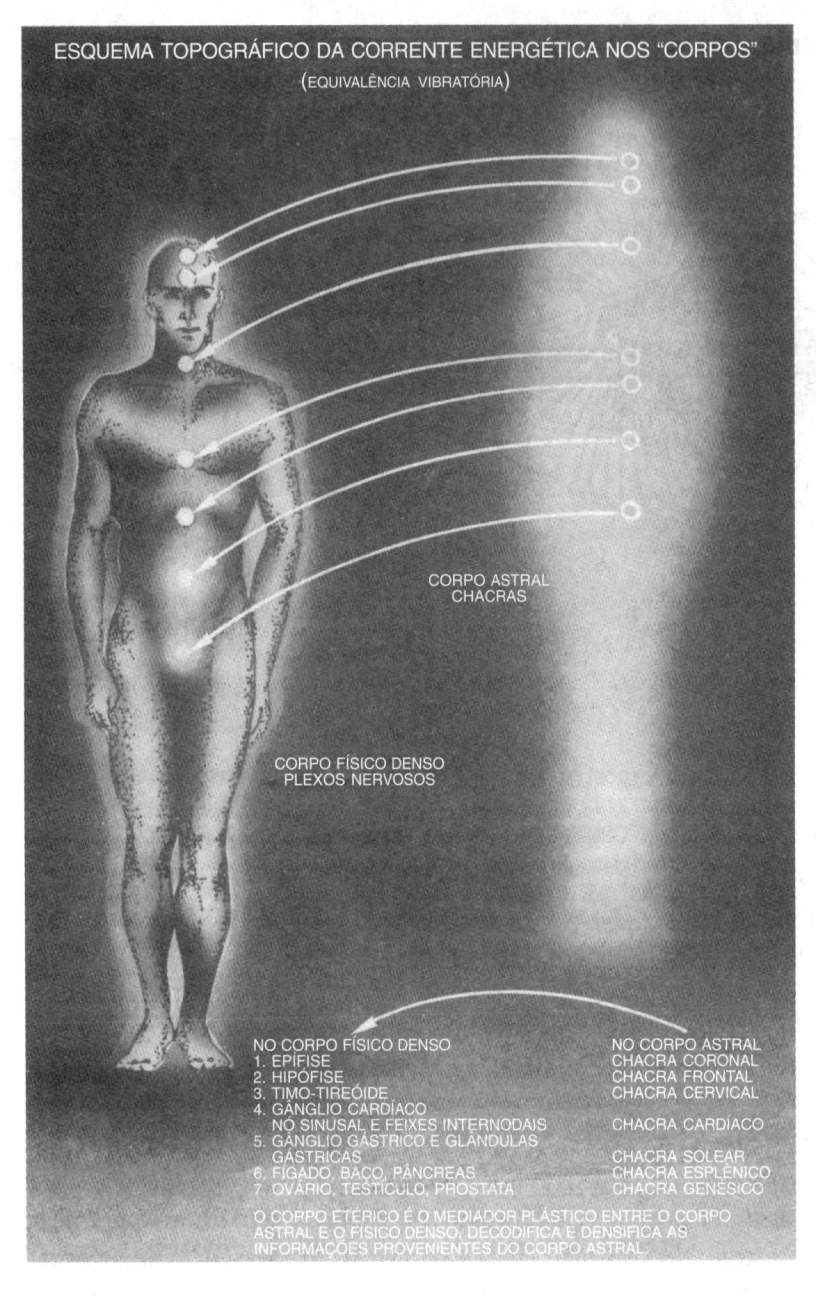

ESQUEMA TOPOGRÁFICO DA CORRENTE ENERGÉTICA NOS "CORPOS"
(EQUIVALÊNCIA VIBRATÓRIA)

CORPO ASTRAL
CHACRAS

CORPO FÍSICO DENSO
PLEXOS NERVOSOS

NO CORPO FÍSICO DENSO
1. EPÍFISE
2. HIPÓFISE
3. TIMO-TIREÓIDE
4. GÂNGLIO CARDÍACO
   NO SINUSAL E FEIXES INTERNODAIS
5. GÂNGLIO GÁSTRICO E GLÂNDULAS
   GÁSTRICAS
6. FÍGADO, BAÇO, PÂNCREAS
7. OVÁRIO, TESTÍCULO, PRÓSTATA

NO CORPO ASTRAL
CHACRA CORONAL
CHACRA FRONTAL
CHACRA CERVICAL

CHACRA CARDÍACO

CHACRA SOLAR
CHACRA ESPLÊNICO
CHACRA GENÉSICO

O CORPO ETÉRICO É O MEDIADOR PLÁSTICO ENTRE O CORPO ASTRAL E O FÍSICO DENSO, DECODIFICA E DENSIFICA AS INFORMAÇÕES PROVENIENTES DO CORPO ASTRAL.

moral e que, sem essas duas condições satisfeitas, o Ser Espiritual não poderia ser veículo de outra Consciência Espiritual que não a sua mesma. Aí está o porquê de nem toda criatura ser médium, pois isso implica num ajuste sério sobre os Núcleos Vibratórios e, como já sabemos, numa precipitação vibratório-magnética de ordem fluídica que altera todos os processos bioelétricos energéticos do sistema nervoso, tanto central como periférico. O médium foi adaptado em seus Núcleos Vibratórios para ativar certos elementos no sistema nervoso, além de ter sido dotado de condições fluídicas para amortecer outros processos que não seriam suportados se não houvesse esse processo inibitório ou frenador. *Eis por que receber influências astrais sem estar preparado para esse mister traz desequilíbrios vários.* Tanto é verdade que as pessoas que se sentem atacadas por atuações espiríticas, sem serem médiuns, ou seja, sem terem a dupla condição, acabam em farrapos humanos, estouram seus Centros Vibratórios, desarticulando toda a eugenia do sistema nervoso central e periférico, chegando aos distúrbios de conduta e à completa falência da economia orgânica, podendo esse quadro se prolongar muitas das vezes à *vida pós-morte*, carregando o Ser esse

Sobre os Núcleos Vibratórios, para o momento de nossa exposição, já é suficiente. Voltaremos a eles quando falarmos sobre a Iniciação.

Filho de Fé, você deve estar ainda lembrado, após nossa longa dissertação, que falávamos sobre médiuns e mediunidade e para sabermos como ela se processava é que nos aprofundamos nos 3 Organismos e dentro deles, nos órgãos que lhes dizem respeito. Dissemos também que o futuro médium, antes de encarnar, recebia no astral competente uma série de acréscimos em sua constituição mentoastral, a par de uma certa ordem de vivências e conhecimento

desequilíbrio até para outra reencarnação. É coisa seriíssima imputar a um Ser Espiritual uma função sutilíssima e especializada se o mesmo não tem ajustada sobre sua organização e capacidade para desenvolver a dita função. *Fazer um Ser Espiritual criatura humana (encarnado) ficar debaixo de vibrações espiríticas sem estar ele habilitado para tal é criar condições para que haja rompimento de sua tela etérica ou atômica, com gastos excessivos de energia nervosa e uma abertura forçada em todo o seu psiquismo não preparado para o convívio harmonioso com as duas vidas, a física e a astral.*

Figura 1

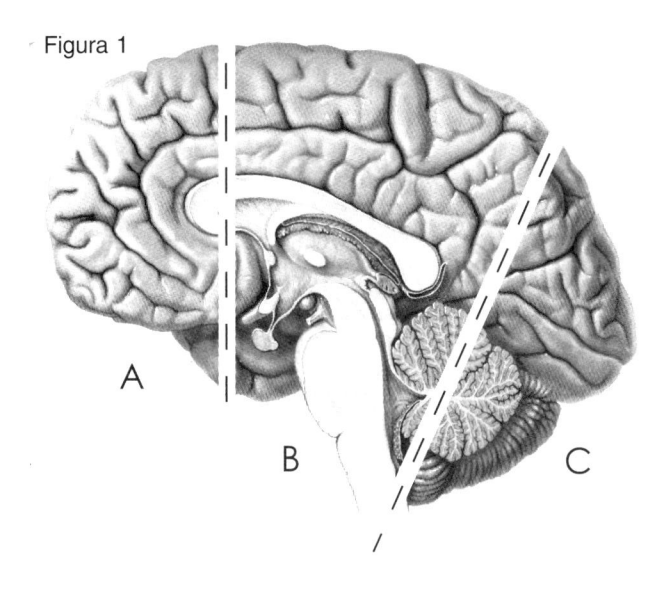

A, B e C — REGIÕES CORTICAIS

Neste instante, aproveitamos o ensejo para dizer que não são só condições espirituais que rompem a tela atômica. Os desvios dos costumes, os vícios e a constante vibração mental em pensamentos pesados também podem trazer transtornos ao Ser Espiritual encarnado. Traumas, como aprofundamento anestésico levando a coma irreversível, são também causa de rompimento brusco da tela atômica. O álcool é um dos maiores causadores do rompimento da tela atômica, atraindo um séquito indesejável de seres vampiros de zonas abismais, exterminando ou minando completamente o Ser encarnado. Piores situações acontecem com os tóxicos, alucinógenos e outros tantos com atuação e dependência fisiopsíquica. Alguns Filhos de Fé poderão estar pensando que nem todo toxicômano que use um ou outro alucinógeno ou equivalente fica alienado. Realmente *a priori* não, dependendo da dosagem, há apenas um afrouxamento da tela atômica e uma hipertrofia acentuada de suas malhas, a par disso, se justapõe uma substância gelatinosa nos nós da malha que vai impedindo sua mobilidade, fazendo com que ela, ao se hipertrofiar, se rompa parcial ou totalmente.

Mas o que realmente acontece quando a tela se rompe?

Em verdade, a tela se rompe por haver uma sobrecarga vibratória, uma verdadeira sobrecarga elétrica. Essa sobrecarga elétrica forma verdadeiros curtos-circuitos, originando correntes de fuga e aquecendo todo o sistema de malhas da tela atômica.

Essas correntes de fuga, além de provocarem fenômenos eletrotérmicos, provocam campos eletromagnéticos que vão repulsar, ou melhor, quebrar a coesão que existe na tela etérica ou atômica, fazendo com que a mesma se rompa. Ao romper-se, como é uma estrutura a nível etérico, estando engastada na intimidade do duplo etérico (corpo etérico), traz correntes de coagulação ao mesmo, com graves transtornos para todas as funções do organismo e suas energias vitais, que podem levar o indivíduo à morte física.

Os transtornos da esfera astropsíquica se explicam pela ausência de comportas entre o vivencial passado e o presente, podendo levar o Ser até os complicados processos do mundo elementar, isto é, onde estagiam nos sítios da Natureza Seres Elementares que ainda não encarnaram uma só vez. Estão os mesmos ainda sendo ajustados em seus organismos astrais e mentais, e suas formas, é claro, estão passando pelo processo de aperfeiçoamento e burilamento. É também por isso que muitas pessoas com a tela atômica rompida parcialmente vêem verdadeiros "bichos", além de uma série de infindáveis transtornos, qualificados pela nossa Psiquiatria da atualidade como alucinações, e caminham para a desestruturação da personalidade, nas tão bem relatadas psicoses e esquizofrenias, chegando à desestruturação total, na forma de demência. Bem, teríamos muito a falar, mas...

Terminando sobre os fenômenos da tela atômica, antes de adentrarmos nos processos mediúnicos que se iniciaram na Atlântida, queremos dar alguns conceitos sobre o corpo astral que achamos fundamentais para os Filhos de Fé entenderem bem o mediunismo de ontem e de hoje.

Mas, para entendermos o funcionamento do corpo astral, é necessário que entendamos o modelo atômico, o qual exemplifica bem o funcionamento ou posicionamento do corpo astral em relação ao Corpo Físico.

Um átomo físico é composto fundamentalmente de duas partes: uma que chamamos de núcleo, que

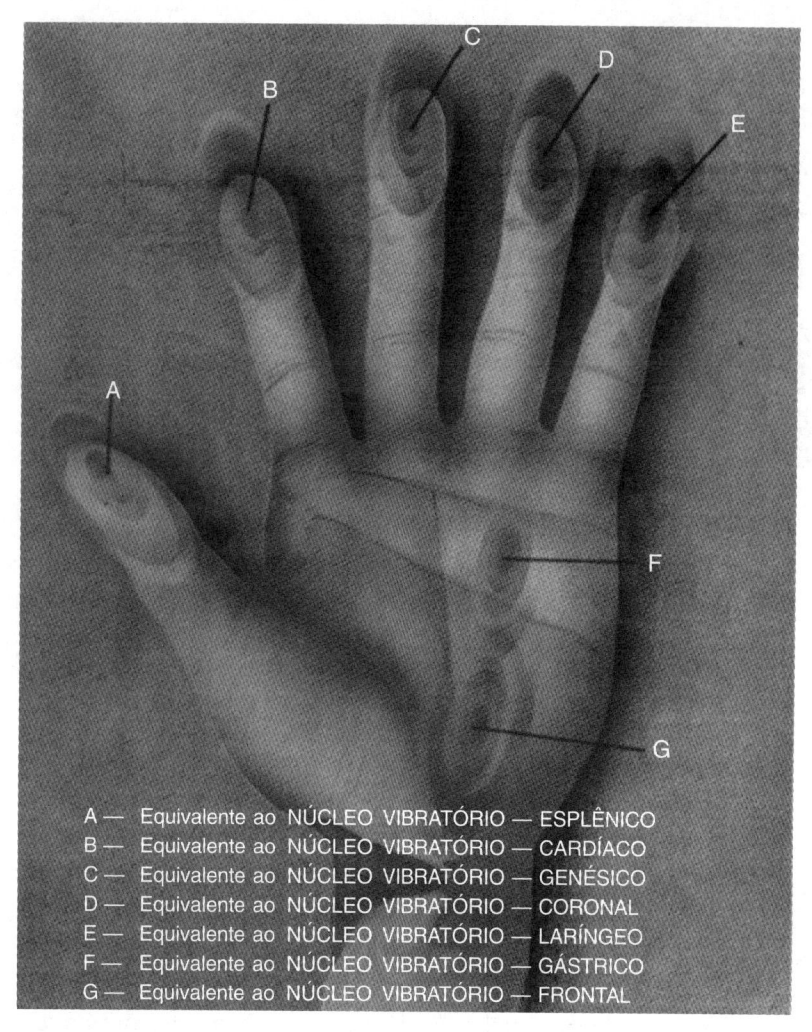

Os íons positivos (+) são chamados cátions — formam-se quando o átomo perde elétrons.

Os íons negativos (–) são chamados ânions — formam-se quando o átomo ganha elétrons.

Para melhor entendermos o posicionamento do corpo astral, basta que expliquemos o pequeno conceito de ORBITAL. Define-se orbital como o local de máxima probabilidade de se encontrar um elétron em relação ao seu núcleo. Com isso, afirmamos que não é possível estabelecer, ao mesmo tempo, a velocidade e a posição do elétron. Sem conhecer os dois valores não há previsão do movimento; é por isso que se usa um modelo de orbital. No entanto, sabemos que ele, na maior parte do tempo, ficará próximo ao núcleo.

Após esses conceitos, daremos um resumo sobre o posicionamento do corpo astral, aproveitando um resumo que demos ao cavalo há muito tempo, ao qual agora pediremos que o trans-

A — Equivalente ao NÚCLEO VIBRATÓRIO — ESPLÊNICO
B — Equivalente ao NÚCLEO VIBRATÓRIO — CARDÍACO
C — Equivalente ao NÚCLEO VIBRATÓRIO — GENÉSICO
D — Equivalente ao NÚCLEO VIBRATÓRIO — CORONAL
E — Equivalente ao NÚCLEO VIBRATÓRIO — LARÍNGEO
F — Equivalente ao NÚCLEO VIBRATÓRIO — GÁSTRICO
G — Equivalente ao NÚCLEO VIBRATÓRIO — FRONTAL

corresponde ao componente que dá massa ao átomo e a outra que é a *eletrosfera*, essa que dá o volume do átomo. (Vide a figura à direita.)

No núcleo atômico encontramos cargas elétricas positivas e neutras. As positivas sob a forma de prótons e as neutras sob a forma de nêutrons. Na eletrosfera encontramos os elétrons, com carga elétrica negativa.

O átomo é um sistema eletricamente neutro, isto é, o número de prótons (cargas positivas) é igual ao número de elétrons (cargas negativas).

Continuando, para não entrarmos em complexos conceitos que não nos interessam agora, diremos que o número de prótons é constante e seu número define o Elemento Químico. Assim, cada Elemento Químico é caracterizado pelo número de prótons que há em seu núcleo. O átomo deixa de ser neutro quando perde ou ganha elétrons, sendo nessa condição denominado ÍON (princípio de coesão da matéria e biológico do planeta Terra).

MODELO DE UM ÁTOMO
(Segundo a Ciência Oficial)

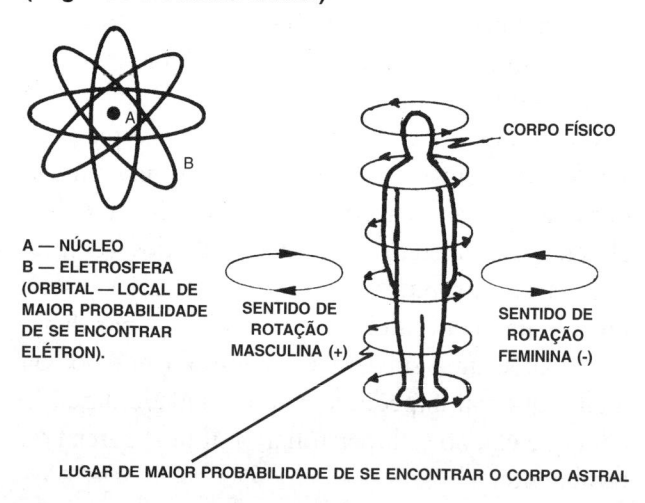

A — NÚCLEO
B — ELETROSFERA
(ORBITAL — LOCAL DE MAIOR PROBABILIDADE DE SE ENCONTRAR ELÉTRON).

SENTIDO DE ROTAÇÃO MASCULINA (+)

CORPO FÍSICO

SENTIDO DE ROTAÇÃO FEMININA (–)

LUGAR DE MAIOR PROBABILIDADE DE SE ENCONTRAR O CORPO ASTRAL

creva para que todos possam entender melhor os fenômenos do Corpo Astral.

Para melhor entender, vamos antecedê-lo com alguns conceitos importantes e simples da ciência oficial:

FREQÜÊNCIA — é a quantidade de vezes que algo é executado num determinado período de tempo.

VELOCIDADE — é a relação entre um espaço e o tempo gasto para percorrê-lo.

INÉRCIA — é a tendência que um corpo tem de não alterar por si só seu estado de movimento num dado momento (se está em repouso, tende a continuar em repouso; se está em movimento, tende a continuar em movimento).

Assim, dizemos que:

1. O corpo mental comanda o corpo astral em todas as suas manifestações sobre o corpo físico.
2. O local de maior probabilidade de se encontrar o corpo astral é ao redor do corpo físico (no estado de vigília, e em alguns casos durante o sono também).
3. O corpo astral poder "girar" em torno do corpo físico, não sendo obrigatório que esteja girando.
4. Quando o corpo astral "girar" em torno do corpo físico, fará isso mediante uma velocidade que determinará uma freqüência e essa dependerá das diferentes situações.
5. O corpo astral de um Ser masculino tem rotação no sentido horário, enquanto que o de um Ser feminino, no sentido anti-horário.
6. O sistema de freqüências do corpo astral terá íntima relação com o momento do nascimento, em que determinados planetas, com seus ciclos, influenciaram mais diretamente e, através dessa informação trazida pelas Linhas de Força, imprimiram ciclos particulares ao indivíduo.
7. O corpo astral pode ficar parado, obedecendo a influxos do corpo mental, visando menor gasto energético e propiciando uma maior transfusão entre elementos astrais e etéricos.
8. Através da modulação de pensamentos (concentração, vontade, etc.) se consegue alterar a freqüência do corpo astral ao redor do corpo físico.
9. Uma freqüência diferente da habitual ao Ser encarnado indica problemas.
10. O médium que atua na Corrente Humana de Umbanda tem seu corpo mental e astral ajustados e energizados para uma maior facilidade e habilidade de alteração e ajustamento da freqüência de seu corpo astral.
11. É através da sintonia e equilíbrio da freqüência do corpo astral do médium com o da Entidade Astral que em princípio se processam os fenômenos mediúnicos.
12. A MECÂNICA DA INCORPORAÇÃO, em sua fase semi-inconsciente, se processa quando a Entidade Astral influencia parte do campo mental do médium.
13. A mediunidade na fase de inconsciência se processa através da atuação direta da Entidade Astral na totalidade do campo mental do médium, dirigindo assim toda a rotação de seu corpo astral.
14. Devido à especial energização do campo mental e astral do médium umbandista, feita mesmo antes do mesmo encarnar (sempre), tem o médium maior facilidade e domínio sobre o movimento de seu corpo astral, suportando com mais resistência a necessidade de variações do mesmo em decorrência do meio a que estará exposto, tendo em vista as verdadeiras descargas elétricas, choques e abalos em seu campo mental e astral a que estará ele sujeito.
15. Uma Entidade Astral pode usar a maior facilidade de movimentação do corpo astral do médium umbandista para escudá-lo, no caso de uma consulta carregada de larvas e pensamentos obsessivos. Um dos recursos usados é a volatização do ambiente ao redor do médium, através da defumação, cachimbo, charuto ou mesmo um líquido aromático volátil. O escudo está em aumentar a velocidade de rotação, agindo em conjunto com as voláteis, produzindo potentes escudos e dardos contra as larvas, pré-bactérias e vírus de várias ordens.
16. Quando o corpo astral estiver necessitando de um impulso vibratório para retomada de freqüência e rotação, a Entidade Astral faz uso de certos fatores, tais como: estalar os dedos de encontro ao Monte de Vênus ou Monte da Sensibilidade, cantar pontos que vibrem na freqüên-

cia desejada, assovios (sons musicais), certas posições e certas palavras de Força (Mantras).

17. Através do FOGO PURIFICADOR direcionado pelos sinais riscados dentro da grafia dos Orishas, consegue-se também o impulsionamento do corpo astral debilitado ou sobrecarregado de cargas pesadas e negativas, forçando-o a se movimentar em uma freqüência maior ou menor (dependendo dos sinais serem de fixação ou desagregação). É importante notar que, sendo a freqüência alterada, não há sintonia com as cargas, que por falta de ressonância se transformam ou são descarregadas no "escoadouro universal". Mas, para usar-se o "fogo em expansão", não basta apenas ver um médium-magista fazê-lo e depois querer repetir o fato, ou apenas teoricamente tentar reproduzir o fenômeno. Muitos que assim fizeram trouxeram para si grandes transtornos e se ainda não trouxeram, as reações devem estar se precipitando e quando chegarem...

18. Desequilíbrios psíquicos influenciam a rotação e freqüência do corpo astral. Um exemplo típico é o caso dos Seres Espirituais encarnados com tendências bissexuais, os quais impulsionam o seu corpo astral no sentido contrário do natural. Ele pode girar ora para um lado, ora para outro, isso até que encontre a linha justa do equilíbrio.

19. Os Núcleos Vibratórios, como o próprio termo qualifica, têm grande importância em todos os organismos dos Seres Espirituais. É através deles que se nutrem os corpos, com elementos vitais e básicos. Pois bem, se de alguma maneira forem esses Centros impregnados, causam diretamente influências nos corpos mental, astral e físico. Assim, é necessário que se tenha cuidado quando se usam por aí, sem medir conseqüências, certos materiais, oferendas e rituais, os quais saturam certos centros vitais de elementos que interferem diretamente no campo mental do Ser Espiritual encarnado e, conseqüentemente, na rotação e freqüência do corpo astral. Muitas vezes apoiados em crendices e impulsos de arquétipos, tornam-se homossexuais, e infelizmente se associam com verdadeiros marginais-vampiros do submundo astral.

Bem, Filho de Fé, permitimos que nosso cavalo transcrevesse em nossos apontamentos algo que lhe foi revelado há algum tempo e que nós corroboramos plenamente. Esperamos que após a leitura desses itens possam os Filhos de Fé ter entendido bem o mecanismo do posicionamento do corpo astral em várias situações, bem como suas freqüências, algo de que ainda falaremos no decorrer de nossa conversa, neste livro.

Após termos citado o corpo astral exaustivamente, falemos agora das PRIMEIRAS MANIFESTAÇÕES MEDIÚNICAS, já que todos os Filhos de Fé que até agora estão nos acompanhando devem estar ansiosos para saber como foram essas primeiras manifestações.

Bem, o corpo astral dos médiuns daquela época tinha três pontos vulneráveis em suas telas atômicas. O 1º ponto era na região cervical, relacionando com o VERBO, com a expressão, o elo da comunicação. O 2º ponto afrouxado era na região tóraco-abdominal, correspondente aos processos básicos do sentimento e da ação. O 3º ponto afrouxado era o da região sacral, que unia todos os elos, sendo as "vozes dos maiores aos menores".

Assim, os primeiros médiuns eram divididos em três categorias:

1ª CATEGORIA — os que eram mediunizados por GRANDES INICIADOS DA PURA RAÇA VERMELHA, que atuavam no plexo laríngeo, produzindo "vozes infantis". Eram transmissores de novos conhecimentos e traziam uma nova fórmula para se buscar a reabilitação. Mediunizavam os aparelhos ou médiuns que eram na verdade Seres da Raça Vermelha reencarnados.

2ª CATEGORIA — mediunizavam os médiuns na região tóraco-abdominal. Eram GRANDES MAGOS-CONDUTORES DA RAÇA VERMELHA, que falavam de forma inflamante, conduzindo-os para a ascensão. Associam nos médiuns posições eretas e uma certa ofegância respiratória, em virtude de atuarem na região tóraco-abdominal.

3ª CATEGORIA — é a dos médiuns que eram mediunizados por MAGOS VELHOS DA RAÇA

VERMELHA, que tinham tido também experiências em outras Raças, sendo nas outras Raças grandes Condutores. No início de sua manifestação mediúnica, faziam-na através do plexo genésico, fazendo com que os reflexos medulares curvassem razoavelmente o veículo mediúnico. Ensinavam o peso da experiência através de suas vozes tranqüilas e calmas.

Assim se processava a mediunidade naqueles primeiros tempos, que foram de grande importância para a restauração da Proto-Síntese Cósmica deturpada, usurpada e esquecida. Só para deixarmos claro, quando dissemos que os médiuns dividiam-se em três categorias, não dissemos que havia supremacia de uma em relação à outra. Realmente não havia, era algo uno, uma tentativa de reiniciar, como realmente foi, a restauração da Proto-Síntese Cósmica.

Após essas 3 formas de apresentação, os Filhos de Fé já devem estar entendendo por que, no Movimento Umbandista da atualidade, há o TRIÂNGULO DAS FORMAS DE APRESENTAÇÃO — CRIANÇAS, CABOCLOS E PRETOS-VELHOS. No entanto, isso será motivo de uma análise mais apurada quando, no capítulo próximo, citarmos o Ressurgimento do vocábulo Aumbandan e o surgimento do Movimento Umbandista. Assim, antes de encerrarmos este capítulo, pois durante os capítulos que se seguem praticamente falaremos de mediunismo e médiuns em todos eles, queremos citar e reiterar que a MEDIUNIDADE e o MEDIUNISMO, bem como os MÉDIUNS, SURGIRAM HÁ MILHARES DE ANOS E NÃO COMO QUEREM ALGUNS, SOMENTE HÁ ALGUNS ANOS OU SÉCULOS. Com todo o respeito a quem assim afirma, de nossa vez afirmamos, mostrando, que o mediunismo, a partir da Raça Atlante até os nossos dias, não foi monopólio de um movimento isolado. Esse movimento surgiu na Atlântida e após vários milênios foi trazido ao mundo todo por GRANDES MISSIONÁRIOS. Assim, os GRANDES MISSIONÁRIOS, através de suas mediunidades, trouxeram a todos mensagens de novos rumos, que se bem entendidas nos farão retornar à Proto-Síntese Cósmica, continuando nossa evolução.

Assim, mediunismo, mediunidade, não é privilégio de qualquer sistema filorreligioso, é bênção a toda humanidade. Todas as filosofias religiosas que pregam o mediunismo estão pregando a VIDA IMORTAL, e revelando que cada um é o que quer ser, que cada um tem o que construir. Assim, o AUMBANDAN, hoje representado pelo Movimento Umbandista, vem reafirmar que a morte não existe, e que não existe o privilégio, pois no astral caminham em evolução paralela, ou melhor, UNA, todas as Raças, pois todas são da mesma essência, isto é, todos são Seres Espirituais. Entendamos que Vermelhos, Negros, Amarelos e Brancos, como 4 rios volumosos, antes de chegarem ao MAR DA ETERNIDADE, se misturam num grande rio. Esse é o rio do Ser Espiritual imortal, herdeiro da Coroa Divina.

E assim, Filho de Fé, tome fôlego que vamos entender como, através do mediunismo de uns e de outros, a Proto-Síntese Cósmica ressurgirá. Vamos a Ela, sem perda de tempo.

Capítulo X

*O Movimento Umbandista — Ressurgimento do Vocábulo
Umbanda no Solo Brasileiro — Movimento Astral —
Os Tupy-nambá e seu Reencontro Kármico
com os Tupy-guarany — Os Tubaguaçus —
O Egito — A Índia*

O VOCÁBULO TRINO-SAGRADO AUM-BAN-DAN, que foi revelado à portentosa Raça Vermelha através de seus Condutores Kármicos (Pais da Raça, tubaguaçus), designava a Proto-Síntese Cósmica, na qual está implícita a Proto-Síntese Relígio-Científica. Claro está que, naqueles idos tempos, tínhamos o Conhecimento Uno, indivisível, que abrangia o que hoje conhecemos como RELIGIÃO, FILOSOFIA, CIÊNCIA e ARTE. Como também já explicamos, o AUMBANDAN foi sendo revelado gradativamente, para, na 3ª Raça Raiz, a Raça Lemuriana, alcançar seu apogeu, isto é, ser o CONHECIMENTO TOTAL, integral, que abrangia conhecimentos do Reino Natural e conhecimentos das Coisas Divinas num único bloco. Não se poderia entender a *physis* (assim fonetizaram muito mais tarde, milhares de anos depois, os gregos), isto é, a Natureza e tudo que dela fazia parte, sem se entender a Divindade e seus atributos; tudo isso era pois o Aumbandan — a 1ª SÍNTESE ou a Síntese das Sínteses, a Proto-Síntese Cósmica. Infelizmente, em virtude de várias cisões, iniciadas na 4ª Raça Raiz (na metade de sua passagem pelo planeta), a Raça Atlante, houve degenerações, interpolações e inversões de valores, fazendo com que o Aumbandan fosse se apagando e finalmente acabasse esquecido pela grande maioria da humanidade. Mesmo as disciplinas que constituem o atual conhecimento, já fragmentado, desassociado, segundo os métodos cartesianos, desconhecem por completo a forte TRADIÇÃO DO SABER que representava o AUMBANDAN, embora não raras vezes reencarnem no meio científico abnegados emissários da Confraria dos Espíritos Ancestrais que de todos os meios tentam incrementar e direcionar as Ciências para rumos mais justos e seguros. Alguns resultados, ainda imperceptíveis, já foram conseguidos. Aguardemos... Mas dizíamos que o Aumbandan, pelos motivos já expostos, foi sendo esquecido pela maior parte, ou melhor, por quase toda a humanidade, só sendo relembrado, onde aliás nunca foi esquecido, no interior de raríssimos Santuários ou Academias Divinas, os quais tinham velado e fechado a 7 chaves ao olhar de profanos e aproveitadores vários, todo o conhecimento integral — o Aumbandan. Esses Magos da Luz, os Sacerdotes dos Santuários que velaram o **AUMBANDAN**, como já visto em outro capítulo, deram-lhe vários sinônimos que se adaptavam à *sonância sagrada* dos vários locais do planeta, adaptando-se aos processos lingüísticos de cada povo, mas que em uma análise quantitativa e qualitativa, através de pequenas chaves de interpretação, retornavam ao excelso, trino, vibrado e Sagrado vocábulo — AUMBANDAN. Assim, todas as Escolas Iniciáticas de Tradição no passado guardaram seus ensinamentos que, como dissemos, já haviam sido adulterados no seio da grande massa humana, para depois também sofrer severas e cruéis perseguições, traições etc., no interior dos Templos ou Ordens Iniciáticas. Dessa forma iniciou-se a dissolução do PRINCÍPIO ESPIRITUAL, a queda do TEMPLO DA RELIGIÃO CÓSMICA e com ele seus Sacerdotes e seus Conhecimentos consubstanciados na Proto-Síntese Relígio-Científica. Salvo raríssimas exceções, a Proto-Síntese Cósmica foi cultuada e velada, mesmo já disfarçada e modificada, adaptando-se através do MITO, ao conhecimento ainda fragmentado de muitos tidos e havidos como Iniciados. Bem, Filho de Fé, sucintamente avivamos sua memória. Fizemo-lo desde as sub-raças atlantes, faltando citar os tempos mais modernos, isto é, de 60 a 100 séculos até os dias atuais.

Antes de recuarmos perto de 8.000 anos em nossa viagem que respeitosamente devassa o tempo, não podemos deixar de reavivar a memória do leitor amigo sobre o surgimento do Aumbandan, em pleno solo do Planalto Central Brasileiro, nas terras do Baratzil, no seio da valorosa Raça Vermelha, desde a 2ª Raça Raiz, a Adâmica, alcançando o apogeu na 3ª Raça Raiz, a Lemuriana, indo se extinguir, por motivos já aludidos, no final da 4ª Raça, a Raça Atlante. Claro está que mesmo após a 4ª Raça, a sua sucessora, a 5ª Raça, a atual Raça Ariana, guardou resquícios da Grande Síntese, do Aumbandan, o qual, desde o seu esquecimento, tende a ser relembrado através de Emissários da Luz ou Guardiães da Tradição, que ao encarnar deixam fortes mensagens e vislumbres à grande massa humana que ainda anda perambulando sem rumos certos e seguros. Vejamos pois como iniciou-se seu RESSURGIMENTO. Digo *iniciou-se*, pois ainda estamos em fases iniciais do processo. Mas algo é certo: se tínhamos descido até os últimos degraus na queda que tivemos, hoje, lentamente, estamos subindo degrau por degrau e com determinação no Bem e na Luz conseguiremos retornar ao PARAÍSO PERDIDO — a TERRA DAS ESTRELAS ou da LUZ; o BARATZIL-MUNDO; o BARATZIL-PLANETA. Caminhemos sem esmorecer.

Antes de citarmos e vivermos as fases do ressurgimento do vocábulo Aumbandan, vejamos como estava a humanidade há 8.000 anos e como se entrosavam as deturpações e cisões da *sombra* com o esclarecimento e a reunião do *conhecimento da Luz*.

Por volta de oito a dez milênios atrás, segundo os arquivos do astral superior, na Babilônia, tentava-se reunir as várias Sínteses, as concepções filorreligiosas de todos os povos. Na realidade, o Conhecimento, que já estava adulterado, adulterou-se ainda mais, em virtude de nenhuma das partes integrantes ter cabedal tradicional-moral para tomar a dianteira e sanear e separar o joio do trigo. Viu-se pois um embaralhamento ainda maior do Conhecimento Integral. Esse movimento, o da Torre de Babel, na verdade foi uma investida muito séria das hostes do submundo, tanto encarnado como desencarnado, pois, como devemos nos lembrar, nesta época o mediunismo já era vigente e os médiuns eram pontes vivas entre o plano astral e o plano físico. Se eram pontes vivas, segundo suas afinidades e evolução conseguidas, ligavam-se através da sintonia vibratória e moral à Luz ou às Sombras. Muitos deles eram pontes vivas entre o plano físico e o plano astral inferior, quando não das zonas abismais, com seus ataques vorazes através de seus *magos-negros* que de todas as formas não queriam, como não querem, a reconstrução da Síntese, pois com Ela não haverá mais ignorância, ódio, competição, poder, que são os alimentos indispensáveis aos *magos da face negra*.

Então, como dizíamos, Babel, é claro, não foi uma *torre* que ligaria a Terra aos Céus, no sentido de "ter sido construída uma torre". Visava sim ligar o plano inferior ao superior, mas por motivos já aludidos fracassou fragorosamente. Assim, desde aquelas épocas, ficou Babel como sinônimo de anarquia, deturpação, confusão, militarismo, poder, etc. Era a desorganização total. Assim se arrastava naqueles tempos, a humanidade, embora no interior dos Templos Sagrados, orientados por portentoso enviados da Confraria dos Espíritos Ancestrais, a TRADIÇÃO era velada e cultuada.

Neste momento pode perguntar o Filho de Fé ou o leitor amigo: Mas para que deixar-se um CONHECIMENTO INTEGRAL no interior dos Templos, se a humanidade está se digladiando e triturando? Afinal, a Lei Divina é para uma pequena minoria elitizada ou é para todos? Ou nesta Lei Divina há os privilegiados?

Bem, Filho de Fé, raciocine conosco serenamente.

Você mesmo, Filho de Fé, já disse que a humanidade estava se arrastando e se enlameando cada vez mais nos seus próprios erros, que vinham desde as grandes cisões e desde o surgimento das reencarnações dos marginais do universo de todos os tempos. Mais uma vez pedimos que redobre sua atenção, Filho de Fé.

Ao permitir que descessem (encarnassem no planeta Terra) muitos Seres Espirituais delinqüentes, as CORTES DE OXALÁ visavam novos prenúncios a vários Seres Espirituais encarnantes, os quais, através de seus próprios erros, teriam que se soerguer. Para que isso não ficasse tão difícil ou impossível, gerando um círculo vicioso em que novos débitos sempre seriam contraídos, impulsionando-os para maiores cobranças, é que no seio deles surgiram sempre e de maneira muito oportuna os vários Enviados das Cortes de Oxalá, os quais procuravam, segundo o alcance médio de entendimento das humanas criaturas, lançar o esclarecimento, a evolução e a Luz para níveis de entendimentos mais refinados, dando-lhes condições para subir novos degraus. Mas se alguns quiseram subir os degraus do entendimento que os libertou, outros, por sua vez, se enlearam ainda mais nos desmandos e desatinos que suas mentes e concepções estreitas ainda pediam, tornando-se joguetes de forças inferiores com as quais se afinizavam e se prendiam em verdadeiras algemas cativas. Enfim, eram escravos de si mesmos, pois a quem vamos culpar por nossos próprios erros?

Mas dizíamos dos Emissários ou Enviados das Cortes de Jesus ou Oxalá que eram, por sua vez, a maior parte deles, originários da pura Raça Vermelha, estando radicados na Confraria dos Espíritos Ancestrais. Quando encarnados, embora se ligassem aos Templos Iniciáticos, velando a Tradição, *também saíam para pregar e ensinar* a grande massa humana e é claro que seus ensinamentos não poderiam ser de pronto sobre a Proto-Síntese Cómica, sobre o Conhecimento Total. O povo, a grande massa, estava faminta e sedenta de Luzes, mas não se poderia dar a Luz sem os véus, pois a mesma poderia cegá-la ou enlouquecê-la. E assim foram feitas adaptações e mais adaptações, visando incrementar a evolução das grandes massas populares nos 4 cantos do orbe terreno. O terráqueo se ergueria, como se erguerá, mas de forma bem suave, que não venha ferir seu consciencial, o que sem dúvida traria graves conseqüências aos seus organismos mais sutis. Vimos, pois, os Iniciados saírem do Templo; aliás, só tinham entrado para preservar a própria humanidade e não a Tradição, pois a mesma existe em toda a sua pureza e originalidade nos planos mais elevados do universo astral, bem distante do ataque ou saque das Forças Negras ou dos Magos-Negros de todos os tempos e locais. Em verdade, os Templos Iniciáticos guardam, velam a Tradição e não a escondem para si como monopólio divino ou intelectual, e sim para que não seja adulterada, como já foi quando eram seus fundamentos abertos a todos. As ORDENS INICIÁTICAS ou os TEMPLOS INICIÁTICOS, portanto, são fiéis depositários da Lei Cósmica ou Proto-Síntese Cósmica, até o momento em que a humanidade, como um todo, esteja preparada e queira evoluir mediante esta. Voltando, dizíamos que muitos Iniciados* saíram do Templo Sagrado e o ensinamento que deveriam transmitir à grande massa popular carente em todos os setores deveria ser o mais próximo do real, sendo inteligível a todos os graus de Consciência, tomando-se por base a média de maior ou menor aprofundamento nos ensinamentos. Quando se depararam com Seres Espirituais que entendiam bem o que ministravam e que perguntavam se não havia algo mais profundo atrás daquelas Verdades, eles, os Iniciados, encaminhavam esses Seres Espirituais ao Templo Iniciático, onde poderiam ser Iniciados dentro de seus graus afins e tornarem-se, no futuro, novos pontas-de-lança das VERDADES IMUTÁVEIS para a grande massa popular. Realmente assim era feito, através de um rigoroso selecionamento. O Iniciando era aceito no Templo e dava curso a sua Iniciação. Observaremos que a finalidade primeira dos Templos Iniciáticos ou Ordens Iniciáticas era e é preparar, através da Iniciação, numa primeira instância, Iniciados que levem à grande massa popular a Luz do esclarecimento, a Luz do Entendimento. Esse ensinamento só pode ser de caráter moral, impulsionando-os ao domínio das torpes paixões e vis sentimentos, que aliás são os responsáveis diretos pelos desatinos e desequilíbrios em que se arrasta a nossa humanidade.

Após a catástrofe da Raça Atlante, os Senhores da Confraria dos Espíritos Ancestrais incrementaram a evolução através de seus membros integrantes agora encarnados no planeta como verdadeira CONSTELAÇÃO DA LUZ a iluminar e abrandar a fúria das Sombras, a aplacar a ignorância que infelizmente assola a humanidade.

Ao aprenderem os aspectos morais que devem ser alcançados, eles se livram das garras dos Seres das Sombras, cortam-se ou anulam-se os *efeitos-pontes* pela falta de sintonia moral e mentovibratória, pela mudança de atitudes e pensamentos. Como os Filhos de Fé podem ver, tudo era feito através de uma

---

* Entendemos como Iniciado aquele que, dentro de seu grau, é conhecedor não apenas da Proto-Síntese Cósmica, como também do compromisso que o mesmo tem de torná-la acessível a outros Seres Espirituais completamente distanciados do Conhecimento Integral, fazendo isso de forma oportuna, quando os Seres Espirituais não Iniciados assim o desejarem. Sempre que possível, o Iniciado exemplificará através de seus atos aquilo que professa e prega.

profunda ação psicológica e muito mais cosmológica. Sim, pois visamos à melhora moral do planeta Terra, nosso cosmo momentâneo. Visa-se acabar com o intercâmbio clandestino das Sombras que se utilizam de Seres Espirituais carentes e que infelizmente se encontram ignorantes diante desses fatos. Essa ação da Luz nas Sombras não acontece apenas aqui no plano físico, mas muito mais no plano astral, onde ajustam-se e inclinam-se mentes deturpadas para o reequilíbrio e reajuste. Conseguindo-se isto, a reencarnação é o próximo passo, que seguramente será dado.

Então, Filho de Fé, entendeu como a Lei Divina ajusta seus filhos caídos? Percebeu que não há privilégios e nem privilegiados? Existem sim a justiça e a misericórdia, aplicadas nas suas mais puras essências.

Assim, caro Filho de Fé, é que desde os tempos longínquos existem as Ordens Iniciáticas, os Templos, as Academias de Deus, os Santuários, todos visando incrementar a Lei perdida e de há muito esquecida. Entendemos agora o porquê do ensinamento velado no interior do Templo, o ensinamento hermético ou esotérico e o ensinamento mítico ou popular, que como vimos visa atingir as grandes massas, o povo, preparando-o para o futuro não distante em que as realidades se reapresentarão e todos precisarão estar preparados. É do preparo e das condições desse preparo que se preocupam os Condutores Raciais ou kármicos da atual humanidade. Para isso, de todas as formas, a Lei tem sido levada às grandes massas populares, tal qual o Movimento Umbandista da atualidade.

Vejamos como desde os mais remotos tempos tem sido tentada e executada a reimplantação da Proto-Síntese Cósmica no seio das massas populares e quais os entraves de vários matizes que surgiram e surgem para que esse processo encontre pleno êxito.

Após a catástrofe da Raça Atlante, os Senhores da Confraria dos Espíritos Ancestrais incrementam a evolução através de seus membros integrantes agora encarnados no planeta como verdadeira Constelação de Luz a iluminar e abrandar a fúria das Sombras, a aplacar a ignorância que infelizmente assola a humanidade.

Vamos ver nos 4 cantos do planeta, como estrelas cintilantes, os Emissários da Confraria dos Espíritos Ancestrais tentando iluminar os entendimentos rudimentares e embaralhados da humanidade já corrompida e corroída pelas paixões e bárbaros costumes, os quais cada vez mais faziam com que o planeta abrisse brechas enormes e incontroláveis ao ataque das Trevas. Nesse ciclo vicioso, víamos nossa casa planetária transformada em casa planetária degenerada, pois as finalidades, às quais se propunha, as de albergar todos os filhos desgarrados do Universo, já não mais estava se prestando, em virtude da grande saturação fluídico-mental que ocasionaria, como ocasionou, verdadeiras hecatombes e mortes em massa. Era o desatino do homem pagando seu tributo segundo a Lei, que embora seja misericordiosa é limpidamente justa. Foi diante dessas convulsões que vários povos, não mais os Vermelhos, se sucederam no domínio do planeta sempre assaltado pelo terror e discriminações várias, que culminavam sempre em injustas sanções. Entre dominadores e dominados é que veremos surgir GRANDES CONDUTORES, PATRIARCAS TAUMATURGOS, enfim, GRANDES REFORMADORES, como RAMA, KRISHNA, SIDARTA GAUTAMA (O BUDA), JETRO, ZOROASTRO, LAO-TSÉ, FO-HI, MOISÉS e tantos outros, que vieram preparar a descida de OXALÁ — o CRISTO JESUS. E o que ensinavam todos eles? Ensinavam o *bem* como único caminho para a humanidade sofrida e corrompida. E como conseguir este *bem*? Com o *amor*. E como conseguir o *amor*? Com a educação sobre as *coisas divinas*, com a certeza da existência da divindade que precisou ser travestida de várias formas para ser aceita pelos diversos graus conscienciais que ainda hoje em verdade se encontram em nosso planeta.

Nessas fases evolutivas de nossa humanidade, já havia florescido o povo de cútis branca na Europa, bem como todo o Oriente já se saturava de cisões e deturpações várias, o mesmo acontecendo no continente africano.

No continente africano, tínhamos os egípcios, povo remanescente dos atlantes, os quais iluminavam com sua cultura todo o Oriente, para não dizermos todo o mundo. Tinham também, por sua vez, recebido grandes acréscimos dos caldeus, embora esses não tivessem o alto padrão moral que predominava nos egípcios. Os egípcios tinham no seio de seu povo, como Seres Espirituais encarnados, os Tupynambá da pura Raça Vermelha, os quais tinham-lhes transmitido a Proto-Síntese Cósmica. Os Sacerdotes de Osíris e mesmo os de Ísis, com seus Templos famosos, velavam e transmitiam a Tradição ocultada que, como vimos, para eles foi chamada de ITARAÔ ou TARÔ. Foi no seio da civilização egípcia que um de seus Iniciados, cujo nome era Assarsif, reuniu várias tribos cativas para formar o povo *hebreu*. E quais eram os ensinamentos de Moisés? Os mesmos de Rama, já que Rama tinha deixado seus fundamentos no Egito, nos Templos de Ísis ou Yoshi e nos de Osíris ou Yoshirá. Venerava-se o VERBO DIVINO através do CARNEIRO (AMON-RÁ). Assim, a Tradição no Egito havia sido implantada pelos Tupy-nambá reencarnados, os quais também já tinham reencarnado na Índia e na Europa. O próprio Rama era um enviado da pura Raça Vermelha, haja vista que sua pregação foi toda calcada nas Sínteses ou na Proto-Síntese Relígio-Científica, por meio de seu *Livro Estrelado*, que velava o Aumbandan, que entre os egípcios era o dito Tarô.

Nesse instante, queremos que os Filhos de Fé vão entendendo como aconteceu o RESSURGIMENTO DO AUMBANDAN. Assim, resumamos esse importante fato.

Na África, encontraremos os egípcios com todo o seu acervo relígio-científico calcado na transmissão de seus altos sacerdotes que eram reencarnações dos Tupy-nambá (no seio da civilização egípcia). No próprio Egito encontraremos um alto sacerdote que aparentemente tinha sido revolucionário, pois reuniu várias tribos e retirou-se para o deserto. Claro que estamos falando de Assarsif, Moisés, o qual implantaria a Lei Divina a esses povos que mais tarde se espalhariam por toda a Europa, também levando a PALAVRA DIVINA, a LEI — O TORAH.

Anteriormente, na Ásia, Rama já havia firmado uma sólida Tradição que se fundamentaria nas Leis Divinas. Tínhamos pois um movimento que visava ao restabelecimento do Aumbandan, ainda velado. Os ensinamentos de Rama eram os mesmos dos egípcios, os quais foram levados à Ásia e também a toda a África. Somos sabedores que a Tradição do Conhecimento — via Tupy-guarany — havia chegado à Índia e às plagas tibetanas e lá, através das migrações espirituais, refletir-se-ia para o Ocidente, onde na verdade havia surgido. Ensina-se que o povo himalaio refletiu essa Síntese do Conhecimento, isso em sentido figurado, em virtude da "cor branca" do LAR DAS NEVES (HIMALAIA) ser refletora da Luz, o que de fato aconteceu através das migrações espirituais para o Egito. Perguntará o leitor atento: — Mas o Egito já não era Guardião da Lei Divina, do AUMBANDAN? Respondemos:

Sim. Toda a TRADIÇÃO DO SABER, do CONHECIMENTO TOTAL, estava velada, como vimos, nas 78 Lâminas Sagradas que compunham o TARÔ e esse Conhecimento era de curso único e exclusivo aos Iniciados mais graduados ou *magos*. Rama, por sua vez, além de conhecer em sua pureza a *Tradição do Saber*, também velou-a através de seu Livro Estrelado, de um ensinamento exotérico, público, que atendesse ao entendimento das massas populares. Assim, divulgou um Conhecimento calcado na mais forte e pura Tradição do Saber, que já conjugava as Ciências, Artes, Filosofia e Religiões. Divulgou esse Conhecimento a raríssimos Iniciados, nas ditas Academias do Cordeiro ou Carneiro. Assim, tínhamos os lamas ou ramas como Sacerdotes do Cordeiro, precursores do advento do Cristo Jesus e da restauração da Proto-Síntese Cósmica, através de seus discípulos nos mais variados locais do Universo. Além desse Conhecimento que ficou concentrado nos Colégios de Deus (Ordens Iniciáticas), tivemos uma popularização desses mesmos Conhecimentos através de KRISHNA, o qual transmitiu as grandes verdades de forma alegórica, para que atingissem mais o coração e os atos das massas populares. A par disso, tivemos grandes variedades de cultos com seus panteões de deuses e deusas, tão bem retratados nas diversas mitologias.

As Ordens Sagradas seriam as formadoras do sacerdócio organizado e fonte de conhecimento em que a humanidade beberia, segundo as épocas e os diversos graus de entendimento ou conscienciais. Nessas épocas, as filiações templárias eram as guardiãs do Saber, principalmente na ORDEM DE MELQUISEDEQUE, a qual era também denominada a ORDEM DE RAMA, e seus sucessores e adeptos.

Dizemos das filiações, pois muitos filiados Iniciados dessa Ordem é que foram os vanguardeiros dessa Tradição do Saber nos 4 cantos do Universo. Era a Ordem de Melquisedeque que reunia as várias Sínteses que havia no Oriente, na África, etc. Na Europa, ficaria conhecida como Ordem Dórica, a Ordem do Princípio Uno — da Unidade do Conhecimento — do Espírito de todas as coisas. Por isso chamam-na de Ordem do Princípio Espiritual, Solar, Direito, Masculino, Sinárquico, da Não-violência, etc., ao contrário da Ordem Yônica, que combateu a ferro e a fogo a Ordem Dórica, muito principalmente através do Cisma de Irshu, na Índia, há 60 séculos mais ou menos. Combateu e aparentemente destruiu a Ordem de Melquisedeque ou Ordem Dórica. A Ordem Yônica pregava o contrário da Ordem Dórica, isto é, seu princípio era o *natural* ou do *conhecimento fragmentado*, da *heterogeneidade* e *destruição do conhecimento*. Por isso foi chamada de Ordem que venerava a Natureza e repudiava o Espiritual. Necessário que fique bem claro que, a princípio, eles repudiavam o Conhecimento Integral, a Síntese do Conhecimento, sendo que posteriormente começaram a repudiar o Princípio Espiritual. Temos assim que a Ordem Yônica de Yoná (pomba — representação da natureza feminina) — pregava o *princípio da natureza* como princípio de tudo. Era pois Lunar, Feminina, Esquerda, Anárquica e Militarista. Fica claro que a Ordem preconizada por Rama era a Dórica, ou seja, a mesma da pura Raça Vermelha, da qual encontramos vestígios nas construções arquitetônicas do Baratzil e de outros locais em que a Raça Vermelha também firmou seu conhecimento, tal como os quíchuas, maias e mesmo no Egito. Era uma Ordem essencialmente teocrática, ao contrário da Yônica, que era essencialmente "naturocrática". Rama e sua Ordem, firmada em toda a sua pureza no Egito, era essencialmente monoteísta, como era monista a Síntese de seu Conhecimento. A Ordem Yônica era politeísta, panteísta e já não mais monista, pregando a diversidade e separação do Saber. Bem, acreditamos que o caminho que traçamos até agora nos levará aonde queremos chegar. Queremos chegar ao RESSURGIMENTO DO VOCÁBULO AUMBANDAN e ao SURGIMENTO DO MOVIMENTO QUE VISA A RESTAURAÇÃO, em sua totalidade, da Proto-Síntese Cósmica — a Tradição do Saber Integral — a *Religio Vera*. Para delinearmos a trajetória final de nosso caminho, precisamos remontar a Moisés e dele partir com clareza ao encontro do Movimento Umbandista.

Dizíamos que Rama havia velado no Templo a Proto-Síntese Cósmica, enquanto Krishna também velava a Proto-Síntese, mas dava um ensinamento popular através do mito e do véu deliberadamente colocado sobre certos pontos-chave. Moisés também fê-lo da mesma forma, só que popularizou certos aspectos da Proto-Síntese Cósmica, transmitindo-a através de um inflexível Monoteísmo. A Divindade Suprema em verdade não era pronunciada, somente muito tarde é que denominaram-lhe de YEOVAH ou JEOVAH. Em verdade, o que Moisés velava no seu Yeovah (babilônico) ou Yahuah (sânscrito bramânico) eram os quatro pilares em que se apoiava o conhecimento humano; era o seu Tetragrama Sagrado **EVE-I**, que também podia ser representado pelo X algébrico, ou segundo o alfabeto vatânico ou devanagárico (alfabeto originado do Abanheenga, que como vimos grafava a fonetização dos objetos e seus fenômenos, ou seus sons, através da onomatopéia) pelo K (qualitativo e quantitativo — o que acoberta, o que vela — o numeral 20).

Assim, o **EVE-I** de Moisés era a Proto-Síntese Relígio-Científica, era o *monismo do conhecimento*, o dito depois *monoteísmo*. **EVE-I** era e é a Ciência, a Filosofia, a Arte e a Religião. Moisés preparou uma nova fase para o planeta. Preparou, sem dúvida, o advento do mago dos magos, do rei dos reis — o SENHOR E AUGUSTO OXALÁ — O CRISTO JESUS.

A vinda de JESUS, sem dúvida, foi um grande marco evolutivo para o planeta Terra. A Sua vinda foi preparada durante milênios. Assim como outros da Hierarquia Crística, sua descida foi marcada por grandes convulsões mesológicas, além das de caráter moral e essencialmente espiritual. *Já dissemos que o Cristo Cósmico é o Verbo Divino em qualquer plano ou casa cósmica no reino natural ou Universo Astral. Esse Cristo Cósmico, através de sua Hierarquia, enviou-nos o Cristo Jesus como Senhor do Planeta Terra*, como tutor máximo de nossa casa planetária, a qual guarda nos céus o símbolo cosmogônico de sua missão e compromisso redentor sobre o planeta e sua humanidade cósmica. Assim, o Cristo Jesus nasceu no seio do povo hebreu, pois havia sido o único a levar em caráter popular o **monoteísmo**, um grande avanço para uma humanidade que vivia se arrastando e subjugando-se a deuses sanguinários e inimigos do homem, bem como de outros seus iguais — (outros deuses). Deveu-se também o nascimento de Cristo Jesus — Yoshi (Yeshua) ou Yoshila — no seio do povo hebreu pois o mesmo cumpria forte Tradição, começando pelo seu nome, que era diferente do preconizado pelos sucessores de Moisés (Emanuel), os quais já também achavam-se o povo escolhido de Jeovah ou da Divindade Suprema, sendo possuidores de feroz orgulho, vaidade e egoísmo destruidor, que infelizmente até hoje se estendem no seio desses amados Filhos de Fé tidos hoje como judeus-semíticos. Judeus sim, mas semíticos é inverídico, pois o povo que saiu com Moisés do Egito era descendente dos *celtas*. Em boa hora é bom que frisemos que quando Moisés esteve no Monte Sinai, na verdade transcreveu a Tradição em placas, em petróglifos, de forma a ocultá-la.

Mais tarde, conforme consta de forma alegórica nas ditas Sagradas Escrituras, essas placas foram destruídas e Moisés transmitiu às massas populares o ensinamento de caráter externo, exotérico, na forma dos chamados 10 MANDAMENTOS. Claro está que o que era guardado na ARCA eram as 78 placas já escritas em Aramaico. Tanto é verdade que a dita Arca era cercada por verdadeiros elementos naturais que produziam elementos ígneos, os quais contundiam os usurpadores com curiosos encantos — o fenômeno era o da eletricidade estato-dinâmica que por Moisés era conhecida. Após citarmos o Grande Reformador e Condutor do Povo Hebraico, retornemos ao apostolado do Senhor Jesus, nosso Oxalá, o qual não mediu esforços para que a *Religio Vera* fosse reimplantada, pois o Augusto Senhor disse em voz lirial e humilde — *Eu não vim destuir a lei e nem os profetas, mas sim cumpri-los*. Com isso afirmava-nos o Mestre Jesus, Pai Oxalá, que desde há muito Seus Enviados já tinham preconizado a Lei Divina, e Ele só vinha cumpri-la, já que a mesma, na época, havia sido postergada em seus valores morais-espirituais, ficando ao bel-prazer dos sacerdotes politiqueiros e interessados em projeções pessoais e na ganância do vil metal. Já haviam sido e ainda seriam pontes vivas dos mais baixos e torpes desejos, tão comuns aos Seres Espirituais ligados ao submundo astral ou *zonas condenadas abismais*, os quais, através da cristalização no *mal*, não reconhecem o Cordeiro Divino como o Verbo Sagrado e sim o **dragão** como seu Mestre. Por tudo isso é que o Mestre Jesus, Pai Oxalá, o Verbo Divino simbolizado pelo Sol, veio resgatar as deturpações, cisões e amalgamações que já estavam cristalizadas no planeta Terra. Com a passagem vibratória de Oxalá pelo planeta Terra, inclusive em suas Zonas Subcrostais, há mais ou menos 2.000 anos, deu-se forte influxo para a mudança da mentalidade do homem futuro. A PAZ, o AMOR, a JUSTIÇA, a VERDADE, o PERDÃO, a FRATERNIDADE e a IGUALDADE, são os portentosos VOCÁBULOS-LUZ que iluminariam e iluminarão a humanidade. Bem poucos de seus ensinamentos foram aprendidos e, infelizmente, quase todos esquecidos. Passaram-se os tempos e os mesmos desvios de sempre, o orgulho, a vaidade e o egoísmo continuaram fazendo do homem um ser primitivo, distanciado da Coroa Divina. Impérios e mais Impérios surgiram e surgem. Os *romanos*, antes de Cristo e após, tiveram tudo para unificar o mundo, mas perderam a oportunidade, calcados que estavam no orgulho e egoísmo destruidor que lhes trouxe a morte e a destruição de sua civilização. No pensamento helênico tivemos grandes Almas, mas que não encontraram eco num povo que estava mais interessado nas guerras fratricidas entre espartanos e atenienses e na sua pseudocultura. A Ásia desarticulada desde o Cisma de Irshu não foi diferente dos povos latinos e gregos, encolhendo-se na sua dor e passando a viver *de per si*.

Os africanos, completamente dominados, encontravam-se já em plena e total decadência, mormente os povos de pele negra, cuja origem sem dúvida é a Ásia. Incursionaram para a África, onde foram poderosos em suas civilizações, adiantadíssimos em plena Era da Raça Vermelha. Pregaram a Proto-Síntese Cósmica que haviam recebido dos povos de pele vermelha, através dos egípcios. Quando receberam esses Conhecimentos, muitos de seus sacerdotes velaram e guardaram a Tradição e para os que entravam em processos iniciáticos era Ela proferida *oralmente*. Com o decorrer do tempo foi corrompida, deturpada e completamente esquecida. Para que fique claro, mais avante em nossos apontamentos diremos que os *bantos* atuais foram os que tiveram contato com os egípcios, sendo que os Yorubanos ou Sudaneses tiveram contatos também, mas muito mais com povos iranianos — e já *Muçulmanos*.

Sua Teogonia não é original, é um totemismo calcado em mitos milenares dos egípcios, caldeus, hindus e outros povos. Não vejamos aqui algo de inferior ou retaliações. Podemos entender como uma tentativa de reencontrar a Síntese perdida, o que é verdade, pois os grandes condutores da Raça Negra de há muito vêm lutando para incrementar em seu povo um sentimento de unidade e reconstrução do Conhecimento, que por ora está no culto do Orisha, no culto dos Ancestrais (Eguns) e na ilusão de ligarem-se à Essência do Orisha, nas ditas "feituras de cabeça", com seus rituais ainda que simples, mas perigosos por se aproveitarem de entidades inferiores do astral que ficam como que vampirizando o dito "Filho de Santo" ou "Yaô" que passou pelo ritual de um simples *ogbory* ou *bory*, ou seja, a FEITURA TOTAL DA CABEÇA, termo inapropriado pelo menos para os rituais que se fazem na atualidade. Sobre isso falaremos pormenorizadamente no capítulo Umbanda e suas ramificações atuais. Aliás, fazem parte do abarcamento que o Movimento Umbandista irá processar. Bem, após citarmos muito por alto o povo africano, citemos o povo amarelo, o qual tem fortes Tradições filoespirituais, mas que atendem ao estreitismo racial que lhes é pecualiar. Não olvidamos a Sabedoria de um Fo-Hi, de um Lao-Tsé, a pureza nirvânica de Sidarta Gautama — o Buda — e nem também o Vedantismo, o Bramanismo e as fontes *yogues*. Todas, sem nenhuma exceção, são merecedoras de nossa mais alta estima e compreensão e muito estamos fazendo nós, Seres Espirituais astralizados, para que o povo amarelo reencontre a Síntese e reencontrará, pois seus condutores no Astral já se filiaram às Ordens das Santas Almas do Cruzeiro Divino, onde renasceu o magnífico Verbo-Luz, a Proto-Síntese Cósmica — o Aumbandan. Aguardemos e vibremos por todos. A Raça Branca, dita CRISTÃ, *ainda se arrasta no convencionalismo do culto exterior, em desacordo com os ensinamentos de Oxalá, o Cristo Jesus*. Os desregramentos iniciaram-se quando houve a separação judeu-cristã. Ainda hoje vemos vários cultos, alguns não conscientes de seus compromissos para com seus fiéis, dizerem-se cristãos e atacarem-se uns aos outros. Ficamos a pensar se o Cristo Jesus, nosso Oxalá, traria realmente a **espada** e a **dissensão**, pois é isso que exemplificam a todos esses pobres Filhos de Fé. Um dia eles amadurecerão, a morte tirar-lhes-á os véus. Sabe Deus quantas mortes despertadoras precisarão? Sabe quantos nascimentos necessitarão para acordar? Que a misericórdia do Senhor Jesus, Oxalá, abençoe-os e nos dê forças para guiá-los na linha justa do verdadeiro cristão.

Se a Igreja Católica Apostólica Romana se propuser a ser Católica ou Universal, que o seja, lidere e pastoreie seu rebanho, que infelizmente está "doente". No entanto, infelizmente, seus pastores também foram infectados pelas doenças, tornando-se os mais necessitados de auxílio e medicação espiritual. Assim, o grande rebanho católico está acéfalo, em virtude da contaminação de seus pastores com as doenças de seus rebanhos. Ergamos o católico, é nosso Filho de Fé, é irmão em Oxalá. Vibremos por novos dias mais límpidos e brilhantes para o clero romano e seus rebanhos.

Se citamos o católico romano, que é merecedor de nossa simpatia e afeto, não poderíamos deixar de citar as "religiões de cultos reformados", o Protestantismo, em toda a gama de cultos que o compõem. O grande Lutero, assim como Calvino, foram espíritos abnegados, que de forma contundente dissociaram e cindiram a Igreja Católica, sendo fundadores de cultos cristãos melhorados, embora distantes, da real pureza do primitivo cristianismo. Todas as demais derivadas cristãs, ligadas ao ensino da Bíblia, tanto do Velho como do Novo Testamento, não cogitam e até discutem sério quando lhes falam de reencarnação e de outros fenômenos que para muito breve serão explicados pela Ciência oficial. No século XIX, sem dúvida, tivemos uma grande revolução nos cultos ou seitas tidas como cristãs. Veio-nos da Europa, da França, a *Codificação da Doutrina dos Espíritos*", através das irmãs Crookes, por Allan Kardec. Interessante que, segundo nossa humilde contribuição à coletividade umbandista da atualidade, já expusemos que o poderio da Raça Vermelha tinha se estendido à Índia através das migrações espirituais dos Tupy-guarany, o que dá a pensar do porquê do pseudônimo "Allan Kardec", que é de origem hindu. Claro que Allan Kardec, assim como disse Jesus, "não veio destruir a Lei e nem os profetas, mas sim cumpri-los". E foi o que fez, através de um trabalho de compilação e de caráter externo, visando ao soerguimento moral da grande massa que se arrastava presa a conceitos estáticos sobre nascimento e morte, reencarnação, mediunismo, planos de evolução e Lei Kármica (por ele chamada de causa e efeito). O corpo astral foi identificado para esses cristãos novos e outros que se diziam cristãos. Chamam o corpo astral de *perispírito*. A Lei das Conseqüências, a Lei das vidas sucessivas para evoluirmos, a negação da condenação eterna, a infinita misericórdia dos Prepostos de Jesus e a aplicação correta dos Evangelhos de Jesus formam a base de todo esse sistema filorreligioso-científico chamado *kardecismo*. No Governo do Mundo surgiu o Kardecismo, *não como uma nova revelação, mas sim como uma compilação popular, para a grande massa, dos conceitos que acima expusemos.*

Faz parte dele, assim como outros, pregar com veemência e cristalinamente que a MORTE NÃO EXISTE. Viver, nascer e morrer são fenômenos tão necessários quanto salutares ao Espírito, que necessita evoluir, caminhar para novos rumos.

Claro que os Senhores D'aruanda não iriam abrir espaço vibratório para mais um inócuo e improfícuo sistema filorreligioso. Esse sistema, na verdade, vislumbrou de forma ainda empírica a necessidade da proto-síntese relígio-científica, veio preparar o advento do Aumbandan na Terra da Luz — o Baratzil. Assim, vimos que o Kardecismo veio despertar a Alma indolente para as realidades da vida que a aguarda, relembrando-lhe que a vida é eterna e que cada um colhe o que semeia. Iniciou-se o *Religare Verdadeiro*. Esse movimento teve e tem o controle direto da "Corrente das Santas Almas do Cruzeiro Divino". Bem, Filho de Fé, estamos bem no âmago de nosso caminho, através do qual chegaremos frente a frente com a SAGRADA CORRENTE ASTRAL DE UMBANDA, através de seu Movimento e do ressurgimento do vocábulo sagrado AUMBANDAN.

Estamos no final do século XV e no limiar do século XVI. A majestosa Europa da época era dominada por dois grandes povos da península ibérica — Portugal e Espanha.

Na época, tanto os lusitanos como os espanhóis disputavam a hegemonia nas grandes conquistas, fazendo-se exímios comerciantes, tal qual eram em tempos idos os fenícios, os quais estavam reencarnados no seio das nações portuguesa e espanhola. Visando a uma expansão marítima, claro que orientada por digníssimos e elevados mentores da Confraria dos Espíritos Ancestrais, os portugueses alcançaram em 1500 as costas brasileiras. Deu-se nesse instante um verdadeiro "balanço cósmico", em que se reuniram novamente os povos. O Baratzil seria um miniuniverso, albergaria brancos, negros, vermelhos e amarelos, e assim aconteceu. Não demorou quase nada para que muitos cativos em suas próprias Pátrias fossem trazidos até nós, como os africanos — negros escravos. O branco tinha domínio sobre o negro e sobre o índio degenerado, e através de algemas pesadíssimas, do ponto de vista astral, negros e vermelhos se reuniram, visando opor resistência ao agressor, ao algoz, ao povo da Raça Branca. Em favor da monocultura do café, da cana-de-açúcar, nos ditos engenhos, o branco sacrifica e animaliza seus irmãos de pele negra, passando a vê-los e a tratá-los como subumanos. Momentos terríveis viveu a Terra da Cruz. Dores atrozes, sentimentos destruídos, sangue derramado, ódio consubstanciado na agressão de todas as formas.

O ressurgimento do vocábulo AUMBANDAN estava prestes a eclodir. Antes, vejamos como foi precipitado esse momento em sua acepção externa.

Na tormentosa escravatura, em pleno século XVI, neste Baratzil, Terra da Cruz, os africanos aportados aqui, em comunhão com o indígena nativo (degenerações dos Tupy-nambá e Tupy-guarany), firmaram na luta pela liberdade os seus sentimentos e desejos, através de seus ritos religiosos-mágicos degenerados.

Dessa fusão surgiram e permanecem até os nossos dias os mais variados ritos, os quais refletem os sentimentos e ideais de seus "fundadores" na época. Nem todos com ideais e sentimentos nobres. Muitos deles com sentimentos de ódio e vingança, que se consubstanciaram em rituais pesados, com um baixíssimo sistema de oferendas (solidificação de elementos vibratórios para que seja movimentada a magia).

Esse sistemático conflito racial, que perdurou até no astral, fez com que os TRIBUNAIS PLANETÁRIOS resolvessem incrementar sobre essa coletividade em litígio um Conjunto de Leis Regulativas que viriam disciplinar os rituais nefandos e retrógrados que eram vigentes na época. Em poucas palavras, assim surgiu o Movimento Umbandista.

Neste momento, queremos frisar que o escravagismo, bem como o massacre dos indígenas, não foi somente praticado no Brasil. Interessante ressaltar que nos EUA, Cuba, Haiti e outros, também tivemos a escravatura, e por essas plagas o vocábulo Umbanda não surgiu. Como se explica esse fato? É o que tentamos explicar até agora em nosso humilde trabalho. Isso se deveu à supremacia da Raça Vermelha, a qual tinha se radicado no astral brasileiro, onde teve início o processo reencarnatório no planeta Terra. Como o vocábulo Aumbandan, ou seja, a Proto-Síntese Cósmica, aqui tinha sido revelado, aqui mesmo ressurgiria, e ao ressurgir teria de vir como sendo bandeira, *a priori*, de um movimento que atingisse as grandes massas populares que aqui no Brasil, por motivos vários, se encontravam em litígio. A oportunidade era inadiável. Aproveitar-se-ia para lançar no seio da grande massa o vocábulo Aumbandan, que serviria de escopo para a formação de um sentimento inter-racial uno, acabando com os conflitos entre Seres Espirituais irmãos, independentemente da vestimenta cutânea que usassem. Outrossim, o Baratzil, como vimos, é a Terra predestinada a ser o celeiro espiritual do mundo, a Pátria Universal, a Pátria Una, onde todos os povos se reuniriam. Também seria o local onde a Proto-Síntese Cósmica ressurgiria, aproveitando-se da ocasião de discórdias raciais tanto no plano físico, como no plano astral inferior. Assim somos forçados, desde já, a entender que o que se pratica hoje, generalizado como Umbanda (Aumbandan — nem se cogita do termo, a não ser raríssimos Filhos de Fé Iniciados), seria melhor denominado Movimento Umbandista, *o qual visa fazer ressurgir ou restaurar o Aumbandan*. Mas, para que isso seja conseguido, tem e terá de fazer a união racial em nossa terra, a qual é predestinada a ser o CORAÇÃO ESPIRITUAL DO MUNDO.

Estamos muito longe do Aumbandan revelado aos Seres terrenos pelos Condutores da pura Raça Vermelha, a qual ainda hoje, no astral, detém esse direito que através do Movimento Umbandista é exercido de fato, em participação com Seres Espirituais que se radicaram nas Raças Negra, Amarela e Branca. *É a Corrente Astral de Umbanda uma confraria que reúne os ancestrais do planeta Terra, Seres Espirituais que, em primitivas eras, foram os grandes Condutores das raças que por aqui passaram, em especial da Raça Vermelha e dos troncos raciais dela originados.* Tal é o estágio evolutivo em que se encontram, que hoje muitos desses Seres Espirituais formam uma Corrente diretamente ligada às Correntes de Oxalá, o Cristo Jesus, constituindo o Governo Oculto do Planeta Terra. Ela própria, a Umbanda, encerra a Verdade Universal sintetizada na Proto-Síntese Cósmica. Muitos de seus mais altos expoentes e militantes são ligados à Corrente das Santas Almas, a qual é de ação e execução das Leis Divinas no planeta Terra. A própria palavra Umbanda, como ficou conhecido o Aumbandan, pode ser traduzida como CONJUNTO DAS LEIS DE DEUS. Portanto, em sentido oculto, a Umbanda não é apenas um sistema religioso, mas sim a própria Lei Divina, origem de todos os sistemas religiosos, filosóficos, científicos e artísticos de todos os tempos, motivo pelo qual, como já dissemos e repetimos, é a Proto-Síntese Cósmica, que encerra em si a Proto-Síntese Relígio-Científica.

Reavivando a memória dos Filhos de Fé e dos leitores amigos, resumamos: Em primitivas eras, os conhecimentos e concepções que direcionavam a vida e a evolução da humanidade eram plenamente integrados entre si e consoantes à Lei Divina, constituindo a dita Proto-Síntese Relígio-Científica. No entanto, através dos tempos, esses conceitos foram fragmentados, deturpados e perdidos, permanecendo vivos apenas no seio das Confrarias Espirituais do mundo astral, ou seja, no seio da própria Corrente Astral de Umbanda e também em raríssimos Templos ou Ordens. Eis o porquê de dizermos que essa Corrente é a Guardiã dos Mistérios que encerram a VERDADE UNIVERSAL. Como dissemos, a Corrente Astral de Umbanda constitui o Governo Oculto do planeta Terra. Dessa forma, ela achou por bem lançar mão de um Movimento que viesse restaurar gradativamente esses conceitos, fazendo a humanidade retomar um caminho evolutivo o mais reto e seguro possível. Assim, tivemos o ressurgimento do vocábulo AUMBANDAN, adaptado como UMBANDA e o surgimento do Movimento Umbandista, ocorrendo o mesmo no Brasil.

O surgimento da Umbanda ou Movimento Umbandista em terras brasileiras certamente não se deve ao acaso. Vimos que o Brasil é o berço da primitiva Síntese. Logo, nada mais natural que seu ressurgimento ocorra no local de sua origem, principalmente porque aqui se encontram plasmadas as condições astrais mais propícias para tal. Assim, as Entidades integrantes da Corrente Astral de Umbanda foram, aqui e ali, através de seus veículos mediúnicos (médiuns), lançando as bases do Movimento Umbandista, *que numa primeira fase visa abarcar o maior número de pessoas no menor espaço de tempo possível.* Devido ao rápido crescimento do Movimento, o que realmente era esperado, o mesmo se deu de forma aparentemente desordenada, originando certas confusões que devem ser consideradas até certo ponto naturais e mesmo necessárias, devido à necessidade de adaptação aos diferentes graus de entendimento que o Movimento Umbandista pretende abarcar. Outros fatores também colaboram para que ocorra essa desorganização, sendo alguns deles bastante perniciosos, originários da atuação das correntes do baixo mundo astral que, como vimos, pretende criar uma forte oposição ao ressurgimento da Umbanda.

Após essas ligeiras elucidações, queremos citar como na realidade humana aconteceu o Movimento Umbandista, já que de ordem astral já explicamos. Aqui nas terras brasileiras, tínhamos já observado a miscigenação de cultos que atendiam aos anseios raciais afins. Já vimos como e por que tivemos a união de cultos e ritos e, nessa mistura, embora aparentemente deturpada, estávamos nos aproximando do surgimento do Movimento Umbandista. A par da miscigenação entre vermelhos e negros, ou melhor, de seus resquícios religiosos e místicos, tivemos a influência do branco através do catolicismo e logo a seguir do kardecismo.

Note, Filho de Fé e leitor estudioso, que a miscigenação de cultos propiciou uma miscigenação cultural e até racial, também prenunciando a RAÇA UNIVERSAL FUTURA. Essa é uma das funções primeiras da Corrente Astral de Umbanda, através de seu Movimento atual, o qual abarca a todos independentemente da cor, credo ou raça. Com as raças já delineadas, dentro do Movimento Umbandista, não podemos nos esquecer de nossos Filhos de Fé ligados aos cultos de nação africana, vulgarmente chamados de candomblecistas, ou seja, adeptos dos Candomblés. Todos esses Filhos de Fé são merecedores de nossas mais altas expressões de carinho e respeito, mas devem procurar suas verdadeiras raízes, pois tanto falam em manter a Tradição e a cultura negra, que se fizerem uma pesquisa aberta e honesta, com toda isenção de ânimo, verão que de há muito seus fundamentos já estão deturpados, sendo que os mesmos, em sua total pureza, já eram do conhecimento de caldeus, egípcios e hindus, esses principalmente no que se refere ao mito e fetichismo que ficou arraigado nesses Filhos de Fé ligados aos cultos de nação africana. Isso para não irmos mais longe, pois em verdade beberam um dia as Verdades Universais reveladas pela Raça Vermelha, para depois, assim como outras raças, deturparem completamente os fundamentos verdadeiros da Proto-Síntese Relígio-Científica.

Assim, precisamos muito lentamente orientar esses Filhos para alcançarem novos patamares da evolução e afastá-los do atavismo espirítico que os persegue há milênios.

No capítulo Umbanda e suas ramificações atuais mostraremos como podem esses Filhos de Fé — que mais uma vez afirmamos não estamos criticando, e sim buscando ajudá-los —, erguerem-se cada vez mais. Faremos no capítulo dito acima um completo apanhado de um culto que se adapta muito positivamente aos filhos ligados aos cultos de nação africana em suas várias nações. Assim, o Movimento Umbandista da atualidade se preocupa com todos os filhos terrenos e, muito especialmente, com os Filhos de Fé ditos como adeptos dos cultos afro-brasileiros. Em uma fase futura do Movimento Umbandista, buscaremos novos objetivos que, não obstante, hoje já são supervisionados por Seres da Corrente Astral de Umbanda.

Dando seqüência a nossa conversa, falaremos como realmente surgiu o Movimento Umbandista. Por ordens das Cortes de Jesus, por meio de Seus Prepostos, o mediunismo já invadira os cultos deturpados e miscigenados entre os indígenas e escravos africanos, quando por volta de 1889, aproveitando-se de uma forma de governo mais justa que iniciava sua peregrinação no Brasil, o vocábulo Umbanda foi lançado em vários pontos do país. Foram pontos luminosos que, nas sombras em que estavam, logo chamaram a atenção e sem perda de tempo iniciaram a árdua tarefa.

A princípio, usamos médiuns que foram nossos discípulos em longínquos tempos, ainda aqui no Brasil, fato que hoje, embora raríssimo, ainda ocorre. Assim, iniciamos com o poderoso vocábulo Umbanda, que hoje serve de Movimento abarcador a milhares de Consciências. Amanhã o Movimento Umbandista há de restaurar o Aumbandan — a Proto-Síntese Cósmica, que sem dúvida trará à toda humanidade terrena a Evolução Cósmica semelhante a outras casas planetárias felizes e luminosas.

Continuando nossa conversa, dizíamos que vários pontas-de-lança do astral e mesmo encarnados lançaram o vocábulo Umbanda por volta de 1889 e vale ressaltar que esse vocábulo foi lançado, em geral, em locais pouco freqüentados. Quando não, diziam as Entidades atuantes que Umbanda era um Movimento novo que iria se espalhar por todo o Brasil, trazendo esperança, secando lágrimas, espargindo compreensão e amor, acendendo a Fé, centelha divina que de há muito se apagara em muitas infelizes criaturas humanas. Aí iniciou-se o Movimento silencioso mas contínuo da Luz contra as Sombras, dos magos da face branca contra os magos da face negra. O Mal já tinha encontrado o Bem, e com o mesmo disputava a supremacia das Almas. Ontem como hoje vem perdendo terreno; a Luz chegando, obviamente, dissipa as Sombras e as Trevas.

Foi assim que, desde 1889, Falanges e mais Falanges de integrantes da Corrente Astral de Umbanda começaram a tarefa saneadora. Como veremos no próximo capítulo, quando citarmos as 7 VIBRAÇÕES ou LINHAS DE FORÇAS ESPIRITUAIS que compõem a Umbanda, valorosos e indômitos *guerreiros cósmicos* em favor da Paz já haviam soado seus clarins, anunciando a todos sua chegada, bem como convidando a todos para a grande tarefa regeneradora que se faria no planeta Terra, iniciando-se pelo miniuniverso, o Baratzil. Estamos falando da 1ª Vibração Espiritual a descer do Astral em seus cavalos (médiuns), a Vibração de OGUM, que trazia em seu termo de identificação, que é *vibrado* e *sagrado*, no sufixo, o fonema UM, de Umbanda. Assim as Vibrações harmoniosas de Ogum e sua corrente contagiosa de fé, pelos novos conceitos vieram derramar-se sobre toda a coletividade afim dos cultos ditos e havidos como afro-brasileiros. Citando-se Ogum, não poderíamos deixar de citar um grande enviado de Ogum, a Entidade Caboclo Curuguçu, que preparou vários e vários anos o advento primeiro do Caboclo 7 Encruzilhadas, também da Vibratória de Ogum, que atuaria nas grandes massas populares visando tornar popular o termo Umbanda e o culto apregoado por esse portentoso enviado de Ogum. Também o Caboclo 7 Encruzilhadas veio trazer aos humildes do corpo e da alma um ritual de fácil assimilação, que de alguma forma os fizesse ascender aos degraus evolutivos. Muito lutou com seu cavalo exemplar, o filho Zélio Fernandino de Morais, para implantar já naquela época, 1908, a Umbanda sem as deturpações dos Filhos de Fé arraigados a níveis vibratórios inferiores que estavam ligados ao hábito infeliz do sacrifício de animais de duas ou quatro patas, para homenagear ou mesmo ritualisticamente saudar seus Orishas. O Caboclo 7 Encruzilhadas lançou a semente, ajudado por Orisha-Malé, outro portentoso emissário da Luz para as sombras da Faixa Vibratória de Ogum, já no plano mais terra-a-terra. Não poderíamos esquecer do poderosíssimo e sumamente sábio, mas não menos humilde, Pai Antônio. Não queremos citar outros nomes, pois não seria justo esquecermos uma plêiade de colaboradores, tanto de nosso lado como do lado dos Filhos de Fé encarnados. Nosso sincero e profundo respeito ao Caboclo Curuguçu e sua portentosa Corrente Cósmica. Nosso saravá à falange do Caboclo 7 Encruzilhadas, que preparou por cima vários médiuns que seriam vanguardeiros das Verdades Imutáveis que seriam trazidas como chaves de doutrina e manancial filosófico, científico, religioso e artístico, onde a Umbanda, em sua parte Iniciática, beberia de seus Fundamentos, transmitindo-os futuramente a outros. Dizemos assim que Caboclo 7 Encruzilhadas preparou por cima, no astral, o advento do Pai Guiné, sapientíssimo e poderoso *mago da luz*, que junto com seu aparelho mediúnico, o filho W. W. da Matta e Silva, remodelaram os conceitos sobre o Movimento Umbandista, bem como lançaram sementes riquíssimas em sua essência, a qual visa ao ressurgimento do Aumbandan — a Proto-Síntese Relígio-Científica. Nas obras escritas pelo Pai Guiné, encontraremos não somente o lado popular da Umbanda; nelas, encontraremos também o lado esotérico, iniciático, selecionado, que sem dúvida há de preparar sacerdotes conscientes, bem como dirigentes de verdadeiras Casas de Umbanda. Muitos Filhos de Fé perguntarão: Há alguém que ainda siga os ensinamentos do Caboclo 7 Encruzilhadas?

Responderemos que, na sua pureza, não. Isso porque *nada* na Umbanda, ou melhor, no Movimento Umbandista, é definitivo. Sempre há novos véus a serem desvelados. Assim, diremos que, se o Caboclo 7 Encruzilhadas baixasse hoje em algum médium, daria como Fundamentos os mesmos dados pelo Pai Guiné e só.

Ao término de nossa conversa com você, Filho de Fé e leitor amigo, queremos que fique registrado em sua Alma nossa vibração de PAZ e AMIZADE ETERNA.

É, Filho de Fé e leitor amigo, a amizade é uma bênção que Caboclo gosta sempre de cultivar e somente pela amizade sincera, Filho de Fé, você terá para sempre seu mentor espiritual. Mediunidade talvez seja aquilo que costumamos falar com nosso cavalo: DIMENSÃO-AMIZADE!

Bem, ao fecharmos este capítulo, que esperamos ter sido entendido pelos leitores, Filhos de Fé ou não, abramos o próximo capítulo, que sem dúvida nos fará sentir mais de perto o âmago da Corrente Astral de Umbanda. Vamos a ele...

Capítulo XI

*Umbanda e suas 7 Linhas ou Vibrações Originais —
Conceito sobre Orisha — Horário Vibratório dos Orishas:
Conceito — Atividade Kármica — Atuação Mediúnica —
Banhos de Ervas — Defumações — Lei de Pemba*

Após o surgimento do Movimento Umbandista em quase todo o território brasileiro, surgiu, através de seus Emissários, representados inicialmente pelas Entidades da faixa vibratória espiritual que denominamos Ogum, o conceito de Linha Espiritual, o qual começou a tomar corpo e fazer parte do conhecimento, na época, dos praticantes do Movimento Umbandista. Após o início do Movimento, quando se apresentaram as Entidades da faixa vibratória de Ogum, vieram os Oxossi, os Xangô, os Yorimá, os Yori, os Yemanjá. Isso aconteceu de forma muito oportuna, lançados que foram através de mediunidade de uns e outros reais e verdadeiros veículos da Corrente Astral de Umbanda. No início do surgimento do Movimento Umbandista, foi primordial e prioritário firmar e plantar o nome vibrado-sagrado Aumbandan, que foi adaptado para o vocábulo Umbanda. Assim, esse multimilenar vocábulo, através de sua sonância envolvida em irresistível magia atrativa, atraiu vários Seres Espirituais. No início, os aflitos e desesperados de todos os matizes; a seguir, a classe menos favorecida, a que foi e continua sendo o maior contingente de adeptos do Movimento Umbandista. Mais tarde, todas as classes sociais sentiram-se atraídas, aparentemente pela curiosidade, na ânsia de saber o que realmente era esse Movimento Umbandista, que todos chamam de Umbanda. A princípio iam disfarçadamente como curiosos e depois foram em busca de soluções para seus problemas de várias ordens, quais sejam os sentimentais ou afetivos, de saúde e até de situação socioeconômica, além de perturbações várias, que logo dizem ser *mediunidade*, e que precisam *trabalhar*, senão nunca melhorarão e seus caminhos continuarão fechados. Alguns até chegam aos terreiros dizendo-se vítimas de inveja, ciúmes, quebrantos, quando não de "trabalhos feitos", magia-negra, etc.

Bem, só os bastidores de terreiro, após vários anos, darão ao Filho de Fé noções gerais sobre os consulentes, suas necessidades e carências.

Assim, vemos que a maior parte das humanas criaturas que procuram os milhares de terreiros fazem-no em busca de soluções imediatistas e que atendam seus desejos, não importando a qualidade deles e nem mesmo se são ou não justos ou se são ou não prejudiciais a algum semelhante.

Como vêem, devemos entender que o terreiro é um AMBULATÓRIO DA ALMA e a maior parte dos consulentes são *doentes da fé,* sendo alguns aqueles que nunca a tiveram. Procuramos sintetizar aqui, em poucas linhas, como é a média do entendimento consciencial encontrado nos terreiros da atualidade. É óbvio que há os mais evoluídos em vários graus, como há os menos evoluídos, isso do ponto de vista humano. Salvo raríssimas exceções, todos, segundo a Lei de Afinidades, se encontram nos lugares que lhes dizem respeito e lá ficam até quando perdem a sintonia moral-vibratória. Isso não acontece só nos terreiros menos evoluídos, pois temos observado esse fato até nos mais evoluídos, em virtude de aqueles que saem não conseguirem acompanhar o tônus-evolução, que para eles já não significa absolutamente mais nada. Alcançaram determinados níveis vibratórios máximos para a atual encarnação, não sendo de direito que deixemos estourar o campo mental, emocional e moral de certos Filhos de Fé arraigados aos seus próprios interesses, aos quais falta uma maior compreensão do mundo, do karma e do destino individual de cada Ser. É comum esses Filhos de Fé, por suas condições de imaturidade, saírem do terreiro completamente chocados e criticando o mesmo e aqueles que ficaram.

Enfim, dizemos:

— A cada um segundo suas obras. Aguardemos, eles são muito jovens, amadurecerão e assim entenderão. Até lá...

O Filho de Fé deve estar percebendo que, antes de adentrarmos nas 7 Linhas da Umbanda, fizemos um apanhado geral sobre a coletividade que acorre aos terreiros, pois além de atendê-la, é nela que surgem os *verdadeiros médiuns* de nossa Corrente, os quais também serão preparados para serem instrutores, através de suas Entidades Espirituais, nos ambulatórios da alma. Sendo muito heterogênea a coletividade dita umbandista, já deve estar imaginando o Filho de Fé e o amigo leitor o porquê de, invariavelmente, um terreiro não ser igual ao outro. Ora, nesta primeira fase pretendemos, *num menor espaço de tempo, chamar o maior número de pessoas possível*. Assim foi feito e assim ainda estamos fazendo. Claro está que não poderíamos centralizar, monopolizar ou impor um tipo de ritual ou um padrão doutrinário a todos, algo que, além de ser impossível, é totalmente absurdo, ilógico e desumano, sendo que quem assim pensa não está imbuído do sentido de coletividade e muito menos da caridade e fraternidade.

Com essas citações, entende-se como deve ser difícil escrever sobre as 7 Linhas ou 7 Vibrações Originais, pois elas são encaradas pelos Filhos de Fé segundo o alcance de cada um. É como se os Filhos de Fé "construíssem-nas" de acordo com o grau de entendimento e alcance moral, intelectual e principalmente espiritual que lhes é próprio. No entanto, escreveremos sobre as 7 Vibrações Originais de acordo com o conceito aceito e ensinado pelas Escolas Iniciáticas do astral superior. Nesta hora, poderá perguntar o Filho de Fé e o leitor amigo: —Se as 7 Vibrações existem em seu conceito puro e verdadeiro, por que não ensiná-las e por que todos os Mentores da Umbanda não ensinam as mesmas 7 Linhas a seus Filhos de Fé em todos os terreiros?

A pergunta não é perfunctória, é profunda e requer uma resposta bem explícita. Dissemos que o *grau de heterogeneidade mental é máximo* na "corrente humana" do Movimento Umbandista da atualidade, o que de forma alguma seria verdadeiro no que se refere à Corrente Astral de Umbanda. O grau de variedade de entendimento das humanas criaturas fez e faz com que as várias Entidades Espirituais militantes na Corrente Astral de Umbanda adaptem conceitos segundo o alcance de seus Filhos de Fé e sempre que podem lançam um conceito superior ao dado anteriormente, mas tudo de forma bem sutil e numa profunda e criteriosa ação psicológica. Isso acontece quando encontramos dentro do próprio terreiro um ou outro que seja cavalo de fato e de direito, muito sutilmente vamos lançando, *segundo o alcance da coletividade-terreiro*, os conceitos mais próximos do *real*. Nem sempre a tarefa é fácil, pois além das humanas criaturas com seus arraigamentos espiríticos vários, temos também suas contrapartes de ordem astral, do astral inferior, as quais, por afinidade vibratória e mesmo moral, se ligam a esses locais e praticamente dão as ordens a todos e em tudo o que lá se faz. Aí sim, nesses locais, cometem-se verdadeiras barbaridades, frutos dos mais vis e baixos sentimentos, os quais passam longe da verdadeira caridade. Aí, o que manda é a luxúria, a discórdia, o ódio, a vingança, a violência, a marginalidade. Dão-nos esses locais muito trabalho, através de nossos Prepostos da Luz para as Sombras e na maior parte das vezes deixamo-los à própria sorte, já que assim o quiseram e, mesmo assim, somente depois de muitas tentativas de melhorá-los. Não é da Lei que se agrida ninguém e muito menos graus de entendimento daqueles que deliberadamente se comprazem em viver no "lodo astral". Amanhã, cansados e doentes, pois viveram no lodo astral, conseqüentemente se contaminando, procurarão um verdadeiro terreiro e encontrarão médiuns bons, limpos, decentes e verdadeiros, que os orientarão e debelarão suas chagas e doenças. Quem sabe poderão eles, ainda nesta vida, ingressar nas fileiras dos abnegados ao próximo, através da Sagrada Corrente Astral de Umbanda. Após essa ligeira conversa com o Filho de Fé, voltemos às 7 Linhas. Como dissemos, descreveremos primeiro aquelas que são aceitas e ensinadas nas *Escolas Iniciáticas do Astral* e a alguns Filhos de Fé, hoje já milhares, em agrupamentos ou templos bem orientados por seus dirigentes materiais.

Partindo do **setenário**, condensamos ou centralizamos em 1ª ordem no **ternário**, para *a posteriori* centralizarmos em 2ª ordem no **unitário** ou **unidade**; essa explicação torna bem clara a definição hierática dada sobre a Umbanda.

Ensinamos aos nossos Filhos de Fé que o vocábulo Aumbandan, autologicamente, faz surgir as 7 Vibrações Originais ou as 7 Linhas. Assim, a Umbanda reconhece 7 Potências Cósmicas. Vejamos pois como surgiram ou como realmente são as 7 Vibrações Originais. Partamos do vocábulo Aumbandan.

Antes, porém, teremos que mostrar os sinais ou letras do alfabeto adâmico ou devanagárico, que em verdade é originário do Alfabeto Sagrado da Raça Vermelha (da língua Abanheenga).

No início dos processos gráficos da língua Abanheenga, foram os mesmos formados por 5 sinais geométricos básicos:

• — ∧ □ ○

Assim, temos o PONTO, que é a unidade em geometria, sendo associado ao *número* 1.

A LINHA, para ser delimitada, necessita de 2 pontos; assim, à linha foi associado o *número* 2.

O ÂNGULO surgiu da mesma forma: 3 pontos não co-lineares, isto é, que não estão na mesma linha, relacionando-se com o *número* 3. O QUADRADO também surgiu pela união de 2 ângulos ou 4 pontos, 2 a 2 não co-lineares, isto é, 2 linhas não coincidentes mas paralelas, relacionando-se com o *número* 4.

Neste instante, observamos que os 4 sinais estavam e estão intimamente ligados ao sistema numeral e à geometria, importantíssimos fatores necessários para entendermos melhor os vocábulos litúrgicos ou sagrados das 7 Linhas ou 7 Vibrações Originais. Está faltando o 5º sinal-letra. Vejamos como surgiu:

Os valores numéricos dos 4 primeiros sinais são os que se correspondem com os 4 pilares do conhecimento humano, com os 4 elementos radicais da Natureza, com os 4 sinais sagrados que milhares de anos depois deram origem ao Tetragrama Sagrado de Moisés — EVE-I. Então, somam-se os quatro numerais, formando uma síntese de: 1 + 2 + 3 + 4 = 10. Como resultado, obteve-se o máximo da década, o próprio número 10. Qual seria a figura geométrica que traduziria a Síntese dos 4? Outra não é senão o CÍRCULO, o qual encerra o TODO, infinitos pontos. Bem, vejamos, de forma resumida, o que expusemos:

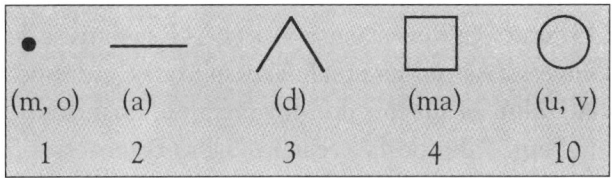

•	—	∧	□	○
(m, o)	(a)	(d)	(ma)	(u, v)
1	2	3	4	10

Fazemos a ligação do sinal geométrico com seu valor numérico e seu som. Temos pois a forma, o som e o número, trilogia básica para a formação de termos litúrgicos sagrados, *autológicos*, ou seja, que *surgem naturalmente*.

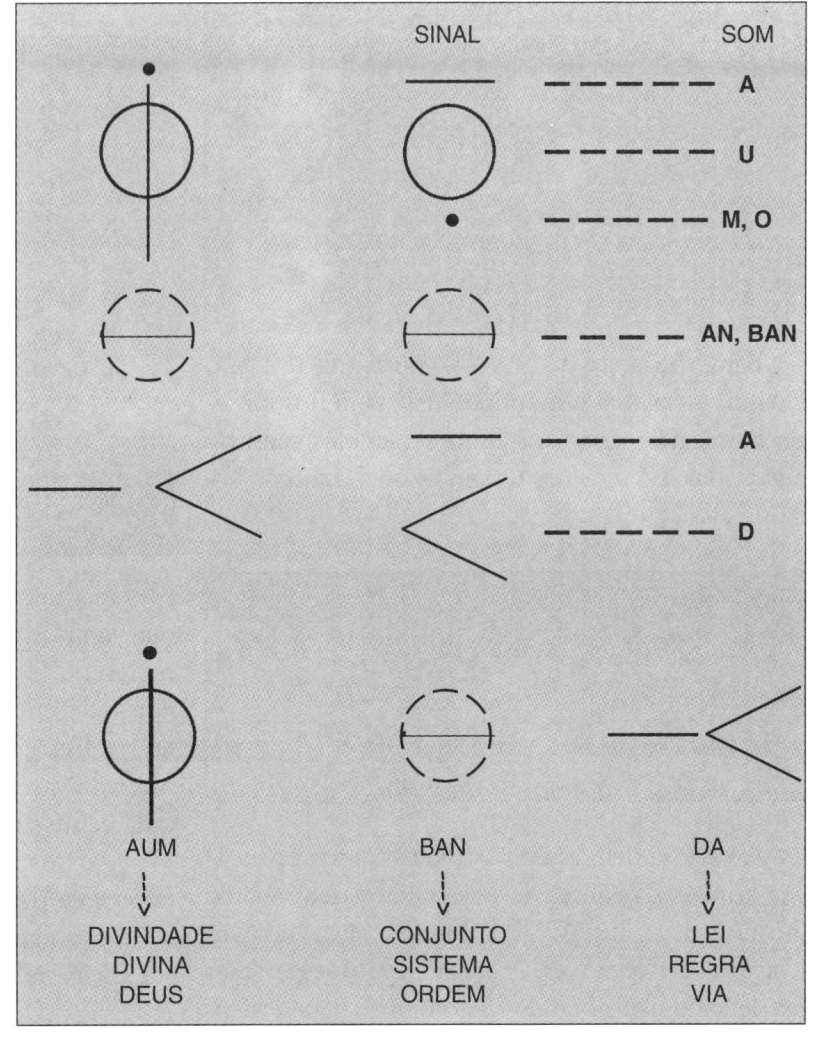

	SINAL		SOM
	—		A
	○ (com linha vertical)		U
	•		M, O
	⊖ (tracejado)		AN, BAN
	—		A
	<		D
	Ø (com ponto)	⊖ (tracejado)	<
AUM	BAN	DA	
↓	↓	↓	
DIVINDADE DIVINA DEUS	CONJUNTO SISTEMA ORDEM	LEI REGRA VIA	

Estando de posse desse conhecimento, não nos fica difícil entender como do próprio vocábulo Aumbandan surgem os vocábulos que vão denominar as 7 Potências Sagradas ou Vibrações Originais. Assim, o que pretendemos é mostrar como de Aumbandan surgem: Orixalá, Ogum, Oxossi, Xangô, Yorimá, Yori e Yemanjá, que são as 7 Linhas do Aumbandan.

Assim, podemos traduzir Aumbandan como — Conjunto das Leis Divinas — as Leis Regulativas do Universo Astral, na atualidade aplicadas, em especial, sobre os adeptos do Movimento Umbandista.

Bem, Filho de Fé, vejamos agora como esses 3 conjuntos de sinais se entrosam em outros sinais condensados geometricamente, para então chegarmos nos 7 Termos Sagrados que denominam as 7 Vibrações Originais ou as 7 Linhas.

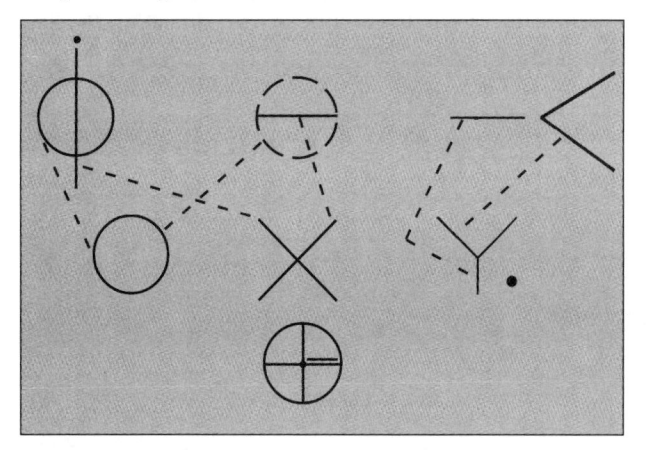

Bem, chegamos no O X Y — ou Y X O (o Verbo Divino) — o qual tem totipotência para nos fornecer autologicamente os 7 Termos Sagrados, mantrâmicos, das 7 Vibrações Originais ou 7 Linhas. Vamos a eles:

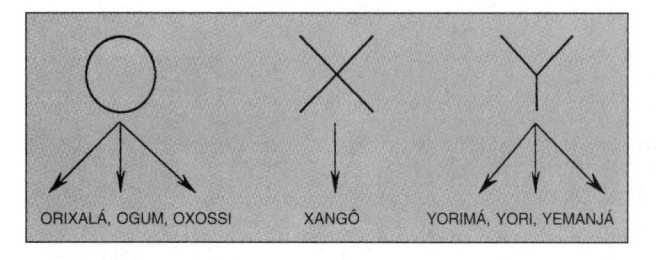

Após essa demonstração, a qual foi feita pela 1ª vez através das obras de Pai Guiné e seu veículo mediúnico, o Filho W. W. da Matta e Silva (no livro *Umbanda de Todos Nós*, 1ª edição, 1956), esperamos ter deixado claro que dos 3 conjuntos geométricos (O X Y) surgiram autologicamente os 7 Termos Litúrgicos das 7 Potências Espirituais ou das 7 Linhas. Queremos frisar que na antiga e possante civilização da Raça Vermelha, a 1ª letra era a que representava o vocábulo sagrado, era o seu princípio, o início; portanto, era a chave articuladora para o som do termo total. Por isso é que fizemos a demonstração do surgimento dos 7 Termos Sagrados através das letras iniciais.

Após essa demonstração, podemos citar as 7 Potências representativas da Sagrada Aumbandan ou Umbanda:

ORIXALÁ, OGUM, OXOSSI, XANGÔ, YORIMÁ, YORI, YEMANJÁ.

Note-se que, das 7 Vibrações Originais, as três primeiras se relacionam como a letra O, a do centro com a letra X e as 3 últimas com a letra Y. Agora, façamos mais uma centralização do vocábulo Aumbandan, Umbanda da atualidade:

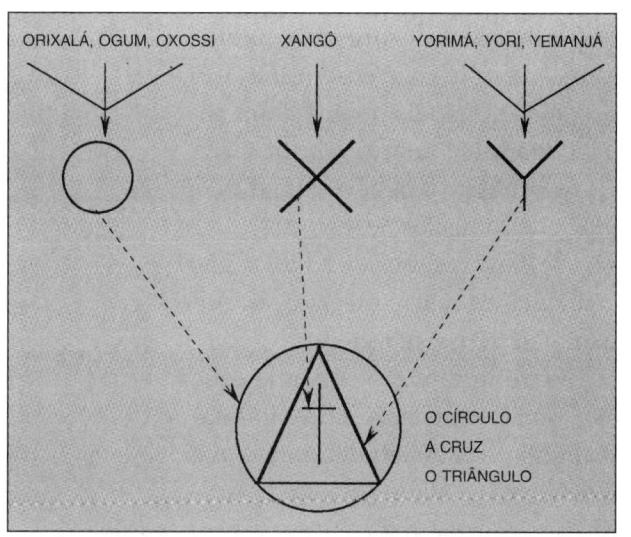

Chegamos assim ao conjunto Uno, Unitário, o qual também geometricamente e numerologicamente representa e traduz o vocábulo Aumbandan, sendo portanto seus sinais ou conjunto geométrico um valioso talismã, após ser devidamente imantado, é claro. Em outros capítulos, explicaremos pormenorizadamente sobre guias, talismãs etc.

Após essa demonstração, enunciemos a *frase mater* que define hieraticamente, hermeticamente, o Aumbandan ou Umbanda.

UMBANDA É A LEI; ESTA É O CÍRCULO OU A UNIDADE QUE ENCERRA O TRIÂNGULO,

CAPÍTULO XI

QUE EM VIBRAÇÕES DE EXPANSÃO GERA A TOTALIDADE OU O SETENÁRIO, CENTRALIZADO NO PRINCÍPIO DO CÍRCULO CRUZADO OU O X Y = O O O X Y Y Y. Expliquemos:

A Umbanda é a Lei, esta é o Círculo ou a Unidade. Dispensa explicações, pois nitidamente diz que:

A LEI é o CÍRCULO ◯

"que encerra o TRIÂNGULO" △

"que em vibrações de expansão" ✕

"gera a TOTALIDADE ou o SETENÁRIO"

◯◯◯ ✕ Y Y Y

"centralizado no PRINCÍPIO DO CÍRCULO CRUZADO" ⊕

⊕ ≡ Ⓐ → O X Y → O O O X Y Y Y

Assim, temos a expansão e a centralização, tão comuns nas Escolas Iniciáticas de Tradição do passado, onde se condensava ou se expandia um termo, uma vibração ou uma LEI REGULATIVA, como é o caso da UMBANDA. Vejamos a centralização:

Partindo do **setenário**, condensamos ou centralizamos em 1ª ordem no **ternário**, para, *a posteriori*, centralizarmos em 2ª ordem no **unitário** ou **unidade**; essa explicação torna bem clara a definição hierática sobre a Umbanda.

Para completarmos nossos estudos, lembremos ao Filho de Fé que em outro capítulo já expressamos que no início do mediunismo, já na Raça Atlante, os mensageiros do astral se manifestavam na mecânica de incorporação de 3 formas diferentes, aparentando formas distintas na apresentação. Dissemos que o 1º aspecto é o que produzia vozes infantis, devido à vibração no *chacra laríngeo*, o 2º aspecto é o que produzia no médium a posição ereta e a voz inflamante, devido à vibração no corpo astral ser nos *chacras* da região *tóraco-abdominal*, o 3º aspecto é o que, através do *chacra genésico*, fazia com que os reflexos medulares, no corpo físico denso, curvassem razoavelmente o veículo mediúnico. Após essa pequena revisão, começará o Filho a entender que as 7 Vibrações Originais ou as 7 Linhas da Umbanda se entrosam com suas Entidades em 3 formas de expressão ou apresentação, ou seja, 3 "roupagens fluídicas" diferentes:

A primeira, que vibra no chacra laríngeo produzindo vozes infantis, foi no Movimento Umbandista da atualidade associada aos Espíritos que usam a vestimenta fluídica de *crianças*.

A segunda, que vibra nos chacras da região tóraco-abdominal,* produzindo porte ereto e voz vibrante, foi associada, no Movimento Umbandista da atualidade, às Entidades que usam a roupagem fluídica de *caboclos*.

A terceira, que vibra no chacra genésico, fazendo com que o médium se curve e se expresse com voz calma, foi associada às Entidades que se utilizam da vestimenta fluídica de *pais velhos*, que mais tarde passaram a ser chamados de *pretos-velhos*; embora achemos essa denominação errada, pois muitos Seres Espirituais da Raça Vermelha, que mantêm sua matriz perispirítica como sendo da Raça Vermelha, "baixam" como *pais velhos* na vibração de Yorimá. Somente para fins de

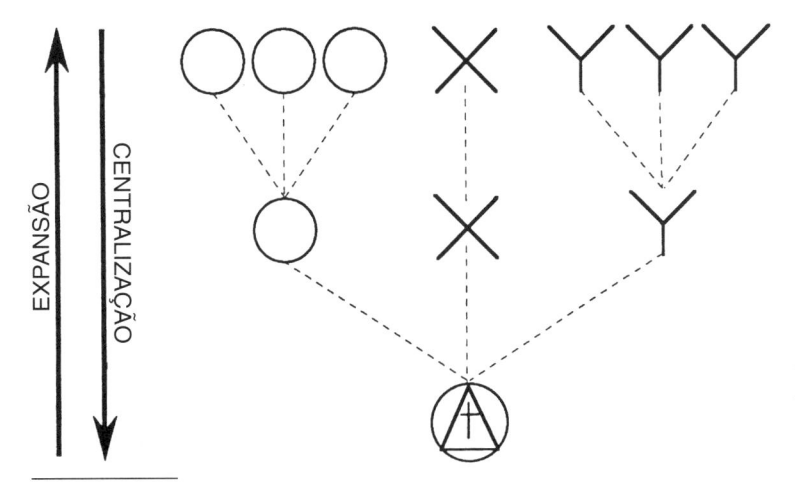

---
* Veremos, em outros capítulos, que Orixalá e Yemanjá atuam em níveis mentais ou cerebrais.

adaptação aceitaram e aceitam que lhes chamem de *pai preto*, *preto-velho*, etc.

Após expressarmos esse conceito, vamos entender que no Movimento Umbandista da atualidade, nas 7 Vibrações Originais, temos os *caboclos*, *pretos-velhos* e *crianças*, assim distribuídos:

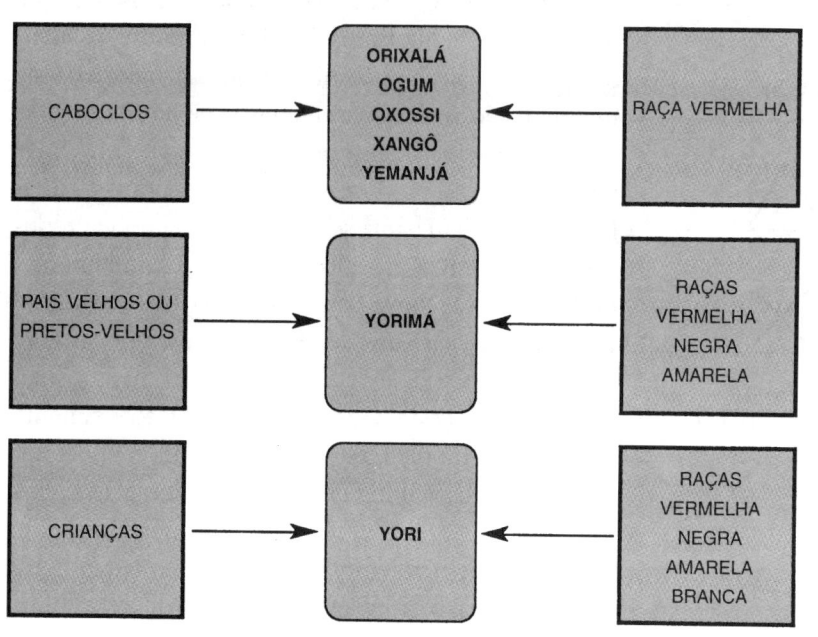

CABOCLOS	→	ORIXALÁ OGUM OXOSSI XANGÔ YEMANJÁ	←	RAÇA VERMELHA
PAIS VELHOS OU PRETOS-VELHOS	→	YORIMÁ	←	RAÇAS VERMELHA NEGRA AMARELA
CRIANÇAS	→	YORI	←	RAÇAS VERMELHA NEGRA AMARELA BRANCA

Quando citamos Raça Vermelha, devemos lembrar que essa possante raça animou vários grupos reencarnatórios, inclusive nas Raças Negra, Amarela e Branca. Assim, achamos justo dar as origens, os processos originais e não os subseqüentes. No caso dos Pais Velhos, os chamados Pretos-Velhos, as Entidades no grau de Orishas Menores são da pura Raça Vermelha (estrangeiros), os Guias são das Raças Vermelha e Negra, ou seja, que compactuaram experiências nas 2 raças (terrenas). Os Protetores são da Raça Negra, que não tiveram influências da Raça Vermelha direitamente falando. Neste mesmo plano, encontramos Entidades da Raça Amarela, também velhos Condutores ou Sacerdotes, mas que pelo seu Saber e Evolução foram chamados a trabalho no processo de restauração da Umbanda.

O importante é que, quando baixam, fazem-no de forma homogênea, como Pretos-Velhos, velando suas vestimentas iniciáticas do passado. Muitos insistem em querer ligá-los aos escravos que estiveram aqui no Brasil ou em outras plagas. Embora muitos desses Seres Espirituais tenham evoluído na escala espiritual através da renúncia e do esquecimento das atrocidades contra eles cometidas pelos brancos colonizadores, a maioria deles assim não fez e até hoje engrossam as colunas do submundo astral, onde ainda guardam em si o sentimento de ódio e vingança racial. Esses Seres, os antigos escravos são na verdade utilizados pelos verdadeiros Magos-Negros, que sabem evocá-los e aproveitar os sentimentos de vingança e ódio que os deixam cegos, usando-os para as mais baixas tarefas, todas é claro no prejuízo moral, físico e espiritual daqueles que eles desejam atingir.

Muitos desses ditos escravos, a par de tudo isso, se redimiram, se regeneraram e atuam na causa das falanges dos Pretos-Velhos como intermediários entre os Guardiães da Luz para as sombras e das sombras para as trevas. São, quando nessa função, extremamente eficientes, formando verdadeiras *blitzen* contra o submundo astral encarnado e desencarnado. Além disso, muito ajudam o EXU GUARDIÃO a desempenhar suas funções, mesmo a de manter higienizado o campo astral do médium realmente atuante e que cumpre funções sérias dentro do Movimento Umbandista.

Entre vários, um deles, que comanda verdadeiro exército, é o que é conhecido como BEIÇOLA.

Esperamos ter deixado claro o porquê do TRIÂNGULO DAS FORMAS DE APRESENTAÇÃO em sua parte oculta, sendo que a externa visa atrair Seres da Raça Negra, através dos Pretos-Velhos, bem como através dos Índios ou Caboclos, aqueles que por motivos vários estão ligados a eles e seus movimentos espirituais desde há milênios. As Crianças atraem para o sistema vibratório da Umbanda os Seres ligados aos dois sistemas antes citados e mais os da Raça Amarela e da Raça Branca, isso de maneira bem geral. Há casos particularíssimos que, por fugir de nossos propósitos, não citaremos.

Assim, Filho de Fé, o Triângulo das Formas de Apresentação é que representa o Caboclo, o Preto-

CAPÍTULO XI

CABOCLO — REFLETE A SIMPLICIDADE E A FORTALEZA MORAL
PRETO-VELHO — REFLETE A HUMILDADE E A SABEDORIA
CRIANÇA — REFLETE A PUREZA E ALEGRIA DO AMOR

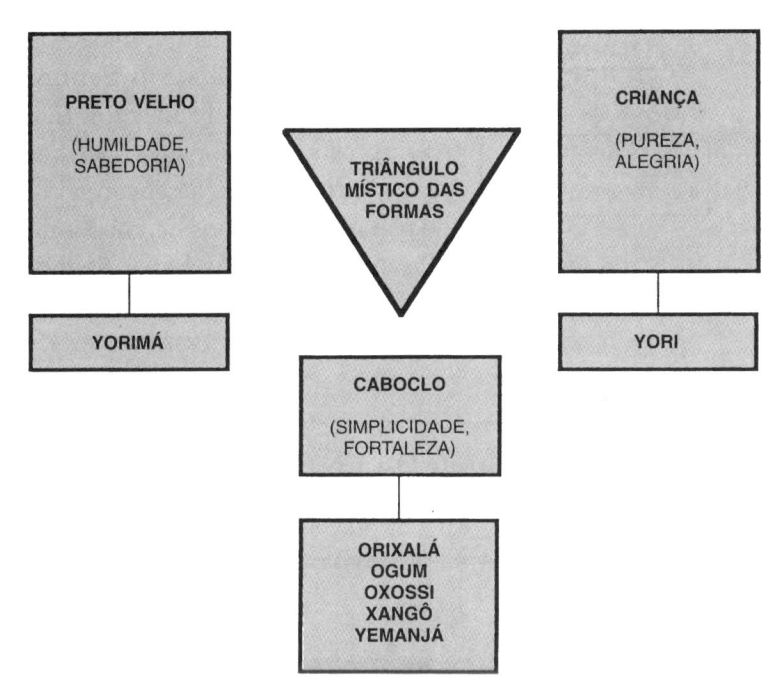

```
   PRETO VELHO                              CRIANÇA
   (HUMILDADE,      TRIÂNGULO              (PUREZA,
   SABEDORIA)       MÍSTICO DAS            ALEGRIA)
                    FORMAS

     YORIMÁ                                   YORI

                      CABOCLO
                    (SIMPLICIDADE,
                     FORTALEZA)

                      ORIXALÁ
                       OGUM
                      OXOSSI
                       XANGÔ
                      YEMANJÁ
```

Velho e a Criança, que se entrosam, como vimos, nas 7 Vibrações Originais ou 7 Linhas. Não podemos nos esquecer da mensagem moral dessa forma de apresentação.

Após o Triângulo das Formas de Apresentação dos Espíritos militantes na Sagrada Corrente Astral de Umbanda, necessário se faz que definamos o que a Corrente Astral de Umbanda entende por *vibração original*.

VIBRAÇÃO ORIGINAL: São as faixas vibratórias espirituais em que se agrupam, por Afinidades Virginais, diversos Seres Espirituais. É também a Potência Espiritual que é cabeça de toda uma faixa vibratória espiritual, promovendo legiões, falanges, subfalanges, formando as *linhas*.

Então, LINHAS são Espíritos, carnados ou desencarnados, que compõem as legiões, falanges, subfalanges e grupamentos que se movimentam sob beneplácito, proteção e ordenação das vibrações espirituais dos ORISHAS, dentro de sua faixa espiritual afim.

Pela primeira vez em nossas conversas com o Filho de Fé e leitor amigo citamos o vocábulo Orisha como sendo SENHOR ou CABEÇA de uma Vibração Original. Já tínhamos citado o vocábulo Arasha, o original de Orisha, como também citaremos **ORISHI**, que também é anterior a Orisha, mas todos significando Senhores da Luz ou Cabeças da Luz, o que é a mesma coisa. Não nos importam as alterações semânticas, que ocorrem devido à diferença de povo para povo, desde que não tenham sido alterados seus valores científicos, filosóficos, metafísicos, mágicos, etc.

Após termos explicado o que são as 7 Vibrações Originais (por serem as primeiras, de pura energia espiritual, pois há outras), passaremos a estudá-las e entendê-las tanto em seu aspecto hermético como em seu aspecto popular.

Iniciemos lembrando que a Proto-Síntese Cósmica era a expressão do Aumbandan, que por sua vez, nos aspectos do Universo Astral, compreendia também a Proto-Síntese Relígio-Científica — o Conhecimento Uno. Essa Proto-Síntese Relígio-Científica podia ser representada pela *pirâmide*, sendo que cada uma de suas faces estava relacionada com uma Vibração Original, a saber: Norte — Yorimá; Sul — Xangô; Oeste — Ogum; Leste — Oxossi. O vértice da pirâmide relacionava-se com Yori. Importante lembrarmos que cada ponto cardeal também estava associado a um elemento vibrátil energético da Natureza, quais sejam o Fogo, a Água, o Ar e a Terra. Esses são as LINHAS DE FORÇA,* que são as expressões concretas das vibrações espirituais dos Orishas que, ao imprimirem suas vibrações no Universo Astral, fizeram-no na energia, a qual foi adaptada a um ciclo e um ritmo que se concretiza na Linha de Força ou Linhas de Força daquele Orisha. Então, os ciclos e ritmos vibratórios próprios da concretização do Orisha no mundo das energias é que fazem surgir as Linhas de Força.

Assim, façamos um esquema que resuma nossa asserção:

---

*Obs.: Forças sutis.

AS 7 VIBRAÇÕES ORIGINAIS

ORIXALÁ → O PRINCÍPIO ESPIRITUAL / A ESSÊNCIA ESPIRITUAL / O COSMO ESPIRITUAL

TERNÁRIO SAGRADO

YEMANJÁ → O PRINCÍPIO NATURAL / A ENERGIA / O UNIVERSO ASTRAL

YORI → O MANIFESTO (O ESPÍRITO NA FORMA)

(TERRA)
YORIMÁ
N

OGUM O — L **OXOSSI**
(ÁGUA)   (AR)
S
XANGÔ
(FOGO)

Já dissemos que os 7 Orishas Maiores ou as 7 Vibrações Originais são coordenados e comandados por um Ser Espiritual, o qual denominamos *Orisha Maior*. Também já vimos que o Orisha é o Senhor Vibratório de uma Faixa Espiritual sob a qual se posicionam vários Seres Espirituais, tanto desencarnados, no plano astral, como encarnados no plano físico. É também o Orisha Maior Senhor de um ou vários elementos cósmicos, os quais se afinizam com os movimentos vibratórios desses

DIAGRAMA DA ENTRADA E SAÍDA DA FORÇA SUTIL

ENTRADA — N e S
SAÍDA   — L e O

As posições vibratórias, dentro do eletromagnetismo das Correntes ou Linhas de Força manipuladas pelos Orishas, são relacionadas com os pontos cardeais da maneira mostrada no esquema ao lado.

Com esse despretensioso esquema, demonstramos as Linhas de Força* (forças sutis da Natureza, veiculadoras de impressões energéticas e componentes desde o Micro até o Macrocosmo), que podem ser movimentadas pelos Senhores dos Elementos, os 7 Orishas Maiores, ou as 7 Vibrações Originais. Expliquemos agora, mais detalhadamente, aquilo que fizemos só de forma esquemática.

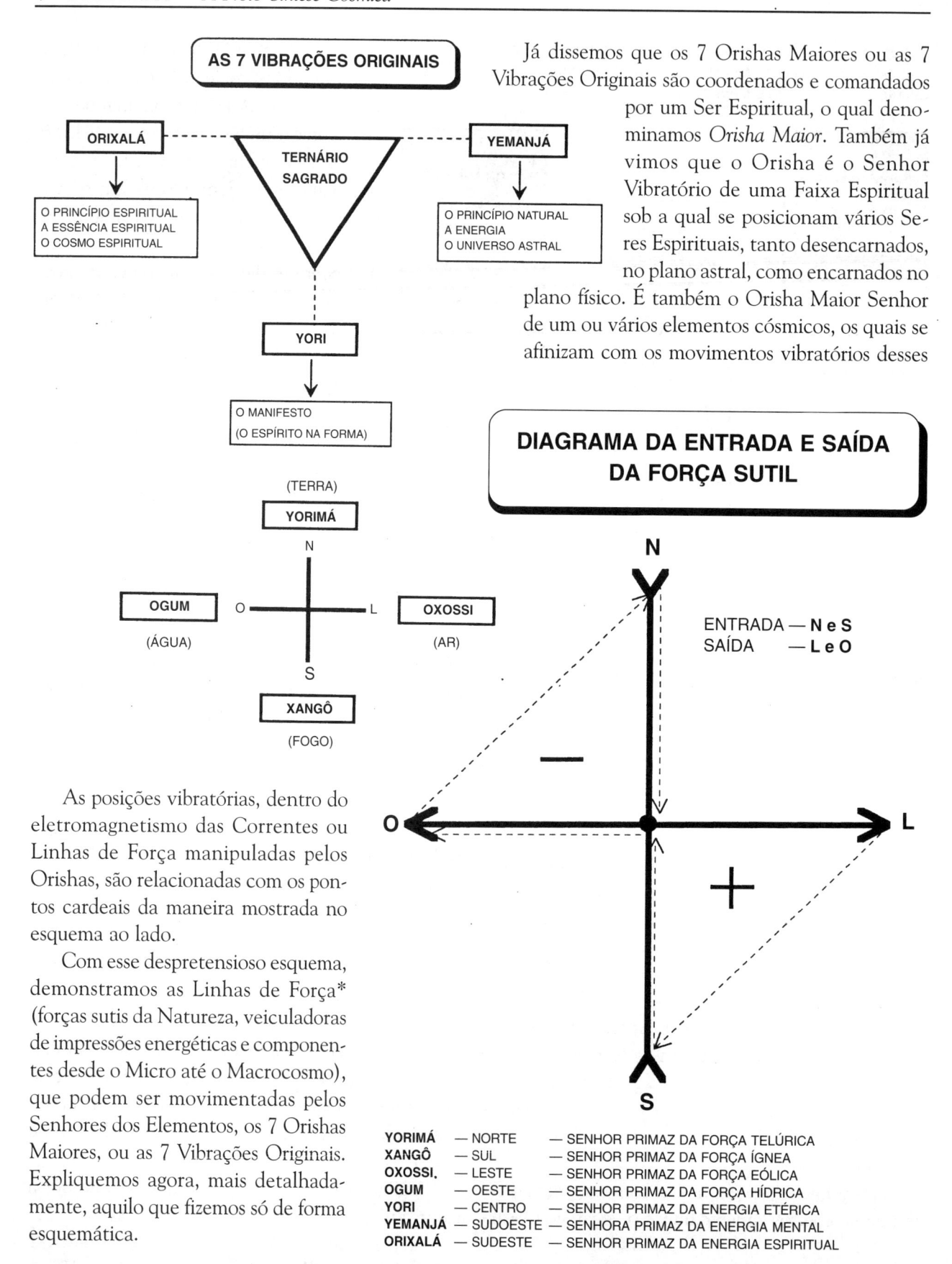

YORIMÁ	— NORTE	— SENHOR PRIMAZ DA FORÇA TELÚRICA
XANGÔ	— SUL	— SENHOR PRIMAZ DA FORÇA ÍGNEA
OXOSSI.	— LESTE	— SENHOR PRIMAZ DA FORÇA EÓLICA
OGUM	— OESTE	— SENHOR PRIMAZ DA FORÇA HÍDRICA
YORI	— CENTRO	— SENHOR PRIMAZ DA ENERGIA ETÉRICA
YEMANJÁ	— SUDOESTE	— SENHORA PRIMAZ DA ENERGIA MENTAL
ORIXALÁ	— SUDESTE	— SENHOR PRIMAZ DA ENERGIA ESPIRITUAL

* São as manifestações do poder volitivo dessas Potestades — (ORISHA).

Seres Espirituais e todos os demais que estão debaixo de sua faixa espiritual. Assim, quando dizemos que uma Entidade Espiritual é, por exemplo, da faixa vibratória de Xangô, estamos dizendo que esse Ser Espiritual está debaixo do comando vibratório do Orisha Maior Xangô, e, dentro de seu grau, tem características semelhantes ao seu "Dono Vibratório", tem vibrações que se harmonizam com as desse Orisha Maior, sendo por isso que diz ser de Xangô. Se dissemos que todos os Seres Espirituais estão debaixo de uma *Vibração Espiritual Original*, é claro que os encarnados também estão debaixo de uma Vibração Original, sendo comum dizer-se aos Seres Espirituais encarnados o seguinte: você é da Vibratória Original de Xangô, Ogum, Oxossi, etc. Se todos os Seres Espirituais estão debaixo de uma Vibratória Original, eles se agrupam segundo suas afinidades em 7 Vibrações Originais diferentes.

O Ser Espiritual encarnado pode, numa encarnação, estar debaixo da cobertura de uma faixa espiritual e numa outra reencarnação estar numa faixa espiritual diferente da anterior. Isso se explica em virtude dos ajustes necessários a serem feitos no caráter, nas vibrações, na personalidade e nos atributos dos Filhos de Fé. Isso acontecerá até que seja encontrado o equilíbrio vibratório necessário, sendo que a partir desse momento entra o Ser em consonância com sua faixa afim, sintonizando-se com as vibrações de seu Orisha Original. Neste exato momento de nossa explanação, poderiam perguntar os Filhos de Fé: Como saber se estamos em nossa Vibratória Original primeira?

O importante, Filho de Fé, é ter conhecimento de que se está debaixo de uma faixa vibratória e Caboclo pode garantir que pouquíssimos são os que estão em sua faixa vibratória afim, pois a maioria dos Seres Espirituais necessita de várias experiências *para se autoconhecer e evoluir sem obstáculos interiores*, pois não basta estar "zerado" com os semelhantes, é necessário que se esteja "zerado" consigo mesmo, e isso só é conseguido com várias passagens ou militâncias nas 7 Vibrações Originais, que em verdade não são separadas, são unidas através dos entrecruzamentos vibratórios que, como veremos, põem em funcionamento todo o sistema vibratório, tornando as 7 Vibrações uníssonas sem perderem elas suas características e finalidades individuais, isso tudo de forma essencialmente dinâmica e não estanque. Ressalvamos que o médium ou cavalo, dentro da Corrente Astral de Umbanda, pode ser de uma Vibração Original e sua Entidade Espiritual ser de outra, algo às vezes até necessário para que o trabalho do binômio médium-Entidade, no setor vibratório, se complete e cumpram ambos suas funções, na maior parte das vezes de alta relevância. Pode acontecer de a Entidade Espiritual ter a Vibração Original idêntica à de seu cavalo, o que pode ser bom em se tratando de precipitação fluídico-vibratória, facilitando um melhor ajuste moral e energético muito necessário, por exemplo, aos médiuns que estão debaixo de um karma probatório, os quais precisam se afirmar em seus equilíbrios astrofísicos, o que nessa condição é mais facilmente conseguido.

Outrossim, pode acontecer que o médium esteja debaixo de um Vibratória Espiritual e seu mentor em outra, mas a VERDADEIRA Vibração Original do médium, a primitiva, ser igual à de seu mentor espiritual. Nesse caso, para se descobrir se é isso o que ocorre, necessita-se de um profundo levantamento, que deve ser realizado por quem tenha outorga para tal, ou seja, tenha ORDENS E DIREITO DE TRABALHO concedidos pelo Astral Superior.

Como em outros tópicos, aqui também afirmamos que há variações infinitas. Mas, se falamos em Vibrações Originais, acreditamos que os Filhos de Fé gostariam de saber como poderiam identificar positivamente suas Vibrações Espirituais, independentemente de serem ou não veículos de Espíritos, ou seja, cavalos (médiuns). Sem perda de tempo, vamos fazer essa identificação.

Todos nascem num determinado ano, mês, dia, hora, dia da semana, local, etc. É óbvio que, como já vimos, existem influências sutis e determinadas sobre a constituição mental, emocional, física, fisionômica e até sobre o biótipo do indivíduo* que se

---

* Obs. — Igualmente importante é o dito nome de batismo, com o qual, após certas operações dentro do alfabeto vatânico, consegue-se levantar o dito nome Astral e Esotérico, mas isto é de caráter essencialmente Iniciático...

encontram na dependência do signo de seu nascimento, o *signo regente*. É também muito claro que ninguém nasce num determinado signo por acaso, o mesmo acontecendo com o dia, hora, linha de força atuante, etc.

Se considerarmos um círculo de 360°, cada faixa de 30° corresponderá a um mês, e cada grau a um dia. Vejamos:

do *ascendente* do indivíduo. O dia da semana também é importante, pois há de produzir reforços ou debilidades, conjunções ou oposições de forças, tudo na dependência dos compromissos do indivíduo e da Lei Kármica afeta a ele.

Para iniciarmos a identificação, devemos lembrar que a Terra tem seu satélite, a Lua, que lhe dá equilíbrio vibratório e, dependendo de sua fase, vitalida-

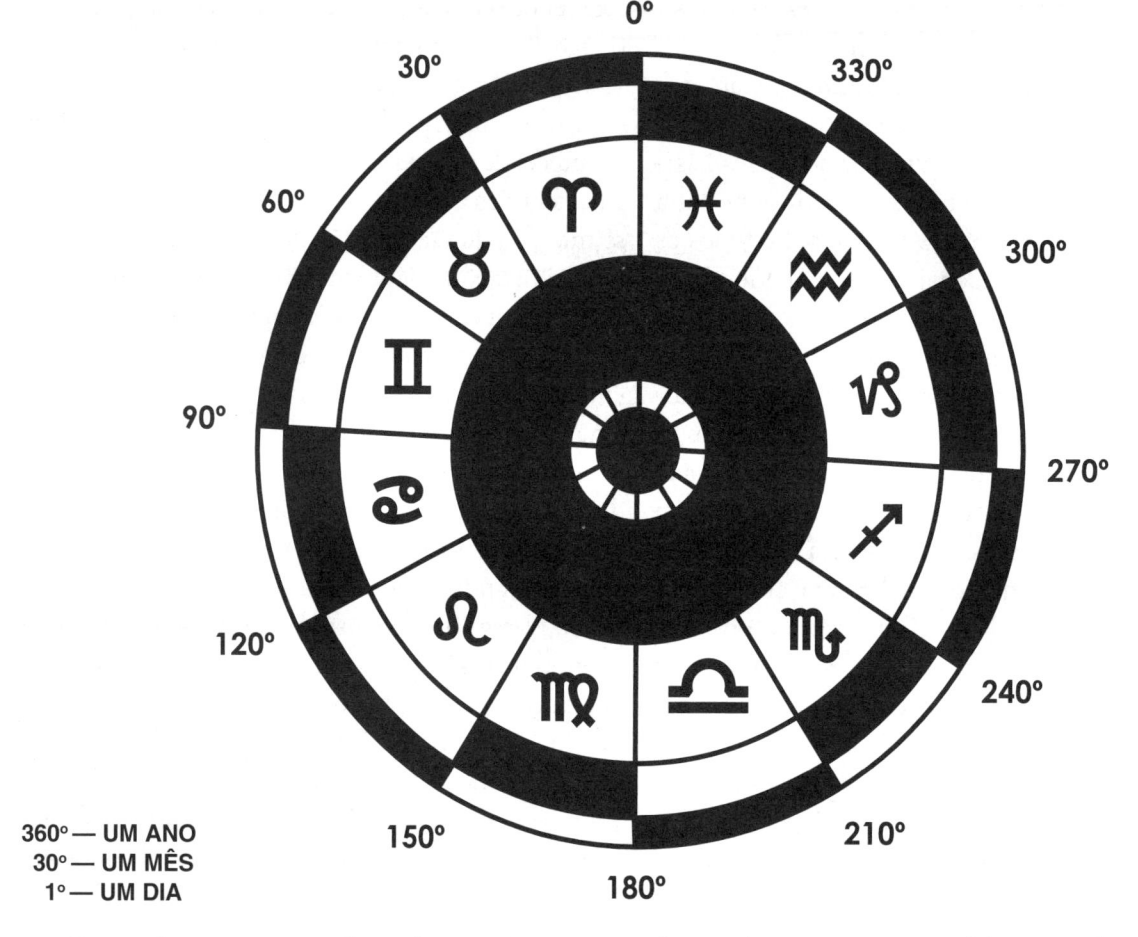

360° — UM ANO
30° — UM MÊS
1° — UM DIA

O mês do nascimento (faixa de 30°) dirá qual o signo que regerá o indivíduo. Nos 30° da faixa de seu signo também teremos influências co-participantes que também influenciarão decisivamente a vida do indivíduo. Esses 30° são divididos por 3, nos chamados decanatos (teoricamente 10 dias). A hora do nascimento é muito importante, pois dá as características astro-emotivas do indivíduo, tais como emotividade, proteções supranormais, sensibilidade, mediunismo e características de vitalidade, ou seja, características de seu corpo astral, etérico e aura. Esse horário do nascimento também qualifica o Orisha, como veremos, que dará essa cobertura. É o chama-

de a todas as coisas vivas. Não se pode ignorar esse fato, pois as fases da Lua, desde a nova até a minguante, têm funções diferentes e necessárias a toda a "gestação planetária", haja vista que a mulher é diretamente influenciada por essas fases, tanto em sua menstruação como em sua gestação, bem como em seu humor. A Natureza também é influenciada diretamente pelo processo de luz polarizada da Lua, sendo que, como veremos no capítulo sobre a Iniciação, é ela importantíssima para irmos ao encontro do "PAI DE CABEÇA", ou, como se diz vulgarmente na gíria de terreiro, na *"feitura de cabeça"*. Bem, de posse dessas informações, vamos ao encontro da Vibração Original, válida, é claro, para a reencarnação atual do Filho de Fé interessado.

1. Os signos do Zodíaco são 12: Áries, Touro, Gêmeos, Câncer, Leão, Virgem, Libra, Escorpião, Sagitário, Capricórnio, Aquário e Peixes. Não nos aprofundaremos na origem desses 12 signos, mas diremos que tem ela muita ligação com os 12 Anciãos do Templo, com as 12 Tribos Mosaicas, as quais fizeram surgir as 12 Letras Sagradas, os 12 Fonemas Combinados, e daí os 12 Signos do Zodíaco.

2. Esses signos se dividem, segundo as 4 Forças Cósmicas Básicas, em:

Signos do **FOGO**	**ÁRIES, LEÃO e SAGITÁRIO**
Signos do **AR**	**GÊMEOS, LIBRA e AQUÁRIO**
Signos de **ÁGUA**	**CÂNCER, ESCORPIÃO e PEIXES**
Signos da **TERRA**	**TOURO, VIRGEM e CAPRICÓRNIO**

FOGO e **AR** são considerados signos *positivos*
ÁGUA e **TERRA** são considerados signos *negativos*

Os termos *positivo* e *negativo* dizem respeito à questão de polaridade para que haja fluxo de correntes, e não que o signo seja benéfico ou maléfico. Os 4 Elementos, ditos Elementais ou Forças Vibratórias Naturais, são:

FOGO	elemento **RADIANTE**
AR	elemento **EXPANSIVO**
ÁGUA	elemento **FLUENTE**
TERRA	elemento **COESIVO**

Após terem sido dadas essas pequenas chaves, identifiquemos as datas dos signos.

TABELA I

ÁRIES	21 de março a 20 de abril
TOURO	21 de abril a 20 de maio
GÊMEOS	21 de maio a 20 de junho
CÂNCER	21 de junho a 21 de julho
LEÃO	22 de julho a 22 de agosto
VIRGEM	23 de agosto a 22 de setembro
LIBRA	23 de setembro a 22 de outubro
ESCORPIÃO	23 de outubro a 21 de novembro
SAGITÁRIO	22 de novembro a 21 de dezembro
CAPRICÓRNIO	22 de dezembro a 20 de janeiro
AQUÁRIO	21 de janeiro a 19 de fevereiro
PEIXES	20 de fevereiro a 20 de março

Após essa chave, vejamos os Senhores Vibratórios dos signos, ou seja, os Planetas e Luminares.

Os astros ou planetas chamados Regentes ou Governantes são:

TABELA II

SIGNO	HIERÓGLIFO DO SIGNO	PLANETA	HIEROGRAMA DO ASTRO
ÁRIES	♈	MARTE	
TOURO		VÊNUS	
GÊMEOS		MERCÚRIO	
CÂNCER		LUA	
LEÃO		SOL	
VIRGEM		MERCÚRIO	
LIBRA		VÊNUS	
ESCORPIÃO		MARTE	
SAGITÁRIO		JÚPITER	
CAPRICÓRNIO	△	SATURNO	△
AQUÁRIO	✕	SATURNO	△
PEIXES		JÚPITER	

As regências que demos são as consideradas "antigas" pela Astrologia moderna, pois atualmente consideram outros planetas como regentes em alguns signos. Por exemplo: Netuno rege o signo de Peixes, Urano rege Aquário, Plutão rege Escorpião. Não discutiremos essas modificações, pois achamos que há influências reais mas insignificantes em relação aos considerados "regentes velhos" e vamos ficando por aqui mesmo.

Após essa explicação, relacionemos os signos com as 7 Vibrações Originais, os dias da semana, as cores correspondentes, os elementos vibratórios e os pontos cardeais por onde vem a corrente das Linhas de Força.

TABELA III

VIBRAÇÃO ORIGINAL	SIGNO	DIA DA SEMANA	COR VIBRATÓRIA	ELEMENTAL	PONTO CARDEAL
ORIXALÁ	LEÃO	DOMINGO	BRANCO	FOGO	SUL
OGUM	ÁRIES	3ª-FEIRA	ALARANJADO	FOGO	SUL
OGUM	ESCORPIÃO	3ª-FEIRA	ALARANJADO	ÁGUA	OESTE
OXOSSI	TOURO	6ª-FEIRA	AZUL	TERRA	NORTE
OXOSSI	LIBRA	6ª-FEIRA	AZUL	AR	LESTE
XANGÔ	SAGITÁRIO	5ª-FEIRA	VERDE	FOGO	SUL
XANGÔ	PEIXES	5ª-FEIRA	VERDE	ÁGUA	OESTE
YORIMÁ	CAPRICÓRNIO	SÁBADO	LILÁS	TERRA	NORTE
YORIMÁ	AQUÁRIO	SÁBADO	LILÁS	AR	LESTE
YORI	GÊMEOS	4ª-FEIRA	VERMELHO	AR	LESTE
YORI	VIRGEM	4ª-FEIRA	VERMELHO	TERRA	NORTE
YEMANJÁ	CÂNCER	2ª-FEIRA	AMARELO	ÁGUA	OESTE

TABELA IV

ORISHA	ENERGIA VIBRÁTIL	ELEMENTO EQUIVALENTE	GEOMETRIA SAGRADA
Orixalá	Senhor Primaz da Energia Espiritual	Energia Mental Masculina	⊖
Ogum	Senhor Primaz da Força Sutil Hídrica Senhor Secundário da Força Sutil Ígnea Senhor Terciário da Força Sutil Telúrica Senhor Quaternário da Força Sutil Aérea	Água — Hidrogênio Fogo — Oxigênio Terra — Carbono Ar — Nitrogênio	☾
Oxossi	Senhor Primaz da Força Sutil Aérea Senhor Secundário da Força Sutil Telúrica Senhor Terciário da Força Sutil Ígnea Senhor Quaternário da Força Sutil Hídrica	Ar — Nitrogênio Terra — Carbono Fogo — Oxigênio Água — Hidrogênio	⊙
Xangô	Senhor Primaz da Força Sutil Ígnea Senhor Secundário da Força Sutil Hídrica Senhor Terciário da Força Sutil Aérea Senhor Quaternário da Força Sutil Telúrica	Fogo — Oxigênio Água — Hidrogênio Ar — Nitrogênio Terra — Carbono	△
Yorimá	Senhor Primaz da Força Sutil Telúrica Senhor Secundário da Força Sutil Aérea Senhor Terciário da Força Sutil Hídrica Senhor Quaternário da Força Sutil Ígnea	Terra — Carbono Ar — Nitrogênio Água — Hidrogênio Fogo — Oxigênio	▫
Yori	Senhor Primaz das Energias Vitais (Éteres)	Éteres	⊕
Yemanjá	Senhora Primaz da Energia Natural	Energia Mental Feminina	⊕

Obs: O ponto (condensador) foi incluso nas formas geométricas em virtude de imantar inercialmente o elemento afim. Atrai energias, solidifica, consolida, fixa e imanta. Como também já vimos, no alfabeto vatânico tínhamos: ● — ∧ ▫ ○ 1 2 3 4 10
Estas 4 formas geométricas deram origem às representações dos 4 elementos ou forças sutis.

De posse dessa chave, já fica o leitor amigo e o Filho de Fé sabendo como levantar sua Vibração Original, bem como os elementos da mesma, cor vibratória, dia da semana, etc.

Que o Filho de Fé e leitor amigo não veja contradição nos Elementos ou Forças Cósmicas que demos em páginas anteriores com essa divisão das Vibrações dos 4 Elementos Básicos Cósmicos.

Para facilidade de entendimento, colocamos os Orishas como Senhores primazes, secundários, terciários e quaternários, pois em verdade nunca se pode movimentar um só elemento; o que há é uma predominância do ELEMENTO BÁSICO DO ORISHA, mas os demais, em maior ou menor escala, também são movimentados.

Falta-nos ainda dar os Orishas regentes dos decanatos, o que faremos agora.

TABELA V

ORISHA	SIGNO	1º DEC.	2º DEC.	3º DEC.
Orixalá	Leão	Orixalá	Xangô	Ogum
Ogum	Áries Escorpião	Ogum Ogum	Orixalá Xangô	Xangô Yemanjá
Oxossi	Touro Libra	Oxossi Oxossi	Yori Yorimá	Yorimá Yori
Xangô	Sagitário Peixes	Xangô Xangô	Ogum Yemanjá	Orixalá Ogum
Yorimá	Capricórnio Aquário	Yorimá Yorimá	Oxossi Yori	Yori Oxossi
Yori	Gêmeos Virgem	Yori Yori	Oxossi Yorimá	Yorimá Oxossi
Yemanjá	Câncer	Yemanjá	Ogum	Xangô

Após tabelas e mais tabelas, daremos apenas mais uma, que corresponde ao horário vibratório eletromagnético em que os Orishas comandam certas Linhas de Força, como também correntes de força de entrada e saída do planeta.

Para simplificar o que até aqui falamos, daremos um exemplo, o qual fará o Filho de Fé entender sem muitas dificuldades, possibilitando o levantamento da sua própria Vibração Original.

Exemplo: Indivíduo nascido no dia 7 de maio, às 17 horas, uma 2ª-feira de Lua nova.

1º) Qual o signo do indivíduo?
   Nascido no dia 7 de maio, indo-se à tabela I, encontraremos o signo de TOURO.
2º) Qual o astro regente?
   Nascido no signo de Touro, indo-se à tabela II, encontraremos o planeta VÊNUS.
3º) Qual a Vibração Original?
   Nascido no signo de Touro, cuja regência é dada pelo planeta Vênus, indo à tabela III encontraremos a Vibração Original de OXOSSI.
4º) Qual o decanato em que nasceu o indivíduo e quais as influências secundárias?
   O indivíduo nasceu no 2º decanato do signo de Touro. Indo-se à tabela V, veremos que no 2º decanato há influência da Vibração Original de YORI.
5º) Qual o Orisha que estava dominando na hora do nascimento do indivíduo?
   Se o indivíduo nasceu às 17 horas, indo-se à tabela VI, encontraremos o Orisha ou Vibração Original de XANGÔ.
6º) Segundo o dia da semana, quais as influências sobre o indivíduo?
   Sendo esse um aspecto que exigiria explicações mais minuciosas, diremos apenas que o indivíduo tem uma cobertura importante da Vibração Original de YEMANJÁ.
7º) Se o indivíduo nasceu na Lua Nova, quais as influências desse fato?

Não poderemos nos aprofundar nesse item, em virtude de ser o mesmo de caráter iniciático, reservando-se esse conhecimento aos Iniciados. Diremos apenas que o indivíduo tem razoável energia vital que vem pela corrente dos elementos movimenta-

TABELA VI
HORÁRIO VIBRATÓRIO DOS ORISHAS

03:00 — 06:00	OGUM
06:00 — 09:00	OXOSSI
09:00 — 12:00	ORIXALÁ
12:00 — 15:00	YORI
15:00 — 18:00	XANGÔ
18:00 — 21:00	YEMANJÁ
21:00 — 24:00	YORIMÁ
24:00 — 03:00	EXU

dos principalmente por Ogum. O fator da Lua é muito importante para que o médium dirigente, ao fazer o levantamento da Vibração Original do Filho de Fé, possa elucidar corretamente proteções, faculdades mediúnicas, poderes supranormais e personalidade do médium, com suas deficiências ou debilidades, suas tendências tanto positivas como negativas. O médium dirigente Iniciado também saberá, através das combinações do levantamento feito, orientar e adestrar o médium iniciante a levar avante seu mediunismo, como também o alertará sobre os percalços do caminho, sobre as ciladas que poderão surgir. Poderá também dizer se o médium está em reencarnação probatória, evolutiva ou missionária, quais os rituais que fará para que ele consolide suas faculdades medianímicas e até se o médium, por meio de suas conquistas no passado, no hoje alcançou o grau de ser um Médium Iniciado, um Mestre de Iniciação ou mesmo Médium Magista. O seu Iniciador levantará os rituais seletos corretos, até o exato momento do ritual final da Iniciação, onde o médium, já Mestre de Iniciação, encontrará o ORISHA INTERIOR, encontrará sua verdadeira Vibração Original, que é na realidade o seu Pai de Cabeça. Como se diz na linguagem de terreiro, isso se faz através do ritual de "*fazer a cabeça*". É óbvio que não estamos nos referindo à forma vulgarizada ou deturpada como se vem fazendo atualmente. Mas, enfim, a Natureza não dá saltos, aguardemos. O tempo é mestre e ensina a todos... Antes de continuar, devemos frisar que essas fases são raríssimas na Umbanda da atualidade, ou seja, os verdadeiros Mestres de Iniciação ou BABALAWÔS (os Pais dos Segredos Cósmicos ou Senhores dos Mistérios) estão no interior do Templo Umbandista, caracterizados de médiuns normais e não ostentam *nunca* o título de Babalawô, podendo até levar o de Mestre de Iniciação. Assim, todo Babalawô é Mestre de Iniciação, mas nem todo Mestre de Iniciação é Babalawô. Aliás, quase não existem mais Mestres de Iniciação, quanto mais Babalawôs, embora um ou outro possa existir. *Mas, o que nos importa é mantê-los ativos, imunizados e longe do assédio das correntes inferiores, pois pelos seus poderes conquistados nas lides do Mediunismo, da Magia, da Clarividência apuradíssima e da manipulação do Oponifá Verdadeiro e da Lei de Pemba, são vítimas constantes de pertinazes e ferozes ataques das sombras, além de toda sorte de traições, invejas, ciúmes, ciladas e armadilhas que vêm pelas humanas criaturas. Em vez de preservarem o Mestre de Iniciação, muitos Filhos de Fé começam a querer sabotá-lo, criticá-lo, invejá-lo e é nessas condições que fazemos prevalecer aqueles que em verdade podem errar, tombar, mas são verdadeiros médiuns, enquanto outros, que os criticam ou invejam, não têm a capacidade que os mesmos têm. Não conseguindo alcançá-los e muito menos igualá-los, se retiram blasfemando e até dizendo que nunca conheceram uma Casa de Iniciação Umbandista. Pobres almas... a vida se encarregará, pois um dia eles precisarão amadurecer, e sem dúvida amadurecerão; que Pai Oxalá os abençoe sempre e permita que eles nunca se aproximem dos verdadeiros Babalawôs, algo que os atormenta, por não conseguirem entender como o Babalawô conhece e consegue se livrar de tantas demandas, perseguições, invejas, etc. Nós lhes respondemos que eles, os verdadeiros Babalawôs, têm a nossa cobertura. Sempre que possível mantemo-los de pé e de cabeça erguida, por meio da cobertura espiritual que fazemos descer sobre eles, e mesmo por meio das escoras que lhes são dadas pela força de demanda, por intermédio do verdadeiro Exu Guardião Cabeça de Legião, o vulgarmente chamado CABEÇA GRANDE.*

Após termos firmado o conceito de que a Corrente Astral de Umbanda reconhece 7 Potências Espirituais, que todos os Seres Espirituais se encontram, segundo suas afinidades, debaixo de uma delas, e após termos também dado os nomes sagrados vibrados e litúrgicos que foram revelados na Raça Lemuriana, a 3ª Raça Raiz, pela Augusta Raça Vermelha, vejamos agora uma a uma as 7 Vibrações Originais e no final de nosso capítulo façamos os entrelaçamentos coordenados entre elas, pois mais uma vez afirmamos que nosso conhecimento é de Síntese.

Assim, as 7 Vibrações Originais são: Orixalá, Ogum, Oxossi, Xangô, Yorimá e Yemanjá. Esses nomes sagrados, vibrados e litúrgicos deverão ser pronunciados de forma especial e, quando em conjunto, na seqüência dada em linhas anteriores. Em capítulos futuros entender-se-á melhor o porquê dessa seqüência, que obedece a leis quantitativas e qualitativas.

VIBRAÇÃO ORIGINAL DE ORIXALÁ

1. CONCEITO

O termo sagrado ORIXALÁ primitivamente era Araxalá. Muito mais tarde foi fonetizado como Oshila ou Yshola. Mais recentemente, outros povos, inclusive os africanos ocidentais, fonetizaram esse termo sagrado como OBATALÁ ou OXALÁ. Traduzindo esses termos ou vocábulos segundo a Coroa da Palavra ou a Ciência do Verbo, através do Alfabeto Adâmico, Vatânico ou Devanagárico (originado do primitivo alfabeto da Raça Vermelha), teríamos:

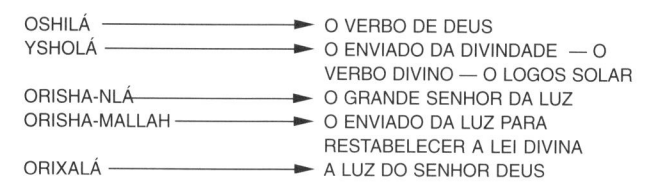

OSHILÁ	O VERBO DE DEUS
YSHOLÁ	O ENVIADO DA DIVINDADE — O VERBO DIVINO — O LOGOS SOLAR
ORISHA-NLÁ	O GRANDE SENHOR DA LUZ
ORISHA-MALLAH	O ENVIADO DA LUZ PARA RESTABELECER A LEI DIVINA
ORIXALÁ	A LUZ DO SENHOR DEUS

Traduzindo silabicamente, ou por fonemas, teremos:

ORI	LUZ; REFLEXO
XA	SENHOR; FOGO
LA	DEUS; DIVINO

ORIXALÁ portanto traduz: A LUZ DO SENHOR DEUS.

2. ATIVIDADE ESPIRITUAL KÁRMICA

A Vibração de Orixalá reflete o Princípio Incriado; o puro Princípio Espiritual; o Verbo Solar e sua Ciência (através de Ysho — 𝒰Δℯ). Traduzamos em palavras mais simples essas assertivas. A Vibração de Orixalá é diretamente supervisionada pela Hierarquia Crística. Não que com isso afirmaremos que o comandante vibratório dessa Faixa Espiritual seja Oxalá — O Cristo Jesus. Dizemos sim que o Mesmo supervisiona-a através de toda a Confraria dos Espíritos Ancestrais. A Vibração de Orixalá é a detentora da Luz Espiritual que ilumina toda a Corrente Astral de Umbanda. Foi a responsável pela vinda de Seres Espirituais "errantes" de todo o Universo para o planeta Terra. Atualmente, sua função ou atividade espiritual prende-se em refletir a toda coletividade do Movimento Umbandista a Luz da Divindade, por meio de suas Entidades atuantes, que nas raras vezes em que se apresentam por meio da mediunidade trazem mensagens edificantes e elevadas, visando elevar os Filhos de Fé do Movimento Umbandista. Fazem isso por meio da palavra ou das "preces cantadas", que traduzem fortes imagens de ordem moral, espiritual, etc.

Em caráter hierático, Orixalá trabalha no sentido da reascensão da humanidade, primeiramente no universo astral, e daí para as suas origens no Cosmo Espiritual. Assim, Orixalá reflete o Princípio Espiritual.

Em se tratando da Magia Etérico-Física, atua dissipando as correntes deletérias que se formam no planeta Terra; manipula as energias solares em benefício da manutenção da vida física no planeta, como atua neutralizando, por meio das suas puras vibrações, as energias contrárias ou originárias dos Magos-Negros, que sempre tentam desequilibrar vibratoriamente o planeta Terra, não conseguindo êxito em virtude da Possante Vibratória de Orixalá, por meio da atuação de seus Orishas, Protetores e Enviados da Luz para as Sombras ou dessas para as Trevas (os EXUS GUARDIÃES de Orixalá).

3. GRAFIA SAGRADA OU LEI DE PEMBA

Dentro do grafismo ou escrita sagrada, o alfabeto que traduz os equivalentes vibratórios de ordem astral (clichês astrais que, quando ativados, produ-

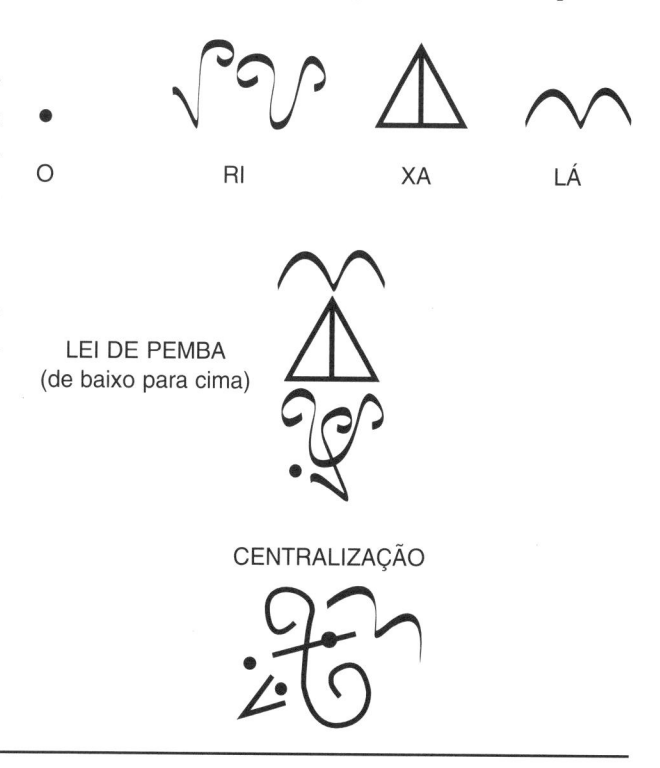

O	RI	XA	LÁ
•	〰	△	⌒⌒

LEI DE PEMBA
(de baixo para cima)

CENTRALIZAÇÃO

zem ações várias) é o dito adâmico, vatânico ou devanagárico.

O termo sagrado ORIXALÁ, que assim se expressa nesse alfabeto original, tem equivalências vibratórias na Magia Astro Etérico-Física.

Além dos sinais sagrados, daremos também seus valores numéricos, que além da quantidade expressam qualidades, através da *unidade letra-som*.

4. OS 7 ORISHAS MENORES — OS GUIAS — OS PROTETORES

Sem entrarmos em pormenores, coisas que faremos no próximo capítulo, diremos que a Hierarquia Sagrada da Corrente Astral de Umbanda obedece 3 planos, subdivididos em 7 graus.

No 1º plano temos as Entidades que denominamos ORISHAS MENORES (Orishas — Senhores da Luz).

No 2º plano temos as Entidades que denominamos GUIAS (Refletores da Luz).

No 3º plano temos as Entidades que denominamos PROTETORES (Executores da Luz).

Assim, hierarquicamente temos:

```
ORISHAS ——— 1º PLANO ——→ 7º GRAU
                         6º GRAU
                         5º GRAU
  │ COORDENAM
  ▼
GUIAS ——— 2º PLANO ——→ 4º GRAU
  │ COORDENAM
  ▼
PROTETORES ——— 3º PLANO ——→ 3º GRAU
                            2º GRAU
                            1º GRAU
```

Os 7 ORISHAS MENORES são os que representam, aqui no planeta Terra, em seu plano físico e astral, o ORISHA ANCESTRAL.

Os 7 ORISHAS MENORES da Vibração de Orixalá são:

1. CABOCLO URUBATÃO DA GUIA
2. CABOCLO GUARACY
3. CABOCLO GUARANY
4. CABOCLO AYMORÉ
5. CABOCLO TUPY
6. CABOCLO UBIRATAN
7. CABOCLO UBIRAJARA

Abaixo dessas Entidades, temos os *GUIAS*.
São Guias da Vibratória de Orixalá:
CABOCLO ÁGUIA BRANCA, CABOCLO ITINGUÇU, CABOCLO GIRASSOL, CABOCLO NUVEM BRANCA, CABOCLO GUARANTAN, etc.

Logo abaixo, dentro da Hierarquia sagrada, temos os *PROTETORES*. Dentre eles, citaremos:
CABOCLO GUARANÁ, CABOCLO MALEMBÁ, CABOCLO ÁGUA BRANCA, CABOCLO DAS ÁGUAS CLARAS, CABOCLO JACUTINGA, CABOCLO LÍRIO BRANCO, CABOCLO DA FOLHA BRANCA, CABOCLO IBITAN, etc.*

5. ATUAÇÃO DESSAS ENTIDADES

Os Orishas Menores dessa Faixa Vibratória, via de regra, não "baixam", podendo fazê-lo muito raramente e de permanência curtíssima no "reino" (incorporados). Fazem-no dando mensagens de caráter geral.

Os Guias também não "baixam" a toda hora. Primeiro, em virtude de raramente assumirem a chefia mediúnica (a "cabeça do médium"). Quando o fazem, não é na incorporação, é fazendo com que outra Entidade de outra faixa espiritual assuma a função mediúnica na incorporação. Utilizam-se muito de outras faculdades mediúnicas, tais como: clarividência, clariaudiência, sensibilidade psicoastral, psicografia, irradiação intuitiva, etc.

---

* Que os Filhos de Fé entendam, que independentemente do grau, todas as Entidades Espirituais trabalham. Esperamos que os Filhos de Fé também trabalhem...

Os Protetores, quando atuam, fazem-no de modo muito particular, em geral não se dizendo dessa Vibração, só se identificando, quando assim acharem necessário, por meio da Lei de Pemba, o que a grande maioria dos Filhos de Fé desconhece por completo. Não dão consultas, só vibram suas possantes energias quando há necessidade premente disso no Templo em que os evocam, sendo utilíssimos na higienização mento-vibratória do terreiro.

Todas essas Entidades trabalham por cima, no astral superior, em funções delicadíssimas e de suma responsabilidade perante o Governo Oculto do Planeta Terra. Assim, os Filhos de Fé precisam saber que não devem evocá-los após as 21 horas, devido a suas atividades espirituais, como também às vibrações da hora não lhes serem favoráveis.

Essas Entidades são, via de regra, auxiliares "por cima" de outras Entidades que trabalham "aqui por baixo".

6. MANIFESTAÇÕES MEDIÚNICAS

Essas Entidades atuam no corpo astral do médium na região do chacra coronal (em sânscrito, chacra sahasrara), que tem sua equivalência no corpo físico denso na glândula epífise (a glândula da vida espiritual), que se localiza no diencéfalo (3º ventrículo), produzindo na fenomênica mediúnica ligeiras alterações fisionômicas (suaves e belas), psíquicas, vocais, etc.

A ligação fluídico-magnética dessas Entidades com o médium começa pelo alto da cabeça, em sua região posterior, fazendo descer uma suave sensação de friagem pelo pescoço até os ombros, que se propaga muito rápido pelo tórax, acelerando suavemente a respiração (maior necessidade energética) e a freqüência cardíaca (energia para todo o organismo), e do tórax ao abdome, na região do plexo solar, onde se ligam em todo o sistema nervoso visceral do médium, dando uma leve rotação harmônica de todo o corpo, levantando ligeiramente a cabeça do médium e controlando o psiquismo, o sensório e a motricidade do aparelho mediúnico. Suas incorporações são suaves, mas "pegam bem" o aparelho mediúnico (cavalo). Falam pausadamente, calmamente, levantando e abaixando a cabeça do médium (recepção e doação energética para o próprio médium — é como se fosse uma "respiração mental"). Suas mensagens são sempre fortes, de profundo misticismo e grande riqueza moral, o que só é conseguido por quem já alcançou altos patamares, com grande domínio sobre si mesmo.

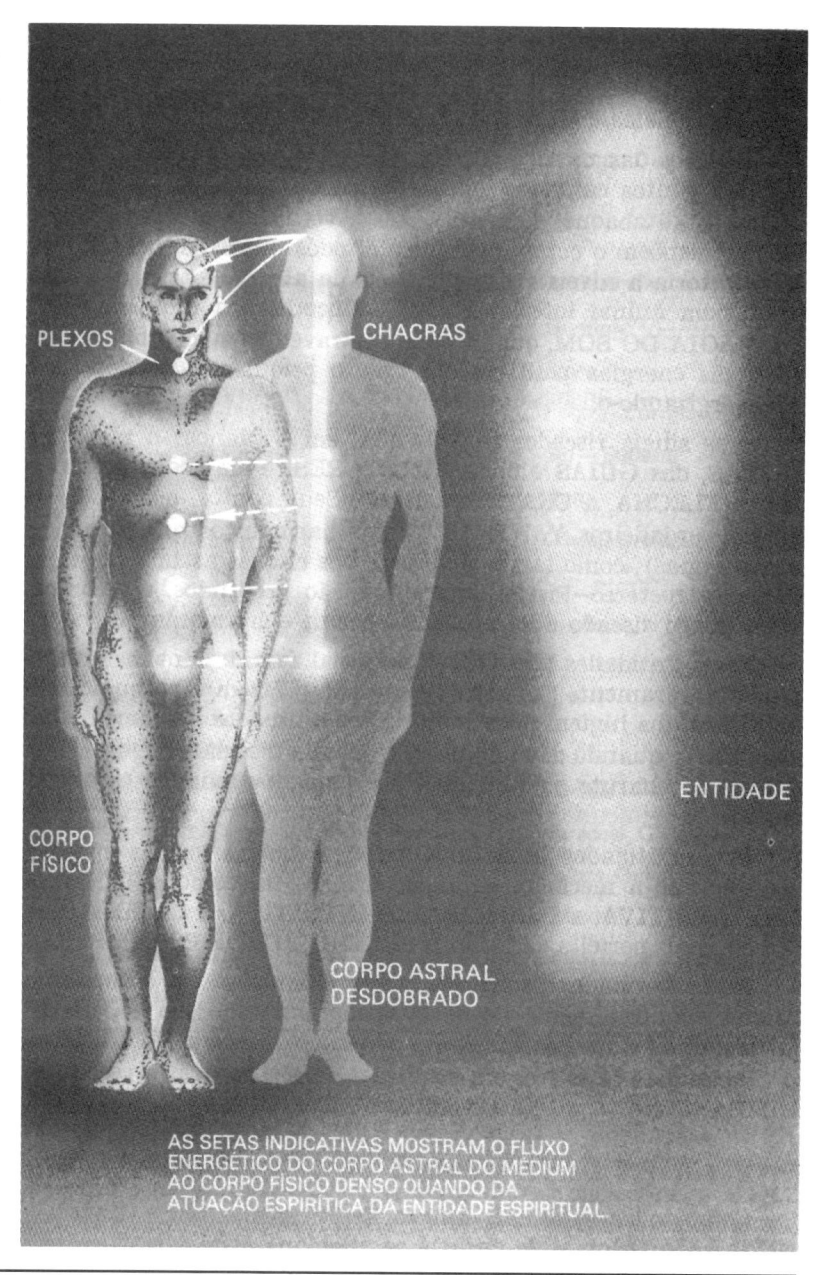

AS SETAS INDICATIVAS MOSTRAM O FLUXO ENERGÉTICO DO CORPO ASTRAL DO MÉDIUM AO CORPO FÍSICO DENSO QUANDO DA ATUAÇÃO ESPIRÍTICA DA ENTIDADE ESPIRITUAL.

Essas Entidades são da pura Raça Vermelha. Como já falamos, todas elas compõem, no grau de Orishas e Guias, a Corrente das Santas Almas do Cruzeiro Divino. Veremos que outras Entidades de outras faixas espirituais podem receber essa outorga, mas não são todas, e quando recebem, dizemos "na linguagem de terreiro" que são "coroadas" (em verdade receberam a outorga) pelas Santas Almas do Cruzeiro Divino.

Falamos das mensagens, que via de regra são entoadas harmonicamente por meio de verdadeiros pontos cantados, sem ruídos estranhos (atabaques e outros). Essas verdadeiras "preces cantadas" predispõem o corpo mediúnico e todos os que estão debaixo dessa Vibratória a níveis conscienciais de alegria e felicidade, trazendo bom ânimo interior e uma autoconfiança inquebrantável. É a *Magia do Som*, que manipula, através de suas vibrações sutilíssimas, energias positivas em todo o psiquismo, revigorando-o e reenergizando-o.

Seus sinais riscados se entrosam em 3 planos: o dos Orishas, o dos Guias e o dos Protetores e em todos os planos dão a *flecha*, a *chave* e a *raiz*. Seus pontos, em geral, são curvos, verdadeiros *yantras* (sinais harmônicos que movimentam energias), como também efetivos clichês astrais dentro da Magia Astroetéreo-Física. Seus sinais são profundos e o conjunto do ponto riscado é de profunda beleza e harmonia.

Essas Entidades Espirituais, na atual fase do Movimento Umbandista, raramente "baixam", quando o fazem é porque encontram médiuns higienizados moral e mentalmente. Raramente dão consultas, e quando dão não usam o veículo dissipador ígneo-aéreo, através do charuto ou fumaça (só usam em condições especialíssimas...).

Essas Entidades Espirituais preferem outras formas mediúnicas que não a mecânica de incorporação, tais como a *irradiação intuitiva*, a *psicografia intuitiva*, a *clarividência* e a mais perfeita de todas, a *sensibilidade psicoastral*.

Essas Entidades Espirituais serão chamadas em futuro para atuar mais diretamente no mediunismo dos Filhos de Fé, isso daqui a muitos e muitos anos, quando a coletividade do Movimento Umbandista já estiver em condições de reencontrar o verdadeiro Aumbandan — A Proto-Síntese Cósmica.

7. RELAÇÕES DA VIBRATÓRIA DE ORIXALÁ

Como todas as demais Linhas Espirituais, a Linha Espiritual ou Vibração Original de Orixalá se relaciona com particulares vibrações, que são:

A) Cor Vibratória	Branco ou Amarelo Ouro
B) Mantra	Tana
C) Geometria Sagrada	Ponto geométrico
D) Número Sagrado	1
E) Signo Zodiacal	Leão
F) Astro Regente	Sol
G) Dia Propício	Domingo
H) Força Sutil	Ígnea
I) Elemento — Energia	Fogo — Energia Espiritual
J) Ponto Cardeal	Sul; Sudeste
L) Metal	Ouro
M) Mineral	Cristais brancos, brilhante
N) Neuma	ᐧ (ÂÂME)
O) Horário Vibratório	Das 9 às 12 horas
P) Letra Sagrada associada ao signo Zodiacal	T
Q) Letra Sagrada associada ao Astro Regente	N
R) Vogal Sagrada	I
S) Essência Volátil Líquida	Sândalo
T) Flor Sagrada	Maracujá, girassol
U) Erva Sagrada	Oliveira
V) Erva de Exu	Folhas de guiné
X) Arcanjo Tutor	Gabarael
Y) Chefe de Legião	Urubatão da Guia
Z) Exu Guardião Indiferenciado	Exu 7 Encruzilhadas

8. MAGIA VEGETOASTROMAGNÉTICA

A Magia sempre foi definida como a **arte sagrada**, a **sabedoria integral**, a **arte** das **artes**, a movimentação sutil das "energias subatômicas", quer sejam elas de ordem mental, astral e/ou física. Com isso, queremos deixar claro que a Magia, para ser realizada, necessita de elementos de ordem mental, astral e física, como veremos mais avante em nossos humildes apontamentos.

Interessa-nos neste tópico específico a Magia Vegetoastromagnética, na qual encontraremos os *banhos de ervas*, as *defumações* e as *essências sagradas*.

A) Banhos de Ervas

Para melhor entendermos as finalidades dos banhos de ervas, é necessário explicarmos que as ervas, os vegetais de maneira geral, são condensadores das energias solares e cósmicas. Há ervas que captam várias energias, mas especialmente determinada energia que vem através das Linhas de Força ou correntes eletromagnéticas de determinados astros ou planetas, sendo portanto ervas afins àquela vibração planetária. Em nossos estudos, vemos também que cada Vibração Original comanda ou vibra em consonância com determinado astro ou planeta. Isso se deve às afinidades vibratórias do "Dono Espiritual", da dita Linha Espiritual ou Vibração Original.

As ervas mais afins à Vibração Original de Orixalá são aquelas que recebem mais diretamente as influências SOLARES, absorvendo suas energias específicas (o chamado eletromagnetismo; o prana — energia vital — e o kundalini — despertador vibratório de níveis conscienciais).

As ervas solares são:

ARRUDA	ERVA-CIDREIRA	ALECRIM
LEVANTE	MARACUJÁ	GIRASSOL
GUINÉ	HORTELÃ	JASMIM

Poderíamos também citar muitas outras, que são facilmente reconhecidas pelo seu odor ou perfume agradável e característico.

Essas ervas podem ser usadas em banhos, os quais são:

A-1) Banhos de Elevação ou Litúrgicos

São banhos utilizados por médiuns já iniciados, aqueles que são considerados "prontos" ou prestes a sê-lo. O porquê de assim ser é em virtude deste banho movimentar certas energias de ordem psíquica, podendo trazer sérios distúrbios se o médium que for usá-lo não estiver nas condições acima citadas. Este banho liga o médium com o seu interior fazendo-o elevar-se a níveis superiores da Consciência, sendo por isso elo de ligação com os mentores do dito médium.

O preparo deste banho é o seguinte:

Escolher 3, 5 ou 7 qualidades dentre as ervas indicadas, colhendo-as verdes, na Lua nova ou crescente, na hora planetária do Sol (vide adendo no final do capítulo), logo colocando-as em uma vasilha de louça branca ou ágata. Após lavá-las bem, dentro ainda da hora planetária solar, adicionar na vasilha que contém as ervas, água de mina ou de cachoeira, ou seja, uma água pura. Após a colocação da água na vasilha, acende-se uma luz de lamparina* sobre uma mesa (a lamparina dentro de um pentagrama — ☆), em louvor à Vibração de Orixalá. Assim feito, inicia-se a trituração das ervas, sendo a mesma com as mãos bem limpas (limpas em álcool) e com a corrente mental ou de pensamentos mais pura possível, que se prenda às finalidades do banho. Ao assim fazer, as vibrações serão melhor catalisadas na água, tornando o banho um eficaz agente de elevação vibratória.

Após a trituração, coa-se, retirando o resto das folhas, estando o sumo pronto para ser usado, se possível dentro ainda da hora favorável do Sol.

Para se usar o *banho de elevação*, toma-se primeiro o banho de higienização física; logo a seguir, toma-se esse banho passando-o pela cabeça, fato primordial, sendo que, se possível for, deve-se ficar voltado para o cardeal oeste ou leste** (absorção de forças, energias), respirando-se lenta e profundamente. Não se enxugue por um período de 3 minutos, para que possa haver plena transfusão e precipitação de elementos de ordem mental, astral e física. Repetir esse banho sempre que sentir essa necessidade ou quando for para a sua sessão. Caso fique difícil ao Filho de Fé, mesmo depois das explicações que daremos no final do capítulo a respeito das horas planetárias, toma-se o banho de elevação dentro do horário vibratório de Orixalá, que é das 9 às 12 horas, podendo-se tomar também no domingo, que é o dia vibratório de Orixalá.

---

* Lamparina com azeite de oliveira ou de amêndoas-doces.
** Ficar de costas para os cardeais oeste ou leste. Assim, fica-se de frente para o núcleo emissor e receptor central, nascedouro e morredouro das forças sutis.

A-2) Banho de Desimpregnação ou Descarga

A finalidade precípua deste banho é deslocar ou eliminar as cargas negativas que ficam agregadas no aura do corpo etérico do indivíduo. Várias são as causas de cargas negativas em um indivíduo. Dentre outras, citamos a emissão de cargas mentais negativas através de pessoas pessimistas ou que nutram sentimentos de ódio, vingança, inveja, ciúmes, despeito ou estejam debaixo de correntes de atrito, além de pessoas essencialmente nervosas, isso tudo vindo pelas humanas criaturas. Há também o aspecto astral, ou seja, devido à atuação negativa de Seres Espirituais desencarnados que se encontrem com seus corpos astrais "pesados". Nesse caso, somente suas emanações fluídico-magnéticas já chocam frontalmente o indivíduo visado, podendo até lhe causar doenças infecto-contagiosas, em virtude dessas cargas deprimirem certos elementos sangüíneos responsáveis pela guarda do organismo, o qual de fato entra em depressão, acarretando no indivíduo essas doenças. Há uma sobrecarga fluídico-vibratória que satura os níveis defensivos, até mesmo os de ordem etérica, ocasionando desequilíbrio orgânico, que também pode vir pelo sistema nervoso central ou periférico, desorganizando completamente o emocional do indivíduo.

Vamos então, após essas explicações, mostrar como se eliminam esses efeitos deletérios, através do banho de desimpregnação ou descarga.

O banho de desimpregnação com as ervas solares é muito útil no combate a todas as mazelas, mas muito especialmente para os males que afetam a organização astroetérica, repercutindo no sistema nervoso, com grande comprometimento da organização psicoemotiva do Ser.

Assim, o banho de descarga deve ser preparado para minimizar ou mesmo eliminar completamente essas mazelas. Escolhem-se as ervas, que deverão ser colhidas verdes, na Lua crescente principalmente, nunca as colhendo na Lua cheia ou minguante, na quantidade de 1, 3, 5 ou 7 ervas, que devem ser de preferência colhidas, lavadas e preparadas na hora favorável do **SOL** no horário vibratório de Orixalá (9 às 12 horas).

Após lavarmos as ervas, são elas colocadas na vasilha de louça branca, sobre uma mesa, onde se acende uma vela dentro de um pentagrama (☆), isso tudo preparado com orações, debaixo de uma corrente de pensamentos que se harmonize com a ocasião. Acrescenta-se na vasilha, onde já estão contidas as ervas, água fervente. Espera-se o tempo suficiente para que haja as transmutações vibratórias e para que a água se resfrie até a temperatura que dê para ser usada sem lesar ou trazer queimaduras à pele. Estando em condições de ser usado, após o banho de higienização do corpo físico, o indivíduo volta-se para o ponto cardeal sul* e toma o banho de ervas, deixando o mesmo, junto com as ervas, passar pelo corpo todo, isto é, do pescoço para baixo. É bom o indivíduo que for tomar o banho de descarga colocar sob os pés pequenos pedaços de carvão, os quais devido ao elemento carbono, fixarão as cargas que as ervas deslocarem. O mecanismo básico deste banho é o de que a água, junto com as ervas, desloca as cargas ou formas-pensamento que se tenham agregado ao corpo astral ou corpo etérico do indivíduo. Ao deslocar cargas, desestruturam formas condensadas e deletérias, liberando o organismo físico de tensões, bloqueios e doenças e também limpando o corpo astral, fazendo com que as correntes provenientes do corpo mental fluam mais livremente, sem bloquear a emoção e a ação do indivíduo. Com o aura limpo, o indivíduo torna-se menos suscetível de contrair doenças incipientes ou mesmo mais graves. É normal indivíduos com esses tipos de sobrecargas terem muitos resfriados, estados gripais e infecções mais sérias, tais como: pneumonias, meningites, hepatites e outras tantas doenças produzidas por bactérias, fungos e vírus.**

Mas voltando ao banho de descarga: após o mesmo ser tomado, os detritos das ervas devem ser retirados do corpo, 1 a 2 minutos depois e colocados em algum recipiente de vidro(isolante), juntamente com o carvão, devendo ambos ser "despachados" em água corrente, sem o vidro, é claro.

Assim fazendo, os Filhos de Fé sentirão quanto úteis são esses banhos para a manutenção da saúde e até do mediunismo, o qual deve ser sempre cercado de máximos cuidados para não desequilibrar o organismo do médium. Eis pois um desses cuidados.

---

* Ao ficar de frente para o cardeal sul, a corrente ígnea levará todas as cargas negativas, onde serão neutralizadas no "centro indiferenciado".
** Devido à depressão imunológica, sendo que os linfócitos, T, macrófagos, histiócitos e plasmócitos, estão qualitativa e quantitativamente alterados devido às cargas negativas.

A-3) Banho de Fixação ou Ritualístico

Este banho é de caráter essencialmente mediúnico, visando precipitar em maior abundância fluidos etéricos-físicos do médium, os quais facilitarão a ligação fluídico-vibratória entre o médium e seu mentor espiritual.

É também uma espécie de catalisador ou facilitador da assimilação fluídica entre o complexo astropsíquico médium-Entidade atuante, isto é, além dos fluidos próprios da tônica vibratória do médium, há uma produção de fluidos da própria tônica vibratória da Entidade. Como acontece isso? Simplesmente há uma transformação dos fluidos do médium nos da Entidade atuante, através de complexos processos, mas que são facilitados e ativados com ervas que vibrem na mesma sintonia do mentor atuante. Assim, os banhos ritualísticos ou de fixação levam em sua composição ervas da Vibração Original do Médium e da Vibração Original da Entidade Atuante, no caso dessa ser diferente da do médium. Se forem iguais, as ervas serão somente da Vibração de Orixalá, sendo o banho preparado como se fosse o banho de elevação. Caso as Vibrações Originais sejam diferentes, o banho ritualístico é assim preparado:

Ervas da Vibração Original do médium, misturadas com as da Vibração Original da Entidade atuante, na proporção de 2:1. O banho é preparado na mesma vasilha de louça branca. Como neste nosso caso a Vibração Original do médium é Orixalá, as ervas, tanto as do médium como as relativas à Entidade, serão colhidas em uma hora favorável do Sol, e na quinzena positiva ou branca, isto é, no período compreendido entre o início da LUA nova e o final da Lua crescente. Após serem colhidas e lavadas, as ervas são colocadas na vasilha de louça branca, onde acrescenta-se água quente ou água de cachoeira, rio, mar, etc. Se for água quente, coloca-se na vasilha e espera-se que esfrie, retirando-se então as folhas, as quais podem ser depositadas em uma pequena mata ou mesmo rio. Se for água das diversas procedências, trituram-se as ervas e, antes de banhar-se, retiram-se os restos, coando o sumo. Os restos das ervas podem ser encaminhados a um rio ou pequena mata.

Não nos esqueçamos que na preparação do banho, sobre a mesa, deve ficar acesa uma vela branca dentro de um hexagrama, o qual é fixador fluídico-magnético de várias energias que o banho de fixação veicula (hexagrama — ✡).

Vale a pena lembrar que o banho deve ser tomado com o indivíduo voltando-se de costas para o cardeal oeste ou leste. Voltamos a insistir que as ervas não devem passar pelo corpo, bem como o banho somente deve ser efetuado do pescoço para baixo, nunca passando-se o mesmo pela cabeça.

Bem, Filho de Fé, este banho, o de fixação ou também revitalização, é importantíssimo para você que está numa corrente de desenvolvimento mediúnico, ou mesmo que você já seja "desenvolvido". É sempre bom obter meios para manter ativo e em bom estado seu mediunismo.

B) Defumações

As defumações, ou a queima ritualística de certas ervas, obedecem a uma série de critérios que deverão ser levados em conta pelo indivíduo que quiser beneficiar alguém ou a si mesmo. Em primeiro lugar, as ervas que serão queimadas devem ter sido colhidas na Lua nova ou crescente, numa hora favorável do Sol e ter sido deixadas para secar à sombra, ficando claro que só se queimam ervas secas. Devem ser queimadas no braseiro de barro e somente nele, não se podendo usar o de metal, que além de não "casar" vibratoriamente com as ervas, emite certas cargas que inibem ou anulam o efeito das defumações. As defumações podem ser feitas em qualquer Lua ou horário, desde que a colheita tenha obedecido os critérios citados.

Para eliminar cargas morbosas e pesadas com o elemento ígneo-aéreo das defumações, deve o interessado voltar-se para o cardeal Sul e tomar a defumação de frente e pelas costas, mentalizando tanto quanto possível a cor vermelha se quiser afastar um mal físico, a cor amarela se quiser afastar um mal de ordem astral ou a cor azul se quiser afastar um mal de ordem mental.

As ervas a serem usadas na quantidade de 1, 3, 5 ou 7 devem, neste caso, ser misturadas com casca seca de limão.

Esta defumação serve também para descarregar uma "gira de terreiro", o ambiente doméstico ou qualquer local onde se queira desimpregnar, principalmente, formas-pensamento ou egrégoras inferiores.

No caso do indivíduo querer revitalizar-se, deverá o mesmo queimar essas ervas numa hora favorável do sol, no horário diurno de preferência, voltando-se para o ponto cardeal oeste ou leste, recebendo a fumaça pela frente e pelas costas. Quando citamos "receber a fumaça", não queremos dizer que precisamos enfumaçar profusamente o ambiente. Ao contrário, o que vale não é a quantidade, mas sim a qualidade. Pode ser também usada para revitalizar o organismo físico, astral e mental nas luzes vermelha, amarela e azul respectivamente e, é claro, debaixo de orações e correntes de pensamentos condizentes com o ato.

Antes de encerrarmos, não poderíamos deixar de citar os portentosos efeitos de determinadas ervas solares, principalmente no esgotamento nervoso ou debilidade emocional causados por choques espiríticos.* Referimo-nos ao girassol e ao maracujá, duas portentosas ervas solares diretamente ligadas ao corpo mental e seus fluxos contínuos e alternados de correntes elétricas, gerando campos eletromagnéticos que se propagam para o corpo astral e daí para o sistema neurendócrino do organismo físico. Essas ervas devem ser queimadas sozinhas ou em combinação, na hora favorável do Sol, 7 dias seguidos, que sem dúvida trarão os benefícios por nós expostos. Outro conjunto que citamos também é poderoso para retirar certas correntes de bloqueio de caráter físico, principalmente relacionadas com o uso indiscriminado e abusivo da energia vibratória sexual, a qual faz com que as pessoas encontrem dificuldades várias no campo afetivo, psíquico e até espiritual.

Assim é que aconselhamos a queima de:
Para homens — erva-doce + cravo
Para mulheres — erva-doce + canela.

A tríade erva-doce, canela e cravo, em conjunto, é muito boa para desimpregnar pensamentos pesados, sexualizados ou animalizados, sendo muito recomendado para o terreiro, onde acorrem várias pessoas, sendo que muitas delas com uma forte sobrecarga por uso indevido de energias sexuais negativas, as quais atraem toda sorte de Entidades viciadas e grosseiras, como também uma série de Elementares, isto é, "Espíritos" que não encarnaram ainda uma só vez e que estagiam nos sítios vibratórios da Natureza mas que não completaram seu ciclo, sendo presas muito fáceis dos Magos-Negros, os quais os manipulam com destreza e frieza, sempre em detrimento de alguém. Esses Espíritos, os Elementares, são sedentos por sangue, esperma e toda sorte de pensamentos sexualizados ou de baixa condição, que vêm pelas humanas criaturas.** Esses Elementares se fixam no aura da pessoa e vampirizam-na até suas últimas energias, sendo esse um processo muito sério. Assim, levantaremos muito sutilmente o véu que cobre esse mistério quando tratarmos da Magia Etérico-Física. Então, essas 3 ervas (erva-doce, canela e cravo) devem ser misturadas com casca de limão e casca de alho, defumando o "Congá" ou o ambiente caseiro, dos fundos para a frente, deixando na porta uma cumbuca de barro com 7 cruzes feitas na pemba branca (4 por fora e 3 por dentro) e 7 dentes de alho dentro. Repetir a operação 3 dias, nos 3 primeiros dias de Lua cheia ou especialmente na Lua minguante, à noite, próximo da meia-noite, já que essa é uma Lua neutralizadora, dissipadora, vampirizante, a qual sugará essas correntes e afastará definitivamente esses intrusos, que de há muito e não sem razão são empiricamente chamados de *súcubos* e *íncubos*.

É, Filho de Fé, Umbanda não é simplesmente superstição como querem alguns. É Ciência, ou melhor, aplicação das Ciências na sua mais pura expressão. O tempo se encarregará de mostrar a todos essas verdades. Até lá, aguardemos trabalhando...

---

* As essências que, quando queimadas, atuam no complexo mento-mediúnico são: sândalo, incenso e alfazema, misturadas em proporções iguais.
** Eis o motivo de orientarmos as Filhas de Fé para não comparecerem à sessão ou à "gira" ou mesmo a qualquer "corrente" quando estiverem menstruadas.

C) Essências Sagradas

Essências são perfumes ou voláteis odoríficos que harmonizam as vibrações do indivíduo.

Sabe-se que nada no Universo está parado e quando não se está parado se está em movimento, tendo oscilação, freqüência, ou seja, "ondas". Toda onda se propaga, e propagando-se entra em sintonia com outras ondas. Assim, pois, temos o princípio de sintonia e afinidades vibratórias. Se todo o Universo, o qual chamamos de Macrocosmo, vibra, o homem também vibra, e deve vibrar em harmonia com o Macrocosmo, isto é, o Microcosmo, o homem, deve vibrar em sintonia vibratória com o Macrocosmo. É claro que vários fatores influem nessa sintonia, mas aqui no mundo das formas os perfumes, tais como as essências queimadas, harmonizam e estabilizam as vibrações do indivíduo encarnado, predispondo-o a sintonia cada vez mais elevada, principalmente pela renovação do corpo mental, que começa a gerar nova classe de pensamentos, isto é, mais claros, raciocinados e mais puros, fazendo com que o Ser Espiritual se harmonize com os planos elevados afins no campo astral.

Os perfumes ou essências sagradas têm essa virtude, a de harmonizar o indivíduo consigo mesmo, com seu grupo vibratório afim ou mesmo predispô-lo a níveis conscienciais mais elevados.*

Esses banhos deverão ser usados em qualquer fase da Lua e em qualquer horário e devem obrigatoriamente passar pela cabeça. As essências que mais se harmonizam com a Vibração de Orixalá são: sândalo, flor de laranjeira e heliotrópio.

Faz-se o banho colocando-se 3 gotas de uma dessas 3 essências em 1 litro de água, em vasilhame escuro, para que não haja precipitação fluídica, o que aconteceria em recipiente claro, através da passagem total de luz. Após o banho de higienização, toma-se o banho de essência ou purificação mentalizando a cor amarelo-ouro e respirando muito suavemente. Espera-se 3 minutos e enxuga-se normalmente. Pode-se também estar, sempre que possível, de posse de um lenço embebido na essência da Vibratória, algo que trará somente bem-estar e harmonia interior, como também aumentará as correntes do magnetismo pessoal.

Ao terminarmos nosso estudos sobre a Magia Vegetoastromagnética, queremos especial atenção do Filho de Fé para o uso de banhos de ervas, defumações e essências, pois há de se entender que tudo em nossa Corrente é criteriosamente escolhido, não se podendo vacilar nessa escolha, pois poderemos incorrer em graves erros que causarão danos inestimáveis para a organização astro-física do indivíduo. Assim, caro Filho de Fé e leitor amigo, analise criteriosamente quando lhe mandarem tomar este ou aquele banho, esta ou aquela defumação, pois os mesmos podem não ser tão inofensivos assim, entendeu?

9. LEI DE PEMBA — IDENTIFICAÇÃO

Já dissemos que as Entidades atuantes na Corrente Astral de Umbanda, nas 7 Vibrações Originais, dividem-se em 3 planos. O primeiro plano é o dos Orishas, o segundo plano é o dos Guias e o terceiro é o dos Protetores. Dentro da Lei de Pemba, a qual explicaremos pormenorizadamente em seus fundamentos em capítulos futuros, as Entidades podem se identificar num desses 3 planos. Ater-nos-emos agora aos sinais gráficos relativos à Vibração de Orixalá.

a) **A Banda ou Vibração-Forma** é a de Caboclos, sendo que o que a identifica é o que chamamos de *flecha*, a qual é curva (Caboclos).

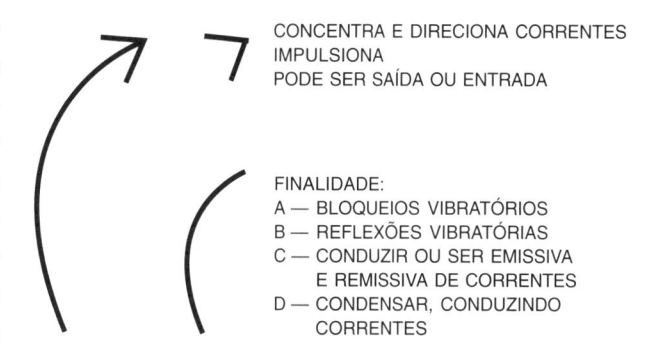

CONCENTRA E DIRECIONA CORRENTES
IMPULSIONA
PODE SER SAÍDA OU ENTRADA

FINALIDADE:
A — BLOQUEIOS VIBRATÓRIOS
B — REFLEXÕES VIBRATÓRIAS
C — CONDUZIR OU SER EMISSIVA E REMISSIVA DE CORRENTES
D — CONDENSAR, CONDUZINDO CORRENTES

---

* Nota do autor: Auxilia o indivíduo a ter uma renovação da corrente de pensamentos, a qual é responsável por superiores níveis conscienciais. Os perfumes inspirados chegam ao rinencéfalo, onde há verdadeiras decodificações de tensões e emoções...

b) * *A Chave* — identifica a Vibração Original.

1º GRAU   2º GRAU   3º GRAU

c) *A Raiz* — identifica o plano da Entidade, as Ordens e Direitos, tipos de trabalho, movimentos, etc.

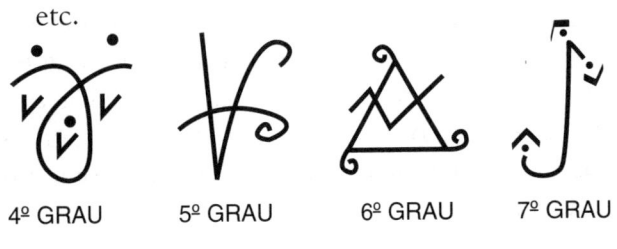

4º GRAU   5º GRAU   6º GRAU   7º GRAU

Esquematicamente, dividimos um PONTO em 5 setores.

O setor A — Refere-se ao sinal que identifica a Entidade Espiritual, o plano e o grau da mesma. (**Raiz**)

O setor B — As *Ordens e Direitos* que essa Entidade traz.

O setor C — As atividades que ela ordena ou é ordenada, comanda ou é comandada.

O setor D — Os elementos fixadores ou dissipadores.

O setor E — O movimento executado — o tipo de trabalho (este sinal é afeto somente aos Orishas e Guias).

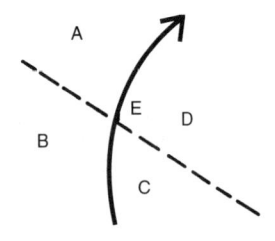

Aqui temos um ponto riscado completo. Somente não o identificaremos por fugir das finalidades deste livro, mesmo porque esses ensinamentos são dados através da Iniciação, para quem de fato trouxe a outorga de ser veículo de Caboclo, Preto-Velho e Criança, e que tenha alcançado a maturidade suficiente para que lhe transmitamos ou revelemos alguns sinais dentro da sagrada Lei de Pemba ou Grafia Celeste.

Ainda dentro da Lei de Pemba, temos que registrar que demos a grafia de 1º grau, pois existe a de 2º grau e a de 3º grau.

ORIXALÁ — LEI DE PEMBA

10. EXU GUARDIÃO DA VIBRATÓRIA DE ORIXALÁ

Como vimos, temos 7 Orishas Menores, os quais têm seus Guardiães, ou seja, seus Emissários da Luz para as Sombras. No penúltimo capítulo deste livro, escreveremos sobre o Senhor dos Entrecruzamentos Vibratórios — EXU GUARDIÃO ou CABEÇA DE LEGIÃO.

Essas Entidades, os Exus Guardiães, são serventias e elementos de ligação com os Orishas. Assim temos:

CABOCLO URUBATÃO DA GUIA	EXU 7 ENCRUZILHADAS
CABOCLO GUARACY	EXU 7 POEIRAS
CABOCLO GUARANY	EXU 7 CAPAS
CABOCLO AIMORÉ	EXU 7 CHAVES
CABOCLO TUPY	EXU 7 CHAVES
CABOCLO UBIRATAN	EXU 7 PEMBAS
CABOCLO UBIRAJARA	EXU 7 VENTANIAS

Demos somente os Exus Guardiães que são serventias dos Orishas, sendo praticamente impossível citar o nome de todos os Exus Guardiães dos Guias e Protetores.

---

* OBS.: A "chave" pode identificar a Vibração Original (Entidade não incorporante), o Plano e o grau da Entidade Astral.

VIBRAÇÃO ORIGINAL DE OGUM

1. CONCEITO

O termo sagrado OGUM teve primitivamente outros nomes, principalmente Igom, que mais tarde foi fonetizado como *Agaum* e *Agni*. Os africanos, muito mais tarde, fonetizaram GUN, para depois fonetizarem OGUM. Traduzindo esses termos ou vocábulos segundo a Coroa da Palavra ou a Ciência do Verbo, através do Alfabeto Adâmico, Vatânico ou Devanagárico (originado do primitivo alfabeto da Raça Vermelha), teríamos:

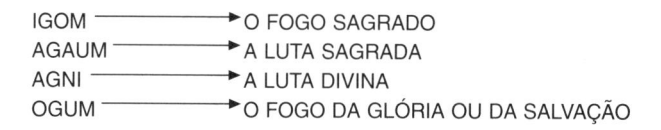

IGOM ⟶ O FOGO SAGRADO
AGAUM ⟶ A LUTA SAGRADA
AGNI ⟶ A LUTA DIVINA
OGUM ⟶ O FOGO DA GLÓRIA OU DA SALVAÇÃO

Traduzindo silabicamente, ou por fonemas, teremos:

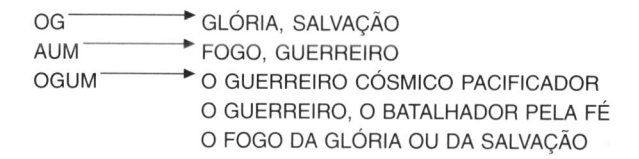

OG ⟶ GLÓRIA, SALVAÇÃO
AUM ⟶ FOGO, GUERREIRO
OGUM ⟶ O GUERREIRO CÓSMICO PACIFICADOR
O GUERREIRO, O BATALHADOR PELA FÉ
O FOGO DA GLÓRIA OU DA SALVAÇÃO

2. ATIVIDADE ESPIRITUAL KÁRMICA

A Vibração de Ogum reflete a Luta Sagrada, a Inovação da Fé; o Guerreiro Cósmico, o Pacificador, aquele que conclama a todos com seus clarins. Ogum direcionou todos os "filhos errantes do Universo", os "estrangeiros", para o planeta Terra, onde alcançariam a evolução para retornarem às suas Pátrias Siderais. Muitos de seus militantes estão ligados à Confraria dos Espíritos Ancestrais.

A vibração de Ogum é a manipuladora dos elementos aquosos. Ogum é o Senhor Primaz da Água, dos elementos fluentes, fazendo fluir suas energias, que são canalizadas na dissipação das correntes das Trevas e do submundo astral. É também "digestor", selecionando vibrações.

Ogum, como Guerreiro de Umbanda, é o trabalhador, o vencedor de demandas, vencedor das demandas da fé, das incongruências do sentimento. É aquele que neutraliza, através de seu poder, as iniquidades e os conflitos kármicos.

Em caráter hierático, Ogum lembra-nos os Grandes Condutores no início de suas tarefas. É o condutor do grande exército de Almas, as quais se submetem ao seu poder para poderem ascender aos planos mais elevados da Vida. Essa é a função hierática ou kármica de Ogum.

Em se tratando da Magia Etérico-Física, atua combatendo os marginais do astral e seus prepostos. Manipulam com sabedoria as energias do planeta Marte, as quais são utilizadas para neutralizar as correntes oriundas do submundo astral. Ogum também, como Guerreiro Cósmico, comanda no "Terra a Terra", ou no mundo das energias, os "Senhores dos Entrecruzamentos Vibratórios", os Exus Guardiães, os quais servem a Ogum como *batedores cósmicos*, abrindo e desobstruindo os caminhos por onde Ogum e seus exércitos de Almas haverão de passar. Assim é que se processa a atividade espiritual kármica da Vibração Original de Ogum, a qual desempenha sérias funções no planeta terra e, dentro desse, no Movimento Umbandista da atualidade.

3. GRAFIA SAGRADA OU LEI DE PEMBA

Dentro do grafismo ou escrita sagrada, o alfabeto que traduz os equivalentes vibratórios de ordem astral (clichês astrais) é o dito Adâmico, Vatânico ou Devanagárico. O termo sagrado OGUM assim se expressa nesse alfabeto original, que tem equivalências vibratórias na Magia Etéreo-Física. Além dos sinais sagrados, daremos também seus valores numéricos, que além da quantidade expressam qualidades, através da *unidade letra-som*.

O   GU   M

LEI DE PEMBA no sentido vertical, de baixo para cima:

CENTRALIZAÇÃO

4. OS 7 ORISHAS MENORES — OS GUIAS — OS PROTETORES

Os 7 Orishas Menores são os que representam aqui no planeta Terra, em seu plano físico e astral, o Orisha Ancestral.

Os Sete Orishas Menores da Vibração de ogum são:

1. CABOCLO OGUM DELÊ
2. CABOCLO OGUM ROMPE-MATO
3. CABOCLO OGUM BEIRA-MAR
4. CABOCLO OGUM DE MALÊ
5. CABOCLO OGUM MEGÊ
6. CABOCLO OGUM YARA
7. CABOCLO OGUM MATINATA

Abaixo dessas Entidades temos os GUIAS. As seguintes Entidades são exemplos de Guias da Vibratória de Ogum:

CABOCLO TIRA-TEIMA, CABOCLO HUMAITÁ, CABOCLO 7 ONDAS, CABOCLO 7 LANÇAS, CABOCLO ICARAÍ e outros.

Logo abaixo dentro da Hierarquia sagrada, temos os **PROTETORES**. Dentre eles citaremos:

CABOCLO ESPADA DOURADA, CABOCLO DO ESCUDO DOURADO, CABOCLO ORAÍ, CABOCLO ANGARÊ, CABOCLO KARATAN e outros.

5. ATUAÇÃO DESSAS ENTIDADES

Os Orishas Menores dessa Vibratória, via de regra, não "baixam", podendo fazê-lo muito raramente. Quando o fazem, dão mensagens fortes, que impulsionam os Filhos de Fé para uma vida mais ativa e ligada às coisas da fé, tirando-os da inércia física e moral.

As Entidades no grau de Guias em geral "baixam", sendo no Movimento Umbandista, juntamente com os Protetores que comandam, o maior número de Entidades que atuam na Corrente Astral de Umbanda através da incorporação.

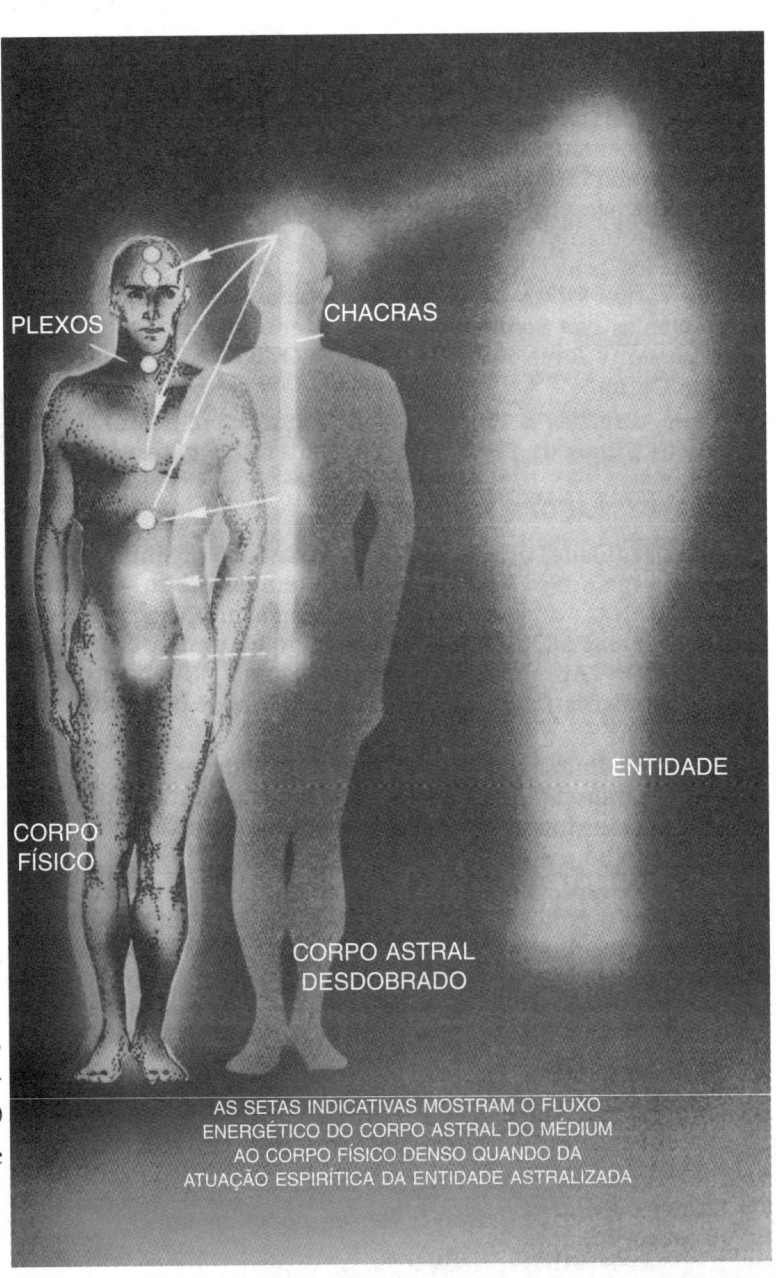

AS SETAS INDICATIVAS MOSTRAM O FLUXO ENERGÉTICO DO CORPO ASTRAL DO MÉDIUM AO CORPO FÍSICO DENSO QUANDO DA ATUAÇÃO ESPIRÍTICA DA ENTIDADE ASTRALIZADA

Também se utilizam de outras modalidades mediúnicas, mas sendo a principal a mecânica da incorporação.

Os **Protetores**, quando atuam na mecânica da incorporação, fazem-no neutralizando as correntes deletérias que assolam o planeta, como também vários indivíduos que às vezes chegam ao "terreiro" debaixo de vibrações perigosíssimas para suas vidas, só realmente mantendo a vida física em virtude de terem sido desimpregnados pelos Protetores da faixa de Ogum. Assim, livram de vários Filhos de Fé energias pesadíssimas, que os ligam com os Gênios das Sombras, os quais também são afastados através da possante força vibratória dos **Protetores** da faixa espiritual de Ogum.

Assim trabalha a Vibratória de Ogum, incrementando a fé e livrando os Filhos de Fé do "dragão" interior e externo.

6. MANIFESTAÇÕES MEDIÚNICAS

Essas Entidades atuam no corpo astral do médium, principalmente na região do chacra solar (em sânscrito — chacra svâdisthana), que tem sua equivalência no Corpo Físico Denso na região do plexo solar (estômago e anexos) e também no plexo frontal e cardíaco, produzindo na fenomênica mediúnica alterações (fortes e belas) psíquicas, vocais, etc.

A ligação fluídico-magnética dessas Entidades com o médium começa pela cabeça, fixando seus fluidos pelas costas e precipitando a respiração, tornando-a arfante, vibrando forte no corpo astral do aparelho mediúnico (cavalo). Dão uma espécie de meio giro com o tronco, levantam os braços e tomam o controle do físico. Quando bem incorporados dão uma espécie de brado, que se ouve bem: Ê... Ê... Ê... OG-UM. Quando incorporados, costumam andar de um lado para o outro, e sempre se expressam de forma vibrante, inteligente e vivaz.

Suas preces cantadas ou pontos traduzem verdadeiras invocações para a luta da fé, demandas, etc.

7. RELAÇÕES DA VIBRATÓRIA DE OGUM

Como todas as demais Linhas Espirituais, a Linha Espiritual ou Vibração Original de Ogum se relaciona com particulares vibrações, que são:

A) Cor Vibratória	Alaranjado
B) Mantra	Eamaka
C) Geometria Sagrada	Heptágono ou heptagrama
D) Número Sagrado	7
E) Signo Zodiacal	Áries; Escorpião
F) Astro Regente	Marte
G) Dia Propício	3ª feira
H) Força Sutil	Ígnea e Hídrica
I) Elemento — Energia	Fogo e Água
J) Ponto Cardeal	Sul e Oeste
L) Metal	Ferro
M) Mineral	Rubi; água marinha
N) Neuma	☿ HÂÂNAÊÊ
O) Horário Vibratório	Das 3 às 6 horas
P) Letra Sagrada associada ao Signo Zodiacal	E; M
Q) Letra Sagrada associada ao Astro Regente	C
R) Vogal Sagrada	O
S) Essência Volátil Líquida	Cravo; tuberosa
T) Flor Sagrada	Cravo vermelho
U) Erva Sagrada	Jurubeba
V) Erva de Exu	Espada-de-Ogum
X) Arcanjo Tutor	Samuel
Y) Chefe de Legião	Ogum de Lê
Z) Exu Guardião Indiferenciado	Exu Tranca-Ruas

8. MAGIA VEGETOASTROMAGNÉTICA

Como já dissemos, Magia é a **arte sagrada**, a **sabedoria integral**, a **arte** das **artes**, a movimentação sutil das "energias subatômicas", quer sejam elas de ordem mental e/ou física. Neste tópico específico da Magia Vegetoastromagnética, encontramos os *banhos de ervas*, as *defumações* e as *essências sagradas*.

A) Banhos de Ervas

Como também já dissemos, cada Vibração Original comanda ou vibra em consonância com determinado astro ou planeta, isso devendo-se às afinidades vibratórias do Dono Espiritual da dita Linha Espiritual ou Vibração Original.

As ervas mais afins à Vibração Original de Ogum são aquelas que recebem mais diretamente as influências que vêm pela corrente de energias ou Linhas de

Forças, relativa ao planeta Marte, condensando suas propriedades. As ervas de Marte são:

JURUBEBA	ESPADA DE OGUM	LOSNA
SAMAMBAIA-DO-MATO	FLECHA OU LANÇA DE OGUM	TULIPA
ROMÃ	CINCO-FOLHAS	RUBI ou MACAÉ

Temos também muitas outras, as quais serão conhecidas pela cor um pouco avermelhada.

Essas ervas podem ser usadas em banhos da seguinte maneira:

A-1) Banhos de Elevação ou Litúrgicos

Essas ervas, as de Marte, não devem ser usadas neste tipo específico de banho. Os Filhos de Fé que estiverem debaixo da Vibratória de Ogum e necessitarem do banho de elevação, podem fazê-lo obedecendo os mesmos critérios expostos aos Filhos de Fé que se encontram debaixo da Vibratória de Orixalá (v. pág. 177), pois somente as ervas solares e muito excepcionalmente as ervas lunares, poderão ser usadas no banho litúrgico.

A-2) Banhos de Desimpregnação ou Descarga

Repetindo o que já dissemos quando falamos sobre o banho de descarga da Vibratória de Orixalá, a finalidade precípua deste banho é deslocar ou eliminar as cargas negativas que ficam agregadas no aura ou corpo etérico do indivíduo.

O banho de desimpregnação com as ervas de Marte é muito útil no combate às larvas pesadas que vêm se chocar no psicossomatismo do indivíduo, oriundas de várias causas, mas muito especialmente pelas disputas, ódios, brigas e mil outras mazelas humanas. As demandas, ou cargas negativas oriundas da contusão mágico-vibratória, também são neutralizadas com as ervas de Ogum, desde que usadas de maneira correta. É importante frisar que livram os Filhos de Fé atingidos pelas cargas ou mazelas que expusemos dos sintomas de opressão na região frontal e peso na região frontal e peso na região torácico-dorsal, além da tão desagradável queimação (pirose) que se manifesta do esôfago até a boca do estômago (epigástrio), devido à atuação das larvas ou choques contundentes no nervo vago (10º par craniano). Essa queimação pode ser tão severa que ulcera a região atingida, nela formando feridas que podem até sangrar. Neste momento é bom darmos um alerta, pois não raras vezes, muitas pessoas sensíveis e suscetíveis são atingidas por verdadeira falange negra, oriunda de movimentação mágica inferior, a qual promove tantas descargas eletromagnéticas no indivíduo atingido que o mesmo pode ter, como explicamos acima, hemorragias digestivas de difícil controle médico. Se não for neutralizada a falange negra e seus movimentos deletérios, o indivíduo realmente encontrará o extermínio de seu corpo físico, nesse caso geralmente devido à anemia subseqüente. Muitos Filhos de Fé terrenos não se conformam e às vezes não acreditam que algo assim tão cruel possa acontecer, logo vindo à mente a seguinte indagação:
— Como os Poderes Divinos e sua Lei, bem como os Emissários da Luz, permitem que os Filhos das Trevas vençam e, o que é pior, destruam a vida física de um indivíduo? Entendemos sua indagação, Filho de Fé, mas atente:

— Quantas pessoas aqui no planeta Terra morrem por dia através do homicídio, seja ele de que forma for? Dirá o Filho de Fé: — Milhares de pessoas. É, Filho de Fé, estamos ainda num planeta de contrastes, que carrega um karma duríssimo, efeito, é claro, das demandas de ontem que se refletem hoje. Assim, se há mortes por ação contundente direta do corpo físico, através de objetos perfurocortantes e mesmo perfurocontusos e penetrantes, porque não haverá contusão mágica que atinja primeiro a organização astral para depois atingir violentamente o corpo físico denso? Essa mazela nos acompanha desde a catástrofe atlante, onde, através de guerras mágicas (uso da Magia Negra, como já vimos), iniciou-se o morticínio, isto é, homem destruindo homem por orgulho, poder e vaidade. Triste ilusão, que até hoje persevera nas tão absurdas guerras fratricidas. Como sempre afirmamos, aguardemos trabalhando pela humanidade corroída e iludida. Esperemos! O tempo é mestre e ensinará que o orgulho e a vaidade não conquistam e sim escravizam. Aguardemos...

Mas sem perdermos o fio da meada, dizíamos que as ervas de Marte (de Ogum) neutralizam vários desses efeitos deletérios se usadas de maneira correta. Vejamos pois como é essa maneira correta.

O banho de descarga deverá ser preparado para minimizar ou mesmo eliminar completamente as mazelas por nós citadas. Escolhem-se as ervas, que deverão ser colhidas verdes, no pé, na Lua Nova ou crescente, nunca as colhendo na Lua cheia ou minguante, na quantidade de 1, 3, 5 ou 7 ervas, que devem ser de preferência colhidas, lavadas e preparadas na hora favorável de Marte, ou no horário vibratório de Ogum (3 às 6 horas). Após lavarmos as ervas, são elas colocadas na vasilha de louça branca, sobre uma mesa, onde se acende uma vela branca dentro de um pentagrama (☆), tudo isso preparado com orações, debaixo de uma corrente de pensamentos que se harmonize com a ocasião. Acrescenta-se na vasilha, onde já estão contidas as ervas, água fervente. Espera-se o tempo suficiente para que haja as transmutações vibratórias e para que a água se resfrie até a temperatura que dê para ser usada sem lesar ou trazer queimaduras à pele. Estando em condições de ser usado, após o banho de higienização do corpo físico, o indivíduo volta-se para o ponto cardeal sul e toma banho de ervas deixando o mesmo, junto com as ervas, passar pelo corpo todo, isto é, do pescoço para baixo. É bom o indivíduo que for tomar o banho de descarga colocar sob os dois pés folhas de comigo-ninguém-pode, juntamente com dois pequenos pedaços de carvão, os quais, devido ao elemento carbono, fixarão as cargas que as ervas deslocarem. O mecanismo básico deste banho é o de que a água, junto com as ervas, deslocam cargas ou formas-pensamento que tenham se agregado ao corpo astral ou corpo etérico do indivíduo. Ao deslocar cargas, desestruturam "formas condensadas e deletérias", liberando o organismo físico de tensões, bloqueios e doenças e também limpando o corpo astral, fazendo com que as correntes provenientes do corpo mental fluam mais livremente, sem bloquear a emoção e a ação do indivíduo.

Com o aura limpo, o indivíduo torna-se menos susceptível a contrair doenças, principalmente as do tipo hemorrágico e as digestivas, como já vimos em outras linhas e mesmo outro tipo qualquer.

Mas voltando ao banho de descarga, após o mesmo ser tomado, os detritos das ervas devem ser retirados do corpo após 1 a 3 minutos, devendo ser colocados em algum recipiente de vidro (isolante), juntamente com as folhas de comigo-ninguém-pode e o carvão, que deverão ser "despachados" em água corrente, sem o vidro é claro. Assim fazendo, os Filhos de Fé sentirão quanto úteis são esses banhos para a manutenção da saúde até do mediunismo, o qual deve ser sempre cercado de máximos cuidados para não desequilibrar o organismo do médium.

A-3) *Banho de Fixação ou Ritualístico*

Como já dissemos quando falamos sobre o banho de fixação da Vibratória de Orixalá, este banho é de caráter essencialmente mediúnico, visando precipitar em maior abundância fluidos etérico-físicos do médium, os quais facilitarão a ligação fluídico-vibratória entre o médium e seu mentor espiritual. Leva em sua composição ervas da Vibração Original do médium e da Vibração Original da Entidade atuante, no caso dessa ser diferente da do médium.

Se forem iguais, as ervas serão somente da Vibração de Ogum, sendo o banho preparado como se fosse banho de elevação. Caso as Vibrações Originais sejam diferentes, o banho ritualístico terá ervas de Vibração Original do médium misturadas com a da Vibração da Entidade atuante, na proporção de 2:1, sendo preparado na mesma vasilha de louça branca. Como neste nosso caso a Vibração Original do médium é Ogum, as ervas, tanto as do médium como as relativas à Entidade, serão colhidas em uma hora favorável de Marte, na quinzena positiva ou branca, isto é, no período compreendido entre o início da Lua nova e o final da Lua crescente. Após serem colhidas e lavadas, as ervas são colocadas na vasilha de louça branca, onde acrescenta-se água quente ou água de cachoeira, rio, mar, etc. Se for água quente, coloca-se a água na vasilha e espera-se que esfrie, retirando-se então as folhas, as quais podem ser depositadas em uma pequena mata ou mesmo rio. Se for água das diversas procedências, trituram-se as ervas e, antes de banhar-se, retiram-se os restos, coando o sumo. Os restos das ervas podem ser encaminhados a um rio ou pequena mata.

Não nos esqueçamos que na preparação do banho deve ficar sobre a mesa uma vela branca acesa dentro de um hexagrama, o qual é fixador fluídico-magnético de várias energias que o banho de fixação veicula (hexagrama — ✡). Vale a pena lembrar que o banho deve ser tomado com o indivíduo voltando-se de costas para o cardeal oeste ou leste. Voltamos a insistir que as ervas não devem passar pelo corpo com o banho, que somente deve ser efetuado do pescoço para baixo, nunca passando-se o mesmo pela cabeça.

Bem, Filho de Fé, este banho, o de fixação ou também revitalização, é importantíssimo para você que está numa corrente de desenvolvimento mediúnico, ou mesmo para você que já seja "desenvolvido". É sempre bom obter meios para manter sempre ativo e em bom estado seu mediunismo.

B) Defumações*

Lembrando o que já dissemos quando falamos sobre as defumações relativas à Vibratória de Orixalá, as ervas que serão queimadas devem ter sido colhidas na Lua nova ou crescente, numa hora favorável de Marte e terem sido deixadas para secar à sombra, ficando claro que só se queimam ervas secas em braseiro de barro e somente nele, em qualquer Lua ou horário, desde que a colheita tenha obedecido os critérios citados.

Para eliminar cargas morbosas e pesadas com o elemento ígneo-aéreo das defumações, deve o interessado voltar-se para o cardeal **SUL** e tomar a defumação de frente e pelas costas, mentalizando tanto quanto possível a cor vermelha se quiser afastar um mal físico, a cor amarela se quiser afastar um mal de ordem astral ou a azul se quiser afastar um mal de ordem mental.

As ervas a serem usadas na quantidade de 1, 3, 5 ou 7, devem neste caso ser misturadas com cascas secas de limão. Esta defumação serve também para descarregar uma "gira de terreiro", o ambiente doméstico ou qualquer local onde se queira desimpregnar principalmente formas-pensamento ou egrégoras inferiores.

No caso do indivíduo querer revitalizar-se, deverá o mesmo queimar essas ervas numa hora favorável de Marte, de preferência no horário diurno, voltando-se de costas para o cardeal Oeste ou Leste, recebendo a fumaça pela frente e pelas costas. Pode ser também usada para revitalizar o organismo físico, astral e mental, juntamente com as luzes vermelha, amarela e azul respectivamente, e, é claro, debaixo de orações e correntes de pensamentos condizentes com o ato.

C) Essências Sagradas

Esse tipo de banho deverá ser usado em qualquer fase da Lua e em qualquer horário e deve, obrigatoriamente, passar pela cabeça. As essências** que mais se harmonizam com a Vibratória de Ogum são: tuberosa, ciclame e aloés, além de outras. O preparo e uso do banho segue as mesmas instruções dadas à pág. 181 (Vibração de Orixalá), mudando-se apenas a cor da mentalização, que deverá ser o alaranjado bem vivo.

9. LEI DE PEMBA — IDENTIFICAÇÃO

Já dissemos e repetimos que as Entidades atuantes na Corrente Astral de Umbanda, nas 7 Vibrações Originais, dividem-se em 3 planos. O primeiro plano é o dos Orishas, o segundo é o dos Guias e o terceiro é o dos Protetores. Dentro da Lei de Pemba, a qual explicaremos pormenorizadamente*** em seus fundamentos em capítulos futuros, as Entidades podem se identificar num desses 3 planos. Aternos-emos agora nos sinais gráficos relativos à Vibração de Ogum.

a) A *Banda* ou *Vibração-Forma* é a de *Caboclos*, sendo que o que a identifica é a chamada *flecha*, a qual é curva (caboclos).

---

* As defumações relativas ao corpo mental são: para os nativos de Áries: sândalo, incenso, mirra; para os nativos de Escorpião: mirra, benjoim, alfazema.
** O Caboclo Sr. 7 Espadas deu 3 essências ideais, mas também podemos utilizar para os nativos de Áries: essência de cravo; para os nativos de Escorpião: essência de tuberosa.
*** Exemplificaremos e explicaremos dentro do possível, pois, seus fundamentos, em essência, transcendem a singeleza desta obra. Toda a grafia, ou sinais riscados dentro da Lei de Pemba, obedece a lógica magística.

Vide explicações pág. 181

b) *A Chave* — identifica a Vibração Original.

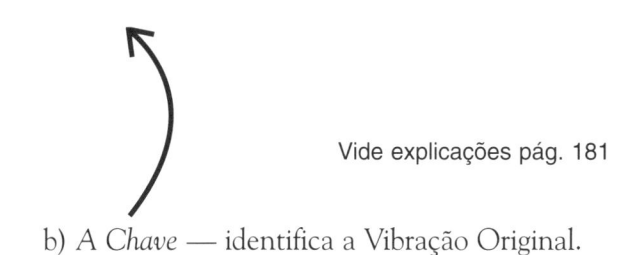

1º GRAU 2º GRAU 3º GRAU

c) *A Raiz* — identifica o plano da entidade, as Ordens e Direitos, tipos de trabalho, movimentos etc.

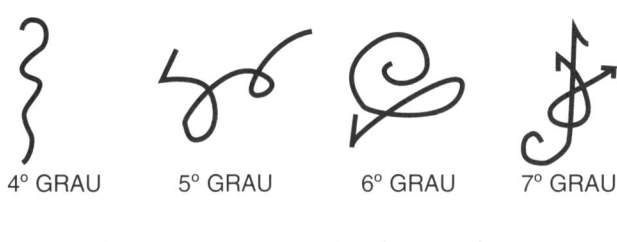

4º GRAU 5º GRAU 6º GRAU 7º GRAU

Aqui temos um ponto riscado completo:

OGUM — LEI DE PEMBA

10. EXU GUARDIÃO DA VIBRATÓRIA DE OGUM

Como vimos, temos os 7 Orishas Menores, os quais têm seus Guardiães, ou seja, seus Emissários da Luz para as Sombras. No penúltimo capítulo deste livro, escreveremos sobre o Senhor dos Entrecruzamentos Vibratórios — o EXU GUARDIÃO ou CABEÇA DE LEGIÃO.

Essas Entidades, os Exus Guardiães, são serventias e elemento de ligação com os Orishas. Assim, temos:

CABOCLO OGUM DELÊ	EXU TRANCA-RUAS
CABOCLO OGUM ROMPE-MATO	EXU VELUDO
CABOCLO OGUM BEIRA-MAR	EXU TIRA-TOCO
CABOCLO OGUM DE MALÊ	EXU PORTEIRA
CABOCLO OGUM MEGÊ	EXU LIMPA-TUDO
CABOCLO OGUM YARA	EXU TRANCA-GIRA
CABOCLO OGUM MATINATA	EXU TIRA-TEIMAS

Demos somente os Exus Guardiães que são serventias dos Orishas, sendo praticamente impossível citar o nome de todos os Exus Guardiães dos Guias e Protetores.

VIBRAÇÃO ORIGINAL DE OXOSSI

1. CONCEITO

O termo segrado OXOSSI primitivamente era Araxassi, sendo muito mais tarde fonetizado como Oxassi. Mais recentemente outros povos, inclusive os africanos ocidentais, fonetizaram esse termo sagrado como OXOSSI. Traduzindo esses termos ou vocábulos segundo a Coroa da Palavra ou a Ciência do Verbo, através do alfabeto Adâmico, Vatânico ou Devanagárico (originado do primitivo alfabeto da Raça Vermelha) teríamos:

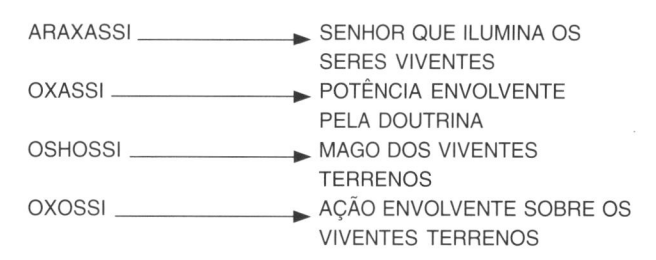

ARAXASSI ⟶ SENHOR QUE ILUMINA OS SERES VIVENTES
OXASSI ⟶ POTÊNCIA ENVOLVENTE PELA DOUTRINA
OSHOSSI ⟶ MAGO DOS VIVENTES TERRENOS
OXOSSI ⟶ AÇÃO ENVOLVENTE SOBRE OS VIVENTES TERRENOS

Traduzindo silabicamente, ou por fonemas, teremos:

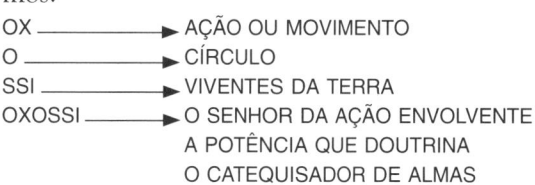

OX ⟶ AÇÃO OU MOVIMENTO
O ⟶ CÍRCULO
SSI ⟶ VIVENTES DA TERRA
OXOSSI ⟶ O SENHOR DA AÇÃO ENVOLVENTE
A POTÊNCIA QUE DOUTRINA
O CATEQUISADOR DE ALMAS

2. ATIVIDADE ESPIRITUAL KÁRMICA

A vibração de Oxossi reflete o Princípio Envolvente em Ação e suas reflexivas — as Reações. É o Catequisador das Almas, a Doutrina em Ação, que pretende envolver a todos para o entendimento da Lei Divina.

Muitas das Entidades militantes nessa faixa estão ligadas à Confraria dos Espíritos Ancestrais.

A vibração de Oxossi é manipuladora dos elementos aéreos. Oxossi é o Senhor Primaz do Ar, ou dos elementos expansivos, o qual é responsável por suas vibrações envolventes.

Oxossi é o Caçador das Almas da Umbanda e como caçador procura arrebanhar Almas desgarradas para futuramente formar um só rebanho. É o Senhor da Doutrina, aquele que atinge o coração e a inteligência das Almas envoltas em suas vibrações.

Em caráter hierático, Oxossi lembra-nos o MÉDICO, o DOUTRINADOR e PASTOR DAS ALMAS. Cura as chagas, ensinando a substituição do ódio pelo amor, da luta pela trégua, da insubmissão pela submissão às Leis Divinas. É o CAÇADOR DAS ALMAS, o orientador, aquele que mostra o caminho a ser seguido pela humanidade. Modificando inteligências e consciências, atuando na mente e no coração. Essa é a função hierática ou kármica de Oxossi.

Em se tratando da Magia Etéreo-Física, atua combatendo e neutralizando os projéteis astromentais oriundos do submundo astral, como também as ações de verdadeiros Filhos da Revolta, através de sua doutrina e amor libertadores. Ensina sem ferir, corrige amando. Atua muito decididamente na manipulação mágica da Natureza, favorecendo e mantendo as condições vitais do planeta. Neutraliza correntes mentais pesadas, através dos elementos aéreos e pelas linhas de força que vêm pelo eletromagnetismo vibratório do planeta Vênus.

Em conjunto com Ogum, desempenha tarefa de suma importância no Movimento Umbandista da atualidade.

3. GRAFIA SAGRADA OU LEI DE PEMBA

Dentro do grafismo ou escrita sagrada, o alfabeto que traduz os equivalentes vibratórios de ordem astral (clichês astrais, que quando ativados produzem ações várias) é o dito Adâmico, Vatânico ou Devanagárico.

O termo sagrado OXOSSI assim se expressa nesse alfabeto original, que tem equivalências vibratórias na Magia Astroetérico-Física.

Além dos sinais sagrados, daremos também seus valores numéricos, que além da quantidade expressam qualidades, através da *unidade letra-som*.

O   X   O   SI

LEI DE PEMBA em sentido vertical, de baixo para cima:

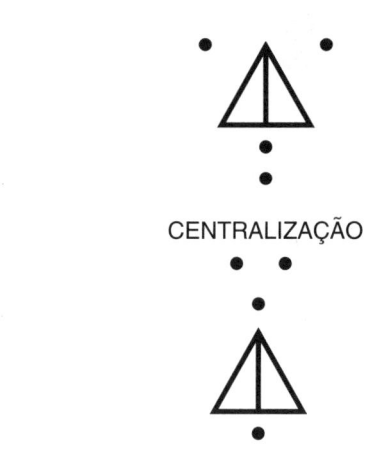

CENTRALIZAÇÃO

4. OS 7 ORISHAS MENORES — OS GUIAS — OS PROTETORES

Os 7 Orishas Menores são os que representam, aqui no planeta Terra, em seu plano físico e astral, o Orisha Ancestral.

Os 7 Orishas Menores da Vibração de Oxossi são:

1. CABOCLO ARRANCA-TOCO
2. CABOCLO COBRA-CORAL
3. CABOCLO TUPYNAMBÁ*
4. CABOCLA JUREMA
5. CABOCLO PENA BRANCA
6. CABOCLO ARRUDA
7. CABOCLO ARARIBÓIA

Abaixo dessas Entidades, temos os GUIAS. As seguintes Entidades são exemplos de Guias da Vibratória de Oxossi:

CABOCLO TUPIARA, CABOCLO 7 FOLHAS, CABOCLO FOLHA VERDE, CABOCLA JUSSARA e outros.

---

* Pai Guiné cita o Caboclo Guiné. Este nome de algum tempo foi substituído por Caboclo Tupynambá; a Entidade Espiritual é a mesma. Deixemos claro que nosso cavalo não é médium do portentoso Caboclo Tupynambá, como alguns, *a priori*, podiam pensar...

Logo abaixo, dentro da Hierarquia sagrada, temos os PROTETORES. Dentre eles citaremos: CABOCLO JUPURÁ, CABOCLO MATA VERDE, CABOCLO ARATAN, CABOCLA 3 PENAS e outros.

5. ATUAÇÃO DESSAS ENTIDADES

Os Orishas Menores dessa Vibratória, via de regra, não "baixam", podendo fazê-lo muito raramente. Quando o fazem, dão mensagens envolvidas de um possante magnetismo atraente e lições inolvidáveis para quem as ouve, parecendo que, embora suaves, penetram no âmago do Ser.

As Entidades no grau de Guias em geral "baixam", sendo no Movimento Umbandista, juntamente com os Protetores que comandam, o *segundo* maior número de Entidades que atuam na Corrente Astral de Umbanda através da incorporação.

Além da mecânica da incorporação, também se utilizam de outras modalidades mediúnicas, mas sendo a principal a mecânica da incorporação.

Os Protetores atuam quase sempre na mecânica da incorporação e o fazem neutralizando as correntes deletérias que assolam o planeta, como também vários indivíduos. Atuam manipulando as ervas sagradas, liberando as mazelas que se assestam no corpo astral e mesmo as que se assestam no corpo físico, através das doenças. Liberam as energias mentais pesadas e grosseiras, ativando o intelecto de muitos Filhos de Fé. São mestres na Arte da Magia Vegetoastromagnética, manipulando quantitativa e qualitativamente o prana acumulado nas ervas, quer sejam elas administradas em chás, banhos ou defumações.

Assim trabalha a Vibratória de Oxossi, incrementando o bem-estar astral e físico, livrando muitos Filhos de Fé do desânimo e da doença.

6. MANIFESTAÇÕES MEDIÚNICAS

Essas Entidades atuam no corpo astral do médium, principalmente na região do chacra esplênico (em sânscrito — chacra manipura), que tem equivalência no Corpo Físico Denso na região do baço e do fígado e mesmo pancreática (o pâncreas é uma glândula de secreção interna e externa). Atua também no plexo frontal, cervical e genésico, produzindo na mecânica da incorporação alterações fisionômicas (suaves e serenas), psíquicas e vocais. A ligação fluídico-magnética dessas Entidades com o médium começará ao lançarem seus fluidos pelas per-

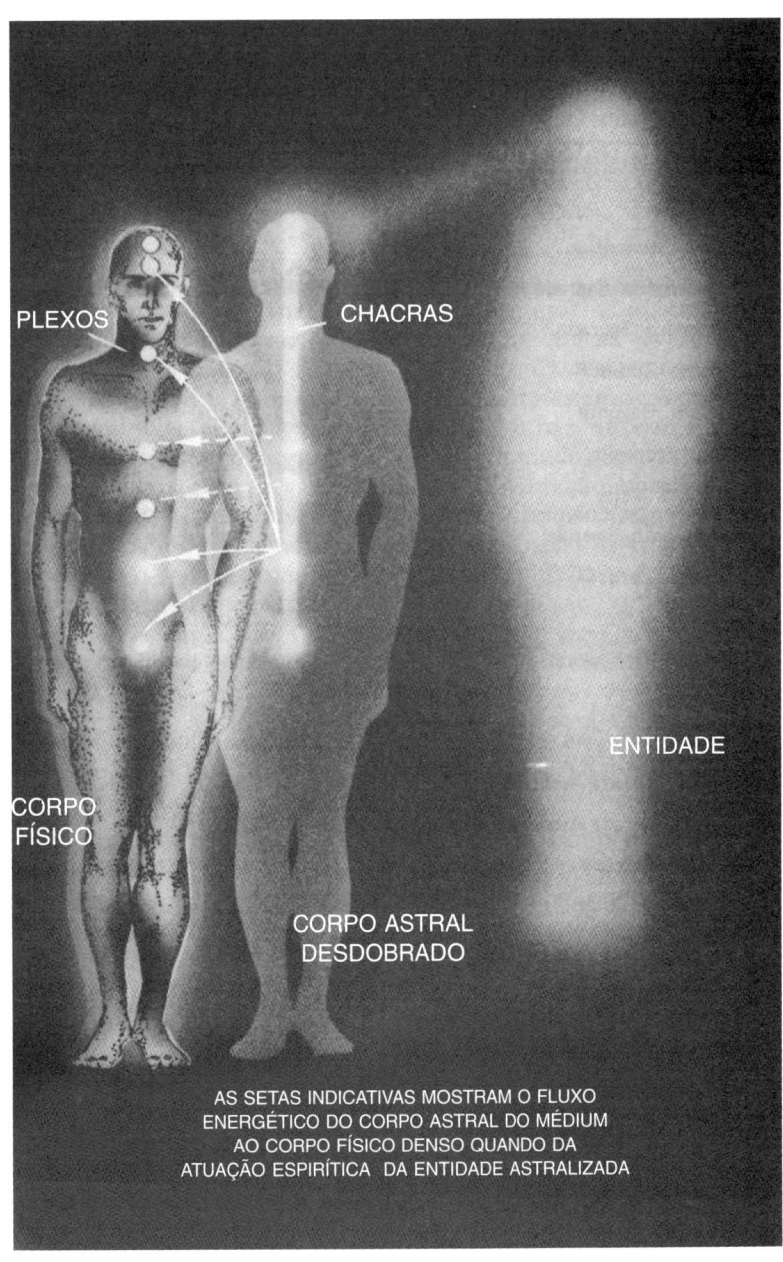

AS SETAS INDICATIVAS MOSTRAM O FLUXO ENERGÉTICO DO CORPO ASTRAL DO MÉDIUM AO CORPO FÍSICO DENSO QUANDO DA ATUAÇÃO ESPIRÍTICA DA ENTIDADE ASTRALIZADA

nas, com ligeiros tremores que se comunicam aos braços, que são movimentados suavemente. Giram suavemente a cabeça, dobram o corpo todo do médium tomando-o por completo. São Entidades suaves que falam calmamente, sendo seus passes e trabalhos na mesma tônica. Suas preces cantadas são invocações às forças da espiritualidade superior e às forças da Natureza, sendo seus acordes de profunda harmonia, predispondo o Ser encarnado ou astralizado à elevação espiritual.

Seus sinais riscados são verdadeiros *yantras*, ora fechados, ora abertos, todos envolventes em suas ações e reações.

7. RELAÇÕES DA VIBRATÓRIA DE OXOSSI

Como todas as demais Linhas Espirituais, a Linha Espiritual ou Vibração Original de Oxossi se relaciona com particulares vibrações, que são:

A) Cor Vibratória	Azul
B) Mantra	Valaga
C) Geometria Sagrada	Hexágono ou hexagrama
D) Número Sagrado	6
E) Signo Zodiacal	Touro; Libra
F) Astro Regente	Vênus
G) Dia Propício	6ª feira
H) Força Sutil	Telúrica e Aérea
I) Elemento — Energia	Terra e Ar
J) Ponto Cardeal	Norte e Leste
L) Metal	Cobre
M) Mineral	Lápis-lazúli e turmalina
N) Neuma	HAASIÊÊ
O) Horário Vibratório	Das 6 às 9 horas
P) Letra Sagrada associada ao Signo Zodiacal	V; L
Q) Letra Sagrada associada ao Astro Regente	G
R) Vogal Sagrada	H
S) Essência Volátil Líquida	Violeta; jasmim
T) Flor Sagrada	Palmas
U) Erva Sagrada	Erva-doce
V) Erva de Exu	Sabugueiro
X) Arcanjo Tutor	Ismael
Y) Chefe de Legião	Arranca-Toco
Z) Exu Guardião Indiferenciado	Exu Marabô

8. MAGIA VEGETOASTROMAGNÉTICA

Como já dissemos, a magia vegetoastromagnética, compreende os *banhos de ervas*, as *defumações* e as *essências sagradas*.

A) Banhos de Ervas

Repetimos: cada Vibração Original comanda ou vibra em consonância com determinado astro ou planeta, isso devendo-se às afinidades vibratórias do Dono Espiritual da dita Linha Espiritual ou Vibração Original.

As ervas mais afins à Vibração de Oxossi são aquelas que recebem mais diretamente as influências de Vênus. As ervas de Vênus são:

SABUGUEIRO	MALVAÍSCO	FOLHAS DE JUREMA
ERVA-DOCE	MALVA-CHEIROSA	PARREIRA-DO-MATO
GERVÃO	DRACENA	FIGO-DO-MATO

Temos também muitas outras que nem sempre são facilmente reconhecidas pelo seu odor.

Essas ervas podem ser usadas em banhos, quais sejam:

A-1) Banhos de Elevação ou Litúrgicos

Essas ervas, as de Vênus, não devem ser usadas neste tipo específico de banho. Os Filhos de Fé que estiverem debaixo da Vibratória de Oxossi e necessitarem do banho de elevação devem fazê-lo obedecendo aos mesmos critérios expostos aos Filhos de Fé que se encontram debaixo da Vibratória de Orixalá (v. pág. 177), pois somente as ervas solares, e muito excepcionalmente as ervas lunares, poderão ser usadas no banho litúrgico.

A-2) Banho de Desimpregnação ou Descarga

Como já dissemos, a finalidade precípua desse banho é deslocar ou eliminar as cargas negativas que ficam agregadas no aura ou corpo etérico do indivíduo.

Os banhos de desimpregnação com as ervas de vênus são muito úteis no combate a todas as mazelas, mas muito especialmente para os males de ordem astral e física, principalmente os que atuam produzindo doenças digestivas ou musculares de membros superiores e inferiores, devido a processos vasculares e sanguíneos. Podem também esses males ter como causa choques de ordem astral, oriundos das humanas criaturas ou de Seres Espirituais desencarnados de baixa estirpe espiritual, os quais são muito utilizados pelos Magos-Negros.

Para o banho de descarga escolhe-se as ervas, que deverão ser colhidas verdes, na Lua crescente principalmente, e nunca cheia ou minguante, na quantidade de 1, 3, 5 ou 7 ervas, de preferência colhidas, lavadas e preparadas na hora favorável de Vênus ou no horário vibratório de Oxossi (6 às 9 horas).

Após serem lavadas, as ervas são colocadas na vasilha de louça branca, sobre uma mesa, onde se acende uma vela branca dentro de um pentagrama (☆), tudo isso preparado com orações, debaixo de uma corrente de pensamentos que se harmonize com a ocasião. Acrescenta-se água fervente, espera-se esfriar e, após o banho de higienização, o indivíduo volta-se para o sul e toma o banho de ervas deixando o mesmo, junto com as ervas, passar pelo corpo todo, isto é, do pescoço para baixo. É bom ter sob os dois pés pequenos pedaços de carvão, que fixarão as cargas que as ervas deslocarem. O bagaço das ervas e os carvões são depois "despachados" em água corrente.

A-3) Banho de Fixação ou Ritualístico

Mais uma vez afirmamos que este banho é de caráter essencialmente mediúnico, visando precipitar em maior abundância fluidos etérico-físicos do médium, os quais facilitarão a ligação fluídico-vibratória entre o médium e seu mentor espiritual. Sua composição consiste de ervas da Vibração Original do médium e da Vibração Original da Entidade atuante, no caso dessa ser diferente da do médium. Se forem iguais, as ervas serão somente da Vibratória de Oxossi, sendo o banho preparado como se fosse o banho de elevação. Caso as Vibrações Originais sejam diferentes, o banho ritualístico terá ervas da Vibração Original do médium misturadas com as da Vibração Original da entidade atuante, na proporção de 2:1, sendo preparado na mesma vasilha de louça branca. Como neste caso a Vibração do médium é Oxossi, as ervas, tanto as do médium como as da Entidade, serão colhidas em uma hora favorável de Vênus, na quinzena positiva ou branca, isto é, no período compreendido entre o início da Lua nova e o final da Lua crescente. Após colhidas e lavadas, as ervas são colocadas na vasilha de louça branca, onde acrescenta-se água quente ou água de cachoeira, rio, mar, etc. Se for água quente, coloca-se a água na vasilha e espera-se que esfrie, retirando-se então as folhas, as quais podem ser depositadas em uma pequena mata ou mesmo rio. Se for fazer com água das diversas procedências, trituram-se as ervas e, antes de banhar-se, retiram-se os restos, coando o sumo. Os restos das ervas podem ser encaminhados a um rio ou pequena mata.

Na preparação do banho deve ficar sobre a mesa uma vela branca acesa dentro de um hexagrama (☆). Vale a pena lembrar que o banho deve ser tomado com o indivíduo voltando-se de costas para o cardeal oeste ou leste. As ervas não passam pelo corpo e o banho não passa pela cabeça.

B) Defumações*

Como já dissemos, as ervas para defumações na linha de Oxossi devem ter sido colhidas na Lua nova ou crescente, numa hora favorável de Vênus, e postas para secar à sombra, ficando claro que só se queimam ervas secas e em braseiro de barro. As defumações podem ser feitas em qualquer Lua ou horário, desde que a colheita tenha obedecido os critérios citados.

Para eliminar cargas morbosas e pesadas com o elemento ígneo-aéreo das defumações, deve o interessado voltar-se para o cardeal sul e tomar a defumação de frente e pelas costas, mentalizando tanto

---

* As defumações relativas ao corpo mental são: para os nativos de Libra — alfazema, incenso, benjoim; para os nativos de Touro — mirra, benjoim, alfazema.

quanto possível a cor vermelha se quiser afastar um mal físico, a cor amarela se quiser afastar um mal de ordem astral ou a azul se quiser afastar um mal de ordem mental.

As ervas a serem usadas na quantidade de 1, 3, 5 ou 7, devem neste caso ser misturadas com casca seca de limão. Esta defumação serve também para descarregar uma "gira de terreiro", o ambiente doméstico ou qualquer local de onde se queira desimpregnar principalmente formas-pensamento ou egrégoras inferiores.

No caso do indivíduo querer revitalizar-se, deverá o mesmo queimar essas ervas numa hora favorável de Vênus, de preferência no horário diurno, voltando-se para o ponto cardeal oeste ou leste, recebendo a fumaça pela frente e pelas costas. Pode ser também usada para revitalizar os organismos físico, astral e mental, juntamente com as luzes vermelha, amarela e azul, respectivamente, e, claro, debaixo de orações e correntes de pensamentos condizentes com o ato.

C) Essências Sagradas

Esses banhos poderão ser usados em qualquer fase da Lua e em qualquer horário e devem, obrigatoriamente, passar pela cabeça. As essências* que mais se harmonizam com a Vibratória de Oxossi são violeta, orquídea e narciso, embora existam outras. O preparo e uso do banho segue os critérios dados à pág. 181, mentalizando a cor azul.

9. LEI DE PEMBA — IDENTIFICAÇÃO

Já dissemos que as Entidades atuantes na Corrente Astral de Umbanda, nas 7 Vibrações Originais, dividem-se em 3 planos: o dos Orishas, o dos Guias e o dos Protetores. Na Lei de Pemba, as Entidades podem se identificar num desses 3 planos. Vejamos agora os sinais relativos à Vibração de Oxossi.

a) A *Banda* ou a *Vibração-Forma* é a de caboclos, e sua *flecha* é curva.

Vide explicações pág. 181

b) A *Chave* — identifica a Vibração Original.

1º GRAU   2º GRAU   3º GRAU

c) A *Raiz* — identifica o plano da Entidade, as Ordens e Direitos, tipos de trabalho, movimentos, etc.

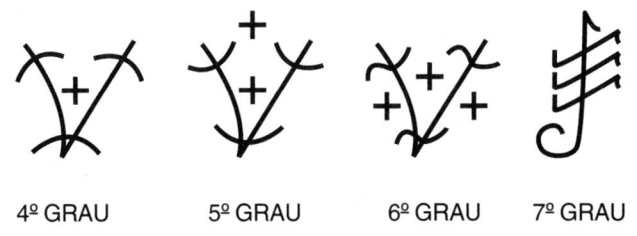

4º GRAU   5º GRAU   6º GRAU   7º GRAU

A seguir temos um ponto riscado completo:

OXOSSI — LEI DE PEMBA

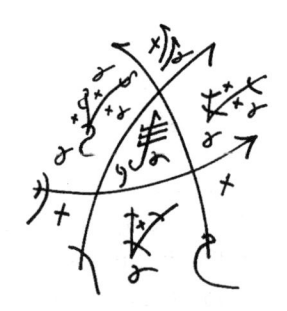

10. EXU GUARDIÃO DA VIBRATÓRIA DE OXOSSI

Os 7 Orishas Menores têm seus Emissários da Luz para as Sombras, os Exus guardiães, serventias e elemento de ligação com cada um deles. Assim, temos:

** O Caboclo Sr. 7 Espadas deu 3 essências ideais, mas também podemos utilizar: para os nativos de Libra: essência de alfazema; para os nativos de Touro: essência de violeta.

CABOCLO ARRANCA-TOCO	EXU MARABÔ
CABOCLO COBRA-CORAL	EXU CAPA PRETA
CABOCLO TUPYNAMBÁ	EXU LONAN
CABOCLA JUREMA	EXU BAURU
CABOCLO PENA BRANCA	EXU DAS MATAS
CABOCLO ARRUDA	EXU CAMPINA
CABOCLO ARARIBÓIA	EXU PEMBA

Demos somente os **Exus Guardiães** que são serventias dos Orishas, sendo praticamente impossível citar o nome de todos os Exus Guardiães dos Guias e Protetores.

VIBRAÇÃO ORIGINAL DE XANGÔ

1. CONCEITO

O termo sagrado XANGÔ primitivamente era Xingu, o qual depois pronunciou-se Xingô. Muito mais tarde foi fonetizado como Xanagá. Mais recentemente, outros povos, inclusive, os africanos ocidentais, fonetizaram esse termo sagrado como XANGÔ. Traduzindo esses termos ou vocábulos segundo a Coroa da Palavra, através do alfabeto Adâmico, teríamos:

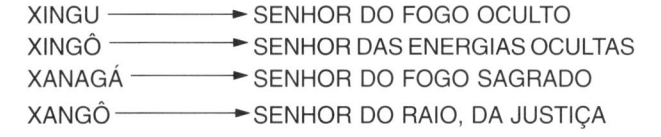

XINGU ⟶ SENHOR DO FOGO OCULTO
XINGÔ ⟶ SENHOR DAS ENERGIAS OCULTAS
XANAGÁ ⟶ SENHOR DO FOGO SAGRADO
XANGÔ ⟶ SENHOR DO RAIO, DA JUSTIÇA

Traduzindo silabicamente, teremos:

XA ⟶ SENHOR; DIRIGENTE
ANGÔ ⟶ RAIO; FOGO; ALMA
XANGÔ ⟶ O SENHOR DIRIGENTE DAS ALMAS

2. ATIVIDADE ESPIRITUAL KÁRMICA

A Vibração Original de Xangô reflete a Justiça Divina. Xangô é o Senhor que afere em sua Balança da Justiça todas as Almas; é o Senhor Primaz da corrente elemental Fogo. A Vibratória de Xangô é também uma das componentes diretas da Corrente das Almas do Cruzeiro Divino, que é comandada pelo Mediador do Orisha Ancestral Xangô, o Glorioso Mikael, o qual é Senhor da Balança da Lei e dos Destinos. Sua função prende-se aos conceitos mais puros e elevados sobre a Justiça Cósmica, promovendo assim a aferição kármica dos que estão debaixo de seu *julgamento*, ou seja, os Filhos de Fé.

Atualmente, sua função ou atividade espiritual prende-se em *fazer cumprir a lei de ação e reação*, ou seja, a Lei Kármica, como também ser o selecionador, o examinador, aquele que como Dirigente das Almas, com seu Fogo Divino, iluminar-lhes-á o caminho a ser seguido e ajudá-los-á a libertarem-se dos grilhões milenares dos enganos que escravizaram e escravizam a consciência.

Essa atividade vem através do mediunismo, onde sempre que podem manifestam suas atividades espirituais, quer seja através das preces cantadas, que são coroadas de imagens fortes que sempre lembram a *pedra* como obstáculo, o *machado* como aquele que corta os males, o *corisco* como o Poder da Luz das Almas ou o Poder da Justiça Cósmica, etc.

Em caráter hierático, Xangô trabalha no sentido de APLICAR A LEI, esgotando o karma passivo dos Filhos de Fé, incrementando-lhes a evolução e concomitantemente o karma ativo que os fará livres do corpo e da alma. É o Senhor Primaz dos movimentos radiantes, ou seja, do Fogo Sagrado que tudo ilumina e tudo corrige através de seu poder radiante.

Em se tratando de Magia Etéreos-Física, atua dissipando as correntes pesadas que vêm pelas Almas insubmissas e aflitas, através de seu Fogo Sagrado. Atua também com Tribunais no submundo astral, onde, através de seus Subtribunais, corrige o erro e o crime.

Atua neutralizando verdadeiros marginais do submundo astral, através de seus Tribunais, encaminhando-os às escolas corretivas ou mesmo às prisões ativas, isto é, aquelas em que o Ser fica ligado a um compromisso de resgate e mesmo de vigia nas *zonas condenadas do submundo astral* ou nas *zonas abismais*.

Neutralizam também correntes afetivas conturbadas e desajustadas das humanas criaturas, além de amparar aqueles que por algum motivo foram atingidos por Seres do astral inferior. Atuam combatendo assim a Magia Negra, usando as energias ígneas, que tudo destroem e purificam.

3. GRAFIA SAGRADA OU LEI DE PEMBA

Dentro do grafismo ou escrita sagrada, o alfabeto que traduz os equivalentes vibratórios de ordem astral (clichês astrais que quando ativados produzem ações várias) é o dito Adâmico.

O termo sagrado XANGÔ, que assim se expressa nesse alfabeto original, tem equivalência vibratória na Magia Astroetéreo-Física.

Além dos sinais sagrados, daremos também seus valores numéricos, que além da quantidade expressam qualidades, através da *unidade letra-som*.

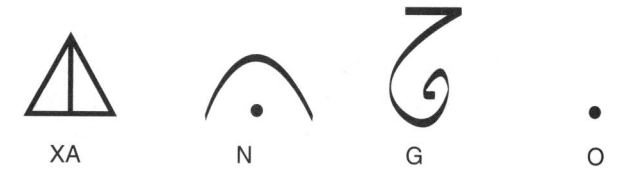

XA   N   G   O

LEI DE PEMBA em sentido vertical, de baixo para cima:

CENTRALIZAÇÃO

4. OS 7 ORISHAS MENORES — OS GUIAS — OS PROTETORES

Os 7 Orishas Menores são os que representam, aqui no planeta Terra, em seu plano físico e astral, o Orisha Ancestral.

Os 7 Orishas Menores da Vibração de Xangô são:

1. CABOCLO XANGÔ KAÔ
2. CABOCLO XANGÔ PEDRA-PRETA
3. CABOCLO XANGÔ 7 CACHOEIRAS
4. CABOCLO XANGÔ 7 PEDREIRAS
5. CABOCLO XANGÔ PEDRA-BRANCA
6. CABOCLO XANGÔ 7 MONTANHAS
7. CABOCLO XANGÔ AGODÔ

Abaixo dessas entidades, temos os GUIAS.
São Guias da Vibratória de Xangô:
CABOCLO DO SOL E DA LUA, CABOCLO PEDRA-ROXA, CABOCLO CACHOEIRA, CABOCLO VENTANIA, CABOCLO ROMPE-FOGO, etc.

Logo abaixo, dentro da Hierarquia Sagrada, temos os PROTETORES. Dentre eles citaremos:
CABOCLO QUEBRA-PEDRA, CABOCLO ITAPIRANGA, CABOCLO SUMARÉ, CABOCLO DO RAIO, CABOCLO PEDRA-VERDE, etc.

5. ATUAÇÃO DESSAS ENTIDADES

Os Orishas Menores dessa Vibratória, via de regra, não "baixam", podendo fazê-lo raramente e em geral somente em "giras mediúnicas" ou para dar certas mensagens ou consultas ligeiras, embora profundas, quando haja necessidade premente da atuação da Vibratória de Xangô. Essa premência deve-se a casos kármicos tormentosos que necessitam de uma alternativa ou esclarecimentos diretos por quem é de direito, no caso dos Orishas de Xangô. Só "baixam" se o médium estiver em perfeita sintonia com os mesmos e no grau próprio, é claro.

Os Guias "baixam" mais constantemente, mas devido à grande atuação no campo emotivo do médium, exigem que o mesmo não esteja debaixo de emoções obsessivas e outras que fujam por completo da atividade mediúnica. São Entidades que levam seus cavalos dentro de determinados conceitos, não admitindo erros sobre erros. São pacientes e tolerantes, mas no tocante à disciplina moral e mediúnica do médium, são rígidos, embora não inflexíveis e, se o médium não estiver dentro dos padrões morais-vibratórios adequados, enviam, através do entrecruzamento vibratório, Emissários no grau de Protetores de outra Vibratória, em geral Ogum ou Oxossi. Quando encontram bons cavalos (médiuns), além da mecânica da incorporação utilizam-se de outras formas mediúnicas, tais como: clarividência, clariaudiência, irradiação intuitiva e outras.

Os Protetores já atuam mais constantemente no dia-a-dia dos terreiros, usando de suas qualidades para neutralizar o ambiente emocional negativo do terreiro, como também direcionam Entidades negativas e mesmo desorientadas que acompanham as humanas criaturas nas tão propaladas sessões de caridade ou de atendimento público. Quando "baixam", atuam dando consultas profundas, mas que sempre atendem o equilíbrio emocional, mental e físico. São também portentosos no combate, em suas causas, das correntes de Magia inferior, desmantelando verdadeiras falanges do crime, com seus Magos-Negros sumamente frios e cruéis. Como dissemos, as entidades de Xangô estão diretamente ligadas à Corrente das Santas Almas do Cruzeiro Divino, a qual é de ação e execução sobre o planeta Terra.

Embora raros na atualidade do Movimento Umbandista, são Entidades indispensáveis na preparação dos Novos Tempos que, quando chegados, terão em Xangô e seus Prepostos importantes condutores do Movimento Umbandista. Chegará a hora de Xangô, com toda a sua *justiça sagrada*, a qual norteará os destinos de nossa casa planetária.

Não obstante, já há em raros templos-terreiros a presença de Xangô — entidades no grau de Orishas, Guias e Protetores.

6. MANIFESTAÇÕES MEDIÚNICAS

Essas Entidades atuam no corpo astral do médium principalmente na região do chacra cardíaco (em sânscrito, chacra anâhata), que tem sua equivalência no corpo físico denso no plexo cardíaco, no coração, atuando também no dito *nó sinusal* (marca-passo cardíaco, o qual marca o ritmo e a freqüência cardíaca, e astralmente o ritmo vibratório de absorção energética, o qual, quando bem ajustado, é síncrono com o ritmo Cósmico). Atuam também na respiração, no mental e na região cervical, produzindo na fenomênica mediúnica ligeiras alterações fisionômicas (marcantes, mas suaves), psíquicas, vocais, etc.

A ligação fluídico-magnética dessas Entidades com o médium começa com uma ligeira sensação que vem pelo alto da cabeça e depois atinge o pescoço, fazendo-o rodar levemente, ora para a direita, ora para a esquerda. Os fluidos de contato descem rapidamente, tornando a respiração ofegante e aumentando a freqüência e a força de contração cardíaca. Assim se entrosam no corpo astral, reproduzindo no corpo físico denso certos "arrancos", quando então "pegam" rapidamente o psiquismo, o sensório e a motricidade do médium. Sua chegada é caracterizada por um brado que se ouve bem como KA-Ô, parecendo um trovejar surdo, o qual, na Magia do Som, harmoniza a mistura fluídico-vibratória médium-Entidade. Suas incorporações são fortes, mas sem nenhuma forma

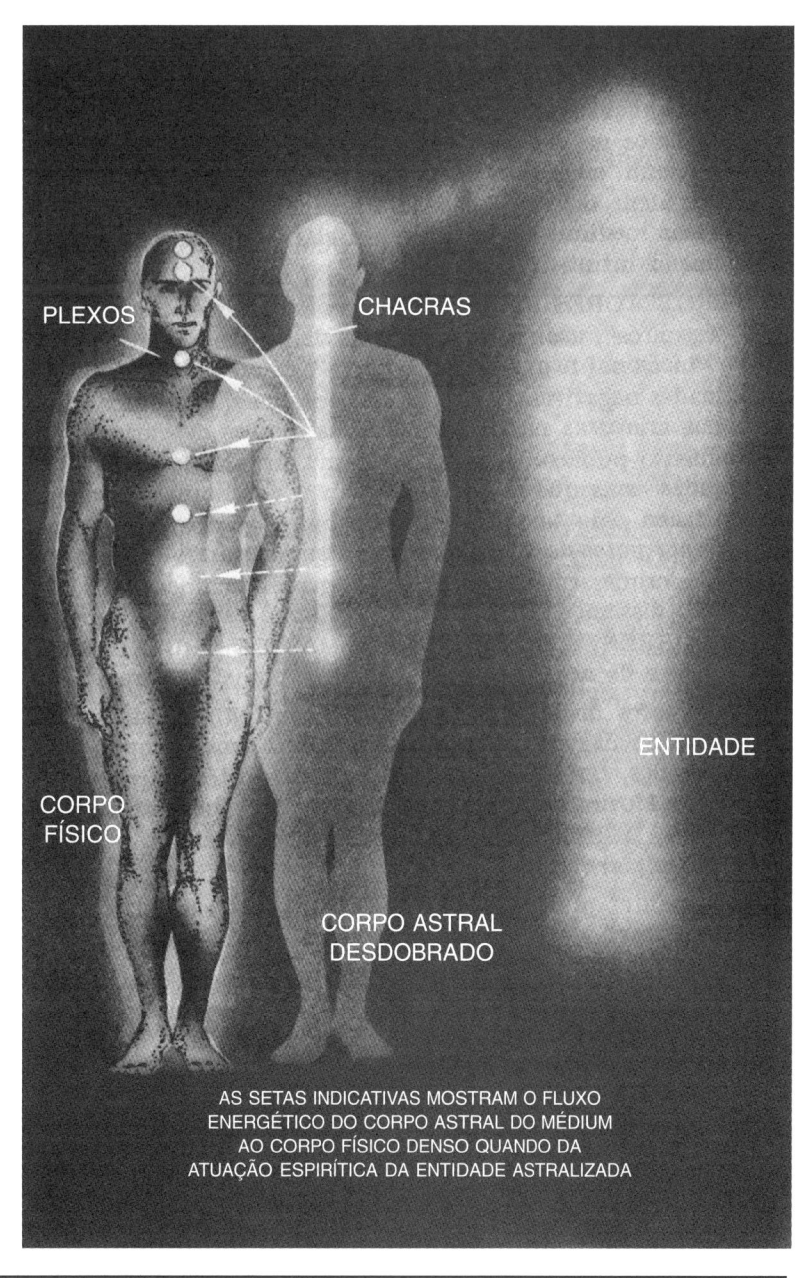

AS SETAS INDICATIVAS MOSTRAM O FLUXO ENERGÉTICO DO CORPO ASTRAL DO MÉDIUM AO CORPO FÍSICO DENSO QUANDO DA ATUAÇÃO ESPIRÍTICA DA ENTIDADE ASTRALIZADA

de exibição. Falam pouco e de maneira bem audível. Dão consultas rápidas e profundas. Usam com sabedoria certos movimentos do elemento ígneo, trabalhando em geral com vela acesa e água de cachoeira, onde dissipam e fixam vibrações. Fazem também uso da fumaça dos charutos, potente liberador de energias morbosas, fazendo através desses elementos aéreos certas densificações no corpo etérico do médium, através de complexa mutação de elementos.

Quando incorporados, falam de maneira atrativa para quem os ouve. Suas preces cantadas ou pontos traduzem fortes imagens, que em geral são cantadas de forma grave e traduzem ou alertam sobre a Lei Divina e sobre o Karma, embora metaforizadas como *pedras, cachoeiras, maleme,* etc.

Seus sinais riscados ou *grafia dos orishas* são de extrema beleza, formando conjuntos harmônicos e demonstrando em todos os detalhes profundo equilíbrio. Dão a flecha, a chave e a raiz, pontos riscados de alto cabalismo que movimentam muitas energias e Seres Espirituais afins.

Assim atuam os Prepostos de Xangô, verdadeiros Emissários Superiores da Ordem e da Justiça Cósmica.

7. RELAÇÕES DA VIBRATÓRIA DE XANGÔ

Como todas as demais Linhas, a Linha Espiritual ou Vibração Original de Xangô se relaciona com particulares vibrações, que são:

A) Cor Vibratória	Verde
B) Mantra	Uarada
C) Geometria Sagrada	Quadrado
D) Número Sagrado	4
E) Signo Zodiacal	Peixes; Sagitário
F) Astro Regente	Júpiter
G) Dia Propício	5ª feira
H) Força Sutil	Hídrica e Ígnea
I) Elemento — Energia	Água e Fogo
J) Ponto Cardeal	Oeste e Sul
L) Metal	Estanho
M) Mineral	Ametista e topázio
N) Neuma	☥ HAARAAÊÊ
O) Horário Vibratório	Das 15 às 18 horas
P) Letra Sagrada associada ao Signo Zodiacal	R; O
Q) Letra Sagrada associada ao Astro Regente	D
R) Vogal Sagrada	Y
S) Essência Volátil Líquida	Mirra; heliotrópio
T) Flor Sagrada	Lírio branco
U) Erva Sagrada	Louro
V) Erva de Exu	Mangueira
X) Arcanjo Tutor	Mikael
Y) Chefe de Legião	Xangô Kaô
Z) Exu Guardião Indiferenciado	Exu Gira-Mundo

8. MAGIA VEGETOASTROMAGNÉTICA

Nesta categoria enquadramos o uso de *banhos de ervas, defumações* e as *essências sagradas.*

A) Banhos de Ervas

Cada Vibração Original comanda ou vibra em consonância com determinado astro ou planeta, isso devendo-se às finalidades vibratórias do Dono Espiritual da dita Linha Espiritual ou Vibração Original.

As ervas mais afins à Vibração Original de Xangô são aquelas que recebem mais diretamente as influências de Júpiter. São elas:

LÍRIO-DE-CACHOEIRA	FEDEGOSO	ABACATE
ALECRIM-DO-MATO	MANGA	GOIABA
ERVA-TOSTÃO	PARREIRA	LIMÃO

Temos também muitas outras, que são facilmente reconhecidas pelo seu odor ou perfume agradável e característico.

Essas ervas podem ser usadas em banhos, os quais podem ser:

A-1) Banhos de Elevação ou Litúrgicos

Essas ervas, as de Júpiter, não devem ser usadas neste tipo específico de banho. Os Filhos de Fé que estiverem debaixo da Vibratória de Xangô e necessitarem do banho de elevação devem fazê-lo obedecendo os mesmos critérios expostos aos Filhos de Fé que se encontram debaixo da Vibratória de Orixalá (pág. 177), pois somente as ervas solares, ou muito excepcionalmente as ervas lunares, poderão ser usadas neste banho litúrgico.

A-2) Banho de Desimpregnação ou Descarga

A finalidade precípua deste banho é deslocar ou eliminar as cargas negativas que ficam agregadas no aura ou corpo etérico do indivíduo, que, nesse caso, podem até lhe causar várias doenças, como por exemplo distúrbios cardiovasculares (oscilações da pressão arterial, espasmos coronarianos, distúrbios do ritmo cardíaco, em geral extra-sístoles de ordem supraventricular). Quando o indivíduo é muito atingido, as perigosíssimas extra-sístoles ventriculares e os bloqueios vários da condução intra-cardíaca podem levar o indivíduo ao desencarne. Vamos, então, após estas explicações, mostrar como se eliminam esses efeitos deletérios através do banho de desimpregnação ou descarga.

Os banhos de desimpregnação com as ervas de Júpiter são muito úteis no combate a todas as mazelas, mas especialmente para os males que afetam a organização astroetérica influindo na parte psico-emotiva do Ser, podendo acarretar graves distúrbios cardiocirculatórios.

Escolhem-se as ervas, que deverão ser colhidas verdes, na Lua *crescente* principalmente, *nunca* na Lua *cheia* ou *minguante*, na quantidade de 1, 3, 5, ou 7 ervas, de preferência colhidas, lavadas e preparadas na hora favorável de Júpiter ou no horário vibratório de Xangô (15 às 18 horas).

Após lavarmos as ervas, são elas colocadas na vasilha de louça branca, sobre uma mesa, onde se acende uma vela branca dentro de um pentagrama (☆), tudo isso preparado com orações, debaixo de uma corrente de pensamentos que se harmonize com a ocasião. Acrescenta-se água fervente e espera-se que a água esfrie. Após o banho de higienização, o indivíduo volta-se para o sul e toma o banho de ervas deixando o mesmo, junto com as ervas, passar pelo corpo todo, isto é, do pescoço para baixo. É bom colocar, sob os pés, pequenos pedaços de carvão, que fixarão as cargas que as ervas deslocarem.

Com o aura limpo, o indivíduo torna-se menos suscetível de contrair distúrbios passageiros ou mesmo mais graves. É normal indivíduos com esses tipos de sobrecargas terem muitas oscilações na pressão arterial e na freqüência cardíaca, além de moléstias mais graves, como distúrbios vasculares e cerebrais (acidentes vasculares cerebrais, infartos, acidentes hemorrágicos, etc.).

Após o banho, os detritos das ervas devem ser "despachados" em água corrente, junto com os carvões.

A-3) Banho de Fixação ou Ritualístico

Este banho é de caráter essencialmente mediúnico, visando precipitar em maior abundância fluidos etéreo-físicos do médium, os quais facilitarão a ligação fluídico-vibratória entre o médium e seu mentor espiritual. Leva em sua composição ervas da Vibração Original do médium e da Vibração Original da Entidade atuante, no caso de serem diferentes.

Se forem iguais, as ervas serão somente da Vibração de Xangô, sendo o banho preparado como se fosse banho de elevação. Caso as Vibrações Originais sejam diferentes, o banho ritualístico terá ervas da Vibração Original do médium misturadas com as da Vibração Original da Entidade atuante, na proporção de 2:1, sendo preparado na mesma vasilha de louça branca. Como neste nosso caso a Vibração Original do médium é Xangô, as ervas, tanto as do médium como as relativas à Entidade, serão colhidas em uma hora favorável de Júpiter, na quinzena positiva ou branca, isto é, no período compreendido entre o início da Lua nova e o final da Lua crescente. Após colhidas e lavadas, as ervas são colocadas na vasilha, onde acrescenta-se água quente ou água de cachoeira, rio, mar, etc. Se for água quente, coloca-se a água na vasilha e espera-se que esfrie, retirando-se então as folhas, as quais podem ser depositadas em uma pequena mata ou mesmo rio. Se for água das diversas procedências, trituram-se as ervas e, antes de banhar-se, retiram-se os restos, coando o sumo. Os restos das ervas podem ser encaminhados a um rio ou pequena mata.

Não nos esqueçamos que na preparação do banho deve ficar sobre a mesa uma vela branca acesa dentro do hexagrama (✡). O banho deve ser tomado com o indivíduo voltando-se de costas para o cardeal oeste ou leste. As ervas não passam pelo corpo e o banho não passa pela cabeça.

B) Defumações*

Aqui, as ervas que serão queimadas devem ter sido colhidas na Lua nova ou crescente, numa hora favorável de Júpiter e postas para secar à sombra,

---

* As defumações relativas ao corpo mental são: para os nativos de Peixes: mirra, benjoim, alfazema; para os nativos de Sagitário: sândalo, incenso, mirra.

ficando claro que só se queimam ervas secas e no braseiro de barro. As defumações podem ser feitas em qualquer Lua ou horário, desde que a colheita tenha obedecido aos critérios citados.

Para eliminar cargas morbosas e pesadas com o elemento ígneo-aéreo das defumações, deve o interessado voltar-se para o cardeal sul e tomar a defumação de frente e pelas costas, mentalizando tanto quanto possível a cor vermelha se quiser afastar um mal físico, a cor amarela se quiser afastar um mal de ordem astral e a azul se quiser afastar um mal de ordem mental.

As ervas serão usadas na quantidade de 1, 3, 5 ou 7, devendo neste caso ser misturadas com casca de limão. Esta defumação serve também para descarregar uma "gira de terreiro", o ambiente doméstico ou qualquer local que se queira desimpregnar principalmente formas-pensamento ou egrégoras inferiores.

No caso do indivíduo querer revitalizar-se, deverá o mesmo queimar essas ervas numa hora favorável de Júpiter, de preferência no horário diurno, voltando-se para o ponto cardeal oeste ou leste, recebendo a fumaça pela frente e pelas costas.

Pode ser também usada para revitalizar o organismo físico, astral e mental, juntamente com a luz de velas vermelha, amarela e azul, respectivamente, e, é claro, debaixo de orações e correntes de pensamentos condizentes com o ato.

C) Essências Sagradas*

Esses banhos deverão ser usados em qualquer fase da Lua e em qualquer horário e devem obrigatoriamente passar pela cabeça. As essências que mais se harmonizam com a Vibração de Xangô são: mirra, bálsamo e alecrim. Preparo e uso do banho conforme instruções à pág. 181 (Vibratória de Orixalá), mentalizando a cor verde pura.

9. LEI DE PEMBA — IDENTIFICAÇÃO

Já dissemos que as Entidades atuantes na Corrente Astral de Umbanda, nas 7 Vibrações Originais, dividem-se em 3 planos: o dos Orishas, o dos Guias e o dos Protetores.

Dentro da **LEI DE PEMBA** as Entidades podem se identificar num desses 3 planos. Vejamos agora os sinais de Xangô:

a) A *Banda* ou *Vibração-Forma* é a de Caboclos, cuja **flecha** é curva.

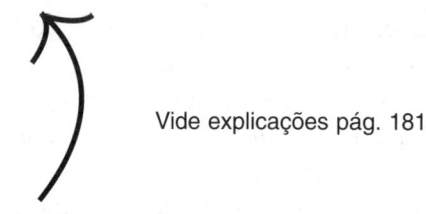

Vide explicações pág. 181

b) A *Chave* — identifica a Vibração Original.

1º GRAU   2º GRAU   3º GRAU

c) A *Raiz* — identifica o plano da Entidade, as Ordens e Direitos, tipos de trabalho, movimentos, etc.

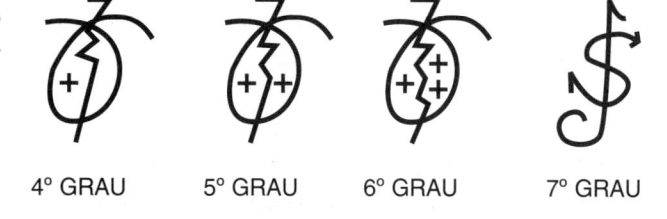

4º GRAU   5º GRAU   6º GRAU   7º GRAU

Resumamos:
XANGÔ — LEI DE PEMBA

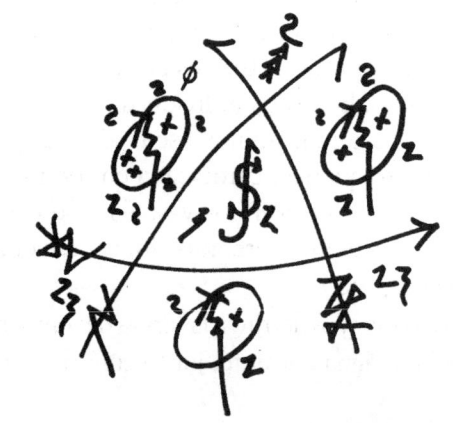

---

* O Caboclo Sr. 7 Espadas deu 3 essências ideais, mas também podemos utilizar: para os nativos de Peixes — mirra; para os nativos de Sagitário — heliotrópio.

10. EXU GUARDIÃO DA VIBRATÓRIA DE XANGÔ

Os 7 Orishas Menores têm seus Emissários da Luz para as Sombras, ou Exus Guardiães, que são serventias e elemento de ligação com cada um deles. Assim, temos:

CABOCLO XANGÔ KAÔ	EXU GIRA-MUNDO
CABOCLO XANGÔ PEDRA-PRETA	EXU MEIA-NOITE
CABOCLO XANGÔ 7 CACHOEIRAS	EXU QUEBRA-PEDRA
CABOCLO XANGÔ 7 PEDREIRAS	EXU VENTANIA
CABOCLO XANGÔ PEDRA-BRANCA	EXU MANGUEIRA
CABOCLO XANGÔ 7 MONTANHAS	EXU CORCUNDA
CABOCLO XANGÔ AGODÔ	EXU DAS PEDREIRAS

Demos somente os Exus Guardiães que são serventias dos Orishas, sendo praticamente impossível citar o nome de todos os Exus Guardiães dos Guias e Protetores.

VIBRAÇÃO ORIGINAL DE YORIMÁ

1. CONCEITO

O termo YORIMÁ foi um dos raros termos sagrados que se manteve sem nenhuma alteração. O que aconteceu é que esse termo foi completamente esquecido e postergado. Mesmo os vários povos que foram conhecedores da Proto-Síntese Relígio-Científica, dentre eles os africanos, não guardaram o termo YORIMÁ, o qual representa uma POTESTADE CÓSMICA ou Orisha Ancestral. Esse termo sagrado foi realmente revelado, ou relembrado, através do Movimento Umbandista em sua mais alta pureza e expressão. Traduzindo esse vocábulo segundo a Coroa da Palavra, através do alfabeto Adâmico, teríamos:

YORIMÁ: POTÊNCIA DO VERBO ILUMINADO
POTÊNCIA DA LEI SAGRADA
ORDEM ILUMINADA DA LEI

Traduzindo silabicamente, teremos:

YO ⟶ POTÊNCIA; ORDEM; PRINCÍPIO
RI ⟶ REINAR; ILUMINADO
MA ⟶ LEI; REGRA

YORIMÁ portanto traduz: Princípio ou Potência Real da Lei.

2. ATIVIDADE ESPIRITUAL KÁRMICA

YORIMÁ é o Orisha Primaz do elemental terra, cuja corrente cósmica vem pelo cardeal norte. Manipula os éteres, e, dentre eles, o Éter Químico e Refletor.

A Vibração de Yorimá é composta por diversas Entidades que alcançaram a maturidade espiritual, através de experiências mil, sendo pois SENHORES DAS EXPERIÊNCIAS.

Cristalizaram essa experiência em forma de evolução, orientando muito principalmente Seres Espirituais ainda inexperientes e vulneráveis aos entrechoques individuais e coletivos que atendem suas próprias necessidades kármicas individuais ou coletivas. Essas Entidades, seus Orishas e Guias, contribuíram muito decisivamente na formação física de nosso planeta, em seus mínimos detalhes, sendo portanto Senhores de Nossa Casa Planetária. Ajudaram na *antropogênese*, muito contribuindo com seus conceitos adquiridos no velho — e não menos majestoso em evolução — Planeta Saturno.

Atualmente, sua função se prende em orientar os Filhos de Fé no caminho da Fé e da evolução, alcançadas através da humildade e sabedoria. Mostram que o peso das experiências torna leve a consciência, direcionando-a a níveis superiores, aos planos mais altos da vida. Disso tratam suas mensagens quando mediunizam os Filhos de Fé, tudo feito de forma oportuna, transparente e que não traumatizem os Filhos de Fé. Adaptam seus ensinamentos aos mais diversos níveis de entendimento das humanas criaturas, sempre de forma paciente e tolerante. São exemplos de humildade, paciência e tolerância, pois alcançaram patamares espirituais de elevadíssimo escol mas dirigem-se aos simples, humildes e desgarrados, fazendo-o com amor só alcançado por quem já renunciou ao ilusório e a si mesmo.

Em se tratando da Magia Etérico-Física, atuam neutralizando as baixas correntes ou cargas pesadas oriundas da baixa magia ou Magia Negra. São mestres nesse mister e, por sua experiência profunda, não raras vezes, se misturam com as falanges negras visando combatê-las, sabotando assim as ações deletérias dos Gênios das Trevas. Ajustam e ideoplastizam seus corpos astrais para se infiltrarem no submundo astral, visando minar o poder ou mesmo esclarecer, de maneira muito inteligente e sutil, as Almas aflitas que se encontram presas nas garras de verdadeiros marginais daquele plano. São mestres na Magia, desfazendo os efeitos etéreo-físicos dos popularmente chamados "trabalhos de Magia Negra" e por isso são chamados de MANDINGUEIROS DE LUZ. Não podemos confundi-los, é claro, com "feiticeiros", como muitos os chamam. Esperamos ter deixado clara a distinção.

Enquanto os Prepostos de Yorimá ativamente desfazem os bozós (feitiços, correntes de bruxaria, vodus, etc.) os ditos *quimbandeiros*, com suas hordas, são os que fazem esses trabalhos inferiores e grosseiros que visam contundir este ou aquele indivíduo. Nesse trabalho incessante de atuação direta tanto na Luz quanto na Sombra, incrementando a evolução, é que atuam os Orishas e Guias, orientando os Protetores e seus subplanos na execução direta dessa difícil tarefa, qual seja de preservar a integridade mágico-vibratória do planeta e de seus habitantes. Essa é a função mais direta dos ditos PAIS-VELHOS ou PRETOS-VELHOS na Corrente Astral de Umbanda da atualidade.

3. GRAFIA SAGRADA OU LEI DE PEMBA

Dentro do grafismo ou escrita sagrada, o alfabeto que traduz os equivalentes vibratórios de ordem astral (clichês astrais que quando ativados produzem ações várias) é o dito Adâmico.

O termo sagrado YORIMÁ, que assim se expressa nesse alfabeto original, tem equivalências vibratórias na Magia Astroetérico-Física.

Além dos sinais sagrados, daremos também seus valores numéricos que além da quantidade expressam qualidades, através da *unidade letra-som*.

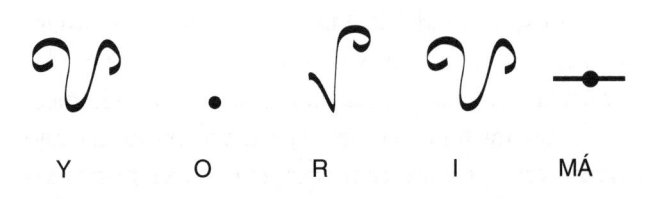

Y O R I MÁ

LEI DE PEMBA em sentido vertical, de baixo para cima:

CENTRALIZAÇÃO

4. OS 7 ORISHAS MENORES — OS GUIAS — OS PROTETORES

Os 7 Orishas Menores são os que representam, aqui no Planeta Terra, em seu plano físico e astral, o Orisha Ancestral.

Os 7 Orishas Menores da Vibração de Yorimá são:

1. PAI GUINÉ
2. PAI CONGO DE ARUANDA
3. PAI ARRUDA
4. PAI TOMÉ
5. PAI BENEDITO
6. PAI JOAQUIM
7. VOVÓ MARIA CONGA

Abaixo dessas Entidades, temos os GUIAS. São Guias da Vibratória de Yorimá:

PAI CHICO DAS ALMAS, VOVÓ ANGOLÁ, PAI JOÃO D'ANGOLA, PAI CONGO DO MAR, VOVÓ CAMBINDA DE GUINÉ, etc.

Logo abaixo, dentro da Hierarquia Sagrada, temos os *PROTETORES*. Dentre eles, citaremos:

PAI TIBÚRCIO, PAI CELESTINO DO CONGO, PAI CIPRIANO, PAI JOÃO DA CARIDADE, PAI CHICO CARREIRO, VOVÓ BARBINA etc.

5. ATUAÇÃO DESSAS ENTIDADES

Nesta Faixa Vibratória, não raramente, quando encontram médiuns positivos e limpos moral-espiritualmente, os Orishas Menores "baixam". Dão suas consultas, que são profundas e esclarecedoras, como também dão mensagens de caráter geral, visando incrementar a Fé e a humildade no coração e na ação de vários de seus Filhos de Fé.

Gostam também de atuar em outras modalidades mediúnicas, muito principalmente por meio da vidência ou da sensibilidade psicoastral.

Os Guias de Yorimá também são comuns nos terreiros. Quase todas as noites ouvem e apascentam vários Filhos de Fé. São em verdade profundos conhecedores da mente e do comportamento humano, como também de suas mazelas. Também atuam em todas as outras modalidades mediúnicas.

Os Protetores de Yorimá, juntamente com os Guias, utilizam muito as rezas e os benzimentos (energização), além de darem medicamentos, principalmente da flora, para combater os males físicos e astrais dos vários Filhos de Fé.

Ao pitarem seus cachimbos, veiculam com a fumaça portentosas vibrações que limpam o aura, desagregando até certas larvas condensadas (pelo pensamento cristalizado) que, se não o fossem, poderiam trazer sérios prejuízos à constituição astrofísica do indivíduo. A fumaça não é, como muitos pensam, deletéria. É deletéria, sim, aos Filhos da Terra que fumam aspirando nicotina, alcatrão, alcalóides vários e gases nocivos.

Quando um Preto-Velho ou mesmo Caboclo manipula magicamente a fumaça, sabe como fazê-lo, utilizando determinados elementos nocivos para destruir ou desestruturar bactérias, vírus e outros microrganismos até de ordem astral que se encontram no ambiente, neutralizando completamente os efeitos deletérios da fumaça nos Filhos de Fé. São os SENHORES DA MAGIA, profundos conhecedores da *alquimia astral*, a qual manipulam com destreza e sabedoria.

Assim atuam esses Pais-Velhos, grandes Magos da Sagrada Corrente Astral de Umbanda. Ao terminar, queremos salientar que muitos deles foram da pura Raça Vermelha, vindos de outras galáxias e estagiando no planeta Saturno. Aliás, até hoje muitas Entidades oriundas de Saturno, Júpiter e Vênus estão atuando e estagiando em nossa Corrente. É a GRANDE FAMÍLIA CÓSMICA, é o início do: *No*

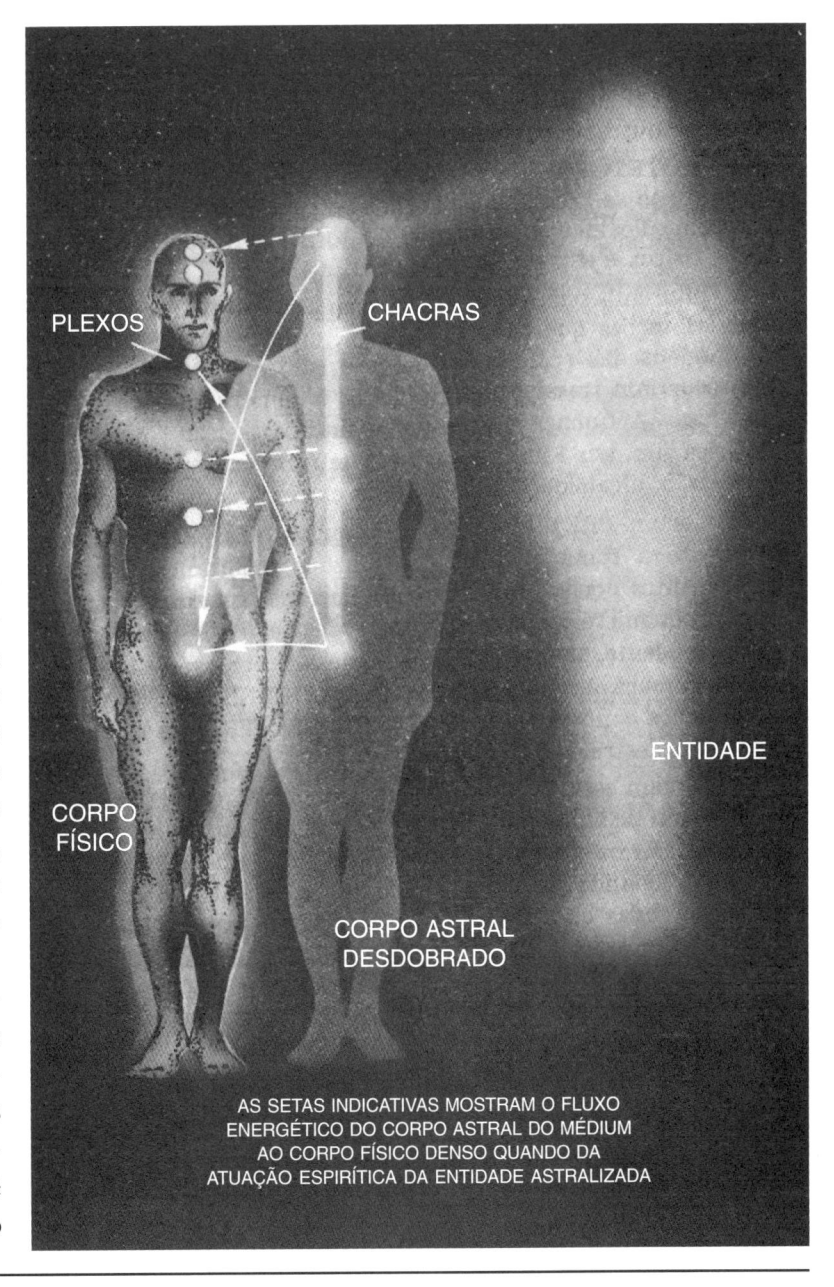

AS SETAS INDICATIVAS MOSTRAM O FLUXO ENERGÉTICO DO CORPO ASTRAL DO MÉDIUM AO CORPO FÍSICO DENSO QUANDO DA ATUAÇÃO ESPIRÍTICA DA ENTIDADE ASTRALIZADA

universo astral haverá um só rebanho, que será conduzido às suas origens — ao Cosmo Espiritual.

6. MANIFESTAÇÕES MEDIÚNICAS

Essas Entidades atuam no corpo astral do médium na região do chacra genésico (em sânscrito, chacra muladhara), que tem sua equivalência no corpo físico denso nas glândulas germinativas e anexos.

No homem: testículos, próstata e vesículas seminais.

Na mulher: ovários, útero e trompas.

Atuam também no plexo frontal e cervical, produzindo na fenomênica mediúnica profundas alterações fisionômicas (marcantes mas sem perder a estética; formas bonitas ou sugestivas), psíquicas, vocais, posturais, etc.

A ligação fluídico-magnética dessas Entidades com o médium começa pela fronte, em forma de uma certa "friagem" que se prolonga até a laringe (garganta). Rapidamente a "friagem" desce pela coluna vertebral e, como um choque em todo o organismo físico, começam suas vibrações fluídicas de chegada, dando um "sacolejo geral", muito principalmente na cabeça e ombros, arcando gradativamente o tórax e as pernas. Assim "pegam bem" os aparelhos, emitindo um *mantra* surdo e interiorizado que mais parece um *som básico*. Quando no "reino", incorporados, gostam de trabalhar sentados, pitando seus cachimbos, falando muito calmamente e com sabedoria. Como outras Entidades, adaptam seu linguajar ao entendimento dos consulentes e, quando necessário, pronunciam o idioma sem modismos. São os GRANDES MAGOS, são em verdade o Mestrado da Magia, Senhores da Lei de Pemba, profundos conhecedores, em suas causas e aplicações, da Lei Kármica.

Suas mensagens, através das preces cantadas, são fortes imagens que predispõem o mental às coisas do espiritual e, por meio de seu ritmo suave e dolente, ativam os centros superiores do indivíduo, bem como suas faculdades nobres, às vezes ainda adormecidas em muitos Filhos de Fé.

Também riscam com mestria os verdadeiros sinais de pemba, e dão logo a *flecha*, a *chave* e a *raiz* em perfeita harmonia com as vibrações de Geometria Cósmica.

7. RELAÇÕES DA VIBRATÓRIA DE YORIMÁ

Como todas as demais Linhas, a Linha Espiritual ou Vibração Original de Yorimá se relaciona com particulares vibrações que são:

A) Cor Vibratória	Violeta
B) Mantra	Pakasha
C) Geometria Sagrada	Pentágono ou pentagrama
D) Número Sagrado	5
E) Signo Zodiacal	Capricórnio; Aquário
F) Astro Regente	Saturno
G) Dia Propício	Sábado
H) Força Sutil	Telúrica e Aérea
I) Elemento — Energia	Terra e Ar
J) Ponto Cardeal	Norte e Leste
L) Metal	Chumbo
M) Mineral	Hematita; turquesa
N) Neuma	♑ HÂÂRIÊÊ
O) Horário Vibratório	Das 21 à zero hora
P) Letra Sagrada associada ao Signo Zodiacal	P; K
Q) Letra Sagrada associada ao Astro Regente	X
R) Vogal Sagrada	O
S) Essência Volátil Líquida	Eucalipto; erva-cidreira
T) Flor Sagrada	Dálias escuras
U) Erva Sagrada	Eucalipto
V) Erva de Exu	Vassoura-preta
X) Arcanjo Tutor	Yramael
Y) Chefe de Legião	Pai Guiné
Z) Exu Guardião Indiferenciado	Exu Pinga-Fogo

8. MAGIA VEGETOASTROMAGNÉTICA

Neste tópico específico da Magia Vegetoastromagnética encontraremos os *banhos de ervas*, as *defumações* e as *essências sagradas*.

A) *Banhos de Ervas*

As ervas mais afins à Vibração Original de Yorimá são aquelas que recebem mais diretamente as influências de Saturno, absorvendo suas energias específicas.

As ervas de Saturno são:

EUCALIPTO	TROMBETA	BANANEIRA
TAMARINDO	ALFAVACA	SETE-SANGRIAS
GUINÉ-PIPIU	CAMARÁ	VASSOURA-PRETA OU BRANCA

Temos também muitas outras, que são facilmente reconhecidas pelo seu odor ou perfume agradável e característico.

Essas ervas podem ser usadas em banhos, quais sejam:

A-1) Banhos de Elevação ou Litúrgicos

Essas ervas, as de Saturno, não devem ser usadas neste tipo específico de banho. Os Filhos de Fé que estiverem debaixo da Vibratória de Yorimá e necessitarem do banho de elevação devem fazê-lo obedecendo os mesmos critérios expostos aos Filhos de Fé que se encontram debaixo da Vibratória de Orixalá (pág. 177), pois somente as ervas solares, e muito excepcionalmente as ervas lunares, poderão ser usadas neste banho litúrgico.

A-2) Banho de Desimpregnação ou Descarga

A finalidade precípua deste banho é deslocar ou eliminar as cargas negativas que ficam agregadas no corpo etérico do indivíduo, podendo até lhe causar doenças relativas ao sistema geniturinário (infecções, distúrbios fisiológicos, impotência, frigidez ou o contrário, e tumores, etc.).

Os banhos de desimpregnação com as ervas de Saturno são muito úteis no combate a todas as mazelas, especialmente para os males que afetam a organização astroetérica influindo na atividade psicossexual.

Para prepará-los, escolhem-se as ervas, que deverão ser colhidas verdes, na Lua crescente principalmente, *nunca* devendo-se colher na Lua cheia ou minguante, na quantidade 1, 3, 5 ou 7 ervas, de preferência colhidas, lavadas e preparadas na hora favorável de Saturno ou no horário vibratório de Yorimá (21 horas à meia-noite).

Após lavarmos as ervas, elas são colocadas na vasilha, tendo ao lado uma vela branca dentro de um pentagrama (☆), tudo isso preparado com orações, debaixo de uma corrente de pensamentos que se harmonize com a ocasião. Acrescenta-se água fervente e espera-se esfriar. Após o banho de higienização, o indivíduo volta-se para o ponto cardeal sul e toma o banho de ervas deixando o mesmo, junto com as ervas, passar pelo corpo todo, isto é, do pescoço para baixo. É bom ter sob os pés pequenos pedaços de carvão, que fixarão as cargas que as ervas deslocarem.

Com o aura limpo, o indivíduo torna-se menos suscetível de contrair distúrbios agudos, leves e mesmo os mais graves. É normal indivíduos com esses tipos de sobrecargas terem alterações em seu humor e na libido. Os detritos das ervas, juntamente com o carvão, devem ser "despachados" em água corrente.

A-3) Banho de Fixação ou Ritualístico

Este banho é de caráter essencialmente mediúnico, visando precipitar em maior abundância fluidos etéreo-físicos do médium, e seu mentor espiritual. Levam ervas da Vibração Original do médium e da Vibração Original da Entidade atuante, no caso de serem diferentes.

Se forem iguais, as ervas serão somente da Vibração de Yorimá, sendo o banho preparado como se fosse de elevação. Caso as Vibrações Originais sejam diferentes, o banho ritualístico terá ervas da Vibração Original do médium misturadas com as da Vibração Original da Entidade atuante, na proporção de 2:1, sendo preparado na mesma vasilha de louça branca. Como neste nosso caso a Vibração Original do médium é Yorimá, as ervas serão todas colhidas em uma hora favorável de Saturno, na quinzena positiva ou branca. Após colhidas e lavadas, as ervas são colocadas na vasilha, onde acrescenta-se água quente ou água da cachoeira, rio, mar, etc. Se for água quente, coloca-se a água e espera-se que esfrie, retirando-se então as folhas para despachar. Se for despachar com água das diversas procedências, trituram-se as ervas e, antes de banhar-se, retiram-se os restos, coando o sumo. Na preparação do banho deve ficar sobre a mesa uma vela branca acesa dentro do hexagrama (✡). Ao tomá-lo, o indivíduo volta-se de costas para o ponto cardeal oeste ou leste. As ervas não devem passar pelo corpo e o banho não passa pela cabeça.

B) Defumações*

Aqui, as ervas devem ser colhidas na Lua nova ou crescente, numa hora favorável de Saturno e postas para secar à sombra, ficando claro que só se queimam ervas secas em braseiro de barro. As defumações podem ser feitas em qualquer Lua ou horário, desde que a colheita tenha obedecido aos critérios citados.

Para eliminar cargas morbosas e pesadas com o elemento ígneo-aéreo das defumações, deve o interessado voltar-se para o ponto cardeal sul e tomar a defumação de frente e pelas costas, mentalizando tanto quanto possível a cor vermelha se quiser afastar um mal físico, a cor amarela se for um mal de ordem astral e a azul se for um mal de ordem mental.

As ervas a serem usadas na quantidade de 1, 3, 5 ou 7, devem neste caso ser misturadas com casca seca de limão. Esta defumação serve também para descarregar uma "gira de terreiro", o ambiente doméstico, etc.

No caso do indivíduo querer revitalizar-se, deverá o mesmo queimar essas ervas numa hora favorável de Saturno, de preferência no horário diurno, voltando-se para o ponto cardeal Oeste ou Leste, recebendo a fumaça pela frente e pelas costas. Pode ser também usada para revitalizar o organismo físico, astral e mental, juntamente com as luzes vermelha, amarela e azul respectivamente, e, é claro, debaixo de orações e correntes de pensamentos condizentes com o ato.

C) Essências Sagradas**

Esses banhos deverão ser usados em qualquer fase da Lua e em qualquer horário, e devem obrigatoriamente passar pela cabeça. As essências que mais se harmonizam com a Vibração de Yorimá são: *junquilho*, *eucalipto*, *alfazema*, etc. O preparo e uso do banho seguem os critérios da pág. 181, com mentalização na cor lilás-claro.

9. LEI DE PEMBA — IDENTIFICAÇÃO

As Entidades atuantes na Corrente Astral de Umbanda, nas 7 Vibrações Originais, dividem-se em 3 planos: o dos Orishas, o dos Guias e o dos Protetores. Na Lei de Pemba as Entidades podem se identificar num desses 3 planos. Vejamos os sinais de Yorimá:

a) A *Banda* ou *Vibração-Forma* é a de *Pretos-Velhos*, cuja *flecha* é reta.

↑ ∧ INDUTOR DIRECIONA IMPULSIONA
| CONDUTOR BLOQUEADOR

b) A *Chave* — identifica a Vibração Original.

1º GRAU   2º GRAU   3º GRAU

c) A *Raiz* — identifica o plano da Entidade as Ordens e Direitos, tipos de trabalho, movimentos, etc.

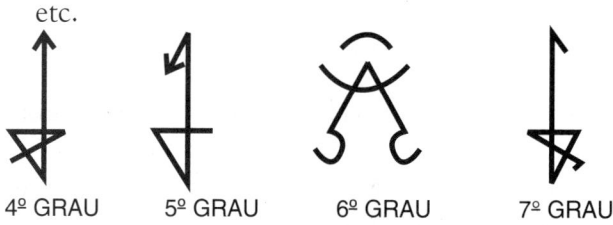

4º GRAU   5º GRAU   6º GRAU   7º GRAU

Resumamos:
YORIMÁ — LEI DE PEMBA

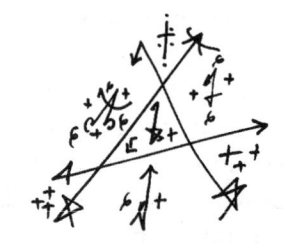

---

* As defumações relativas ao corpo mental são: para os nativos de Capricórnio: benjoim, mirra, alfazema; para os nativos de Aquário: alfazema, incenso, benjoim.
** O Caboclo Sr. 7 Espadas deu 3 essências ideais mas também podemos utilizar para os nativos de Capricórnio: narciso; para os nativos de Aquário: eucalipto.

10. EXU GUARDIÃO DA VIBRATÓRIA DE YORIMÁ

Os 7 Orishas Menores têm seus Emissários da Luz para as Sombras, os Exus Guardiães, que são serventias e elemento de ligação com cada um deles. Assim, temos:

PAI GUINÉ	EXU PINGA-FOGO
PAI CONGO DE ARUANDA	EXU LODO
PAI ARRUDA	EXU BRASA
PAI TOMÉ	EXU COME-FOGO
PAI BENEDITO	EXU ALEBÁ
PAI JOAQUIM	EXU BARA
VOVÓ MARIA CONGA	EXU CAVEIRA

Demos somente os Exus Guardiães que são serventias dos Orishas, sendo praticamente impossível citar o nome de todos os Exus Guardiães dos Guias e Protetores.

VIBRAÇÃO ORIGINAL DE YORI

1. CONCEITO

O termo sagrado YORI foi um dos raros termos sagrados que se manteve sem nenhuma alteração. O que aconteceu é que esse termo foi completamente esquecido e postergado. Mesmo os vários povos que foram conhecedores da Proto-Síntese Relígio-Científica, dentre eles os africanos, não guardaram o termo Yori, o qual representa uma Potestade Cósmica ou Orisha Ancestral.

Esse termo sagrado, assim como Yorimá, era de pleno conhecimento da pura Raça Vermelha, só se apagando do mental do Ser humano após a catástrofe da Atlântida. Ele ressurgiu através do Movimento Umbandista, em sua mais alta pureza e expressão. Traduzindo-o segundo a Coroa da Palavra, através do alfabeto Adâmico, teríamos:

YORI   A POTÊNCIA EM AÇÃO PELO VERBO
            A POTÊNCIA ESPLENDOROSA
            O PURO
            O REINADO DA PUREZA
            A POTÊNCIA DOS PUROS

Traduzido silabicamente, ou por fonemas, teremos:

YO ou Y → A POTÊNCIA DIVINA MANIFESTANDO-SE; PRINCÍPIO
RI → SER REI; REINAR; ILUMINADO
ORI → LUZ; ESPLENDOR; PODEROSO

YORI portanto traduz: A Potência Divina Manifestando-se; a Potência dos Puros.

2. ATIVIDADE ESPIRITUAL KÁRMICA

A Vibração de Yori reflete o 3º Princípio, ou seja, o Princípio Espiritual Manifesto no Princípio Natural, isto é, o Princípio Manifestado na Forma. É o Princípio Criado, ou a Forma, sendo Princípio em Ação na Humanidade. A maioria das entidades que se apresentam na Umbanda usando a roupagem fluídica de *Crianças* são Seres Espirituais mestres nos conceitos do Bem e do Puro, oriundos de distantes Pátrias Siderais, embora alguns tenham encarnado no início dos tempos no planeta Terra, no seio da poderosíssima Raça Vermelha. Quando dissemos alguns, é porque os outros ficaram no plano astral relativo ao planeta Terra, orientando por cima aqueles que tinham descido através do encarne. Muitos deles se foram para suas Pátrias originais ou evoluem em páramos cósmicos inacessíveis à própria imaginação terrena. Em verdade, esses Espíritos muito contribuem através de sua *pureza espiritual* para a elevação moral do terráqueo e na Umbanda ensinam aos Filhos de Fé que a única forma de se levar vantagem é sendo *puro*, como é a *criança*. São Seres em que "de há muito morreram os processos da ilusão", estando como *crianças* em outros mundos, isto é, saíram do estágio de nossa galáxia, nascendo em outra, sendo por isso que se apresentam como *sábias crianças*. São verdadeiros Magos da Pureza, conquista de milhares de anos em vários *locus* do Universo. Assim, Filho de Fé, procure um médium de verdade, que esteja mediunizado com uma *criança* e entenderá, embora de forma pura e singela, as profundas e sábias mensagens desses verdadeiros SÁBIOS — SENHORES DA PUREZA CÓSMICA.

Assim, vimos que em caráter hierático cósmico Yori lembra-nos o Iniciado no mundo das formas, aquele que sobrepujou a ilusão, nascendo e voltando-se para a *pureza espiritual virginal*. Ensina-nos o caminho a percorrer, refletindo toda a Luz-Evolução em forma de Pureza, que sem dúvida trará a tão buscada paz interior.

É também aquele que se conheceu, vencendo-se e nascendo para a coletividade, hoje, do Movimento Umbandista.

Em se tratando da Magia Etérico-Física, atua como SENHOR PRIMAZ DOS ENTRECRUZAMENTOS ENERGÉTICOS (água, fogo, terra e ar) ou energias etéricas. Suas energias são as de Síntese, neutralizando assim qualquer energia deletéria, seja ela qual for. Assim, o velho aforismo de terreiro é válido, quando se diz:

—"O que os Filhos das Trevas fazem, qualquer *criança* desfaz. O que a *criança* faz (no sentido do Bem, é claro) ninguém desfaz ou interfere."

São pois portentosos Magos, que manipulam com sabedoria as forças mais sutis da Natureza, sempre visando neutralizar os efeitos deletérios causados pelos Magos-Negros. Essas Entidades Espirituais infelizmente são pouco conhecidas pela maior parte dos Filhos de Fé, que só querem vê-las como crianças peraltas ou insubmissas...

Esperemos; logo após a noite, virá o dia, com certeza. Aguardemos o clarear dos entendimentos, mas trabalhemos enquanto esperamos.

Não obstante não serem evocados e nem suas energias serem usadas pelos melhores Filhos de Fé, o trabalho dessas Entidades é incansável, tendo energias inesgotáveis como uma criança e sabedoria como a de um ancião, atuando por cima no Astral Superior, descendo vez por outra, quando encontram ressonância vibratória ambiental ou mediúnica. Assim atua na atualidade a possante "Corrente das Crianças"...

3. GRAFIA SAGRADA OU LEI DE PEMBA

Dentro do grafismo ou escrita sagrada, o alfabeto que traduz os equivalentes vibratórios de ordem astral (clichês astrais que quando ativados produzem ações várias), é o dito Adâmico.

O termo sagrado YORI assim se expressa nesse alfabeto original, que tem equivalências vibratórias na Magia Astroetéreo-Física.

Além dos sinais sagrados, daremos também seus valores numéricos, que além da quantidade expressam qualidades, através da **unidade letra-som**.

Y O R I

LEI DE PEMBA em sentido vertical, de baixo para cima:

CENTRALIZAÇÃO

4. OS ORISHAS MENORES — OS GUIAS — OS PROTETORES

Os 7 Orishas Menores são os que representam, aqui no planeta Terra, em seu plano físico e astral, o Orisha Ancestral.

Os 7 Orishas Menores da Vibração de Yori são:

1. TUPANZINHO
2. YARIRI
3. ORI
4. YARI
5. DAMIÃO
6. DOUM
7. COSME

Abaixo dessas Entidades, temos os *GUIAS*.
São Guias da Vibratória de Yori:
MARIAZINHA, CHIQUINHO, PAULINHO, ANINHA, RICARDINHO, CRISPIM e outros.

Logo abaixo, dentro da Hierarquia Sagrada, temos os *PROTETORES*. Dentre eles, citaremos:
ESTRELINHA D'ANGOLA, DOMINGUINHO, DOUNZINHO, JUREMINHA, JOÃOZINHO DA PRAIA e outros.

5. ATUAÇÃO DESSAS ENTIDADES

Embora sendo uma Vibratória de profundos vínculos com o Governo Oculto do Cosmos, desempenhando seriíssimas e nobres funções, os Orishas Menores, quando encontram Filhos de Fé de boa vontade e limpos de Alma, "baixam" nos terreiros do Movimento Umbandista da atualidade. Quando "baixam", transmitem mensagens confortadoras e esperançosas para todos os Filhos de Fé, que ficam possuídos de uma misteriosa alegria interior. É a *magia dos puros*, agindo suave mas certeiramente.

As Entidades no grau de Guias "baixam" e procuram logo incrementar a higienização mentopsíquica dos médiuns e de todos que se encontram debaixo de suas vibrações; falam de maneira descontraída, aparentemente infantil, mas numa profunda ação psicológica, só conseguida por quem seja uma *criança milenar*. Dessa forma se fazem entender, e o seu trabalho de espiritualização, qual seja a *pureza de intenções e ideais*, de forma muito oportuna, é lançado aos Filhos de Fé.

Além dessa ação psicológica sobre a grande massa de crentes umbandistas, quando têm oportunidades, embora usando a fonação de tom infantil, transmitem profundas lições de Síntese de Proto-Síntese Relígio-Científica. Aliás, é Yori quem representa essa Síntese.

As Entidades no grau de Protetores atuam até sacrificialmente, embora o façam espontaneamente e por amor à grande massa de crentes umbandistas, de forma a parecerem verdadeiras *crianças*, embora bem-comportadas e não, como muitos querem transformá-las, em crianças-problema, ou quando não, crianças "debilóides".

Embora respeitemos os vários níveis de alcance mediúnico, urge que esclareçamos aqueles que, usando e abusando do dom "consciente", querem colocar a "criança traquinas interior" para fora, impedindo e bloqueando a atuação, mesmo que parcial, das *verdadeiras crianças do astral*.

Assim, os Protetores se misturam com os Filhos de Fé, e os apreciam enquanto eles comem doces, balas, tomam refrigerantes, etc., na expectativa de que amanhã eles amadureçam e "ajam como adultos" quando evocarem as Crianças.

No aspecto positivo, essas Entidades no grau de Protetores manipulam com destreza e mestria as forças da mente e do coração de muitos Filhos de Fé, como também neutralizam verdadeiras demandas provenientes do submundo astral e repulsam com

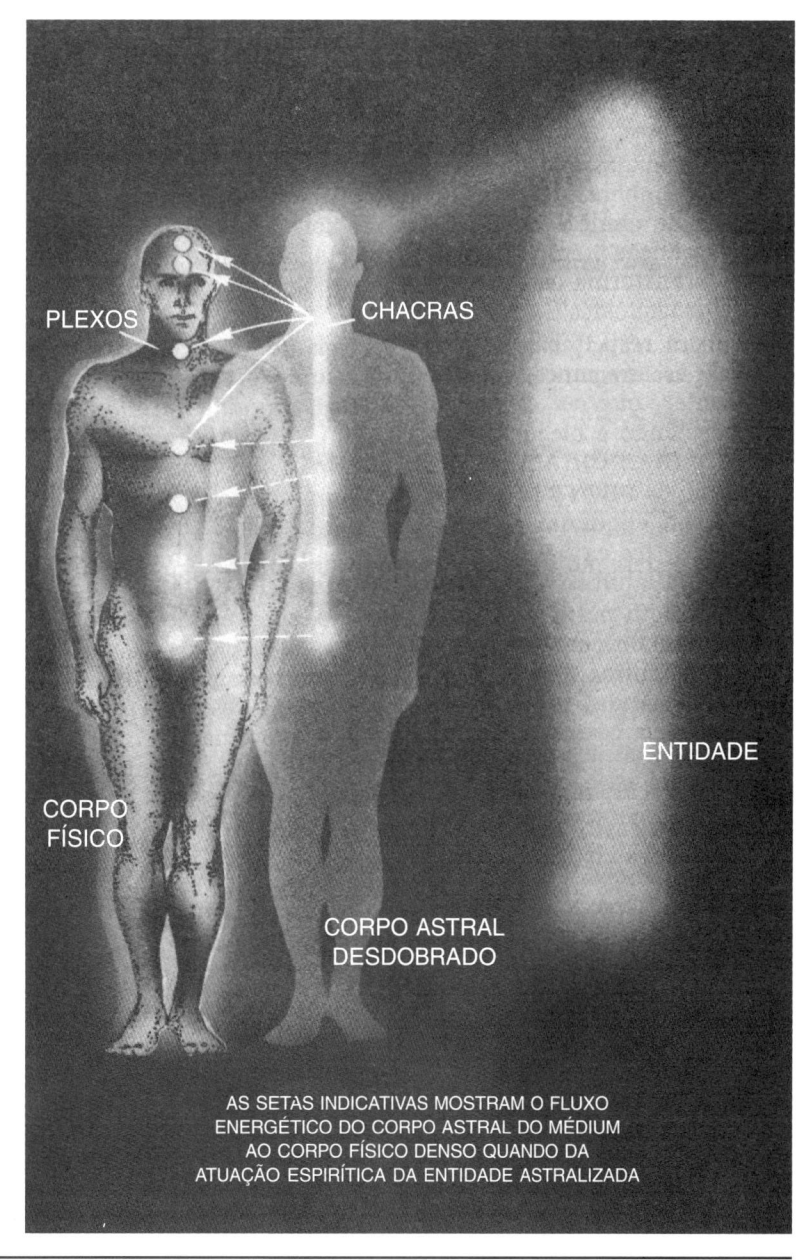

PLEXOS
CHACRAS
CORPO FÍSICO
ENTIDADE
CORPO ASTRAL DESDOBRADO

AS SETAS INDICATIVAS MOSTRAM O FLUXO ENERGÉTICO DO CORPO ASTRAL DO MÉDIUM AO CORPO FÍSICO DENSO QUANDO DA ATUAÇÃO ESPIRÍTICA DA ENTIDADE ASTRALIZADA

veemência certas Entidades viciadas, provenientes das Zonas Subcrostais, as quais querem vampirizar e robotizar, por meio da cruel subjugação, muitos Filhos de Fé.

As Crianças também atuam coordenando a atividade dos Exus Guardiães ou Exus de Lei no combate incessante contra os Magos-Negros das regiões interiores do planeta. Vez por outra, descem a essas regiões em busca de resgates para o reencarne de certas criaturas decaídas e orgulhosas, mas já vencidas, as quais são internadas nas reencarnações. Se descem, também sobem. É como aquele que desce para depois subir mais. Assim trabalham também no reencarne, em seus aspectos teórico-morais.

Portanto, Salve *YORI* — *ANAUAM YO-RI... O RI-XÁ... DA PUREZA CÓSMICA*.

6. MANIFESTAÇÕES MEDIÚNICAS

Essas Entidades atuam no corpo astral do médium principalmente na região do chacra laríngeo (em sânscrito, chacra visuddha), que tem sua equivalência no corpo denso físico, no plexo laríngeo, plexo cervical (superior, médio e inferior), etc. Atuam diretamente na fonação, sendo portanto Emissários Diretos do Verbo Divino e, como tal, são por excelência Sábios da Ciência do Verbo. Atuam também na região dos lóbulos frontais e sistema límbico, núcleos do porvir do indivíduo, suas atividades superiores. Atuam também no plexo cardíaco. As emoções são muito controladas por essa Vibratória, no afã de trazer-lhe equilíbrio astrofísico. Sua incorporação ou mesmo presença vitaliza todo o complexo astroetérico-físico do indivíduo que esteja debaixo de sua atuação. Equilibra também as funções endócrinas, através do eixo hipófise-hipotálamo-tireóide-gônadas e timo, os quais são equilibrados mantendo a homeostasia astrofísica durante a incorporação ou outra forma de atuação mediúnica. Atuando dessa maneira complexa na teoria, mas que essas Entidades realizam com mestria na prática, produzem na mecânica da incorporação alterações fisionômicas (suaves e alegres), psíquicas e vocais, essas bem pronunciadas. A ligação fluídico-magnética dessas Entidades com o médium começa ao emitirem seus fluidos na região do plexo braquial ou estrelado, movimentando de forma harmônica os braços e as pernas do indivíduo. Então, tomam rapidamente o veículo mediúnico pelo mental, pela motricidade e pelo sensório. Alguns deles, no grau de Protetores, visando serem mais bem aceitos (como vimos), sentam-se no chão e sutilmente dão suas mensagens, embora no meio de bolos, doces e outras guloseimas. Os Guias e Orishas Menores "baixam" mais raramente, mas quando "baixam" fazem-no de pé, embora também adaptem sua linguagem e atitude, que nunca são bizarras, ao grau de entendimento de quem os ouve.

Suas preces cantadas e mesmo seus *mantras* são verdadeiros conclames às coisas do *amor*, do *belo* e do *puro*, em ritmos alegres mas suaves, de profunda harmonia musical. O mesmo acontece com seus sinais riscados, curvos, curtos e harmoniosos, dando a *flecha*, a *chave* e a *raiz*.

7. RELAÇÕES DA VIBRATÓRIA DE YORI

Como todas as demais Linhas Espirituais, a Linha Espiritual ou Vibração Original de Yori se relaciona com particulares vibrações, que são:

A) Cor Vibratória	Vermelho
B) Mantra	Zaiatsa
C) Geometria Sagrada	Triângulo
D) Número Sagrado	3
E) Signo Zodiacal	Gêmeos; Virgem
F) Astro Regente	Mercúrio
G) Dia Propício	4ª feira
H) Força Sutil	Aérea e Telúrica
I) Elemento — Energia	Ar, Terra, Energia Etérica
J) Ponto Cardeal	Leste/Norte/Nordeste/Centro
L) Metal	Mercúrio
M) Mineral	Esmeralda e granada
N) Neuma	+ KAAÊÊ
O) Horário Vibratório	Das 12 às 15 horas
P) Letra Sagrada associada ao Signo Zodiacal	Z; Y
Q) Letra Sagrada associada ao Astro Regente	Ts
R) Vogal Sagrada	E
S) Essência Volátil Líquida	Alfazema; benjoim
T) Flor Sagrada	Crisântemo branco
U) Erva Sagrada	Manjericão
V) Erva de Exu	Pitanga
X) Arcanjo Tutor	Yoriel
Y) Chefe de Legião	Tupanzinho
Z) Exu Guardião Indiferenciado	Exu Tiriri

8. MAGIA VEGETOASTROMAGNÉTICA

Interessa-nos neste tópico específico os *banhos de ervas*, as *defumações* e as *essências sagradas*.

A) Banhos de Ervas

As ervas mais afins à Vibração Original de Yori são aquelas que recebem mais diretamente as influências de Mercúrio, absorvendo suas energias específicas. Por exemplo:

MANJERICÃO	MARAVILHA	PITANGA
CRISÂNTEMO	MORANGO	MELÃO-DE-SÃO
(Folhas/Flores)	(Folhas)	CAETANO
		(Folhas)
VERBENA	AMOREIRA	CAPIM-LIMÃO
(Folhas)		

Temos também muitas outras, mas que não são facilmente conhecidas pelo seu odor ou aspecto.

Essas ervas podem ser usadas em banhos, quais sejam:

A-1) Banhos de Elevação ou Litúrgicos

Essas ervas, de Mercúrio, não devem ser usadas neste tipo específico de banho. Os Filhos de Fé que estiverem debaixo da Vibratória de Yori e necessitarem do banho de elevação deverão fazê-lo obedecendo os mesmos critérios expostos aos Filhos de Fé que se encontram debaixo da Vibratória de Orixalá (pág. 177), pois somente as ervas solares, ou muito excepcionalmente as ervas lunares, poderão ser usadas neste banho litúrgico.

A-2) Banho de Desimpregnação ou Descarga

A finalidade precípua deste banho é deslocar ou eliminar as cargas negativas que ficam na aura ou Corpo Etérico do indivíduo, podendo até lhe causar doenças infecto-contagiosas, em virtude dessas cargas deprimirem certos elementos sanguíneos responsáveis pela guarda do organismo, o qual de fato entra em depressão.

O banho de desimpregnação com as ervas de Mercúrio é muito útil no combate a todas as mazelas, mas especialmente para os males que afetam a organização astropsíquica repercutindo no sistema nervoso, com grande comprometimento da organização psicoemotiva. É importante frisar que livram dos Filhos de Fé atingidos pelas cargas, as mazelas de qualquer procedência, mas muito principalmente os distúrbios endócrinos da tireóide, os da fonação e os do timo (imunidade).

Para este banho, escolhe-se as ervas, que deverão ser colhidas verdes, na Lua crescente principalmente, *nunca* na Lua cheia ou minguante, na quantidade de 1, 3, 5 ou 7 ervas, de preferência colhidas, lavadas e preparadas na hora favorável de Mercúrio ou no horário vibratório de Yori (12 às 15 horas).

Após lavarmos as ervas, colocamo-las na vasilha ao lado de uma vela branca dentro de um pentagrama (☆), tudo isso preparado com orações, debaixo de uma corrente de pensamentos que se harmonize com a ocasião. Acrescenta-se água fervente e espera-se esfriar. Após o banho de higienização, o indivíduo volta-se para o ponto cardeal sul e toma o banho de ervas deixando o mesmo, junto com as ervas, passar pelo corpo todo, isto é, do pescoço para baixo. É bom colocar sobre os pés pequenos pedaços de carvão, que fixarão as cargas que as ervas deslocarem. Após o banho, os detritos das ervas devem ser "despachados" em água corrente, junto com os carvões.

A-3) Banho de Fixação ou Ritualístico

Este banho é de caráter essencialmente mediúnico, visando precipitar em maior abundância fluidos etéreo-físicos do médium. Levam em sua composição ervas de Vibração Original do médium e da Vibração Original da Entidade atuante, no caso dessa ser diferente da do médium.

Se forem iguais, as ervas serão somente da Vibração de Yori, sendo o banho preparado como se fosse o banho de elevação. Caso as Vibrações Originais sejam diferentes, o banho ritualístico terá ervas da Vibração Original do médium misturadas com as da Vibração Original da Entidade atuante, na proporção de 2:1, sendo preparado na mesma vasilha citada.

Como neste caso a Vibração Original do Médium é Yori, as ervas serão todas colhidas em uma hora favorável de Mercúrio, na quinzena positiva ou branca. Após colhidas e lavadas, são colocadas na vasilha de louça branca, onde acrescenta-se água quente ou água de cachoeira, rio, mar, etc. Se for água quente, coloca-se a água e espera-se que esfrie, retirando-se então as folhas para "despachar" em mata ou rio. Se for água das diversas procedências, trituram-se as ervas e, antes de banhar-se, retiram-se os restos para despachar, coando o sumo.

Na preparação do banho deve-se acender uma vela branca dentro do hexagrama (✡). Ao tomá-lo, o indivíduo volta-se de costas para o cardeal oeste ou leste. As ervas não passam pelo corpo e o banho não passa pela cabeça.

B) Defumações*

As ervas que serão queimadas devem ter sido colhidas na Lua nova ou crescente, numa hora favorável de Mercúrio e postas para secar à sombra, ficando claro que só se queimam ervas secas no braseiro de barro. As defumações podem ser feitas em qualquer Lua ou horário, desde que a colheita tenha obedecido aos critérios citados. As ervas usadas, na quantidade de 1, 3, 5 ou 7, devem neste caso ser misturadas com casca seca de limão. Esta defumação serve também para descarregar uma "gira de terreiro", o ambiente doméstico, etc.

No caso do indivíduo querer revitalizar-se, deverá queimá-las numa hora favorável de Mercúrio, de preferência no horário diurno, voltando-se para o ponto cardeal oeste ou leste, recebendo a fumaça pela frente e pelas costas. Poderá também usá-las para revitalizar o organismo físico, astral e mental, juntamente com as luzes de velas vermelha, amarela e azul respectivamente e, é claro, debaixo de orações e correntes de pensamentos condizentes com o ato.

C) Essências Sagradas

Esses banhos deverão ser usados em qualquer fase da Lua, em qualquer horário e devem obrigatoriamente passar pela cabeça. Para seu preparo e uso, consultar a pág. 181, com mentalização na cor vermelha pura. As essências** que mais se harmonizam com a Vibração de Yori são: benjoim, alfazema, jasmim.

9. LEI DE PEMBA — IDENTIFICAÇÃO

As Entidades atuantes na Corrente Astral de Umbanda, nas 7 Vibrações Originais, dividem-se em 3 planos: o dos Orishas, o dos Guias e o dos Protetores. Na Lei de Pemba as Entidades podem se identificar num desses 3 planos. Vejamos os sinais de Yori.

a) *A Banda* ou *Vibração-Forma* é a de Crianças, cuja *flecha* é sinuosa.

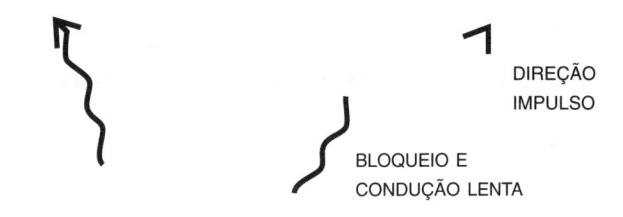

b) *A Chave* — identifica a Vibração Original.

c) *A Raiz* — identifica o plano da Entidade, as Ordens e Direitos, tipos de trabalho, movimentos, etc.

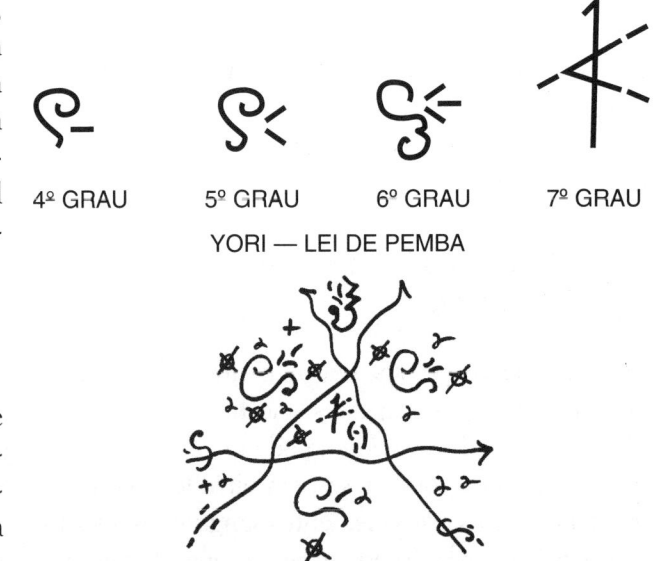

YORI — LEI DE PEMBA

---
* As defumações relativas ao corpo mental são: para os nativos de Gêmeos: alfazema, incenso, benjoim; para os nativos de Virgem: benjoim, mirra, alfazema.
** O Caboclo Sr. 7 Espadas deu 3 essências ideais que deverão ser utilizadas assim: para os nativos de Gêmeos: jasmim; para os nativos de Virgem: benjoim.

10. EXU GUARDIÃO DA VIBRATÓRIA DE YORI

Os 7 Orishas Menores têm seus Emissários da Luz para as Sombras, os Exus Guardiães, que são serventias e elemento de ligação com cada um deles. Assim, temos:

TUPANZINHO	EXU TIRIRI
YARIRI	EXU MIRIM
ORI	EXU TOQUINHO
YARI	EXU GANGA
DAMIÃO	EXU MANGUINHO
DOUM	EXU LALU
COSME	EXU VELUDINHO DA MEIA-NOITE

Demos somente os Exus Guardiães que são serventias dos Orishas, sendo praticamente impossível citar o nome de todos os Exus Guardiães dos Guias e Protetores.

VIBRAÇÃO ORIGINAL DE YEMANJÁ

1. CONCEITO

O termos sagrado YEMANJÁ primitivamente era Yemanyarth. Muito mais tarde foi fonetizado como Yemanjá. Mais recentemente outros povos, inclusive os africanos ocidentais, fonetizaram esse termo sagrado como YEOMOEJÁ. Traduzindo esses termos ou vocábulos segundo a Coroa da Palavra, através do alfabeto Adâmico, teríamos:

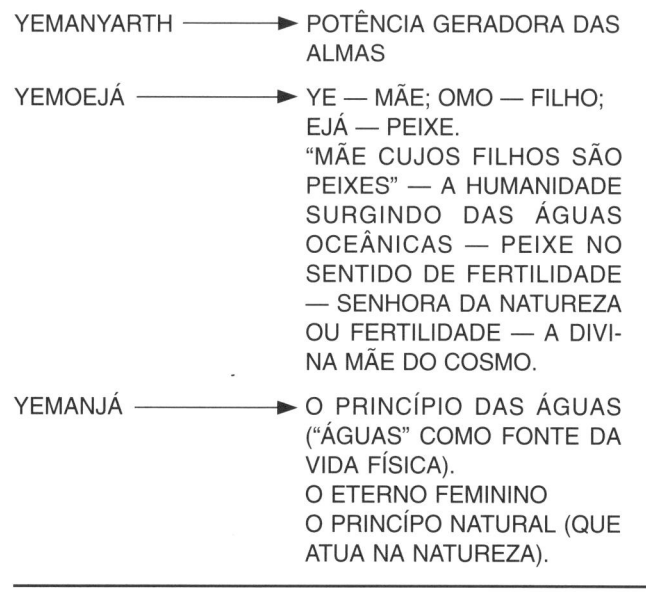

YEMANYARTH	→ POTÊNCIA GERADORA DAS ALMAS
YEMOEJÁ	→ YE — MÃE; OMO — FILHO; EJÁ — PEIXE. "MÃE CUJOS FILHOS SÃO PEIXES" — A HUMANIDADE SURGINDO DAS ÁGUAS OCEÂNICAS — PEIXE NO SENTIDO DE FERTILIDADE — SENHORA DA NATUREZA OU FERTILIDADE — A DIVINA MÃE DO COSMO.
YEMANJÁ	→ O PRINCÍPIO DAS ÁGUAS ("ÁGUAS" COMO FONTE DA VIDA FÍSICA). O ETERNO FEMININO O PRINCÍPO NATURAL (QUE ATUA NA NATUREZA).

Traduzindo silabicamente, ou por fonemas, teremos:

YE	→ MÃE; PRINCÍPIO GERANTE
MAN	→ O MAR; A ÁGUA; LEI DAS ALMAS
YA	→ MATRIZ; MATERNIDADE; POTÊNCIA CRIADORA.

YEMANJÁ portanto traduz:
A Senhora da Vida
O Princípio Duplo Gerante
O Princípio Passivo Incriado
A Maternidade Cósmica (no sentido de transformar a Substância Etérica).

2. ATIVIDADE ESPIRITUAL KÁRMICA

A Vibração de Yemanjá reflete o 2º PRINCÍPIO, ou seja, o Princípio Passivo Gerante (Duplo Gerante), atuando na humanidade e também na Natureza.

Em conjunto com Orixalá, é a SENHORA PRIMAZ DA ENERGIA MENTAL CONDENSADORA que atua na humanidade. É também Senhora do Elemento Água, ou seja, dos elementos fluentes, com seus fluxos e refluxos. A maioria das Entidades que se apresentam na Umbanda como sendo da Vibratória de Yemanjá usam a roupagem fluídica de *Caboclas*. No entanto, há também Entidades masculinas, que se encontram nos Entrecruzamentos Vibratórios Coordenados das 7 Vibrações Originais, como veremos adiante.

Assim como as Entidades das Vibrações Originais de Orixalá e Yori, são Seres Espirituais oriundos de Pátrias Siderais distantes, embora muitos elementos da Vibratória de Yemanjá tenham encarnado no início do planeta Terra, já no seio da então poderosíssima Raça Vermelha. Quando dissemos *muitos* e não *todos* os elementos, é porque os demais ficaram no plano astral relativo ao planeta Terra, orientando por cima aqueles que tinham descido através do encarne em um corpo físico, é claro. Muitos deles se foram para suas Pátrias originais ou evoluem em páramos cósmicos inatingíveis à própria imaginação terrena. Em verdade, esses Seres Espirituais, embora para efeitos terrenos trabalhem com a *luz polarizada* e correntes eletromagnéticas refletidas da Lua, são de outras galáxias, estando em missão no planeta Terra. Foram essas Entidades que promoveram com os Arquitetos ou Prepostos de **JESUS** a gênese planetária, como muitos contribuíram para a antropogênese e a formação de toda a *physis*. São pois a MATERNIDADE CÓSMICA, o Princípio Espiritual atuando na energia ou Substância Etérica.

Em caráter hierático, correspondem ao Amor Cósmico, que em comunhão com a Sabedoria Cósmica formam a Proto-Síntese Cósmica ou o Aumbandan. São Entidades capacitadas na geração de novos recursos e novas formas para a humanidade, e em especial para a coletividade do Movimento Umbandista da atualidade. São fontes de luz e amor superior para os Filhos de Fé terráqueos. São veneráveis e augustos representantes do GOVERNO OCULTO DO COSMO.

Em se tratando de Magia Etéreo-Física, atuam muito diretamente no campo mental e no plano astral, fazendo fluir suas energias num constante ciclo e ritmo, tudo visando à manutenção vibratória do planeta Terra, usando para isso os influxos do magnetismo lunar e também os grandes deslocamentos de massas líquidas através dos oceanos. Equilibram o eixo magnético terrestre, fornecendo um equilíbrio planetário, tanto fisicamente como etericamente. Equilibram e neutralizam certas forças hidrotelúricas movimentadas por Entidades comandantes das Trevas que, embora encarceradas no Mal e no enrijecimento espiritual, contribuem para que seja cumprida a Lei Divina. São sumamente portentosas as Entidades de Yemanjá no combate à Magia Negra, pelos motivos já expostos. Embora trabalhando muito mais em nível de plano astral e mental, essas Entidades são sumamente importantes em seus trabalhos em prol do Movimento Umbandista.

3. GRAFIA SAGRADA OU LEI DE PEMBA

Dentro do grafismo ou escrita sagrada, o alfabeto que traduz os equivalentes vibratórios de ordem astral (clichês astrais que quando ativados produzem ações várias), é o dito Adâmico.

O termo sagrado YEMANJÁ assim se expressa nesse alfabeto original, que tem equivalências vibratórias na Magia Astroetéreo-Física.

Além dos sinais sagrados, daremos também seus valores numéricos, que além da quantidade expressam qualidade, através da *unidade letra-som*.

| YE | MAN | YA |

LEI DE PEMBA em sentido vertical, de baixo para cima:

CENTRALIZAÇÃO

4. OS 7 ORISHAS — OS GUIAS — OS PROTETORES

Os 7 Orishas Menores são o que representam aqui, no planeta Terra, em seu plano físico e astral, o Orisha Ancestral.

Os **7 ORISHAS MENORES** da Vibração de Yemanjá são:

1. CABOCLA YARA
2. CABOCLA ESTRELA DO MAR
3. CABOCLA DO MAR
4. CABOCLA INDAYÁ
5. CABOCLA INHASSÃ
6. CABOCLA NANÃ-BURUCUN
7. CABOCLA OXUM

Abaixo dessas Entidades, temos os GUIAS. São Guias da Vibratória de Yemanjá:

CABOCLO DO MAR; CABOCLA CINDA; CABOCLA 7 LUAS; CABOCLA JUÇANÃ; CABOCLA JANDIRA e outros.

Logo abaixo, dentro da Hierarquia Sagrada, temos os PROTETORES. Dentre eles, citaremos:

CABOCLA LUA-NOVA; CABOCLA ROSA-BRANCA; CABOCLO DA PRAIA; CABOCLA JACY; CABOCLA DA CONCHA DOURADA; CABOCLO 7 CONCHAS e outros.

5. ATUAÇÃO DESSAS ENTIDADES

Essas Entidades, tais quais as de Orixalá, no grau de Orishas Menores, não "baixam", podendo fazê-lo muito raramente e quando encontram médiuns com acentuada elevação moral-mediúnica. Quando "baixam no reino" (descem em seus médiuns), fazem-no dando mensagens quase sempre de caráter geral. Excepcionalmente dão consultas.

As Entidades no grau de Guias já "baixam" mais constantemente, mas em caráter geral são raras as aparições dessas Entidades nos terreiros da atualidade. Gostam de mediunizar seus aparelhos em outras modalidades mediúnicas, tais como: clarividência, clariaudiência, psicografia intuitiva, irradiação intuitiva e sensibilidade psicoastral. Muitas dessas Entidades, os Guias de Yemanjá, "baixam" na Faixa Vibratória de Oxossi, claro que dentro dos Entrecruzamentos Coordenados da Lei.

As Entidades no grau de Protetores também não estão presentes constantemente, mas já são mais atuantes que os Orishas e os Guias. Dão consultas, trabalham educando e são "mestres" nos desmanchos de trabalhos oriundos da manipulação da baixa magia. Suas correntes eletromagnéticas vêm pela água do mar, carreando fortes influxos lunares, sendo por causa disso que gostam de trabalhar com água do mar, flores ou mesmo água comum. São também importantíssimos os trabalhos dos mensageiros de Yemanjá, os quais higienizam completamente o campo mental dos médiuns e do terreiro, bem como neutralizam as correntes vampirizantes que se projetam sobre os médiuns ou sobre o ambiente astroetérico do terreiro.

Como as Entidades da faixa de Orixalá, os da faixa vibratória de Yemanjá são auxiliares "por cima" de outras Entidades que trabalham aqui "por baixo".

6. MANIFESTAÇÕES MEDIÚNICAS

Essas Entidades atuam no corpo astral do médium na região do chacra frontal (em sânscrito, chacra ajnâ), que tem sua equivalência no corpo denso na glândula hipófise e região

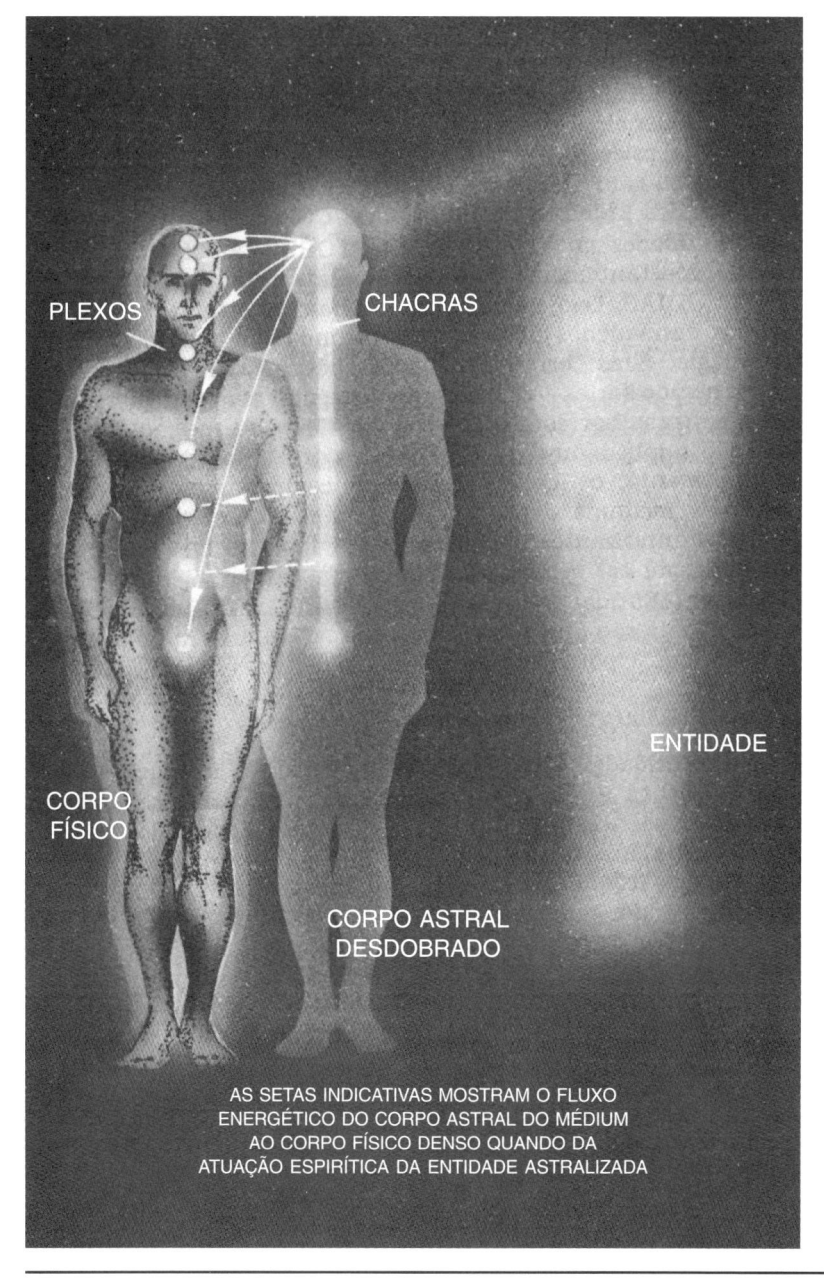

PLEXOS / CHACRAS / ENTIDADE / CORPO FÍSICO / CORPO ASTRAL DESDOBRADO

AS SETAS INDICATIVAS MOSTRAM O FLUXO ENERGÉTICO DO CORPO ASTRAL DO MÉDIUM AO CORPO FÍSICO DENSO QUANDO DA ATUAÇÃO ESPIRÍTICA DA ENTIDADE ASTRALIZADA

hipotalâmica, produzindo na fenomênica mediúnica ligeiras alterações fisionômicas (belas, serenas e suaves), psíquicas, vocais etc. Atuam também na região cervical e na região precordial, no plexo cardíaco do corpo físico denso. Seus fluidos de contato vêm pela cabeça, braços e joelhos. Dão um balanço geral em todo o corpo do médium, levantando os braços em sentido horizontal e tremulando as mãos, arfando um pouco o tórax pela elevação respiratória e balançando a cabeça. Tomam então o controle do médium, emitindo um som mantrânico que, sendo de rara beleza e harmonia, predispõe os seres a todas as correntes espirituais superiores.

Suas preces cantadas também são de rara beleza, pausadas ou em *stacatto*, sempre exaltando as forças da Natureza. Seus pontos riscados são de contornos longos e abertos, verdadeiros *yantras** de aberturas no campo mental e verdadeiros clichês de ordem astral; dão logo a *flecha*, a *chave* e a *raiz*.

7. RELAÇÕES DA VIBRATÓRIA DE YEMANJÁ

Como todas as demais Linhas, a Linha Espiritual ou Vibração Original de Yemanjá se relaciona com particulares vibrações, que são:

A) Cor Vibratória	Amarelo
B) Mantra	Haba
C) Geometria Sagrada	Reta
D) Número Sagrado	2
E) Signo Zodiacal	Câncer
F) Astro Regente	Lua
G) Dia Propício	2ª Feira
H) Força Sutil	Hídrica
I) Elemento — Energia	Água; Energia Mental
J) Ponto Cardeal	Oeste; Sudoeste
L) Metal	Prata
M) Mineral	Ágata; cristais leitosos
N) Neuma	☉ MUUÊÁÁ
O) Horário Vibratório	Das 18 às 21 horas
P) Letra Sagrada associada ao Signo Zodiacal	H
Q) Letra Sagrada associada ao Astro Regente	B
R) Vogal Sagrada	A
S) Essência Volátil Líquida	Verbena
T) Flor Sagrada	Rosas brancas
U) Erva Sagrada	Panacéia
V) Erva de Exu	Bananeira
X) Arcanjo Tutor	Rafael
Y) Chefe de Legião	Cabocla Yara
Z) Exu Guardião Indiferenciado	Exu Pomba Gira

8. MAGIA VEGETOASTROMAGNÉTICA

Interessa-nos neste tópico específico os *banhos de ervas*, as *defumações* e as *essências sagradas*.

A) Banhos de Ervas

As ervas mais afins à Vibração Original de Yemanjá são aquelas que recebem mais diretamente as influências *lunares*, absorvendo suas energias específicas:

PARIPAROBA — FOLHAS E FLORES DE ROSA — FOLHAS DE AVENCA — PANACÉIA — FOLHAS E FLORES DE VIOLETA — PICÃO-DO-MATO — ARRUDA-FÊMEA (COLHIDA À NOITE) — MANACÁ — QUITOCO

Temos também muitas outras, que são facilmente reconhecidas pelo seu odor ou perfume desagradável ou sem cheiro.

Estas ervas podem ser usadas em banhos, quais sejam:

A-1) Banhos de Elevação ou Litúrgicos

São banhos utilizados por médiuns já Iniciados, aqueles que são considerados prontos ou prestes a sê-lo. O porquê de assim ser é em virtude deste banho movimentar certas energias de ordem psíquica, podendo trazer sérios distúrbios se o médium que for usá-lo não estiver nas condições acima citadas. Este banho liga o médium com o seu *Eu Interior*, fazendo-o elevar-se a níveis superiores de consciência, sendo por isso elo de ligação com os mentores do dito médium.

O preparo deste banho é o seguinte:

Escolher 3, 5 ou 7 qualidades dentre as ervas indicadas, colhendo-as verdes, na Lua nova ou crescente, na hora planetária da lua (vide adendo no final do capítulo), logo colocando-as em uma vasilha de louça branca ou ágata.

Após lavá-las bem, dentro ainda da hora planetária lunar, adicionar na vasi-

---

* O Caboclo Sr. 7 Espadas referiu-se a yantra como uma "Dança Cósmica", a movimentação das Linhas de Forças, as quais estão expressas no Ponto Riscado, na Lei de Pemba.

lha água do mar ou de mina, enfim, água pura. Após a colocação da água na vasilha, acende-se uma luz de lamparina sobre uma mesa (a lamparina dentro de um pentagrama — ☆) em louvor à Vibração de Yemanjá. Inicia-se então a trituração das ervas, sendo essa feita com as mãos bem limpas (limpas com álcool) e com a corrente de pensamentos o mais puro possível.

Após a trituração, coa-se, retirando o resto das folhas, estando o sumo pronto para ser usado, se possível dentro ainda da hora favorável da Lua.

Para se usar o banho de elevação, toma-se primeiro o banho de higienização física. Logo a seguir, toma-se esse banho passando pela cabeça, fato esse primordial. Deve-se, se possível for, ficar de costas para o cardeal oeste ou leste (absorção de forças, energias), respirando-se lenta e profundamente. Não se enxugue por um período de 3 minutos, para que possa haver plena transfusão e precipitação de elementos de ordem mental, astral e física. Repetir esse banho sempre que sentir essa necessidade, ou quando for para a sua "sessão". Caso fique difícil ao Filho de Fé, mesmo depois das explicações que daremos no final do capítulo a respeito das horas planetárias, tome-se o banho de elevação dentro do horário vibratório de Yemanjá, que é das 18 às 21 horas, podendo-se tomar também na segunda-feira, que é o dia da Vibratória de Yemanjá.

A-2) Banho de Desimpregnação ou Descarga

A finalidade precípua deste banho é deslocar ou eliminar as cargas negativas que ficam agregadas no aura ou corpo etérico do indivíduo, combatendo mormente os males que afetam a sua organização astroetérica influindo na parte psicoemotiva do Ser e podendo acarretar graves distúrbios cardiocirculatórios e as chamadas doenças psicossomáticas.

A colheita e preparação das ervas segue os moldes do litúrgico. Uma vez lavadas, colocamos as ervas na vasilha de louça branca, com a vela e o pentagrama. Acrescenta-se água fervente e espera-se esfriar. Após o banho de higienização, o indivíduo volta-se para o ponto cardeal sul e toma o banho de ervas do pescoço para baixo, colocando sob os pés pequenos pedaços de carvão, que fixarão as cargas que as ervas deslocarem.

Com o Aura limpo, o indivíduo torna-se menos suscetível a contrair doenças de origem psicogênica (asma, dermatoses, problemas articulares, enxaquecas, verrugas e até certas disritmias cerebrais, as quais são tachadas de "pequeno mal") ou mesmo as mais graves. É até normal indivíduos com esses tipos de sobrecargas terem muitos problemas hormonais tais como: obesidade, diabetes, transtornos do metabolismo lipoprotéico e até gonadal e outras tantas doenças de difícil diagnóstico e terapêutica pela Medicina oficial ou acadêmica.

Mas voltando ao banho de descarga, após o mesmo ser tomado, os detritos das ervas devem ser retirados do corpo após 1 a 3 minutos, devendo ser colocados em algum recipiente de vidro (isolante), juntamente com o carvão, devendo ambos ser "despachados" em água corrente, sem o vidro, é claro.

A-3) Banho de Fixação ou Ritualístico

Este banho é de caráter essencialmente mediúnico, visando precipitar em maior abundância fluidos etéreo-físicos do médium. Leva em sua composição ervas de Vibração Original do médium e da Vibração Original da Entidade atuante, no caso dessa ser diferente da do médium.

Se forem iguais, as ervas serão somente da Vibração de Yemanjá, sendo o banho preparado como se fosse de elevação. Caso as Vibrações Originais sejam diferentes, o banho ritualístico terá ervas da Vibração Original do médium misturadas com as da Vibração Original da Entidade atuante, na proporção de 2:1, sendo preparado na mesma vasilha de louça branca. Como neste caso a Vibração Original do médium é Yemanjá, as ervas serão todas colhidas em uma hora favorável da Lua, na quinzena positiva ou branca.

Na preparação do banho deve ficar sobre a mesa uma vela branca acesa dentro do hexagrama (✡). Ao tomá-lo, do pescoço para baixo e sem que as ervas passem pelo corpo, o indivíduo volta-se de costas para o cardeal oeste ou leste.

B) Defumações*

Nas defumações, as ervas que serão queimadas devem ter sido colhidas na Lua nova ou crescente, numa hora favorável da lua, e postas para secar à sombra, ficando claro que só se queimam ervas secas no braseiro de barro. As defumações podem ser feitas em qualquer Lua ou horário, desde que a colheita tenha obedecido ao critérios citados.

As ervas a serem usadas na quantidade de 1, 3, 5 ou 7, devem neste caso ser misturadas com casca de limão. Esta defumação serve também para descarregar uma "gira de terreiro", o ambiente doméstico, etc.

No caso do indivíduo querer revitalizar-se, deverá queimá-las numa hora favorável da Lua, de preferência no horário diurno, voltando-se para o ponto cardeal oeste ou leste, recebendo a fumaça pela frente e pelas costas, também usando as luzes de velas vermelha, amarela e azul para revitalizar respectivamente os organismos físico, astral e mental, tudo debaixo de orações e correntes de pensamentos condizentes com o ato.

C) Essências Sagradas*

Esses banhos deverão ser usados em qualquer fase da Lua e em qualquer horário, passando obrigatoriamente pela cabeça. Seu preparo e uso obedece os critérios da pág. 181, com mentalização da cor amarelo-pálido.

As essências que mais se harmonizam com a Vibração de Yemanjá são: verbena, açucena, rosa, etc.

9. LEI DE PEMBA — IDENTIFICAÇÃO

As Entidades atuantes na Corrente Astral de Umbanda dividem-se em 3 planos: o dos Orishas, o dos Guias, o dos Protetores. Na Lei de Pemba as Entidades podem se identificar num desses 3 planos. Vejamos os sinais de Yemanjá.

a) A *Banda* ou *Vibração-Forma* é a de Caboclos, cuja *flecha* é curva.

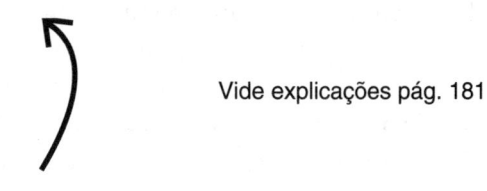

Vide explicações pág. 181

b) A *Chave* — identifica a Vibração Original.

1º GRAU   2º GRAU   3º GRAU

c) A *Raiz* — identifica o plano da Entidade, as Ordens e Direitos, tipos de trabalho, movimentos, etc.

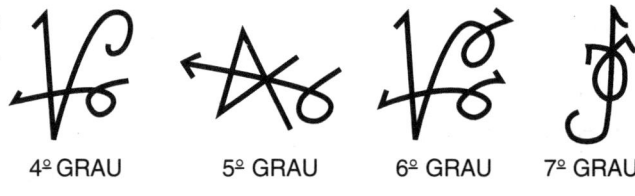

4º GRAU   5º GRAU   6º GRAU   7º GRAU

Resumamos:

YEMANJÁ — LEI DE PEMBA

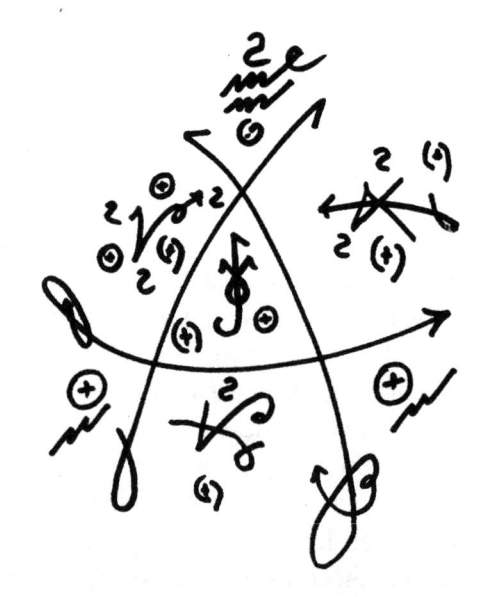

---

* As defumações relativas ao corpo mental são: para os nativos de Câncer: benjoim, mirra e verbena. As essências que aconselhamos para os Filhos de Yemanjá, principalmente: para mulheres — essência de rosas; para os homens — essência de verbena.

10. EXU GUARDIÃO DA VIBRATÓRIA DE YEMANJÁ

Os 7 Orishas Menores têm seus Emissários da Luz para as Sombras, os Exus Guardiães, que são serventias e elemento de ligação com cada um deles. Assim, temos:

CABOCLA YARA	EXU POMBA-GIRA
CABOCLA ESTRELA DO MAR	EXU CARANGOLA
CABOCLA DO MAR	EXU MÁ-CANGIRA
CABOCLA INDAIÁ	EXU NANGUÊ
CABOCLA INHASSÃ	EXU MARÊ
CABOCLA NANÃ-BURUCUM	EXU GERERÊ
CABOCLA OXUM	EXU DO MAR

Demos somente os Exus Guardiães que são serventias dos Orishas, sendo praticamente impossível citar o nome de todos os Exus Guardiães dos Guias e Protetores.

Bem, paciente e tolerante Filho de Fé e amigo leitor, expusemos de maneira simples, e ainda usando a vestimenta (embora leve) das adaptações necessárias ao Movimento Umbandista da atualidade, os conceitos relativos, em sua parte esotérica, sobre as 7 LINHAS DA UMBANDA ou as 7 VIBRAÇÕES ORIGINAIS, que são a mesma coisa. Após esses conceitos, precisamos fazer entender ao Filho de Fé que as 7 Vibrações Originais ou as 7 Linhas não são independentes umas das outras, e sim que existem profundos entrelaçamentos vibratórios entre elas, sabiamente coordenados pelas Leis do Astral Superior.

Esses entrelaçamentos vibratórios nos dão a entender que as 7 Linhas da Corrente Astral de Umbanda funcionam como um complexo veículo da Lei Divina e que o movimento desse veículo é feito em bloco, e não isoladamente, como *a priori* pode parecer. Assim, as 7 Vibrações Originais têm pontos em comum umas com as outras, naquilo que chamamos de *intermediação vibratória coordenada*. Essa *intermediação vibratória coordenada* coloca o sistema todo em movimento; é como se as 7 Vibrações Originais fossem ligadas umas às outras por elos, sendo esses elos os intermediários de uma Vibração para a outra, e vice-versa.

O Filho de Fé pesquisador e perquiridor já deve estar entendendo quanto são grandes, em movimentos de forças espirituais, os *entrelaçamentos coordenados*, razão de ser da Proto-Síntese Relígio-Científica.

Vejamos pois, de maneira bem objetiva, como funcionam esses *entrecruzamentos* ou *entrelaçamentos vibratórios* entre os Orishas Menores, Guias e Protetores das 7 VIBRATÓRIAS ou 7 LINHAS DA UMBANDA DA ATUALIDADE.

UMBANDA — A Proto-Síntese Cósmica

Vibração Original de Orixalá e suas Intermediações ou Entrelaçamentos Vibratórios Coordenados

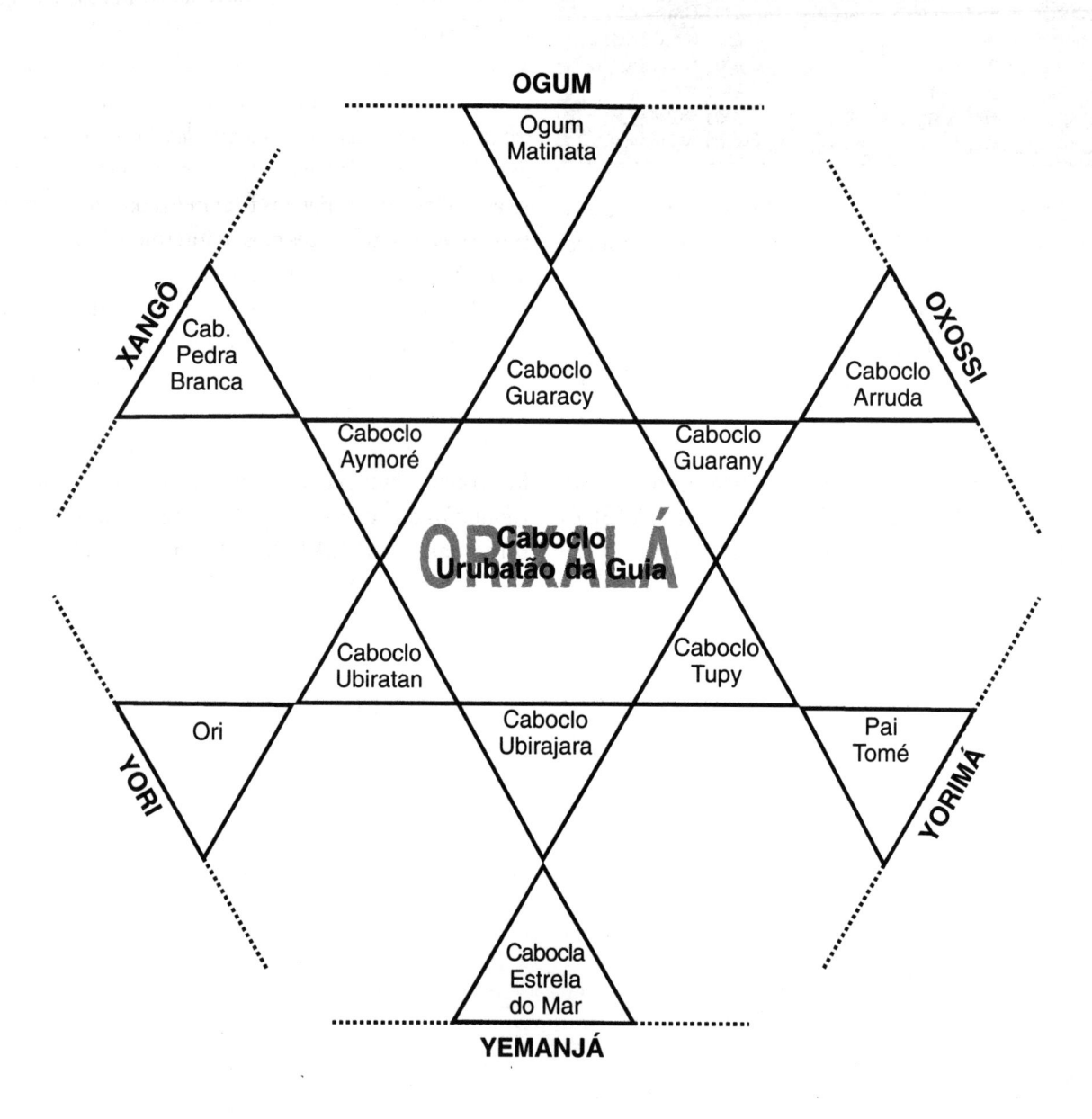

OGUM
- Ogum Matinata
- Caboclo Guaracy

XANGÔ
- Cab. Pedra Branca
- Caboclo Aymoré

OXOSSI
- Caboclo Arruda
- Caboclo Guarany

ORIXALÁ — Caboclo Urubatão da Guia

YORI
- Ori
- Caboclo Ubiratan

YORIMÁ
- Pai Tomé
- Caboclo Tupy

YEMANJÁ
- Cabocla Estrela do Mar
- Caboclo Ubirajara

CAPÍTULO XI

Vibração Original de Ogum e suas Intermediações ou Entrelaçamentos Vibratórios Coordenados

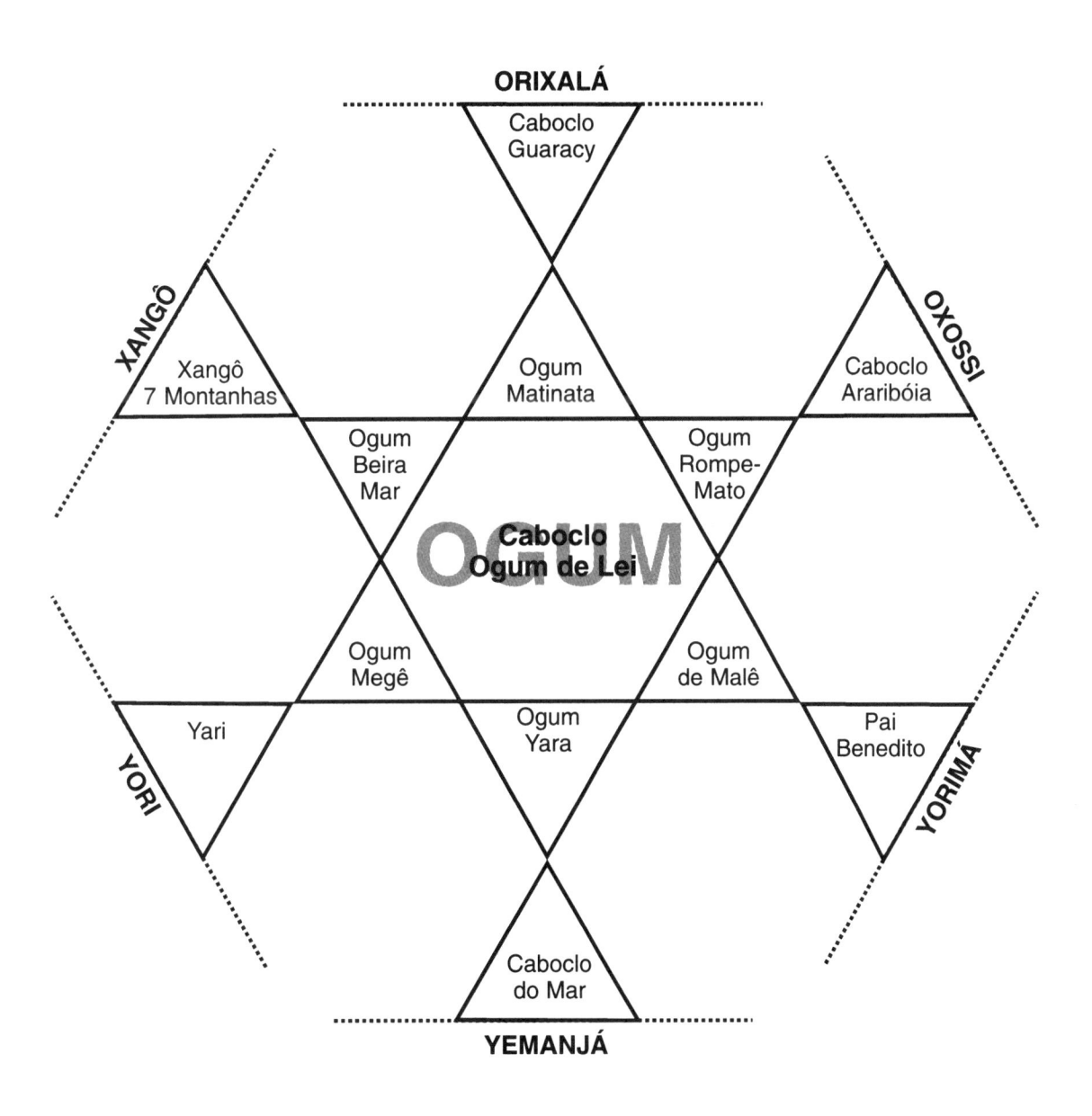

ORIXALÁ
- Caboclo Guaracy

XANGÔ
- Xangô 7 Montanhas
- Ogum Beira Mar
- Ogum Matinata

OXOSSI
- Caboclo Araribóia
- Ogum Rompe-Mato

Caboclo Ogum de Lei

YORI
- Yari
- Ogum Megê

YORIMÁ
- Pai Benedito
- Ogum de Malê
- Ogum Yara

YEMANJÁ
- Caboclo do Mar

Vibração Original de Oxossi e suas Intermediações ou Entrelaçamentos Vibratórios Coordenados

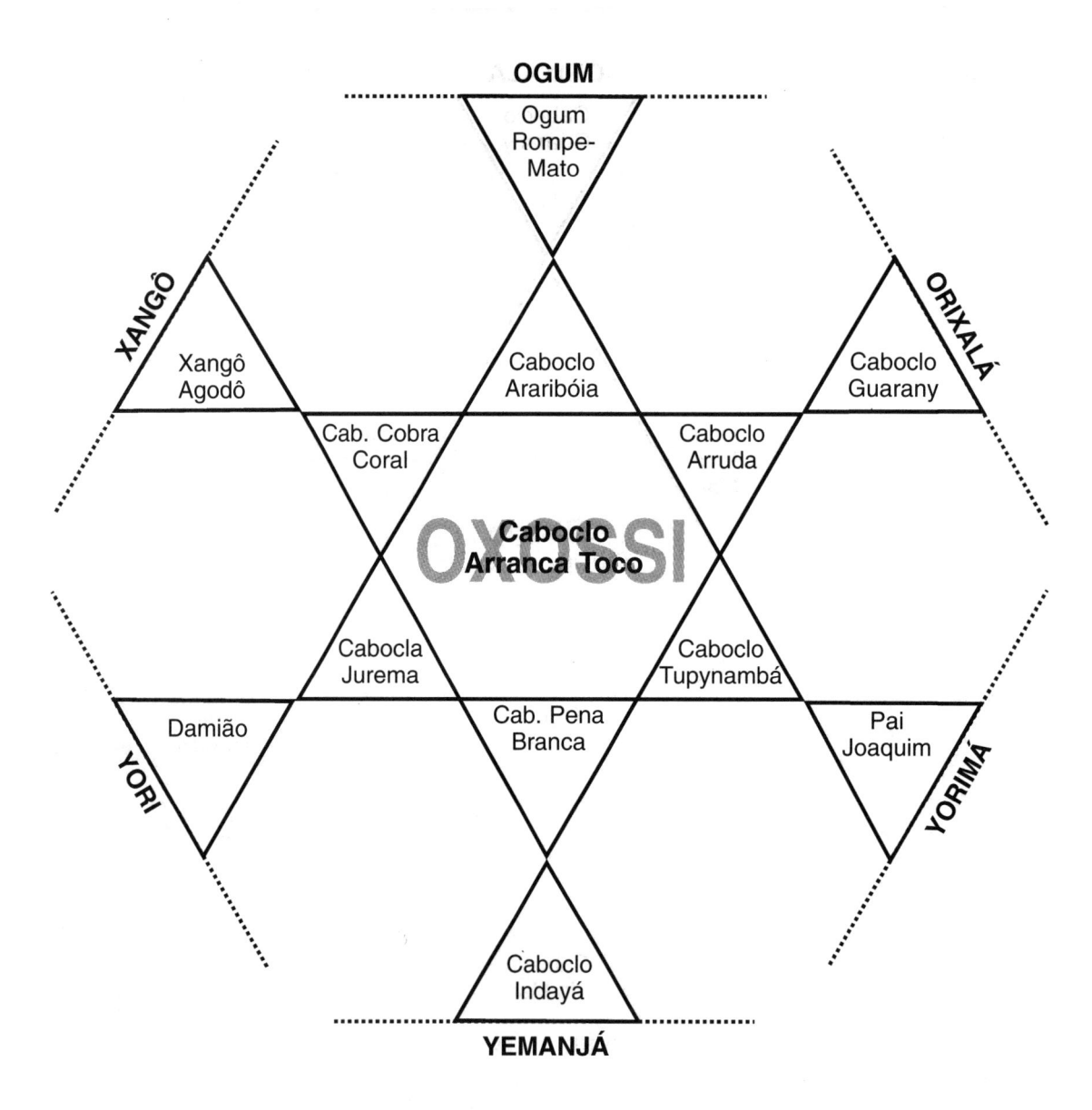

OGUM
- Ogum Rompe-Mato

XANGÔ
- Xangô Agodô
- Cab. Cobra Coral
- Cabocla Jurema

ORIXALÁ
- Caboclo Guarany
- Caboclo Arruda
- Caboclo Tupynambá

YORI
- Damião

YORIMÁ
- Pai Joaquim

Caboclo Arariboia

Caboclo Arranca Toco (OXOSSI)

Cab. Pena Branca

YEMANJÁ
- Caboclo Indayá

CAPÍTULO XI

Vibração Original de Xangô e suas Intermediações ou Entrelaçamentos Vibratórios Coordenados

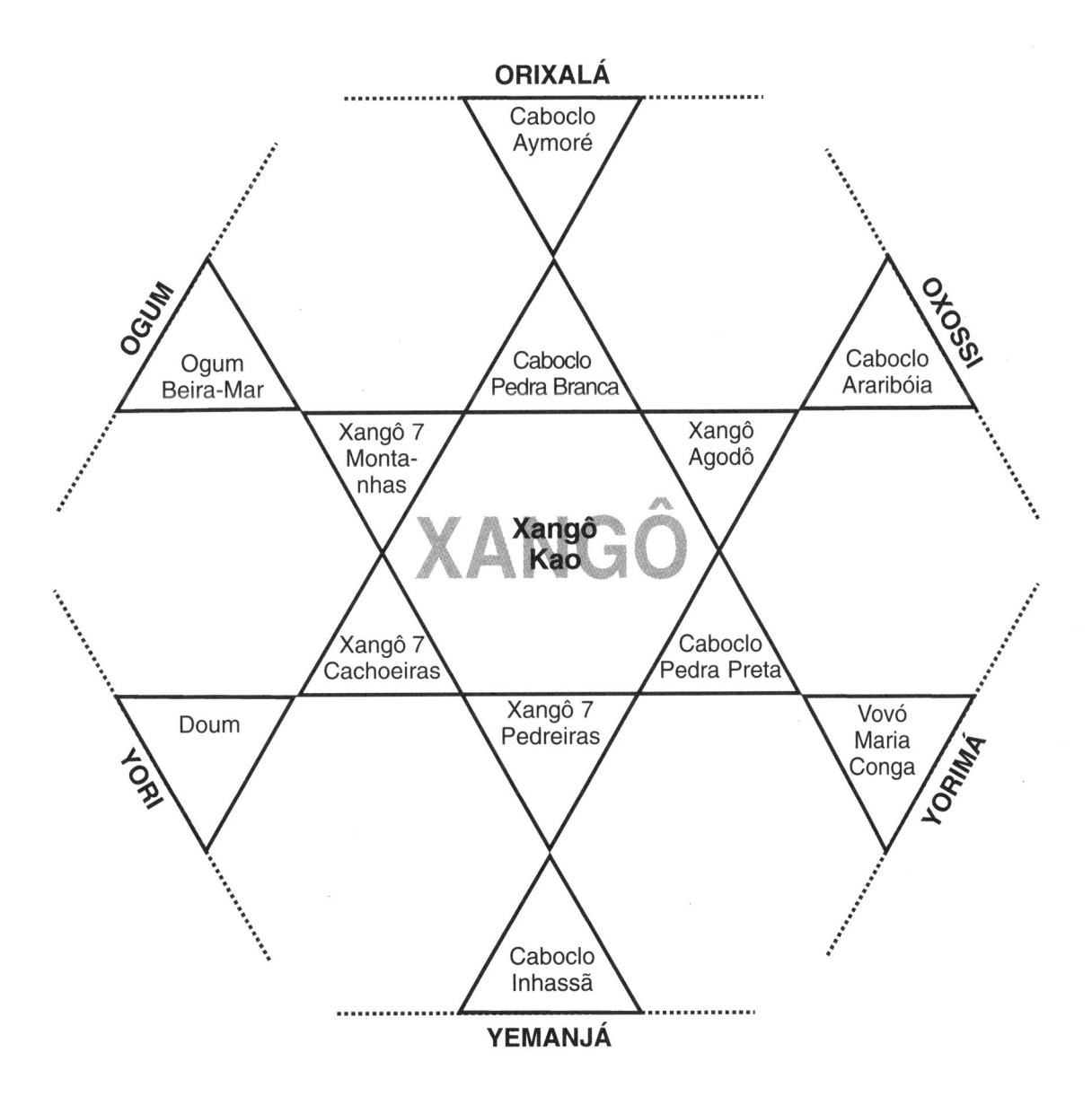

ORIXALÁ
- Caboclo Aymoré

OGUM
- Ogum Beira-Mar

OXOSSI
- Caboclo Araribóia

- Caboclo Pedra Branca
- Xangô 7 Montanhas
- Xangô Agodô

Xangô Kao

- Xangô 7 Cachoeiras
- Caboclo Pedra Preta
- Xangô 7 Pedreiras

YORI
- Doum

YORIMÁ
- Vovó Maria Conga

YEMANJÁ
- Caboclo Inhassã

Vibração Original de Yorimá e suas Intermediações ou Entrelaçamentos Vibratórios Coordenados

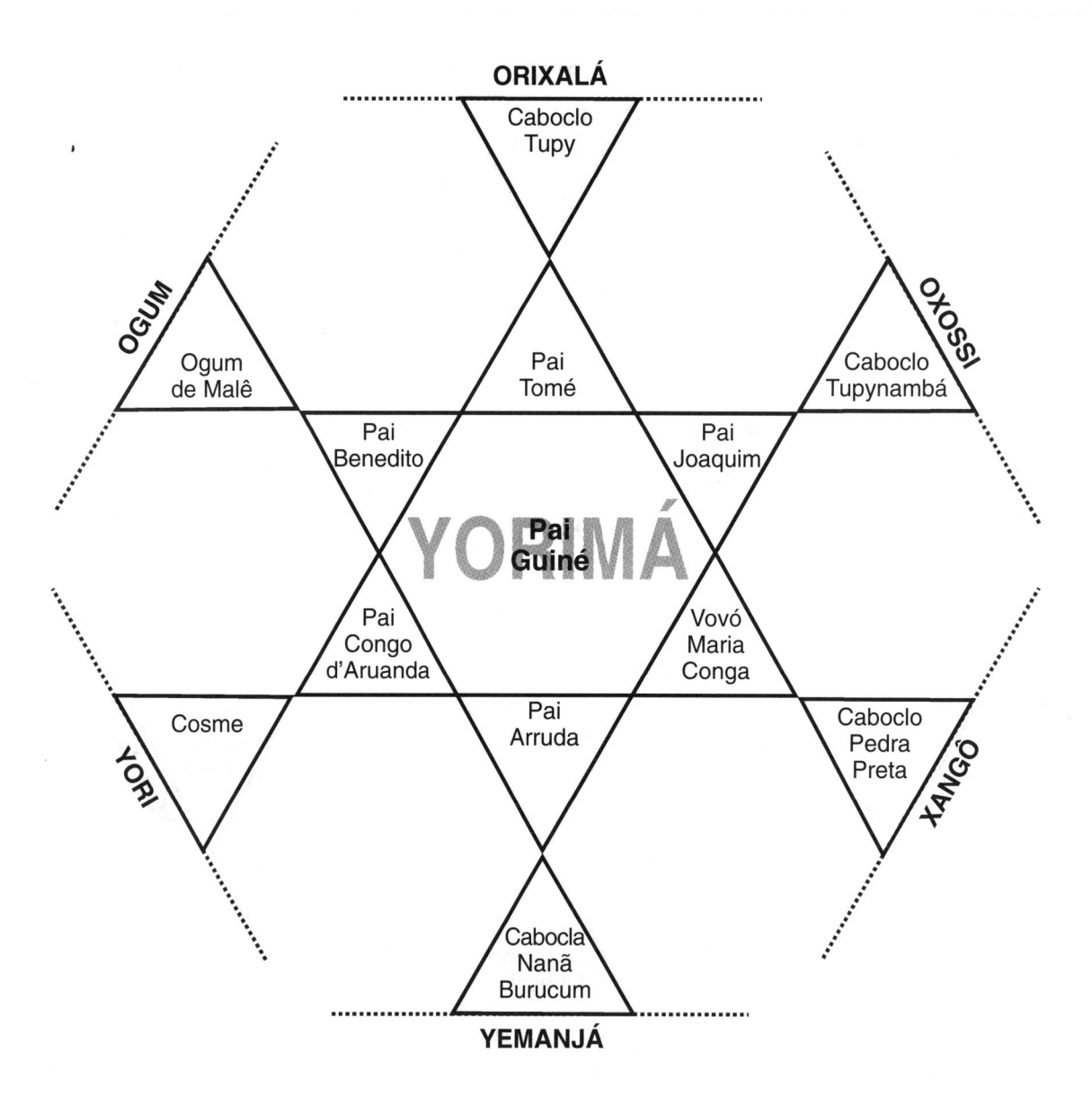

ORIXALÁ
- Caboclo Tupy

OGUM
- Ogum de Malê
- Pai Benedito
- Pai Congo d'Aruanda
- Cosme

OXOSSI
- Caboclo Tupynambá
- Pai Joaquim
- Vovó Maria Conga
- Caboclo Pedra Preta

YORI — Cosme

XANGÔ

Centro: **YORIMÁ**
- Pai Tomé
- Pai Guiné
- Pai Arruda

YEMANJÁ
- Cabocla Nanã Burucum

CAPÍTULO XI

Vibração Original de Yori e suas Intermediações ou Entrelaçamentos Vibratórios Coordenados

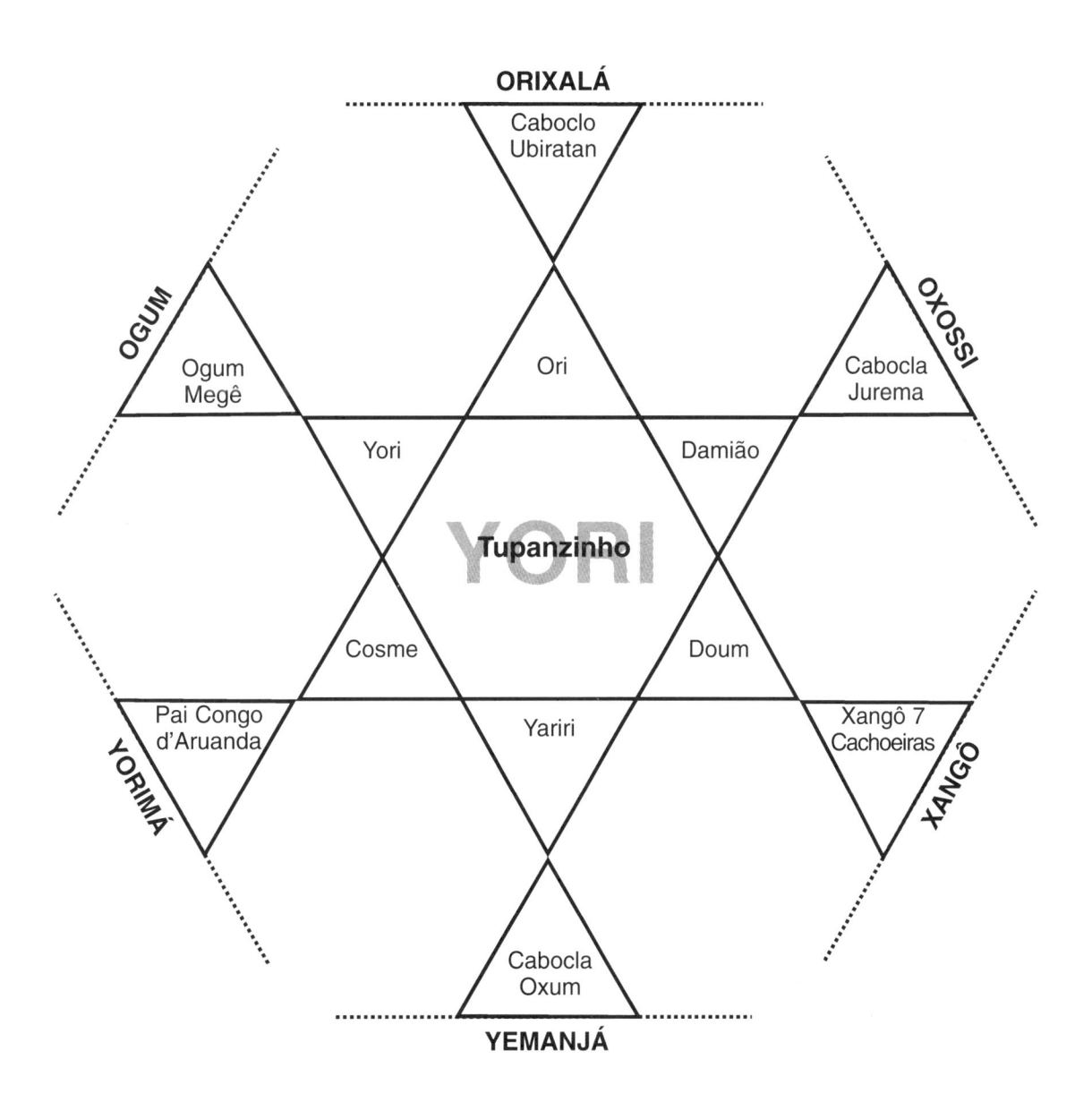

ORIXALÁ
- Caboclo Ubiratan

OGUM
- Ogum Megê

OXOSSI
- Cabocla Jurema

- Ori
- Yori
- Damião

Tupanzinho
YORI

- Cosme
- Doum

YORIMÁ
- Pai Congo d'Aruanda
- Yariri

XANGÔ
- Xangô 7 Cachoeiras

YEMANJÁ
- Cabocla Oxum

225

Vibração Original de Yemanjá e suas Intermediações ou Entrelaçamentos Vibratórios Coordenados

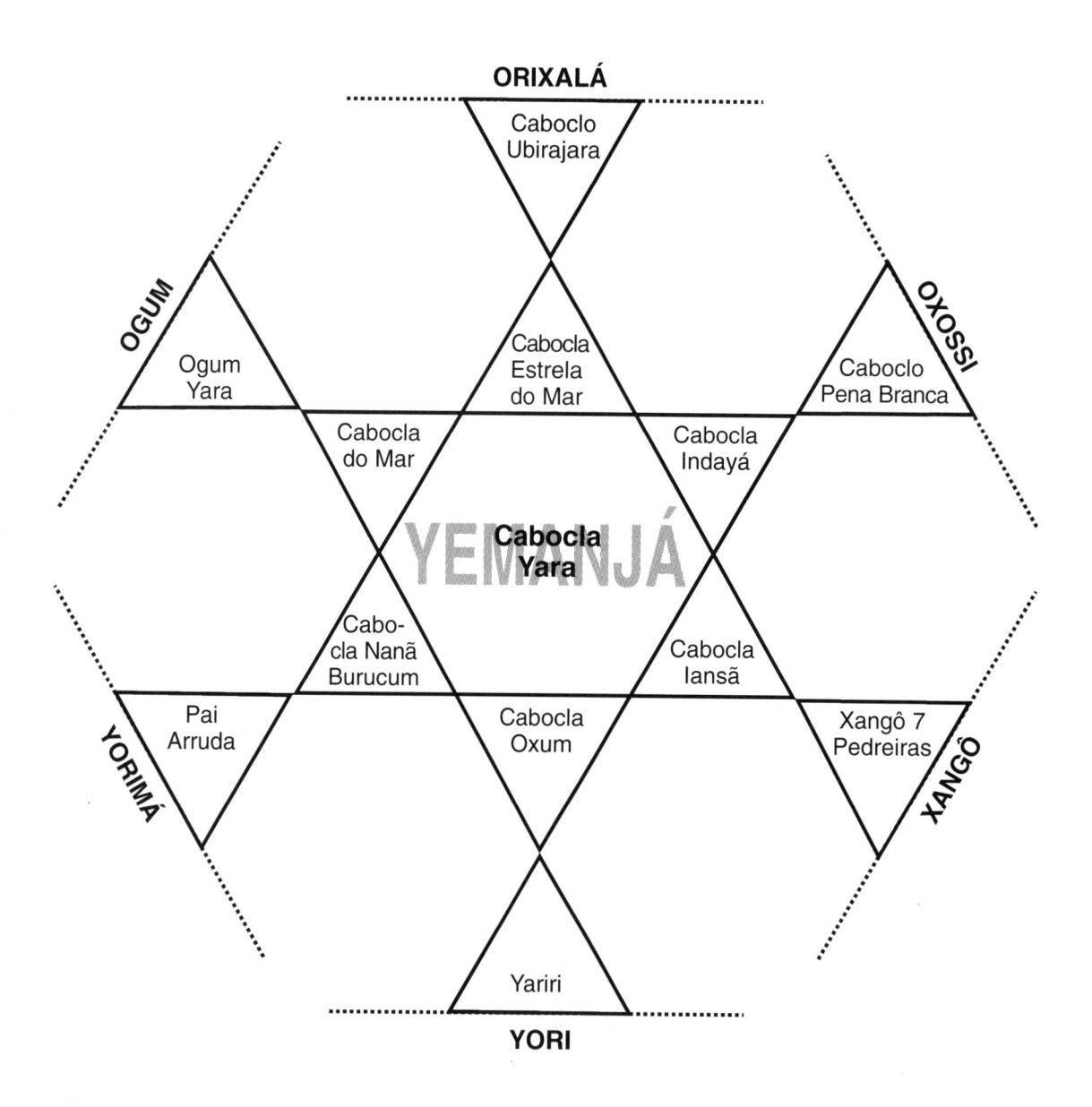

ORIXALÁ
- Caboclo Ubirajara

OGUM
- Ogum Yara
- Cabocla Estrela do Mar
- Cabocla do Mar

OXOSSI
- Caboclo Pena Branca
- Cabocla Indayá

YEMANJÁ — Cabocla Yara

YORIMÁ
- Pai Arruda
- Cabocla Nanã Burucum

XANGÔ
- Xangô 7 Pedreiras
- Cabocla Iansã
- Cabocla Oxum

YORI
- Yariri

Neste instante, o Filho de Fé adrede preparado, o mesmo acontecendo com o leitor amigo, deve ter percebido o quanto são sábias e benevolentes as Leis Superiores, pois nos Entrelaçamentos Vibratórios observamos que na Corrente Astral de Umbanda se trabalha em conjunto, mesmo sabendo-se que cada Linha ou Vibração Original tem uma tarefa especial, mas que pelas intermediações ficam quaisquer Vibrações aptas a desempenhar quaisquer funções.

Esses Entrelaçamentos, em primeiro plano, são os do Karma. São Entrelaçamentos Propulsores de Ações e Reações, tudo visando à evolução e, é claro, ao progresso de todos. Com o ressaltado, fica claro que a Umbanda não é esta ou aquela Linha em separado, mas sim o conjunto harmônico de suas puras vibrações que a todos envolvem.

Bem, o que nos tínhamos proposto a mostrar, mostramos, faltando somente algumas pequenas informações para, sem perda de tempo, entrarmos no conceito de Linhas aceito pela maioria dos Filhos de Fé encarnados no atual momento do Movimento Umbandista, e em seguida mostrarmos como funciona o horário vibratório dos Orishas, dando nesse momento alguns conceitos sobre o que sejam os ORISHAS.

Dentro dessas 7 Faixas ou Vibrações Espirituais, além dos Orishas Menores, temos os Guias e Protetores, os quais obedecem o Entrelaçamento Vibratório do Orisha Menor. Exemplo:

O Caboclo Xangô Pedra Preta é XANGÔ, sendo intermediário para a Vibração Original de YORIMÁ. Assim, todas as Entidades Espirituais que estão debaixo do comando vibratório de Xangô Pedra Preta serão intermediárias de XANGÔ para YORIMÁ, assim acontecendo em qualquer Vibratória com os 42 Orishas Menores.

Até o presente momento, expusemos aos Filhos de Fé o conceito sobre as 7 Linhas ou as 7 Vibrações Originais segundo os arquivos das *Escolas Iniciáticas do Astral Superior* num Templo-Sede que no linguajar de "terreiro" denomina-se *Aruanda* — ou *Templo Cósmico*.

Deixemos agora esses conceitos buscados em sua fonte original para sentirmos como as grandes massas populares que acorrem aos terreiros entendem as 7 Linhas, que por lá chamam de os 7 Orishas ou 7 Linhas mesmo, não conhecendo o termo *Vibração Original* nem como sinônimo de *linha*.

Assim é que, na Augusta Confraria do Astral, achou-se por bem permitir que os vários Filhos de Fé que chegaram e continuam chegando aos terreiros não tivessem muitas arestas a aparar naquilo que tinham como concepção religiosa. Na verdade, a grande maioria não tinha arraigamento religioso nenhum, visto, via de regra, nunca se interessarem. É claro que há as exceções, como aquelas condições especialíssimas, tais como compromissos sociais inadiáveis ou mesmo para fins de acompanhamento de segmento social, ou seja: se para a sociedade é bom ser... então serei... Mas num determinado instante da vida terrena, vêm as dores, as provas, os duros embates interiores, e é neste exato momento que se sente que precisamos de *religiosidade* antes de religião. Mas como fazer? É aí que muitos e muitos Filhos inexperientes correm em vários terreiros na ânsia de buscar a melhora, o conforto e o remédio. Tudo o que no terreiro buscam, vão encontrar e lentamente, muito lentamente, não nos importando que demore algumas encarnações, vamos esgotando a imaturidade de muitos Filhos de Fé, mas que já se encontram sob nosso controle. Assim, muitos deles chegam à Umbanda e lá ficam, não cogitando se o que fazem é o melhor ou se poderiam evoluir mais. Não. Estacionam, já acham que está bom. É como muitos dizem: para que saber mais? Quem procura saber muito fica só pensando nisso e acaba louco! É, Filho de Fé consciente e estudioso, há muitos Filhos nossos que ainda pensam assim! Aguardemos o tempo, ele é Mestre! Mas já nesses meios conseguimos grandes vitórias e muitas outras estão prestes a serem conseguidas. Aliás, todas as lutas da Corrente Astral de Umbanda se prendem fundamentalmente a esses Filhos de Fé e suas concepções sobre as *Coisas Divinas* ou do *espiritual*. Nosso alvo são eles; queremos elevá-los a níveis conscienciais mais condizentes com o 3º milênio, que está nos calcanhares de todos nós. Hoje somos infinitamente melhores do que fomos ontem, e amanhã, se trabalharmos duro (e vamos trabalhar), seremos infinitamente melhores que ontem e hoje. Grandes arestas de ordem humana e do astral inferior estão sendo aparadas; não queremos ferir consciências, mas sim curá-las — as que estão doentes, é claro.

Assim é que, a esses locais, os ditos terreiros sem nenhum direcionamento doutrinário, é que acorrem os indecisos ou os não posicionados em questão consciencial relígio-filosófica. Não entendendo a si mesmo, fica muito difícil entender o que se processa, se é que se processa alguma coisa num desses terreiros: uma coisa eles sabem: falam de Deus, têm uma imagem de Jesus (que logo chamam de Oxalá), que dizem ser Deus (confusão devido ao catolicismo pregar a Santíssima Trindade, sendo Jesus, uma das 3 pessoas que compõem o Deus-Pai), além de muitos outros santos e santas católicos, misturados com imagens de supostos Pretos-Velhos, Caboclos, Crianças e outras mil formas. Muitos Filhos perguntarão:

— Isso não é para fazê-los mais próximos de seus antigos cultos religiosos? Mas, por outro lado, essa situação não causa grandes traumas ou confusões?

— Essa é uma parte da verdade; é uma forma simples, aparentemente ingênua, de atraí-los para o caminho espiritual. Disse aparentemente, pois há sutilíssimos mecanismos psicológicos e anímicos através desta forma de abarcamento. A outra parte da verdade é que muitos dos que vão a esses terreiros, a grande maioria, não conhecia praticamente nada de cultos e de doutrina nas religiões de que vieram. Têm vagas recordações e encontram no terreiro o 1º *momento-vontade*, algo importantíssimo para o seu espiritual, de *Conhecer* e de *ter fé*. Isso nasce no interior do Ser e muitas vezes demora para tornar-se consciente, ficando para o subconsciente. Mas já é um grande passo dado à frente e ao alto. O que não conseguiram fazê-lo nos seus cultos de origem, tentam fazer nos terreiros, mesmo porque até se parecem, pois têm santos, santas, cruzes, incensos e o que é melhor, se antes era difícil falar com o sacerdote, agora, no terreiro, existe a assistência direta do Pai-de-Santo, que é para esses Filhos uma espécie de *salvador*, o sacerdote que eles precisam! Quando disse sacerdote, não importa o grau cultural ou mesmo espiritual desse Pai-de-Santo. É por seu intermédio que as pessoas tentam adquirir fé e buscam achar-se em suas vidas e em seus espirituais. Perguntará o Filho de Fé: — Mas há os Pais-de-Santo aproveitadores dessas situações. E então...?

Há sim, pois, dentro de um movimento que abarca milhões de pessoas, deverão surgir os aproveitadores. Mas no decorrer do tempo eles desaparecerão. Aliás, já estão desaparecendo. Não vamos, por causa de mil, dizer que milhões são aproveitadores. Os que são, grandes tormentas os aguardam neste e no outro lado da vida. É da Lei, meu Filho, que "quem deve paga, quem merece é porque nada deve".

Mas, voltando ao terreiro e deixando de lado os aspectos sombrios das humanas criaturas, que aliás existem em todos os setores, não só no Movimento Umbandista, encontramos o terreiro como *um órgão adaptador de consciências*. Assim é que, se perguntarem a um querido Filho de Fé que freqüente esses terreiros quais são as Linhas de Umbanda, a maioria deles não vai saber dizer; vão dizendo os nomes, mas em verdade não conhecem significados, funções, quem trabalha nelas, o porquê de assim ser. O que sabem é que vão às sessões e recebem o Caboclo, o Preto-Velho, a Criança e Exus (estamos exemplificando a vivência popular do atual Movimento Umbandista). Sabem que existe a Linha dos Caboclos, dos Pretos-Velhos, das Crianças, dos Ogum, dos Xangô, Oxum, Inhassã, Nanã, Oxalá, Obaluaê (assim eles falam), Yemanjá, a Senhora do Mar, e outros. Enfim, misturam roupagens fluídicas com as 7 vibrações. Por exemplo: quando dizem Caboclos, estão especialmente falando de Oxossi, pois para eles Oxossi é o Rei das Matas, é o Caçador. Então Ele, Oxossi, é Caboclo, e é São Sebastião. — Como? — deve estar perguntando o Filho de Fé não acostumado com o *sincretismo*.

Sim, nessas cabanas, as Entidades do astral superior usam de alimentos psíquicos, por meio de analogias simples, para que no futuro esses Filhos de Fé estejam já fortalecidos em seus conceitos mais puros e mais sutis. Tudo deve ser cautelosamente analisado e estruturado, visando elevar cada vez mais o espiritual desses Filhos de Fé ainda muito distanciados das Leis mais simples do universo.

Assim é que fazemos adaptações, visando interpenetrar o mental e o coração dos vários Filhos de Fé, isso de maneira suave e serena, sem agredirmos ou coagirmos o indivíduo. No capítulo em que falarmos sobre a Umbanda e suas ramificações, explicaremos detalhadamente o que aqui falamos superficialmente. Mas vamos então às 7 Linhas que as massas populares mais aceitam e, portanto, mais estão particularizadas aos terreiros de Umbanda onde ainda não chegou a *doutrina do astral superior*, que seguramente logo estará chegando, pois as Entidades afins a essas casas já estão começando, da maneira que podem e segundo os graus de consciências das humanas criaturas que acorrem aos seus terreiros, a lançar seus verdadeiros conceitos.

As *7 Linhas da Umbanda*, para a grande massa de Filhos de Fé umbandistas, são:

1. OXALÁ — sincretizado com JESUS CRISTO, que eles chamam de Nosso Pai Oxalá.
2. YEMANJÁ — sincretizado com NOSSA SENHORA, que eles chamam de A Rainha do Mar.
3. OGUM — sincretizado com SÃO JORGE, que eles dizem ser Guerreiros Romanos.
4. OXOSSI — sincretizado com SÃO SEBASTIÃO, que eles dizem ser O Povo da Mata.
5. XANGÔ — sincretizado com SÃO JERÔNIMO, que eles dizem ser O Povo da Cachoeira.
6. LINHAS DAS CRIANÇAS — (alguns falam, como os africanos, IBEJIS ou ERÊS) sincretizado a SÃO COSME e DAMIÃO, que chamam LINHA DAS CRIANÇAS, ou dos Candengos.
7. LINHA DOS AFRICANOS — que sincretizam com SÃO CIPRIANO, dizendo ser a Linha dos Pretos-Velhos Escravos, que muito evoluíram quando de sua passagem através da escravidão.

Falam também de alguns outros Orishas, mas sem muito conhecimento de causa, citando OXUM, IANSÃ, NANÃ, OBALUAÊ e outros, mas que não dizem ser Linhas; citam também: baianos, boiadeiros, marinheiros, povo do Oriente, etc.

Resumamos esquematicamente:

LINHA	COR DE LINHA	SINCRETISMO	ENTIDADES
1. Linha de Oxalá	Branco ou Roxo	Jesus	Santos e santas — Espírito Santo
2. Linha de Yemanjá	Azul/branco ou só Azul-claro	N. Senhora da Conceição	Sereias, Caboclos, Marinheiros, etc.
3. Linha de Ogum	Vermelho/Branco ou só Vermelho	São Jorge	Guerreiros romanos, gauleses, japoneses, mongóis, etc.
4. Linha de Oxossi	Verde/Branco ou só Verde	São Sebastião	Índios
5. Linha de Xangô	Marrom/Branco ou só Marrom	São Jerônimo	Alguns são índios, outros são de várias procedências
6. Linha das Crianças (Ibejis)	Azul/Rosa, Amarelo ou só Rosa	São Cosme e Damião	Crianças desencarnadas que vêm "no reino" para brincar e ajudar as pessoas
7. Linha dos Africanos	Preto/Branco ou contas de Lágrimas-de-nossa-senhora	São Cipriano ou São Lázaro	Pretos e pretas-velhas, escravos, mandingueiros e alguns até feiticeiros

Nesse resumo demos o básico, ficando para o Capítulo XIII o aprofundamento que já citamos. Quando citamos *sincretismo*, os Filhos de Fé verão que demos o mais aceito, embora haja diferenças de região para região. Mas, na Umbanda que atende as grandes massas populares, em geral mantêm-se os nomes que demos. Mudam quando há misturas, tais como o Candomblé, Catimbó, Toré, Xambá, Babassuê, Toque de Mina, Canjerê, Quimbanda, etc. Nós estamos falando aqui, sobre essas Linhas de vivência na Umbanda, em suas 2 faces: a Iniciática e a destinada às grandes massas, que no momento, sem dúvida, é a de maior utilidade, claro que se aparrarmos algumas de suas arestas. Para isso, é necessário contar com o socorro da Umbanda Iniciática, na qual na verdade, entre outras de suas funções, está a de servir de alimento doutrinário para a Umbanda do futuro.

O mais importante é que tudo no momento é Movimento Umbandista, o qual visa restaurar o verdadeiro Aumbandan, a Proto-Síntese Cósmica.

Após rápidas palavras sobre o conceito popular das 7 Linhas ou 7 Vibrações Originais, falemos e entendamos muito humildemente o conceito sobre ORISHA.

Já vimos que o vocábulo **ORISHA** é uma transformação do vocábulo primeiro Araxá, que era a denominação dada aos *Senhores da Luz*, aos *Senhores de uma Faixa Vibratória Espiritual*, em que diversos Seres Espirituais, por afinidade vibratória, ficam debaixo de seu beneplácito.

Aqui, para o presente momento, vamos dizer que os Orishas Originais ou Virginais são os detentores da Coroa Divina, ou seja, os 7 Espíritos de Deus, e isso no Universo ou Cosmo Espiritual.

Sem darmos as outras seqüências da Hierarquia, diremos que aqui no planeta Terra e em nosso sistema, esses Orishas Virginais são representados pelos Orishas Intermediários, e esses por sua vez pelos Orishas Ancestrais.

ORISHAS VIRGINAIS
↓
ORISHAS INTERMEDIÁRIOS
↓
ORISHAS ANCESTRAIS

Na atualidade, o Orisha é o Senhor da Luz, o Guia é o Refletor da Luz e o Protetor é o Executor

Horário Vibratório dos Orishas

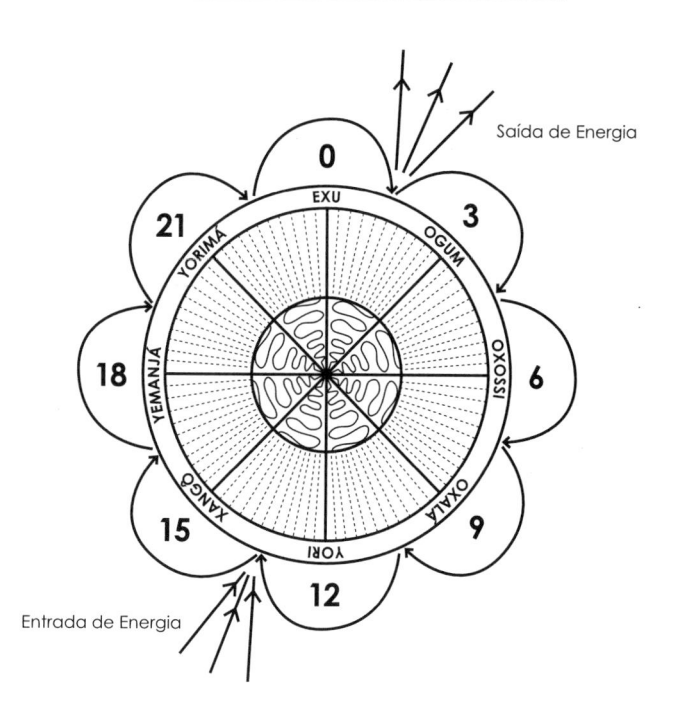

da Luz. Bem, para terminarmos nossa longa conversa sobre as 7 Linhas, falta-nos explicar o *horário vibratório dos Orishas*, deixando a cargo do médium de que nos servimos a explicação do cálculo do *horário planetário*, no fim deste capítulo.

No decorrer deste capítulo, já demos noções sobre o horário vibratório dos Orishas, faltando somente as explicações finais sobre o conceito.

Vimos aqui o *círculo vibratório*, o qual foi dividido de 45° em 45°. O nosso 0° inicia-se no ponto da *meia-noite*. De 45° em 45° corresponde um período de tempo de 3 horas; cada conjunto de 3 horas está diretamente particularizado e supervisionado por uma das 7 Vibrações Originais. Dentro de cada *vibração original*, ou seja, do período de supervisão dessa vibratória, fazemos uma divisão em 7 períodos, correspondendo cada período ao Orisha Menor correspondente.

Como cada faixa vibratória, no círculo, tem 3 horas ou 45°, cada Orisha Menor não intermediário ocupa um período de 30 minutos, tendo os demais um período de 25 minutos cada um. Assim, vejamos:

```
OGUM          45° a 90°    3:00 às 6:00
3:00 — 3:30 — CABOCLO OGUM DE LEI
3:30 — 3:55 — CABOCLO OGUM ROMPE-MATO
3:55 — 4:20 — CABOCLO OGUM BEIRA-MAR
4:20 — 4:45 — CABOCLO OGUM DE MALÊ
4:45 — 5:10 — CABOCLO OGUM MEGÊ
5:10 — 5:35 — CABOCLO OGUM YARA
5:35 — 6:00 — CABOCLO OGUM MATINATA
```

```
OXOSSI        90° a 135°   6:00 às 9:00
6:00 — 6:30 — CABOCLO ARRANCA-TOCO
6:30 — 6:55 — CABOCLO COBRA CORAL
6:55 — 7:20 — CABOCLO TUPYNAMBÁ
7:20 — 7:45 — CABOCLA JUREMA
7:45 — 8:10 — CABOCLO PENA BRANCA
8:10 — 8:35 — CABOCLO ARRUDA
8:35 — 9:00 — CABOCLO ARARIBÓIA
```

```
ORIXALÁ    135° a 180°    9:00 às 12:00
09:00 — 09:30 — CABOCLO URUBATÃO DA GUIA
09:30 — 09:55 — CABOCLO GUARACY
09:55 — 10:20 — CABOCLO GUARANY
10:20 — 10:45 — CABOCLO AYMORÉ
10:45 — 11:10 — CABOCLO TUPY
11:10 — 11:35 — CABOCLO UBIRATAN
11:35 — 12:00 — CABOCLO UBIRAJARA
```

```
YORI          180° a 225°   12:00 às 15:00
12:00 — 12:30 — TUPANZINHO
12:30 — 12:55 — YARIRI
12:55 — 13:20 — ORI
13:20 — 13:45 — YARI
13:45 — 14:10 — DAMIÃO
14:10 — 14:35 — DOUM
14:35 — 15:00 — COSME
```

```
XANGÔ         225° a 270°   15:00 às 18:00
15:00 — 15:30 — CABOCLO XANGÔ KAÔ
15:30 — 15:55 — CABOCLO XANGÔ PEDRA-PRETA
15:55 — 16:20 — CABOCLO XANGÔ 7 CACHOEIRAS
16:20 — 16:45 — CABOCLO XANGÔ 7 PEDREIRAS
16:45 — 17:10 — CABOCLO XANGÔ PEDRA-BRANCA
17:10 — 17:35 — CABOCLO XANGÔ 7 MONTANHAS
17:35 — 18:00 — CABOCLO XANGÔ AGODÔ
```

```
YEMANJÁ       270° a 315°   18:00 às 21:00
18:00 — 18:30 — CABOCLA YARA
18:30 — 18:55 — CABOCLA ESTRELA DO MAR
18:55 — 19:20 — CABOCLA DO MAR
19:20 — 19:45 — CABOCLA INDAYÁ
19:45 — 20:10 — CABOCLA INHASSA
20:10 — 20:35 — CABOCLA NANÃ BURUCUM
20:35 — 21:00 — CABOCLA OXUM
```

```
YORIMÁ        315° a 360°   21:00 à 00:00
21:00 — 21:30 — PAI GUINÉ
21:30 — 21:55 — PAI CONGO D'ARUANDA
21:55 — 22:20 — PAI ARRUDA
22:20 — 22:45 — PAI TOMÉ
22:45 — 23:10 — PAI BENEDITO
23:10 — 23:35 — PAI JOAQUIM
23:35 — 00:00 — VOVÓ MARIA CONGA
```

```
EXU           0° a 30°     00:00 às 3:00
0:00 — 0:30 — EXU 7 ENCRUZILHADAS
0:30 — 0:55 — EXU TRANCA-RUAS
0:55 — 1:20 — EXU MARABÔ
1:20 — 1:45 — EXU GIRA-MUNDO
1:45 — 2:10 — EXU PINGA-FOGO
2:10 — 2:35 — EXU TIRIRI
2:35 — 3:00 — EXU POMBA-GIRA
```

Ao encerrarmos o *horário vibratório* ou o *círculo mágico vibratório*, é necessário que se diga que o mesmo é utilíssimo para o médium-chefe responsável que melhor queira favorecer um de seus Filhos de Fé por meio de um profundo levantamento, pois nesse horário encontrará subsídios importantíssimos. Também é útil quando necessitamos preceituar ritualisticamente a Natureza, nas ditas oferendas ritualísticas. Nós, Seres Espirituais presos ainda às noções do tempo e espaço, encontramos nesse horário vibratório excelente bússola norteadora para que nossos empreendimentos sejam vitoriosos.

Os Iniciados devem estar estranhando nós termos dado o horário de Exu da meia-noite às 3 horas, mas frisemos que esse horário obedece somente os *sinais de pemba corretos*, ordens do Orisha ao Exu que se queira dentro de sua hora afim — quando o galo cantar, como se diz na gíria de terreiro.

Assim, esse horário dos Exus está dentro do período da desimpregnação vibratória do planeta, pois da zero às 3 horas o planeta está em expiação, expurgando tudo, principalmente para as zonas subcrostais. Portanto, querer usar o horário desses Exus para fins negativos ou em detrimento de alguém é atirar-se de encontro ao **MUNDO** das trevas, em zonas sub-abismais. Portanto, não faças o que não sabes! Tanto isso é real, que o período de Exu é precedido pelo Senhor da Palavra da Lei, Yorimá, e sucedido por Ogum, o Senhor das Lutas e das Demandas. Como já disse, existe um horário particularizado para os Exus que não esse que demos, mas como é ele de uso exclusivo dos médiuns-magistas, deixaremos para eles, com sua Iniciação, no interior do Templo. É só.

Assim, Filho de Fé, após as 7 Vibrações Originais, vamos sem perda de tempo à Hierarquia da Umbanda e sua Numerologia Sagrada.

TRIPLICIDADES

CHAVES DE COMANDO

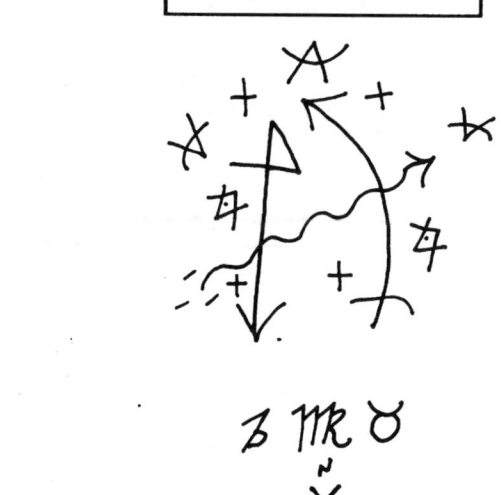

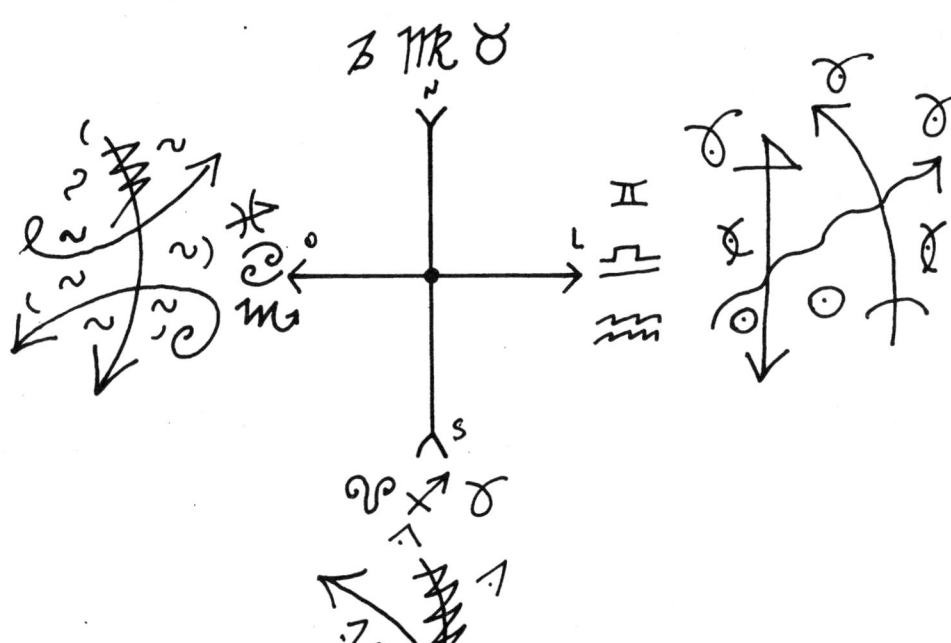

Capítulo XII

Umbanda e sua Hierarquia — Hierarquia Divina — Hierarquia no Cosmo Espiritual — Hierarquia no Reino Natural — Hierarquia Galática — Hierarquia Solar — Numerologia Sagrada — Os Números: Aspectos Geométricos e Qualitativos

Filho de Fé, após nossos apontamentos ligeiros sobre as 7 Linhas ou Vibrações Originais, abordemos agora a HIERARQUIA dentro da Corrente Astral de Umbanda, iniciando nossos estudos pela Hierarquia do Cosmo Espiritual, até chegarmos ao nosso planeta.

No capítulo em que tratávamos da Deidade ou Divindade Suprema, dissemos que no Cosmo Espiritual *existia*, como *realidade única*, o Ser Espiritual em consciência, percepção, inteligência, etc. Nesse mesmo Cosmo Espiritual havia uma *realidade* acima de todos os Seres Espirituais, sendo essa a *realidade absoluta*, o Supremo Espírito, o Qual denominamos, sem defini-lo ou limitá-lo, como Deus. Assim, nesse Cosmo Espiritual, a Suprema Luz Espiritual estende suas Vibrações Espirituais aos primeiros 7 Puros Espíritos, na chamada Coroa Divina, ou seja, aquelas Potestades de Sublime Luz que estendem suas Vibrações a todos os Seres do Cosmo Espiritual. São os 7 Espíritos Virginais por nós denominados ORISHAS VIRGINAIS.

Ainda no Cosmo Espiritual ou Reino Virginal, esses 7 Orishas Virginais estendem suas Vibrações àqueles que seriam Senhores e Reguladores do Karma Causal e toda sua sistemática evolutiva, inimaginável para nós; Arcano Divino de domínio único da Deidade. Seriam pois os Senhores das Causas do Karma Causal, sendo denominados ORISHAS CAUSAIS. Eram e são reguladores daqueles que tinham superado o *Enigma Causal* por cima, fazendo-os ascender na escala evolutiva dentro do *karma causal*, a qual é infinita.

Descendo na Hierarquia do Cosmo Espiritual, encontramos os Orishas Refletores. São Refletores da Luz Espiritual, dos Orishas do Karma Causal. São esses Orishas Refletores que preparam a via, condições e *locus* cósmicos para os Seres Espirituais que no Reino Virginal ou Cosmo Espiritual não conseguem superar o Enigma Causal, necessitando uma 2ª Via de Evolução, naquilo que já explicamos como reino natural ou universo astral. Esses Orishas Refletores enviam suas Vibrações particulares aos chamados Orishas Originais, que são os Senhores do Karma Constituído, isso já no universo astral, sendo pois Senhores de todos os Seres Espirituais que desceram ao universo astral. Com esses ORISHAS ORIGINAIS inicia-se a Hierarquia Cósmica ou do Universo Astral, sendo Eles, pois, os SENHORES DO UNIVERSO ASTRAL, os 7 Espíritos Representantes dos Orishas Refletores. Com esses 7 Orishas Originais inicia-se também a Lei que regula as relações dos Seres Espirituais, agora astralizados, no Reino Natural, na energia diferenciada em seus 7 estados. Esses mesmos Orishas Originais são os responsáveis não só pela aferição da descida, mas também da subida ou ascensão, onde o Ser Espiritual desvincula-se de seus 7 veículos de manifestação do mundo das energias condensadas em vários níveis, ou de massa positiva, aniquilando-a pela passagem no mundo da energia de massa negativa ou *antimatéria*.

Descendo ainda na Escala Hierárquica, teremos os ORISHAS SUPERVISORES. São esses 7 Espíritos que são os Senhores das Galáxias, coordenando toda a sistemática evolutiva dentro das mesmas. São as POTESTADES MÁXIMAS DAS GALÁXIAS, supervisionando as Leis Universais, as quais são aplicadas aos diversos sistemas solares através dos Orishas Intermediários, que são os Senhores dos Tribunais Solares, como são também os representantes diretos do Verbo Divino, através dos Orishas Ancestrais, Senhores Detentores de toda a Hierarquia Planetária. São as Potestades Máximas do Planeta. São os 7 Espíritos Planetários, difusores do Verbo Divino, sendo supervisionados pela Hierarquia Crística. Não nos esqueçamos que o CRISTO JESUS, da Hierarquia Crística Cósmica, é o Tutor Máximo de nosso planeta e, com toda a sua Hierarquia, supervisiona os 7 Orishas Ancestrais e todas as humanas criaturas que estão debaixo de suas Faixas Espirituais ou Vibrações Originais.

UMBANDA — A Proto-Síntese Cósmica

Os 7 ORISHAS ANCESTRAIS (todos Seres Espirituais da pura Raça Vermelha), são aqueles que conhecemos em nossa Corrente Astral de Umbanda como ORIXALÁ, OGUM, OXOSSI, XANGÔ, YORIMÁ, YORI e YEMANJÁ.

Vimos anteriormente que os 7 Orishas Ancestrais são também chamados de Senhores das 7 Vibrações Originais, pois na verdade Eles representam os Orishas Originais, aqui em nossa casa planetária.

Resumindo e esquematizando o que explicamos, teremos:

A DIVINDADE SUPREMA E A HIERARQUIA CONSTITUÍDA

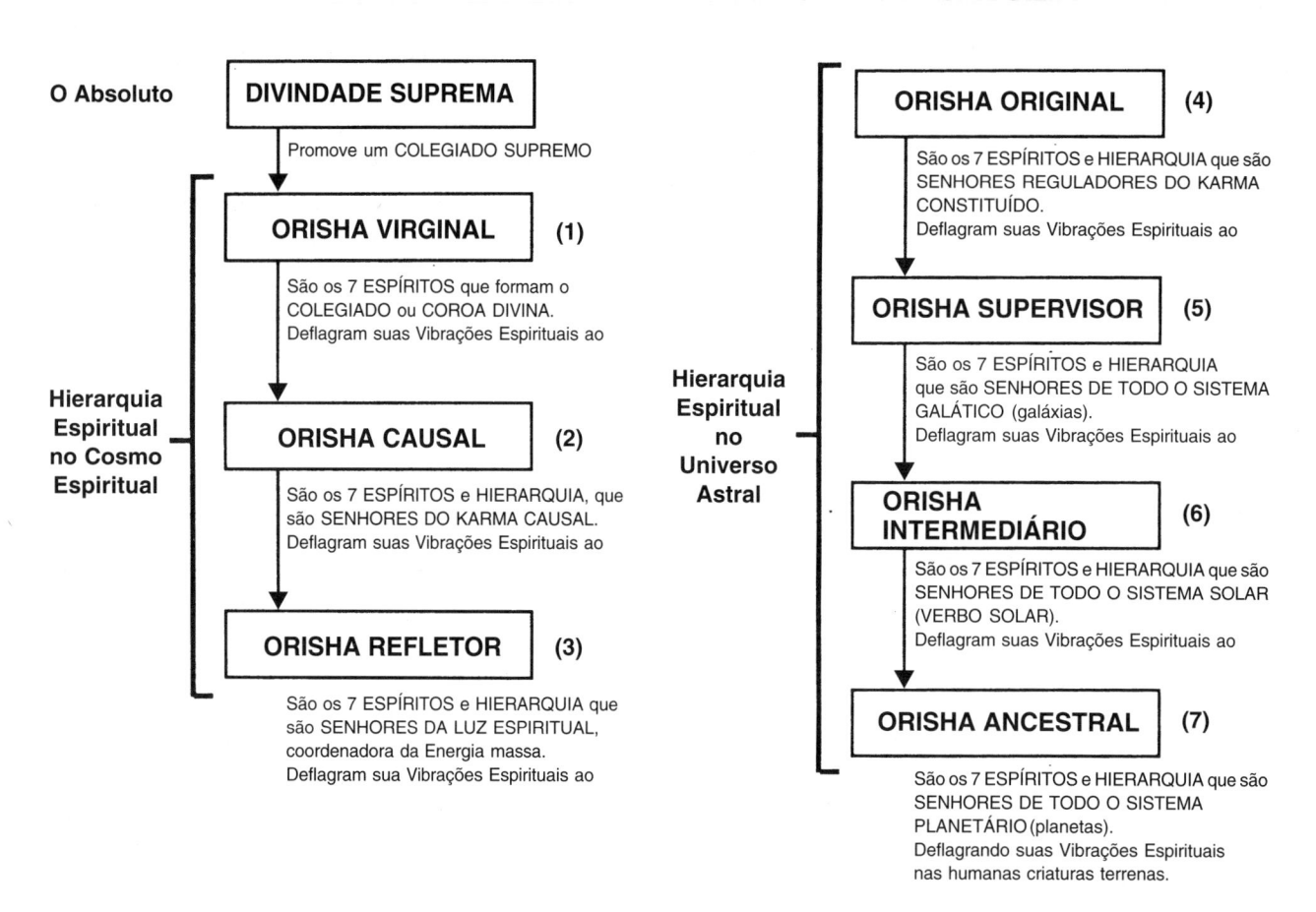

O Absoluto

DIVINDADE SUPREMA
Promove um COLEGIADO SUPREMO

Hierarquia Espiritual no Cosmo Espiritual

ORISHA VIRGINAL (1)
São os 7 ESPÍRITOS que formam o COLEGIADO ou COROA DIVINA.
Deflagram suas Vibrações Espirituais ao

ORISHA CAUSAL (2)
São os 7 ESPÍRITOS e HIERARQUIA, que são SENHORES DO KARMA CAUSAL.
Deflagram suas Vibrações Espirituais ao

ORISHA REFLETOR (3)
São os 7 ESPÍRITOS e HIERARQUIA que são SENHORES DA LUZ ESPIRITUAL, coordenadora da Energia massa.
Deflagram sua Vibrações Espirituais ao

Hierarquia Espiritual no Universo Astral

ORISHA ORIGINAL (4)
São os 7 ESPÍRITOS e HIERARQUIA que são SENHORES REGULADORES DO KARMA CONSTITUÍDO.
Deflagram suas Vibrações Espirituais ao

ORISHA SUPERVISOR (5)
São os 7 ESPÍRITOS e HIERARQUIA que são SENHORES DE TODO O SISTEMA GALÁTICO (galáxias).
Deflagram suas Vibrações Espirituais ao

ORISHA INTERMEDIÁRIO (6)
São os 7 ESPÍRITOS e HIERARQUIA que são SENHORES DE TODO O SISTEMA SOLAR (VERBO SOLAR).
Deflagram suas Vibrações Espirituais ao

ORISHA ANCESTRAL (7)
São os 7 ESPÍRITOS e HIERARQUIA que são SENHORES DE TODO O SISTEMA PLANETÁRIO (planetas).
Deflagrando suas Vibrações Espirituais nas humanas criaturas terrenas.

Após a representação esquemática de toda a Hierarquia Divina, desde o Cosmo Espiritual até um planeta do universo astral, entremos sem mais delongas na Hierarquia da Umbanda, no Movimento Umbandista da atualidade.

Já vimos que os 7 Orishas ou Vibrações Originais que conhecemos como Orixalá, Ogum, Oxossi, Xangô, Yorimá, Yori e Yemanjá são denominados Orishas Ancestrais. Esses Donos Vibratórios de cada Linha ou Vibração Original também promovem suas Hierarquias dentro do planeta Terra e, em especial, no nosso caso, na Corrente Astral e Humana de Umbanda. Assim é que, dentro da Faixa Vibratória Espiritual do Orisha Ancestral, temos 3 Planos que se subdividem em 7 Graus ou Vibrações descendentes. Desse modo, o Orisha Ancestral promove a Hierarquia de 1º Plano. Chamemos essas Entidades de Orishas, pois são Senhores da Luz, Luz como Evolução, Sabedoria, Amor e Conhecimento, relativos ao nosso sistema planetário. Esses Orishas, Entidades de 1º Plano dentro da Faixa Vibratória do Orisha Ancestral, subdividem-se em 3 Graus. O Orisha de

7º Grau é o chamado *chefe de legião*. O Orisha de 6º Grau é o chamado *chefe de falange*. O Orisha de 5º Grau é o chamado *chefe de subfalange*. Essas Entidades são pois as Detentoras da Luz. No 2º Plano, que só tem um Grau, o 4º Grau, chamamos as Entidades de Guias, os quais são os Refletores da Luz dos Orishas. É o chamado *chefe de grupamento*. No 3º Plano, que como o 1º Plano subdivide-se em 3 Graus, 3º, 2º e 1º Graus, chamamos as Entidades atuantes de Protetores, que são os Executores da Luz, os chamados *integrantes de grupamentos*. Assim temos:

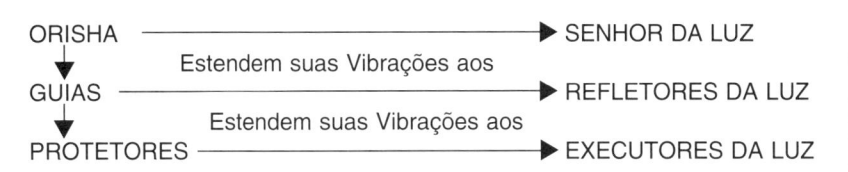

```
ORISHA ─────────────────────────► SENHOR DA LUZ
   ↓      Estendem suas Vibrações aos
GUIAS ──────────────────────────► REFLETORES DA LUZ
   ↓      Estendem suas Vibrações aos
PROTETORES ─────────────────────► EXECUTORES DA LUZ
```

Dentro de uma Faixa Vibratória, ou da Faixa do Orisha Ancestral, temos assim posicionados os 3 Planos e os 7 Graus.

```
            ┌ 7° GRAU — CHEFE DE LEGIÃO
ORISHA ───►┤  6° GRAU — CHEFE DE FALANGE
            └ 5° GRAU — CHEFE DE SUBFALANGE
GUIA ─────►   4° GRAU — CHEFE DE GRUPAMENTO
            ┌ 3° GRAU — INTEGRANTE CHEFE DE GRUPAMENTO
PROTETOR ►┤  2° GRAU — INTEGRANTE SUBCHEFE DE GRUPAMENTO
            └ 1° GRAU — INTEGRANTE DE GRUPAMENTO
```

Como veremos ainda neste capítulo, esses 3 Plano se associam também com o grau mediúnico das humanas criaturas, veículos de Entidades Espirituais que militam na Corrente Astral de Umbanda. Médiuns de *karma missionário* ou *iniciados superiores* têm como Entidades Espirituais dirigentes de seu mediunismo as Entidades de 1º Plano ou Orishas, quer no 7º, 6º ou 5º Grau, dependendo do evolutivo alcançado pelo médium Iniciado. Esses, quando recebem a assistência de Entidades no Plano ou Orisha de 1º Grau, positivamente podem ser chamados de Médiuns-Magistas Superiores ou Babalawô (Babá — Pai; Awô — vem de Raô, assim, o termo correto seria Babaraô, termo que já vimos quando falamos sobre os Ifaraô, Awô — Mistério, Segredo, Luz, portanto Mago). São também chamados de Mestres de Iniciação, pois são os únicos que podem *iniciar*, *ordenar* e *consagrar*, estendendo a cobertura astral sobre um Filho de Fé, dando-lhe condições para seguir sua tarefa, seja ela qual for, desde a mais simples até a mais completa, ou seja, a de ser um Mestre de Iniciação de 7º Grau de 3º Ciclo e Médium-Magista ou Mago.

Médiuns de *karma evolutivo* têm como Entidade dirigentes de seu mediunismo as Entidades de 2º *Plano* ou no 4º Grau, que é dos Guias. São também Iniciados, mas não são magos; podem ser magistas, isto é, receberam de seus Iniciadores a outorga da manipulação leve de certos ângulos da magia etérico-física. Aprenderam com seus Mestres de Iniciação encarnados, ao contrário do mago, que interpenetra as regiões do astral e os seus próprios arquivos vivos de várias reencarnações, além de terem filiação direta com a Confraria dos Magos Brancos, Augusta Confraria sediada no 7º Plano do Astral Superior.

Esses médiuns poderiam na verdade ser chamados de Babarishi (baba — Pai; rishi — Sábio), nome que atualmente vulgarizou-se no termo Babalorisha, todos usando esse grau sacerdotal sem terem a qualificação e a cobertura precisa, que vem pelo astral superior por meio de uma Entidade de profundos conhecimentos. Como dissemos, esse termo hoje vulgarizou-se, sendo que muitos, bastando abrir um terreiro, já se auto-denominam de Babalorisha, quando não o fazem com o título de Babalawô. Neste exato momento, faz-se necessário que esclareçamos que de maneira alguma esses termos são originários do solo ou astral africano. Já o dissemos em capítulos anteriores, mas reafirmamos agora, que esses vocábulos são de origem Abanheenga, isto é, da pura Raça Vermelha. Tanto isso é verdade que aqui em terras do Baratzil pronunciava-se Tubabaraô. Perdeu-se o fonema *tu*, sendo pronunciado na Índia *baba* e na África, muito *a posteriori*, também *babá* (significando *pai*). Assim, com todo o respeito que nos merecem os adeptos dos Cultos de Nação Africana, que também dão aos seus sacerdotes o nome de Babalorisha ou Babalaxé e, raramente, Babalawô (não existem mais, nos praticantes dos Cultos de Nação, nem aqui no Brasil e muito menos na África), achamos justo que se dê a origem real desses termos, que como vimos são da Raça Vermelha, a qual surgiu primeiramente aqui no Baratzil. Veremos no capítulo que trata da *iniciação* que o verdadeiro Mago, Babalawô ou Mestre de Iniciação é conhecedor do verdadeiro Oponifá e da Lei de Pemba e esses raríssimos Babalawôs de alto nível estão na Corrente Humana de Umbanda. Por ora é só.

No 3º Plano estão os médiuns de *karma probatório*, aqueles que são veículos das Entidades no plano de Protetores, em seus diversos graus ou subgraus. Esses médiuns podem, quando têm em sua cobertura astral um Protetor Superior, ser *iniciado nos pequenos mistérios* e ter o comando vibratório de um templo em que basicamente são movimentados os aspectos da pura mediunidade e aspectos leves de magia, movimentados pelo Protetor Superior, nunca pelo médium sem aval. É óbvio que nesses terreiros os demais médiuns estão também debaixo de um karma probatório e seus Mentores são auxiliares do Protetor Superior dirigente do terreiro. Não obstante o plano em que se encontram os aparelhos mediúnicos (cavalos), todos podem passar pelos processos iniciáticos, mas de acordo com o grau de entendimento e segundo o alcance vibratório-mediúnico de cada um, o qual deverá ser seguido à risca, para que não se danifiquem as estruturas mentoastrais do médium, o que sem dúvida trará prejuízos incalculáveis sobre sua constituição mentoastrofísica, podendo prolongar-se os danos por uma ou mais reencarnações. Colocar sobre as costas de alguém um peso para o qual o mesmo não veio preparado a suportar é querer vê-lo afundar fragorosamente. Isso seria desumano e desleal; portanto, o critério, a caridade e o bom senso devem nortear os dirigentes na orientação e no preparo adequado daqueles que de fato sejam médiuns da Corrente Astral de Umbanda. Prepará-los corretamente quer dizer dar condições a eles para que possam exercer seu mediunismo em paz e serenamente, dentro de seu grau exclusivamente. Bem, esperamos ter deixado claro esses aspectos, que em futura obra particular desdobraremos, embora voltemos a citar esses fatores quando falarmos sobre a Iniciação na Sagrada Corrente de Umbanda, ainda nesta obra, em capítulo futuro.

Relembrando então o que tentamos expor sobre a mediunidade e sua hierarquia, esquematizaremos para melhor entendimento dos Filhos de Fé e do leitor amigo. Assim o fazemos para clarear o entendimento dos Filhos de Fé que peregrinam pelos milhares de terreiros e cabanas, muito principalmente aqueles que têm o comando vibratório, ou mesmo aquele que não tenha mas queira se inteirar das minúcias da hierarquia da Umbanda, adquirindo conhecimentos para melhor servir, pois Iniciação não é disputa, não é *status* e nem muito menos meio ou fim para extravasar orgulho, vaidade ou egoísmo. Quem assim pensa e age seguramente está muito distante da Iniciação e mais longe de ser um verdadeiro Iniciado. Iniciar-se deve ser o anseio daquele que tem no Espírito o *querer servir desinteressadamente*, pois tem respeito e amor pelo seu semelhante. O Iniciado na verdade entende que seu conhecimento não é para ser ostentado, nem muito menos para sobrepujar quem quer que seja, mas sim para servir e orientar seus irmãos ainda distanciados não só das grandes Verdades Universais mas das Verdades Elementares, que custam a ser assimiladas pela grande massa popular. O verdadeiro Iniciado é simples, humilde, nunca é soberbo e muito menos vaidoso. Sempre acha que nada sabe e se alguma coisa sabe é por obra da Misericórdia Divina e sua Hierarquia. Quanto mais se é Iniciado, mais interesse existe pelos simples e ignorantes. Busca o Iniciado meios sinceros e verdadeiros de elevá-los a níveis superiores de consciência, fazendo isso de maneira simples e sem afetação. É, Filho de Fé, relembremos Oxalá, que como MAGO DOS MAGOS, não deixou de pregar para as grandes massas populares as Verdades Universais, como também falava a seus discípulos mais diretos em linguagem iniciática, visando preparar a continuação de sua tarefa-missão. Após esses lembretes aos Filhos de Fé, façamos o esquema que dissemos que faríamos:

• MÉDIUNS MISSIONÁRIOS — KARMA MISSIONÁRIO — assistidos pelos ORISHAS — São raros na atualidade do Movimento Umbandista

— São os chamados Mestres de Iniciação que têm a outorga de manipular a magia etérico-física ou a alta magia, a teurgia, através de seus seletos e secretos rituais. Manipulam o Oponifá e Lei de Pemba ou Grafia dos Orishas, sendo portanto *sacerdotes* que podem ser denominados *babalawôs* — raríssimo — 1 ou 2 na atualidade do Movimento Umbandista (o 2º está no ápice de sua Iniciação).* Além da incorporação, utilizamos suas outras faculdades, principalmente a sensibilidade psicoastral ou a clarividência apurada. São veículos de nossas instruções à coletividade umbandista. Não obstante nossa cobertura, são os mais visados pelas correntes das trevas e suas hostes satanizadas, em virtude de se oporem às suas ações e trabalhos nefastos. São os verdadeiros médiuns-magistas, que quando no 7º Grau são denominados magos ou babalawôs.

• MÉDIUNS EVOLUTIVOS — KARMA EVOLUTIVO — assistidos pelas Entidades no Grau de GUIAS — Embora se encontrem em maior número do que os médiuns de karma missionário, mesmo assim são raros, considerando-se o grande número de médiuns na faixa umbandista e mesmo de outros setores filomediúnicos. São também Iniciados dentro de seus graus — são os *sacerdotes de iniciação*, que também poderiam ser chamados de verdadeiros *babalorishas* (como dissemos, termo hoje em dia tão vulgarizado e adulterado em seu sentido real e verdadeiro). Podem atuar em movimentos leves da magia astrofísica, sendo auxiliares diretos dos Mestres de Iniciação — Magos. Seus Templos são simples, sem ostentação. Usam do mediunismo real de que são possuidores para incrementar a fé e a confiança nas humanas criaturas que acorrem aos seus terreiros. Seus trabalhos são positivos, pois os fazem com conhecimento de causa e invariavelmente dão certo, atraindo um número maior de crentes — que, a par de melhorar vão adquirindo conceitos mais puros e verdadeiros sobre a Corrente Astral de Umbanda.

Há nesses terreiros doutrina para o corpo mediúnico, com aulas, palestras, tudo visando incrementar a evolução das humanas criaturas médiuns, dando-lhes também condições de evoluir e melhor servir seu próximo através do aprimoramento mediúnico. Seus trabalhos e movimentos são leves mas eficientes. Há verdadeiros magos do astral assistindo-os. Muitos desses médiuns, pelos seus próprios méritos, conseguem a outorga do astral superior para movimentar o *magismo*, credenciando-se a receber a cobertura maior que vem pelo Orisha Chefe da subfalange que ordena o Guia do tal dito médium. Como dissemos, infelizmente ainda são raros no Movimento Umbandista da atualidade. Esperemos tranqüilamente, mas trabalhando, que eles aumentem em número, o que sem dúvida será um novo marco de progresso e evolução para a nossa coletividade.

Entendemos que de quarenta anos passados até os nossos dias atuais, muito progresso já foi conseguido, muitas arestas foram aparadas, muitos reforços de ordem humana desceram através do reencarne. Vieram Seres Espirituais com tarefas determinadas, misturando-se no meio da massa umbandista e foram eles que logo que puderam começaram a lançar conceitos que começaram a mudar a mentalidade então vigente. O processo é lento, mas contínuo, é uma tremenda luta da *luz do entendimento* contra as *trevas da ignorância* que ainda campeiam por esses terreiros afora. Mas como dissemos no início, em nossa primeira fase, a fase de Ogum, chamaríamos a todos e num futuro selecionaríamos. Estamos ainda na fase do chamamento, mas já estamos lançando a doutrina através de uns e outros médiuns cujo karma os qualifica como Missionários ou Evolutivos.

• MÉDIUNS PROBATÓRIOS — KARMA PROBATÓRIO — assistidos pelas Entidades no Grau de PROTETORES — São o maior número de contingentes no Movimento Umbandista da atualidade. São auxiliares importantíssimos dos médiuns evolutivos. Em geral, estão como auxiliares nos terreiros, não obstante poderem também ter seus templos. Quando têm seus templos, os mesmos ainda necessitam ter uma pequena amalgamação, ou seja, o *sincretismo* ainda é vigente, mas sem desmandos. Seus médiuns sabem que as imagens que representam os Orishas servem para os crentes fixarem suas

---

* Todos estão no Movimento Umbandista há mais de 20 anos.

correntes mentais, pois ainda muitos deles não conseguem abstrair, precisando de imagens e estátuas que concretizem ou predisponham seus conscienciais às coisas do espiritual no terreiro. Usam a vestimenta branca e são muito simples em tudo que fazem. Seus médiuns podem até usar guias sugestivas, mas nada de excessos. Não há atabaques nem palmas. Nunca há a tão famigerada e deletéria matança de animais, seja de 2 ou 4 patas, nem para o desmancho de trabalhos e muito menos para louvar seus Orishas ou Entidades afins. Não confundi-los com os subplanos desses terreiros, que em verdade são a grande maioria, a qual mistura muitos ritos ameríndios com os de origem africana, atraindo muitos Seres do submundo astral, mas que mesmo assim, no futuro, alcançarão o entendimento de que só o Bem é definitivo e todos, direta ou indiretamente, encaminham-se para ele. Assim, o terreiro com comando vibratório de um Protetor, com seu médium em karma probatório é, em geral, positivíssimo nos primeiros passos para todos aqueles que querem adentrar no conhecimento da Ciência do Espírito. São transformações importantíssimas. São planos de transição mental, que seguramente vão mudar a postura da sociedade brasileira; é só aguardarmos. Assim, damos muita assistência e valor a esses terreiros, verdadeiras Unidades-Luz que iluminarão as consciências atormentadas e desorientadas, que amanhã serão os orientadores do futuro. Que Oxalá os abençoe a todos. Nosso saravá sincero pelo devotamento e abnegação, aos manos Protetores em seu trabalho redentor. Que suas forças cubram seus Filhos de Fé. Oxalá já os acobertou e os abençoou de há muito.

Bem, Filho de Fé, em linhas singelas vimos a Hierarquia da Corrente Humana afeita ao Movimento Umbandista da atualidade. Vejamos também, de forma bem simples, a Hierarquia relacionada com a NUMEROLOGIA SAGRADA, referente à Corrente Astral de Umbanda. Como já mostramos, o *número* relaciona-se com as próprias leis, sendo expressões delas. Tudo neste Universo obedece às *qualidades* e *quantidades*. Assim, vejamos os números da Corrente Astral de Umbanda, na certeza de que começaremos a entender suas sábias e imutáveis Leis.

Iniciemos pelo Orisha Ancestral ou Vibração Original, que se expande em Planos e Graus. Exemplifiquemos uma Vibração Original e entenderemos as seis demais.

* Em cada linha, como já vimos, temos 7 Orishas ditos de Intermediação ou Menores. Exemplificaremos um deles, dentro de uma linha, e entenderemos os demais.

```
1° PLANO — ORISHA MENOR
    7° Grau — Chefe de Legião ..................... 1
    6° Grau — Chefe de Falange .................. 1 x 7 = 7
    5° Grau — Chefe de Subfalange ............ 7 x 7 = 49
                              total ........... 57
```

```
2° PLANO — GUIA
    4° grau — Chefe de Grupamento ......... 49 x 7 = 343
                              total ........... 343
```

```
3° PLANO — PROTETOR
    3° Grau — Chefe
        Integrante de Grupamento ............ 343 x 7 = 2.041
    2° Grau — Subchefe
        Integrante de Grupamento ......... 2.041 x 7 = 16.807
    1° Grau
        Integrante de Grupamento .... 16.807 X 7 = 117.649
                              total ......... 136.857
```

Que o Filho de Fé entenda que expressamos apenas 1 Orisha de Intermediação (Orisha Menor) de uma Vibração Original.

Vejamos pois o que encontraremos na Numerologia Sagrada do Orisha.

```
1° PLANO — ORISHA MENOR — 57: 5 + 7 = 12 = 1 + 2 = 3
2° PLANO — GUIAS — 343: 3 + 4 + 3 = 10 = 1 + 0 = 1
3° PLANO — PROTETORES — 136.857: 1 + 3 + 6 + 8 + 5 + 7 = 30 = 3 + 0 = 3
```

Assim, temos no 1° Plano o número 3 — os 3 graus em que se entrosam os ditos Orishas de Intermediação. É o Ternário Superior.

No 2° Plano o número 1 — o único grau que expressa a Vibração do Guia. Somado ao Ternário Superior dá o Quaternário (3 + 1).

---

* Apenas 6 Orishas são de intermediação dentro de uma *linha*.

No 3º Plano temos também o número 3 — os 3 graus em que se entrosam os Protetores. É o Ternário Inferior. Se somado ao número 1 do Guia, voltamos ao Quaternário, isto é, o Guia é o Intermediário entre as ordens de cima e as execuções por baixo.

Se somarmos simplesmente o número que representa os Orishas com o número que representa os Guias e o número que representa os Protetores, teremos:

3 + 1 + 3 = 7 gerou o Setenário ou as 7 Vibrações ou Graus Descendentes desse Orisha.

Nós vimos apenas um Orisha de Intermediação ou Menor de uma Vibração Original do Orisha Ancestral. Se multiplicarmos por 7, teremos o total de Entidades dentro de uma faixa vibratória.

Vejamos pois essa expansão.

Em cada linha temos:

1º PLANO — **ORISHA MENOR**
7º Grau — Chefes de Legiões .... 1 x 7 = 7
6º Grau — Chefes de Falanges .... 7 x 7 = 49
5º Grau — Chefes de Subfalanges ..... 49 x 7 = 343
                                                                     399

2º PLANO — **GUIAS**
4º Grau — Chefes de Grupamentos . 343 x 7 = 2.401
                                                                    2.401

3º PLANO — **PROTETORES**
3º Grau
Chefes Integrantes de
Grupamentos .... 2.401 x 7 = 16.807
2º Grau
Subchefes Integrantes de
Grupamentos .... 16.807 x 7 = 117.649
1º Grau
Integrantes de Grupamentos . 117.649 x 7 = 823.543
...   957.999

Vejamos primeiro o total de Entidades que estão debaixo de um Orisha de Intermediação. Citemos como exemplo o Caboclo Urubatão da Guia da Vibratória de Orixalá.

57 + 343 + 136.857 = 137.257
137.257 = 1 + 3 + 7 + 2 + 5 + 7 = 25 = 2 + 5 = 7

Somando-se ou centralizando-se segundo a Numerologia Sagrada, chegamos no Setenário, número sagrado que representa a Lei, ou seja, esse Orisha Menor, assim como os demais, representa ou é detentor da Lei Universal. Também significa os 7 Graus ou 7 Vibrações Descendentes desse Orisha.

Continuemos e vejamos a Numerologia Sagrada dentro da Vibração de Orixalá no total:

Entidade debaixo da Vibratória de Orixalá:

399 + 2.401 + 957.999 = 960.799
960.799 = 9 + 6 + 0 + 7 + 9 + 9 = 40 = 4 + 0 = 4

Dentro da Vibração de Orixalá, como das demais 6, encontraremos o 4, o quaternário; são os 4 pilares do Conhecimento Uno, da Proto-Síntese Relígio-Científica, ou seja, cada Orisha Ancestral é Senhor dos Elementos.*

Bem, Filho de Fé, vamos mais avante. Iniciamos por um Orisha Menor de 1 linha, depois vimos a linha toda, falta-nos ver agora o conjunto das 7 Linhas da Umbanda.

1º PLANO — ORISHAS MENORES
Se em cada linha temos 399 Orishas, nas 7 linhas teremos 399 x 7 = 2.793.

2º PLANO — GUIAS
Se em cada linha temos 2.401 Guias, nas 7 linhas teremos 2.401 x 7 = 16.807.

3º PLANO — PROTETORES
Se em cada linha temos 957.999 Protetores, nas 7 linhas teremos 957.999 x 7 = 6.705.993.

Vejamos Plano a Plano como se entrosam esses números que expressam quantidades e qualidades.

1º PLANO — ORISHAS — 2.793 = 2 + 7 + 9 + 3 = 21 = 2 + 1 = 3
2º PLANO — GUIAS — 16.807 = 1 + 6 + 8 + 0 + 7 = 22 = 2 + 2 = 4
3º PLANO — PROTETORES — 6.705.993 = 6 + 7 + 0 + 5 + 9 + 9 + 3 = 39 = 3 + 9 = 12 = 1 + 2 = 3

Assim, observamos que quantitativamente, no 1º Plano, encontramos o 3, que qualitativamente

---

* Linhas de Forças ou Forças Sutis, ditas também como *tatwas*, palavra esta de origem Abanheenga: *tatuay* ou *tatuay* = Flecha de Fogo, Energia Cósmica, Relâmpago, etc.

representa-nos o Ternário superior (os 3 Graus Descendentes dos Orishas). Em expansão, o Ternário determina o Quaternário, ou seja, os Guias. Somando os algarismos dos 2 Planos, temos ou chegamos no Setenário, esse composto do Ternário Superior mais o Quaternário.

Partindo do Quaternário compreendido no produto 16.807, vamos encontrar, por expansão em 7, três vezes o produto 6.705.993, que determina os Protetores, produto esse que somado em si revela o Ternário Inferior, como já foi visto.

Vejamos o produto dos três Planos novamente somados:

```
    2.793 = TERNÁRIO SUPERIOR  — 3
   16.807 = QUATERNÁRIO        — 4
6.705.993 = TERNÁRIO INFERIOR  — 3
6.725.593                        10
6 + 7 + 2 + 5 + 5 + 9 + 3 = 37 = 3 + 7 = 10 = 1
```

Somando-se os algarismos chegamos na Unidade ou Lei. Eis, pois, de forma simplista, a Numerologia Sagrada ou a Lei Sagrada — o Aumbandan.

Antes de encerrarmos, temos algo importante a dizer, mas comecemos pela Numerologia Decimal, e vejamos seus significados e sua relação com os 7 Orishas Ancestrais ou as 7 Vibrações Originais.*

NÚMERO 1 (ORIXALÁ) — associado à unidade geométrica, que o ponto é a Unidade — o Princípio, podendo ser Lei; condensação.

NÚMERO 2 (YEMANJÁ) — associado à expansão do ponto, ou diversidade; opondo-se, equilibrando-se; geometricamente é a Linha Singela. É também a representação do Princípio Feminino.

NÚMERO 3 (YORI) — associado ao 3º elemento — o ponto, saindo da linha simples, formando o plano. Geometricamente é o Triângulo, símbolo dos 3 reinos, símbolo do perfeito; o Princípio dos Planos Manifestos.

NÚMERO 4 (XANGÔ) — associado aos 4 elementos da Natureza, ao equilíbrio vibratório, ao equilíbrio kármico, pois temos a união de 2 princípios em expansão (2 retas). Geometricamente é o Quadrado. É também a base dos 4 pilares do Conhecimento Uno — da Proto-Síntese Relígio-Científica — a Religião, a Ciência, a Filosofia e a Arte. É também símbolo de coesão.

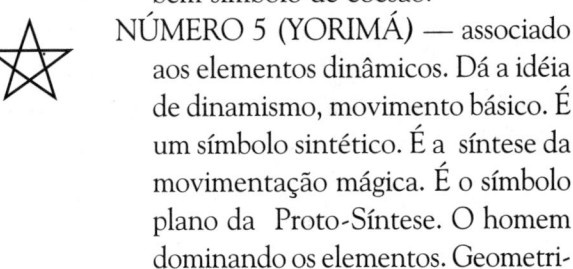

NÚMERO 5 (YORIMÁ) — associado aos elementos dinâmicos. Dá a idéia de dinamismo, movimento básico. É um símbolo sintético. É a síntese da movimentação mágica. É o símbolo plano da Proto-Síntese. O homem dominando os elementos. Geometricamente associa-se ao Pentagrama ou Pentágono.

NÚMERO 6 (OXOSSI) — associado aos elementos estáticos. Dá a idéia de fixação. Fixação das forças sutis da Natureza. É o antagonismo equilibrado. É um símbolo fortíssimo, ligado às correntes mágicas. Geometricamente associa-se ao Hexágono ou Hexagrama.

NÚMERO 7 (OGUM) — é o número da expansão da Lei, é o ternário dominando o Quaternário. É o número da magia em ação. Geometricamente associa-se ao Heptágono ou Heptagrama.

NÚMERO 8 (EXU) — é o duplo equilibrador, é o oposto que domina os elementos. É também símbolo da execução e da justiça, em seus aspectos passivos ou de cobranças. É uma força composta de 7 + 1 — a unidade movimentando a magia. Geometricamente associa-se ao Octógono ou Octograma.

---

* Os significados qualitativos dos números e de sua geometria são simbólicos e não relativos à Lei de Pemba.

NÚMERO 9 (TRIPLO TERNÁRIO) — é o movimento do ternário nos 3 Planos mental, astral e físico. É o símbolo do perfeito. Os triângulos entrelaçados. É o número da movimentação mágica superior dos Espíritos Ancestrais. Geometricamente associa-se ao Eneágono ou Eneagrama.

NÚMERO 10 (A LEI) — é o máximo da década, sendo o símbolo da lei, como infinitos são os pontos que o compõem. É também o número da realização, sendo associado aos mistérios superiores. Geometricamente associa-se ao Círculo.

Após essa ligeira explicação sobre a *numerologia*, sim, ligeira, pois a parte esotérica preferimos deixá-la para o interior do templo, dentro da Iniciação, mostremos como os números foram adulterados, como sofreram deturpações, haja vista que no próprio Tarô inverteram as associações numéricas qualitativas, isto é, seus valores filosóficos, artísticos, científicos, místicos e metafísicos. Isso deveu-se aos vários *CISMAS*, mas muito principalmente ao Cisma de Irshu, oriundo da Índia há mais de 5.500 anos. Na época, como já explicamos, reinava a Ordem Dórica, que sustentava o princípio espiritualista, o qual não era autoritário nem despótico, sendo essencialmente sinárquico, isto é, governado por todos, de forma harmônica, dando-se valor às ciências do Espírito, às ciências das distribuições de valores e às ciências das atividades da terra. Essa Ordem Dórica foi combatida ferozmente pela Ordem Yônica, onde imperava o princípio feminista naturalista, sendo um sistema essencialmente autoritário, militarista, despótico e anárquico. Esse sistema é um dos responsáveis pela atual desigualdade entre as nações e dentro dessas pelas diferenças gritantes de vários segmentos sociais, religiosos, políticos, etc.

As diferenças devem existir, pois nem todos têm as mesmas experiências ou as mesmas qualidades ou debilidades, mas isso não seria motivo para tantas desigualdades e arbitrariedades como estão ocorrendo nesses nossos tempos. Assim, como falávamos, a Ordem Yônica combateu ferozmente a Ordem Dônica e suas academias, suas ordens ou santuários, além de seus sacerdotes, só escapando o célebre Melquisedeque, último patriarca da Ordem de Rama.

Vejamos como Moysés, que era da Ordem de Rama, velou a Tradição Oculta no Tarô, alterando-lhe o sentido real de 57 Arcanos Menores e 21 Maiores para 56 e 22. Preste atenção, Filho de Fé e leitor amigo estudioso, mesmo você que lê e é adepto das ditas ciências ocultas ou magistas ou da Cabala, pois o que vamos mostrar a você é realmente uma revelação. O astral superior liberou esse ensinamento, que embora simples, vem modificar muitos conceitos. Provaremos matemática e geometricamente que os Arcanos Menores *sempre foram* 57 (o número revelado pela numerologia da Umbanda por meio de seus expoentes militantes no grau de Orisha) e os Maiores *sempre foram* 21, ao contrário do que se diz e é de ensino geral, como sendo 56 e 22, respectivamente.

Vamos humildemente desvelar esses Arcanos, esses Mistérios, que como afirmamos, não foram revelados até o presente momento, desde seu ocultamento, a nenhuma outra Ordem Iniciática, em nenhum dos 4 cantos do orbe terreno. Esse ensinamento é dado nas *escolas do astral superior* e iremos torná-lo público agora.

Bem, Filho de Fé, como você sabe, os Arcanos Maiores e Menores somados dão 78. Iniciemos a revelação:

1ª CHAVE — Separemos os números primos* de 1 a 22, pois segundo os cabalistas os Arcanos Maiores são 22. Observação: números primos são divisíveis apenas pela unidade (número 1) e por si mesmo. Vamos lá.

Os números primos de 1 a 22 são: 1, 2, 3, 5, 7, 11, 13, 17, 19. Somemos esses números: $1 + 2 + 3 + 5 + 7 + 11 + 13 + 17 + 19 = 78$. Interessante, não é, Filho de Fé?

Com os números primos somados entre si, chegamos ao 78, que é a síntese dos Arcanos. É a centralização dos 78 Arcanos tidos como de 1ª, 2ª e 3ª ordem.

---

* Números primos, rigorosamente, seriam os divisíveis por si mesmos e a unidade, sendo discutível colocarmos o numeral 1 como primo, mas...

2ª CHAVE — Continuemos separando os números primos de 22 a 78. Ei-los: 23, 29, 31, 37, 41, 43, 47, 53, 59, 61, 67, 71 e 73. Observaremos aqui que encontramos 13 números primos, que somados com 9 já anteriormente encontrados nos dão o número 22, que em verdade são os Arcanos Principais e não Maiores, pois Maiores são 21, como veremos logo em nossa explanação. Antes, façamos um esquema do que expusemos, para maior facilidade visual e de entendimento.

NUMEROLOGIA E GEOMETRIA QUALITATIVA RELATIVA AOS ARCANOS — CENTRALIZADOS DOS 78 ARCANOS

Maiores (Geradores-Unidades) — Os 9 números primos encontrados entre 1 e 22 (1ª chave).

Somando, temos: 6 + 23 + 49 = 78   7 + 8 = 15   1 + 5 = 6

EQUILÍBRIO ESTÁVEL ASTRAL

Menores (Gerado/Gerante) — Os 13 números primos encontrados entre 22 e 78 (2ª chave).

Arcano 23 — VITÓRIA NAS LUTAS
Arcano 29 — DESTRUIÇÃO, DEMANDAS
Arcano 31 — LUTAS PELA VIDA
Arcano 37 — PROTEÇÃO ASTRAL
Arcano 41 — DESEQUILÍBRIO MENTAL
Arcano 43 — FELICIDADE AMOROSA — AFETIVA
Arcano 47 — AMOR ESPIRITUAL
Arcano 53 — FORÇAS OCULTAS PARA TRIUNFAR
Arcano 47 — HARMONIA MATERIAL
Arcano 61 — TRABALHO MATERIAL / MANUTENÇÃO EXISTENCIAL
Arcano 67 — SUCESSO NO ASTRAL
Arcano 71 — MAGIA NEGRA — DEMANDA-DESTRUIÇÃO
Arcano 73 — ALCANCE MENTAL ESPIRITUAL

Soma = 635   6+3+5 = 14 = 1 + 4 = 5

EQUILÍBRIO PARCIAL — INSTÁVEL — MATERIAL

1ª ORDEM (soma = 6)	Significado	
	Sentido divinatório	Princípio — Vibração
Arcano 1 O MAGO	ESPIRITUALIDADE, SABEDORIA	PRINCÍPIO MASCULINO
Arcano 2 A GRÃ-SACERDOTISA	A NATUREZA OCULTA	PRINCÍPIO FEMININO
Arcano 3 A IMPERATRIZ	O PODER PASSIVO	YEMANJÁ

2ª ORDEM (soma = 23)	Sentido divinatório	Princípio — Vibração
Arcano 5 O SUMO SACERDOTE	O PODER OCULTO ESPIRITUAL	YORIMÁ
Arcano 7 O CARRO	O MOVIMENTO-CHAVE	OXOSSI
Arcano 11 A FORÇA	A FORÇA ESPIRITUAL	OGUM

3ª ORDEM (soma = 49)	Sentido divinatório	Princípio — Vibração
Arcano 13 A MORTE	TRANSFORMAÇÃO	XANGÔ
Arcano 17 A ESTRELA	ESPIRITUALIDADE	YORI
Arcano 19 O SOL	ESPLENDOR UNIVERSAL	ORIXALÁ

9 + 13 = 22 — Eis o porquê do leigo ou mesmo alguns pesquisadores considerarem a Cabala como tendo duas ordens de Arcanos, os Maiores como 22 e os Menores como 56. Como vimos, velaram propositalmente, em uma *chave de interpretação*, a chave que mostramos aos Filhos de Fé. *Os 22 Arcanos são os principais e não os maiores.* Os 9 Maiores, se somados, dão 78. São portanto os 9 a síntese de toda a tradição; eis o

porquê de dizermos que o número 9 é a *chave da magia*, é o *símbolo do perfeito*.

Daremos agora a *Chave* definitiva que provará que os Arcanos Maiores são 21 e os Menores são 57. Provemos numérica e geometricamente.

3ª CHAVE — Coloquemos os 12 primeiros números naturais em seqüência.

1, 2, 3, 4, 5, 6, 7, 8, 9, 10, 11, 12.

Após essa seqüência, faremos a seguinte operação: iniciemos pelo número 1, somando com o subseqüente, e assim sucessivamente, até o número 12.

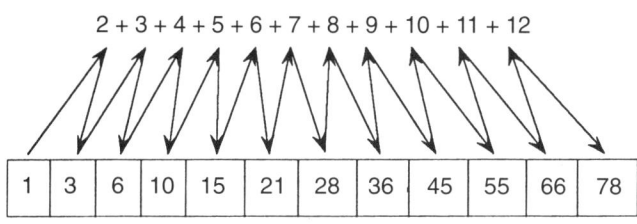

Na verdade, esse conjunto de 12 números deu origem aos 12 *signos*, às 12 *letras sagradas do Verbo*, pois surgiram dos 12 *anciãos do templo* que velaram o Tuyabaé-cuaá — a Proto-Síntese Cósmica, que *a posteriori* foi também velada e chamada de Tarô.

Preste atenção, e provaremos geometricamente que 21 são os Arcanos Maiores e 57 os Menores.

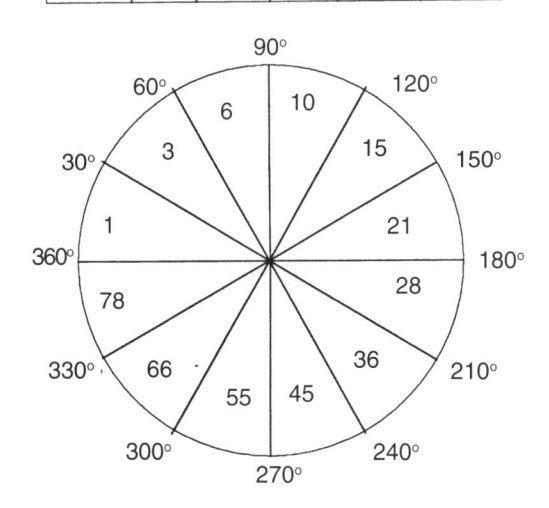

Como o Filho de Fé sabe, o mesmo acontecendo com o leitor amigo, a circunferência tem 360°. Dividimo-la em 12, e cada setor terá 30°. Se de 0° a 180° temos 21 (semicírculo) e de 180° a 360° temos 78, chegamos à conclusão que, se o total é 78 e a metade do círculo é 21, subtraímos de 78 o 21 e chegamos ao 57, como queríamos provar. Assim, os Arcanos Maiores são 21 e os Menores 57, como já citamos em outro capítulo.

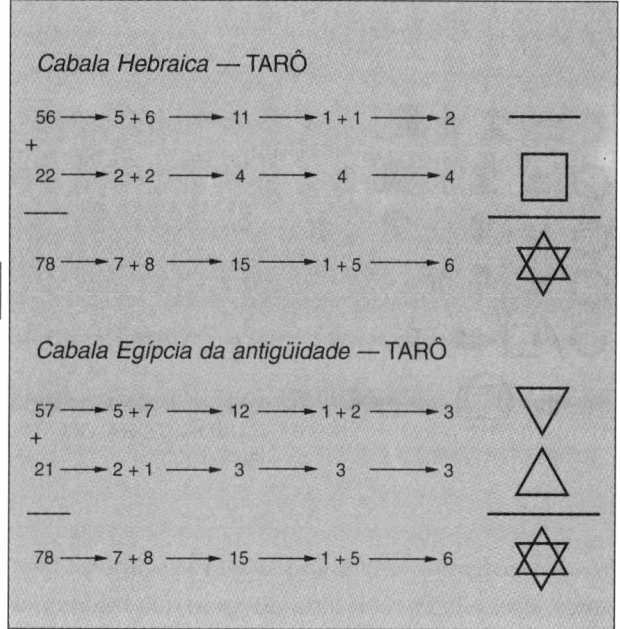

Assim surgiu o *hexagrama*, que é formado por 2 *triângulos* entrecruzados em seus centros com os vértices invertidos. Esperamos ter deixado claro para o Filho de Fé esses aspectos herméticos de nossa doutrina, que só revelamos por ordem dos mais altos mentores de nossa Corrente Astral de Umbanda.

Ao terminarmos, queremos também dar aos Filhos de Fé, principalmente àqueles que leram alguns conceitos das então denominadas ciências ocultas, pois dizem ser arcanos dos mais profundos e que não tem solução a prova da *quadratura do círculo*, a qual demonstraremos agora. Aguce sua atenção, Filho de Fé e leitor amigo; desvelaremos mais um Arcano.

O círculo tem como perímetro, ou seja, sua medida ou comprimento, dado pela fórmula: $C = 2\pi R$, onde C é o comprimento e R o raio da circunferência. Vejamos graficamente ou geometricamente a *quadratura do círculo*.

O C, o comprimento, é a própria circunferência; portanto C = (circunferência). O raio R é igual à linha, pois o raio é o segmento da reta que vai do centro até a periferia da circunferência. Dar-lhe-emos, como é uma reta, o valor numérico 2 (como já foi visto); assim temos:

$$C = 2\pi R$$
$$\bigcirc = 2\pi R$$
$$\bigcirc = 2 \cdot 2 \cdot \pi$$
$$\bigcirc = 4\pi$$
$$\bigcirc / \square = \pi$$
$$\pi = \boxed{\bigcirc} \longrightarrow \pi \text{ é a LEI, é a própria QUADRATURA DO CÍRCULO.}$$

Como vimos, o círculo era a Proto-Síntese Cósmica, os 4 pilares representados pelo quadrado eram a Proto-Síntese Relígio-Científica.

O próprio π é o círculo e o quadrado. Como vimos, o círculo é a Proto-Síntese Cósmica, sendo o quadrado os 4 Pilares da Proto-Síntese Relígio-Científica, ou seja, a Lei.

$$\sim = \bigcirc \qquad || = \square,$$ como queríamos mostrar.

O π é a própria Lei. Assim, Filho de Fé, ao término de mais um capítulo, pedimos a toda *hierarquia constituída* que aqui foi mencionada que lhe cubra com bênçãos renovadas de paz e entendimento. Que o silêncio da sabedoria possa interpenetrar seu *eu*, estamos trabalhando para isso. Ao encerrarmos este capítulo, já nos preparamos para o início do próximo, onde poderemos permanecer juntos mais uma vez. Vamos juntos, Filho de Fé e leitor amigo. Depois de profunda reflexão, vamos conhecer as Ramificações Atuais da Umbanda do Brasil, sua vivência místico-religiosa, suas crendices, seus mitos e seus vários ritos. Interpenetremos pois o Âmago Místico dos vários cultos, ramos atuais de nossa Umbanda.

ADENDO*

Para mais fácil assimilação e entendimento, daremos na página ao lado o Alfabeto Adâmico ou Devanagárico, que como já dissemos foi uma transformação do primeiro alfabeto fonético, que proveio da língua Abanheenga, falada pela sublime Raça Vermelha. Os Sacerdotes do Alto Nilo e muito principalmente os brâmanes na Índia, guardaram suas *morfologias-som* que expressam quantidades e qualidades, sendo um alfabeto que produz autologicamente termos universais; é a Coroa do Verbo, é a própria Ciência do Verbo Vivo. Vejamos, pois, suas letras-som, relacionando-as com seus valores numéricos, astros e signos, e com os correspondentes Orishas.

Observar a analogia entre C e E, sendo que o C originou o E. Esses sinais, tanto em C como em E, são derivados da primeira escrita (Abanheenga), a qual constitui-se nos sinais riscados na chamada Lei de Pemba, de posse e conhecimento exclusivo do astral superior e de raros Iniciados.

Do Alfabeto Devanagárico deduz-se:

1. As 3 letras arquetipais	A	S	Th

2. As 7 letras planetárias ou evolutivas	B	G	D	C
	N	Ts	Sh	

3. As 12 letras sagradas ou involutivas (relacionam-se com os signos astrológicos)
E V Z H T Y L M W P K R

---

* O Alfabeto Vatânico, através de sutis modificações, constitui a base para o "Alfabeto da Pemba". Os Guardiães da Lei de Pemba nos ensinam que o mesmo foi originário da Raça Vermelha.

CAPÍTULO XII

Valor Numérico	Letras Latinas	Alfabeto Adâmico	Astros, Planetas, Signos	Orishas Elem. Geomét. Identific.	Alfabeto Sânscrito
1	A	—			元
2	B	⊖	☿		
3	G		☿		
4	D		♑		
5	E		♈	✡	
6	V		♉	✡	
7	Z		♊	△	
8	H		♋	—	
9	T		♌	·	
10	Y		♍	△	
20	C		♂		
30	L	∽	♎	✡	
40	M	—•—	♏	✡	
50	N		☉		
60	S	∴			
70	O		♐	□	
80	P	△	♑	☆	
90	Ts		♑		
100	K	×	♒	☆	
200	R		♓	□	
300	Sh	△	♄		
400	Th				

247

Bem, após essa demonstração, veja o Filho de Fé que chegamos a 22 letras, pois temos 3 que são arquetipais. Isso já é uma deturpação, ou melhor, deve-se ao surgimento do TRINITARISMO no lugar do BINÁRIO. Graficamente, é possível demonstrar ao Filho de Fé nossa assertiva. Assim, atente e analise bem:

As 3 letras arquetipais são A, S, Th. Vejamos na grafia DEVANAGÁRICA sua expressão:

— .. ₹

Olhe bem para esse conjunto, Filho de Fé, observe que a linha já contém os 2 pontos, não necessitando pois repetir sua representação. Assim teríamos as 21 letras sagradas; ao invés de 3 arquetipais, teríamos 2 (representando o PRINCÍPIO BINÁRIO de todas as coisas).

₹ = φ

Mais uma vez perceba que quando a linha corta o círculo desdobrado passa pelo seu centro, tendo portanto os pontos básicos (intrínsecos) de formação do círculo (o centro da circunferência). Assim o fizemos para elucidarmos e lustrarmos a *quadratura do círculo*.

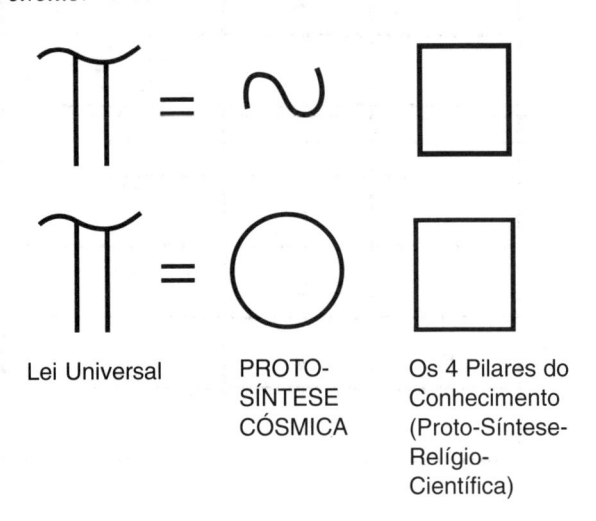

π = ~ ▢

π = ○ ▢

Lei Universal — PROTO-SÍNTESE CÓSMICA — Os 4 Pilares do Conhecimento (Proto-Síntese-Relígio-Científica)

Após esse adendo, esperamos sinceramente ter elucidado ainda mais ao Filho de Fé e leitor amigo. Desvelamos respeitosamente Arcanos sublimes, os quais estão arquivados nas escolas Iniciáticas do astral superior, e entregamos a ti, Filho de Fé Iniciado.

Capítulo XIII

Umbanda e suas Ramificações Atuais — Culto de Nação Africana, Aspectos Milenares e Atuais — Candomblé de Caboclo I — Candomblé de Caboclo II — Catimbó — Xambá — Toré — Kimbanda — Aspectos Kármicos e Deturpações

Filho de Fé e leitor amigo, saravá! Salve a Luz do Entendimento que agora virá clarear o raciocínio, pois iremos adentrar no solo fecundo das concepções, mitos, ritos, superstições e crendices dos ditos Cultos Afro-Brasileiros. Antes de relatarmos o que acontece e o porquê desses acontecimentos por dentro dos Cultos Afro-Brasileiros, é necessário que situemos dois grupos raciais já decadentes e que se entrechocavam desde o final da Raça Atlante. Claro que estamos nos referindo aos grupos étnicos representados pelos negros e pelos brancos. Sabemos que os negros, em priscas eras, foram depositários da Proto-Síntese Relígio-Científica. Desde a Atlântida até a Raça Ariana, foram eles, os negros, deturpando e perdendo a ligação com as *Coisas Divinas* e suas Leis, tanto que o último patriarca negro, Jetro, o qual era sogro de Moysés, muito lutou para manter a unidade de seu povo, mas em vão. Grandes dissensões no seio da Raça Negra se sucederam, como também grandes desmandos de ordem moral, tal como usurpação de poderes, autoritarismo, despotismo e militarismo como forma de opressão e repressão aos demais povos, que a levaram à falência completa. Dentro da Lei dos Ciclos e dos Ritmos, um sombrio destino estava reservado à Raça Negra, como de fato, regido pela Lei das Conseqüências, assim aconteceu. Não citaremos os desmandos das Raças Negra e Branca em minúcias; só diremos que a grande massa popular que encarnou no Planeta Terra como negros e brancos eram Seres errantes do Universo, profundamente comprometidos e endividados com as Leis Cósmicas.

No início, grandes líderes da Raça Vermelha encarnaram no seio das Raças Negra e Branca, visando aumentar-lhes o tônus moral cósmico, mas à medida que deixavam de reencarnar no seio da grande massa, essa se desgovernava e deturpava completamente os ensinamentos cósmicos dados por esses grandes missionários. Perguntará o Filho da Fé: por que eles não continuaram a reencarnar no seio dessas duas raças? Na verdade, Filho de Fé, eles não as deixaram por completo, senão a coisa seria muito pior. Diminuíram suas "descidas", mas sempre foram professores abnegados, mas que não podiam fazer os exames finais por seus alunos. Assim, toda vez que a Lei Divina era completamente esquecida e postergada, eles desciam e incrementavam de todas as formas os conceitos perdidos, sendo que muitos deles foram sacrificados, justamente por pregarem as grandes Verdades Universais, tais como fraternidade, amor, igualdade, etc. Deve, pois, o Filho de Fé e leitor amigo estar percebendo que esses grupos raciais semearam maus ventos; não podiam então esperar outra coisa senão grandes temporais e vendavais que varreriam seu egoísmo, vaidade e pseudo-soberania.

Após esse triste relato do que infelizmente aconteceu, a par de todos os meios para impedi-lo, deve já estar percebendo o leitor atento o porquê de tantos dissabores e desencontros que permanecem ou perseveram até os nossos dias nos dois grupos raciais e mesmo os confrontos entre ambos, que como vimos têm raízes milenares. Ambos eram Seres errantes do Universo e aqui no planeta Terra encontrariam chances de se reabilitar. No entanto, assim, não o fizeram e quando encarnaram em meio aos filhos do próprio planeta, impulsionaram-nos para violentas ações que, é óbvio, trariam, como trouxeram, violentas reações.

Vejamos pois como os Emissários maiores das Cortes de Jesus tentam resolver esse impasse kármico racial, principalmente aqui no Brasil — verdadeira Terra da Luz e da Fraternidade Universal. Como vínhamos relatando, as reações sobre os 2 povos se precipitaram de tal forma que os conceitos morais-religiosos, místicos e metafísicos, quando não completamente esquecidos, foram totalmente deturpados e invertidos. Dentre os dois povos, o que mais inverteu esse conhecimento foi o povo da Raça Branca, tanto que a grande maioria ainda não tem conceitos firmados sobre a vida após a morte e o que é pior, nem ao menos cogita desse conhecimento, o que demonstra suas frágeis concepções sobre as *Coisas Divinas* (claro que não todos, mas a grande maioria). A Raça Negra, por sua vez, a par de ter deturpado quase que na íntegra o conhecimento das *Coisas Divinas*, mesmo assim ainda preservou certa tradição, muito mais consistente do que a Raça Branca, embora completamente adulterada, deturpada. Mas já era um começo...

Assim é que, em pleno século XV de nossa época, os negros na África, incitados pelos brancos encarnados e pelas hostes satânicas do astral inferior, iniciaram a triste e infeliz Era da Escravatura. Queremos que fique claro aos Filhos de Fé que a escravidão negra não tem como responsáveis intelectuais somente os brancos, mas também os próprios negros. Sim, pois os chefes tribais trocavam-nos por quaisquer coisas.

Assim é que vieram em pleno século XVI ao Brasil, provenientes de várias regiões africanas (Daomé, atual República de Bênin, Nigéria, Uganda, Angola, Moçambique, Costa da Guiné e outras), os ditos *escravos*, completamente abatidos, arrasados e humilhados, os quais, de certa forma muito contribuíram com seu suor, lágrimas e sangue, para a construção de nossa terra. No seio dos escravos havia muitos Seres Espirituais abnegados que, com paciência e persistência, transmitiam bom ânimo aos seus iguais, incentivando-lhes a resignação e a tolerância. Mas a verdade é que nem todos aceitavam esses valores. Assim é que usaram de todas as armas que possuíam para atacar e se livrarem do cativeiro. Muitos, como dissemos, pregavam a resignação e tinham se conformado com o peso das algemas, que lhes prendiam não só o corpo, mas muito mais profundamente a alma.

A grande maioria jamais se conformou com o peso das algemas e reagiu com ódio, sangue e violência, como também utilizaram-se de suas práticas religiosas, que já estavam deturpadas há milênios, degenerando-as ainda mais para a prática aberta da magia como agressão, violência, sangue e morte. Assim é que evocavam tudo que havia de mais escuso no submundo astral (*kiumbas*), como também nas zonas abismais, através de um baixo sistema mágico-vibratório, nas tão propaladas oferendas ritualísticas. Assim, a vingança se organizava de forma física e astral, perseverando o conflito racial nos dois planos da vida.

Disso se aproveitaram os magos-negros de todos os tempos para insuflar nos dois lados a discórdia, o ódio e as reações violentas, tanto físicas como astrais. Nesse conflito racial houve muito derramamento de sangue, com perda de muitas vidas, indo esses, ao desencarnarem, reforçar a falange maldita da discórdia e do ódio, aumentando assim ainda mais o desajuste sociorracial e astral em pleno Brasil.

Neste exato momento, deve o Filho de Fé estar se perguntando: Onde estão os remanescentes encarnados da Raça Vermelha, representados pelo Tronco Tupy, embora decadentes? Responderemos a você, Filho de Fé, exatamente o que aconteceu: O Tronco Tupy, representado por algumas nações indígenas completamente deturpadas, também tinha sido levado ao cativeiro, mas em vão, pois se não fugiam, também não serviam para o trabalho escravo. Assim, muitas nações indígenas foram dizimadas e massacradas pelo povo da Raça Branca, tal qual muitos negros-escravos.

Os povos indígenas, portanto, também tinham sido oprimidos pelos brancos, mas reagiram de forma idêntica aos seus irmãos negros. Assim é que o negro africano aportado no Brasil, em comunhão com as nações indígenas completamente degeneradas em sua cultura, inclusive no setor religioso, firmaram seus protestos na luta pela liberdade, nos seus sentimentos e desejos, através de seus ritos religiosos. Dessa fusão surgiram e permaneceram praticamente até os dias atuais os mais variados ritos, os quais refletem os sentimentos e ideais de seus fundadores na época, nem todos com idéias e sentimentos nobres. A maioriá desses ritos já amalgamados e sincretizados tinham como base sentimentos de ódio e vingança, que se consubstanciariam nas práticas mais baixas da magia, na própria magia negra em ação, alimentada com um baixíssimo e agressivo sistema de oferendas.

Esse sistemático conflito racial, que perdurou até no astral, fez com que os *tribunais* afins incrementassem sobre essa coletividade em litígio um conjunto de Leis Regulativas que viessem disciplinar os rituais nefandos e retrógrados, os quais eram vigentes na época. Guarde bem isso, Filho de Fé e leitor amigo, pois entenderá como o astral superior, através dos Tribunais Planetários, aproveitou o desajuste racial para, no momento exato, no seio desses cultos, lançar o vocábulo saneador chamado UMBANDA que viria, como na verdade veio e vem disciplinar esses cultos e as consciências retrógradas, para aqui no solo brasileiro ressurgir futuramente, em toda sua plenitude e potência, a Proto-Síntese Cósmica — o Aumbandan. Deixemos mais para a frente esse ângulo e voltemos logo aonde tínhamos iniciado o relato da tragédia inter-racial.

Assim, devemos lembrar que os vários grupos ou nações africanas que aportaram aqui no Brasil, *a priori*, tinham sérias rivalidades. Fala-se em dois grandes grupos — os Sudaneses e os Bantos, os quais além de terem línguas diferentes (e dentro de cada grupo lingüístico vários dialetos), tinham também culturas diferentes e, é claro, concepções místico-religiosas completamente antagônicas. O próprio grupo sudanês, que tinha seus integrantes tidos como os mais evoluídos, também possuía dentro de si mesmo profundas desavenças, que na própria África terminaram em luta fratricida. Os fons abominavam os ditos nagôs, tidos por eles como inferiores. O mesmo acontecia entre os Bantos, onde angolanos e conguenses também se defrontavam, embora de forma muito amenizada em relação aos povos Sudaneses. É bom não nos esquecermos de que os povos do grupo Banto tinham tido alguns contatos com os egípcios e com os povos da Mesopotâmia, tendo deles conservado alguma tradição. Digo alguma tradição, em virtude de, como já dissemos, os grandes patriarcas negros terem deixado a tradição somente de forma oral e, como tal, foi se apagando de geração em geração, até esquecerem quase completamente ou guardarem-na de forma completamente adulterada, de acordo com os níveis conscienciais das diversas gerações, que já estavam em completa decadência. Mesmo assim, foram os Bantos que de forma completamente anômala e descaracterizada tinham guardado o vocábulo Umbanda ou resquício do mesmo, na forma do radical Mbanda. Dissemos que os desencontros entre os negros africanos aconteceram aqui no Brasil no início de sua permanência, pois gradativamente foram se miscigenando e a própria necessidade de luta libertacionista ou manutenção da própria vida fez com que se unissem, pois se tinham suas desavenças, agora estavam num mesmo solo, cativos e humilhados e precisavam unir-se surgindo assim o primeiro *sincretismo* por dentro dos Cultos Afro-Brasileiros. Antes de prosseguirmos, queremos definir *sincretismo* como o fenômeno místico-religioso que visa tornar inteligível um culto que possa ser praticado por vários povos ou grupos étnicos, que até o momento tinham rituais e concepções diferentes. É um mal necessário, pois se formos analisar profundamente o sincretismo ou analogia de cultos ou partes de um culto, vamos ver que ele faz com que vários cultos se identifiquem em um só. Sem dúvida, embora de forma primitiva, é uma tentativa de *síntese*. Em análise etnocultural, é uma adaptação para os vários níveis conscienciais das humanas criaturas, como também uma forma de uni-las e elevá-las a outros patamares da evolução. É, como veremos adiante, o que acontece na Umbanda dita de vivência popular.

Após falarmos sobre o primeiro sincretismo por dentro dos ditos Cultos Afro-Brasileiros, vejamos de forma didática as subdivisões desses cultos, entendendo que a Umbanda é uma das metas a ser atingida pelos demais cultos. Com isso, queremos afirmar que, conforme formos descendo em nossa subdivisão, há uma interpenetação da corrente ameríndia, mostrando a nítida influência da Umbanda ou da Raça Vermelha que no astral brasileiro tornou-se responsável pela elevação moral dessa coletividade, procurando de todas as formas e meios fazer ressurgir, em todos os ditos cultos, o Movimento Umbandista, que em análise oculta ou esotérica, tem por finalidade abarcar, numa 1ª fase, os adeptos dos Cultos Afro-Brasileiros, sendo portanto o Movimento Umbandista um movimento saneador e reestruturador e ao mesmo tempo direcionador dessa coletividade.

Vejamos a subdivisão:

RITUAL DE NAÇÃO AFRICANA

O Culto de Nação Africana, em sua pureza, há milênios já não existe nem na própria África, onde aliás se deturpou completamente, haja vista que os ditos Cultos de Nação Africana encontram aqui no Brasil muita versatilidade e até originalidade ritualística, trazendo-lhe características não tão fetichistas e totêmicas como os praticados em terras africanas.

Com isso, já estamos dando a entender que gradativamente os Cultos de Nação Africana se abrasileiraram, sob o influxo poderoso da Corrente Astral da Pura Raça Vermelha que já lhes envia, de forma velada, poderosos Emissários, que em missão estão encarnando no seio da Raça Negra aqui no Brasil, trazendo-lhes novos rumos e nova visão em relação às concepções da tradição do ORISHA. Já não são poucos os pesquisadores brasileiros, não os estrangeiros, que não se interessam somente pelo que vêem, como muitos que, sem se preocupar com o fundo das coisas, tornaram-se meros registradores de deturpações uma após outra, as quais deram a entender que eram fundamentos de Cultos de Nação Africana. Como dizíamos, os pesquisadores brasileiros, alguns, é claro, já observaram o Culto de Nação Africana por outro prisma, não somente em sua feição mítica ou totêmica, mas procuraram os aspectos esotéricos que, na verdade, quando bem analisados, guardam profunda identidade com cultos antiquíssimos da própria Atlântida e mais recentemente com os remanescentes desses atlantes na própria África, o povo egípcio. Sem nenhuma dúvida, o povo africano, mais recentemente também, recebeu forte influência da Raça Ariana, tanto que influências árabe-islâmicas são freqüentes e, como vimos, todos esses povos, embora com suas concepções religiosas deturpadas e decadentes há milênios, guardaram a tradição de RAMA, o Grande Reformador que pretendeu restabelecer, na época, a Proto-Síntese Relígio-Científica, através de seus ensinamentos e da iniciação dentro de sua Ordem, a qual deixou-nos como legado seu *Livro Circular* ou *Estrelado*, que é regulador e revelador de todas as Leis Universais. Dizíamos que o povo africano teve como legado esses ensinamentos, pois todos que falam sobre a origem africana sempre o fazem debaixo do mito e de certos conhecimentos estreitos que nunca retrocedem ou recuam no tempo para interpenetrar causas, origens, etc.

Nós dizemos que, a par de tudo que já foi escrito e mesmo o que vem se doutrinando como Culto de Nação Africana, estão eles completamente deturpados, embora existam no meio desses adeptos praticantes filhos missionários que de todas as formas tentam incrementar a evolução, que sem dúvida lhes chegará.

Para relatarmos analisando o Culto de Nação Africana, teremos que observar como esses cultos foram se degenerando, até ficarem completamente descaracterizados nos dias atuais, se não para toda a coletividade dos Candomblés, pelo menos para a quase total maioria.

Em priscas eras, os negros tiveram sua origem na Ásia; os negros não são originários da África, mas sim da Ásia, em território africano se estabelecendo em virtude de grandes dissensões e mesmo devido a grandes ataques sofridos de vários povos. Com o passar do tempo, a Raça Negra foi se deslocando até atingir as plagas africanas. Antes disso, no seu apogeu, era conhecedora da Proto-Síntese Relígio-Científica, legado que os *vermelhos* tinham-lhes transmitido, além de serem profundos conhecedores, em suas causas e efeitos, da Ciência, Filosofia, Arte e Religião. Assim, tinham recebido a Tradição do Saber, que cultuavam e ensinavam em seus suntuosos templos, através de uma rigorosa Iniciação. No período da decadência atlante, foram eles se deturpando, a ponto de perderem completamente as noções da Tradição do Saber, da qual também eram fiéis guardiães. Após essa época de Trevas para toda a humanidade, os povos de pele negra, na África, receberiam novamente a Síntese dos egípcios. Não souberam mantê-la e a perderam e o que é pior, inverteram-na completamente, algo que persevera até os dias atuais.

Vejamos como ainda hoje os ditos Cultos de Nação Africana guardam resquícios de termos sagrados, de ritos sublimes e de uma cultura maravilhosa que infelizmente já não existe mais, nem no Brasil e muito menos em solo africano.

Os africanos, ou melhor, a Raça Negra, recebeu dos veneráveis Patriarcas da Raça Vermelha a *Tradi-*

CAPÍTULO XIII

ORGANOGRAMA SIMPLIFICADO DOS CULTOS AFRO-BRASILEIROS

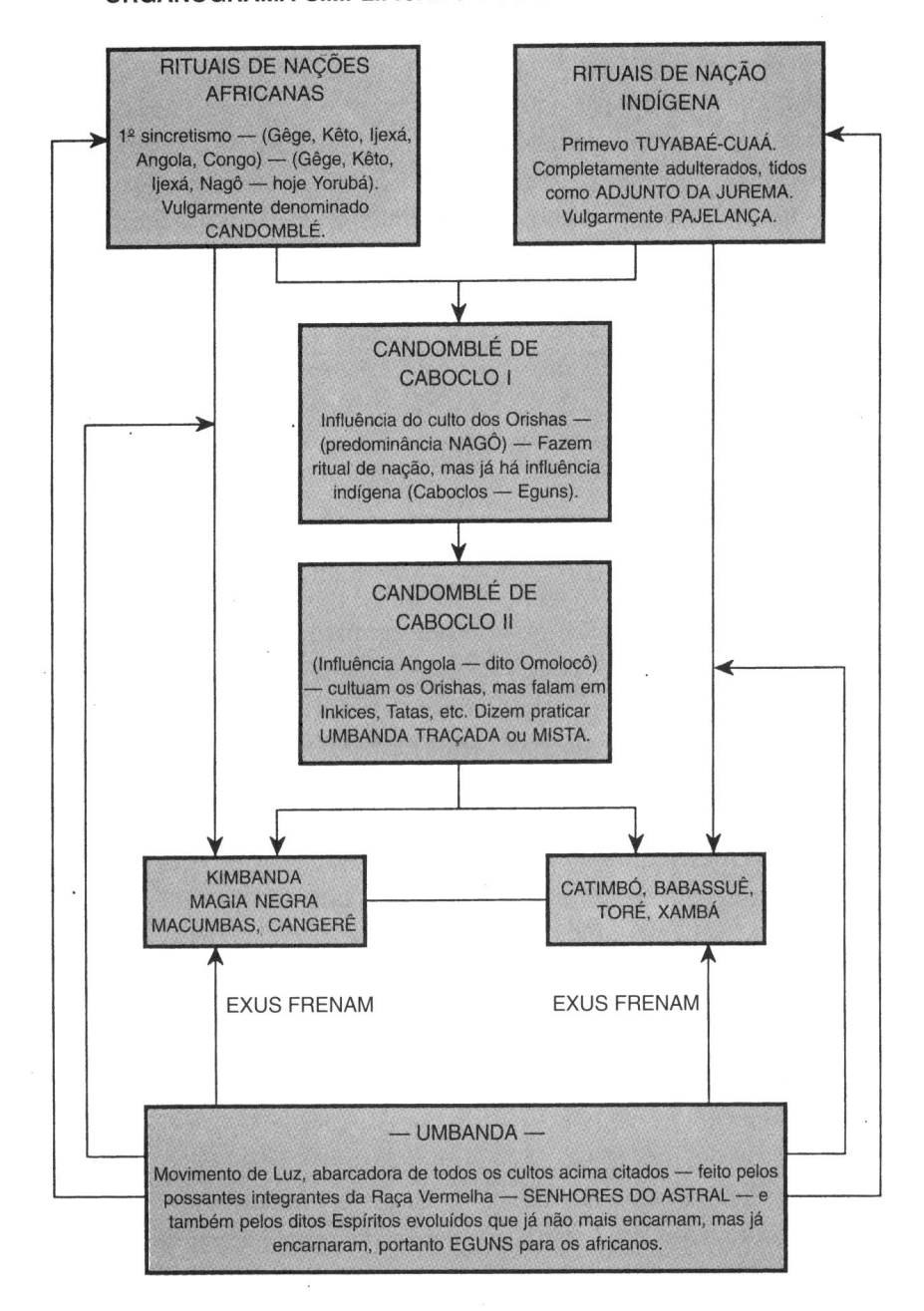

```
┌─────────────────────────┐      ┌─────────────────────────┐
│  RITUAIS DE NAÇÕES      │      │  RITUAIS DE NAÇÃO       │
│      AFRICANAS          │      │       INDÍGENA          │
│                         │      │                         │
│ 1º sincretismo — (Gêge, │      │  Primevo TUYABAÉ-CUAÁ.  │
│ Kêto, Ijexá, Angola,    │      │ Completamente adultera- │
│ Congo) — (Gêge, Kêto,   │      │ dos, tidos como ADJUNTO │
│ Ijexá, Nagô — hoje      │      │ DA JUREMA. Vulgarmente  │
│ Yorubá). Vulgarmente    │      │       PAJELANÇA.        │
│ denominado CANDOMBLÉ.   │      │                         │
└─────────────────────────┘      └─────────────────────────┘
                    │
                    ▼
        ┌─────────────────────────┐
        │    CANDOMBLÉ DE         │
        │       CABOCLO I         │
        │                         │
        │ Influência do culto dos │
        │ Orishas — (predominância│
        │ NAGÔ) — Fazem ritual de │
        │ nação, mas já há        │
        │ influência indígena     │
        │ (Caboclos — Eguns).     │
        └─────────────────────────┘
                    │
                    ▼
        ┌─────────────────────────┐
        │    CANDOMBLÉ DE         │
        │      CABOCLO II         │
        │                         │
        │ (Influência Angola —    │
        │ dito Omolocô) —         │
        │ cultuam os Orishas, mas │
        │ falam em Inkices, Tatas,│
        │ etc. Dizem praticar     │
        │ UMBANDA TRAÇADA ou      │
        │ MISTA.                  │
        └─────────────────────────┘
              │             │
              ▼             ▼
   ┌──────────────────┐  ┌──────────────────┐
   │    KIMBANDA      │  │ CATIMBÓ, BABASSUÊ,│
   │   MAGIA NEGRA    │  │   TORÉ, XAMBÁ    │
   │ MACUMBAS, CANGERÊ│  │                  │
   └──────────────────┘  └──────────────────┘
            ▲                     ▲
       EXUS FRENAM           EXUS FRENAM
            │                     │
   ┌──────────────────────────────────────────┐
   │              — UMBANDA —                 │
   │                                          │
   │ Movimento de Luz, abarcadora de todos os │
   │ cultos acima citados — feito pelos       │
   │ possantes integrantes da Raça Vermelha — │
   │ SENHORES DO ASTRAL — e também pelos      │
   │ ditos Espíritos evoluídos que já não     │
   │ mais encarnam, mas já encarnaram,        │
   │ portanto EGUNS para os africanos.        │
   └──────────────────────────────────────────┘
```

ção do Saber, o *Conhecimento-Uno*, tanto que os negros daqueles gloriosos tempos tinham fortes concepções esotéricas sobre o universo e suas Leis, e seus sacerdotes eram os guardiães desses mistérios. Tanto isso é verdade que eles tinham 4 sacerdotes, os quais eram chamados (pela fonética já adulterada; veja nos capítulos anteriores os termos originais) de:

1. **BABALAWÔ:** SACERDOTE DO DESTINO DOS SERES
   Detentor de todo o Conhecimento da Proto-Síntese Relígio-Científica

2. **BABALORISHA:** SACERDOTE DO MUNDO DIVINO
   Intérprete do mundo dos Orishas

3. **BABALOSSAIM:** SACERDOTE DO REINO NATURAL
   Senhor da manutenção da vida física (conhecedor dos elementos vitais dessa manutenção — AXÉ)

4. **BABAOGE:** SACERDOTE DOS ANCESTRES OU ANCESTRAIS (EGUNS)
   Mediador entre os vivos e os "mortos"

Naquele glorioso tempo, essa era a visão cosmológica dos negros, da qual hoje guardam-se apenas resquícios, mesmo de nomes, que em verdade já não representam o que representavam no passado.

A dita língua Nagô ou língua Yoruba, de milhões de africanos ocidentais, dotada de uma escrita particularizada, que não utilizaremos para não incorrer em preciosismo. Que nos desculpem os adeptos dos Cultos de Nação Africana, se vez por outra escrevemos Orishas e não awòn "Orìsà; ou ilê axé e não lèsè o ilé asè. Agradecemos a tolerância por essas falha, mas não as omissões...

Vejamos pois como foram acontecendo as deturpações, de forma bem simplificada.

As primeiras deturpações ocorreram já há milhares de anos, na própria África. Naquelas épocas, em terras africanas, o BABALAWÔ — sacerdote de 1ª categoria na hierarquia sacerdotal — além de conhecedor do destino dos Seres, era profundo conhecedor dos mistérios do Cosmo. Sabia como levantar o verdadeiro GENITOR DIVINO (eledá) do Ser Espiritual encarnado e após esse levantamento, traduzia os ângulos kármicos* do indivíduo, suas fraquezas, suas debilidades, suas habilidades, coberturas, faculdades ditas supranormais, bem como os rituais adequados para o reencontro do indivíduo com sua *essência divina*, ou seja, o seu Orisha, o qual era em verdade um *despertar da consciência*.

O Babalawô era sabedor de que a Lua, em suas 4 fases, traduzia as quatro grandes forças cósmicas e seus devidos elementos, sendo que, ao levantar o Genitor Divino ou Orisha do indivíduo, ficava sabendo em qual das 4 fases o indivíduo tinha nascido e recebido fortes influências sobre o seu corpo astral e mental. Isso tudo era necessário para fazer o "despertar consciencial", ou que futuramente ficou vulgarizado como "fazer a cabeça".

Para isso, faziam um ritual chamado *ogbori* que, pela Coroa da Palavra, significa venerar a cabeça, no sentido de fortalecê-la e fazê-la entrar em sintonia com sua própria Essência. Vulgarizou-se no dito *bori*, que dizem (e levam em sentido literal) como "dar de comer à cabeça", no sentido de fortalecê-la e de transmitir-lhe *axé*, através do sangue vermelho animal, para propiciar a ligação com o Orisha, algo que em verdade fere a sensibilidade espiritual de qualquer um, quanto mais de um Orisha, que é um Ser Espiritual Superior, altamente posicionado na Hierarquia Cósmica. Mas isso já faz parte das deturpações. Naquelas épocas, os Babalawôs transmitiam esses conhecimentos aos Babalorishas, para que eles pudessem, através do rito correto, iniciar ou dar forças a um filho carenciado em sua constituição etérico-física. Quando havia um Ser carenciado, o Babalorisha, a mando do Babalawô, usava o sangue vermelho animal, *sem sacrificá-lo* e vibrava esse sangue, numa determinada Lua, sobre o *ori* (cabeça) do indivíduo, fazendo então uma transferência de elementos vitais, que era o *axé*, tudo relacionado com os Elementares e os elementos radicais da Natureza, tais como: o *fogo*, a *água*, a *terra* e o *ar*. Era o único ritual em que se usava o sangue animal vermelho e assim mesmo sem sacrificá-lo, e não para louvar Orisha ou "assentar Orisha" ou qualquer outra Entidade sobrenatural, quer seja no mundo físico ou astral (*ayê* e *órum*).

Mas falávamos do Babalorisha, também sacerdote altamente categorizado, que era auxiliar do Babalawô. Era o intérprete do mundo dos Orishas; conhecia as energias básicas da Natureza, as quais chamava de *força orisha*, que depois confundiram com as qualidades arquetipais dos Orishas e seus respectivos "filhos". *Confundiram as forças da Natureza, tanto as benéficas e leves como as maléficas e violentas, com o caráter dos Orishas e, com isso, além de tornarem os orishas antropomorfos, tornaram-nos também na própria natureza*. Confundiram o espiritual com o natural, material. Essa é a grande inversão de valores que perdura até hoje, mesmo nos ditos rituais de nações tradicionais. Mas não nos afobemos, o tempo virá fazer o seu trabalho. Aguardemos serenamente, mas esclarecendo.

Então, retornando ao tema central, o Babalorisha conhecia as Forças Orishas e também era conhecedor das Potências Cósmicas que eram os Orishas. Cultuava nesse período apenas 7 Potestades, que representavam Olodumarê ou a Deidade. Depois, com as deturpações é que surgiu o vastíssimo panteão de

---

* *Odus* — Ângulos kármicos de um destino, quer seja coletivo ou individual.

deuses e deusas. Cultuava Obatalá, Yemanjá, Ogum, Oxossi, Xangô, Ibeji, Obaluayê (já havia deturpação, pois não conservaram Yori nem Yorimá). Além desses 7 Orishas, cultuavam os ditos Orishas Complementares, pois todo o sistema mágico-vibratório necessita de 2 pólos, o passivo e o ativo (Par Vibracional).

Tinham como Orishas Complementares: Odudwa, Obá, Ossaim, Oyá (Inhassã — Ya Mesan Orum), Oxum, Nanã Burukum, Oxumaré.

Na disposição 2 a 2, teremos (aspectos + e − do Par Vibracional):

Obatalá	Odudwa
Ogum	Obá
Oxossi	Ossaim
Xangô	Oyá
Ibeji (Yori)	Oxum
Yemanjá	Oxumaré
Obaluayê (Yorimá)	Nanã

Também cultuavam um *mensageiro* de todos os Orishas, que era Exu, *princípio mágico de expansão e retração*, bem como de *nascimento* e *morte*. Era o transportador das mensagens, sendo o verbo*, "aquele que falava" e falando veiculava o elemento força e axé.

Era Exu o princípio que movimentava todo o sistema, inclusive dos ditos 16 Orishas. Exu fazia parte do aspecto de intermediação entre os Orishas Principais e os ditos Complementares.

Reiterando, afirmamos que o que dava impulso a toda sistemática vibratória da Força Orisha era a *força primária exu* (não a entidade Exu ou Orisha Menor Exu), a qual, em maior ou menor proporção, fazia parte da Força Orisha de qualquer Orisha. Era como se fosse a *unidade força orisha* (tanto isso é verdade que, embora deturpado, um dos nomes de Exu é Elegbara — Senhor da Força — força como unidade geradora de toda a movimentação mágica; *agbara* — força). A Força Orisha, composta em suas unidades pela Força Primária Exu, veicula ou carrega aquilo que chamaremos de *axé*. Esse Axé, ou *força mágica vibratória*, ou ainda *força mágica vivencial iniciática*, está contido em alguns elementos da Natureza. Esses elementos são divididos em seus 3 reinos: mineral, vegetal e animal. Cada reino, para os africanos, tinha os aspectos ativos (brancos), passivos (vermelhos) e neutros (pretos).

Façamos esquematicamente a disposição que expusemos sobre o axé:

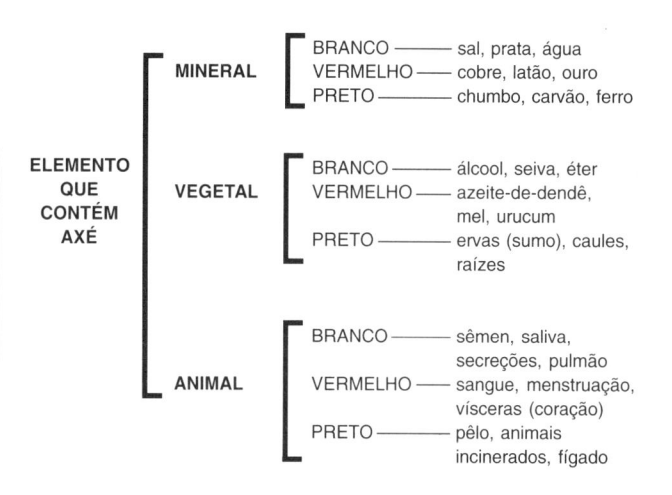

ELEMENTO QUE CONTÉM AXÉ			
	MINERAL	BRANCO	sal, prata, água
		VERMELHO	cobre, latão, ouro
		PRETO	chumbo, carvão, ferro
	VEGETAL	BRANCO	álcool, seiva, éter
		VERMELHO	azeite-de-dendê, mel, urucum
		PRETO	ervas (sumo), caules, raízes
	ANIMAL	BRANCO	sêmen, saliva, secreções, pulmão
		VERMELHO	sangue, menstruação, vísceras (coração)
		PRETO	pêlo, animais incinerados, fígado

Após esse breve quadro, pode o Filho de Fé e leitor amigo entender o porquê de certos elementos ritualíticos usados pelos africanos, pois acreditam eles que os elementos citados são possuidores de certas forças que, se conciliadas adequadamente e em proporções especiais, conferem poder e força para realizar ou executar qualquer coisa. O axé também é, como dissemos, um vivencial ritualístico, ou seja, é também fruto do tempo, já que pode ser adquirido através do ritual e da destreza em realizá-lo. O axé, sendo força, pode ser armazenado, condensado, dissipado e até renovado, nas ditas oferendas, que nada mais são do que reposições para a Natureza de algo que dela se retirou ou, quando se está carenciado, vai se retirar, mantendo-se o equilíbrio vital e mágico vibratório, em virtude de renovar-se o axé ou movimentar-se a dita Força Orisha e, é claro, nunca o Orisha, o que queremos deixar bem claro. É interessante notar que existe há milênios, não sendo coisa

---

* Segundo o conceito dos Yorubas, o elo de comunicação entre os Orishas e os homens era feito através do Ifá, que como vimos era a Potência do Verbo. Exu era o transportador de axé, e como o verbo carrega forte carga de axé, Exu ficou também elo de comunicação e transporte (transferidor) entre os homens e as Entidades sobrenaturais (Orishas).

dos dias atuais, a crença de que, se oferendando à Natureza certos elementos que nós dela retiramos para manter a vida física, esses vão fortalecer ainda mais a vida física, ao mesmo tempo que se restitui à Natureza o "empréstimo". A oferenda, em última análise, é um pagamento, para que possa ser viabilizado outro empréstimo por parte dessa mesma Mãe Natureza, em forma de saúde, vida, poderes e realizações várias.

Isso é a milenar magia, a qual, através da oferenda ritualística, busca atrair os Espíritos Elementares, os quais, em contato vibratório com os indivíduos encarnados, lhes emanam forças e energias puras da Natureza, trazendo-lhes vários benefícios, inclusive a manutenção, em equilíbrio, da própria vida física.

Como podemos ver, os africanos daquelas épocas tinham conceitos metafísicos e esotéricos da mais alta escol iniciática que, infelizmente, como dissemos, já perderam há muitos milênios.

Bem, tínhamos parado nossa conversa no Babalorisha, o qual era considerado um valioso auxiliar do Babalawô, sendo conhecedor dos Arcanos que citamos.

Então, para que os rituais iniciáticos prosseguissem, ou mesmo para que se vitalizasse um indivíduo, o Babalorisha encaminhava-o ao Babalossaim, que era o sacerdote do *reino natural*. Era ele conhecedor dos elementos necessários e das quantidades exatas (qualidades e quantidades) para se proceder às imantações vibratórias, como por exemplo as devidas oferendas. Era o sacerdote que verdadeiramente manipulava o axé. Conhecia o axé específico para cada indivíduo, segundo seu Eledá ou Genitor Divino (os Orishas Ancestrais, segundo nossa classificação — ver Capítulo XII). Sabia como aplicar os ritos secretos das ervas e dos elementos que veiculavam axé aos indivíduos encaminhados pelo Babalorisha. Conhecia os segredos da individualidade do Ser (ori),* como e em que direção e sentido deveriam ser os rituais para o indivíduo (abá). Movimentava as energias dos chacras, através do êmi (prâna), que eles definiam como respiração, força vital, etc.

O indivíduo, após essas fases que variavam em sua duração, tudo dependendo do grau do candidato à Iniciação, iria conhecer outros mistérios, os mistérios que regiam a comunicação entre o plano denso e o plano astral, a vida e a morte, que estariam em pratos diferentes da mesma balança, a qual seria movimentada pelo Babaoge — sacerdote mediador entre os vivos e os mortos. Era, pois, o sacerdote dos ancestrais; tinha ou veiculava o axé dos ancestrais, através dos fenômenos da então mediunidade, a qual era desvendada ao Iniciado. Explicava-se ao Iniciado que, se ele fosse possuído por um Ser Espiritual, esse seria um seu ancestral,** e nunca Orisha Ancestral — Senhor da Luz (Luz como Evolução, Conhecimento, Sabedoria, Amor, etc.). Aí está o conceito que, ao ser deturpado, causou e causa as grandes confusões nos crentes e simpatizantes dos ditos Cultos de Nação Africana, que inverteram certos conceitos puríssimos e básicos, passando a usá-los ritualisticamente ou mesmo iniciaticamente, completamente desestruturados e amalgamados de influências outras, que não as primeiras em sua real e verdadeira pureza.

Todos sabemos que os Cultos de Nação Africana atuais não praticam seus rituais como simplificadamente expusemos.

Embora ainda hoje cultuem seus Orishas, que também chamam de Irumalés, os da "direita", e Ebóra, os da "esquerda", continuam muito presos ao atavismo milenar, não conseguindo subtrair-lhes as deturpações que tentam doutrinar, mas que a lógica rebate. Já se observa no meio desses rituais um selecionamento, o qual para muito breve dará novas diretrizes à dita SOCIEDADE DO CANDOMBLÉ. Aguardemos...

Não queremos de forma alguma desmerecer os filhos dos Cultos de Nação Africana, nem muito menos menosprezar seus cultos. Apenas estamos querendo alertá-los de que a Raça Negra já foi possuidora de um culto relígio-filosófico e místico-ritualístico portentoso, que representava também a Proto-Síntese Cósmica, mas que infelizmente per-

---

* Ori — cabeça. Ori-Axé — cabeça feita.
** Espírito Ancestral, aquele que havia passado pelo planeta Terra, através do reencarne. Egum ou Egungum = ancestre. Egum Coletivo — Baba Egum = Baba mi — meu Pai — meu ancestre.

CAPÍTULO XIII

deu-se. Mas, com a pujança de todos nós, negros, brancos e amarelos, iluminados pelos grandes condutores da Raça Vermelha no astral, aqui nas terras do Baratzil, reconstruiremos a Proto-Síntese Cósmica — o verdadeiro Aumbandan.

Estaremos todos debaixo do mesmo CRUZEIRO DO SUL, símbolo do amor universal. Ergamos na fé e na razão os pilares que ruíram e esqueçamos o sectarismo exclusivista e anacrônico. Construamos os pilares do amanhã, que já reclamam sua construção no hoje. É por isso que lutam, no astral, liderados pelos integrantes do Governo Oculto do planeta Terra, negros, brancos e amarelos. Não esmoreçamos, construamos unidos e irmanados, aqui na terra Berço da Luz, o caminho para o ressurgimento dos Novos Tempos, que já despontam nos dias atuais. No raiar desses Novos Tempos, raiará a **FRATERNIDADE UNIVERSAL**, onde todos serão livres, pois todos serão iguais.

Após esse desejo sincero deste humilde Caboclo, que reflete também os anseios de toda a Corrente Astral, continuemos nossa apagada explanação.

Falávamos dos Irumalés, que citavam também como sendo Orishas funfun, ou os do *branco*, tais como Orumilá, Obatalá, sendo eles 400 e os Ebóra, como sendo 200. A você, Filho de Fé umbandista, e mesmo você, respeitável adepto ou sacerdote de algum Culto de Nação Africana, pedimos sua especial atenção para o fato que vamos colocar sem os véus que encobrem o mito, uma verdade incontestável! Como sabemos, o *mito* é uma forma de darmos uma explicação para determinada coisa, para que essa mesma coisa, de forma empírica, fique inteligível para todos os níveis conscienciais. Assim sendo, todo mito vela verdades profundas em seu bojo. E afirmamos ser mito dizer-se que 400 são os Irumalés e 200 são os Ebóra. Vejamos o aspecto esotérico ou velado, que agora mui respeitosamente iremos desvelar. Há milênios, em terras africanas e mesmo no recentemente conhecido como Daomé, havia uma escrita ideográfica idêntica aos hieróglifos ou signos do Alfabeto Vatânico ou Devanagárico. Na verdade, era a língua sagrada e primitiva dos magos africanos, os inesquecíveis Babalawôs, os quais conheciam-na e usavam-na principalmente nos códigos de Ifá (Ifaraó), que infelizmente nunca mais foram decodificados. Esses sacerdotes de Ifá, que como vimos nessa língua sagrada não queria apenas dizer oráculo dos demais Orishas e sim *potência da palavra* ou o *verbo divino* (Ifá I — Potência; fá — palavra), eram conhecedores do mistério dos 400 Irumalés* e 200 Ebóras.

A confraria dos Babalawôs, na África, era detentora do Alfabeto Sagrado, sendo que com esse mesmo alfabeto escreveram as ditas *Historietas do Ifá*, os *Itanifa*, que continham os 256 Omó Odus (Filhos Odus), algo que veremos detalhadamente em futuros capítulos, quando tratarmos do Oponifá. Mas, o que queríamos dizer é que os decodificadores inverteram tudo; traduziram apenas o aspecto positivo, esquecendo completamente os aspectos comparativo (filosófico, científico) e superlativo (metafísico, cabalístico, etc).

Bem, dizíamos que o alfabeto dos Babalawôs era o mesmo da primitiva Raça Vermelha, e também do conhecimento de altos sacerdotes egípcios e hindus, sendo, além de qualitativo, quantitativo. Assim, vejamos:

O número 400, nesse alfabeto, era a letra Th.
O número 200, nesse mesmo alfabeto, era a letra R.
Por aglutinação, chegamos em *tharô* ou *tarô*, que na verdade era a Lei Universal, era a dita Proto-Síntese Cósmica, que tinha sido velada pelos egípcios e transmitida aos Babalawôs ou Oxôs (Magos), os ditos Ifatoxôs.

Esperamos ter deixado claro que o Candomblé, ou melhor, os Cultos de Nação Africana, de há muito não praticam os seus puros e reais ritos iniciáticos e nem profanos. Infelizmente inverteram-nos e interpolaram-nos e a Tradição foi postergada. Acreditamos que o adepto do Culto de Nação Africana, seja ele qual for, embora tenhamos dado aqui muito mais as coisas ligadas à nação Kêto, que em verdade predominou no Brasil, ao ler nossos apontamentos

---

* Irumalés: Em sentido genérico todos os Seres Espirituais que participam do orum (astral). Há portanto Irumalé Ancestral (Egum) e Irumalé Orisha. Os chamados orishas genitores são os da direita (ótum), inclusive os Orishas funfun (que manipulam o axé branco). Os da esquerda (osi) são os Ebóra, os ditos femininos.

poderá gradativamente se conscientizar de como era o ritual de nação em sua fonte cristalina, em perfeito estado de pureza e colocá-lo em prática no tempo em que achar plausível. Quando assim o fizer, não deve esquecer de abolir as matanças, que não deverão ser usadas para as oferendas ritualísticas e muito menos para a Iniciação dos futuros Iawô, seja no dito Bori (usar sangue vermelho mineral e vegetal) ou nos dias (17 ou 21) em que o crente estiver na camarinha. Evite-se pois o sacrifício de animais, pois é óbvio que Orisha não vai castigar, e nem a Força Orisha vai se desgovernar. Orisha ou qualquer outra Entidade de Luz não se compraz com a agonia de um ser vivo, quer seja para louvá-lo ou para ritualizá-lo. Acreditamos que assim fazendo será um reinício auspicioso para, *a posteriori*, incrementarem novas modificações que seguramente tornarão o ritual de nação muito mais fundamentado e esoterizado, colocando-o no seu devido posicionamento tradicional. Por ora é só. Antes de encerrarmos, queremos dizer que o Candomblé Tradicional hoje cultua muito mais do que 16 Orishas. Mas os mais cultuados hoje são (não na ordem do Xirê): Ogum — Oxossi — Xangô — Obatalá — Yemanjá — Oyá — Obá — Ewê — Logunedê — Oxum — Nanã — Ossaim — Oxumaré — Obaluayê — Exu e mais Ibeji; Oxaguiã e Oxalufã — qualidades de Obatalá; Baiani e Airá — qualidades de Xangô.

Bem, não demos a hierarquia nos atuais Candomblés, mas os mesmos seguem a linha geral deveras conhecida por todos os simpatizantes dos cultos afro-brasileiros.

Deixemos claro, por exemplo, que na língua Yoruba o Senhor da Luz é Orisha, no Gêge é Vodum e em Angola é Inkice.

Os sacerdotes também mudam:

Babalorisha (Kêto) Tatatinkice (Angola)
Yalorixá (Kêto)   Vodunsi (Ewê ou Gêge)

Exemplo da Entidade sobrenatural:

Nação Kêto	Nação Gêge	Nação Angola
ORISHA	VODUM	INKICE
OGUM	GUN	NKOCE MUKUMBE
EXU	ELEGBARA	ALUVAIÁ

Ao terminarmos nossos apontamentos sobre os Cultos de Nação Africana, o que fizemos muito superficialmente, passaremos a falar sobre o Candomblé de Caboclo com predominância Gêge-Nagô.

CANDOMBLÉ DE CABOCLO — I

Esse culto é uma *mistura*, com predomínio acentuado das influências africanas. É claro que, teoricamente, seria um culto mais degenerado que o de Nação Africana, em virtude de ter incorporado elementos novos aos seus ritos. Esses elementos novos, na verdade, devem-se ao surgimento, nesses cultos, da genuína corrente ameríndia, a qual gradativamente vem se infiltrando nesse meio para saneá-la, embora, *a priori*, pareça que o mesmo se tornou infinitamente mais deletério que o ritual de Nação Africana. Nesses ditos Candomblés de Caboclo, a par de louvarem os Orishas, com suas profusões de vestimentas, comidas votivas, tabus, matanças, ebós, boris, camarinhas e toda sorte de ritos fetichistas, há como se fosse uma Luz Renovadora e essa Luz são os Caboclos, ditos Eguns pelos cultores e crentes da nação africana, os quais praticamente monopolizam todo o terreiro com suas consultas e com sua lenta mas progressiva interpenetração ritualística e moral nesses ambientes, que infelizmente são muito vulneráveis à ação das hostes do submundo astral e das regiões condenadas, dando aos verdadeiros Exus Guardiães grande trabalho para sanear e mesmo opor resistência constante a essas hostes do submundo, mantendo a estrutura psicofísica das humanas criaturas que acorrem, claro que por afinidades, a esses locais. Quem acorre, em geral, é porque em outras vidas esteve ligado a esses sistemas religiosos degenerados ou muito contribuiu para o ódio racial na época tormentosa e vergonhosa da escravatura. Hoje, sente-se ligado a todo esse movimento; serve-se do negro como antes. De uma certa forma, parece que perseveram no erro do passado, o que na verdade é muito ao contrário. Estão sim é resgatando pesado fardo, pois tudo o que no passado repulsaram, hoje aceitam e até participam com conivência integral, parecendo integrados tanto quanto os antigos praticantes. É a Lei ajustando a todos...

Da mesma forma que no Culto de Nação Africana, o predomínio sacerdotal é feminino, nas tão propaladas e afamadas MÃES-DE-SANTO, as quais fazem de tudo. Consultam com os búzios, fazem despachos, dão ebó para Exu, fazem bori, fazem o Santo (dizem assim, quando fixam ou assentam o Orisha), fazem as comidas (em geral as Yaba — auxiliares da Mãe-de-Santo na cozinha ritualística), fazem as roupas de Santo e também, como dizem nesses locais, a pessoa é "feita", "raspada" e "catulada" (esses 3 termos para dizer que a pessoa é Iniciada). Nesses locais, como dissemos, além de louvarem seus Orishas com cantos (*orikis*) em que misturam o afro com o português, dançam, batem palmas, atabaques, berimbaus, agogôs, além de fazerem o ritual em que baixam o Caboclo Fulano, o Preto-Velho Sicrano e até o Exu Beltrano, algo completamente inexistente no Culto de Nação Africana tradicional. Aliás, já no Culto de Nação, essas Entidades são repulsadas e Exu nunca baixa, ao contrário do Candomblé de Caboclo, onde Exu baixa e até consulta, claro que nas coisas terra-a-terra.

Como já dissemos, seus sacerdotes, filhos de santo e mesmo adeptos ou crentes, estão afinizados com essa sistemática relígio-vibratória, o que é de certa forma uma bênção. Próximas reencarnações surgirão e eles, como os cultos que cultuarem, também evoluirão. Precisamos é ter paciência e tolerância; essa é a tarefa do verdadeiro umbandista, que ontem, provavelmente, esteve nas mesmas condições desses filhos, que hoje já estão no caminho certo. Não estão em rotas erradas, somente estão no início do caminho. Contribuamos sinceramente para que eles caminhem sem sectarismos, desejamos a eles muita assistência espiritual e que os grandes emissários de nossa Corrente, que às vezes por lá atuam visando incrementar-lhes a evolução, de forma simples e humilde (que por lá são bem aceitos), sejam o exemplo para todo umbandista sincero e interessado no bem da coletividade da qual faz parte. Jamais a crítica destrutiva, pois como criticar algo que faz parte do caminho evolutivo das humanas criaturas adeptas desses, por que não dizer, abençoados terreiros, pejis, ilês ou qualquer nome que queiram dar aos recintos de seus cultos?

Assim, Filho de Fé, não é difícil reconhecer um Candomblé de Caboclo. Vejamos como reconhecê-lo:

1. No *congá* ou *peji* há uma certa profusão de imagens de santos católicos (sincretismo) misturados com os ditos Orishas, a par de imagens de índios, pretos e pretas-velhas, crianças, sereias, etc.
2. Em seus rituais há muitos festejos relativos à louvação dos Orishas; dançam ao som dos atabaques, ou ilus, várias horas, girando em torno do terreiro, que pode ou não ter um poste central (união entre Ayê e Orum).
3. Suas vestimentas são idênticas às dos Cultos de Nação Africana, personificando o Orisha correspondente ao filho-de-santo (Yawô).
4. Não raramente, há as tão propaladas e festejadas *saídas da camarinha*, onde o filho-de-santo sai *possuído* pelo seu Orisha, personificando-o quer na vestimenta, quer nas danças ritualísticas. É o dito *estado de santo* (transe anímico, em geral), que muito pode colaborar no ajuste psíquico de certos indivíduos sensíveis a essas práticas místicas, livrando-os de traumas ou males maiores, somente pecando pelo sacrifício de animais e o empoçamento com o sangue desses animais na dita coroa do médium, bloqueando completamente a corrente energética da kundalini, que pode inverter sua polaridade e ficar concentrada nos centros de forças inferiores, trazendo grandes transtornos de ordem psicossexual. Mas como dissemos, há raríssimas exceções de indivíduos que estão lá sem estarem afins com o que se faz. Há, como chamamos, os casos passageiros, que após sofrerem certos impactos, pois estavam em faixas diferentes, após acordarem retornam à sua faixa vibratória original.
5. Há nesse lugar os ditos *roncós* ou *camarinhas*, onde filhos ou filhas-de-santo ficam reclusos, na expectativa de assentarem o *santo*, santo esse levantado pelos búzios ou erindilogum.
6. Há, em sessões normais, as Entidades Caboclos, que baixam para consultas. Baixam usando cocares, paramentando-se como índios, usando tacapes, arco e flecha, etc. Essas Entidades também dançam e dizem que são representantes de tal Orisha, a par de fazerem seus trabalhos com ervas, em banhos, defumações e outras mandingas (como chamam por lá determinados trabalhos mágicos).

7. Exu também baixa, mas há também para ele o *ipadê* ou *padê*, que visa, segundo eles, aplacar a ira de Exu, despachando-o, ou dando-lhe iguarias para que ele não perturbe os trabalhos que irão ser desenvolvidos. Aqui já há total discordância com o Culto de Nação Africana, em que o *ipadê* ressalta que o Exu é o Emissário dos Orishas, elo entre os homens e os deuses, aquele que vai à frente, indo buscá-los na África, segundo a lenda.

Bem, Filho de Fé e leitor amigo, acreditamos ser suficiente o que já expusemos, e que o Filho de Fé e leitor note que, embora muito sutilmente, o Movimento Umbandista está se fazendo presente nesses cultos. É só.

CANDOMBLÉ DE CABOCLO — II

Além do Candomblé de Caboclo com influências Kêto-Gêge-católico-ameríndio, há o Candomblé de Caboclo com predominância do ritual de Angola. Aliás, é uma mistura Congo-Angola-Kêto-Gêge-católico e ameríndio. É a chamada **UMBANDA MISTA** ou UMBANDA CRUZADA ou TRAÇADA. Muitos crentes e mesmo os *tatas* ou *padrinhos*, pois muitos dos sacerdotes nesses locais são chamados de *tatas*, chamam esse culto de Omolocô. Embora seja um ritual com predominância de Angola, muito raramente as Entidades são chamadas Inkices, e sim Orishas. Os nomes desses Orishas também são os do Gêge-Kêto, a par de sincretizá-los com os santos católicos, algo similar àquela forma de Candomblé de Caboclo. Como dissemos, não difere muito a vivência ritualística deste com o que vimos anteriormente. Há sim uma maior abertura, com mais interpolações. Já há uma presença mais marcante do Movimento Umbandista; o próprio vocábulo Umbanda é muito mencionado, e se perguntamos a um desses filhos qual o ritual que fazem, dirão sem pestanejar que é Umbanda Omolocô. Já houve uma descaracterização maior do culto africano; é como se o mesmo ficasse desestruturado, desarticulado em suas ações ritualísticas mais básicas. Embora exista um culto aos Orishas, com barcos de Yawô, com camarinhas, bori, sangueana e mesmo os famigerados sacudimentos, já há uma profunda identificação com a genuína corrente ameríndia, que como vimos é a ponta-de-lança da Raça Vermelha, no astral, para esses ditos Candomblés. Assim, achamos que esses Candomblés de Caboclo-Angola serão para muito breve incorporados ou abarcados pelo Movimento Umbandista. Dizem que eles não são tradicionais, aceitando tudo. Nossa visão é de outro prisma; acreditamos sim serem eles elos de ligação importantes entre o Movimento Umbandista e os demais cultos; é a porta por onde a bandeira saneadora da Umbanda está entrando. E como o Filho de Fé deve estar lembrando, dissemos que, no passado longínquo, os Bantos, em especial os angolanos, tinham recebido conhecimentos da Síntese, através dos egípcios, os quais sempre se chamaram Aumbandan. Eis um dos motivos deste dito Candomblé de Caboclo-Angola ter aceito ou aberto completamente seus rituais à influência da genuína corrente ameríndia, a qual dirige, através da Raça Vermelha no astral, a Corrente Astral de Umbanda, ou melhor, o dito Movimento Umbandista da atualidade. Esse culto, na verdade, já está na rota certa, aguardando o experimental kármico de seus prosélitos e simpatizantes para impulsioná-los no âmbito da Umbanda ou do Movimento Umbandista. Deixemos o tempo fazer seu trabalho, enquanto os fortalecemos com bom ânimo e confiança, para que amanhã possam, como verdadeiros pontas-de-lança de nosso meio, abarcar outros setores ainda mais renitentes.

CATIMBÓS — XAMBÁS — TORÉS

Citamos alguns ângulos do Candomblé de Caboclo em suas duas formas, as quais são importantes elos de ligação entre o Movimento Umbandista e os ditos Cultos de Nação Africana tradicionais, cumprindo função saneadora e retificadora para que o Movimento Umbandista possa atuar abarcando e revelando novos conceitos, os quais farão ascender essa coletividade a novos degraus da escada evolutiva. Vejamos agora algumas formas degeneradas de cultos. Se há o aspecto essencialmente positivo, há também os aspectos negativos que vêm influenciando milhares de pessoas. Assim, existem o Catimbó, o Toré, o Xambá e a dita Macumba. São eles apêndices negativos que sobraram da vivência atávica fetichista da mais baixa estirpe, atuando neles, é claro, consciências deveras endividadas, quando não completamente inexperientes, isto é, com pouquíssimas noções do certo ou do errado, do bem e do mal. Enfim, seres com poucas reencarnações, mas que desde já estão construindo um karma pesado para o futuro, tanto para si mesmos como para a sociedade futura. Assim, a Corrente Astral de Umbanda vem tentando de todas as formas frenar esses cultos retrógrados e que são pontes de acesso ao que há de mais escuso e trevoso no submundo astral e zonas subterrâneas profundas. Dentre esses cultos, um dos mais atrasados vibratoriamente falando e pesadíssimo em seus rituais é o dito Catimbó. O Catimbó é originado de uma mistura de cultos degenerados. As degenerações da *pajelança*, associadas aos rituais Congo-Angola, aliadas às práticas de bruxaria e feitiçaria de todos os tempos, compõem o dito Catimbó. Sofreu também fortes influências do catolicismo e kardecismo. Embora suas *finalidades* sejam a cura dos males físicos e os de ordem astral, há também os trabalhos para o bem e para o mal, todos debaixo de uma grosseira e violenta corrente vibratória. Seus sacerdotes, quase sempre homens, são chamados de Mestres e as Entidades evocadas são os Mestres de Linhas. Sinceramente, com todo respeito, são o que há de mais trevoso no submundo astral. Seus crentes passam por uma Iniciação e dizem-se *juremados*, através de uma beberagem alucinógena com várias folhas e principalmente com a erva da jurema. Ligam-se a esse culto negro os mais endurecidos e ignorantes Espíritos que já passaram pelo planeta Terra, sendo seus crentes encarnados seus iguais, com uma única diferença: estão encarnados em um corpo físico, que deixam ser vilipendiado e completamente deteriorado. As Entidades que baixam aproveitam a ignorância e a inexperiência dos crentes para torná-los verdadeiros escravos de suas torpezas. As ditas Entidades tidas e havidas como *baianos*, *marinheiros*, *boiadeiros*, *ciganos* e *zê-pelintras*, e mesmo outros, são como escravos dos ditos Mestres de Linha, tais como Maria Padilha (essa não é Exu não, como muitos podem pensar. Cuidado, principalmente as Filhas de Fé), Mestre Luís, Mestre Bem-te-vi e muitos outros cruéis e desalmados magos-negros, verdadeiros emissários Filhos das Trevas. Nesses lugares, os Exus não são evocados, claro, pois eles combatem os magos-negros sem tréguas. Assim é que esses locais sempre ficam debaixo de violentos impactos de ordem astral, em virtude de verdadeira *blitz* feita pelos Exus Guardiães nestes terreiros, não raras vezes desmantelando completamente a corrente humana e astral desses ditos Catimbós.

Isso tudo acontece no Catimbó que muitos, por desconhecimento de causa, rotulam como Umbanda. Outro ritual similar ao Catimbó é o dito Toré, ritual escuso e nefando, onde são cometidas as maiores atrocidades e os maiores desmandos no uso da mais baixa magia, sempre em detrimento de alguém. O Xambá, culto em extinção, é uma miscigenação entre a cultura religiosa ou mística dos indígenas e dos povos africanos Bantos (Angola). Foi abarcado completamente, em seu aspecto superior, pelo Candomblé de Caboclo e degenerando-se completamente no Catimbó ou Toré, em seu aspecto inferior.

Filho de Fé e leitor amigo, nosso interesse nesta despretensiosa obra não é esgotarmos o estudo dos rituais e vivências nos ditos cultos afro-brasileiros, e sim simplesmente relatarmos superficialmente o que existe, mas que cedo ou tarde será abarcado pela Sagrada Corrente Astral de Umbanda. Após esses relatos sobre os diversos rituais e cultos, antes de mostrarmos como a Corrente Astral de Umbanda interpenetra-se em todos eles, vejamos também, de forma superficial, o que se entende por Kimbanda.

KIMBANDA* — MACUMBAS

Em capítulos anteriores já dissemos que a Kimbanda é o *conjunto oposto à lei*, e quem a comanda são os Exus Guardiães, que são Emissários da Luz ou da Lei, para as *sombras* ou *trevas*.

---

* Entenda-se Kimbanda como a polaridade executora da Lei — a paralela passiva — agente da justiça kármica, e não como vulgarmente se diz, como sinônimo de magia negra.

Assim, os Exus de Lei frenam e até combatem as legiões de Seres Espirituais insubmissos que estão debaixo de seu comando. Veremos no capítulo que versa sobre os Exus que os mesmos são *agentes executores da justiça kármica* e, portanto, estão no cumprimento de uma função legal, ou seja, a serviço da Lei Maior. Por dentro dos terreiros, essas Entidades, quando no grau de *cabeças de legiões* ou Exus Guardiães, sempre são serventias diretas das Entidades Superiores, tais como um Caboclo, Preto-Velho, etc. Seus subalternos, ou *capangueiros*, como são chamados os Exus que estão debaixo do comando vibratório do Exu Cabeça de Legião, podem atuar num médium a fim de que o mesmo só "trabalhe" com o dito Exu. Neste caso, diremos que o médium é kimbandeiro, mas não no sentido pejorativo que lhe emprestam, pois esse mesmo Exu, com seu médium, podem fazer o bem, claro que através de métodos mais grosseiros e menos especializados, pois sua sistemática ritualística é mais densificada, se prestando mais aos trabalhos essencialmente da esfera material. Não obstante, podem fazer benefícios vários, dentro é claro de seus teores vibratórios. Mas neste caso, e só neste caso, o médium, por afinidade, tem em sua cobertura um Exu de verdade que, embora trabalhando por baixo, vai incrementando em seu médium a evolução, a qual se processa de forma muito lenta e criteriosa. Mas falemos do que acontece na maioria das vezes. Os médiuns trabalham com um Caboclo ou Preto-Velho, de repente descambam; querem vida fácil, e acham que podem consegui-la no *santé*, sendo que logo lhes chama a atenção o trabalho do Exu de sua guarda. Assim, iniciam trabalhando, gradativamente, mais vezes com Exu, até o ponto de não terem mais giras de Caboclo, etc. Só querem é trabalhar com Exu, pois isso lhes traz prestígio e, por que não dizer, dinheiro, pois tudo que Exu faz sem ordem superior tem de ser pago, em forma de vela, aguardente, panos, charutos, etc. Muitos dos consulentes, não tendo tempo para adquirir os materiais, pagam diretamente ao médium, que já começa a usar esse dinheiro para outras finalidades, apesar do aviso de sua Entidade, um Caboclo ou Preto-Velho, para que deixe esse hábito e que não evo-

que tanto a Corrente dos Exus, coisa que o médium não ouve. Não ouvindo, começa a perder a sintonia fina, só sintonizando-se com vibrações grosseiras. Dessa forma, perde o contato com seu mentor do astral superior, e é claro que também com seu Exu Guardião. Trabalha sim com Exus de planos inferiores, com os quais já se sintoniza. Então, o "terreiro" é o mesmo, continuam as imagens dos Orishas e até de Oxalá, mas quem manda mesmo é o dito Exu, que já entrou na sintonia do médium. Aí é feito de tudo, desde trabalhos simples até os mais escusos trabalhos de *bruxaria*, visando ao prejuízo moral, espiritual ou material de alguém.

Assim, descendo de degrau em degrau, o médium kimbandeiro,* a par de fazer determinados trabalhos, vai recebendo os choques de retorno que inflexivelmente recaem sobre ele. Aí vêm o alcoolismo, a doença, os desmantelamentos familiares, a falência moral, e por fim a total penúria. Não há kimbandeiro que não tenha um triste mas merecido fim, ou melhor, começo, pois do outro lado da vida as coisas serão sem dúvida muito piores. Esse fato relatamos mais acuradamente em outro tópico do livro, mas desde já quisemos deixar patenteado que a Kimbanda existe, que existe médium kimbandeiro, como também existe o trabalho de magia negra, o qual é feito e pode ser pego.

Filho de Fé, por tudo isso que até agora você está acompanhando em nosso relato é que surge a Corrente Astral de Umbanda interpenetrando nesses meios, visando evoluí-los, saneá-los e mesmo fiscalizá-los, através do verdadeiro Exu Guardião. Assim, a Umbanda é um vigoroso Movimento de Luz que abarca tudo isso numa poderosa interpenetração astral e humana, visando incrementar a evolução dessa massa, dita como dos adeptos dos Cultos Afro-Brasileiros e que já é generalizada como umbandista. Esse Movimento é o que revela uma nova sistemática mística, mediúnica, espírita e doutrinária, promovendo reações e readaptações de valores. Esse Movimento foi feito, como vimos, pela primeva Raça Vermelha, *senhora dos destinos de nossa coletividade*. Surgiu assim o Movimento Umbandista, o qual em menor espaço de tempo busca abarcar o máximo de

---

* Não confundamos Kimbanda (Exus Guardiães — Executores da Justiça Kármica) com Kiumbanda (Kiumbas — Espíritos atrasados).

pessoas, que andam e perambulam sem rumo e sem diretrizes espirituais seguras e mesmo aqueles que se encontram em ambientes espiríticos inferiores e grosseiros. Essa é a 1ª fase do Movimento Umbandista. Haverá mais 6 fases, algo de que falaremos no último capítulo (Capítulo XVIII), sendo que após essas fases haverá o *ressurgimento*, em pleno solo *berço-mãe* e astral, da Proto-Síntese Cósmica — o Sagrado Aumbandan.

Citando o vocábulo sagrado Aumbandan, vejamos e estudemos no próximo capítulo como é sua *rito-liturgia*. Filho de Fé, observe que, mesmo de forma simples, entramos no âmbito do misticismo que anima milhões de almas e dentro dessa simplicidade imploramos a você que olhe a todos como pertencentes, como de fato o são, à mesma Corrente. São todos seus irmãos, pois estão debaixo do mesmo Movimento! Caso não possa ajudá-los, não os critique; faça silêncio e peça ao Alto para que Oxalá os abençoe sempre, e que eles possam evoluir o mais rápido possível para benefício de nossa *grande família*.

Saravá, Filho de Fé, Caboclo agradece....

Nota do médium — É importante que não se venha confundir Movimento Umbandista (o que se pratica atualmente) com o AUM BHAN DAN — A Proto-Síntese Cósmica. Na verdade o Movimento Umbandista, como ressalta o Sr. 7 Espadas, pretende restaurar o AUMBHANDAN, e isso está sendo feito em 7 Fases, como veremos no Capítulo XVIII.

Capítulo XIV

Umbanda e sua Rito-Liturgia — Vivência Ritualística na Umbanda Popular — Sincretismo — Tipos de Rituais — Modelos de Templos — Teoria e Prática dos Processos de Imantação, Cruzamento e Assentamento — Umbanda Esotérica — Rituais Secretos e Seletos

Dentro do Movimento Umbandista da atualidade, enfocaremos 3 modelos de rituais, que se adaptam às várias unidades religiosas denominadas grupamentos, tendas, cabanas etc., e por dentro delas os diversos graus de consciência das humanas criaturas.

Como sabemos, os rituais visam evocar as Divindades, as Potestades Espirituais ou quem as represente. Em nosso caso, evocamos o Orisha Ancestral e toda sua Hierarquia, composta por Orishas Menores, Guias e Protetores, com o objetivo de atrair sobre essa mesma coletividade a proteção, a cobertura e a presença dessas ditas Entidades Espirituais.

É da forma como se processa essa evocação místico-ritualística que se preocupará este nosso capítulo.

Antes, porém, queremos ressaltar que estaremos nos referindo aos rituais do Movimento Umbandista e não às suas ramificações. Estaremos citando desde o espaço físico, denominado terreiro, até os atos místico-religiosos processados nos congás dessas tendas ou cabanas relativas ao Movimento Umbandista, o qual foi e é um possante Movimento de Luz ordenado pela Confraria dos Espíritos Ancestrais (a pura Raça Vermelha) que interpenetrou todos os cultos, os ditos de origem afro-brasileira.

É esse um grandioso Movimento, o de Umbanda, sendo maiúscula sua tarefa, e não menos difícil, a qual seja de interpenetrar, sanear, arejar, elevar e direcionar para planos mais elevados muitos cultos que infelizmente não são condizentes com a era de paz, amor e harmonia que se aproxima celeremente, e que será vivente no 3º milênio.

Dentro do propósito de elucidar e elevar o nível místico-vibratório dos milhões de Filhos de Fé que estão agrupados, segundo suas crenças e concepções sobre as coisas da Umbanda, nos milhares de terreiros, é que nos propomos a escrever sobre o que há de mais simples dentro da rito-liturgia do Movimento Umbandista. Antes, porém, vejamos qual o mecanismo dos diversos rituais, que embora diferentes entre si buscam os mesmos objetivos.

Todo ritual, de maneira bem simples e didática, possui 3 partes, que são:

1ª parte — PREPARATÓRIA; 2ª parte — ATRAÇÃO DE FORÇAS; 3ª parte — MOVIMENTAÇÃO DESSAS FORÇAS SEGUNDO O OBJETIVO VISADO.

Como o Filho de Fé e leitor amigo pode observar, não há nenhum culto religioso, que tendo ritual, não siga essas partes ou fases por nós aludidas. É justamente nessas 3 fases ou partes que calcaremos toda a nossa dissertação sobre os 3 modelos de rituais que se seguirão no decorrer deste capítulo. Antes de lá chegarmos, devem o Filho de Fé e o leitor amigo estar pensando sobre o vocábulo *rito-liturgia*, já que falamos sobre rito ou ritual e não expressamos nossa palavra sobre Liturgia. Para nós, liturgia não é apenas o sinônimo de rito ou rito público; são as formas, meios, atos, posições e objetivos usados dentro de um ritual. A vestimenta, esta ou aquela posição, a pronúncia desta ou daquela palavra, a postura vibratória, fazem parte de um contexto, o qual chamamos rito-liturgia. Esperamos que fique bem claro que, daqui para a frente, rito-liturgia é para nós um contexto em que se enquadram: preparação, atração das correntes e manipulação dessas correntes. No caso das Entidades Espirituais, o processo é o mesmo: preparação astral e física do ambiente; evocação das ditas Entidades; o trabalho dessas Entidades.

Iniciemos pois nossa explanação sobre os 3 modelos de rituais:

1º MODELO

Este ritual, temos certeza, atenderá ao maior número de adeptos do Movimento Umbandista na atualidade, pois o mesmo, além de ser simples, atende às necessidades psicoespirituais de milhares de Filhos de Fé, que até o presente momento vinham e vêm fazendo (muitos, mas não todos) um ritual segundo tinham visto ou aprendido. Quando viram e resolveram fazer igual, seguramente, na época, eram inexperientes, muitos até vindos de outros setores filorreligiosos. Assim é que o maior número de adeptos, nesses terreiros, são recém-regressos do catolicismo, quase a totalidade, ou dos ditos cultos evangélicos, numa pequena minoria. Esses Filhos de Fé, como são inexperientes, vão logo adentrando no primeiro terreiro que se lhes apresente, e como têm uma Entidade que os protege, sentem alguma coisa diferente e logo interessam-se, sendo essa uma forma de se chegar ao terreiro, aliás a mais freqüente. Outras formas são várias, mas nunca comparando-se, em quantidade, com a que citamos. Esses Filhos de Fé, ditos por nós inexperientes, o são por pouquíssimos tempo, ficando logo muito "sabidos" e procuram, com a ajuda dos seus próprios mentores, através da intuição ou mesmo pelo pedido direto, um "terreiro" condizente com seus graus conscienciais sobre as coisas do espiritual. Em geral, os próprios Filhos de Fé, descontentes e desiludidos por não acharem nada condizente com aquilo que está dentro de suas afinidades, começam a *correr gira*, isto é, vão a todos os terreiros que lhes indicam. E nada. Nesta situação, procuram abrir seus próprios terreiros, e sem dúvida assim o fazem, não se importando se estão aptos ou não a chefiar vibratoriamente uma Casa Espiritual e o tipo de ritual que farão, na verdade nem sequer sabem bem como se processarão suas sessões, bem como os casos e coisas que por lá ocorrerão. Assim, sem cogitar de nada, abrem seus terreiros. Na verdade, esse será mais um local que o submundo astral poderá usar como campo avançado de suas intenções. Sim, pois como dissemos, esses médiuns são inexperientes, e sua sabedoria sobre as coisas da Umbanda está baseada naquilo que viram e ouviram nos terreiros em que passaram, onde na maior parte da vezes predominava o sincretismo afro-católico. Quando não, derivavam para os cultos nefandos do Catimbó. Até pouco tempo, eram as Filhas de Fé que se constituíam no maior números de médiuns a terem um terreiro desse tipo. Hoje já se igualou o número de homens e mulheres; dividem-se igualmente na chefia desses terreiros. O que é de se lamentar é que, como dissemos no início, saíram dos terreiros que freqüentavam pois estavam fora de sintonia vibratória, e seus próprios mentores assim o quiseram. Após essa fase, tornam-se completamente surdos ao apelo do astral que os tirou de um lugar que não lhes era conveniente. Abrem seus terreiros esquecendo-se de que são apenas médiuns; quem deve decidir se deveriam abrir seus terreiros são seus dirigentes do astral, os quais são completamente esquecidos. Pobre Filhos de Fé, já estão perdendo aquilo que lhes era mais importante em sua vida, ou seja, o mediunismo. Nessa condição, sem consultar seu mentor espiritual, abrem seu terreiro, em verdade *seu* terreiro, pois de seu mentor não é. Aliás, ele não foi nem consultado. Palavra de Caboclo que muitos Filhos de Fé assim procedem, e têm seus terreiros. O termo se aplica bem; repetimos *seu* terreiro, pois de seu mentor não é. Então, de quem é? Ah, Filho de Fé, aí é que é a coisa (...)! Mas nosso dever é esclarecer e impedir que isso aconteça; assim, daremos um modelo de ritual e de terreiro, podendo é claro sofrer ligeiras modificações, com a certeza de que terá a outorga do astral superior.

Veja o Filho de Fé que falamos sobre um *verdadeiro médium*, mas que se esqueceu de que era apenas médium, e também quis ser o próprio mentor! Esses, se quiserem ainda voltar a sintonizar-se com seus mentores, reentrarão no equilíbrio de seus mediunismos. E outros que nem médiuns são? São apenas auto-sugestionados ou acometidos de um profundo neuroanimismo (exteriorização da própria personalidade, personificando a "entidade" imaginada, com todas as suas características físico-psíquicas). De repente abrem seus terreiros, e como não há nenhum mentor, ficarão nas mãos de Entidades atrasadas e infelizes, as quais na gíria de terreiro são chamadas de *kiumbas* ou *rabos de encruza*. Embora os indivíduos não tenham mediunidade ativa, sendo sim neuroanímicos, o submundo astral, através de seus emissários, exacerba ainda mais o neuroanimismo, fazendo com que esses indivíduos cometam os maiores desatinos aos outros e a si mesmos. Não queremos que ninguém pense que os estamos criticando; ao contrário, são merecedores de nossa maior atenção, e sem dúvida damos essa atenção, tanto que, para eles, os que já estão nessa situação, estamos dando este alerta. Para os outros, lhes mostraremos um modelo simples a ser seguido, que seguramente obterá o aval de seus mentores, reais e verdadeiros seareiros da Corrente Astral de Umbanda.

A. O Recinto

Desde o início deste livro, várias vezes reiteramos que a Umbanda é para o simples de coração e que nossos terreiros ou templos devem ser o mais simples possível, como também o mais limpo do ponto de vista físico e astral. Assim, cada grupo terá, no prédio que dispuser segundo suas possibilidades, a seguinte disposição:

1. Na entrada, de qualquer um dos lados, uma pequena casinhola que chamamos de *tronqueira*, que deverá estar pintada de vermelho por dentro e ter uma porta. Mas deixemos essas explicações para o final deste 1º modelo.
2. Se o local destinado aos consulentes, ou mesmo adeptos, for logo após a entrada, esse local deverá conter, sem afetação, bancos ou cadeiras, se possível iguais uns aos outros, tendo um corredor central que permita o trânsito de pessoas. O salão que contém o reservado para os consulentes, como também o congá propriamente dito, deve ser pintado de branco, pois essa é uma cor que reflete todas as demais, e como cor é energia, sendo que energia é vibração, haverá profunda reflexão positiva de vibrações enviadas pelos Caboclos, Pretos-Velhos, etc. Faça-se, prosseguindo, sem afetação, algo bem simples, uma separação entre o local destinado às coisas sagradas do congá propriamente dito e o local onde permanecerão os consulentes. Que essa divisão seja uma pequena mureta ou mesmo um anteparo de madeira pintada de branco, nunca as tão usadas cortinas. E por que não cortinas? Porque a cortina impede os consulentes que chegam ou vão chegando antes do início dos trabalhos espirituais, por meio das suas correntes de pensamentos, de irem acalmando seu psiquismo ao olharem esta ou aquela imagem que está no congá, que mais lhes seja interessante ou em que mais tenham fé. Na verdade, a mesa do congá se presta para isso, ou seja, para as projeções, imantações e mesmo dissipações de correntes mentais das humanas criaturas. Pode ter certeza, Filho de Fé, que assim fazendo sentirá que seus trabalhos surtirão maiores efeitos e benefícios a todos aqueles que lhe procuram. Caso haja cortina, que seja aberta logo que o terreiro for aberto, só fechando-a quando o último consulente for embora. Ainda no caso de haver cortina, que achamos plenamente dispensável, que seja na cor azul, que é a cor da espiritualidade superior. Faltou-nos falar sobre os vestiários, pois os médiuns não deverão vir vestidos com suas vestimentas ritualísticas (a roupa branca, na gíria de terreiro), e sim trocarem-se no terreiro, no recinto dos vestuários! Os vestuários deverão ser simples, um reservado aos médiuns masculinos e outro aos médiuns femininos e só. Fisicamente, é o necessário para processar-se uma sessão dentro dos moldes do Movimento Umbandista da atualidade.
3. O congá é o recinto destinado aos rituais propriamente ditos, o local onde as Entidades mediunizam seus médiuns para atuarem nos diversos ritos de terreiro. É portanto um local sagrado, destinado às coisas sagradas. No mesmo encontraremos a mesa do congá, ou o congá propriamente dito, também chamado *peji*. E como é esta mesa? Deve ser de madeira, apoiada na parede. Sobre ela, colocam-se 7 imagens, representativas dos Orishas. Segundo o sincretismo que já explicamos no Capítulo anterior, aconselhamos imagens sugestivas e de tamanho regular, segundo as posses do grupo umbandista. As imagens que aconselhamos são:

JESUS CRISTO .... representando OXALÁ (ORIXALÁ)
NOSSA SENHORA
(A VIRGEM) .... representando YEMANJÁ
COSME E DAMIÃO ..... representando CRIANÇAS
SÃO JORGE .... representando OGUM
SÃO SEBASTIÃO .... representando OXOSSI
SÃO JERÔNIMO .... representando XANGÔ
SÃO CIPRIANO
OU SÃO LÁZARO .... representando PRETOS-VELHOS
          (Linhas das Almas)

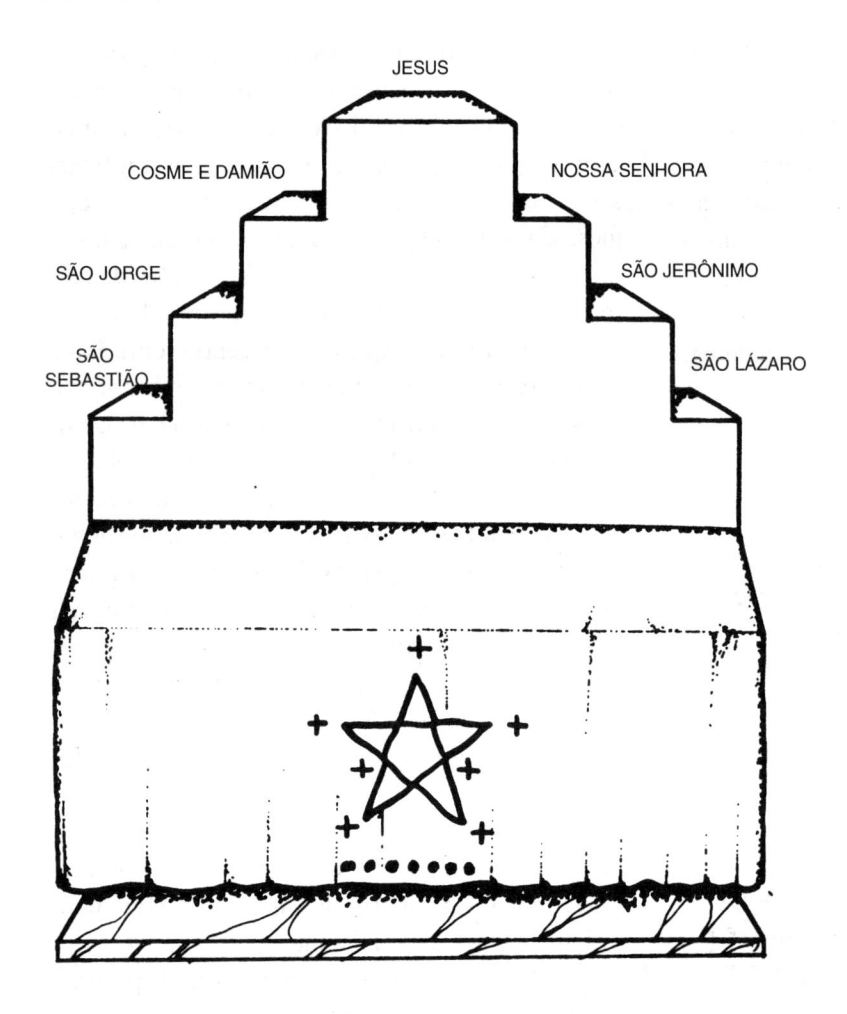

corrente de Seres astralizados negativos ou mesmo pela corrente negativa proveniente das humanas criaturas que acorrem ao terreiro. Neste momento, já ensinaremos como os Filhos de Fé poderão resguardar-se da vampirização fluídica e mesmo dessas correntes negativas ou descargas que são projetadas no congá.

Debaixo da mesa, na sua parte oca, recoberta pela toalha da frente, coloca-se uma madeira cortada em triângulo. O triângulo eqüilátero deverá ter 35 ou 49 cm. Em cada vértice do triângulo, coloca-se uma agulha de aço, ou melhor, a agulha penetra na madeira, ficando de pé. Risca-se um ponto de repulsão no triângulo, e ao iniciar-se a gira, coloca-se um copo com água e sal dentro do triângulo. O vértice do triângulo deve ficar voltado para a assistência.

Como dissemos, podem ser posicionadas sobre a mesa, e que essa contenha uma alva toalha, sendo que na frente da mesa, ainda na dita toalha, se faça em bordado o *ponto riscado* do Guia-Chefe, na cor de sua Vibração ou Linha, ou um pentagrama em azul-claro, fixado por 7 cruzes (que representam as Luzes ou Forças) e por 7 pontos (que representam os 7 Princípios da Umbanda).

Além da mesa por nós citada, pode-se também fazer (de madeira) em forma de pequena estante, com 7 degraus, assim:

Em cada degrau pode ficar um castiçal, ou mesmo um pires branco, para acender 1 vela branca ou abrir-se a *gira*, ou mesmo quando de uma necessidade. Próximo da vela pode-se deixar 1 copo com água, o qual servirá para fixar as vibrações ainda mais, sendo trocado somente na próxima sessão. Queremos frisar que esses copos captam as energias dos mentores e não as descargas do congá, que vêm pela

Caso seja possível, faça-se um furo no chão do terreiro, no local em que colocaremos o triângulo, até atingir a terra. No buraco feito, coloca-se sal com carvão e 57 agulhas de aço. Nesse buraco vai um estilete de aço envolvido com fio de cobre, o qual fica ligado com as 3 agulhas do triângulo, assim como mostra a ilustração:

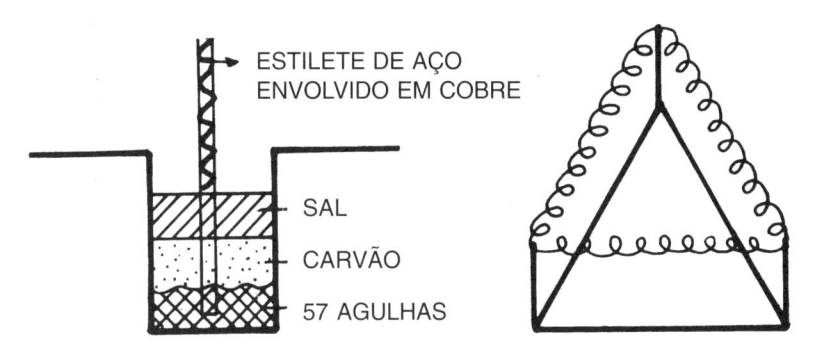

ESTILETE DE AÇO ENVOLVIDO EM COBRE
SAL
CARVÃO
57 AGULHAS

O triângulo com as agulhas, já com o ponto riscado, fica sobre o buraco, que deve ser fechado, deixando-se, é claro, sair o fio de cobre para ligar as 3 agulhas, as quais ficarão ligadas entre si, tornando-se um poderoso repulsivo de correntes negativas, como também um higienizador elétrico-magnético muito útil para os terreiros, pois é para o congá que se dirigem as maiores sobrecargas, quer sejam das humanas criaturas ou dos Seres astralizados, bem como toda sorte de larvas, miasmas e correntes vibratórias várias.

Acreditamos não ser difícil colocar em prática o que expusemos; com um pouco de paciência e boavontade, o Filho de Fé fará de seu congá um templo agradável, em que todos sentir-se-ão bem e livres das influências maléficas das forças negativas. O piso do congá deverá ser do material que se possa, mantendo sempre a discrição e a simplicidade.

Estando o congá assim arrumado, não podemos nos esquecer que os médiuns-chefes deverão lembrar-se de quais os dias mais propícios para suas sessões; se em dias que correspondam às 2ªs, 4ªs, ou 6ªs feiras ou nas 3ªs, 5ªs ou sábados. Assim fazendo, estarão tornando tudo mais propiciatório para seu campo mental e astral, onde atuam as Entidades Espirituais. Assim é que vamos dar uma pequena tabela que os médiuns-chefes e só eles, pois os demais estarão debaixo de sua vibratória, deverão seguir para melhor aproveitar os influxos positivos de suas sessões, não só para si como para todas as pessoas que procuram seu terreiro em busca de ajuda e socorro para todos os seus males.

Tabela de dias favoráveis:
2ª, 4ª e 6ª-feira — para os nascidos nos seguintes signos: Touro, Capricórnio, Virgem, Câncer, Peixes e Escorpião.
3ª, 5ª e sábado — para os nascidos nos seguintes signos: Leão, Sagitário, Áries, Libra, Gêmeos e Aquário.

Demos uma tabela simples, em que os signos da *terra* (Touro, Capricórnio, Virgem) e da *água* (Câncer, Peixes e Escorpião) são considerados positivos nas 2ªs, 4ªs, e 6ªs feiras, e negativos às 3ªs, 5ªs, e sábados.

Os signos do *fogo* (Leão, Sagitário e Áries) e os do *ar* (Libra, Aquário e Gêmeos) são considerados positivos nas 3ªs, 5ªs e sábados, e negativos nas 2ªs, 4ªs e 6ªs-feiras.

O domingo é considerado conjugado, servindo para todos os signos de maneira geral.

Estando com tudo isso em mãos, o médium-chefe pode abrir ou mesmo reabrir o seu terreiro, só faltando algo de suma importância, que é o assentamento e o cruzamento do terreiro, que agora tornaremos bem claro ao Filho de Fé, por meio de nossa exposição.

4. Para o *assentamento, imantação* e *cruzamento*, o médium-chefe fará os seguintes preceitos:

A. *Desimpregnação ou descarga do terreiro:**

O médium-chefe acende as 7 velas na mesa do congá, entoa as preces cantadas mais afins, e cantando o ponto da Entidade-chefe, defuma, com o vaso de barro, com a seguinte mistura de ervas: *arruda, guiné* e *casca de limão*, secas. Enquanto defuma, no centro do congá, no chão, está um copo com água e sal, o qual também reterá as cargas negativas do ambiente, sendo que, juntamente com a defumação, desimpregnará todo o ambiente do terreiro (defuma-se todos os recintos da tenda, é claro). Repita-se esse ato de defumação durante 3 dias seguidos, no horário das 21 horas. (O médium-chefe não reúne a corrente nesses 3 dias, mas pode esco-

---
* No 4º, 5º e 6º dias da Lua minguante.

lher 2 ou 3 médiuns mais velhos ou mais experientes para ajudá-lo.)

Após a defumação, fará a seguinte evocatória:

Ó Pai do Universo!
Estenda Teu beneplácito através de Oxalá aos Orishas e a todas as Entidades Emissários da Luz: Permita que este humilde terreiro do Caboclo (Preto-Velho) Tal ... tenha sido purificado, e todas as correntes negativas tenham sido dissipadas. E assim, que as Luzes dos Orishas estejam presentes neste humilde terreiro do Caboclo ou Preto-Velho Tal ...

B. Imantação e cruzamento do terreiro:

Depois de 4 dias da última defumação, o médium-chefe reúne todos os médiuns do terreiro que, após estarem com suas vestimentas ritualísticas, deixam, caso as tenham, as guias no congá (na mesa). O médium-chefe já deve ter preparado uma vasilha de louça branca, que contenha água do mar, água da cachoeira e pétalas de flores diversas, nas 3 cores: branca, vermelha e amarela. Também deve ter deixado sobre a mesa do congá 4 velas de cera nas seguintes cores: lilás, alaranjada (substitui vermelha), azul e verde.

Com isso à mão, o médium-chefe inicia o ritual com uma defumação (às 20 h) de *incenso* e *mirra*, em todo o ambiente e em seus médiuns. Após ter defumado com o congá aceso (7 velas), iniciar a imantação, cruzamento e consagração do congá.

É importante, antes de prosseguirmos, que deixemos expressar que a corrente mediúnica formada deverá ter os médiuns masculinos à direita do congá e os médiuns femininos à esquerda. Os médiuns devem ficar em corrente vibrada, isto é, dando-se as mãos, sendo que a mão direita fica sobre a esquerda, assim sucessivamente, até fechar-se completamente a corrente. Assim posicionada a corrente, o médium-chefe dirige-se ao congá, apanha a tigela de louça branca, se ajoelha de frente para o congá, levanta a tigela com as 2 mãos e profere com fé a seguinte evocatória:

Pai Oxalá — Mestre e Senhor do planeta Terra: Evocamos Tua infinita misericórdia e Tua permissão para cruzarmos, imantarmos e consagrarmos este congá para o Caboclo (Preto-Velho) (diz o nome da Entidade-chefe da casa).

Que a Tua Santa permissão desça sobre a Corrente Astral de Umbanda e que ela vibre e filie nosso congá à Corrente das Santas Almas do Cruzeiro Divino.

Assim, eu (diz o nome), médium-chefe deste terreiro, peço agô para imantar, cruzar e consagrar este terreiro ao Caboclo ou Preto-Velho Tal..., que neste instante nasce para a Luz e a Caridade. Louvado seja TUPÃ (3 vezes).

Neste instante, o médium-chefe dirige-se às imagens e tudo o que estiver no congá e vai aspergindo a água com as pétalas; depois, derrama a água com as pétalas na cabeça dos médiuns. Depois de ter feito isso, coloca novamente a bacia no centro do terreiro. Dirige-se ao congá e pega as 4 velas coloridas.

Bem, o Filho deve estar vendo a ilustração que expressa exatamente o que desejamos falar. A bacia fica no centro. No ponto cardeal *norte* (que não precisa ser de frente para o congá), acende-se uma vela *lilás*; no cardeal *leste* acende-se uma vela *azul*; no cardeal *sul* acende-se uma vela *verde* e no cardeal *oeste* acende-se uma vela *alaranjada*.

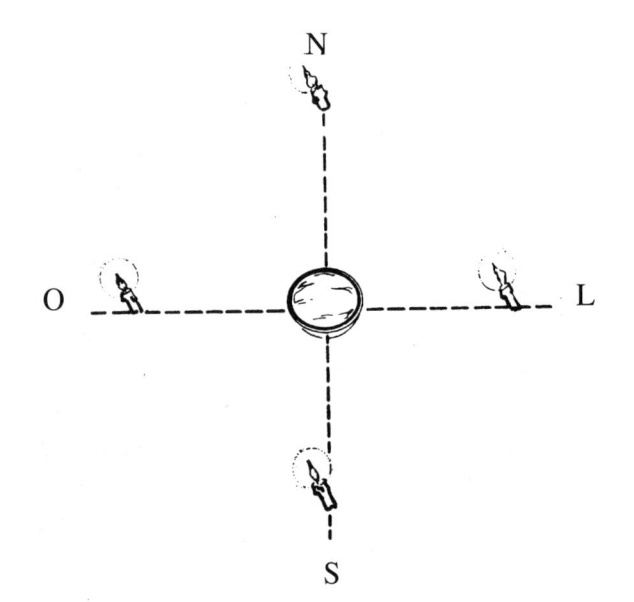

Com os 4 pontos iluminados, o médium-chefe pede que os Orishas façam o cruzamento do seu terreiro, nas forças dos Senhores dos Elementos, e que esses elementos vibrem nesta hora em que o terreiro está nascendo. Pronto. O médium-chefe, nessa hora, pode dar início à sua sessão, isto é, evocar as Entidades que queiram baixar e imantar ainda mais, com suas vibrações, o novo terreiro que nasceu.

A bacia com água e as flores, se é que sobraram, são entregues em uma mata limpa, após 3 dias.*

Ao entregar-se a bacia, coloca-se dentro da mesma vinho tinto suave com mel e 7 velas brancas em torno dela. Esse vinho com o mel é entregue ao Caboclo-chefe, que sabe como manipulá-lo, isto é, sabe como *dar* esses elementos, que se astralizarão, aos ditos Espíritos da Natureza. Com isso feito, está pronto o terreiro para receber os consulentes e proceder uma sessão de caridade.

C. *Ritual*

1ª Parte — Preparação do ambiente

O médium-chefe ou quem ele escolher deve fazer uma pequena prédica, visando elevar não só o psiquismo dos médiuns como também dos consulentes. A prédica deve ser algo que verse sobre a Umbanda, ou mensagens de otimismo a todos (não ultrapassar nunca a 10 minutos).

Após essa prédica, o médium-chefe faz uma evocatória aos moldes umbandistas, e louva os 7 Orishas ou as 7 Linhas.

A seguir, procede-se à defumação nos médiuns e em todo o terreiro e consulentes. Nesta hora, e só nesta hora, os médiuns pegam suas guias que estavam sobre o congá.

2ª Parte — Evocação

Entoam-se os pontos afins ao terreiro, até o momento de cantar-se o ponto da Entidade-chefe, a qual, ao chegar, traz também os seus auxiliares, ou seja, os outros médiuns também ficam mediunizados com seus mentores.

3ª Parte — O trabalho em si

As Entidades atendem os consulentes com consultas, passes, trabalhos, etc.

Os pontos deverão ser cantados com intervalos ou segundo as necessidades do próprio trabalho.

Após findarem-se os conselhos, consultas e passes, canta-se o ponto de subida dos Caboclos, e também do Guia-chefe.

Após a subida das Entidades, o médium-chefe prepara um defumador forte, com *arruda, guiné* e *casca de limão* e defuma todo o corpo mediúnico, enquanto deixa um copo de água e sal no centro do terreiro, onde já se pembou (com pemba branca) um triângulo apontado para a porta de saída.

Após defumar todo o terreiro, leva-se o defumadouro à porta da tronqueira, sobre a qual voltamos a falar.

No início, tínhamos dito que a tronqueira deveria ser pintada de vermelho, caso houvesse condições. O importante é que ela esteja sempre limpa, e nunca se coloque dentro dela essas imagens inverossímeis dos ditos Exus. Coloque-se, sim, os verdadeiros elementos de imantação e ligação desse Agente da Justiça Kármica, que é o Exu de Umbanda. Cada um coloque em sua tronqueira aquilo que achar necessário, mas jamais aquelas imagens irreais que nunca, em tempo algum, representaram nem o que há de mais trevoso no submundo astral, quanto mais o verdadeiro Exu Guardião. Não se coloque *ebós*, isto é, oferendas com sacrifícios, pois o verdadeiro Exu de Umbanda jamais pediu ou pede tais elementos sangrentos que têm ligação e afinidades com o baixo astral e todo seu cortejo de Entidades ignorantes e atrasadas, quando não sumamente frias e cruéis. Caso não se tenha nenhuma ordem, aconselhamos que se salve o Exu com uma quartinha sobre um ponto riscado próprio, e dentro dessa tenha aguardente, e também uma taça com cidra.

Deixe-se uma vela acesa, branca ou vermelha, nunca a preta, em louvor à guarda de Exu. Caso a tronqueira comporte, os médiuns, após *baterem a cabeça* no congá e deixarem suas guias sobre a mesa do dito congá, podem ir saravar o Exu Guardião do terreiro, como também podem pedir cobertura ao seu Exu. Não se cante dentro do terreiro o ponto cantado de Exu, a não ser que a ordem venha de uma Entidade de fato e de direito, e mesmo que venha, tira-se o ponto no final do trabalho, depois defu-

---

* Obs. – Mesmo que não haja sobras, fazer a oferenda citada.

ma-se todo o congá. Pode-se tirar o ponto de Exu lá na sua tronqueira, que é o local de ação e reação do trabalho desses vanguardeiros da Luz para as Sombras.

Ao terminarmos, não citamos o atabaque, *o qual também achamos dispensável no trabalhos de caridade e muito principalmente no desenvolvimento mediúnico.* Mas, caso haja o atabaque,* que o mesmo seja batido por quem saiba, no ritmo certo, e nunca usado em desenvolvimento mediúnico, pois o som do atabaque faz vibrar certos centros anímicos e, em vez de o médium receber seu Caboclo ou Preto-Velho, recebe sim é a si mesmo ou a Entidade subconsciente!

2º MODELO

Assim como o primeiro modelo, este segundo visa trazer aos Filhos de Fé um ritual simples, harmonioso e positivo, onde as Entidades Espirituais possam atuar sem embargos vibratórios e suas correntes possam ser fixadas no ambiente etéreo-físico do terreiro, e essas vibrações ou correntes possam beneficiar a todos. Este modelo, que humildemente entregamos aos Filhos de Fé mais tarimbados em nosso meio, que buscam aprimorar seus rituais, visa permitir um melhor atendimento aos consulentes que os procuram. A maior parte desses médiuns são de Umbanda, isto é, nasceram em seu seio vibratório e vieram com compromissos de trabalhar mediunicamente na seara umbandista. A outra pequeníssima minoria é originária das várias Escolas Filosóficas, do ocultismo e do kardecismo. São médiuns que procuram entender o mecanismo da Corrente Astral de Umbanda, como também estudam a mediunidade e as ditas Sagradas Escrituras, procurando interpretá-las segundo os conceitos umbandistas, tudo visando posicionarem-se no dito Movimento, e para isso são incentivados por seus mentores, que de fato e de direito baixam e ordenam esses Filhos. Ao contrário dos outros Filhos de Fé inexperientes, esses Filhos de Fé abrem seus terreiros porque foram ordenados por uma Entidade que se responsabilizou por essa ordenação e cobertura, tanto por cima, do ponto de vista astral, como por baixo, aqui no plano físico denso. Alguns desses Filhos de Fé estão no Movimento Umbandista há mais de 10 anos, sendo a grande maioria representada por Filhos de Fé médiuns masculinos. Muitos desses médiuns têm conceitos muito precisos sobre a LEI DO KARMA, REENCARNAÇÃO, PLANOS DE EVOLUÇÃO DO SER ESPIRITUAL, e muito principalmente do porquê do Movimento Umbandista da atualidade, como entendem também a necessidade de fazer-se adaptações de ordem humana, visando interpenetrar e elevar várias consciências que por motivos vários dirigem-se aos seus terreiros. Além do aspecto fenomênico mediúnico, manipulam, através de seus mentores espirituais, aspectos leves da magia etéreo-astrofísica, sempre em benefício do próximo. Conhecem as ações e reações de certas ervas que atuam no corpo astral, refletindo-se no complexo etéreo-físico, revitalizando-o ou curando doenças e restaurando-lhe o equilíbrio. Esses Filhos de Fé jamais fazem uso da matança de bichos, sejam de pêlo ou de penas, fato esse superado por eles nesta encarnação. Conhecem outros elementos mais sutis e mais potentes para atuarem em seus rituais, principalmente no desmancho de certos trabalhos ou cargas oriundas de baixa magia. Como podem ver pela nossa descrição, a maior parte desses Filhos de Fé são muito conscientes de seus compromissos, e em seus terreiros fazem um ritual simples, mas profundamente positivo, trazendo invariavelmente segurança e auxílio espiritual a todos os consulentes que para ali acorrem. Não obstante, daremos aqui, à guisa de bússola, não para esses médiuns, mas para os que estão chegando a esse plano, um modelo de ritual.

O RECINTO

Os mesmos moldes de simplicidade com os quais nos referimos no 1º modelo deverão nortear o recin-

---

* Infelizmente, raríssimos são os Iniciados que sabem o preparo correto dos atabaques, como também os toques adequados. Frisamos, e queremos deixar patenteado, que o som do atabaque, bem como certa postura corporal, é magia. Nunca deverá ser usado para fins mediúnicos, e somente em rituais magísticos com Iniciados de altíssimo Grau Iniciático. Não nos esqueçamos que estamos diante de um possante elemento alquímico, que é a música, que das Artes é a que vai mais fundo na alma, portanto...

to deste nosso 2º modelo. A simplicidade dos detalhes, aliada a uma perfeita limpeza física e astral, são os requisitos básicos para o templo cumprir suas funções. Os Filhos de Fé afins a este modelo são aqueles que desejam praticar a Umbanda pautada nos seus ensinamentos mais puros, para isso apelam às correntes de Caboclos e Pretos-Velhos a fim de ajudá-los nesse intento. Procuram fazer um ritual suave mas eficiente, sem palmas e sem atabaques (não os usam, nunca). Aproveitam, sim, a força vibratória e a eufonia etéreo-física de certos pontos cantados, que sabem ser de raiz, isto é, foram *dados* por uma Entidade quando no "reino", incorporada em um Filho de Fé. Após ligeiras palavras em que reiteramos nossa opinião sobre esses Filhos de Fé, passemos aos seus templos, sua conformação, disposição etc. Claro está que o grupo terá o recinto ou o prédio segundo suas posses, tendo ciência de que, se houver merecimento, nós, os mentores, os ajudaremos a conquistar dependências mais propícias e que possam melhor se ajustar ao número de pessoas que os buscarão. Sempre que possível, o terreiro deverá ser no nível da rua, nem inferior nem superior a ela; isso deve-se aos escoadouros naturais, que encontram no elemento *terra* os fins necessários para as dissipações de vários miasmas, elementos mórbidos e correntes primárias inferiores. Então, vamos à descrição:

Na entrada do terreiro, em qualquer um dos lados, haverá uma casinhola, de tamanho variável, a qual chamamos de tronqueira. Sua cor interna é independente, contanto que não seja preta: a cor vermelha ou a cinza se prestam bem a essa finalidade. A vermelha por ser primária, que degrada correntes maléficas. A cor cinza é importante nos processos de ação e reação mágica de uma tronqueira em virtude de ter em sua composição a cor branca, que reflete as demais cores, e a preta, que é ausência de cor, e também absorve todas as demais cores ou vibrações. Como explicamos, é possível entender que o cinza é uma mistura do branco com o preto, servindo tanto para processos reflexivos como condensantes. É claro que essa tronqueira não terá imagens, pois os Filhos de Fé afins a esses agrupamentos jamais aceitariam e não aceitam Exu tal qual a mitologia greco-romana; enfim, para esses Filhos de Fé, o Exu está muito longe dessas formas anômalas, sendo de péssimo mau gosto fazer-lhes tal similitude. Para eles, o Exu não é o diabo ou mesmo um emissário de Satã. É, sim, um EMISSÁRIO DA LUZ PARA AS SOMBRAS, serventia de uma Entidade que pode ser Caboclo, Preto-Velho ou Criança, os quais servem-se dessas Entidades para combater e frenar as cargas e os magos oriundos do submundo astral. Assim fazem com o Exu, pois os mesmos estão complementando seus karmas passivos, para futuramente entrarem nas paralelas ativas, desvinculando-se dessas funções pesadas, difíceis e não menos importantes. Sabem também que as tronqueiras são os locais vibratórios onde os assentamentos de Exu, dentro das ações e reações mágicas, se prestam a dinamizar correntes mágicas que serão utilizadas pelos mentores superiores, como também há fortes elementos dissipadores e até repulsores de certa classe de correntes ou forças. Para isso, necessário se faz que a tronqueira tenha os seguintes elementos:

A) Deve estar firmada na terra, por ser o escoadouro natural de qualquer carga, precisando é claro de algo que conduza essas cargas até a terra.

B) Nos 4 cantos da tronqueira fazem-se buracos e em cada um deles enterram-se sal grosso, carvão e 7 agulhas de aço.

C) No meio da tronqueira faz-se um buraco, colocando-se sal grosso, carvão e 21 agulhas de aço. Sobre esse buraco, depois de fechado com a própria terra, coloca-se uma madeira de tamanho condizente com a tronqueira, onde serão fixados os sinais de pemba que correspondam aos movimentos de ordem mágico-vibratória que se processam no terreiro, como também conduzam energias usadas na magia astrofísica e dissipem outras cargas deletérias, provenientes de Seres astralizados malfeitores ou de baixa corrente de pensamentos oriundos das humanas criaturas. Abaixo, daremos um sinal de pemba que ordena os Exus na manipulação da atração ou repulsão de certa energia ou energias. Serve para qualquer Exu. Só não explicaremos os detalhes em virtude de serem de única competência do astral ou do verdadeiro médium-magista, o qual não encontrará nenhuma dificuldade em identificar os sinais e suas ordens. Àqueles que desconhecem esses sinais, Caboclo avisa que os mesmos são relativos à nossa

ALTA MAGIA e tenham certeza de que funcionam, pois estão relacionados com o que há de mais positivo dentro da grafia etéreo-física e seus respectivos movimentos de ação e reação, com seus movimentos de clichês elementares e certa classe de Entidades evocadas a prestarem seus serviços em defesa do terreiro. Veja com atenção o ponto riscado, Filho de Fé:

Este sinal deverá ser feito na pemba vermelha ou branca, nunca na pemba preta, pois são sinais de Exus de Lei, que não se prestam à Magia Negra. São ordens de cima para baixo, ou seja, a Luz ordenando seus emissários para as sombras, que são os Exus de Lei.

Nessa mesma madeira vai um ponteiro cravado no centro. Próximo ao ponteiro, que fique uma pedra preta e uma pedra branca. Os elementos fixadores e dinamizadores da tronqueira serão: as pedras já citadas e as quartinhas com álcool, aguardente e água, isso de maneira geral, sem entrarmos em maiores fundamentos. Afirmamos ser altamente positivo este tipo de tronqueira, imunizando e higienizando o ambiente astral do terreiro da pertinaz e voraz corrente de vampirização dos magos-negros e seu séquito de almas aflitas, penadas, sofridas e desesperadas, que invariavelmente chegam em aluvião aos terreiro. Se o terreiro não tiver seus escudos defensivos, o mesmo, em pouco tempo, torna-se presa dessas infelizes e perversas Entidades, as quais destrambelham completamente o terreiro em seu tônus vibratório e desestruturam astropsiquicamente todos os médiuns ou, quando não, trazem-lhes tão profundas perturbações que as mesmas se estendem aos seus lares, serviços e compromissos, surgindo as tão faladas *pancadarias do astral inferior*. Antes disso acontecer, o Filho de Fé previdente fará o seu escudo adequado, através de uma tronqueira segura e fixada pelas ordens de cima, ou seja, por um Caboclo, Preto-Velho, etc. Demos especial atenção à tronqueira em virtude desses médiuns serem, devido ao seu verdadeiro compromisso, muito visados pelo submundo astral, que sempre procura obstar e dificultar a jornada desses verdadeiros Filhos de Fé, sendo esse o motivo de insistirmos em sua guarda feita na tronqueira pelo verdadeiro Exu Guardião. É claro que a conduta do médium será de fundamental importância na abertura ou não dessas brechas, mas como os melhores Filhos de Fé custam a assimilar essas verdades, precisam então estar escudados em portentosos campos defensivos de seus auras e de toda sua constituição etéreo-astrofísica. Após essas considerações, falemos do congá propriamente dito.

O CONGÁ

As dependências internas do templo, segundo as possibilidades do grupo umbandista, deverão consistir de um recinto para o santuário e uma sala para os consulentes, sendo que a mesma deverá ter bancos ou cadeiras, permanecendo um corredor central para o trânsito dos consulentes. Não há necessidade de homens sentarem-se de um lado e mulheres do outro, pois isto é plenamente dispensável e até indesejável, em virtude de que, assim fazendo, pessoas com laços áuricos, necessitando de ajustes, são afastadas, mesmo porque as divisões dividem apenas fisicamente, portanto...

Essa sala ou recinto destinado aos consulentes deve estar sempre higienizada, em virtude de muitas pessoas recorrerem ao terreiro, sendo benéfico para todos a higienização física e astral do ambiente. A parede deverá ser pintada de branco, bem como as dependências do santuário propriamente dito. Esse, por sua vez, deverá ser o mais simples possível, sendo que a mesa do congá propriamente dita não con-

CAPÍTULO XIV

terá nenhuma imagem, a não ser a de Jesus, que pode também ser um quadro sugestivo, e nunca o mesmo pregado à cruz. Assim, o modelo que sugerimos é o que se vê na ilustração abaixo.

Na parede onde se assenta a mesa do congá colocam-se, na posição indicada acima, 7 pedaços de compensado de cedro de 30 x 30 cm, cada um com o ideograma correspondente às chaves evocativas que se relacionam com as 7 Vibrações Originais dos 7 Orishas Planetários.

Entre esses 7 sinais, que deverão ser pintados à tinta, vai a estampa em quadro do Senhor Jesus. Abaixo vai madeira de cedro, no tamanho que se possa, com os 7 sinais da Lei de Pemba, ou o ponto riscado do Guia-chefe, o qual dará a pemba com suas Ordens e Direitos de trabalho. Caso não se tenha essa oportunidade, poderá riscar-se a seguinte pemba, que está ligada com a Confraria dos Espíritos Ancestrais:

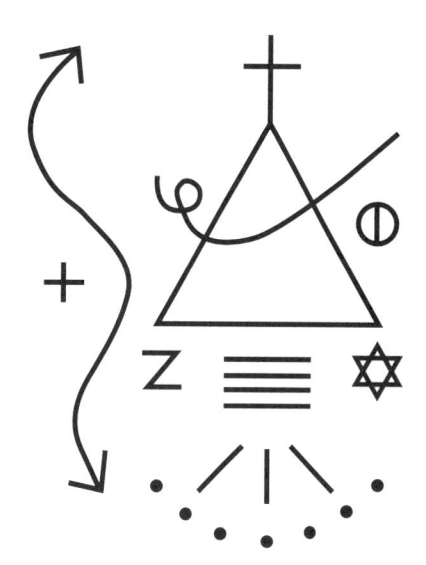

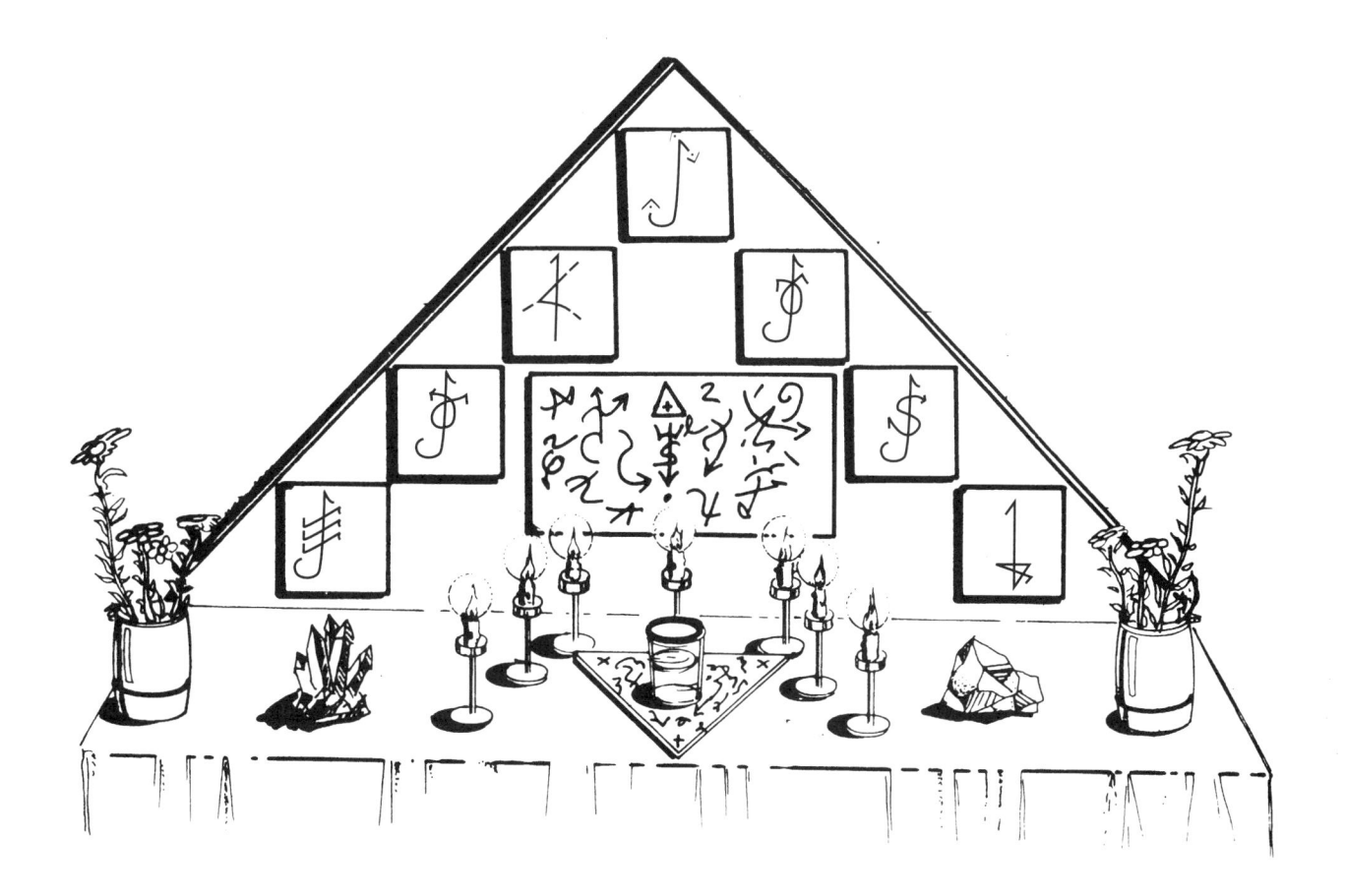

Este sinal deverá ser riscado na pemba branca ou azul.

Sobre a mesa, que será de cedro, caso seja possível, deverão ir 2 jarros para conter as flores e 1 pequeno triângulo de cedro, em cujo centro haverá um copo com água e um cristal dentro, servindo como copo da vidência, ou condensador da Luz etéreo-astrofísica do ambiente. No triângulo, vão os seguintes sinais:

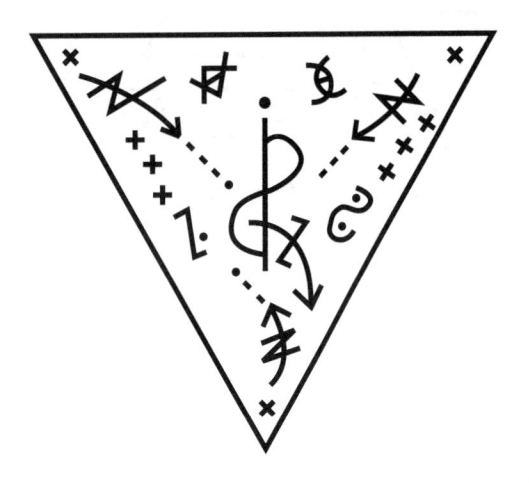

Sobre a mesa, deverá haver também 7 pires ou 7 castiçais, onde serão acesas as 7 velas do congá. Sob o congá, colocar o mesmo indicado no Modelo 1.

O ritual será similar ao Modelo 1.

Deixamos de citar os rituais de imantação e assentamento do Congá, pois esses Filhos são sabedores desses rituais.

Após essas ligeiras orientações sobre o 2º modelo, partamos já para o 3º modelo, o qual é de caráter *iniciático*.

3º MODELO

Esse 3º modelo que daremos se afiniza com Filhos de Fé que atualmente estão em reduzida minoria. São aqueles raríssimos que dizemos possuírem *ordens e direitos de trabalho*. Essas Ordens e Direitos de Trabalho significam que são os únicos aos quais ensinamos certos ângulos profundos, quer sejam no aspecto moral, doutrinário-mediúnico ou mesmo no âmbito da dita magia astroetéreo-física. São médiuns que trabalham em nosso Movimento há mais de 3 encarnações, possuindo sólida cultura, não só sobre as coisas do espiritual ou das ciências herméticas de nossa Umbanda, mas também cultura acadêmica da Terra, credenciando-se a melhor entenderem todos os nossos movimentos, quer sejam de ordem superior ou astral, ou mesmo de interpenetração nas humanas criaturas. Em outras reencarnações, foram também, muitos deles, célebres figuras beneméritas, na área da ciência, da filosofia, das artes e do misticismo. São, pois, os únicos que permitimos que movimentem a terapêutica dita como natural e astral, dentro da magia positiva, sempre para o bem comum, e que se firma nos verdadeiros sinais riscados já mencionados como Lei de Pemba. Esses médiuns são mediunizados ou montados não somente na mecânica de incorporação, mas muito principalmente por meio da clarividência, clariaudiência e da dita sensibilidade psicoastral. São eles que, na verdade, dentro de seus respectivos graus, podem ser chamados de praticantes da Umbanda Iniciática.

Dentro dessa Umbanda Iniciática, raríssimos Filhos de Fé alcançaram o grau de MESTRE DE INICIAÇÃO DE 7º GRAU NO 3º CICLO, o qual, em verdade, por conhecer os verdadeiros fundamentos da Umbanda em sua teoria e prática, conhece e manipula habilmente o *oponifá* verdadeiro, com os 21 dendês. Podem ser chamados de Babalawôs ou Magos. Seus sacerdotes auxiliares são os Mestres de Iniciação de 7º Grau e os de 6º GRAU, os quais não manipulam o *oponifá*, mas seus iniciadores lhes ensinam outro *oráculo*, de acordo com seus graus de Iniciação e graus conscienciais. Também podem manipular levemente a magia, sendo justo chamá-los de *operadores da magia* ou *magistas*.

Assim, agora daremos, em poucas linhas, o ritual de um Templo-Terreiro de um desses médiuns ditos Babalawôs, Magos, Mestres de Iniciação de 7º Grau, 3º Ciclo.*

Nota do médium — Consultar *Umbanda de Todos Nós; Mistérios e Práticas da Lei de Umbanda*, ambos do ilustre e insigne Mestre W.W. da Matta e Silva, Icone Editora.

* Este ritual, também se adapta aos Iniciados de 7º Grau nos 2º e 1º Ciclos, pois os mesmos foram iniciados por um Mestre de Iniciação de 7º Grau do 3º Ciclo.

Para entender-se bem este ritual, iniciemos desde a porta do templo até os recônditos do mesmo.

Quando entramos num desses templos, através do portal que o separa da via pública, encontramos a casinhola dita tronqueira, a qual é fechada, sendo local de assentamento de certos elementos de defesa vibratório-magnética, onde atuam os Guardiães do Templo – o Exu e sua falange responsável pela guarda vibratória do templo. Nesse local, por onde todas as pessoas obrigatoriamente têm de passar (por ser passagem para quem entra), é que o Exu começa a selecionar os casos que serão passados às Entidades para que nas consultas sejam dados os caminhos adequados, além de impedirem que certos acompanhantes astralizados penetrem no recinto juntamente com o Ser encarnado que os trouxe. Outras vezes, ao contrário, há essa permissibilidade.

Muitas vezes, inclusive a assistência, composta de consulentes ou mesmo necessitados desencarnados, se beneficiam, por estarem muito densificados, pelas defumações e certos rituais que se processam nesses templos.

Aproveitemos o ensejo para informar aos Filhos de Fé que o verdadeiro Exu Guardião, que trabalha na guarda desses templos juntamente com sua falange, às vezes vai até buscar o necessitado encarnado em sua casa. É interessante, nesses locais, para os não acostumados, ouvirem certas pessoas dizerem que não queriam ir ao terreiro, mas não sabem como explicar, e estão ali! Outros estão prontos para sair de casa e, de repente, visitas ou algo inesperado os impedem de comparecer! Em ambos os casos o mecanismo é o mesmo; os Exus manipulam certas mensagens-pensamento e ficam percutindo no mental do indivíduo ou criam certas condições para que os indivíduos não possam comparecer ao ritual. Como vêem, Filhos de Fé, o trabalho do Exu Guardião começa, às vezes, até dias antes de realizar-se a sessão. Bem, continuemos nos detalhes do ritual.

Após a passagem pela tronqueira, dirigem-se ao salão onde os consulentes sentam-se, na medida do possível, e os médiuns dirigem-se aos vestiários. Após colocarem suas vestimentas ritualísticas, vão ao recinto sagrado do congá (muitos deles têm piso de areia) e na mesa do mesmo deixam suas guias e fazem suas evocatórias de ligação com o astral, permanecendo sentados no chão com as pernas cruzadas, em concentração.

Esses congás, apesar de simples, são potentes condensadores de energias várias, inclusive as espirituais superiores. Como é ele de um médium Mestre de Iniciação, há a madeira de cor amarela em semicírculo, com os 7 sinais riscados na grafia dos Orishas. Sobre ele há a Cruz Triangulada da CÚPULA DA CORRENTE ASTRAL DE UMBANDA, e no topo, no ponto mais superior, há uma gravura de JESUS-INICIADO.

Na mesa do congá há vários elementos captadores, condensadores, emissores e mesmo dissipadores de energias várias, inclusive os sinais de pemba identificadores das Ordens e Direitos de Trabalhos. Há 7 pires para as 7 velas, os jarros para as flores e só.

Debaixo do congá, há o congá esotérico, privativo dos médiuns Mestres de Iniciação de 7º grau, 3º ciclo. De frente, na mesa, há uma cortina branca com o alfabeto sagrado do *Tembetá* em cor azul. Bem, é só isso que constitui o congá ou recinto sagrado de um Templo Umbandista do 3º modelo.

Antes de prosseguirmos, e dando início ao ritual, deixaremos de dar os processos ritualísticos de imantação, assentamento e cruzamento do dito congá, em virtude de ser sumamente técnico e fugir desta nossa humilde tarefa.

Antes do início de um ritual público ou de conselhos e passes aos consulentes, o Mestre de Iniciação ou quem o mesmo escolher fará uma pequena prédica, visando elevar os tônus vibratórios de todos os presentes.

Após a pequena palestra, o Mestre de Iniciação profere a evocatória de abertura, pedindo a cobertura do astral superior, ao mesmo tempo que abençoa seus Filhos de Fé em nome de Oxalá.

Após a evocatória, firmam-se as preces cantadas ou pontos cantados da raiz do médium, ou seja, de seu astral.

Logo após o término das preces cantadas, o Mestre de Iniciação dirige-se ao centro do congá, e segurando o incensório (de barro) nas mãos, faz um pedido aos Senhores que manipulam a Natureza, para permitirem a purificação astral do ambiente, por meio da queima sagrada de certas essências ou ervas secas.

Antes de defumar os médiuns, defuma ligeiramente o congá, e de novo no centro, volta-se para cada cardeal, onde evoca os Senhores dos 4 elementos cósmicos. Sopra a defumação em cada ponto cardeal, e começa a defumação dos médiuns, iniciando-se pelos médiuns masculinos e terminando nos femininos. A defumação é feita só pela frente dos médiuns. Após os médiuns defumarem-se, dirigem-se à mesa do congá e pegam suas guias, neste exato momento bebem a água consagrada e vibrada pela Cúpula da Sagrada Corrente Astral de Umbanda. Após a defumação do recinto do congá e dos médiuns, é feita a defumação dos consulentes. Os consulentes, primeiro os do sexo feminino, entram no Congá, momento em que recebem a defumação. Após todas as mulheres entrarem e serem defumadas, o médium dirigente delega a um de seus auxiliares que emita um *mantra* vigoroso sobre os consulentes, o qual é vibrado por meio do som e da imposição dos braços e mãos. No término, as consulentes saem pela porta lateral (caso haja) e os consulentes homens entram e recebem a defumação. Após todos os homens terem entrado no congá, repete-se o *mantra* e a posição feita às mulheres. Assim, também retiram-se do congá, defumados e vibrados com correntes positivas. Logo a seguir, a corrente mediúnica é novamente solicitada a fornecer uma *corrente de socorro* para várias pessoas que não puderam lá estar presentes, e mesmo aqueles que desencarnaram, cujos parentes desejam uma corrente de auxílio e intercessão para o recém-desencarnado. Isso é feito através de um mantra e de um pedido, evocatória não decorada, mas sim de acordo com o ambiente e a ocasião. No término dessa corrente de socorro, após pedidos, defumações, atrações vibratórias de certas correntes pesadas ou morbosas que vêm pelas humanas criaturas, com toda sorte de larvas, miasmas e mesmo bactérias, fungos e vírus provenientes do campo mental, e ainda por Espíritos endurecidos que são trazidos para uma queima de larvas, é feito o *ritual do fogo*. Com *agô* da Entidade-chefe, por meio dos sinais riscados na verdadeira Lei de Pemba, o Exu Guardião e sua corrente são evocados neste ritual, que consiste de:

Em um compensado de pinho (descarrega e desimpregna) são traçados os sinais* de ordenação ao Exu Guardião e aos seus subalternos, bem como a uma certa classe de Elementares, para que através do elemento fogo em expansão sejam queimados e dissipados os resíduos negativos de ordem mental, astral e física.** Assim, coloca-se o incensório sobre a madeira com os sinais, a corrente mediúnica em posição de repulsão de cargas negativas, entoa-se um ponto apropriado, e nesse momento coloca-se no incensório em brasa uma pequena quantidade de pólvora, embrulhada em papel grosso. Aguarda-se de 10 a 15 segundos, até ocorrer a (pequena) explosão da pólvora, acarretando deslocamento vibratório nos 3 planos citados. É como se tivéssemos um tapete e déssemos a sacudida no mesmo, sendo que tudo o que estivesse próximo ou longe, mas dentro dos limites do tapete, sofreria o abalo, descarregando-se do mesmo ou mesmo se rompendo. É o que acontece no plano astral por equivalência. É uma onda que se propaga em seu campo de ação, desestruturando as moléculas, destruindo larvas, miasmas, formas-pensamento e até bactérias, fungos e vírus causadores das mais estranhas doenças, tópico que veremos em detalhes no capítulo XVII, que trata dos Exus.

Após essa purificação pelo fogo, na tábua é firmado um ponteiro, o qual, ao penetrar na madeira, é como se contundisse o equivalente astral ou se aprofundasse no plano astral. Além disso, as larvas são destruídas pelas pontas, em virtude das cargas elétricas fugirem pelas pontas, desestruturando a arquitetura molecular no plano astral, a qual é muito plástica. Tudo isso é magia, o que explicaremos mais detalhadamente no Capítulo concernente. Após esse ritual de dissipação e liberação de cargas negativas, o congá está pronto para receber as Entidades Espirituais que virão mediunizar seus médiuns e darão consultas, conselhos, passes, etc. Após o término dessa fase de trabalho, quando os médiuns já desincorporaram os Caboclos ou Pretos-Velhos, o mé-

---

* Sinais ordenativos e chaves desagregativas, dentro dos sinais da Lei de Pemba.
** Atualmente, ao invés de queimar-se a pólvora, deixa-se o álcool queimando em uma taça de metal. É o evolutivo, a Nova Era que reclama novos métodos.

dium dirigente faz agradecimento à gira e a seus Guias comandantes e, após o ponto cantado, dispensa a corrente por 15 minutos. Após esse período, haverá gira daqueles que foram os primeiros a chegar no terreiro e sempre serão os últimos a sair, os Exus Guardiães. Os médiuns voltarão *com a mesma vestimenta que estavam e no mesmo local onde girou o Caboclo ou o Preto-Velho*, girarão agora os Exus Guardiães. Podem girar no terreiro, pois são ordenanças de seus mestres no astral, os Caboclos, Pretos-Velhos e Crianças. Dão suas consultas e fazem seus trabalhos sem nenhum problema de qualquer ordem e, caso sintam necessidade de uma queima mais direta ou mais pesada, vão até a tronqueira e lá fazem seus trabalhos na ação e reação da magia, da qual são exímios executores. Após o término do atendimento, o Exu Guardião responsável, se achar necessário, fará a limpeza astral do ambiente. Após as despedidas por meio do ponto cantado, Exu vai *oló (unló)*. O cambono prepara uma defumação de *guiné, arruda e casca de limão* secas e defuma todo o congá, dos fundos para a frente. Assim, o Mestre de Iniciação faz a evocatória de agradecimentos, abençoa a todos, entoa o ponto de despedida ou encerramento da gira e abençoa todos os seus Filhos de Fé.

Pronto, mais uma tarefa cumprida, mais uma sessão de Umbanda realizada nos terreiros, verdadeiros ambulatórios de almas que buscam a cura de vários males através da fé.

Bem, Filho de Fé, antes de encerrarmos este 3º modelo, queremos ressalvar que não demos o *croqui* ou planta do congá em virtude de ser, como dissemos, reduzidíssimo o número de Filhos de Fé que se interessam ou tenham ordens para montar um congá nestes moldes. Deixaremos os detalhes para o interior dos raríssimos templos em que a Iniciação é a estrela-guia. Assim, pedimos ao Filho de Fé interessado que busque no interior desses templos os detalhes de que necessita.

Ao encerrarmos este capítulo, não poderíamos deixar de citar, dentro dos rituais, o uso das *vestimentas ritualísticas*, como também as guias ritualísticas usadas nos diversos rituais.

B. Vestimenta Ritualística

A vestimenta ritualística ou Vestimenta de Santé é a famosa *roupa branca* usada em todos os terreiros de Umbanda. Sendo o mediunismo uma faculdade por demais séria, requer do verdadeiro médium grande dose de responsabilidade. Deve ele saber que para o intercâmbio entre o mundo astral e o físico processar-se fluentemente deverá estar ele (o médium) higienizado tanto em sua mente e coração como em sua constituição física. Pede-se aos Filhos de Fé que tenham especial cuidado com suas vestimentas ritualísticas, as quais merecem respeito como qualquer outro elemento do terreiro. Sua lavagem deve ser feita em separado. Sua secagem ao sol da manhã. Ao guardá-las, separe-as de outras roupas, deixando-as envolvidas em plástico, e que o mesmo tenha sido perfumado com um algodão que contenha essência propiciatória. A vestimenta na Sagrada Corrente Astral de Umbanda é branca na sua totalidade, sendo que cada grupo escolhe seu modelo e todos do terreiro deverão usar o mesmo modelo, isto é, um modelo uniforme. O uso da vestimenta ritualística na cor branca é milenar. Iremos encontrá-la entre vários povos: egípcios, hindus, árabes, tibetanos, chineses, etc. A cor branca pode ser explicada simplesmente por ser a somatória de todas as cores. Sendo a somatória de todas as cores, é pois essencialmente refletora, o que é deveras positivo para o médium umbandista. Como regra geral, temos que as cores claras são refletoras e as escuras absorventes; portanto, o branco é a cor mais refletora, assim como o preto é a cor mais absorvente.

Quanto aos Mestres de Iniciação de 7º Grau de 3º ciclo ou Babalawôs, e mesmo dependendo dos rituais, mormente os internos e iniciáticos, podem eles usar a calça branca com a túnica azul-celeste, ou muito principalmente o violeta-claro ou lilás, sendo essa, no astral superior, a cor Luz-Vibração do Comando Mágico-Espiritual. Após essas ligeiras noções sobre a vestimenta de santé, sem mais demoras tentemos explicar o mecanismo das tão faladas guias ou talismãs vibratórios.

C. As Guias

As guias usadas em forma de colares nos rituais do Movimento Umbandista são de duas espécies: as guias naturais, que movimentam forças naturais, e as guias sugestivas, as quais têm efeito psicológico positivo sobre o Filho de Fé que delas faz uso.

As guias naturais são aquelas com as quais seus constituintes captam energias, formando campos elétricos/magnéticos e gerando campos de forças atrativas ou repulsivas.

Abaixo damos um esquema para fácil entendimento.

Todos os elementos naturais têm suas funções específicas, mas que só terão valor se passarem pelo ritual de imantação e ligação com as Entidades atuantes dentro, é claro, do verdadeiro cabalismo. É bom deixar bem claro que as guias, embora tenham os fluidos básicos da Entidade atuante e em maior quantidade os fluidos do médium, são um escudo para o médium, sendo que ele e somente ele é que precisa do uso de guias e escudos, já que sua Entidade não tem necessidade nenhuma, mas os pede para preservar seu médium de possíveis correntes que são prontamente desassociadas pelo efeito vibratório das pedras que compõem a guia, como também das correntes de metal, ou mesmo para facilitar a ligação do médium aos elementos vibratórios do corpo sideral (planeta, astro) que a Entidade Espiritual manipula.

A guia, bem imantada e ligada com sabedoria aos elementos certos, é verdadeiro escudo e arma até de ataques contra certas correntes negras ou oriundas de baixa magia, sendo pois seu uso indispensável. O que se pede é que não haja grandes quantidades. Uma única guia bem preparada supera em muito 10 ou 100 sem nenhum preparo. O importante é a qualidade e não a quantidade.

As guias sugestivas são as miçangas, as porcelanas e as contas de vidro, as quais são isolantes, não captando energia nenhuma. Funcionam apenas elevando o tônus mental do indivíduo, predispondo-o a maiores defesas naturais. Têm efeitos mínimos na magia, embora na parte psicológica sejam utilíssimas, inclusive nas várias cores, sendo que cada uma tem uma história particular.

As guias *brancas* trazem pensamentos de pureza e são refletoras. As guias *vermelhas* são repulsivas e quebram correntes negativas. As guias *azuis* são calmantes e predispõem o psiquismo para as coisas superiores. As guias *amarelas* são fortes para cortar quebrantos e maus-olhados, tal qual a *vermelha* e a *alaranjada*. As guias *verdes* são boas para higienizar a mente e trazer fluidos mentais curativos. As guias *rosas* são boas para elevar o pensamento às coisas do amor puro. As guias *brancas* e *pretas* não se prestam

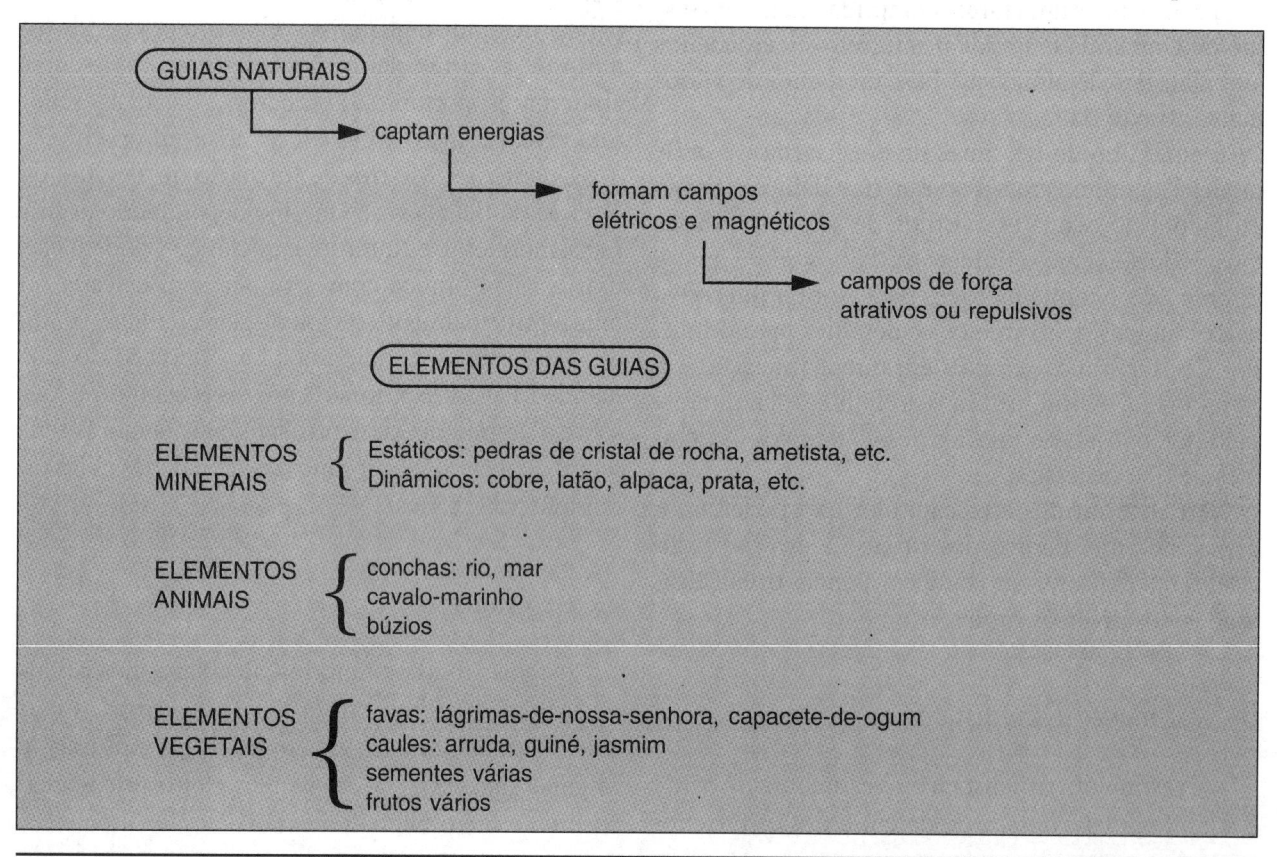

GUIAS NATURAIS → captam energias → formam campos elétricos e magnéticos → campos de força atrativos ou repulsivos

ELEMENTOS DAS GUIAS

ELEMENTOS MINERAIS
- Estáticos: pedras de cristal de rocha, ametista, etc.
- Dinâmicos: cobre, latão, alpaca, prata, etc.

ELEMENTOS ANIMAIS
- conchas: rio, mar
- cavalo-marinho
- búzios

ELEMENTOS VEGETAIS
- favas: lágrimas-de-nossa-senhora, capacete-de-ogum
- caules: arruda, guiné, jasmim
- sementes várias
- frutos vários

para nada, nem sugestivamente falando. As *pretas*, é claro, também não têm ligação com as coisas positivas, sendo somente ativas nas coisas maléficas.

De forma alguma somos contra essas guias de miçangas ou de porcelana, mas afirmamos que guias de fundamento mágico mesmo são somente as naturais, sendo as demais de efeito sugestivo.

Bem, Filho de Fé, mais um capítulo encerramos, na expectativa de você estar nos seguindo. Assim, vimos alguns pequenos exemplos sobre rituais, em diversos grupamentos do Movimento Umbandista da atualidade. Retomemos fôlego, Filho de Fé, porque Caboclo vai falar da MAGIA, MÃE-GERATRIZ DE TODAS AS CIÊNCIAS. E vamos à MAGIA....

Observação do médium — No livro do Mestre W. W. da Matta e Silva, *Doutrina Secreta da Umbanda*, há uma explicação altamente científica e cabalística da verdadeira guia do Iniciado Umbandista, motivo pelo qual o Caboclo 7 Espadas não escreveu sobre a dita guia, embora a cite em capítulo futuro.

Capítulo XV

*Umbanda e a Magia — Artes Teúrgicas — O Médium-
Magista — As Leis da Magia — Magia do Som (Mantras,
Pontos Cantados de Raiz) — Grafia dos Orishas —
Alfabeto do Astral — Magia Talismânica — Como
Preparar o Verdadeiro Talismã — Magia das Oferendas*

Filho de Fé, antes de adentrarmos nos aspectos superficiais e profundos da *magia*, é necessário que entendamos a matéria e suas eterizações na energia. Definitivamente, antes da matéria, tudo era energia livre, nas suas diversas faces de expressão e transformação em todo o universo astral. Assim é que cientistas terrenos abnegados e inspirados pelas Luzes do astral superior vêm fazendo grandes conquistas no âmbito do entendimento da transformação da energia em matéria e vice-versa. Esse é o primeiro e decisivo passo à frente para se conseguir adentrar em outras dimensões da matéria já radiante ou energia. Aqui no planeta Terra, temos 7 graus de densidades ou eterizações da matéria. Partamos do estado mais denso até alcançarmos o menos denso:

SÓLIDO
LÍQUIDO
GASOSO
ÉTER QUÍMICO
ÉTER REFLETOR
ÉTER LUMINOSO
ÉTER VITAL

Pelos sentidos vulgares e comuns (5), apenas os estados sólido, líquido e gasoso são perceptíveis pelo Ser encarnado, embora os 4 estados etéricos coexistam com os elementos acima citados. O coexistir vai significar que toda matéria densa tem sua contraparte ou equivalência etérica. Assim, qualquer objeto inanimado tem, além de suas propriedades inerentes à matéria física, a sua equivalência etérica. Indivíduos bem treinados e com a clarividência em estado ativo, sem dificuldades maiores podem confirmar nossa assertiva. Tudo se passa como se os sólidos, líquidos e gasosos *aumentassem suas freqüências vibratórias* peculiares e alcançassem o estado de *ÉTER QUÍMICO, ÉTER REFLETOR* e *ÉTER LUMINOSO*, respectivamente.

Esquematicamente, teremos:

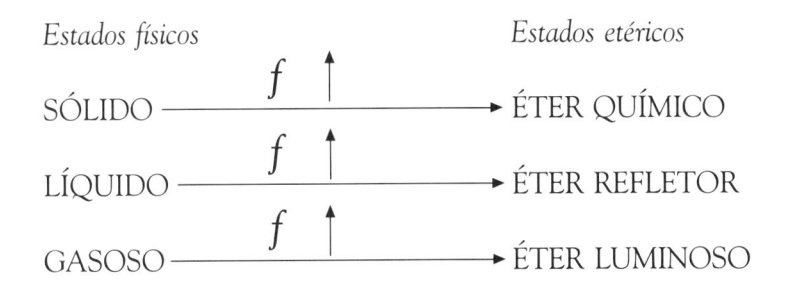

Estados físicos   *Estados etéricos*

SÓLIDO ——— $f\uparrow$ ——→ ÉTER QUÍMICO

LÍQUIDO ——— $f\uparrow$ ——→ ÉTER REFLETOR

GASOSO ——— $f\uparrow$ ——→ ÉTER LUMINOSO

O sólido, em freqüências vibratórias aumentadas, se expressaria no plano etérico como *éter químico*. Em verdade, o que acontece é o rebaixamento vibratório do *éter químico* ao manifestar-se como estado denso

---

(Obs.: $f\uparrow$ = freqüência aumentada.)

sólido, o mesmo acontecendo com o *éter refletor* em relação ao estado denso *líquido* e o *éter luminoso* em relação ao estado denso *gasoso*. Não é difícil entender o estabelecimento analógico que fizemos entre elementos do plano físico denso e do plano físico etérico.

Após nossas assertivas, depreende-se que a matéria, no plano físico, tem 7 estados, sendo 3 relativos ao plano físico denso e 4 relativos ao plano físico etérico. No atual momento evolutivo de nossa humanidade, a ciência oficial reconhece os 3 estados primeiros e um estado que também chamam de coloidal. A ciência oficial supõe a existência dos 4 estados etéricos, mas ainda não conseguiu prová-la, o que achamos muito difícil com o atual arsenal instrumentário. Aguardemos o tempo! Os nobres cientistas terrenos estão na rota certa. De nossa parte, Seres Espirituais astralizados, estamos augurando votos de que seus experimentos possam demonstrar de maneira insofismável a existência do *éter*, que sem dúvida trará nova visão ao Ser terreno.

Filho de Fé, para atingirmos nosso objetivo neste capítulo, qual seja o de entendermos a *magia*, precisamos primeiro entender os planos de ação e equivalência da mesma. Assim é que já expressamos o plano físico e suas duas divisões ou fronteiras vibratórias, ou seja, o *plano físico denso* e o *plano físico etérico*. Vimos no plano físico que, ganhando-se energia, o estado sólido se transforma em líquido; esse, ganhando mais energia, se transforma em gasoso e assim sucessivamente. Mostremos num esquema essas transformações:

Neste momento lançaremos o conceito sobre *éter vital*, o qual é inerente à matéria viva. — Como?, perguntará o Filho de Fé. Sim, toda matéria viva tem sua vitalidade ou *Éter Vital*, que é uma energia de que se utiliza o Ser Espiritual para manter suas vestimentas de expressão, quer seja no plano físico, quer seja no plano astral ou mental. É o prana, é aquele que mantém unos os elementos vivos. O exemplo mais gritante é o de uma célula apenas, a qual é composta de sólidos, líquidos, gasosos e seus equivalentes no plano etérico, mas que só é mantida viva porque o Ser Espiritual astralizado manipula o Éter Vital que mantém a vida, tanto no plano físico denso como no plano físico etérico. Com isso, afirmamos que há vida no plano denso e no plano físico etérico, assim como há elementos de transição ou em "gestação", ou ainda debaixo de um rebaixamento vibratório que os transformarão de elementos vivos etéricos em elementos vivos densos. É o que em grande parte acontece com a *microbiologia*, ou melhor, a *virologia*, a qual tem seus ascendentes em plano etérico, como veremos logo adiante em nossa dissertação, que rebaixando sua vibratória tornam-se vírus físicos, podendo, dependendo da imunidade do indivíduo, causar doenças.

Bem, já que explicamos o plano físico, partamos para níveis mais elevados de freqüências ou vibrações, isto é, o plano astral. Sem mudarmos a nomenclatura, diremos que no plano astral há também 7 graus de densidade da matéria astral. Assim, na matéria astral há 3 estados: sólido, líquido e gasoso, que chamaremos de matéria astral inferior e esses estados diferenciaremos do plano físico colocando a letra *a* logo após o estado correspondente. Ex. estado sólido astral — sólido (a). A matéria astral também tem mais 4 estados, mais sutis. São chamados de componentes da matéria astral superior. Esses 4 são: *éter químico astral, éter refletor astral, éter luminoso astral* e *éter vital astral*.

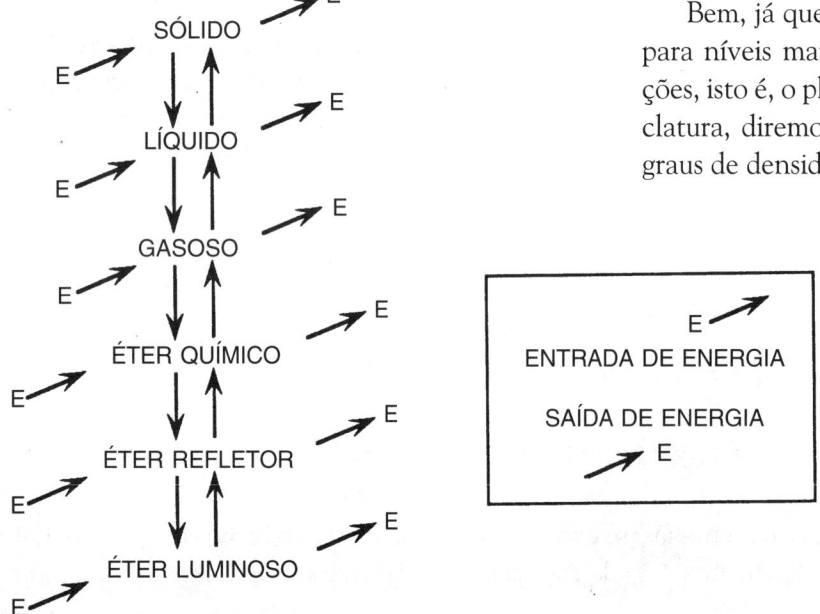

Também aqui afirmamos que rebaixamentos vibratórios dentro da freqüência relativa ao plano astral mudam a matéria astral em etérica, tendo, é claro, freqüências diferentes, mas proporcionais. Fica também patente que há Seres inanimados no plano astral. Como inanimados, queremos dizer objetos, minerais, água, enfim, tudo que não tenha *vida*. Há também Seres astralizados que usam suas vestimentas astrais (corpo astral) para poderem se manifestar neste plano de freqüências ou energias. Nesse plano astral, é claro, há Seres astralizados com maiores ou menores densidades em seus ditos corpos, como há também variada gama de animais, alterando também sua densidade de plano a plano, dentro ainda deste plano astral. O mesmo que explicamos em relação ao plano físico denso aplica-se ao plano astral, principalmente no rebaixamento de freqüências vibratórias, onde há mudanças de estados e até mudanças de planos, as quais, principalmente, deixaremos de trazer à baila em virtude de sua complexidade técnica e por fugir das finalidades a que nos propomos. Antes de encerrarmos nossa proposição sobre o plano astral, mais uma vez reiteramos a informação de que tudo o que dissemos em relação ao plano físico se presta ao plano astral, e só não registraremos para não nos tornarmos muito repetitivos. Queremos também frisar que os *éteres vitais* **FÍSICOS** ou **ASTRAIS** constituem elos de movimentação de todo o sistema de transformações que ocorre com a energia. É também o constituinte dos AURAS.

Após a matéria astral, falemos da matéria mental* a qual obedece o mesmo esquema, em equivalência mais sutil, menos densa e mais rarefeita do que a matéria física e astral. A matéria mental, inerente ao plano mental, se apresenta também em 7 graus de densidade. A matéria mental inferior é constituída pelos estados sólidos mentais, líquidos mentais e gasosos mentais. A matéria mental superior é constituída de *éter químico mental, éter refletor mental, éter luminoso mental* e *éter vital mental*. Assim, a matéria mental é a matéria mais rarefeita e que possui os maiores níveis de freqüência vibratória, sendo que o seu rebaixamento vibratório pode transformá-la em matéria astral. Entendemos pois rebaixamento vibratório como sendo a coesão da energia; essa coesão muda essa energia, ou melhor, transforma-a em energia de plano imediatamente abaixo, mas sempre, é claro, ficando no plano original seu molde vibratório. Assim, vejamos no esquema da página a seguir como os níveis energéticos vibram: nele, fica claro que o nível energético no plano físico tido como éter luminoso relaciona-se com a matéria mais densa (sólido) no plano astral. Por sua vez, o éter luminoso da matéria astral relaciona-se com a matéria mais densa (sólido) do plano mental. Energeticamente, há um maior desarranjo ou *entropia vibratória* da matéria física à astral e à matéria mental. O sistema vai ganhando energia à medida que sai do plano físico, interpenetra o plano astral e daí ao plano mental. A energia mental é de tão alta freqüência que a mesma se torna praticamente rarefeita, mas poderosa em funções.

Por esse pequeno estudo da matéria, a qual é energia condensada a vários níveis, fica-nos mais fácil entender a ação da magia nos 3 planos, pois como veremos não há magia em um só plano, haja vista que os 3 planos se entrosam, estando profundamente interligados uns aos outros.

Assim, iniciamos o nosso capítulo definindo, ou melhor, exprimindo *magia* como a *manipulação e transformação da energia*** nos vários planos em que ela

---

* A matéria mental já é uma condensação em 1º Nível das Forças Sutis indiferenciadas (primeiras manifestações da energia organizada em nível mental superior).
** Nota do médium — Em 1969 — Gell-Mann — Prêmio Nobel de Física, por meio de modelos matemáticos, dissertou sobre hipotéticas subpartículas, os *quarks*, que seriam os componentes das partículas subatômicas. Com estas assertivas, ficaram para trás muitos conceitos tidos como definitivos, tal como o de que o átomo seria a menor partícula da matéria. Fala-se hoje em matéria como luz coagulada, sendo que os fótons seriam, teoricamente, as últimas partículas da matéria. Poderíamos falar com outras palavras, que a matéria seria formada por ondas eletromagnéticas de alta energia, conceito este que mais se assemelha com as Leis propostas pelos mentores da Sagrada Corrente Astral de Umbanda. Há também a teoria que diz que a matéria é luz autocaptada gravitacionalmente. Autocaptura-se em um colapso gravitacional, formando um míni *Black Hole*, o qual seria a unidade fundamental da matéria. Nesta partícula não há nem espaço nem tempo. Este míni *Black Hole* é um *buraco* no vácuo. Os míni *White Holes* seriam unidades fundamentais da antimatéria. Como podemos observar com estas demonstrações, nossos humildes e despretensiosos Caboclos, Pretos-Velhos e Crianças já de há muito nos vêm ensinando essas verdades, mormente quando têm essa oportunidade. Isto é para que todos possam entender que nossas Entidades não são ignorantes, como pensam e querem uns e outros.

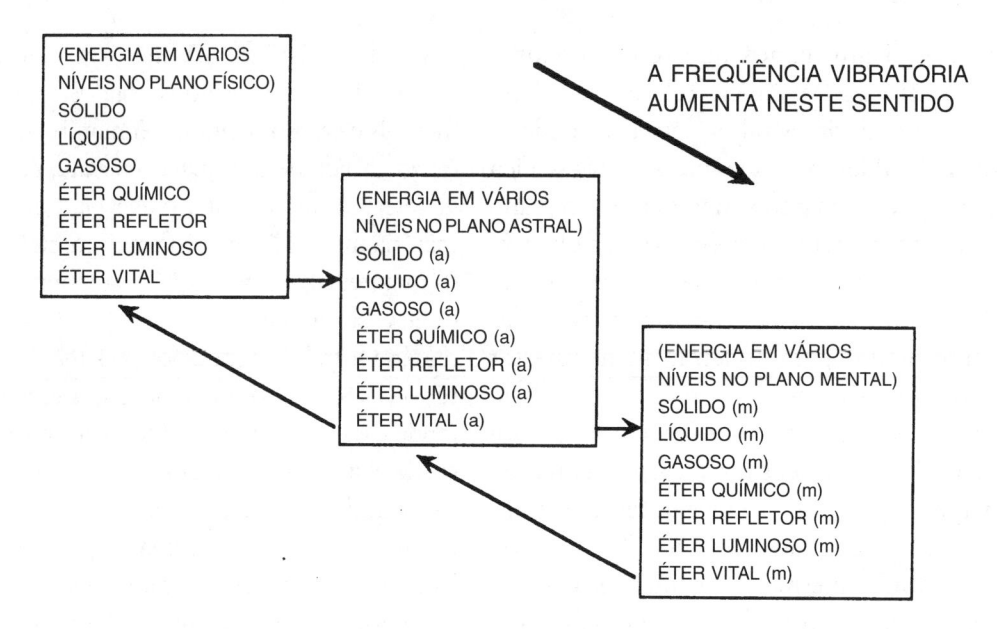

```
(ENERGIA EM VÁRIOS
NÍVEIS NO PLANO FÍSICO)
SÓLIDO
LÍQUIDO
GASOSO
ÉTER QUÍMICO
ÉTER REFLETOR
ÉTER LUMINOSO
ÉTER VITAL

            →

(ENERGIA EM VÁRIOS
NÍVEIS NO PLANO ASTRAL)
SÓLIDO (a)
LÍQUIDO (a)
GASOSO (a)
ÉTER QUÍMICO (a)
ÉTER REFLETOR (a)
ÉTER LUMINOSO (a)
ÉTER VITAL (a)

            →

(ENERGIA EM VÁRIOS
NÍVEIS NO PLANO MENTAL)
SÓLIDO (m)
LÍQUIDO (m)
GASOSO (m)
ÉTER QUÍMICO (m)
ÉTER REFLETOR (m)
ÉTER LUMINOSO (m)
ÉTER VITAL (m)

A FREQÜÊNCIA VIBRATÓRIA AUMENTA NESTE SENTIDO ↘
```

se manifesta. É por isso que a magia é a *mãe de todas as ciências*, pois toda ciência estuda as transformações das energias aplicadas a fatores e utilidades várias. É também a *sabedoria integral*; a *arte sagrada*; a *arte do mago*, pois ele sabe como aplicar sua vontade sobre as várias potências, fazendo as mesmas atuarem sobre as transformações da energia de plano a plano, visando é claro atingir um objetivo. Mais objetivamente, diremos que magia é uma concentradora, condensadora de energias que, ao detonar (mudar de plano) libera energia capaz de alcançar o objetivo visado. Isso é feito através das próprias *linhas de força*, constituintes de todas as "matérias" mais sutis, sendo que suas condensações formam os estados mais densos, como suas dissociações formam os elementos mais sutis ou menos densos. Segundo nossa própria obra, este humilde livrinho, estamos abordando a magia através de um enfoque puramente energético, onde vários Seres encarnados ou astralizados participam e até comungam dos mesmos atos mágicos.

Era neste Conhecimento Mágico, que em suma é a Proto-Síntese Relígio-Científica, que a Raça Vermelha foi portentosa, pois a conhecia nas minúcias e a manipulava com a máxima sabedoria e destreza. Assim, desde aquelas priscas eras, a magia era parte integrante do Aumbandan — a Proto-Síntese Cósmica. Sim, foi por meio do conhecimento das transformações da matéria que muitos suntuosos empreendimentos arquitetônicos foram erigidos, desde a Raça Lemuriana, perseverando até os egípcios, os quais, em menor escala, manipulavam a Magia, haja vista suas construções ciclópicas. Os sacerdotes da pura Raça Vermelha, na Lemúria, tinham plena ciência da materialização e desmaterialização, eram sabedores das energias densas e etéricas. Sabiam fazer as tais transformações, como também sabiam transmutar a própria matéria, isto é, transformar elementos químicos através da mudança de seu número atômico (prótons) em nível nuclear. Faziam-no de forma bem científica, sem os complicados e caros aparelhos atômicos da atualidade. Sabiam emitir partículas (usavam com discriminação a radioatividade) sem precisar acelerá-las ou fazer uso dos tão exagerados *betatrons*. Dominavam, enfim, a alquimia, que não era a transformação dos elementos, e sim a transformação da personalidade negativa na personalidade dourada, a qual era sobejamente difundida, chegando quase até o início da catástrofe atlante.

Nos capítulos em que descrevemos o poderio da Raça Vermelha, afirmamos que eles, devido a seus 7 sentidos desenvolvidos, tinham plena memória e plena visão do plano astral, podendo movimentar ou aproveitar as energias dos 2 planos. Neste momento, queremos explicar aos Filhos de Fé que se mudar de estado físico em um plano é conter maior ou menor energia, mudar de plano requer transformações tais quais a fissão nuclear ou a mudança de um elemento químico em outro. Esse processo era facilmente executado pelos magos da Raça Vermelha, algo de cuja existência nossa abençoada Ciência de hoje nem desconfia. Paciência!... Desperdiçamos ontem, não desperdiçaremos hoje... Deixemos o ontem e entremos no hoje, que já o é há alguns milhares de anos, para encontrarmos já adulterada a velha magia, que acabou deixando de ser usada só para fins benéficos, perdendo-se em fins bélicos, agressivos e tirânicos. Isso iniciou-se ostensivamente na Raça Atlante e ainda em nossos dias não terminou, mas felizmente já está completamente adulterada, sem permitir os resultados daqueles áureos tempos. Dizemos, é claro, da magia positiva ou *magia branca*, pois a *magia negra* organizada em nosso planeta já fez milhões de vítimas e quer fazer outros milhões mais. Grandes magos-negros aproveitaram-se do orgulho destruidor e da vaidade egoísta para incentivar em certas mentes a feitura da *bomba da morte*, o átomo matando: reações em cadeia, ceifando homens, velhos, mulheres e crianças, através da *grande demanda* onde o *fogo* foi tão forte que provocou *deslocamento* que matou milhões e ainda faz vítimas, como herança vergonhosa e maldita para toda a humanidade.

É, Filho de Fé, peçamos à Augusta Confraria dos Magos Brancos que vele pelos povos do planeta, livrando-os de marginais milenares, comandantes avançados das *hostes do dragão*,* que vez por outra "invadem" a Terra. Como vêem, Filhos de Fé e amigos leitores, a magia está próxima de vocês! Pena mesmo que muitas almas arrogantes e soberbas, possuidoras de uma inteligência entorpecida e enceguecida pelo orgulho e pela vaidade, não queiram enxergá-la em seus aspectos puros e pacíficos, mas somente para fins maléficos e belicosos. Mas ouçam todos, ó, almas insubmissas e revoltadas, os mil anos já estão prestes a encerrar-se e Grandes Almas já preparam o advento da Nova Era, que será marcada pela Paz definitiva e pela elevação do planeta Terra, para sempre então desligado dos conceitos do *mal*, do orgulho e da vaidade. Novos tempos estão surgindo! Colaboremos! O AUMBANDAN está ressurgindo, através do Movimento Umbandista aqui no **BARATZIL**, a Terra das Estrelas, que iluminará todo o planeta! Assim, mostremos aos Filhos de Fé, segundo o *pensamento interno* de nossa Doutrina, quais são as Leis que regem a magia e, dentro delas, citaremos alguns ritos mágicos que muitos benefícios trarão aos vários Filhos de Fé que peregrinam por esses milhares de terreiros, cabanas, choupanas, tendas, etc. Antes, porém, dividamos a *magia* em:**

MAGIA CERIMONIAL — São os vários ritos ou cerimônias pertencentes às operações que se fazem, tais como: invocações, evocações, conjuros e outros apelos às várias potências colocadas em ação para objetivos vários.

MAGIA CABALÍSTICA — São as práticas mágicas executadas segundo os fundamentos da pura Raça Vermelha, através do conhecimento de sua **TRADIÇÃO**, que mais tarde foi velada e deturpada.

MAGIA TALISMÂNICA — São os rituais que se fazem ao preparar determinados elementos, em constituição e geometria especiais, ligados a certos sinais cabalísticos e devidamente preparados e imantados para os diversos fins. Neste instante, é bom ressalvar que o talismã preparado pela Corrente Astral de Umbanda serve como condensador e repulsor de cargas e só é válido quando usado pelo indivíduo para o qual foi preparado, ao contrário do amuleto, que tem propriedades que servem para qualquer pessoa (é a vulgarização do verdadeiro talismã).

LEIS DA MAGIA

A) Toda *magia* tem de iniciar-se pelo campo mental. Há de haver a ideação, concretizando-a em forma de corrente de pensamentos, os quais imantarão e atrairão certas classes de Entidades que vibram afins com a corrente de pensamentos.

B) Após essa primeira fase, entrará muito particularmente e de forma decisiva no sucesso da execução e resultados provenientes da magia a vontade do mago ou magista. É cada vez mais que, dominando-se, o *mago* ou *magista* poderá dominar os elementos vibratórios ou mesmo atuar através da vontade

---

* Nota do Médium — Hostes do Dragão: Espíritos inferiores, extremamente encarcerados no mal (magos-negros).
** Nota do Autor Espiritual — Deixamos de citar a magia natural, pois a mesma constitui o substrato para as demais modalidades de magia. A magia da Luz, do Som, dos elementos, das influências das 4 fases da Lua, que fique claro, são indispensáveis aos ritos magísticos.

em várias Entidades astralizadas ou mesmo sobre certas forças sutis da Natureza.

C) *Material* — nenhum ritual mágico alcançará seus objetivos se não for projetado sobre determinados elementos físicos densos e etéricos, os quais servirão de canais da magia ou de elementos espelhos, os quais projetarão o ato petitório segundo a corrente de pensamentos e desejos, que alcançará ou não, segundo a destreza do mago ou magista, o objetivo visado. Essa parte física seria a ação ou execução propriamente dita. Os elementos ou materiais servirão como elementos radicais, os quais serão movimentados do físico ao etérico e desse ao astral. Assim, há uma forte reação do astral, dependendo de certos elementos colocados no ato mágico ou oferenda ritualística, a qual visa projetar ou ativar certas energias de ordem etéreo-física ou mesmo astroetérica para depois desencadearem a atuação na matéria.

Deixemos claro o seguinte mecanismo: para haver magia, há necessidade de elementos materiais específicos e especiais, os quais são manipulados em seus elementos etéricos e transformados em matéria astral, a qual desencadeia determinado ciclo e ritmo vibratório no campo astral envolvido, retornando ao campo etérico e físico, carreando certo código, que encontrará por intermédio de emissários astralizados os objetivos visados. Este mecanismo, embora seja simples, é básico para o magismo.

Esquematicamente:

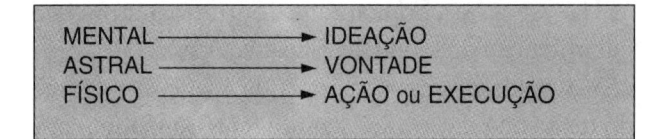

```
MENTAL ――――→ IDEAÇÃO
ASTRAL ――――→ VONTADE
FÍSICO ――――→ AÇÃO ou EXECUÇÃO
```

MECANISMO BÁSICO DA MAGIA

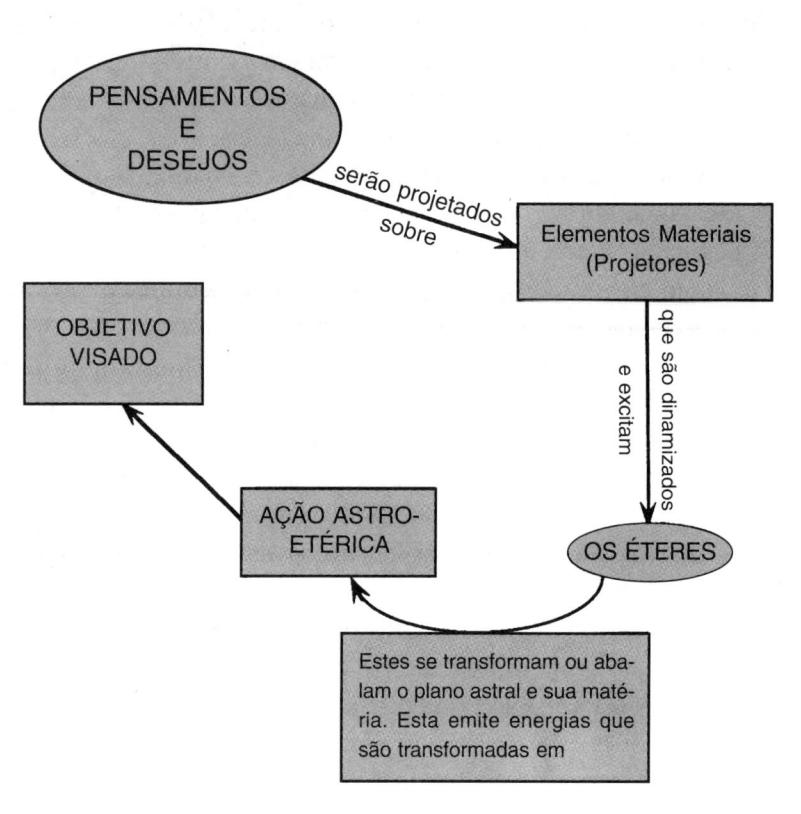

PENSAMENTOS E DESEJOS → serão projetados sobre → Elementos Materiais (Projetores) → que são dinamizados e excitam → OS ÉTERES → Estes se transformam ou abalam o plano astral e sua matéria. Esta emite energias que são transformadas em → AÇÃO ASTRO-ETÉRICA → OBJETIVO VISADO

Dando seguimento às Leis da Magia, não podemos deixar de citar os mecanismos básicos de uma evocatória ou ato petitório.

Toda evocatória* alcança vários níveis, dependendo é claro de quem a evoca, desejos, pensamentos, emoções, necessidades etc. Mas se o médium-magista ou aquele que é mago (é o grau mais elevado do verdadeiro médium-magista) sabe como evocar e o que evocar, tudo se passa como se houvesse uma fonte emissora (o mago) que visa alcançar a estação receptora (as Entidades evocadas pelo mago). Sabemos que a evocatória estará na dependência de quem a faz, dependendo é claro da potência do pensamento emitido ou grau de freqüência das ondas mentais (ondas alfa, beta e gama). Depende também da modulação dada aos desejos, ou seja, a intensidade. Na dependência desses fatores, pode-se ou não atingir a recepção, pois se ela estiver em ou-

---

* Nota do Médium — O Caboclo Sr. 7 Espadas não fez aqui distinção entre os vocábulos-raízes *evocar* e *invocar*. Foram usados como sinônimos. Todavia, ele mesmo diz que:
Evocar — Chamar de algum lugar; ordenar.
Invocar — Implorar; pedir; rogar; pedir proteção.

tra sintonia não receberá a evocatória, ou nem mesmo a corrente que se lhe pediu ou projetou. Todo ato mágico só é viável se as afinidades vibratórias se casarem.

Assim, se o mago emite uma corrente de pensamentos limpos e desejos sinceros, a fonte receptora só receberá os benefícios dessa corrente se por afinidade vibratória estiver ela vibrando em sintonia com as correntes do mago. Esse efeito é chamado de *ressonância*, ou seja, houve sintonia vibratória (estamos sempre exemplificando o *mago branco*, pois para ele e seus auxiliares é que queremos dar esse reforços). Após explicarmos o efeito de *ressonância* ou *somação*, é claro que poderá também haver *dissonância*, ou seja, não houve casamento vibratório, eram sintonias diferentes. Neste momento, gostaríamos de lembrar que os desejos também emitem certas freqüências, sendo o desejo, de forma bem simples, força geradora de poder e vontade, podendo gerar *luz* ou *treva*, dependendo é claro do mago, se branco ou negro, tudo de acordo com pensamentos, vontade, elementos, etc. Ao falarmos sobre os fenômenos que ocorrem na petição de ordem mágica, não poderemos nos esquecer de fenômenos importantíssimos, tais, como: *reflexão, refração, ressonância, dissonância* e *reverberação*. Do ponto de vista técnico, a evocatória mágica forma ondas eletromagnéticas que poderão ser dinamizadas ou dissipadas através do desejo, que poderá tornar-se condutor ou resistor. A evocatória é dirigida através da vontade, do desejo, que sem dúvida é manancial de poder, que na dependência da petição poderá ou não alcançar os objetivos ou as Entidades evocadas. Assim, toda evocatória é uma ação que provocará uma reação, na dependência da natureza do pedido e da força mentoastral que foi emitida.

O médium-magista ou mago, ao fazer a evocatória, pode evocar diversas Entidades, que na dependência dos desejos terão maiores ou menores poderes, como serão de planos mais elevados ou mais inferiores. Então, desejos de baixos teores, pesados, negativos, vão se afinizar com Entidades de baixo teor vibratório, negativas e infelizes, embora possam ser sumamente cruéis. Ao contrário, desejos e petições de altíssima envergadura moral-espiritual se ligam ou alcançam Entidades Espirituais elevadas, ultrapassando os limites gravitacionais do astral inferior e dirigindo-se ao astral superior. É esse o lado com que concordamos e onde todos os Filhos de Fé que alcançaram o Magismo deveriam vibrar em pensamentos e desejos, bem como seus trabalhos deveriam ser direcionados a Seres Espirituais de altíssima envergadura mágico-moral. Com muita tranqüilidade, antes de prosseguirmos em nossos humildes conceitos sobre as noções de Magia, deveríamos falar sobre o médium-magista em seus diversos graus, coisa que já fizemos muito superficialmente. Mas, antes desse importantíssimo e controvertido tema, pois a verdade é que todos, tendo direito ou não, hoje em dia fazem seus trabalhos mágicos, gostaríamos de expressar nosso conceito sobre uma certa classe de Espíritos que são evocados por indivíduos que não têm a menor idéia de que eles existem e nem dos perigos que os mesmos representam quando evocados sem conhecimentos profundos em suas causas ou raízes. Estamos nos referindo, é claro, aos ditos *espíritos elementares*, denominados por muitos como *elementais*, com o que, com toda vênia pedimos escusas por não concordar. Esses elementares são também chamados *Espíritos da Natureza*, pois estagiam em vários reinos da Natureza. São os chamados Espíritos do fogo, da água, da terra e do ar. Então, vejamos quem são e como são manipulados esses Elementares:

ESPÍRITOS ELEMENTARES são aqueles que estagiam na Natureza, em vários aspectos, preparando sua constituição astral para que lhes seja propiciada e concedida sua primeira encarnação afeita ao sistema evolutivo do planeta Terra. Esses Espíritos Elementares, na verdade, estão agregando ou imantando sobre si, com o auxílio dos *técnicos do astral* especializados nesse mister, vários elementos da Mãe Natura. Assim é que iniciam pelos processos de agregação, desde os mais simples aos mais complexos, através da passagem pelo *reino mineral* em seus diversos graus evolutivos. Esse processo, em geral, é feito em zonas subcrostais relativamente superficiais; após esse período variável, esses Espíritos imantam sobre si os elementos vitais e vegetativos dos vegetais, também obedecendo a escala evolutiva do *reino vegetal*. Passam-se milênios até o Espírito Elementar conseguir estagiar e imantar os elementos vitais do *reino animal*. Quando aí estagiam, também vão impregnando-se de experiências e vivências dos vários filos animais, até atingirem os mais complexos. Nessa fase já têm corpos astrais, embora mal caracterizados e rústicos, como formas básicas já delimitadas. Têm sensibilidade, instinto e todos os demais atributos minero-vegeto-animais. Nesse período, duas etapas podem ser seguidas. A primeira etapa é a de estagiarem em *sítios sagrados e elevados da natureza*, onde se aperfeiçoarão e darão formas belas e humanas aos seus corpos astrais, até então rústicos e mal delimitados. Quando dizemos mal delimitados é porque, dependendo do estágio evolutivo desses Espíritos Elementares, estarão eles com seus corpos astrais mais parecidos com "homem-pedra", com "homem-árvore" ou com "homem-animal". Tanto isso é verdade que vários mitos de muitos povos guardam esses espécimes como *monstros* ou como *divindades do mal*. Em verdade não são nem uma coisa nem outra; são apenas Seres Espirituais afetos à órbita gravitacional kármica do planeta que estão aguardando ajuste definitivo em sua matriz perispirítica (1º corpo astral). Bem, dizíamos que podiam eles evoluir em sítios sagrados e realmente evoluíam, sendo nesta fase chamados de Elementares Superiores, que em verdade se agrupam em 4 classes, quais sejam: *da terra, da água, do ar e do fogo*. Antes de continuarmos, queremos afirmar que esses ditos Elementares não *habitam* a pedra, não *habitam* o vegetal e nem o animal, como muitos querem doutrinar. Embora respeitemos quem assim doutrina, a Corrente Astral de Umbanda, doutrina que esses Espíritos "haurem" do mineral, do vegetal e do animal elementos necessários às suas próprias experiências e necessidades, mas não que fiquem dormitando na pedra, respirando em ritmo vegetativo nos vegetais ou que adquirem instinto, pois habitam ou são o próprio animal. Veja bem, Filho de Fé, passar pelos reinos da Natureza quer dizer *imantar elementos* desses reinos, e não *ser elementos* desses reinos, certo?

Já com seus corpos astrais puros e bem-formados, esses Elementares estagiam nas matas, nos mares ou praias, nas montanhas, rios, cachoeiras e em reinos pré-hominais, antes de encarnarem pela 1ª vez,

aqui em nosso planeta, é claro. São da *terra* quando habitam ou estão estagiando nos elementos sólidos; são da *água* quando estão estagiando no conhecimento dos vários líquidos, inclusive o próprio *sangue* e elementos sexuais (esperma), são do *ar* quando estagiam no conhecimento de certos processos vitais e expansivos, e são do fogo quando ficam sob os Senhores dos Éteres,* que lhes dão forma final em seus corpos astrais. A par dessa classificação, todos podem ser evocados em favor de benefícios vários, pois são puros e seus auras vitalizarão positivamente as pessoas submetidas às suas vibrações, ao mesmo tempo que eles mesmos vão adquirindo um karma positivo. Eis um dos motivos pelos quais, muitas vezes, os evocamos em certos trabalhos, principalmente nas oferendas, onde eles se achegam, tomam ciência do preceito e pedidos, e só pela sua presença vitalizam potentemente o aura das pessoas participantes do trabalho. Temos assim o Elementar Superior, que é conhecedor da Natureza e ajuda várias Entidades Espirituais na manutenção energética de seus *aparelhos*, utilizando-se até mesmo de certa gama de raios ultravioleta, que queimam certas larvas de ordem mental, astral e física. Se há o Elementar Superior, que alcançou os níveis superiores, já com um karma ativo em positividade, há também os *inferiores*, que nem alcançaram os reinos de aperfeiçoamento em sítios sagrados da Natureza, sendo perigosíssimos em virtude de terem sido usados e viciados, *segundo o livre-arbítrio*, por portentosos Filhos das Trevas, que os usam para os mais baixos e torpes objetivos. Esses Elementares realmente ainda continuam com seus corpos astrais grosseiros e descomunais, com formas atormentadas, sem o mínimo requinte da estética; são completamente anômalos em suas formas, e muitos, devido aos seus mentais hipnotizados, se encontram como verdadeiros monstros ou pobres duendes, já com pesados fardos e doloroso karma passivo (negativo) a ser resgatado. São esses Espíritos Elementares inferiores que em verdade poderiam ser chamados de *súcubos* e *íncubos*, ou *espíritos vampiros*, que habitam as encruzilhadas de ruas, os cemitérios, os locais onde há muita profusão de álcool, matadouros, prostíbulos, etc. Esses Espíritos são se-

---

* Senhores dos Éteres: Senhores das Forças Sutis — Orishas.

dentos do desejo de encarnar, querem sentir o sangue, o esperma, o sexo, etc. Aí está o perigo de manipular esses Espíritos sem se ter o devido conhecimento ou outorga, e mesmo aqueles que desconheçam sua existência, que deixem de alimentar as encruzilhadas de ruas e os cemitérios, principalmente com sangue, carnes sangrentas, álcool, outras bebidas alcoólicas, e principalmente as Filhas de Fé, em seu período menstrual, se afastem desses sítios condenados e mesmo do terreiro, pois a menstruação é um ciclo de repulsas organoastromentais, não sendo justo que a mulher vá ao terreiro para descarregar suas *secreções* nas outras pessoas. Antes de encerrarmos o conceito simples e básico sobre os Elementares, queremos deixar registrado que esses Elementares Inferiores são fontes constantes de larvas vorazes, que abaixam o teor vibratório dos atingidos, causando-lhes transtornos imensuráveis, mas sem dúvida profundamente danosos ao atingido. Assim, àqueles que se sentirem atingidos por terem ido à "encruza", ou mesmo aos cemitérios ou kalunga pequena e lá terem ofertado (despachado) bebidas com carnes sangrentas ou mesmo aves ou bichos de 4 patas sacrificados, ou mesmo outras coisas, daremos algo que os ajudarão a repelir os *vampiros* que tanto sugam suas forças vitais:

1. Tomar banho de essência da Vibração Original, ou de alfazema pura, 7 gotas em um litro de água.
2. Deixar próximo de onde se dorme um pequeno pires com 7 cabeças ou dentes de alho, e no centro, um copo com água e arruda.
3. Deixar na porta de entrada da casa ou do terreiro, ou de onde quer que seja, uma cumbuca com álcool e uma pedra de cânfora, a qual deverá ser descarregada após 3 dias. Defume o ambiente ou a si próprio com vigorosa defumação de imburana, maracujá e manjericão, pois isso é eficientíssimo. É só experimentar...

São esses Espíritos Elementares Inferiores que muitos videntes sem nenhuma orientação, quando vêem, dizem logo serem Exus. No capítulo que trata dos Exus, explicaremos essas fundamentais diferenças. Quando também falarmos sobre oferendas, citaremos os benefícios atingidos pelos Elementares Superiores. Mas, para encerrarmos, precisamos deixar claro que esses Espíritos não são da Natureza; não e não. Outros dizem que não têm vida própria, sendo comandados por outras mentes, e que são apenas matéria dinamizada, sendo destruídos quando terminam ou deixam de alimentá-los. Muito ao contrário, esses Elementares são Espíritos indestrutíveis, portanto não foram criados por natureza nenhuma; estagiam sim, na Natureza. Confundem *elementais*, que são *formas-pensamento*, ou seja, a matéria astral, que como é muito plástica pode ser transformada e dela fazer-se como se fosse um Ser com vida própria, não passando de um manequim ou boneco de matéria astral, sendo esses sim, destrutíveis, pois existem enquanto o mago, em geral negro, o alimentar com suas correntes de pensamentos, sendo logo a seguir destruído, e seus resquícios queimados pelos *lixeiros do astral*. Portanto, não confundamos elementais, que são formas-pensamento sem vida própria, com os Elementares, que são Espíritos no início de sua fase evolutiva; por isso mesmo são chamados de Elementares, ou seja, básicos dentro da hierarquia espiritual planetária.

Esses Elementares atendem a certos sinais da Lei de Pemba, bem como a sons básicos da própria Natureza. Os sinais a que obedecem são os da Geometria Astral, pois é como se eles se alimentassem vibratoriamente de suas formas, que movimentam certos clichês e, esses, certas Linhas de Força, as quais eles imantam em seus corpos astrais. Daremos 7 sons simples e 7 sinais simples a que esses Elementares obedecem, e somente se forem para benefícios vários e movimentados por quem saiba fazê-lo. Daremos um primeiro ângulo, pois há vários, de maior profundidade, mas que requerem maior técnica e maiores conhecimentos, esses de conhecimento exclusivo dos raríssimos magos ou Babalawôs. Vamos ao som e aos sinais:*

Esses devem ser combinados e voltados para o ponto cardeal adequado, lembrando apenas que o *norte* relaciona-se aos Elementares da *terra*, o *sul* aos Elementares do *fogo*, o *leste* aos Elementares do *ar* e o *oeste* aos Elementares da *água*.

---

* Após serem feitos os sinais, entoam-se harmoniosamente, como um canto pausado, os 7 sons básicos.

SOM	AE	EA	IO	IA	AI	OA	AÔ
GRAFIA	⁀	ℓ	ℓ	ᴠ	⁊	ℓ	ℓ

Esses sinais e sons podem ser evocados e riscados em um pano branco com pemba azul, vermelha e amarela, não importando a ordem. Devem ser evocados em uma mata e com o agô (permissão) de uma Entidade, Caboclo, Preto-Velho ou Criança. Sobre o pano, pode-se colocar uma vasilha de louça branca com mel e flores várias em volta do preceito. Esse preceito vitaliza muito, e em geral traz grandes benefícios às pessoas carenciadas. Acende-se 1 vela em torno ou próximo de cada som ou sinal. No pano branco, na verdade, só vão os sinais e no local pronuncia-se o som correspondente aos sinais. Pano na proporção de 50x50 cm. Acreditamos ser fácil a assimilação desse preceito, o qual é puríssimo, se prestando sempre para fins elevados ou pedidos justos.

Escrever sobre os Elementares e seus segredos não é algo simples, e acreditamos que levantamos um pouco mais o véu que encobre esse Arcano, na certeza de que será útil a muitos Filhos de Fé, estudiosos e cônscios de suas responsabilidades para com seu próximo e para com a Sagrada Corrente Astral de Umbanda. Bem, ao falarmos sobre Elementares, não poderíamos deixar de citar as oferendas ritualísticas, mas antes dessas, discorramos sobre o médium-magista e o mago, para depois falarmos sobre os mantras, a Lei de Pemba, a magia talismânica e aí então a magia das oferendas.

Em capítulos anteriores, explicamos muito por alto o que seria o médium-magista. Procuraremos agora esmiuçar, na medida do possível, esse importantíssimo aspecto do sacerdócio do Movimento Umbandista da atualidade.

Para falarmos sobre o médium-magista, necessário é que revisemos ou relembremos o conceito da *magia*, pois é sobre ela que o médium-magista concentra sua capacidade de trabalho, para fins diversos. Definiremos mais uma vez Magia como ato de acionar, por meio da vontade, um ritual em que se concentrem idéias e desejos sobre elementos materiais, a fim de alcançar o objetivo visado. E é da vontade ou desejos, idéias e projeções delas sobre elementos vários que se serve o médium-magista para movimentar as forças sutis da Natureza, bem como atrair esta ou aquela Entidade, visando obter-lhe o beneplácito ou ação desejada.

No Movimento Umbandista da atualidade, raríssimos médiuns são magistas e entre eles quase nenhum é mago. Perguntará o Filho de Fé estudioso: — Qual a diferença entre ambos?

Filho de Fé, preste atenção para entender a questão, como na realidade ela se apresenta.

Médium-Magista é aquele que recebeu a outorga para manipular as forças mágicas, só que dentro de certas limitações inerentes ao seu grau individual. Temos médiuns-magistas que são verdadeiros MAGOS, pois receberam da Corrente dos Magos Brancos o selo da *ordem*, *outorga* ou *ordens e direitos*, que vem direto do astral superior ou por um ritual em que uma Entidade Espiritual incorporada faz a menção e a justa colocação do selo, através de um ritual singelo, mas de profunda relevância no âmbito astroetéricofísico do dito médium-magista elevado a mago. Dentro da hierarquia, é o médium-magista de 7º grau do 3º ciclo que pode estender a outorga mágica, através dos mistérios menores, a outros discípulos seus, os quais poderão chegar até o grau de *mestre de iniciação de 7º grau do 1º ao 2º ciclo*, embora achemos que a denominação mais correta para esses casos seria a de *magistas*, sem o título de Mestre de Iniciação.

O genuíno Iniciado pelo astral, o médium-magista de 7º grau do 3º ciclo, tem uma mediunidade apuradíssima, mormente sua sensibilidade psicoastral, e aquilo que também chamamos dimensão-mediunidade, que é o médium ter uma dimensão aberta entre o físico e o astral, ou entre si e seu mentor ou Espírito afins ao seu mediunismo. Claro que deva ter, pois nós assim proporcionamos uma apurada clarividência, algo que lhe dá, juntamente com a dimensão-mediunidade,* muita segurança para resolver

---

* A dimensão mediunidade é a faculdade rara, que um ou outro médium-magista ou mago tem, de interpretar seu próprio vivencial iniciático e trazer imagens vividas e sentidas, às vezes, num passado que se perde nos meandros do tempo. Este processo é feito ou executado com seu mestre astral, através de técnicas mnemônicas mentoastrais.

com certeza os casos e coisas que se lhe apresentam. Possui também conhecimento sólido sobre os 4 pilares do conhecimento humano, sendo em geral ligado mais diretamente em 2 ou 3 pilares, sendo que a união com o 4º pilar, se tudo correr bem, seguramente conquistará em futura reencarnação.

Alguns deles, raríssimos na atualidade, além de se dedicarem ao Movimento Umbandista, estão ligados, como dissemos, às Ciências, à Filosofia, ao profundo misticismo e às Artes, inclusive as mágicas e oraculares. Todos possuem ótimo e consistente mental, são inteligentes mas sumamente simples, sendo despidos da tola vaidade. Conhecem na profundidade os sinais riscados ou Lei de Pemba, com a qual evocam ou manipulam certas forças sutis da Natureza, bem como certa classe de Espíritos, os ditos Elementares, sobre os quais já nos ativemos ainda neste capítulo. A maioria deles, num passado relativamente longínquo, foram alquimistas, magistas ou grandes cientistas, ligados principalmente às ciências médicas e às ciências oraculares, mas que por motivos vários faliram, ou se não faliram, não completaram seus trabalhos, vindo findá-los na Sagrada Corrente Astral de Umbanda, onde ficarão ligados e acobertados até a passagem para outro sítio planetário (outro planeta mais elevado), daqui a milhares de anos. Muito deles, os que faliram, foi por fazerem uso indevido da *magia*, da qual eram já na época profundos conhecedores (alguns encarnaram no final da Raça Atlante, não sendo muito difícil reconhecê-los até fisionomicamente, principalmente pelos seus olhos e testa), mas que inverteram esses conhecimentos para fins unicamente próprios ou para fins escusos, passando a conciliar-se com o astral inferior, através dos Magos-Negros. As principais causas da falência, ontem e hoje, vêm pelo sensualismo exagerado, pois como possuem magnetismo em excesso, atraem vários Seres, os quais na verdade, carentes de atenção e mesmo de afeto, encontram nesses magos os redutores salvacionistas, mas sendo que esse fato não deveria derivar para o sensualismo, algo que somente em raríssimos casos (os kármicos) tem nosso aceite. Fica difícil levantar este ou aquele julgamento apressado sem estar de posse do ontem milenar, e mesmo assim cada caso é um caso, requerendo por parte dos tribunais competentes demorada análise e julgamento, algo que, por fugir de nossa alçada, faz com que paremos por aqui mesmo.

De maneira geral, se o mago ou o médium-magista utilizarem seus conhecimentos ou poderes mágicos para perverter, inverter ou mesmo fazer pessoas voltarem-se para si afetivamente ou sexualmente, são sumariamente desvinculados de suas funções, mas, repetimos, se usarem de recursos mágicos. Caso contrário, não entram no mérito de julgamento dos tribunais relativos aos atos mágicos, e sim dos Tribunais Kármicos, que se pronunciarão como em outro caso qualquer, mas levando em conta as funções do dito Ser Espiritual encarnado, que embora técnico avançado, também trabalha sob sérios riscos, coisas não comuns às demais criaturas. Assim, o mago deve ser analisado à parte, e assim o é, tenham certeza. Enfrentar o submundo astral, combatendo-o anos a fio com denodo, tem é claro seu mérito, e não será por qualquer choque, muitas vezes provocado pelo astral inferior, que envia até pontas-de-lança encarnados para isso, que cassaremos esses Filhos de Fé, sumamente importantes para os nossos objetivos. Como dissemos, cada caso é um caso, que é julgado pela Confraria dos Espíritos Ancestrais, através da Corrente dos 12 Anciãos do Templo, na Corrente dos Magos Brancos do Astral. Bem, dissemos do sensualismo, faltando comentar sobre a vaidade e a excessiva cobrança que vem pela Lei de Salva ou Lei de Amsra, que é uma cobrança ou recompensa financeira somente aplicada a certos trabalhos essencialmente mágicos e que manipulam energias ligadas às coisas do plano físico exclusivo, tais como assuntos financeiros, afetivos e mesmo demandas astrais com grande repercussão nas coisas do terra-a-terra. Mesmo assim, essa cobrança deverá ser para a sua guarda ou preceitos que às vezes precisará fazer, pois as demandas de ordem astral poderão desabar vibratoriamente sobre ele ou até seus familiares, precisando é claro estar salvaguardado de tais entrechoques, os quais, para serem debelados, necessitam de preceitos sérios e reais, e muitas vezes um descanso físico e mental do dito mago, que se assim não o fizer, colocará em risco sua própria vida física, como também colocará em risco toda a Confraria Astral que nele tem um ponto avançado aqui no plano físico denso. Como vêem, a situação é delicadíssima, mas o que queremos frisar é que hoje em dia todos, sem estarem debaixo de uma outorga nem de médium-magista, cobram por tudo e de todos, mesmo daqueles que nada têm e que por desespero pagam, na expectativa de verem resolvidos seus casos. Esses sim, aqueles que cobram e pensam que estão fazendo os outros irmãos de tolos, não sabem os transtornos que os aguardam aqui mesmo como encarnados e também quantas cobranças terão lá pelo outro lado da vida, após a morte. Verão que de espertos mesmo não tiveram nada, pois ficarão escravos de um submundo que os explorará sem piedade! Mais uma vez reiteremos: a única vantagem que se pode levar desta vida é a de ser bom e amigo leal; o resto é utopia, é ilusão e muito passageira, tenham certeza! Antes de encerrarmos sobre o médium-magista ou mago, não citamos a mulher, pois desde a remota Lemúria, à mulher foi vetada a manipulação mágica, porque...

Bem, citamos os percalços que podem entravar o bom caminho do magista ou do mago, mas ainda achamos piores os que vêm pelas traições de que os mesmos são vítimas, principalmente por aqueles que gostariam de ser iguais a eles e, não o conseguindo, no início até se aproximam e se fazem de amigos, até submissos. Mas sabemos bem quais são suas reais intenções, pontes que são do submundo astral, e como a inveja é a reação da incapacidade e a traição o atestado dessa incapacidade, caem sobre os verdadeiros magos as mais torpes falsidades e infâmias, além de inverossímeis relatos.* Não estamos afirmando com isso que os nossos tutelados magos sejam isentos de erros ou culpas. Não, achamo-los tão humanos como outros quaisquer, só que, sendo comuns aos demais, mesmo assim conseguem a Iniciação, o que sem dúvida já é um mérito. Portanto, estaremos junto deles impedindo sua caída, já que muitos assim o querem, sejam encarnados ou desencarnados, rangendo os dentes de inveja e despeito. Podem ranger os dentes, pobres Filhos de Fé, um dia vocês aprenderão, mas até lá Caboclo os deixará bem distanciados do verdadeiro Mago ou Babalawô, coisa que muitos gostariam de ser, mas sem perguntarem se estão capacitados, ou se teriam o suporte para tal. Paciência, a Natureza caminha se amoldando; após o dia, virá a noite e assim sucessivamente. Esperemos, pois, eles amadurecerem! Amadurecerão, sem dúvida, que Oxalá os abençoe, mas permita que este Caboclo, representando todos os Caboclos, os coloquem bem distanciados de nosso Filho de Fé, não pelo nosso Filho de Fé, mas mais por eles mesmos, que não se conformam com o progresso e a evolução que acontece aos magos, coisa que os envenena de ódio e ciúmes. Assim, que Oxalá os afaste de nossos Filhos diletos. Bem, após citarmos o médium-magista e suas funções, não poderíamos deixar de dizer que o verdadeiro Mago manipula não só a magia, mas muito principalmente a *teurgia*, a qual pode ser definida como a aplicação mágica superior ou transcendental. É o *mestrado da magia*; é a Ciência Teúrgica, pois, a arte é aplicação superior da Alta Magia. Bem, e dentro da teurgia que se aplicam os mantrans ou mantras,** que são palavras especiais vocalizadas de forma especial, que estão relacionadas com a produção de certos fenômenos, sejam eles físicos, astrais ou espirituais. Sem falarmos dos termos sagrados que eram mantranizados na pura Raça Vermelha, mencionemos apenas um que se perpetua até os nossos dias, inclusive hoje até vulgarizado, o termo litúrgico SARAVÁ. Façamos do termo sagrado *saravá*, que proveio do Abanheenga, um estudo arqueométrico para aí acharmos, na sua original pureza, seu significado:

SA	RA	VA
(15)	(20)	(06)
(60)	(200)	(06)

SA (15) — significando: FORÇA, SENHOR

RA (20) — significando: REINAR, MOVIMENTO

VA (06) — significando: NATUREZA, ENERGIA

---

* Pedimos especial atenção a este alerta do Sr. 7 Espadas. Interessante que muitos fatos aconteceram em nossa vida quando esta obra já estava escrita, sendo que, somente agora, entendemos o alerta. Acredito que muitos também entenderão o alerta, como entenderão outras coisas, mas...

** Vocábulo Abanheenga, que alcançou as terras hindus e, no Sânscrito, tem como significado: mam — pensamento; tra — instrumento, veículo. Portanto, é o pensamento trabalhado e executado no verbo...

Tradução do termo SARAVÁ: FORÇA QUE MOVIMENTA A NATUREZA.

O sinal gráfico na Lei de Pemba é:

A geometria é:

Assim, o termo litúrgico *saravá* se pronuncia segundo a modulação própria de uma das 7 Variantes da Lei, ou seja, os 7 Mantrans Sagrados, os quais denominam as 7 Potências Originais ou Orishas Originais, que por sua vez, ao consubstanciarem suas qualidades e propriedades na Natureza (reino natural), fizeram-no através das sutis correntes elétricas ativas e magnéticas passivas, que em síntese são as Linhas de Força.

Assim, estamos observando que, segundo a Coroa do Verbo, o vocábulo místico sagrado *saravá* tem como um primeiro significado: força propulsora da natureza ou atributo externo operante das Potências Superiores ou Orishas.

Ao pronunciar-se esse termo, está-se ativando e veiculando pelas Linhas de Força *quanta energetici* afins à movimentação desejada na evocatória, sendo pois suporte vibratório aos seus objetivos, que surgem em sua esfera mental e concretizam-se em sua esfera física.

Elevados sacerdotes Iniciados sabem que na profunda ritualística hermética da Umbanda esse termo é vocalizado de 7 formas diferentes, obedecendo ao *metro musical original não temperado*. Ainda segundo as necessidades do médium-magista, pode ser pronunciado em tons e subtons, oitavas acima e abaixo, devendo essa palavra ser pronunciada voltando-se a determinados pontos cardeais afins. O Filho de Fé já deve ter entendido ou mesmo percebido que o termo *saravá* é um mantra fixador da Luz Astral em movimento, bem como, dependendo de como é pronunciado, pode ser dissipador da Luz Astral em repouso. Coagula e dissipa *correntes* segundo a necessidade, podendo fixar ou dissipar vibrações tanto na esfera mental, como na astral e na física.

Após essas ligeiras observações sobre esse mantra, só nos falta dizer que ele freqüentemente é utilizado sem nenhum critério, servindo muitas vezes como chacota para o profano, devido ao uso vulgarizado pelos próprios adeptos umbandistas, os quais esperamos venham a entender melhor, com o decorrer do tempo, que a palavra é remédio quando bem administrada e na dose certa, pois quando mal administrada e em doses elevadas pode tornar-se veneno. Como outros, também afirmamos que a palavra, antes de ser proferida, deve ser pensada, pesada, medida e contada, assim...

Ao prosseguirmos em nossa jornada pelos meandros da magia, chegamos em algo essencial para o ritual da Magia, algo que a grande maioria dos Filhos de Fé, mesmo alguns que se dizem médiuns-magistas, desconhece quase que na íntegra em seus fundamentos. Estamos nos referindo, é claro, à Lei de Pemba ou Grafia dos Orishas. Quando dissertamos sobre as 7 Vibrações no Capítulo XI, vimos algo sobre a Lei de Pemba, que agora procuraremos mostrar como é utilizada em nossos rituais e como é a mola mestra de toda a magia etéreo-física. Todos os sinais da Lei de Pemba são uma espécie de verdadeiro código entre os mentores que atuam na Sagrada Corrente Astral de Umbanda. Esses sinais ou pontos riscados traduzem e imantam *forças da magia celeste*, pois são clichês-códigos que traduzem ordens, direitos, responsabilidades, movimentos de forças ou energias (fixação ou dissipação), hierarquia da Entidade e seus vínculos iniciáticos com esta ou aquela Vibração, Falange, etc. Indicam também poderes de quem os riscou, pois podem ordenar vários setores que se encontrem vinculados a quem riscou o ponto. Sendo assim, também é um mensagem, uma espécie de código entre a Confraria dos Magos da Umbanda. Já vimos que uma Entidade Espiritual, quando quer se identificar por completo, dá seu ponto fundamentado em 3 princípios:

1. A FLECHA, que identifica qual a *banda* da Entidade, isto é, se é Caboclo, Preto-Velho ou Criança.
2. A CHAVE que identifica a *vibração original* ou a *linha*, isto é, uma das 7 *Variantes da Lei*. Uma vari-

---

Obs. — Usamos o sistema decimal, sendo que esse nos dá um primeiro ângulo de interpretação, que para nossos estudos já é suficiente.

ação sutil da Chave pode identificar o grau dos Protetores e Entidades Astrais com grau de Comando ou Chefia (de subgrupamento, Protetor Superior, ou de grupamento, Guia).
3. A RAIZ, que caracteriza sua afinidade, seu grau e sua própria identificação (algo raríssimo). Pode dar o plano, isto é, se a Entidade Astral é um Orisha, Guia ou Protetor. São sutilezas da Lei de Pemba — Verdadeira.

O que podemos afirmar é que os verdadeiros sinais riscados da Lei de Umbanda são *magia pura*, sendo poucos os que conhecem seus significados e expressões. Mesmo algumas Entidades não têm permissão de riscar certos sinais, embora os conheçam, saibam "ler" o que significam e até lhes obedeçam; mas daí a dar a eles próprios o direito de riscarem vai uma distância meridiana. Com isso, afirmamos também que raras Entidades, na atual conjuntura do Movimento Umbandista, riscam pontos. Pedimos especial atenção aos Filhos de Fé para de forma alguma tentarem reproduzir um ponto riscado, ou mesmo tentar fazê-lo só porque viu este ou aquele sinal, querendo juntá-los na expectativa milagrosa de se conseguir algum efeito. Sim, o efeito que se pode conseguir é o de trazer sérias confusões para seu próprio caminho, bem como para os que estão debaixo de suas vibrações. Riscar pemba é algo seriíssimo, pois implica ser iniciado de verdade pelo astral, e conhecer não apenas *letras*, mas conjuntos-forma que variam ao infinito e traduzem vários objetivos. Portanto, àqueles que se interessam pela Lei de Pemba, aconselhamos que procurem uma verdadeira Entidade que lhes poderá informar sobre essa sua "curiosidade", e se você tiver afinidades reais, tenha certeza de que ela ou quem ela assim determinar lhe ensinará o Alfabeto Sagrado Mágico. Aí sim, sem tatear, mas sabendo o que faz, mesmo em movimentos leves, poderá riscar conscientemente os sinais relativos à Sagrada Lei de Pemba. Essa mesma Lei de Pemba pode ser grafada em 3 ângulos: 1º ângulo ou *positivo*; 2º ângulo ou *relativo* ou metafísico; e 3º ângulo — o *mágico* propriamente dito. Gostaríamos de revelar muito sobre a Lei de Pemba,* mas até a caneta do *aparelho* que usamos foge do papel, sinal de que já abrimos demais certos ângulos, embora sejam eles ainda muito externos, sendo que o mais ficará por conta da Iniciação no interior do templo, segundo o grau consciencial kármico de cada Filho de Fé. Em seguimento aos nossos humildes apontamentos, vamos falar sobre a *Magia Talismânica*, a qual também é de valia inestimável aos vários Filhos de Fé e mesmo ao leitor amigo que deseja fortes proteções, cobertura e mesmo magnetismo pessoal. Assim, vamos dividir os *talismãs* nos 4 elementos e, dentro desses, nos signos correspondentes. Iniciemos pelo elemento fogo, no qual se encontram os signos de Leão, Sagitário e Áries. Daremos um talismã de uso pessoal, usado no dia-a-dia, servindo para rebater correntes contrárias, fortalecer a vontade, ativar o magnetismo positivo e cuidados vibratórios do aura individual. Em todos os elementos usaremos a cruz, e sobre ela determinadas formas geométricas. Por que usaremos a cruz? A cruz sempre foi a representação da união pelo sacrifício, o qual é redentor. A cruz também é símbolo da Divindade ou mesmo da Luz, como dissemos ao citarmos o vocábulo BARATZIL, em que CRUZ é LUZ e LUZ é DIVINDADE. Após explicarmos sobre a cruz, façamos uma tabela para fácil compreensão dos talismãs pelos diversos Filhos de Fé.

Filhos de Fé dos signos do Fogo — A base é a cruz e o elemento movimentador é o triângulo eqüilátero, assim como está na ilustração:

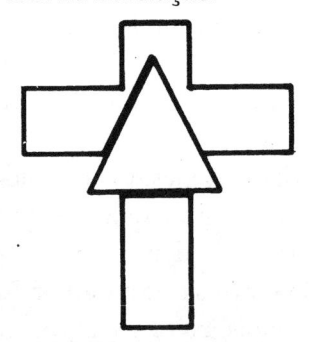

---

* Para maiores detalhes, pedimos aos Filhos de Fé que releiam o Capítulo XI, na parte que cita a Lei de Pemba. Acreditamos ter revelado algumas chaves importantes para a compreensão lógica da Lei de Pemba. Muitos poderão achar que abrimos demais, que demos chaves jamais dadas a não ser no interior do templo e mesmo assim a 1 ou 2 Iniciados. Sim, mas estamos cientes de que aqueles que entenderam esses fundamentos da Lei de Pemba é porque já estavam maduros para tal. Terão um início seguro, pois o caminho é longo e penoso para aqueles que quiserem conhecer e penetrar nos Arcanos da Lei de Pemba. Que a Luz do merecimento ilumine a todos.

CAPÍTULO XV

Este talismã, sobre o qual daremos os detalhes, deve ser feito em duas peças, sendo o triângulo sobre a cruz. A medida da cruz será de 5 cm de comprimento por 3,6cm de largura, guardando as proporções da ilustração. O triângulo será eqüilátero e terá 3 cm de lado. O material para os Filhos de Fé que tenham nascido sob os influxos dos signos do *fogo* é o latão ou cobre, com um pequeno banho em *ouro*. As pedras serão: brilhante para os nascidos em Leão; topázio para os nascidos em Sagitário; rubi para os nascidos em Áries. Essa pedra será apenas para ser cravada no alto da cruz. Deverá ser usado em uma corrente colocada ao pescoço.

Filhos de Fé dos signos do Ar — A base é a cruz e o elemento movimentador é o círculo, assim como na ilustração:

Este talismã, sobre o qual daremos os detalhes, deverá ser feito em 2 peças, sendo o círculo sobre a cruz. A medida da cruz será 5 cm de comprimento, sendo que seu braço menor terá 3,6 cm. O círculo terá, também, 3 cm de diâmetro. O material para os Filhos de Fé que tenham nascido sob os influxos dos signos do *ar* é a *alpaca* ou mesmo o latão. As pedras serão: turmalina para os nascidos em Libra; esmeralda para os nascidos em Gêmeos; turquesa para os nascidos em Aquário. Essas pedras serão apenas cravadas no alto da cruz. O talismã deverá ser usado com uma corrente, sendo ela colocada ao pescoço.

Filhos de Fé dos signos da Terra — A base é a cruz e o elemento movimentador é o quadrado, assim como na ilustração:

Este talismã, sobre o qual daremos os detalhes, deverá ser feito em 2 peças, sendo o quadrado sobre a cruz. A medida da cruz será de 5 cm de comprimento, sendo que seu braço menor terá 3,6 cm. O quadrado terá 3 cm de lado. O material para os Filhos dos signos da *terra* é o *cobre*, com um banho de *níquel*. As pedras são: safira para os nascidos em Touro; granada para os nascidos em Virgem; ônix para os nascidos em Capricórnio. Essas pedras serão apenas cravadas no alto da cruz. O talismã deverá ser usado com uma corrente, sendo ela colocada ao pescoço.

Filhos de Fé do signos da Água — A base é a cruz e o elemento movimentador é o semicírculo, assim como na ilustração que segue:

Este talismã, sobre o qual daremos os detalhes, deverá ser feito em 2 peças, sendo o semicírculo sobre a cruz. A medida da cruz será de 5 cm, sendo a medida do braço de 3,6 cm. O semicírculo também terá um diâmetro de 3 cm. O material para os Filhos dos signos da *água* é a *prata*.* As pedras são: água-marinha para os nascidos em Escorpião; ametista para os nascidos em Peixes; ágata-branca (ou cristal branco) para os nascidos em Câncer.

---

* Nota do médium: podendo-se usar a prata baixa, que é bem mais barata, podendo a mesma ser usada por todos os signos.

Após essa 1ª tabela, façamos o talismã individual, segundo alguns dados que aqui daremos, mesmo porque, além dos sinais que são de altíssima relevância, teremos os processos de imantação, que são o meio de torná-lo eletromagneticamente ativo, pois caso contrário será apenas um objeto sem nenhum poder ou aura de ação.

Nas figuras abaixo vão estes sinais da ALTA MAGIA DA UMBANDA, relacionados com o que há de mais sério e justo dentro da Lei de Pemba.

Para os nascidos em LEÃO — ORIXALÁ 
Estes sinais podem ser gravados ou feitos em alto-relevo. Na cruz, em sua cabeça, na parte posterior, deve-se gravar o nome no Alfabeto Adâmico (as iniciais).

Para os nascidos em SAGITÁRIO — XANGÔ 
Estes sinais podem ser gravados ou feitos em alto-relevo. Na cruz, em sua cabeça, na parte posterior, deve-se gravar o nome no Alfabeto Adâmico (as iniciais).

Para os nascidos em ÁRIES — OGUM 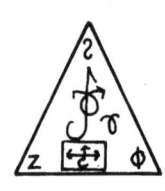
Estes sinais podem ser gravados ou feitos em alto-relevo. Na cruz, em sua cabeça, na parte posterior, deve-se gravar o nome no Alfabeto Adâmico (as iniciais).

Para os nascidos em GÊMEOS — YORI 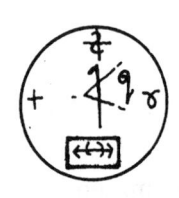
Estes sinais podem ser gravados ou feitos em alto-relevo. Na cruz, em sua cabeça, na parte posterior, deve-se gravar o nome no Alfabeto Adâmico (as iniciais).

Para os nascidos em LIBRA — OXOSSI 
Estes sinais podem ser gravados ou feitos em alto-relevo. Na cruz, em sua cabeça, na parte posterior, deve-se gravar o nome no Alfabeto Adâmico (as iniciais).

Para os nascidos em AQUÁRIO — YORIMÁ 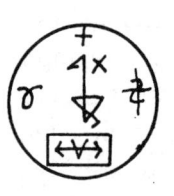
Estes sinais podem ser gravados ou feitos em alto-relevo. Na cruz, em sua cabeça, na parte posterior, deve-se gravar o nome no Alfabeto Adâmico (as iniciais).

Para os nascidos em TOURO — OXOSSI 
Estes sinais podem ser gravados ou feitos em alto-relevo. Na cruz, em sua cabeça, na parte posterior, deve-se gravar o nome no Alfabeto Adâmico (as iniciais).

Para os nascidos em VIRGEM — YORI 
Estes sinais podem ser gravados ou feitos em alto-relevo. Na cruz, em sua cabeça, na parte posterior, deve-se gravar o nome no Alfabeto Adâmico (as iniciais).

Para os nascidos em CAPRICÓRNIO — YORIMÁ 
Estes sinais podem ser gravados ou feitos em alto-relevo. Na cruz, em sua cabeça, na parte posterior, deve-se gravar o nome no Alfabeto Adâmico (as iniciais).

Para os nascidos em CÂNCER — YEMANJÁ 
Estes sinais podem ser gravados ou feitos em alto-relevo. Na cruz, em sua cabeça, na parte posterior, deve-se gravar o nome no Alfabeto Adâmico (as iniciais).

Para os nascidos em ESCORPIÃO — OGUM 
Estes sinais podem ser gravados ou feitos em alto-relevo. Na cruz, em sua cabeça, na parte posterior, deve-se gravar o nome no Alfabeto Adâmico (as iniciais).

Para os nascidos em PEIXES — XANGÔ

Estes sinais podem ser gravados ou feitos em alto-relevo. Na cruz, em sua cabeça, na parte posterior, deve-se gravar o nome no Alfabeto Adâmico (as iniciais).

Bem, após entendermos a ilustração sobre os 12 *Talismãs Sagrados*, resta-nos dizer que esses talismãs, quando bem preparados e bem projetados com correntes da vontade e do pensamento sobre eles, tornam-se possantes acumuladores e condensadores de positivíssimas correntes eletromagnéticas, as quais formarão sobre o indivíduo uma aura de defesa que se casará com a própria emanação do indivíduo possuidor do talismã.

Se o mesmo não livra o indivíduo de todas as mazelas, seguramente dará ao mesmo equilíbrio e forças para não rebaixar seu tônus vibratório, o que sem dúvida seria porta aberta para a entrada de correntes, de toda sorte de larvas, miasmas, bactérias de ordem astral (que depois se densificam e produzem doenças), fungos e mesmo agentes agressivos provenientes de magos-negros que se aproveitam do rebaixamento vibratório para atacar e mesmo contundir através de elementos físicos desmaterializados ou que tenham sua contraparte etérica que, quando adentram no indivíduo, vencendo suas barreiras áurico-etéricas, podem se consubstanciar em perfeitos elementos daninhos, que agem de forma insidiosa sobre vários sistemas orgânicos e muito especialmente sobre determinados órgãos-alvo, à escolha do mago-negro que tentou "embruxá-lo". Se não desfeito a tempo, esse trabalho de magia inferior, mas que tecnicamente foi executado de forma correta, certamente leva o indivíduo a reproduzir uma grave doença, com deterioração fisiológica e anatômica do órgão atingido, podendo levá-lo à morte. Isso não é fantasia ou supervalorização dos elementos morbosos e hostis colocados em ação pelos magos-negros; isso é realidade, que logo poderá ser explicada pela nossa ciência oficial. Tudo parece fantasioso, pois não se conhece o plano etérico, vizinho primeiro do físico denso, onde se estende um universo paralelo, onde bons e maus também convivem, e infelizmente há os choques e os confrontos, tal qual no plano mais denso, a par da constante vigilância de verdadeira *polícia de choque do astral*, os Exus Guardiães, que vêm frenar e equilibrar essas ações funestas, mas que são inerentes ao homem, em virtude dos baixos padrões morais assumidos e ainda hoje praticados. Os marginais do astral nada mais são do que homens, sem seus corpos físicos, que delinqüiram através do ódio, inveja, ciúmes, orgulho, egoísmo e vaidade, sendo portanto filhos da discórdia, verdadeiros *filhos da falange do mal*, que em todos os planos têm pontes avançadas para executar seus atos escusos e ignominiosos.

Bem, já chega, pois os Filhos de Fé são sabedores dessas coisas; apenas quisemos repisar e também mostrar a necessidade do talismã, que de forma alguma é um objeto embalado em fetichismo ou auto-sugestão. Estamos dando um talismã condensador de energias várias, por isso entram em sua composição o metal, a pedra e a magia cabalística proveniente da "Ciência do Verbo" que traduz e imanta forças da *Magia Celeste*. Assim, entregamos a você, Filho de Fé e leitor amigo, um talismã astromagnético que realmente, se usado como vamos verificar, ajudará em muito os seus usuários. Portanto, vamos à parte fundamental, que é a imantação do talismã sagrado, vibrado e consagrado pela Cúpula da Corrente Astral de Umbanda.

A. *Imantação do Talismã*

Imantar, para nós, significa agregar forças de determinados elementos ou mesmo de Seres Espirituais através de seus eflúvios eletromagnéticos. Então, teremos que usar meios condutores para essas *forças*, os quais serão projetados e ligados no talismã. Bem entendido esse processo, que tentamos expor sem que traga grandes dificuldades ao interessado, expliquemos como iremos imantar o talismã.

Para a nossa imantação, necessitaremos de vibrações que se enquadrem nos 4 elementos da Natureza, ou seja, elementos radicais da mesma, que são denominados fogo, água, terra e ar. Além deles, precisamos selecionar elementos vitais dos reinos mineral, vegetal e animal. Estando com essa parte já arrumada, estaremos prontos para o processo de imantação. Comecemos por partes:

1. Uma vasilha ou recipiente de madeira, que deve ser furado (pequenos furos em seu fundo).
2. Quando a Lua estiver no 1º dia do quarto crescente, colher em uma praia, no horário planetário correspondente ao signo do indivíduo, água e areia do mar. A areia do mar a ser colhida deve ser aquela que estiver molhada, isto é, que esteja sendo banhada pelo mar naquele momento (pode ser no horário do Orisha).
3. Após a colheita da areia e água do mar (que poderão ser substituídas por areia de rio e água de cachoeira), o interessado colherá na hora planetária de seu signo uma das ervas que constam da relação que já demos no Capítulo XI, e que também podem ser substituídas pela erva dormideira ou sensitiva.
4. Já de posse de todos esses elementos, o indivíduo interessado adquire 1 copo grande virgem, 7 pedaços de carvão, 7 agulhas de aço (tamanho que se queira), azeite de amêndoa-doce e lamparinas, não devendo esquecer-se das flores e da essência líquida particular.
5. Na caixa de que falamos, que deve ter um furo ou vários em seu fundo, coloque-se a areia do mar e, no horário particularizado de seu signo, coloque no interior da areia as 7 agulhas e os 7 pedaços de carvão. Neste mesmo horário, coloca-se no copo virgem o sumo de erva misturado com a água do mar e 7 gotas da essência líquida. Em seguida, em forma de triângulo, acendem-se 3 lamparinas em louvor dos Senhores da Luz. Depois de acesas as lamparinas (com azeite de amêndoa-doce, possante fixador da *luz astral* — coagula muitas forças, fixando-as), em volta da bacia ou recipiente de madeira coloque várias pétalas de flores de cor branca, amarela e vermelha, podendo também colocar-se algumas pétalas dentro da vasilha. (Deve ser feito no 3º dia da Lua crescente.)

Após ter preparado esses elementos assim como explicamos, coloque o talismã com a corrente dentro da areia, que neste momento deve ser molhada com a mistura da erva, água do mar e essência. A seguir, pegue o copo, que ainda deve ter água do mar, erva e essência (na 1ª vez usar só a metade do líquido), volte-se para o ponto cardeal leste, inspire bem o perfume do líquido contido no copo e, ao expirar, faça-o sobre a bacia onde está o talismã, pronunciando ASTHÉ e IOÁ. Fazer 6 inspirações, alternando a pronúncia, ora ASTHÉ, ora IOÁ.

Tudo isso deve ser feito na hora favorável do indivíduo, ou quando não, na hora do Orisha, cuja tabela também demos no Capítulo XI. Esse processo deve ser refeito no dia seguinte, permanecendo todo o material no sereno e aceso; caso apaguem, acenda novamente as lamparinas.

No dia seguinte, repete-se o mesmo ritual, com a diferença de que o talismã, na hora da inspiração e expiração, já deve estar nas mãos do indivíduo, que, após exalar seu hálito pela última vez sobre o talismã, fará a seguinte evocatória:

Em nome de TUPÃ, Supremo Espírito,
Evoco os poderes da Sagrada Corrente
Astral de Umbanda, para que através
dos Senhores da Luz, da Sabedoria e da
Vida, Orishas Virginais, imantem
este talismã, e que o mesmo esteja
imantado com as Forças da Sagrada Corrente
Astral de Umbanda; assim, em
Espírito e verdade, eu ... (Fulano) peço filiação
à Sagrada Corrente Astral de Umbanda e
sua cobertura, através deste talismã sagrado,
que me livrará de todos os males,
me trazendo Luz, Sabedoria e Vida.
ASTHÉ SAVATARA AUMBANDAN

Meu Filho de Fé, que Oxalá o abençoe ainda mais, pois você já está abençoado, e nessa bênção possa viver a doce *paz dos justos, dos sinceros e humildes de coração*.

Bem, seu talismã está pronto para ser usado; coloque-o no pescoço com uma corrente e permaneça com ele o dia inteiro. Ao deitar-se, retire-o e coloque-o próximo a um copo com água. No dia seguinte, antes de usá-lo, jogue em água corrente a água do copo, peça agô aos Oríshas ou Mentores afins e coloque o talismã, antes porém passando-o na testa, no centro do peito e entre as mãos. Neste momento, o Filho de Fé ou mesmo o leitor amigo (que não o esqueçamos) devem estar perguntando o que farão com a bacia ou vasilha de madeira, o copo, etc.

A vasilha de madeira será guardada, sendo que esse ritual deverá ser refeito sempre que o Filho de Fé sentir essa necessidade, na Lua Crescente, é claro. Quanto às flores, as mesmas poderão ser encaminhadas a um rio ou mesmo a uma pequena mata, mas que seja limpa, e só.

A *priori*, poderá parecer difícil ao Filho de Fé ou leitor amigo a preparação de todo esse ritual, começando inclusive pelo talismã, o que de fato é trabalhoso mas não complicado. Importante notar que é o próprio indivíduo interessado que faz e passa por todas as fases de preparação do objeto, que ficará impregnado de suas forças, sendo, pode-se dizer, seu *cartão pessoal* vibratoriamente falando. É algo personalíssimo, tal qual suas próprias impressões digitais. Não nos demoraremos mais neste tópico, pois já estamos entrando em outro aspecto deveras importante da magia ritualística, qual seja o RITUAL DAS OFERENDAS.

No prólogo de nosso enfoque sobre a magia ritualística, em que nos ateremos às *oferendas rituais*, já queremos firmar e reafirmar o conceito de que Entidade Espiritual com responsabilidades e compromissos perante o astral superior não tem nenhuma necessidade de oferendas materiais, sejam elas quais forem. Nenhuma Entidade Espiritual atuante na Corrente Astral de Umbanda pede aos seus Filhos de Fé ou mesmo prosélitos que *façam esta ou aquela oferenda, por necessidade disto ou daquilo, sendo a oferenda dirigida a ela (Entidade)*. Se assim o fizer, pode até ser Entidade astralizada, mas sem vínculo, com certeza, com a Corrente Astral de Umbanda. Estamos afirmando que Espírito nenhum, mesmo os mais materializados, com seus corpos astrais grosseiros, *comem*, no sentido de pedir esta ou aquela comida, mesmo que muitos digam que seja votiva. Carnes e sangue, nem o submundo astral interessa-se em *comer* ou absorver os elementos etéreos desses abjetos alimentos, quanto mais um Orisha ou mesmo qualquer Entidade responsável. É óbvio ululante que nenhuma Entidade tida e havida como Orisha vai se comprazer com o sacrifício de um animal, seja ele de pêlo, penas, de 4 ou 2 patas, como é costume falar-se por aí afora. Já não bastam os matadouros, com seus depósitos de larvas, que alimentam os desejos mais baixos das humanas criaturas e daqueles que lhes compartilham a vivência, os Espíritos ignorantes e doentes? De onde pensa o Filho de Fé que vêm as grandes discórdias e ambições mundiais, que terminaram em terrível morticínio fratricida e que perduram até hoje? Sim, vêm da incongruência de atitudes do Ser humano, ainda distanciado dos princípios da Justiça Cósmica. Dentre essas atitudes incongruentes está o hábito infeliz de sacrificar-se animais para deles retirar as energias suficientes para a própria manutenção, que cada dia mais se torna grosseira e esquisita, haja vista as concepções que muitos dos ditos jovens nos 4 cantos do mundo vêm apregoando. Não somos radicais, e achamos que a fonte protéica do Ser humano não necessariamente precisa ser oriunda de animais pacíficos e auxiliares do homem. Por que não se utiliza a alimentação marinha, rica em todos os elementos necessários à manutenção da vida? Tanto isso é verdade que não podemos nos esquecer que no mar teve início a grande odisséia da vida em nosso planeta. E os vegetais, será que não são ricos em aminoácidos que proverão a vida? Bem, deixemos esses reajustes aos humanos; a nós, Seres Espirituais astralizados, compete ajudá-los a lentamente entenderem essas verdades e jamais coagi-los ou criticá-los. Mas, vez por outra, lançamos a semente. Quando germinará? Não sabemos, mas estamos esperando, sem desânimo, jamais nos esquecendo que, embora distanciado dos princípios maiores do Bem e mesmo de Espiritualidade Superior, temporariamente enredado no mundo do átomo planetário, o homem é herdeiro da Coroa Divina, e lá chegará. Para isso vamos trabalhar, e iremos trabalhar sem esmorecer, mesmo que o cansaço tente nos fazer parar. Mesmo assim continuaremos, pois nosso cansaço de agora será o descanso dos justos de amanhã. Vamos em frente, Filho de Fé. Vejam só, estávamos falando em oferendas e acabamos em alimentação humana o que também não deixa de ser uma oferenda da Mãe Natureza a todos que gozam da morada planetária.

Para deixarmos claro, não estamos pedindo para ninguém deixar de comer carnes sangrentas; mas, na medida do possível, que se vá substituindo a carne de porco pela bovina e essa pela ave, até gradativamente chegar nos alimentos marinhos, que juntamente com os vegetais serão a alimentação do futuro não distante. Se pedimos a vocês para evitar o uso da carne, como Entidades podem pedir que se lhes ofereçam carnes, vísceras ou sangue? Dirão que é devido ao axé? Mas qual axé é esse que Entidade Espiritual precisa? Não, Filho de Fé, não se iluda, pois mesmo em outros setores dos cultos afro-brasileiros, seus mais altos expoentes, que são desimbuídos do sectarismo retrógrado, já estão de forma bem sutil levando essas verdades a outros seus iguais. Eles mesmos já não aceitam *"orisha vampiro"*, que se compraz com sangue, nem mesmo para axé ou outros awôs que querem emprestar a esse rito esdrúxulo e anacrônico. Não é crítica não, é bom senso, coisa que muitos Filhos desses cultos já estão tendo. O que também existe, e não podemos deixar de citar, é que muitos curiosos se dizem praticantes do ritual africano, mas dele não conhecem absolutamente nada, fazendo com que muitos acreditem que os rituais de nação são bárbaros e fora de propósito. Os que assim pensam é porque, com certeza, não estiveram num ritual de nação seleto; viram sim é misturas em cima de misturas, repletas de deturpações, algumas até absurdas, que são sim pontes de ligação com o submundo cavernoso, com seus *kiumbas*, arregimentados pelos sorrateiros e não menos frios e calculistas magos-negros do reino da Kiumbanda. Alguns poderão achar que Caboclo quis dizer Kimbanda; não, repito, é Kiumbanda. Embora esses agrupamentos sejam pontes para o baixo astral, de todas as formas a Corrente Astral de Umbanda está interpenetrando lentamente esses *subúrbios* avançados do submundo, na expectativa de frenar sua ação. Não nos afobemos, a hora chegará, e... Esperamos ter deixado claro que não somos a favor das matanças, ebós, obis e orobôs dos Cultos de Nação Africana, mas não podíamos atribuir a eles fardos que não lhes são devidos. Acreditamos que tudo tem uma razão de ser e existir; assim, acreditamos que o Culto de Nação atende aqueles que ainda estão presos karmicamente ao seu tipo de ritual, algo que já explicamos em outro capítulo. Mas o que nos interessa no momento são as oferendas na Sagrada Corrente Astral de Umbanda que existe sim, mas para movimentos de forças mágicas, nunca com o uso de animais, vísceras ou sangue. *A oferenda na Umbanda é mágica*. Procuram-se elementos básicos, pois interessa-nos sua repercussão no plano etérico e astral, como também a movimentação mágica que vem pela evocação dos elementares, os ditos Espíritos da Natureza. Pelo exposto, concluímos que a oferenda é inerente à movimentação das *forças mágicas* e essas são movimentadas através dos elementos radicais da Natureza, que se associam aos sólidos, líquidos, gases, éteres, etc. Também movimentam e atraem a corrente de Elementares, Seres Espirituais que não encarnaram ainda uma só vez sequer, e que estagiam nos reinos da Natureza, sendo que, em última análise, as oferendas estão diretamente ligadas aos Elementares, que podem ser serventias de um Caboclo, Preto-Velho, Criança e mesmo de um Exu Guardião, que também sabe como movimentá-los.

Deve o Filho de Fé perceber a gravidade de se ofertar aos reinos da Natureza sem estar debaixo de Ordens e Direitos para tal, como se pode intervir de forma deletéria nestes Seres que, embora tenham percepção, consciência e inteligência, ainda lhes falta a devida experiência, sendo pois muitas vezes levados a manipular certas forças agressivas ou mesmo grosseiras, acarretando-lhes *reações kármicas passivas no futuro*. E aquele que os movimentou? Seguramente a Lei sobre eles incorrerá e agirá severamente. Não é da Lei que quem deve paga? E aqueles que não sabem dessas coisas e perturbam a Natureza e esses Seres Elementares? Bem, como explicamos, os imprudentes deverão se responsabilizar pela imprudência. No mínimo são réus *culposos*, pois neste caso não poderemos qualificá-los de *dolosos*, em virtude de ignorarem os efeitos. Que façam as oferendas rituais, mas ordenadas por quem saiba e não simplesmente pelo que viram ou vêem aqui e ali de forma vulgar, coisas que em verdade só têm sentido se observadas pelo lado da ingenuidade e credulidade cega de muitas criaturas. Nosso dever se prende a ensinar e alertar, nunca a criticar. Que adianta a crítica e a impaciência, se elas não mudam as coisas? Sejamos pois tolerantes, pacientes e não fiquemos de peito estufado dizendo-nos sabedores disto ou daquilo, criticando este ou aquele, achando que só é bom o que se faz, pois isso pode ser o início do fim. Para trás com as críticas, o importante é fazer o correto e não se importar com o que os outros façam, a não ser que os mesmos se interessem em querer melhorar e mu-

dar. Aí, e somente neste caso, deve-se falar, explicando, orientando. Se você é médium da Sagrada Corrente Astral de Umbanda, saiba que:
— Não é falando o que se aprendeu que de repente os outros vão pensar ou agir como você. Não faça assim, pois muitos dissabores o aguardam, se é que já não chegaram.
— Nunca pretenda ensinar Umbanda àqueles que vêm ao seu terreiro querendo resolver suas dores ou seus problemas, que para eles, sem dúvida, são os maiores do mundo.
— Ensine, mostrando quando lhe pedirem, com calma, serenamente. Lembre-se que, assim como o alimento da matéria, o alimento psíquico e mesmo o espirítico deve ser dado em pequenas doses, para não trazer indigestão e completa ojeriza.

Bem, Filho de Fé, tudo isso para lhe mostrarmos as oferendas rituais. Mas, como nosso conhecimento tem de ser de Síntese, aproveitamos todos os momentos para elucidar sem perder os objetivos a que nos propusemos, e agora entraremos direto no âmago da questão Oferendas Ritualísticas.

OFERENDAS RITUALÍSTICAS

Os mecanismos mágico-vibratórios, já os expusemos ainda neste capítulo. Vamos, pois, ater-nos a explicar as finalidades das oferendas e os elementos para suas projeções alcançarem os objetivos visados.

É fundamental que se entenda que, na oferenda, joga-se muito com a energia ou matéria radiante e suas diversas transformações. A oferenda é fonte energética concreta para os diversos rituais mágicos. Esse é o axioma das oferendas ritualísticas. Vejamos o esquema que tentará demonstrar o que explicamos:

O mental do operador busca os elementos de ordem astral, os quais são por equivalência ajustados aos elementos materiais que ao refletirem as forças mágicas, fazem-no com liberação de energias. Eram energias armazenadas que são *detonadas* através das oferendas físicas para que com isso seja alcançado o objetivo visado. São energias potenciais que ao se projetarem nos elementos físicos, por equivalência se condensam ainda mais, até descondensarem-se pelo aumento vibratório. Esse, ao detonar, atinge primeiro o plano etéreo, depois o astral e por último o mental. Para mais fácil assimilação, vejamos aquilo que Caboclo chama de *respiração da natureza*, em que os elementos radicais ou *neumas** se entrecruzam e se transformam.

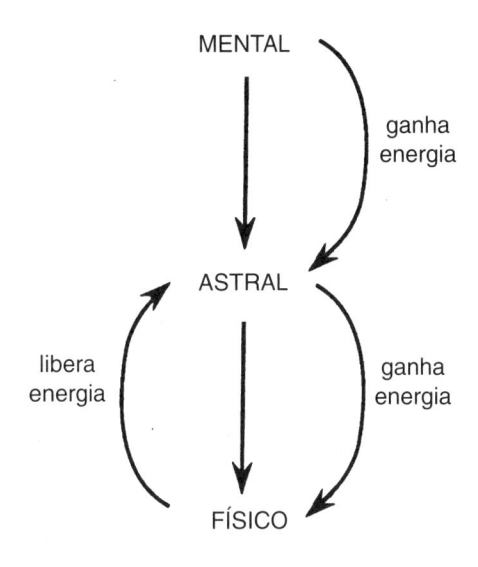

Vamos ao esquema explicativo:

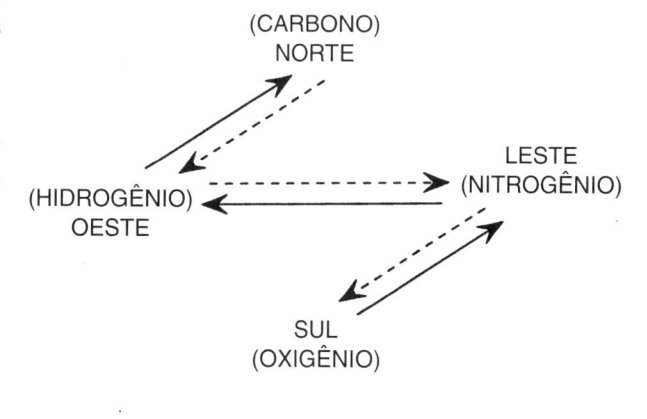

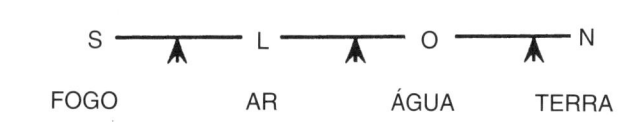

---

* Usamos o vocábulo *neumas*, como elementos radicais da Natureza — forças sutis ou vitais.

Do FOGO para a TERRA, tivemos a dita *inspiração*, com ganho de energia (setas mostram o caminho).

```
N ──▼── O ──▼── L ──▼── S
TERRA    ÁGUA    AR      FOGO
```

Da TERRA para o FOGO, tivemos a dita *expiração*, com liberação de energia (setas mostram o caminho).

É o próprio *metabolismo mágico*, com sua parte *anabólica* (inspiração) e *catabólica* (expiração), fazendo com que o *grande organismo* chamado NATUREZA tenha seus ciclos e seus ritmos. Essa *respiração* é um deles, e é dentro desse conceito que também mostramos ciência, podendo-se demonstrar o que expusemos. Corrobora também o que dissemos que a magia é a *Mãe de todas as ciências*, e como Mãe é possuidora do **CONHECIMENTO TOTAL**. Essas verdades não eram desconhecidas dos povos da Lemúria e nem da Atlântida, que eram povos considerados exímios manipuladores da magia.

Em capítulos passados, falamos sobre a Coroa do Verbo ou a Ciência do Verbo que produzia sons que se relacionavam com a Natureza. Faltou-nos dizer que esses sons se harmonizam com os ritmos e ciclos da Natureza, que os mesmos trazem ou movimentam muitas forças. Tudo na Magia é *som, cor, número e forma*, e dentro desse conceito vamos mostrar como se movimentavam num passado longínquo, através do som projetado sobre as oferendas, as forças mágicas. Lembremos das 3 *letras arquetipais* que, como é óbvio, eram fonetizadas.* As 3 letras são:

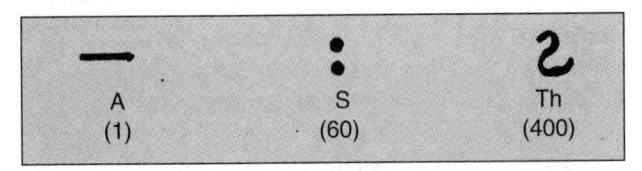

```
   ─        :        ƨ
   A        S        Th
  (1)      (60)     (400)
```

A S TH = ASTHÉ — esse termo foi, através dos tempos, por alterações fonossemânticas, sendo pronunciado como AXÉ, o qual não perdeu seu significado de *princípio básico, força vibrátil primordial de todas as coisas, princípio dinâmico e poder de realização*.

Bem, desvelamos mais este véu segundo a Coroa do Verbo, pois chegamos num termo por demais vulgarizado, mas que em verdade traduz *princípio* e *poder*, os quais são encontrados nas oferendas, que agora passamos a analisar segundo as 7 Vibrações Originais, as 7 Potências — ORIXALÁ, OGUM, OXOSSI, XANGÔ, YORIMÁ, YORI, YEMANJÁ. Essas oferendas, com as 7 Potências Sagradas, dizem respeito aos *elementos vibráteis* que os integrantes, sejam nos 3 planos ou 7 graus, manipulam, dentro da *magia etéreo-física*, para fins vários, mas tudo de acordo com as correntes eletromagnéticas chamadas Linhas de Força e com os Espíritos Elementares, os ditos Espíritos da Natureza.

B. *Oferendas para as 7 Vibrações*

A) Pano da cor da Vibratória, na medida de 50 x 50 cm.
B) 3 vasilhas de louça branca.
C) Frutas diversas.
D) Vinho tinto suave.
E) Velas ímpares ou pares na dependência da Vibração original.**
F) Flores diversas.
G) Elemento ígneo-aéreo — charutos ou cigarrilhas.
H) Fazer a *oferenda ritualística* dentro do horário próprio da Vibração Original.

Após a disposição do material, o qual se ajusta ao que há de mais positivo dentro da movimentação mágica superior ou alta magia, passemos a explicar o mecanismo da oferenda em si como um todo.

A *oferenda ritualística*, para concentrar as energias envolvidas, deve limitar a atenção do interessado por meio do pano que serve de mesa, onde serão fixados os sinais da Lei de Pemba. Sua cor será a da Vibração evocada. Os sinais riscados poderão ser os mesmos que foram dados a cada Vibração Original ou Linha. As 3 vasilhas prestam-se para conter os elementos vibráteis, quer sejam sólidos, líquidos ou mesmo aéreo-etéreos. Na verdade, as frutas com as ervas afins devem ser colocadas em um prato de lou-

---

* A, S, Th, como expressam também o nome da Divindade (AUM e DEVA), às vezes não eram pronunciadas.
** Para Orixalá — 1 vela; Yemanjá — 2 velas; Yori — 3 velas; Xangô — 4 velas; Yorimá — 5 velas; Oxossi — 6 velas; Ogum — 7 velas.

ça branca, e as frutas nunca em mais de 3 qualidades. As frutas são elementos essencialmente vitais, sendo carregadas de *prana* ou *éter vital*. Na outra vasilha, que se coloque o vinho tinto suave, que além de ser líquido, é provido de elementos voláteis ou aéreos, e também possui equivalência de *éter refletor*.

As velas são compostas de elementos fixadores, ao mesmo tempo que são potentes catalisadores da idéia e dos desejos. Enquanto perdurar a vela, os mesmos são amplificados e repetidos incessantemente. Além de amplificadora e repetidora dos efeitos mágicos, a vela se mostra como transformadora dos 3 elementos inferiores nos 4 superiores. Assim, temos o sólido se consumindo, produzindo gás carbônico e outros, além de água, tudo isso com equivalência no plano etérico. Quanto ao número, cor e disposição geométrica das velas, são de suma importância, caracterizando e direcionando vibrações. Assim, para efeitos espirituais, velas ímpares; para efeitos materiais, velas pares, sempre harmonicamente dispostas e nas cores que vibrem com as intenções da oferenda ritual.*

O elemento ígneo-aéreo representado pela queima do fumo, através de charutos, condensa as idéias, que logo atingem o *éter químico*, desencadeando os processos de transferência, que em resumo refletem a oferenda. As flores são elementos abundantes em *prâna*, sendo também fonte de éteres *químico, refletor, luminoso* e *vital*, os quais são espargidos e formam o substrato etérico condutor da idéia e desejos, que encontram ressonância no plano astral, se refletindo sobre o plano etérico potencializado e ativando certas energias que encontram realização no plano denso da vida.

Assim, em suma, se processa em ações e efeitos a oferenda ritual, alhures já por nós explicada, sendo que agora procuraremos sintetizar e entender o aspecto das transformações das energias que são colocadas em jogo. Ao encerrarmos mais este tópico, esperamos que fique claro ao Filho de Fé e leitor amigo que a oferenda ritual existe, em sentido hermético, como uma transferência de elementos e energias, e se prende muito mais ao fato de *restituir à Natureza* aquilo que temos gasto, inclusive na manutenção vibratória do corpo físico. Assim, tem ciência ofertar-se ritualisticamente e de forma medida, pesada e contada, através da Natureza e a seus Espíritos Elementares, os quais refletirão seus auras puros sobre as pessoas envolvidas na *magia ritualística*, além de atuarem energizando os pedidos, os quais, dependendo da necessidade, serão atendidos, mas repetimos que se prestam mais aos processos de equilíbrio vibratório etéreo-físico daqueles que fazem seus pedidos e daqueles que movimentam a dita Magia Etéreo-física através da oferenda ritual.

Esperamos ter dado os aspectos mais positivos e simples dentro da *arte mágica* de ofertar-se elementos materiais aos Espíritos da Natureza, visando obter-se deles vários benefícios. É repetitivo, mas devemos dizer que todos os ensinamentos aqui ministrados se atêm à *magia branca*, nem devendo se cogitar dessas oferendas para fins em prejuízo de alguém, por mínimo que seja.

Antes de encerrarmos, gostaríamos de citar que a Magia Etéreo-física, como estudo teórico e prático, é vastíssima. Não tivemos a pretensão de esgotá-la. Aliás, passamos muito por alto desse intento, mas esperamos que essas orientações sejam úteis aos Filhos de Fé, que em conjunto com o que até aqui expusemos, não terão dificuldades em coordenar adequadamente, para fins vários, sempre em benefício do próximo ou de si mesmo, os efeitos simples, mas positivos, da ALTA MAGIA DE UMBANDA.**

---

* Se fizer uma oferenda a Xangô (4 velas), relativa ao Espiritual, usar ímpar, quer dizer, separar as 4 velas uma a uma, dando representações ímpares. E assim com as demais Vibrações Originais.
** Nota do médium — O Sr. 7 Espadas expressou magia como uma só força que, na dependência do manipulador, torna-se branca ou negra. Com isto afirmamos que a direção das forças mágicas, e mesmo seus rituais, são de inteira responsabilidade do médium-magista, isto é, o sentido positivo ou negativo que der a estas mesmas forças de ação mágica. Magia é, pois, uma só. O direcionamento é que está na dependência do operador.

Capítulo XVI

Umbanda Iniciática ou Esotérica — As Escolas Iniciáticas do Astral Superior — Revelação sobre o Vocábulo Aruanda — A Iniciação nos Templos Sagrados Ontem e Hoje — O Iniciado na Umbanda — Rituais Iniciáticos — O Mestre de Iniciação — As Artes Mágicas Reveladas — Quiromancia — Erindilogum (Jogo de Búzios) — Opele Ifá e Oponifá

O Aumbandan (Umbanda), alhures demonstrado em nossos humildes apontamentos, é a Proto-Síntese Cósmica, a qual encerra a Proto-Síntese Relígio-Científica. Lembremos que foi no seio da Raça Vermelha, aqui no solo brasileiro, vibrado pelo Cruzeiro do Sul, que essa *SÍNTESE DAS SÍNTESES* foi revelada. Essa revelação chegou à Raça Vermelha por intermédio dos Tubaguaçus e mesmo dos Tubaraxás, os quais vieram, como vimos, de distantes Pátrias Siderais para ajudar e incrementar a evolução dos Seres Espirituais que estavam diretamente ligados ao *Karma Constituído* do planeta Terra, ou mesmo dos "estrangeiros" que também estavam, temporariamente, sob o mesmo sistema kármico. Os Tubaguaçus e os Tubaraxás vinham de Pátrias Siderais distantes, algumas até de outras galáxias, mas permaneciam radicados no plano astral do planeta Terra, ficando como integrantes da Hierarquia Crística, supervisores das 7 Escolas Iniciáticas do astral superior inerentes ao Planeta Terra. Essas 7 Escolas Iniciáticas estão diretamente ligadas à Corrente Astral de Umbanda, através de suas 7 *Vibrações Virginais* ou 7 *Linhas*. Essas Escolas Iniciáticas do astral superior se encontram nas zonas superiores (5ª, 6ª e 7ª zonas) do dito plano astral superior. Na zona de transição do planeta Terra para outros planetas superiores, ou seja, na 7ª zona, encontra-se o NÚCLEO SUPERIOR DE INICIAÇÃO, o qual supervisiona as 7 Escolas Iniciáticas nos seus devidos planos afins. Esse Núcleo Superior de Iniciação tem como *Mestres* no grau de *Magos da Luz* muitas das Entidades Espirituais que, por misericórdia, se dignam em "baixar" nos "terreiros" do Movimento Umbandista da atualidade. Muitas dessas Entidades Espirituais nem mais se encontram no *Campo Gravitacional Kármico* inerente ao planeta Terra, mas mesmo assim baixam por amor a seus irmãos cósmicos ainda distanciados das Leis Maiores que regem todo o Universo. Dentro dessa mesma Confraria, há entidades astralizadas que são oriundas de vários planetas do nosso próprio sistema solar, sendo os mais atuantes os oriundos de Vênus, Júpiter e Saturno, os quais são extremamente evoluídos, sumamente poderosos e não menos simples, encontrando-se em missão nos 4 cantos do planeta, incrementando a evolução do Ser encarnado terreno. Dizíamos dos 7 Núcleos Superiores de Iniciação localizados na última zona (a 7ª), a qual, segundo a tradição planetária, é chamada de *Arianda* ou *Aruanda — Pátria da Luz — Cidade-Luz que detém os conhecimentos da Lei Divina*. Os 7 Núcleos Superiores são denominados: TEMBETÁ (ORIXALÁ); HUMAITÁ (OGUM); JUREMÁ (OXOSSI); YACUTÁ (XANGÔ); YOMÁ (YORIMÁ); YORIÁ (YORI) e YNÂYÁ (YEMANJÁ). São desses 7 Núcleos Superiores que vem todo o *conhecimento* no âmbito da Religião, Ciência, Filosofia e Artes. Esses conhecimentos são atinentes ao adiantamento moral e intelectual do planeta obediente, é claro, à Lei dos Ciclos e Ritmos. Desses 7 Núcleos Superiores ou mesmo das Escolas Iniciáticas do Astral são enviados vários discípulos, ou mesmo Iniciados em seus vários graus, para o planeta Terra, em seu plano físico denso através da reencarnação. Esses missionários estão cada vez mais reencarnando no seio das Ciências, dando-lhes novo dinamismo e outra visão, e dentro da Religião, visando exterminar para sempre os cultos inócuos e dogmáticos que tanto inibem e impedem a evolução humana. O mesmo acontece com a Filosofia e as Artes. Na Corrente Humana de Umbanda, vários desses discípulos vêm tentando incrementar a dita Umbanda Iniciática, com seus aspectos de Síntese, conhecida e aceita por *raríssimos adeptos*, mas que vem ganhando mais simpatizantes, não só umbandistas mas também os que se afinizam com os mecanismos da *Iniciação*, e que na Umbanda Iniciática encontram suas verdadeiras raízes, muitas vezes perdidas há várias reencarnações.

Na Umbanda Iniciática, por dentro de sua sistemática, o genuíno Iniciado encontrará substrato e sustentáculo para as suas necessidades, como também encontrará vasto campo de atividades em favor de seu semelhante muito distanciado até mesmo dos comezinhos princípios espirituais, os quais, de forma muito simples e com objetivos bem estabelecidos, são transmitidos nos ditos *terreiros*. No momento presente, esses núcleos herméticos ou Ordens Iniciáticas de Umbanda* são raríssimos, mas a partir do 3º milênio aumentarão sensivelmente, fazendo com que a coletividade umbandista e mesmo aqueles tidos como adeptos dos cultos afro-brasileiros alcancem novos níveis conscienciais, conseguindo a tão propalada evolução. Em verdade, a UMBANDA É UMA SÓ, sendo *suas 2 fases necessárias ao atual estado evolutivo de seus adeptos*.

Afirmamos que, para o estado atual do Movimento Umbandista, em especial para as grandes massas populares, a Umbanda Iniciática ou Esotérica é *inviável* em seus conceitos de âmbito metafísico e oculto, mas realmente *oportuna* na separação de joio e trigo que se infiltram nesses ditos *Terreiros de Umbanda popular*. É essa, no momento, uma das principais contribuições da Umbanda Iniciática, ou seja, a de selecionar os futuros e reais *condutores da Umbanda*, como também orientar e mesmo fiscalizar a Umbanda tida e havida como *popular*. Embora não sendo de fácil acesso às grande massas populares, os terreiros de Umbanda Iniciática têm aberto suas portas não somente à Iniciação, mas àqueles que são a grande maioria, ou seja, os aflitos e desesperados que necessitam de socorro e medicamento para seus corpos e almas. Assim é que, quando temos a felicidade de encontrar os *verdadeiros Médiuns-Iniciados* (raríssimos no momento), temos procurado lhes encaminhar os Filhos de Fé que já se encontram maduros para um primeiro contato com a Iniciação, sendo que, se levarem a bom termo essa Iniciação aqui por baixo, vão gabaritar-se a freqüentar como assistentes-ouvintes as ditas Escolas do Astral Superior. Os médiuns-iniciados freqüentam essas Escolas Iniciáticas do astral superior, através dos momentos do sono físico ou de transes mediúnicos, quando estão a serviço mediúnico em pleno terreiro. Muitos deles têm recebido a Iniciação, e aqui por baixo se gabaritam a *iniciar* outros, ou seja, fazê-los, gradativamente, sem choques, freqüentar as Escolas Básicas do Astral Superior, para futuramente serem matriculadas e freqüentarem as Escolas Iniciáticas Avançadas do Astral Superior. Como vêem, a Umbanda Esotérica (Iniciática) ainda é uma porta estreitíssima e por isso incompreendida pela grande massa de adeptos desta nossa Umbanda. Não nos importa essa incompreensão momentânea, importa-nos ajudar aqueles que estão debaixo deste Movimento, tendo ciência de que, como já falamos, a incompreensão e o Mal são estágios passageiros do Ser encarnado, ainda não maduro para as realidades maiores do Espírito. O tempo há de passar, a vida serenamente os ensinará e eles amadurecerão e compreenderão as Verdades Universais que ontem, hoje e amanhã serão imutáveis, embora adaptáveis aos vários graus conscienciais das humanas criaturas ainda afetas ao sistema kármico do planeta Terra.

Esse amadurecimento acontecerá no seu devido tempo, onde as palavras do MESTRE JESUS: "Nada há escondido que não haja de aparecer, nada há oculto que não seja mais tarde revelado" serão compreendidas. Não podemos nos esquecer que, enquanto houver ignorância e imaturidade, haverá o mistério, o qual desaparecerá quando o sol do progresso surgir. Até lá, trabalhemos serenamente.

Não olvidamos que na Lemúria e na Atlântida e mesmo mais recentemente, há alguns milhares de anos, nos povos como os egípcios e outros, muitos desses mistérios de que falamos eram conhecidos e postos em prática, sendo, como vimos, gradativamente esquecidos devido ao decréscimo moral de nossa humanidade.

Vejamos como naqueles tempos, há milhares de anos, eram os processos, as formas e o selecionamento para a *Iniciação* dentro da ditas Escolas Iniciáticas, Ordens, Colégios de Deus, etc. Assim o faremos para que o entendimento esteja iluminado quando viermos a falar sobre a Iniciação dentro das Ordens Iniciáticas

---

* Nota do médium — Não raramente, hoje, muitos se dizem praticantes da Umbanda Iniciática, mas continuam com os mesmos vícios e com os mesmos sentimentos agressivos da Umbanda que praticavam. Na verdade, falta-lhes raiz, origem iniciática, mas é o início...

do Movimento Umbandista da atualidade, dentro da Umbanda Iniciática (universalista), a qual caminha a passos largos para o entendimento e a prática da Proto-Síntese Relígio-Científica. Agora, então, vamos ao encontro da Iniciação daqueles gloriosos tempos de há muito esquecidos, mas gravados nos arquivos planetários em pleno *astral superior* e que, com a permissão superior, agora relembraremos:

Naqueles idos tempos, as Ordens Iniciáticas eram detentoras de todo o Conhecimento, do Conhecimento-Uno, a Síntese das Sínteses. Assim, todos aqueles que tinham inclinações para desvendar o desconhecido através do Conhecimento Integral se candidatavam a freqüentar, como discípulos, as ditas Ordens Iniciáticas ou Academias Sagradas. Isso iniciou-se no final da grande civilização atlante, perdurando, deturpada, até nossos dias. Os egípcios, gregos, caldeus, hindus, himalaios e tibetanos, além de alguns nativos das Américas, mais recentemente, também tinham seus *Templos Sagrados*, suas *Ordens*, nos moldes que agora citaremos.

O candidato, ao chegar à porta do Templo, era recebido por um *Sacerdote Menor*, o qual vestia uma túnica vermelha, e com humildade dava as primeiras explicações ao futuro discípulo, dizendo-lhe inclusive que a aceitação do mesmo naquela Ordem só seria feita após um longo período de observação e se o mesmo também se adaptasse às normas vigentes na dita Ordem. Essa possível aceitação na Ordem não implicaria que o mesmo fosse aceito na Iniciação, podendo sim até ser *guardião-menor do templo*, ou mesmo serviçal, o qual era remunerado (não era escravagismo). Após essas e outras recomendações, o sacerdote de túnica vermelha olhava profundamente no olhar do candidato e se ele baixasse os olhos ou não olhasse nos olhos do sacerdote, não era aceito, sendo-lhe falado que os olhos são as janelas da alma e, se essas estão fechadas, isto é, não se abrem para as realidades, inútil seria o processo iniciático, pois os olhos também refletiam o caráter firme ou fraco, e se fraco, não serviria para a Iniciação e nem para ocupar, por menor que fosse, qualquer função no templo. Vencidos os primeiros testes, era pedido ao candidato que, se desejasse mesmo a Iniciação da Ordem, retornasse após 30 dias e trouxesse apenas o essencial, representado por vestimentas, objetos pessoais e só. Se o candidato desejasse ardentemente a Iniciação, voltaria, e voltando era novamente recebido pelo sacerdote de túnica vermelha, o qual o mandava para um local onde havia uma queda-d'água, para que lá se banhasse, como se estivesse limpando-se de todas as mazelas profanas. Logo a seguir era-lhe dada apenas uma túnica escura, de cor acinzentada. Após esse pequeno ritual de purificação, o candidato era levado a uma horta, a qual era fonte alimentar de todos os membros da Sociedade-Ordem. Mostrava-se-lhe toda a horta e o local de que iria cuidar. Tudo ali respirava paz, alegria e uma profunda harmonia, e neste clima o candidato era levado ao seu local de trabalho. Aprendia desde logo que trabalhar com a terra era algo abençoado e sagrado e, como tal, deveria proceder sempre em posição de respeito, isto é, ajoelhado e com muito amor. Trabalhava a terra, para depois fazer a semeadura. Essa preparação além dos processos técnicos, era feita através de orações e mantras, os quais pediam bênçãos aos Senhores da Terra, como também permissão para manipulá-la e que a mesma fosse benéfica com a produção alimentar. Tudo era feito de joelhos, onde gradativamente se aprendia a humildade sem fraquezas, pois o manuseio da terra dava margem a profundas perquirições por parte do candidato observador e com propensão para as coisas da Iniciação, que são as coisas da própria vida.

Após longos períodos de trabalhos com a terra, entendendo os processos de transformações, vida, morte e renascimento com os vegetais, iam esses discípulos se credenciando a penetrar outros patamares evolutivos dentro da mesma Ordem. Assim é que um dos sacerdotes de túnica vermelha o chamava e lhe dizia que outros objetivos estavam sendo para ele preparados e que se aprontasse, pois para breve entraria no templo reservado a todos, inclusive aos que, como ele, tinham passado pela primeira fase.

No templo, simples mas majestoso em luzes, viam-se em semicírculo os *Sacerdotes de Túnica Vermelha*; de costas, viam-se, mais ao alto *Sacerdotes de Túnica Amarela*; em outro plano, também superior, viam-se também de costas, os *Sacerdotes de Túnica Azul*. Entre eles todos, surgia muito veladamente um sacerdote, o qual era o GRÃO-SACERDOTE DO TEMPLO, o MESTRE DE INICIAÇÃO, que vestia a túnica alvíssima. Abençoava a todos, rapidamente, mas muito fraternalmente, e se retirava ao som de cânticos maravilhosos e sublimes. O nosso candidato está a observar atentamente tudo e neste exato momento é chamado por um dos sacerdotes de túnica vermelha, que em cerimônia singela e simples, mas não menos portentosa, ordena-o *SACERDOTE DA TERRA*, recebendo nesta hora a túnica vermelha, sem certos detalhes que caracterizavam os sacerdotes mais experientes e Iniciados nos mistérios que lhes eram pertinentes. Após essa primeira fase, recebe uma Iniciação de ordem simples em vários ramos do Conhecimento, sendo considerado *SACERDOTE INICIADO NOS MISTÉRIOS PRIMEIROS*. O candidato já poderia ser considerado Iniciado nesse grau, não precisando alcançar novos patamares iniciáticos. Se desejasse e tivesse condições de evoluir, se candidataria a novos processos superiores da Iniciação, sendo que o próximo degrau a ser atingido deveria ser o dos mistérios relativos aos sacerdotes de túnica amarela. Esses sacerdotes eram versados nos mistérios do plano astral, conhecedores da comunicação entre os dois planos e também manipuladores da alta magia em seus aspectos leves. E como se processavam as provas ao candidato? Vejamos...

No recôndito do templo "externo" da dita Ordem, era conduzido o candidato e deixado diante de um efígie do "Deus da Iniciação". Saíam todos e ele ficava no interior do templo. Ao olhar detidamente a efígie, observa que no lado direito da mesma há uma porta, que lhe parece pesadíssima em virtude de seu descomunal tamanho. Interessante para ele é que não via fechadura ou algo para abri-la, até o momento em que se ajoelhou e observou que havia uma pequena fechadura, que ao ser tocada fazia com que a imensa porta se abrisse. Ao abrir-se a porta, ainda de joelhos, o candidato observa que há somente uma profunda treva à sua frente, e então vacila; um arrepio lhe percorre o corpo todo, quando ouve: "Chegaste no limiar dos mistérios; avança se tiveres um Espírito forte e indômito. Caso contrário, recua e afasta-te para sempre, senão encontrarás a morte não só do corpo, mas da alma". Ao ouvir essas palavras, muitos retornavam e, como dissemos, prosseguiam sua Iniciação onde já estavam. Outros, porém, indômitos, prosseguiam...

Aquele que prosseguia, via a porta fechar-se às suas costas, encerrando-o em completa escuridão. Instintivamente, tentava caminhar avante, quando sentia à sua frente uma parede irremovível. Tentava os lados e a mesma parede, como fazer? Ajoelhava-se e apalpava o chão, tal como fizera no início de sua Iniciação, e assim fazendo percebe que, de joelhos, é possível caminhar avante. Nessa posição, caminha célere em direção a uma luz que, embora distante, é agora o seu objetivo. Afinal, quem está nas trevas busca sempre a luz, e ele vai ao seu encontro. Tenta levantar-se e não consegue, pois onde caminha é uma espécie de túnel muito baixo. Num determinado momento, percebe que dá para levantar-se. Levanta-se. Ao levantar-se, continua caminhando, sempre na direção da luz, mas começa a sentir que seus passos começam a pisar em pequenas depressões, até o momento em que um dos pés pisa numa depressão maior. Neste momento, começa a andar mais devagar, e pisando bem para sentir onde pisa. De repente, percebe que há um vazio à sua frente, e quase que ele cai nesse vazio... Ao parar, de repente, ajoelha-se de novo para apalpar o chão, que neste momento foge das suas mãos. Há um imenso abismo entre ele e a outra porção de terra firme, se é que a mesma existe! Como fazer? Retornar é impossível... Como disse, de joelhos, apalpando, observa que um pouco acima do nível do chão há uma espécie de pequeno degrau, no qual se agarra e sente que há outros. Assim, agarrando-se aos degraus, vence mais essa barreira. Ao levantar-se, observa que a fonte de luz está mais próxima, e assim avança até ela, mas... depara-se com uma imensa fogueira, que parece incendiar o mundo. Impossível transpô-la. Desespera-se, aflige-se, mas lembrando-se de tudo que já havia suplantado e suportado, acalma-se e tenta apalpar o fogo. Ao apalpar, observa que não sentiu a mão arder ou queimar-se. Aí encoraja-se e, apalpando mais uma vez, observa que a superfície do chão é lisa e espelhada e que a fogueira imensa é uma pequena tocha colocada em posição adequada para refletir-se indefinidamente em vários espelhos colocados em posição que reproduzem essas imagens. Ao asserenar o Espírito e sobrepujar mais uma dura prova, o candidato sente-se exausto e faminto, mas o desejo de alcançar o objetivo fá-lo caminhar avante, e mais próxima parece a fonte luminosa. Ao chegar no lugar, na fonte luminosa, que lhe parece um cenário encantador iluminado pelo astro-rei, observa uma linda cachoeira a formar um rio caudaloso. Instintivamente olha para a outra margem e observa, em uma grande laje, uma esteira, um prato com pão, frutas e um cantil com água. Tenta logo entrar no rio e nadar até a outra margem, mas sente que a correnteza é fortíssima, e mesmo que estivesse completamente descansado não conseguiria fazer a travessia. Desta vez, porém, não se desespera e fica observando atentamente todos os detalhes. Ao chegar próximo da avalanche de água, que cai de uma grande altura, percebe que, por inércia da massa líquida, forma-se um túnel entre ela e as pedras, e que, novamente de joelhos, poderá fazer a travessia até o outro lado da margem. Assim o faz. Chegando no outro lado, sacia sua fome e sede, e cai num profundo sono. Ao acordar, vê-se cercado por vários sacerdotes de túnica amarela, os quais o saúdam fraternalmente, recebendo ele neste instante a túnica amarela. É agora, depois de tantas provas, um Iniciado que poderá vir a ser um *Iniciado Sacerdote de Túnica Amarela*. Nesta fase, é conhecedor dos pequenos mistérios; aprende aprofundadamente a Filosofia, a Ciência, as Artes e o elo de ligação entre o homem e a Divindade: a Religião. Após vencer todas essas etapas, tornando-se um *Iniciado nos Pequenos Mistérios*, tendo vencido e sendo SENHOR DOS ELEMENTOS DA NATUREZA, o nosso agora Iniciado pode continuar a sua Iniciação ou mesmo ser sacerdote do grau alcançado. Através de seu próprio grau kármico, nosso Iniciado agora busca a INICIAÇÃO SUPERIOR. É levado aos sacerdotes de túnica azul, os quais são Senhores da Síntese Cósmica, ou seja, a Proto-Síntese Cósmica. No Templo Sagrado dos sacerdotes de túnica azul, há 22 colunas que sustentam todo o templo. Da porta do templo até o santuário propriamente dito há 11 colunas de cada lado, sendo as mesmas numeradas de 1 a 22. Em cada coluna há velado um mistério, uma *síntese*, a qual gradativamente é revelada ao candidato à Iniciação Superior, o qual já está desimbuído das paixões humanas e está possuído de uma profunda Sabedoria e indestrutível Amor. Seus ideais são os do próximo. Revelara então os 21 Arcanos Maiores, pois o número 22 era negro, era o oculto, aquele que intermediava as coisas de cima com as de baixo, aquilo que pode ser entendido pelo Iniciado e nunca pelo leigo, a não ser que o mesmo queira enlouquecer (alegoria do louco). Após essa Iniciação, que compreendia além do despertar do *ego superior* o despertar do verdadeiro Amor, o Iniciado Superior via pela primeira vez seu Mestre de Iniciação, o qual o recebia fraternalmente, abraçando-o paternalmente, saudando-o pelo conseguido e dizendo-lhe que tinha vencido apenas uma etapa da Iniciação, pois a mesma é infinita, e lhe augurava votos de que prosseguisse cada vez mais se conhecendo, conhecendo seu próximo e o seu meio. Essa era a maneira de se encontrar a verdadeira *essência espiritual*, ou seja, seu Orisha Original, o qual já era vocalizado no recesso dos templos; são as tão mal compreendidas, hoje em dia, FEITURAS DE CABEÇAS. Assim, *fazer a cabeça* queria dizer *encontrar a essência espiritual real*, a qual está debaixo do Senhor Vibratório da dita Vibração Original, e ficar em sintonia direta com os mesmos (Orishas Originais — Ancestrais). Bem, em poucas palavras tentamos, de forma apagada, expressar os reais e verdadeiros processos iniciáticos daqueles gloriosos tempos em várias Escolas Iniciáticas sou Ordens Iniciáticas.*

Bem, Filho de Fé ou leitor amigo, após essa nossa ligeira dissertação sobre a Iniciação daqueles idos tempos, entremos direto naquilo que denominamos Iniciação na Umbanda Esotérica da atualidade.

Entendemos por *Iniciação, o despertar gradativo e ordenado da consciência do Ser Espiritual*, seja ele carnado ou desencarnado. Então, Iniciar-se é conhecer-se gradativamente, sendo consciente de suas limitações, o que trará ciência de suas ações. É atingir um degrau acima da compreensão comum, sem que com isso sinta-se superior, pois o verdadeiro Iniciado é aquele que sempre vê o bem como acima de todas

---

* Nota do médium — Não devemos nos ater somente na descrição metafórica do Sr. 7 Espadas. Devemos sim interpenetrar o sentido moral e esotérico que o mesmo quis nos mostrar. Sabem os leitores amigos que o Sr. 7 Espadas nos deu o ângulo positivo, ficando o relativo e o superlativo para a interpretação, segundo o grau iniciático de cada um.

as coisas, inclusive de si mesmo. Assim, Iniciar-se é renovar-se, adquirir e cultivar cada vez mais as faculdades nobres do Espírito, buscar a sua própria Essência, entendendo-a e incorporando-a cada vez mais para melhor cumprir sua tarefa em relação a si e aos outros na sua atual reencarnação. É desse conhecimento de si mesmo, acima de tudo, além do conhecimento do meio e de outras consciências, que se preocupa a Iniciação do Movimento Umbandista da atualidade. O Movimento Umbandista da atualidade, dentro da Umbanda Iniciática, nos aspectos esotéricos de nossa Doutrina, divide a Iniciação em 3 partes, que são:

1ª FASE — AUTOCONHECIMENTO
2ª FASE — CONHECIMENTO DO MEIO E DE OUTRAS CONSCIÊNCIAS
3ª FASE — CONHECIMENTO DA CONSCIÊNCIA CÓSMICA

1ª Fase — Autoconhecimento

Dentro do Movimento Umbandista, esta seria uma fase de conscientização, em que gradativamente o Iniciando vai tomando conhecimento de si mesmo, sabendo de suas virtudes e defeitos. No momento, ainda são raros aqueles que buscam se conhecer integralmente, buscando incessantemente aperfeiçoamento, que vem pela meditação sincera e mudança de hábitos. Mudanças não bruscas e nem radicais, mas sim conscientes, as quais visam retirar o Ser da materialidade comum e elevá-lo aos mais altos planos onde se agita a Vida Universal. É nessa fase que o Ser Espiritual busca a sua *essência*,* que na Umbanda é chamada de VIBRAÇÃO ESPIRITUAL. A par da Iniciação, o Ser Espiritual traz como corolário reencarnatório a tarefa mediúnica, a qual caminha paralela com a Iniciação, sendo a mediunidade condição necessária e suficiente para o indivíduo candidatar-se à Iniciação. Os que já se encontram nesta fase mostram um bom mental e uma forte predisposição às coisas do alto misticismo, sendo pois aceitos como Iniciados, os quais dentro desta fase passarão por uma série de ajustes morais-intelectuais, de caráter e de personalidade, algo que os credencia a serem Iniciados nesta fase, podendo aí permanecer ou evoluir para a fase seguinte. Os rituais desta fase, assim como das demais, serão dados *a posteriori*. É o despertar da Consciência...

2ª Fase — Conhecimento do Meio e de Outras Consciências

Depois de ser Iniciado no autoconhecimento, que vem pelo amadurecimento espiritual, o indivíduo se credencia a novos patamares da Iniciação. O próximo patamar é o *conhecimento do meio*. Entendemos como *meio* tudo aquilo que cerca o indivíduo, inclusive as outras *Consciências Individuais*. É o *meio* a própria Natureza, com seus reinos e as Leis que regem a energia e a vida aqui no planeta Terra. É uma fase de aprendizado iniciático, em que os verdadeiros Iniciandos são aprendizes, em suas raízes, das Religiões, Filosofias, Ciências e Artes. É a busca, de forma consciente, da *síntese de todas as coisas*, inclusive das outras consciências. Se a *síntese do conhecimento* é importante para o intelecto, só a *síntese do entendimento* das demais consciências é fato básico para as coisas do coração, criando o sentimento pelo próximo, naquilo que se consubstancia na fraternidade, liberdade e igualdade. Além de possuírem um ótimo mental e nobre coração, esses Iniciandos são excelentes veículos das Verdades da Umbanda, através do mediunismo que lhes é inerente. Esses estão se gabaritando a serem sacerdotes e condutores de nosso Movimento Umbandista, como podem também alcançar os níveis mais altos da Iniciação. São aqueles que em futuro serão, sem dúvida, os grandes condutores da Umbanda nos primeiros 150 anos do 3º milênio. Estão hoje no Movimento Umbandista como importantes pontas-de-lança. Amanhã, em outras reencarnações, continuarão a tarefa, já como condutores do Movimento. O tempo há de chegar. Até lá, aguardemos... trabalhando...

3ª Fase — Conhecimento da Consciência Cósmica

Após o indivíduo ter-se Iniciado dentro dos conhecimentos relativos ao meio e às demais Consciên-

---

* Essência não é algo separado do Ser Espiritual, é algo que lhe é inerente, mas que está adormecida, e quando despertada, une o Ser Espiritual com sua Vibração Espiritual ou Orisha.

CAPÍTULO XVI

cias, dependendo de suas aquisições ontem e hoje, obediente à Lei Kármica, poderá ser Iniciando na 3ª e última fase, qual seja do Conhecimento da Consciência Cósmica. Esta fase também poderá ser chamada de *conquista individual* ou *conquista iniciática*, que é relativa ao grau de interpenetração do indivíduo nas coisas do místico, do sagrado e do oculto. Esta fase não é transmitida por um outro Ser Espiritual, seja encarnado ou desencarnado, mas sim por meio das experiências vividas e armazenadas pelo próprio indivíduo. Além do autoconhecimento, do conhecimento do meio e das outras consciências, gradativamente vão conquistando o corolário da Iniciação, que é dada pelo binômio AMOR e SABEDORIA. Raríssimos são os que atingem esse grau iniciático, sendo que, quando atingem, são merecidamente chamados de *cabeças-feitas*. Sim, "fizeram suas cabeças com a Luz" e, como tal, são emissários dos Senhores da Luz — os Orishas de Umbanda.

Após termos tratado resumidamente das 3 fases iniciáticas *ideais*, ainda não completamente seguidas, mas seguidas pelo menos parcialmente por alguns raríssimos Iniciados chamados de Mestres de Iniciação de 7º grau do 3º ciclo, vejamos pois como se entrosam os rituais relativos a essa preparação mediúnica ou Iniciação. A dita FEITURA DE CABEÇA,* a qual explicaremos pormenorizadamente no transcurso deste capítulo, atende a lógicos e racionais processos do mundo astral superior, dirigidos aos seus discípulos encarnados.

O Iniciado na Umbanda é Senhor e, ao mesmo tempo, Guardião de 4 poderes que compreendem a Iniciação. Esses 4 poderes são: a CRUZ, a ESTRELA, a ESPADA e a COROA.

A CRUZ —	É o *símbolo sagrado da Iniciação*, pela renúncia, pelo amor, sendo que todo Iniciado possui sua cruz cabalística.
A ESTRELA —	É a *cobertura astral* — a filiação às Escolas Iniciáticas do astral superior — simbolizada na Guia Cabalística do médium-magista.
A ESPADA —	É o *poder* e a *justiça* — são as forças inerentes ao Iniciado e à Justiça que sempre há de prevalecer em seu caminho, simbolizados na Espada Cabalística (poder atuante).
A COROA —	É o corolário do legítimo médium-magista ou mago, o qual é Iniciado diretamente pelo astral superior. É a feitura de cabeça, ou seja, a Iniciação Consciencional, o encontro com sua Vibração Espiritual ou essência espiritual, o dito *pai-de-cabeça*, simbolizada na Toalha Iniciática completa (com 14 sinais) marcada com sinais da Lei de Pemba inerentes a cada Filho de Fé.

Após essa ligeira descrição, veremos como esses 4 poderes se entrosam dentro das 3 fases de Iniciação na Corrente Astral de Umbanda.

O Iniciando que já pertence e atua na corrente mediúnica de uma Casa de Iniciação (não são todos os terreiros que têm condições de promover a dita Iniciação) há algum tempo, por ordem do astral, se seu grau espiritual-kármico assim o permitir, pode ser chamado a participar dos rituais iniciáticos. Esses *rituais iniciáticos*, como dissemos, só são estendidos a médiuns que de fato e de direito estejam maduros para receber essa outorga e não por mera escolha pessoal.

A seleção deverá ser rigorosíssima, pois tentar iniciar alguém que ainda não esteja maduro é levar a dita pessoa a toda classe de distúrbios, trazendo prejuízos incalculáveis a toda sua constituição mento-astroetéreo-física. Assim afirmamos, pois só quem de fato trouxe a outorga iniciática é que poderá ser Iniciado e isso feito por quem saiba fazê-lo e seja reconhecidamente um genuíno Mestre de Iniciação, Iniciado diretamente pelos emissários-magos do astral superior. Vejamos então como se entrosam os rituais para quem de fato seja médium e tenha no seu karma a predisposição para a Iniciação.

---

* Nota do médium — *Feitura de cabeça*, termo usado indiscriminadamente, como vimos, quer dizer sintonizar-se vibratoriamente, por meio dos processos Iniciáticos, com sua Vibração Espiritual ou Orisha.

Os rituais consistem, primeiramente, em desbloquear, desinibir e desimpregnar de forma exeqüível e coordenada os *chacras* de uma maneira geral, iniciando-se, é claro, pelos que atuam de forma fisiológica, para depois alcançarmos os que são responsáveis pelos desejos e vontades, e por último os responsáveis pelo complexo mecanismo psíquico-espiritual do Ser.

Todos esses rituais podem ser feitos por quem sabe verdadeiramente fazê-lo, através dos ditos *amacys* de cabeças. O próprio vocábulo *amacy* já exprime ou expressa sua função:

A M A / C Y

Lei / Natureza — assim, *amacy* é o ritual que rege, segundo a Lei, a natureza humana. Desperta o consciencial do indivíduo. É a MÃE que gera a LEI INTERIOR.

O despertar desses chacras pode, em ordem crescente, seguir a seguinte seqüência de ativação:

a) FÍSICO — atuando nas ações e realizações;
b) ASTRAL — atuando nos desejos, vontades e no plano afetivo;
c) MENTAL — atuando nas idéias, no pensamento.

E como são feitas essas ativações ou fixações vibratórias no indivíduo que é médium de fato e de direito? Vejamos:

Todos sabem que certos tipos de alimentação e mesmo determinados hábitos qualificam o caráter do indivíduo. Assim, uma alimentação sóbria, frugal e desprovida de excessos de carnes faz com que os chacras atuem de forma mais ativa. A abolição do uso do álcool e mesmo do fumo também ativa os chacras. A permuta afetivo-sexual entre parceiros que se amam também é altamente positiva na ativação do complexo dos chacras. Banhos de ervas, como também defumações corretas, são singulares e portentosos ativadores dos Núcleos Vibratórios e todo o seu mecanismo, até alcançarem o corpo físico denso, nos ditos núcleos ou plexos nervosos. Assim é que o verdadeiro Mestre de Iniciação orienta seus discípulos sobre as vantagens de saber se alimentar e de saber permutar as várias forças adequadamente, visando conseguir uma ativação completa dos 7 chacras principais. Vejamos agora como se processam, através do Amacy, certas fixações-chave no mediunismo daqueles que realmente são médiuns e que estão se preparando para receber a verdadeira Iniciação. Em verdade, são feitas 7 fixações, dentro de rituais de alta magia, sobre o *ori* ou cabeça do Iniciando, sendo que a cada fixação, com a devida ativação do Núcleo Vibratório, é projetada sobre uma *Toalha Iniciática*. O período ou intervalo entre cada ativação obedece à individualidade do Iniciando, sendo que o menor período é de 1 mês e o máximo de 7 meses. O período variará segundo o grau de assimilação vibratória do Iniciando, devendo-se ser criterioso no ajuste do período ou intervalo entre uma fixação e outra. Vejamos, na Lei de Pemba, como são os *ideogramas* (sinais riscados) dos Núcleos Vibratórios ou chacras* e das energias que veiculam seus atributos e atividades.

1. CHACRA CORONAL OU SAHASRARA

Esse Núcleo Vibratório atua por equivalência no plexo coronal (coroa), situado no corpo físico denso na região póstero-superior da cabeça e na verdade está assentado ou fixado na **epífise**, a glândula da vida espiritual.

— Sua energia é *essência divina*.
— Seu atributo é a *fortaleza*.
— Sua atividade, se em estado positivo, gera a *paciência*; se em estado negativo, gera a *ira*.

Esse Núcleo Vibratório e seu próprio fluido cósmico estão sujeitos à Vibração Original de Orixalá.

Na Lei de Pemba, temos o ideograma que corresponde a este chacra no sinal da pág. 324, o qual deve ser feito na cor branco ou amarelo-ouro.

Na alta magia e na terapêutica vegetoastromagnética, consideramo-lo como a parte masculina.

2. CHACRA FRONTAL OU AJNA

Este Núcleo Vibratório atua por equivalência no plexo frontal, localizado na parte súpero-anterior da

---

* Lei de Pemba dos chacras (ideogramas) refere-se também à Vibração Original e Chave identificadora da Entidade não incorporante, Dirigente de toda a Linha Espiritual (Orisha — Chefe de Legião ou Mediador).

cabeça, e na verdade está assentado ou fixado na dita cela túrcica, na *hipófise*, que juntamente com o *hipotálamo* são responsáveis pelo controle das demais glândulas endócrinas, exceto a epífise.

— Sua energia é o *poder oculto da palavra*.
— Seu atributo é o *respeito*.
— Sua atividade, em estado positivo, gera a *firmeza*; em estado negativo, gera a *leviandade*.

Este Núcleo Vibratório e seu próprio fluido cósmico estão sujeitos à Vibração Original de Yemanjá.

Na Lei de Pemba, temos o ideograma que corresponde a este chacra no sinal da pág. 324, o qual deve ser feito na cor amarelo-claro.

Na alta magia e na terapêutica vegetoastromagnética, consideramo-lo como a parte feminina ou passiva.

3. CHACRA CERVICAL OU VISUDDHA

Este Núcleo Vibratório atua por equivalência na glândula *tireóide* e muito principalmente no *timo* (responsável pela produção de linfócitos timo dependentes — defesa imunológica do organismo, como também produz, em nível etérico, elementos defensivos), localizado na região anterior do pescoço, da dita região cervical.

— Sua energia é o *poder supremo*.
— Seu atributo é o *entendimento*.
— Sua atividade, em estado positivo, gera a *esperança*; em estado negativo, gera o *receio*.

Este Núcleo Vibratório e seu próprio fluido cósmico estão sujeitos à Vibração Original de Yori.

Na Lei de Pemba, temos o ideograma que corresponde a este chacra no sinal da pág. 324, o qual deve ser feito na cor vermelho puro.

4. CHACRA CARDÍACO OU ANÂHATA

Este Núcleo Vibratório atua por equivalência no *plexo cardíaco* (em seu automatismo, no *nó sinusal* e *atrioventricular*, e todo o sistema de condução), localizado no precórdio, ou seja, no meio do tórax, assentado no *coração*, o qual marca, através da freqüência de seus batimentos, a freqüência vibratória própria de cada indivíduo, bem como seu estado de vitalidade. É neste plexo que se assenta o Corpo Astral, ou seja, suas Linhas de Força se condensam em processos de ligação muito fortemente neste plexo.

— Sua energia é o *poder do conhecimento*.
— Seu atributo é a *sabedoria*.
— Sua atividade, em estado positivo, gera a *humildade*; em estado negativo, gera a *soberba*.

Este Núcleo Vibratório e seu próprio fluido cósmico estão sujeitos à Vibração de Xangô.

Na Lei de Pemba, temos o ideograma que corresponde a este chacra no sinal da pág. 324, o qual deve ser feito na cor verde.

5. CHACRA SOLEAR OU SVADISTHANA

Este Núcleo Vibratório atua por equivalência no *plexo gástrico* (no complexo inervado pelo nervo vago), e em glândulas tais como fígado e pâncreas.

— Sua energia é o *poder do pensamento criador*.
— Seu atributo é a *justiça*.
— Sua atividade, em estado positivo, gera a *generosidade*; em estado negativo, gera o *egoísmo*.

Este Núcleo Vibratório e seu próprio fluido cósmico estão sujeitos à Vibração Original de Ogum.

Na Lei de Pemba, temos o ideograma que corresponde a este chacra no sinal da pág. 324, que deve ser feito na cor alaranjada.

6. CHACRA ESPLÊNICO OU MANIPURA

Este Núcleo Vibratório atua por equivalência no *plexo esplênico*, ou seja, no baço e nas glândulas supra-renais e mesmo nos rins.

— Sua energia é o *poder da vontade*.
— Seu atributo é o *conselho*.
— Sua atividade, em estado positivo, gera a *prudência*; em estado negativo, gera o *arrebatamento*.

Este Núcleo Vibratório e seu próprio fluido cósmico estão sujeitos à Vibração Original de Oxossi.

Na Lei de Pemba, temos o ideograma que corresponde a este chacra no sinal da pág. 324, o qual deve ser feito na cor azul-claro.

7. CHACRA GENÉSICO OU MULADHARA

Este Núcleo Vibratório atua por equivalência no *plexo sacral*, ou seja, nos órgãos genésicos, tais como: útero, ovários, próstata e testículos, isto é, nas gônadas.

— Sua energia é o *fogo serpentino regenerador* (*kundalini*).

— Seu atributo é a *pureza*.

— Sua atividade, em estado positivo, gera a *castidade*; em estado negativo, gera a *luxúria*.

Este Núcleo Vibratório e seu fluido cósmico estão sujeitos à Vibração Original de Yorimá.

Na Lei de Pemba, temos o ideograma que corresponde a este chacra no sinal abaixo, o qual deve ser feito na cor lilás-violeta.

Após especificarmos cada Núcleo Vibratório, devemos ainda citar que as energias correspondentes transitam de condutos ditos *nadis* ou *tubos*.

O 1º CANAL — é o grande canal nervoso do centro da medula espinhal, que corre desde a sua base (no *sacro*) até a parte superior do crânio (*porta de Brahma*). É o dito tubo *sushumnâ*.

O 2º CANAL — corresponde ao complexo simpático esquerdo, cuja corrente vibratória (*fogo fohático*) percorre esse lado de *sushumnâ*. É chamado *idá*.

O 3º CANAL — corresponde ao complexo simpático direito, cuja corrente vibratória (*fogo fohático*) percorre esse lado de *sushumnâ*. É o chamado *pingalá*.

Após essa explicação, para melhor entendermos como fluem as energias, necessário se faz que mostremos como são as fixações e preparações nos ditos "aparelhos" mediúnicos.

Essas preparações ou fixações visam trazer o devido equilíbrio entre os corpos mentais, astral e físico, os quais são mobilizados, em suas energias, no processo medianímico e iniciático propriamente dito. É importante que deixemos claro que na Corrente Astral de Umbanda a Iniciação está afeta ou vinculada somente àqueles que realmente sejam médiuns (veículos de Espíritos) e que tenham suficiente maturidade para despertar seus conscienciais.

A Iniciação, com todos os seus rituais, visa despertar essa consciência e gradativamente fazer o indivíduo encontrar sua Essência, através do Orisha Ancestral que o coordena.

IDEOGRAMAS DOS 7 CHACRAS

Oxalá — Sahasrara	Yemanjá — Ajnâ	Yori — Visuddha
	Xangô — Anâhata	Vide páginas 322 a 324
Ogum — Swadisthana	Oxossi — Manipura	Yorimá — Muladhara

CAPÍTULO XVI

Filho de Fé, que neste caso é Orixalá, sendo por esse motivo o ideograma correspondente a Orixalá, o maior e o primeiro a ser fixado. Nesta ocasião há o ritual do dito Amacy, o qual deverá ser aplicado na cabeça, de forma suave, em pontos adequados, algo que demonstraremos adiante em nossas exposições. As outras fixações poderão ser feitas de mês em mês, ou de 7 em 7 meses, na Lua nova ou na Lua crescente. O Amacy sempre é preparado com ervas solares* (Orixalá), na quantidade de 1, 3, 5, ou 7 ervas, algo que também explicaremos.

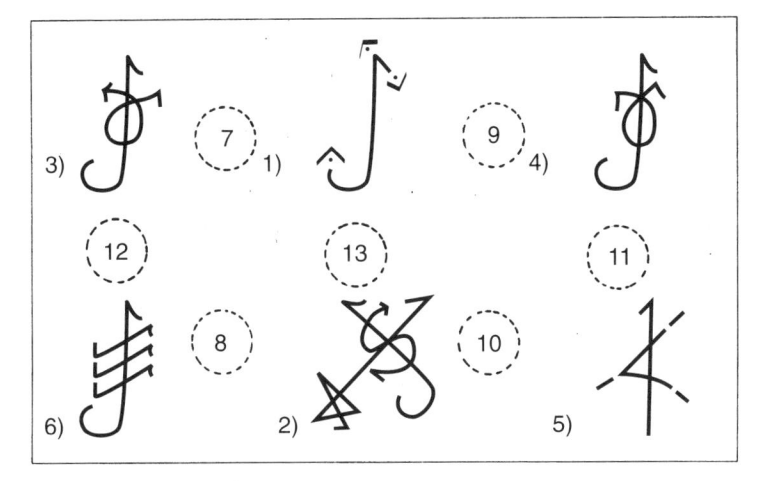

Para ficar bem claro ao médium-chefe, que deve ser Mestre de Iniciação, daremos em detalhes, por meio de um exemplo, como se processa a Iniciação, com suas fixações, consagrações etc.

O nosso exemplo é de um Filho de Fé nascido no signo de Leão, e que tem como Entidades atuantes um Xangô (Caboclo) e um Pai-Velho (Yorimá). Antes de mais nada, o Filho de Fé já deve ter à mão uma toalha de linho ou de qualquer tecido que seja resistente, na cor branca, nas dimensões de 100 x 70 cm, onde serão fixados por equivalência os sinais que são inerentes à sua Iniciação. De posse desta *toalha iniciática*, o Mestre de Iniciação dará os sinais que correspondam às preparações específicas para o médium. Vejamos a *toalha iniciática*, cujos sinais deverão ser bordados nas cores correspondentes:

Sinal (1) — Reconhecemos o ideograma que se relaciona com a Vibração de Orixalá, o qual deverá ser o primeiro a ser fixado na Toalha Iniciática, na cor amarelo-ouro e que se relaciona com a Vibração Original do Filho de Fé de nosso exemplo, ou seja, o seu Orisha Kármico, que também é chamado de Entidade de Guarda, que no caso é Orixalá. A primeira fixação através do Amacy inicia-se sempre pela Vibração Original do médium, sendo isso de fundamental importância, não podendo jamais ser invertida, pois é sobre o corpo mental, astral e físico do dito médium que serão evocadas as energias ou forças espirituais, que para poderem atuar de forma equilibrada, terão de ser coordenadas pela Vibração do

Sinal (2) — No complexo (2), estamos observando que há ideogramas cruzados. Os ideogramas cruzados correspondem aos das Entidades atuantes, ou seja, as que são responsáveis pelo mediunismo de nosso Filho de Fé do exemplo. Qual deles será traçado primeiro? Aquele que corresponde ao *pai-de-cabeça*, ou seja, a Entidade responsável por todos os processos mediúnicos do indivíduo. Em nosso exemplo, é um Caboclo de Xangô, e o ideograma tem de ficar na posição da esquerda para a direita. Após o Amacy relativo à atuação desse chacra, entrará, no devido período, também cruzado, o ideograma da Entidade atuante auxiliar, que em nosso caso é um Pai-Velho ou Preto-Velho de Yorimá.

Sinal (3) — Este sinal ou ideograma é relativo à Entidade de Xangô, que em nosso exemplo "cruza" ou é intermediário para Ogum. Então, é aí que se faz o 4º Amacy, fixando-se as devidas Vibrações, que são correspondentes a Ogum.

Sinal (4) — Este sinal ou ideograma é relativo à Entidade de Yorimá, que em nosso exemplo "cruza" ou é intermediário para Yemanjá. Então, é aí que se faz o 5º Amacy, fixando-se as devidas Vibrações, que são correspondentes a Yemanjá.

Sinal (5) — Este sinal ou ideograma é relativo ao reforço vibratório que surge cronologicamente em

---

* Ervas solares são usadas nos Amacys em virtude de serem ervas de Orixalá, que como sabemos, é o Senhor Primaz da Energia Espiritual, a qual é concentrada e se manifesta na cabeça ou Ori.

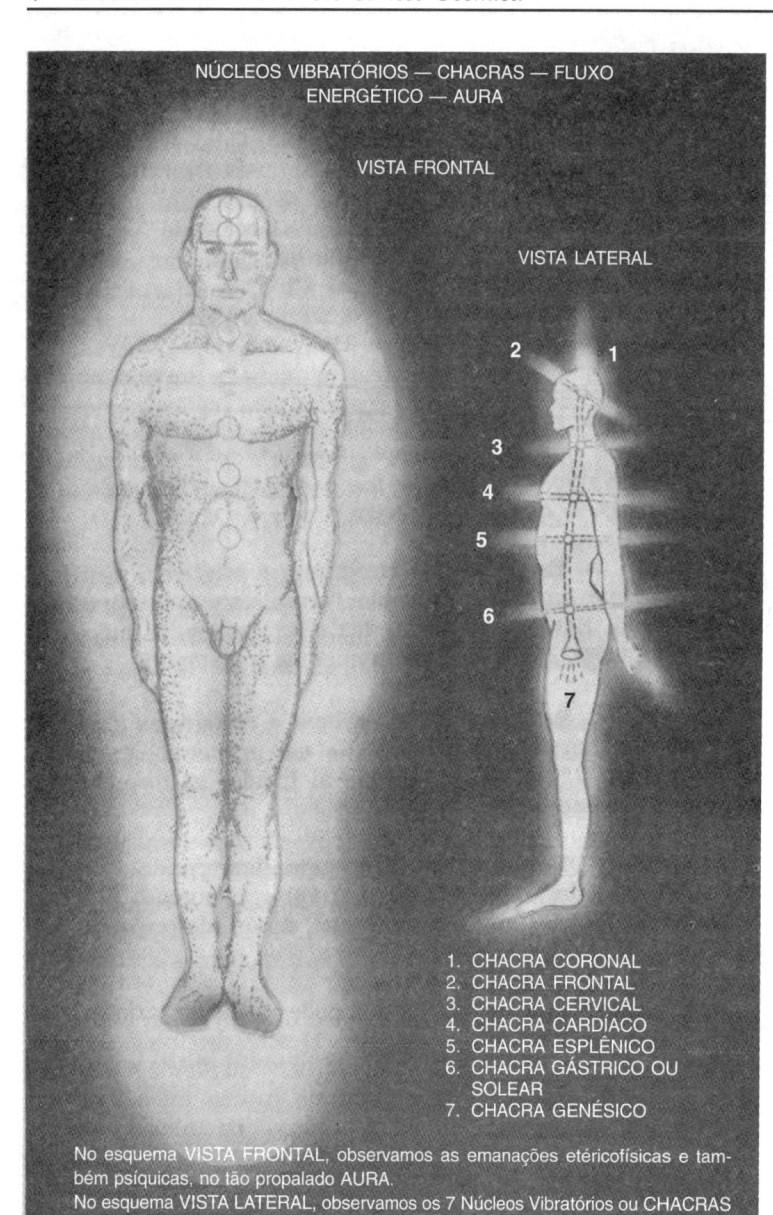

NÚCLEOS VIBRATÓRIOS — CHACRAS — FLUXO ENERGÉTICO — AURA

VISTA FRONTAL

VISTA LATERAL

1. CHACRA CORONAL
2. CHACRA FRONTAL
3. CHACRA CERVICAL
4. CHACRA CARDÍACO
5. CHACRA ESPLÊNICO
6. CHACRA GÁSTRICO OU SOLEAR
7. CHACRA GENÉSICO

No esquema VISTA FRONTAL, observamos as emanações etéricofísicas e também psíquicas, no tão propalado AURA.
No esquema VISTA LATERAL, observamos os 7 Núcleos Vibratórios ou CHACRAS e seus respectivos pólos magnéticos de entrada e saída de forças.

primeiro lugar e no caso é um Yori (Criança), sendo aí fixadas as forças vibratórias do 6º Amacy.

Sinal (6) — Este sinal ou ideograma corresponde a um segundo reforço vibratório, ou reforço auxiliar, e no caso é de um Caboclo da Faixa Vibratória de Oxossi, sendo aí fixadas as forças vibratórias do 7º Amacy.

Demos um exemplo genérico, que pode variar ao infinito, mas que não terá segredos ao verdadeiro Mestre de Iniciação que saberá como fazer as devidas amarrações ou desdobramentos, tudo é claro na dependência kármica do futuro Iniciado.

Após essa fase, o médium é dito pronto ou Iniciado, podendo ser valioso auxiliar nos trabalhos espirituais desenvolvidos em sua Casa Iniciática. Estará apto a dar consultas e depois, se assim o desejar, ter sua própria Casa Espiritual ou terreiro, mas ficará sob a responsabilidade de seu Iniciador ou de seu Mestre de Iniciação, o qual será responsável por qualquer trabalho mágico ou mesmo Iniciático que se processar no terreiro, em virtude do médium-chefe não ser um Iniciado nos mistérios superiores e nem ter o grau de Mestre de Iniciação, que é o que acontece em mais de 99% dos casos nos terreiros da atualidade.

Após essas 7 fixações, em que o médium está preparado para o trabalho mediúnico, se estiver no seu karma, poderá receber a verdadeira Iniciação, que vem pelo astral superior, através de seu Mestre de Iniciação que também é médium-magista. Essa Iniciação consta de mais 4 sinais que entrarão na Toalha Iniciática. Esses 4 sinais se relacionam com as 4 forças cósmicas elementais, ou seja, o fogo, a água, a terra e o ar. Esses sinais entrarão de acordo com as características do Iniciado, a par de o mesmo receber uma série de conhecimentos teórico-práticos que o farão levar a bom termo sua tarefa mediúnica. Nessa fase, o médium Iniciado, num ritual especial, recebe sua *cruz cabalística* e sua *guia cabalística* ou de ligação com a *Corrente dos Magos Brancos do Astral*. Pode ou não receber a Ordenação Iniciática, dita também Sagração ou Coração. Nessa fase, o médium Iniciado é um Mestre de Iniciação de 6º ou 7º grau no 1º ou 2º ciclo, sendo também um médium-magista auxiliar. Esses são os que de fato poderiam ser chamados de BABALORISHAS.*

---

* Nota do médium — Dentro dos nossos 27 anos de militância no Movimento Umbandista, 20 dos quais lidando com médiuns e suas preparações, iniciamos vários médiuns, mas nenhum deles no grau de Mestre de Iniciação de 7º Grau do 2º Ciclo. De 1º ciclo iniciamos

Após essa 2ª fase, em que o Iniciado é chamado de Mestre de Iniciação de 6º ou 7º grau, vem a fase final, a dita *Feitura de Cabeça*, naquilo que se consubstancia como corolário da Iniciação ou Coroação Iniciática. Coroação Iniciática, pois realmente é o grau mais elevado que um médium Iniciado pode alcançar aqui no plano físico denso. É a sua cabeça coroada pela luz de seu Pai-de-Cabeça,** ou seja, seu Orisha Original. Sua *essência consciencial* foi ajustada em suas freqüências vibratórias, o que o faz entrar em sintonia direta e verdadeira com a freqüência do Orisha *dono de sua cabeça*. Isso é o que dizem *fazer a cabeça*, que infelizmente é tão mal compreendida e completamente adulterada na sua *feitura*. Assim é que o médium com Coroa dos Magos é chamado Mestre de Iniciação de 7º grau no 3º ciclo, sendo profundo conhecedor das Leis que regem a Magia Etérico-Física, como também conhece muitos sinais riscados da Lei de Pemba, tanto positivos como negativos, usados em seus trabalhos, sendo também um aguçado clarividente e profundo conhecedor dos *mistérios do destino dos Seres e do cosmo*, que vêm através do perfeito conhecimento do *oponifá, oráculo sagrado*. Sua Toalha Iniciática, que já tinha 7 ideogramas dos chacras (agora despertos) e os 4 sinais básicos da Natureza, recebe agora mais 3 sinais relacionados com o campo mental, isto é, com a *coroa astral* que lhe desceu como suporte espiritual para levar avante sua árdua tarefa-missão, já no grau de *médium-magista* ou *mago*. Esse grau, como vimos, confere ao Iniciado grandes condições mágicas e mesmo mediúnicas, mas não é menos verdade que o mesmo tem um compromisso dificílimo, em *que muitos desistiram mesmo antes de começar a tarefa, que mais uma vez repetimos ser exaustiva, requerendo do Iniciado atividade espiritual mágica, quase que em tempo integral, não do seu dia, mas sim de sua vida. Teve de escolher entre a vida material e a espiritual; entre os prazeres da vida terrena e os do espírito. Na verdade lhe estendemos cobertura, segurança e auxílios vários, pois não é fácil, sendo humano, tendo corpo físico denso, preterir certas coisas. Realmente é uma missão, e...*

Após essa ligeira, mas necessária elucidação, a qual esperamos seja por todos demoradamente analisada, entraremos com as preparações propriamente ditas, ou seja, os rituais que fixam e assentam certas forças de ordem mágico-mediúnicas sobre os indivíduos que serão Iniciados.

Essas fixações são feitas em determinadas regiões da cabeça do Filho de Fé, regiões equivalentes a certos centros nervosos localizados no seu encéfalo (cérebro), nos seus 12 lobos. Dizemos equivalentes, pois o cérebro do corpo físico denso é uma densificação de certas Linhas de Força provenientes do corpo mental. É uma equivalência concreta da matéria mental, veículo das idéias e pensamentos do Ser Espiritual e, como sabemos, é através desse complexo *aparelho*, verdadeiro *computador inigualável*, que todas as funções são realizadas e mantidas. Não podemos nos esquecer de que na própria cabeça (crânio) temos registros que correspondem com todos os plexos localizados em outras regiões do organismo físico denso. Realmente, o encéfalo é dirigente-mor de todo o complexo celular do corpo físico denso, mantendo-lhe as diversas funções em harmonia, através de seu comando, quer seja através de mediadores químicos ou através de influxos vibratórios sutilíssimos, inacessíveis à ciência acadêmica terrena da atualidade. Mas deixemos esse tópico aos fisiologistas terrenos e entremos diretamente em nossa sublime ritualística de aplicação do Amacy, nas ditas preparações, fixações, sagrações etc. Vejamos e analisemos a figura esquemática do encéfalo (p. 328).

A figura, de forma esquemática, nos mostra o cérebro em vista lateral, podendo-se observar 3 regiões.

A região 1 compreende a região occipital que para fins práticos dividimos em: (A) medula espinhal; (B) cerebelo e bulbo. Essa região diremos que está intimamente ligada ao *passado*, ou seja, às experiências

---

alguns, que têm exemplares Casas de Orações Umbandistas e mesmo agrupamentos. Isto para demonstrarmos como é raro um verdadeiro médium e também uma verdadeira Choupana de Trabalhos Umbandísticos (1989).
** Nota do médium — O Caboclo Sr. 7 Espadas usou *Pai-de-Cabeça, a priori*, em sentido genérico, como é usado pela maioria dos Filhos de Fé, e também usou-o no aspecto correto que é o de Orisha Ancestral. Nem sempre o Pai-de-Cabeça é a Entidade Atuante.

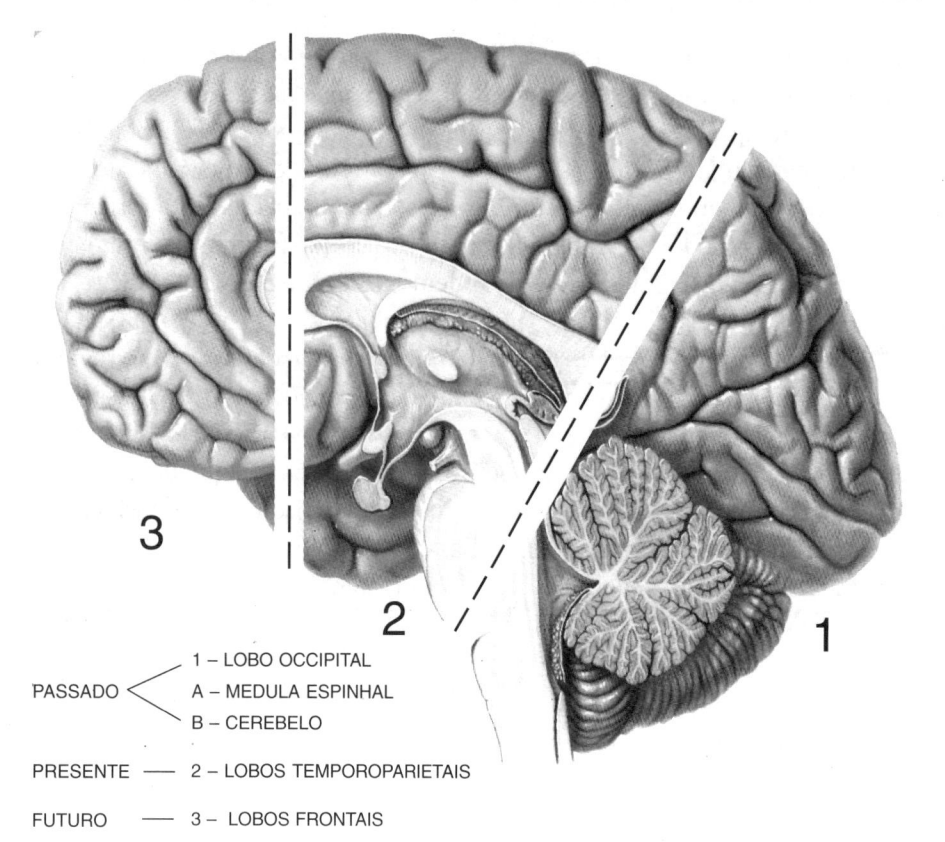

PASSADO
- 1 – LOBO OCCIPITAL
- A – MEDULA ESPINHAL
- B – CEREBELO

PRESENTE — 2 – LOBOS TEMPOROPARIETAIS

FUTURO — 3 – LOBOS FRONTAIS

nando. Sim, pois as ditas *lavagens de cabeça* infelizmente são geralmente feitas sem levar em conta quantidades e qualidades de ervas, ainda mais misturadas com bebidas alcoólicas, e o que é muito pior, com sangue animal, que é elemento de ligação com o astral inferior, trazendo ao infeliz Filho de Fé que se submete a elas verdadeiros transtornos, além de ativar-lhe o atavismo e todos os instintos que podem sobressair em relação ao bom senso e aos nobres sentimentos. Podem ser despertados os mais baixos instintos que, obviamente, trarão grandes transtornos ao indivíduo e à sociedade, pois

vividas e adquiridas pelo Ser Espiritual encarnado durante todo o processo das reencarnações.

A região 2 corresponde topograficamente aos lobos temporoparietais, ou seja, à região do alto da cabeça, naquilo que conhecemos como ossos parietais e à região lateral da cabeça, que conhecemos como ossos temporais. Essa região relaciona-se com o *presente*, com a atual reencarnação, com essas experiências e vivências.

A região 3 corresponde topograficamente aos lobos frontais, localizando-se, na cabeça, na região frontal ou da testa do indivíduo. Essa região relaciona-se com o *futuro*, com as realizações mais nobres do indivíduo. Poderíamos dizer que a região 1 (compreendendo as regiões A e B) relaciona-se com o corpo físico denso, a região 2 com o corpo astral, ou emoções, desejos, afeto etc, e a região 3 com o corpo mental, com o que há de mais elevado, os sentimentos nobres.

Por que demos essas regiões e as devidas explicações?

Pois é nessas regiões que são aplicados os ditos Amacys, e que sem dúvida, se mal aplicados, trarão malefícios que os Filhos de Fé já devem estar imaginando.

pode o mesmo tornar-se agressivo, cometer delitos e muitas ações nefastas, que chegam às raias do absurdo. Essas lavagens de cabeça mal aplicadas alteram sensivelmente a *tela mental* do indivíduo, fazendo-o mudar completamente seu comportamento, deformando integralmente sua personalidade. É como se houvesse uma lavagem cerebral e o indivíduo muda seu comportamento, é claro, para pior. Vejamos como acontecem esses desatinos mentoastrais no indivíduo.

Alhures, mostramos 3 regiões da cabeça, que correspondem ao *passado*, *presente* e *futuro* do indivíduo.

O *passado* refere-se às experiências vividas, aos arquivos filogenéticos, ou seja, às experiências adquiridas pelo indivíduo quando passou pelos reinos da Natureza, inclusive pelo reino animal, despertando-lhe os instintos.

O *presente* refere-se ao aprendizado e evolução, ou seja, uma revisão das experiências vividas, uma análise real dos erros e acertos, tudo visando-se alcançar novos patamares conscienciais e evolutivos.

O *futuro* refere-se ao despertar das faculdades nobres do Espírito: o altruísmo, a fraternidade universal e a conscientização cósmica.

Em nível consciencial, esses 3 compartimentos da mente são separados por verdadeiros *filtros*, só realmente entrando no presente, vindas do passado, as experiências vividas que não precisaram ser reaprendidas, mas nunca deixando passar fatos, atos ou mesmo vivências que o tempo já levou, que não podem retornar à lembrança, com o grave perigo de incorrer-se nas mesmas paixões e seu séquito de desatinos e erros. Raros são os Seres Espirituais, mesmo no plano astral, que têm consciência mnemônica de sua última e, quando muito, até de sua penúltima reencarnação. Imagine-se agora o indivíduo encarnado de posse, mesmo que inconscientemente, da sua última ou penúltima reencarnação!? Seria um verdadeiro *caos*; a sociedade teria verdadeiros alienados, com as mais esquisitas atitudes comportamentais. As mal aplicadas lavagens de cabeça, com suas ervas não selecionadas, em mistura com bebidas alcoólicas e sangue, realizadas debaixo de um ritual confuso, barulhento e excitante, podem trazer ao *inconsciente superficial* vivências deletérias represadas no *inconsciente profundo*, fazendo que o Ser Espiritual encarnado adquira um comportamento completamente anômalo e anacrônico. Com isso, afirmamos que só deve aplicar o Amacy quem esteja capacitado para tal e em pessoas selecionadas, pois *abrir-se o passado* (arquivos vivos) em quem não esteja preparado pode acarretar grandes traumas ao emocional e ao consciencial do indivíduo, trazendo grandes perturbações ao karma individual do mesmo. É pois o Amacy um *quantificador de maiores ou menores aberturas conscienciais, quando feito por quem sabe como e onde faz...*

Quando bem aplicado, o Amacy desperta as faculdades nobres do Ser Espiritual encarnado que ainda estão adormecidas, o que aliás ocorre na maior parte das criaturas.

Assim, aplicar bem o Amacy é fundamental para a verdadeira Iniciação Superior, sem incorrer nos perigos de abrirem-se comportas que devem permanecer fechadas (abrir o passado).

Os Amacys ou fixações mediúnicas são feitos com ervas unicamente solares, colhidas no 3º dia de Lua nova, num horário favorável do Sol. Deverão ser trituradas no dito horário, única e exclusivamente pelo Mestre de Iniciação. A trituração das ervas deverá ser feita em recipiente de louça branca, usado só para esta finalidade, já contendo água pura ou do mar ou cachoeira, depois de lavar-se muito bem, em água corrente, as ervas. Não se deve misturar mais nada ao Amacy. Esse ato, se possível, deve ser feito no congá, estando o mesmo *iluminado* e *firmando-se a gira*, isto é, pedindo cobertura para esse ato sagrado. Depois de pronto e coado, o sumo pode ser colocado em um pequeno vasilhame de vidro, o qual é isolante, até o momento de ser aplicado na cabeça do indivíduo. O vasilhame com o sumo de ervas do Amacy deverá ficar no congá até o dia do ritual.

Ao Iniciado será dado, já preparado, banho de ervas de elevação, que deverá ser usado durante os 3 dias consecutivos que antecedem o Amacy. Nesses dias, o médium deverá ter uma alimentação frugal e balanceada, evitando-se as carnes, sejam elas quais forem e é claro que deverá abster-se do uso de bebida alcoólica.

No dia do Amacy, depois de formada a corrente no terreiro, o médium-Iniciado, já com sua vestimenta ritualística, em paz e tranqüilidade, ajoelha-se diante dos *assentamentos* do congá e sorve, em uma taça, 3 goles da mistura de vinho tinto suave com 3 colheres do sumo de ervas a ser usado no Amacy. Isso visa fornecer um suporte energético, ou melhor precipitar certos fluidos necessários ao despertar dos chacras e mesmo do consciencial do indivíduo.

O Amacy é aplicado em 3 regiões da cabeça. Essa aplicação é feita com algodão bem suave, de forma circular. As 3 regiões são: 1ª — o alto da cabeça; 2ª — as têmporas; 3ª — a região frontal, entre os supercílios. *A aplicação deverá ser em rotação horária no homem e anti-horária na mulher.* O mesmo sumo deverá ser aplicado sobre a Toalha Iniciática e sobre a Guia Iniciática do indivíduo.

A Toalha Iniciática é como se fosse uma película de filme, ou seja, fica impregnada da imagem e energia-movimento das impressões vividas e sentidas no ato do Amacy. É como se fosse a representação palpável no corpo astral e suas energias em movimento. A Guia Iniciática também recebe o Amacy, pois a mesma está intimamente ligada ao indivíduo, em virtude de imantar suas próprias vibrações (as do indivíduo). Assim, faz-se uma ligação mística e energética entre o *ori* (o consciencial) do indivíduo, sua Toalha Iniciática (sua constituição astroetérica) e sua guia ou talismã (que tem suas vibrações em comunhão com as da Entidade atuante). Esse ritual se processa na ativação dos 7 chacras, sendo feito ou aplicado, segundo o grau individual do médium, a cada 30 dias ou a cada 3 ou mesmo 7 meses. Só a vivência ritualística dará ao Mestre de Iniciação a certeza de como e quando aplicar o Amacy.

Só deixaremos de citar as fases seguintes por fugirem da finalidade desta obra e também por serem de cunho hermético, exclusivo do conhecimento do astral superior e de raríssimos Iniciados. Preferimos que os interessados procurem os Templos Iniciáticos verdadeiros, onde, no interior dos mesmos, encontrarão, se assim o merecerem, as devidas explicações ou os ditos rituais. Não podemos nos aprofundar em virtude de sermos obrigados a levantar alguns véus que seriam perigosíssimos se de posse de muitos incautos e inescrupulosos. Seria abrir aos encarnados que são pontes avançadas do submundo astral uma porta ou chave perigosíssima, que sem dúvida seria usada para obter vantagens para si, em detrimento das consciências que eles vilipendiariam através de seus atos escusos e nefandos.

Nossa finalidade foi exclusivamente orientar as ditas lavagens de cabeça que muitos fazem sem nenhum critério. Demos alguns critérios que sabemos não prejudicar o indivíduo. Levantamos alguns véus onde os verdadeiros Iniciados da Luz não encontrarão dificuldades em fazer as devidas associações ou deduções para os rituais mais profundos. O mecanismo dos Amacys nós demos quase que na íntegra, faltando apenas as chaves relativas às 2ª e 3ª fases. Esses rituais, bem como os sinais cabalísticos na Lei de Pemba, deixamos para a Iniciação no interior das raríssimas Ordens Iniciáticas ou Escolas Iniciáticas da Umbanda Esotérica.

Bem, após essas ligeiras palavras sobre a Iniciação, Amacys, preparações, etc., não poderíamos deixar de dizer que os Amacys também são usados como elementos de terapia vegetoastromagnética no indivíduo necessitado e carenciado, que nem cogita dos processos iniciáticos. Temos absoluta certeza de que o dirigente consciente, ao ler serenamente nossos apontamentos, encontrará aqui as chaves precisas para proceder aos seus rituais. Assim, leia, medite...

Bem, antes de terminarmos, falemos algo sobre as ARTES ORACULARES, tão mal interpretadas e pouco conhecidas, em suas raízes reais e verdadeiras pelos milhares de Filhos de Fé e por esses terreiros afora. Tentemos retirar a fantasia, o mito e as crendices que depõem contra essas Artes Sagradas, quais sejam as de revelar o mistério dos destinos dos Seres e do Cosmo. Iniciemos pela *quiromancia* ou *astroquiromancia*. Daremos alguns detalhes básicos e fundamentais principalmente para os médiuns-Iniciados da Corrente Astral de Umbanda, para que possam comprovar, através de mais este subsídio importantíssimo e mesmo orientar-se quanto às pessoas que se julgam médiuns. São diretrizes seguras e conscientes, às quais o médium-Iniciado poderá recorrer ao examinar as mãos dos médiuns, levantando suas condições kármico-morais, adiantamento mediúnico, grau etc. Esse exame é feito observando-se as mãos, ou melhor, a palma das mãos, seus sinais reveladores, sua morfologia e detalhes específicos desses sinais. O exame deverá ser feito no congá, iniciando-se pela *mão direita*, que tem impressas todas as qualidades e debilidades, aquisições, imagens kármicas, bem como proteções, coberturas, reforços etc. Como dissemos, *condições já adquiridas*; portanto, a mão direita é como se fosse um arquivo vivo das experiências vividas e adquiridas, sendo pois relacionada ao passado. É por isso que a mão direita é dita doadora, pois só se pode dar aquilo que se tem ou adquiriu. A *mão esquerda* tem impressas as condições *presentes*, sendo um arquivo em constantes mudanças. Assim sendo, seus sinais são mutáveis, de acordo com as condições do indivíduo, no tempo-espaço. Refere-se à presente encarnação, sendo também importantíssima sua observação acurada.

E como funciona esse sistema de revelação das características astroespíritas dos indivíduos através das mãos?

Para respondermos, basta-nos lembrar do conceito das Linhas de Força ou das sutis correntes eletromagnéticas tidas e havidas como *tatwas*. São essas 7 Linhas de Força ou correntes energéticas que dão formação a tudo, desde o macrocosmo até o microcosmo. Cinco (5) delas são ditas inferiores e duas (2) superiores. As inferiores são de pura energia astral, enquanto as 2 superiores são de pura energia mental. Sem entrarmos em exaustivos detalhes, diremos que cada uma tem seu *tônus vibratório pró-*

prio. Porém, se interpenetram, como se fossem um feixe. Cada uma das cinco (5) Linhas de Força predomina de 24 em 24 minutos, perfazendo um ciclo de 120 minutos ou 2 horas, quando passam ora para a influência *solar*, ora para a influência *lunar*, assim sucessiva e indefinidamente. Quanto às duas (2) superiores ou de pura energia mental, comandam as cinco (5) inferiores, dentro dos 24 minutos de cada uma dessas, se revezando de 12 em 12 minutos. Após esses ligeiros mas úteis apontamentos, afirmamos que:

1. As Linhas de Força* são geradoras desde o micro até o macrocosmo, são elas que dão a qualidade da vibração astral ou eletromagnética de todas as coisas, inclusive dos astros, planetas etc.
2. São as Linhas de Força que presidem diretamente, como *canais kármicos*, o *nascimento, vida* e *morte* (transformação de um indivíduo).
3. São as Linhas de Força que trazem e imprimem o selo de uma *ficha kármica* na estrutura íntima do corpo astral do indivíduo.
4. Sendo as mãos receptoras e doadoras de energias, ou mesmo condensadoras e refletoras, são também termômetros vibratórios de todas as condições e alterações físico-psíquicas do indivíduo. Milhares de correntes nêuricas (provenientes dos núcleos vibratórios do corpo astral e dos plexos do corpo físico) imprimem, em determinadas zonas da palma das mãos, as condições favoráveis ou desfavoráveis de um organismo, tais como predisposições, saúde, moléstias, vitalidade etc., fazendo surgir sobre essas zonas *sinais reveladores*, em forma de manchas, ilhas, cruzes, pontos, retas, gradeados etc. A essas zonas a Ciência da Quirologia dá o nome de Montes Planetários.

Dizemos *monte planetário*, pois as Linhas de Força veiculadas pelas correntes nêuricas do sistema nervoso fazem imprimir neles, nesses montes, a influência ou as vibrações particulares dos planetas, astros etc. É justamente nessas regiões ou zonas que surgem os sinais reveladores de faculdades mediúnicas, inteligência, grau kármico, proteções astrais, poderes supranormais, tudo através de um alfabeto geométrico codificado, que para ser interpretado precisa ser decodificado. Com essa última assertiva, queremos deixar claro que todo o sistema oracular compreende o entendimento de um código e sua devida decodificação.

Vejamos a palma da mão e tentemos, resumidamente, entender o essencial e o básico, pois os demais fundamentos são de ensino exclusivo dentro das Ordens Iniciáticas do Movimento Umbandista ou das Casas de Iniciação, que mais uma vez afirmamos serem raríssimas em nossos dias. Mas mesmo com o mínimo que passaremos, temos certeza que o Filho de Fé Iniciado não terá dificuldades em deduzir certos clichês básicos e que também são reveladores de condições anímicas supranormais. Daremos pois o básico, deixando as filigranas para o interior das Ordens Iniciáticas, dentro é claro da Iniciação. Filho de Fé, olhe atentamente a mão que vem no esquema e seus sinais, linhas e montes planetários.

Em cada uma dessas zonas ou regiões podem aparecer vários sinais reveladores de todo o destino do Ser. Como nosso caso é apenas informar, e muito principalmente sobre as condições reveladoras da mediunidade, faculdades supranormais, grau mediúnico etc., vamos nos restringir a alguns dos sinais que expressam essas revelações.

Esses sinais são geométricos, pois as Linhas de Força, como canais kármicos, imprimem ou condensam certas forças e essas, em obediência à forma sagrada, configuram os determinados sinais.

- O *ponto*, em qualquer das zonas citadas, refere-se a: início, princípio ou origem de uma situação, faculdade, proteções, permanência, condensações etc.
- A *linha*, em qualquer das zonas citadas, refere-se a: continuação, prosseguimento, caminho, elo de ligação etc. Quando corta outras linhas, pode significar mudanças ou truncamentos.
- O *triângulo*, em qualquer das zonas citadas, refere-se a: coberturas, sucessos, proteções; deve-se notar sua conformação, pois o tri-

---

* Seus Senhores Vibratórios são os Orishas.

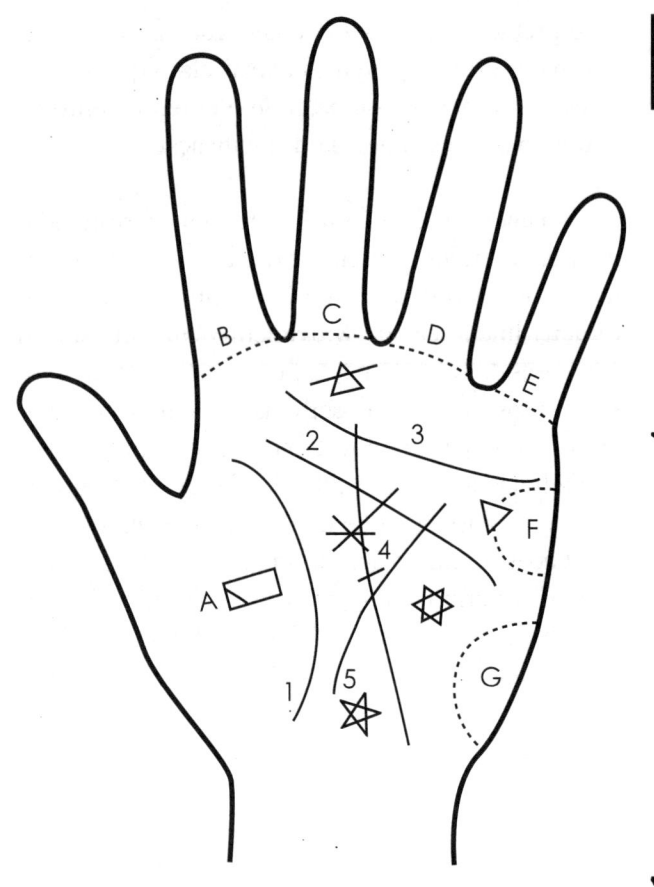

UMBANDA — A Proto-Síntese Cósmica

1. Linha da Vida (saúde)
2. Linha da Cabeça (consciência)
3. Linha do Coração (afeto)
4. Linha do Destino (Karma)
5. Linha Instintiva (elevação/rebaixamento)
A. Monte de Vênus (sensibilidade)
B. Monte de Júpiter (justiça)
C. Monte de Saturno (destino)
D. Monte do Sol (espiritualidade)
E. Monte de Mercúrio (inteligência)
F. Monte de Marte (impulsos)
G. Monte da Lua (afetividade)

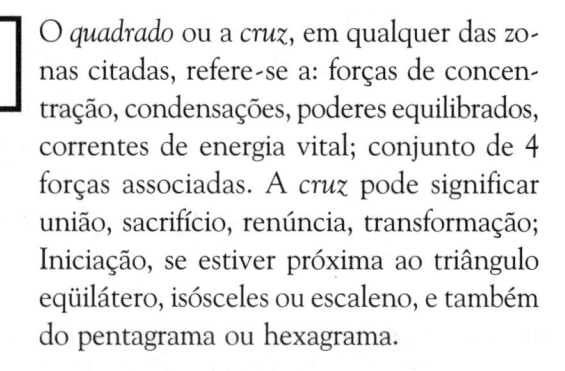

O *quadrado* ou a *cruz*, em qualquer das zonas citadas, refere-se a: forças de concentração, condensações, poderes equilibrados, correntes de energia vital; conjunto de 4 forças associadas. A *cruz* pode significar união, sacrifício, renúncia, transformação; Iniciação, se estiver próxima ao triângulo eqüilátero, isósceles ou escaleno, e também do pentagrama ou hexagrama.

O *pentagrama* ou a *estrela de 5 pontas*, em qualquer das zonas citadas, refere-se a: amizades, bom caráter, cobertura oculta, intelecto predisposto ao ocultismo, forte cobertura que vem pela Corrente Astral. É também um selo iniciático, tudo é claro na dependência de sua localização, a qual pode prenunciar inclinações para a magia negra, mormente se na Linha do Destino e próximo do Monte de Saturno ou Yorimá. É um sinal fortíssimo, embora seja raro.

O *hexagrama* ou a *estrela de 6 pontas*, em qualquer das zonas citadas, refere-se a: equilíbrio alcançado, justiça, força desencadeante de auxílio, proteção atuante, influência do astral, mediunidade, SÍMBOLO SACERDOTAL e INICIÁTICO.

O *quadrado cortado em seu ângulo inferior esquerdo* identifica, quando no Monte de Vênus, o genuíno INICIADO UMBANDISTA. Confere-lhe extraordinária clarividência e profundos conhecimentos metafísicos e relativos à magia astroetérica. Embora seja um sinal raríssimo, expressa o *setenário*, ou seja, o Iniciado, pelo intelecto, dominando os elementos ou sendo conhecedor dos 4 pilares de todo o conhecimento humano, que como vimos são: a religião, a filosofia, a ciência e as artes. Este selo sagrado é pois privativo do verdadeiro Iniciado, o qual deve estar ligado aos conhecimentos metafísicos há mais de 3 encarnações. Este símbolo terá variações, tanto na posição do triângulo (que poderá

ângulo eqüilátero mostra bom intelecto, karma equilibrado e elevados conceitos morais; o triângulo escaleno mostra ainda desequilíbrio, caráter e intelecto necessitando de burilamentos; no mediunismo, médium de karma probatório. Quando o triângulo for isósceles, o indivíduo já tem razoável equilíbrio, bom mental e certo ajuste superior kármico. Seria, no mediunismo, médium de karma evolutivo. O triângulo mais comum é o escaleno, sendo o eqüilátero raríssimo.

ocupar qualquer canto do quadrado) como na localização, isto é, poderá estar em outros *montes planetários* ou mesmo sobre determinadas *linhas*. De qualquer maneira, revela que seu possuidor é dotado de possante cobertura astral, como mérito pelo seu trabalho realizado ontem e, seguramente, pelo que será realizado amanhã.

Bem, para encerrarmos sobre os fundamentos básicos e práticos da Quiromancia Esotérica, resta-nos alertar os Filhos de Fé que nem sempre os sinais são claros ou bem-formados. Nessas condições, há necessidade de alguns ajustes; certos ângulos de caráter deverão ser aparados. Enfim, após os devidos ajustes, o sinal ou sinais aparecerão em toda sua plenitude. Lembramos que cada caso é um caso, não devendo haver, pois, uma regra geral.

Quanto ao significado dos sinais, em cada monte planetário, acreditamos não ser de difícil dedução por aqueles que leram atentamente nossos despretensiosos apontamentos, mesmo porque demos o significado relativo do sinal e, quanto aos montes planetários, demos suas expressões divinatórias. Assim, é só fazer o devido "encaixe", e através da sensibilidade própria a cada um, dar a interpretação. Mesmo assim, queremos reafirmar que nossa intenção não foi ensinar Quiromancia Esotérica, algo que demandaria a escrita de um livro, mas sim, de forma prática, simples e objetiva, facilitar a identificação, pelo médium-chefe ou mesmo algum Filho de Fé interessado, da mediunidade, proteções atuantes, forças sobrenaturais, percepções extra-sensoriais etc. O verdadeiro Iniciado também encontrará nas entrelinhas aquilo que seu grau ou merecimento facultar. Como outros, também afirmamos que, para quem sabe ler, um pingo é letra, portanto....

Deixamos para o final deste capítulo a arte oracular de interpretar o destino dos Seres através de um dos métodos oraculares mais conhecidos pelos praticantes dos cultos afro-brasileiros, ou seja, o jogo do *ifá*.

Em verdade, essa arte oracular era privativa dos verdadeiros Babalawôs, sendo hoje em dia seus fundamentos completamente adulterados. No decorrer do tempo-espaço, esse processo ou método oracular foi sendo completamente deteriorado, até degradar-se por completo nos dias atuais, não sendo seus fundamentos, praticamente, conhecidos por mais ninguém, quer seja no Brasil ou muito principalmente na África. Para tentarmos mostrar como eram os verdadeiros *odus* ou ângulos de interpretação, que hoje transformaram em historietas que mesmo em seu fundo não guardam os verdadeiros fundamentos primeiros, descreveremos tanto quanto pudermos o *opele ifá*, o *oponifá*, o verdadeiro JOGO DE BÚZIOS, com nozes etc.

O *opele ifá* consta de metades da noz-de-dendê presas em uma corrente de metal. A disposição é simétrica, sendo que cada lado contém 4 metades da noz-de-dendê. Aprofundando, poderemos colocar 4 metades da noz-de-dendê e 4 búzios de cada lado da corrente metálica.

Dependendo das disposições da caída, teremos uma resposta, ou seja, um *odu* ou ângulo de interpretação do destino de um Ser, de uma coletividade, de um povo etc.

Esquematicamente, teremos o *opele ifá* dessa forma:

Como dá para observar, poderemos ter 16 possibilidades, que diremos *primárias*, embora, permutando e combinando, teremos 256 combinações possíveis ou 256 *odus*. Os primeiros 16 *odus* são chamados de *baba odu* (os primeiros *odus*, ou *pais*, como origem). Os 256 *odus* são os *omó odu* (filhos como descendência).

Esse ROSÁRIO ORACULAR, sem entrarmos em pormenores, é lançado sobre um tabuleiro especial, onde há vários sinais cabalísticos, tal qual havia há milhares de anos numa escrita hermética privativa da Ordem Sacerdotal dos verdadeiros Babalawôs.

Após ser lançado, observa-se em cada lado se o coquinho cai com a face côncava ou convexa para cima. Para cada meio coquinho-de-dendê, se a face for convexa, riscam-se 2 traços paralelos; ao contrário, ou seja, se a face for côncava, risca-se 1 traço de cima para baixo, começando pelo lado direito.

Para tornar fácil a nossa exposição, exemplifiquemos o que até aqui falamos.

Após as devidas evocações, dentro de determinados fundamentos, o Sacerdote de Ifá joga seu rosário sagrado. Vejamos as disposições ou configurações dos meios coquinhos-de-dendê, que determinarão o *odu* (ângulo de interpretação).

Obs.:
1/2 coquinho côncavo — um traço vertical
1/2 coquinho convexo — dois traços verticais

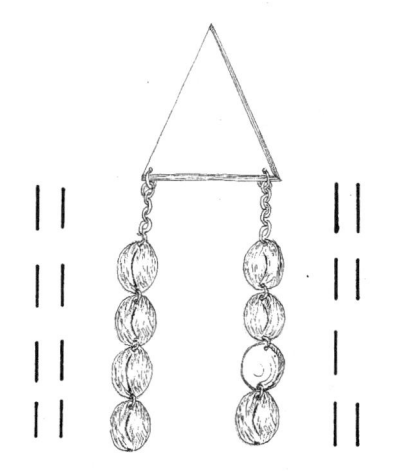

LADO DIREITO   LADO ESQUERDO

Como dissemos, para o meio coquinho com a face côncava inscreveremos um traço vertical. Iniciamos de cima para baixo, do lado direito, para posteriormente, de cima para baixo, determinarmos o lado esquerdo. No exemplo de cima, teremos:

| | significa que cada 1/2 coquinho-de-dendê do
| | lado direito é côncavo, o mesmo acontecendo
| | com os do lado esquerdo. Os 2 lados deram a
| | mesma configuração, como poderiam dar configurações diferentes. *Quando os 2 lados são iguais*, identificam os *odu pai* ou *baba odu*.

Como os Filhos de Fé devem estar imaginando, e corretamente, deverá haver mais 15 possibilidades, ou seja, mais 15 *baba odus*. Vamos a eles:

Bem, após darmos os 16 *odus-princípios* ou *baba odus*, deve o Filho de Fé notar que existem *odus* complementares ou antagônicos.

Os 16 BABA ODUS — PRINCÍPIOS

1º ODU	2º ODU	3º ODU	4º ODU	5º ODU
EJI-OGBE	EJI-OYE KU	EJI-IWORI	EJI-ODI	EJI-IROSUN

6º ODU	7º ODU	8º ODU	9º ODU	10º ODU
EJI-OWONRIN	EJI-OBARA	EJI-OKANRAN	EJI-OGUNDA	EJI-OSA

11º ODU	12º ODU	13º ODU	14º ODU	15º ODU	16º ODU
EJI-IKÁ	EJI-OTUROPON	EJI-OTURA	EJI-IRETÉ	EJI-OSE	EJI-OFUN

Vejamos (EJI-OGBE ou OGBE-MEJI são a mesma coisa).

1) Ogbe Meji / Oye Ku Meji	2) Iwori Meji / Odi Meji	3) Irosum Meji / Owonrin Meji	4) Obara Meji / Okanran Meji
5) Ogunda Meji / Osa-Meji	6) Iká-Meji / Oturupon Meji	7) Otura Meji / Irete Meji	8) Ose Meji / Ofun Meji

Esses 8 conjuntos se complementam ou se antagonizam, isto é, dentro de cada conjunto temos os aspectos positivos e negativos, as virtudes ou os erros. Mas muito mais do que isso, a chave que foi perdida agora sutilmente tentaremos encontrá-la, embora de forma velada.

Os *8 conjuntos referem-se a 7 ORISHAS + EXU*. Eram, em verdade, um velamento de várias etapas do próprio ITARÔ ou TARÔ, que como vimos velava toda a *tradição do conhecimento humano*. Com o que já dissemos, podem os Filhos de Fé da Umbanda e mesmo os simpatizantes e adeptos dos Cultos de Nação Africana perceber que os ditos *jogos de búzios* ou *erindiloguns*, bem como os *jogos do ifá*, estão completamente adulterados, interpolados e ajustados, perdendo, é claro, a força de seu sentido primeiro, o qual tinha sólidos fundamentos. Pois além de ser um sagrado método oracular, era também revelador, mediante determinadas chaves, de toda a Proto-Síntese Relígio-Científica. O mesmo acontece com o dito *tarô* da atualidade e também com o *I-KING* dos chineses, que também foi adulterado tanto em seu aspecto divinatório como no aspecto de velar a Síntese das Sínteses — o Aumbandan.

Após essas ligeiras explicações, voltemos ao ROSÁRIO SAGRADO DO IFÁ (o VERBO SAGRADO). Do que expusemos, ficou claro que os verdadeiros mestres e taumaturgos oriundos da Atlântida revelaram aos egípcios e esses, juntamente com os muçulmanos (mais recentemente), ensinaram aos africanos, embora com interpolações, o misterioso segredo do *ifá*, do *verbo*, das Leis Divinas, que tornaram *mito*, visando-lhe resguardar a verdadeira tradição. De fato assim aconteceu, só que os detentores desse conhecimento não o transmitiram quase a ninguém, e quando transmitiam, praticamente velaram quase tudo, entregando apenas o conhecimento mítico, e nunca o metafísico, o filosófico, o científico e o cabalístico. É por isso que nos dias atuais não se conhece praticamente ninguém que detenha o verdadeiro conhecimento do sagrado ifá. Sabemos que atualmente apenas 1 Filho de Fé conhece o verdadeiro segredo do *opele ifá* e muito principalmente do *oponifá*. Esse conhecimento lhe veio pelas reminiscências da memória astral, quando há milênios, no seio da então portentosa civilização atlante, o mesmo era sacerdote versado nesses mistérios. Encarnou, muito mais à frente no tempo, na África, em pleno Egito, onde bebeu de fontes cristalinas o dito itaraô. Em reencarnação próxima, viveu na Mongólia, onde aprendeu ou fixou certos conceitos, até reencarnar como humilde sacerdote africano ocidental, o qual era denominado, na época, *Ifatosho*. No Movimento Umbandista da atualidade, esse dito *Ifatosho* faz ressurgir o verdadeiro ifá e nós, do plano astral, colaboramos no despertar memorial do dito Filho de Fé. Mas voltando aos odus, vimos que primitivamente eram 8 (7 + 1).

Fique claro para o Filho de Fé que, para fins divinatórios, consideramos os Odus mais fortes e mais velhos segundo a ordem decrescente, isso é, o Odu nº 5 é mais forte que o Odu nº 13, e assim sucessivamente. O lado *esquerdo* para nós é *feminino* e o *direito* é *masculino*.

Ao lançarmos o opele ifá sobre tabuleiro especial, que deixaremos de mostrar por fugir das finalidades a que nos propomos, o mesmo pode ser interpretado. Observemos o exemplo:

LADO DIREITO   LADO ESQUERDO

Como o Odu nº 2 é o mais forte, é o que vence. É importante salientar que atualmente, digo, já há aproximadamente 80 anos, no Brasil, havia quem jogasse parcialmente o *opele ifá*, pedindo ao consulente que segurasse em uma das mãos uma pedrinha e na outra um búzio. Antes de ser feita a caída do *opele*, pedia ao consulente para mexer bem entre as mãos a pedra e o búzio e que os deixasse um em cada mão, segundo a vontade do consulente. Isso feito, o sacerdote jogava o *opele* e se a caída desse igual ao de nosso exemplo, pedia ao consulente para abrir sua mão esquerda. Se lá estivesse a pedrinha, a resposta seria negativa, e positiva se estivesse o búzio. Embora esse método tenha seu real valor, há necessidade de várias jogadas para um levantamento completo e mesmo para levantar o Odu do "Orisha (Eledá) de Cabeça", como expressam atualmente. Aliás, esse método e o oponifá eram os únicos usados pelos altos sacerdotes de ifá no levantamento do *Eledá* do indivíduo, que nunca era levantado com os búzios, porque os búzios são constituídos de elementos minerais e os dendês são vegetais, portanto...

Ao terminarmos sobre o opele ifá, diremos:

AWO ATI AWO NI O BABALAWO

Prestemos a devida atenção na interpretação:

OGBE	A POBREZA	NÔMADE	AFASTAMENTO
OYEKU	A FORTUNA	A MULTIDÃO	APROXIMAÇÃO
OSE	O JUSTO	A JUSTIÇA	PURIFICAÇÃO
OTURUPON	O PREPOTENTE	A INJUSTIÇA	VIOLÊNCIA
OTURA	A MALVADA	O FRACASSO	MALDADE
OBARA	A GENEROSA	O SUCESSO	BONDADE
OKANRAN	A VIRGEM	FIDELIDADE	FEMINILIDADE
IKA	O IRRESPONSÁVEL	ADULTÉRIO	MASCULINO
OWONRIN	A PIEDOSA	HONRA	VITÓRIA EMINENTE
IROSUN	A IMPIEDOSA	IMORAL	VITÓRIA EXTINÇÃO
OFUN	O AFORTUNADO	VITÓRIA MATERIAL	DESENVOLVIMENTO
IRETE	O MAU CARÁTER	DERROTA	CARÊNCIA
IWORI	O SOCIAL	ASSOCIAÇÃO	ADVERSIDADE
ODI	O ANTI-SOCIAL	SEPARAÇÃO	ISOLAMENTO
OSA	A CRIANÇA	A CONCÓRDIA	EMPREENDIMENTO
OGUNDA	A RABUGENTA	A DEMANDA	DESTRUIÇÃO

Demos parcialmente o significado oculto de cada odu, não ficando difícil de entender as associações entre os odus e o levantamento do Orisha ou Eledá. Acreditamos ter aberto véus jamais levantados e mesmo com todos esses véus sendo desvelados somente os Iniciados no assunto entenderão e aqui encontrarão as chaves que seu merecimento conceder. Quanto aos outros, pedimos paciência...

Após demonstrarmos o opele ifá, entremos diretamente no JOGO DE BÚZIOS, que embora não tenha os fundamentos do Ifá (não porque dizem que é Exu quem fala), é muitíssimo utilizado e o que é pior, de forma errônea e por pessoas inteiramente despreparadas para tal função.

Assim, diremos e mostraremos, sem darmos os odus, a interpretação do jogo de búzios ou Erindilogun, isto é, o jogo de búzios com 17 búzios. Todos jogam com 16, mas em verdade o 17º búzio é o que poderíamos chamar de odu axetuá (itanifá — histórias reveladoras dos odus).

O importante sobre o jogo de búzios é que o mesmo deve ser jogado sobre um tabuleiro especial e que o mesmo tenha os 16 sinais representativos dos Orishas, algo que raríssimos praticantes fazem. Deve-se assim fazer, pois todo método oracular tem que ter os aspectos fixos e os móveis. Os fixos seriam os sinais e os móveis ou variáveis, os próprios búzios.

Assim, interpretamos a caída dos búzios da seguinte maneira:

1º) o número de búzios abertos ou fechados;
2º) os búzios em relação aos sinais fixos do tabuleiro;
3º) o conjunto geométrico de búzios;
4º) o conjunto numérico de búzios.

Esses 4 fatores somados dão, de forma segura, muitas respostas importantes aos consulentes, quando bem analisados por pessoas honestas e cônscias de suas responsabilidades sacerdotais.

Vejamos então as possibilidades de caída dos búzios ou *cawries* ou *eyós*.

17 búzios abertos	— REPETIR JOGADA
16 búzios abertos	— FALA EXU
15 búzios abertos	— FALA IBEJI (YORI)
14 búzios abertos	— FALA OGUM
13 búzios abertos	— FALA YEMANJÁ
12 búzios abertos	— FALA XANGÔ
11 búzios abertos	— FALA OXOSSI
10 búzios abertos	— FALA OXALÁ
9 búzios abertos	— FALA OBAOLUAYÊ (YORIMÁ)
8 búzios abertos	— FALA EXU
7 búzios abertos	— FALA OXUM
6 búzios abertos	— FALA OBÁ
5 búzios abertos	— FALA OXUMARÊ
4 búzios abertos	— FALA OYA (YANSAN)
3 búzios abertos	— FALA OSSAIM
2 búzios abertos	— FALA ODUDUA
1 búzio aberto	— FALA NANÃ
Todos os búzios fechados	— Repetir jogada.

Observação:
17 búzios abertos — se repetir, DAR SALVA PARA EXU.

17 búzios fechados — *DAR SALVA PARA EXU DAS ALMAS* (Os *EGUNS* dos Africanos).

Os 17 búzios abertos podem indicar — *MORTE, ACIDENTE NO CAMINHO, MAGIA NEGRA*.

Os 17 búzios fechados — *ALMAS PENADAS NO CAMINHO*.

Após esses humildes e despretensiosos apontamentos sobre o jogo de búzios em sua parte prática, somente para aqueles já acostumados com as Artes Oraculares é que passaremos ao mais profundo de todos os Jogos Sagrados Oraculares, o OPONIFÁ.

O verdadeiro sacerdote do oponifá é o que podia e pode levar o nome de Babalawô — o Pai dos Mistérios — o Mestre de Iniciação de 7º grau no 3º ciclo. Na África, essa função sacerdotal era concedida apenas ao sacerdote de ifá. Como é o Oponifá?

Consta de um tabuleiro com 16 sinais — 1 conjunto para o *princípio universal masculino*, outro para o *princípio universal feminino*, cada um deles situado em lados opostos da prancha, em duas fileiras opostas, com sete sinais cada.

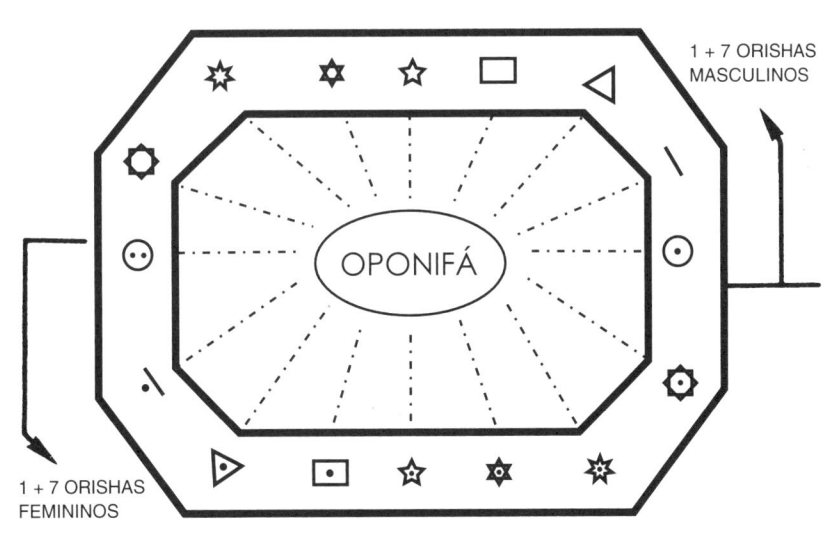

Uma das fileiras de 7 signos representa os Orishas masculinos e, a outra, os Orishas femininos. Esse tabuleiro (oponifá) tem sinais geométricos, pois são os signos fixos, enquanto os coquinhos-de-dendê (21) têm seus hieróglifos correspondentes, os quais definem, ou melhor, expressam odus. Pode ser comparado, em sua expressão mais pura, com o dito Tarô, cujos Arcanos eram 57 Menores e 21 Maiores, como alhures já demonstramos.

As 21 nozes-de-dendê são guardadas dentro de uma cabaça especial (*axé-igbá*).

Após a abertura da cabaça, o Babalawô separa 4 nozes-de-dendê, que são importantíssimas. Essas nozes são:

o PEIXE — que representa a ÁGUA
a CORUJA — que representa o AR
a COBRA — que representa a TERRA
o MACACO — que representa o FOGO.

Além desses, há o GATO, a CAVEIRA etc.

Importante notar que na própria lenda de Oxorongá (a feiticeira) fala-se sobre a Coruja. O Macaco, segundo a lenda, acompanhava Egum, aterrorizando as pessoas, mas era vencido por Oyá (Yansan).

Com isso, queremos afirmar que inverteram tudo, com historietas infantis e que carecem de maiores fundamentos, sendo bom ressalvar que há milênios persiste essa situação, não sendo pois culpa dos atuais adeptos dos cultos afro-brasileiros. Isso já é o processo de deterioração que vem desde o famoso Cisma de Irshu, como vimos, acontecido na Índia há 6.000 anos.

Bem, falávamos das 4 nozes especiais, pois são elas que serão importantíssimas no "jogo do destino do indivíduo".

Após observar e orar sobre as 4 nozes e as 17 restantes, o Babalawô coloca-as dentro da cabaça, pedindo ao consulente que pense fortemente no que deseja e retire 2 nozes com a mão esquerda e 3 nozes com a direita, levando-as à testa e depois ao coração. Feito isso, entrega as 5 nozes ao Babalawô, que as joga sobre o tabuleiro. Decodifica então o oráculo, que responde sobre o passado, presente, futuro e meios para equilibrar atos, situações, condutas etc.

A decodificação, de maneira sintética e no primeiro ângulo de interpretação do 1º método, usa de 3 chaves:

1ª CHAVE — Questões de ordem espiritual; é lida harmonizando-se os signos dos 21 sinais móveis (gravados nas nozes-de-dendê) com os 7 signos dos Orishas masculinos e o signo da *divindade em seu aspecto ativo* gravados no tabuleiro.

2ª CHAVE — Questões de saúde, problemas orgânicos, sentimentais e afetivos são respondidos por esta chave, que se baseia na interpretação das 21 nozes-de-dendê em relação aos sinais fixos do tabuleiro referentes aos Orishas femininos e ao *aspecto passivo da Divindade*.

3ª CHAVE — Fala de problemas de ordem material, financeiros e tudo aquilo que incluir lealdade, traições, virtudes, fracassos etc. Trata-se de reconhecer nos dendês cinco deles, cada um dos quais representa um elemental (4) e o outro o agente mágico, o elo de ligação de toda a sistemática oracular — *coruja, gato, peixe, cobra* e *macaco*.

Bem, após essa explicação, acreditamos ter mostrado o grau de dificuldade que deve ter aquele que conhece o mecanismo do oponifá em decodificar todas as suas mensagens para os destinos dos Seres. É sumamente impossível alguém, só porque viu algum verdadeiro Babalawô manipular o verdadeiro oponifá, querer imitá-lo ou tentar decifrar alguma coisa. A verdade é que seu entendimento vagará de norte a sul, de leste a oeste e não decifrará nada! Na verdade, o que se sabe é que, dentro das Casas Iniciáticas, as raríssimas, quando alguém alcança determinados graus, o verdadeiro Babalawô, ao sentir predisposição kármica ao oponifá no indivíduo, transmite-lhe noções básicas sobre o mesmo. Garantimos que aquele que tenha inclinações para as Artes Oraculares alcançará as chaves reveladoras desses mistérios, tendo seu Iniciador apenas lhe dado o básico, sendo o complemento praticamente todo conquistado pelo então agora Babalawô. É raríssimo mas não impossível conseguir-se esse grau iniciático, o qual acompanha também vastíssimo conhecimento de âmbito místico, filosófico, científico e artístico, a par da manipulação, com maestria, da magia astroetéreo-física e do conhecimento aprofundado da Lei de Pemba.

Ao terminarmos mais este capítulo, desejamos ao Filho de Fé cobertura de seus mentores-guias e que eles iluminem seus entendimentos e possibilidades de interpenetrar o âmago do oculto...

E vamos ao AGENTE DA JUSTIÇA KÁRMICA ... EXU...

Nota do médium — Na Sociedade Secreta dos Babalawôs (OSHOGBONI) havia uma grafia hermética, de conhecimento único dos Babalawôs, a qual não era diferente, em suas constituição fonomorfológica, dos verdadeiros sinais da Confraria da Pemba. Dentro dessa Sociedade OSHOGBONI somente os Babalawôs de altíssimo grau conheciam seus verdadeiros significados. Esses sacerdotes, segundo relato do próprio Sr. 7 Espadas, eram os oshôs (iftoshô), cujo significado esotérico é o de *mago* e não feiticeiro, como muitos têm apregoado, aliás erroneamente.

NOTA COMPLEMENTAR AO CAPÍTULO XVI

Acrescentamos e ampliamos alguns Fundamentos que foram expressos sobre o Oráculo de Ifá (págs. 536 a 546 — terceira edição).

Quando o Sr. 7 Espadas afirmou os conceitos sobre o Oráculo de Ifá, fê-lo de forma sintética, demonstrou o Oráculo Cósmico, originário da 1ª Raça ou seja da Raça Vermelha. Demonstrou-se que são ciclos e ritmos cósmicos que são equacionados segundo os ciclos e ritmos da individualidade.

Sua dinâmica oracular pode também ser estruturada com os 21 dendês, que poderão proporcionar cinco odus representativos do destino individual.

Cada noz de dênde representa um Orisha masculino ou feminino. Se for masculino, e segundo a ordem de precedência, riscar-se-á um traço (Ofu). Caso seja feminino riscar-se-á dois traços (Osa). Aqui revelamos o fundamento de origem dórica do Ifá, enquanto por necessidades temporais foi invertido na edição anterior conforme o costume iônico ainda praticado hoje.

No relativo ao Oponifá pedimos ao consulente que retire apenas quatro nozes. A seguir repete-se o procedimento para gerar uma das 256 configurações possíveis dos **omo odus**.

Este método dará apenas um odu que representa as respostas e as soluções de que o indivíduo necessita (inclusive a oferenda restitutiva = revitalização do axé pessoal).

Como exemplo, citaremos uma jogada hipotética na primeira retirada.

O indivíduo retirou quatro nozes respectivamente: Xangô, Nanã, Yori, Obá.

A ordem de formação do odu, segundo a precedência, será: Yori, Obá, Xango, Nanã.

Este representa a marcação do *Odu Osé* (O justo, a justiça — purificação).

Se na segunda retirada foi gerado, por exemplo, o Odu Iwori (O Social, associação — adversidade) então teremos o Omo Odu *Osé-Iwori*.

A interpretação inicia-se mediante o valor oracular das nozes em relação ao sinal fixo no tabuleiro ou bandeja de Ifá sobre o qual são arremessadas pelo sacerdote, a seguir interpreta-se o Odu correspondente, em nosso caso o Odu Osé-Iwori (vide Exu — O Grande Arcano, 3ª ed.)

É claro que os Itanifá, utilizados para a interpretação dos Odus, são histórias que serviam para adaptar para o meio profano os verdadeiros princípios filosóficos universais, encerrados nos Odus que guardam o conhecimento sintético cósmico, acessível apenas a raros iniciados.

Dos 21 coquinhos de dendê entregamos apenas os dezesseis correspondentes aos Orishas para a retirada do consulente. Separamos a Coruja, a Cobra, o Peixe, o Macaco e o Gato visto que possuem funções específicas no oráculo e correspondem, de uma certa forma, aos conhecidos Abira do oráculo Merindilogum. Deixaremos a compreensão dos fundamentos destas figuras aos verdadeiros iniciados capazes de penetrar neste mistério, cerrando o portal àqueles que criticam e refutam prontamente aquilo que desconhecem.

Levantaremos mais uma ponta do véu que encobre a importância destes elementos mostrando uma forma altamente eficaz de consulta utilizando alguns destes fundamentos. Esta forma é aprendida nos primeiros degraus da iniciação oracular e, para entrar nestes Erós, pediremos permissão aos Senhores do Segredo como faziam os ancestrais Babalawôs africanos que ainda guardavam fragmentos da Tradição originada na pura Raça Vermelha.

— *Aboru Boyê?*
— *Aboyê Boxé!*

(No mais alto segredo dos Babalawôs, esta era a senha que identificava os reais iniciados no mistério e no ministério de Ifá.)

JOGO INTRODUTÓRIO AO IFÁ — 1º Nível
(A Boa ou Má Sorte)

> Material:
> 2 Ossos
> 2 Capacetes de Ogum
> 2 Sementes
> 2 Pedras
> 2 Figas
> 2 Moedas
> 2 Búzios
> 2 "Okotos" (Caracóis)

Providenciar estes objetos de modo que o par tenha alguma coisa que os diferencie, já que um será identificado como positivo e outro como negativo.

INTERPRETAÇÃO:

Em seu primeiro aspecto, os objetos terão as seguintes relações e significados com os Orishas:

> **Osso** — *Orixalá* — Paz ou Tormenta
> **Capacete de Ogum** — *Ogum* – Trégua ou Demanda
> **Semente** — *Oxossi* — Mediunidade ou ausência dela
> **Pedra** — *Xangô* — Justiça ou Injustiça
> **Figa** — *Yorimá* — Morte ou Vida
> **Moeda** — *Yori* — Possibilidades de filhos ou não
> **Búzio** — *Yemanjá* — Amor ou Desamor
> **Okotô** — *Exu* — Sorte ou Azar
>
> Em seu segundo aspecto, os objetos expressarão:
> **Osso** — Vida ou Morte
> **Capacete de Ogum** — Paz ou Luta
> **Semente** — Amor ou Desamor
> **Pedra** — Lealdade ou Falsidade (traição)
> **Figa** — Magia + ou Magia –
> **Moeda** — Riqueza ou Pobreza
> **Búzio** — Espiritualidade ou Materialismo
> **Okotô** — Vitória ou Derrota

2º Nível

Material: Irosún (Pó de Pemba); "Prato" redondo de madeira.

Interpretação:

Pede-se ao consulente que escolha oito objetos, sendo que deverá ser orientado para que não pegue dois iguais (permitir isto apenas se o consulente insistir).

O intérprete observa bem os objetos escolhidos e PELA ORDEM DE ESCOLHA, vai grafando sobre o prato de madeira (que deve estar previamente coberto com o pó de pemba), os signos que dão formação aos Odus.

Ex:

Suponhamos que o consulente tenha pegado, pela ordem: Búzio (–), Pedra (+), Osso (–), Moeda (–), Figa (+), Okotô (+), Capacete (+) e Semente (+).

Após o sacerdote ter realizado a interpretação preliminar, seguindo as direções acima descritas, passa a realizar a interpretação por Odu, ou seja, pelo processo seguinte, onde os orishas falam em conjunto, proporcionando maiores esclarecimentos e aprofundamentos na parte do inconsciente e do destino do consulente.

Ex:

Para cada escolha negativa, será riscado sobre o prato dos Odus, com os dedos, dois traços (Osá) e para cada escolha positiva, um traço (OFÚ). Com isso, obteremos dois Odus, os quais terão sua interpretação específica, de acordo com os Itanifás, os quais veremos posteriormente. Segundo o nosso exemplo acima:

> Búzio (–) – II
> Pedra (+) – I
> Osso (–) – II
> Moeda (–) II

Por esta configuração, já temos expresso um Odu, no caso, IWORI, que será interpretado segundo seu significado. Continuando:

> Figa (+) – I
> Okotô (+) – I
> Capacete (+) – I
> Semente (+) – I

Esta configuração nos revela o odu OGBÉ. Os dois Odus devem ser analisados em conjunto, sendo que a interpretação mais abrangente e direta será a do Odu mais Velho, no caso, OGBÉ. Este "vence" IWORI, o qual sintetizou o problema; OGBÉ trouxe a solução e é o ODU que fornecerá o "modus operandi" de se realizar a oferenda, as quais veremos numa próxima oportunidade.

Todas as outras configurações podem ser encontradas na Proto-Síntese Cósmica, sendo que as interpretações em seu aprofundamento serão desveladas com o tempo e com o trabalho.

Esta é a primeira fase que deve ser muito bem compreendida e assimilada, pois tudo o que virá depois dependerá somente da predisposição do iniciado.

QUE OS OLHOS DE IFÁ SEJAM SEUS OLHOS...

Capítulo XVII

Umbanda e os Agentes da Disciplina Kármica — Origem Científica e Real do Vocábulo Exu — Exu Cósmico — A Coroa da Encruzilhada — Os Exus e sua Hierarquia — Os Exus das Almas ou Manipuladores das Energias Livres — Os Agentes do Mal — Magos-Negros — A Kimbanda — O Submundo Astral — Zonas Abismais e Sub-abismais — Exu e seu Trabalho de Combate aos Emissários das Trevas — Magia dos Exus — A Oferenda Ritualística — Lei de Pemba — Triângulos Fluídicos e a Verdadeira Lei de Pemba ou Sinais Riscados dos Exus

Após a caída ou descida do Ser Espiritual do Reino Virginal ou universo astral, vários desses mesmos Seres Espirituais tornaram-se, através da revolta e insubmissão de que eram possuídos, marginais desgarrados de toda uma sistemática evolutiva. A esses Seres Espirituais foram dadas as zonas internas de todos os planetas similares à Terra, isto é, suas zonas subcrostais. Todos eles eram filhos da revolta, gênios do mal, insubmissos da própria deidade, sendo pois os "filhos do dragão". Muitos deles, quando se libertam das zonas condenadas, começam a orbitar na crosta de vários *locus* do universo. Logo, começam a se afinizar com vários Seres Espirituais que tornam-se pontes vivas de seus desejos e ações nefastas. Após a transformação (morte no Planeta Terra), os ditos pontes vivas vão engrossar a *falange negra* do ódio, do despeito e da insubmissão. Assim aconteceu em todos os *locus* do universo astral. Essa foi uma das formas que a Misericórdia Divina encontrou para reajustar seus filhos desgarrados, atraindo-os para as zonas mais superficiais, ao mesmo tempo que equilibrava e aferia os ditos pontes vivas, que também tornar-se-iam, agora de forma declarada, *marginais do universo*. Muitas e muitas vezes as *hostes do dragão*, habitantes das zonas condenadas do universo, até o dia em que se reequilibrarem vibratoriamente, tentarão invadir a superfície cósmica, através das correntes mentais desequilibradas dos ditos marginais do Universo. Mas sempre esbarrarão em verdadeira barreira cósmica, que como guardiã os impede de realizar esse intento. Dessa forma, simplificadamente, é que surgiu no universo astral, em todos os *locus*, o império das sombras e das trevas, que nada mais são que zonas de desequilíbrio e ignorância em que habitam os agentes da revolta e insubmissão, claro que temporárias, pois SÓ O BEM É ETERNO.

Dissemos que as zonas condenadas do Cosmo tinham verdadeiras barreiras vibratórias e também tinham, é claro, seus *donos vibratórios*, como Guardiães, enviados dos Orishas Superiores (vide Hierarquia Espiritual). No sistema solar relativo ao planeta Terra, esses 7 Guardiães da Luz para as Sombras, através da misericórdia do Cristo Jesus, arrebanharam vários milhares, milhões de marginais e os colocaram na *roda das reencarnações*, visando restabelecer-lhes o equilíbrio de há muito perdido. Muitos deles, após reencarnarem dezenas de vezes, recuperaram esse equilíbrio, sendo logo atraídos ou chamados a trabalhar dentro da *faixa vibratória* afim aos 7 Guardiães da Luz para as Sombras, visando recuperar-se definitivamente perante as Leis Universais. Assim é que, das noites escuras da insubmissão e do erro, surgem no plano astral do planeta Terra, após passarem por verdadeira aurora renovadora e saneadora, atraídos que foram pelos 7 Guardiães da Luz para as Sombras, aqueles que seriam os *agentes da justiça ou disciplina kármica — Exu*, que firmou as suas 7 Espadas (poder e justiça) nas 7 Encruzilhadas, que são os caminhos de seu reino (os 7 Entrecruzamentos Vibratórios, ou as Linhas de Força, que se entrecruzam). Assim, surgiram no planeta Terra os Exus, legiões de Espíritos na fase de *elementares*,* isto é, Espíritos em evolução dentro de certas funções kármicas. O karma, como sabemos, tem reajustes e cobranças, essas são feitas pelos Exus, que assim fazendo cooperam para o equilíbrio da Lei, equilibrando também suas próprias necessidades perante essa mesma Lei. Essas *legiões* de Espíritos ditos *elementares* (pois são básicos dentro da Lei de Evolução ou da Lei Kármica) se

---

* Não confundamos Elementares, Espíritos que estagiam nos reinos da Natureza, com os Exus Elementares, assim ditos dentro da Hierarquia da Corrente Astral de Umbanda.

agrupam em falanges, subfalanges, grupos, subgrupos e colunas. Operam, é claro, mais nos serviços terra-a-terra, dentro da justa relação imposta pelo karma coletivo, grupal e individual. Os Espíritos que coordenam todo esse movimento de plano a plano, além dos seus subplanos da kimbanda, são os *cabeças grandes* ou *cabeças de legião*, que são os realmente qualificados como EXUS, uma espécie de *polícia de choque* que fiscaliza e frena o submundo astral. Como estamos vendo e ainda veremos, os Exus não são, como muitos querem, Espíritos irresponsáveis, maus, diabólicos ou trevosos. Os verdadeiros maus e trevosos são aqueles a quem eles arrebanham, controlam e frenam. Com isso, não estamos afirmando que Exu só faça o *bem*, segundo o conceito corrente de *bem*. Exu, na verdade, está acima do conceito do *bem* e do *mal*, porém ligado ao conceito de JUSTIÇA. Assim, o *bem* e o *mal* são condições necessárias ao seu próprio aprendizado e equilíbrio perante as Leis Cósmicas. Esses são aspectos que eles enfrentam, quer para um lado, quer para o outro, desde que isso entre na órbita de suas funções kármicas, pois nunca fazem nada por conta própria. São sempre mandados a operar ou intervir em certos reajustes, cobranças, etc. É bom que se entenda que nada se processa de cima para baixo por acaso, como se um reajuste, uma cobrança, ou melhor, uma ação de equilíbrio kármico fosse uma coisa espontânea, sem direção, sem controle, sem Leis Reguladoras. Ora, se há leis e subleis para tudo, como não haveriam de existir os veículos apropriados, nas suas variações de equilíbrio? É dentro dessas condições que operam os Exus; aparentemente prestam-se aos trabalhos de ordem inferior, porém necessários, porque tudo tem seus paralelos e veículos executores. O Filho de Fé atento deve estar observando que as funções de Exu são de importância vital para o karma coletivo, grupal e individual, não podendo ser Exu, portanto, um Ser Espiritual trevoso, agente do mal. Ao contrário, é ele um Ser Espiritual com responsabilidades definidas perante o contexto da Lei Kármica, executor fiel das ordenações de cima para baixo, *emissário executor da luz para as sombras* e dessas para as *trevas*. Exu, até em muitos e muitos casos, é responsável pelo reencarne e desencarne aqui no planeta Terra, técnico que é nesse mister. Mais adiante, veremos como atua principalmente no campo vibratório das energias livres. Antes, porém, não poderemos progredir em nossos apontamentos se não fizermos algumas alusões necessárias sobre a origem do termo Exu. O vocábulo Exu é originário da possante Raça Vermelha, surgindo há milhares de anos, no seio dessa poderosa Raça Raiz, em pleno solo brasileiro. No Abanheenga e mesmo no Nheengatu, vamos encontrar o termo *Essuiá*. Por alterações fonéticas, semânticas e filológicas, chegamos ao termo ou vocábulo *Essu*, que significava *o que vinha à frente* ou *o lado oposto*. Sim, ainda hoje, Exu é o agente da magia ou da execução kármica e é o GUARDIÃO DA KIMBANDA ou do LADO OPOSTO. Claro está que o vocábulo Exu é recente, pois primitivamente era Essuiá. Como Exu tem os mesmos atributos e qualificativos de Essuiá, foi o mesmo preservado no seio da coletividade umbandista e mesmo na cultura africana, em especial a Yoruba. Assim, procuramos a origem do termo Exu e fomos buscá-la quando os continentes americanos e africanos eram um só, tanto na Lemúria como na Atlântida. É aí, nessa gloriosa civilização, em épocas que se perdem nas noites dos tempos, que encontramos o vocábulo Essuiá ou Essu, como muitas Entidades Espirituais militantes na Corrente Astral de Umbanda vêm afirmando quando têm oportunidade, por intermédio de seus médiuns. Muitos Filhos da Terra, arrivistas, dirão que o vocábulo é de origem africana! Ora, os africanos ocidentais, em especial os *nagôs* (*yorubas*), receberam do povo *Etíope*, que era originário de ramos populacionais da Atlântida, o vocábulo *Exud*, que já era corruptela de *Essu*, que os Yorubanos, devido a sua língua tonal, fonetizaram como EXU. Na Ásia, na Índia Pré-Védica, tivemos um *príncipe*, de nome Irshu, filho do Imperador Ugra, o qual pregava o *princípio espiritual*, ao contrário de seu filho Irshu, que pregava o *princípio natural* de todas as coisas. *O princípio espiritual* identificava a chamada Ordem Dórica. *O princípio natural* identificava a chamada Ordem Yônica. Nessa época, mais ou menos há 6.000 anos, foi que tivemos ainda mais as inversões dos valores espirituais, morais, esotéricos, etc. Tivemos, na verdade, a dissolução do que restara do *princípio espiritual*, o qual era transmitido por patriarcas ou magos brancos. Após, em poucas palavras, tentamos recordar os dias negros do Cisma de Irshu, que também emprestou o vocábulo para o agente da justiça kármica (Exu). Ainda queremos ressalvar que a força do termo *Essuiá* não se apagou, pois quando os Filhos-de-Terreiro, hoje em dia, vão "salvar" Exu, pronunciam EXU-RIÁ..., que é termo deturpado de *Essuiá*. Após esse esclarecimento, seguindo avante em nossos apontamentos, vejamos como o guardião da Luz, no Movimento Umbandista, estruturou a dita Coroa da Encruzilhada. Os 7 Orishas estenderam aos seus Guardiães da Luz para as Sombras o comando das ações, das cobranças e reajustes kármicos. Esses, por sua vez, arrebanharam logo que puderam aqueles que foram **marginais do universo**, agora regenerados e necessitando de complementação nas suas fichas kármicas e que, após esse complemento ou reajuste, se libertariam da função kármica de atuarem como EXU. Assim, as 7 Entidades ditas Exus Cabeças de Legião são: EXU 7 ENCRUZILHADAS, EXU TRANCA-RUAS, EXU MARABÔ, EXU GIRA-MUNDO, EXU PINGA-FOGO, EXU TIRIRI e EXU POMBA-GIRA. Esses Exus denominados *Coroados*, formam a Coroa da Encruzilhada. São coroados pois são os mais elevados dentro da Hierarquia dos Exus, ou componentes da Cúpula dos Exus, ditos guardiães. Receberam a *coroa do compromisso* de serem os Agentes da Justiça Kármica e Agentes da Magia Cósmica.

Os 7 Exus Guardiães Cabeças de Legião comandam um verdadeiro *exército*, dividido em planos, subplanos, grupos, subgrupos e colunas. Na verdade, a Coroa da Encruzilhada é formada por 49 Exus, os quais se dividem ou entrosam dentro das 7 Vibrações Originais ou 7 Linhas. Vejamos como se formou a Coroa da Encruzilhada desde os primeiros tempos. No capítulo referente às 7 Vibrações Originais, falamos sobre a função kármica do Orisha Ogum. Dissemos que o mesmo, como *guerreiro cósmico*, como *pacificador*, tinha arrebanhado muitas criaturas espirituais, visando incrementar-lhes a evolução e o progresso espiritual. Trouxe para o planeta Terra, sob a supervisão e decisão amorosa do CRISTO JESUS, os desgarrados e marginais do universo, sendo Exu seu *batedor cósmico*. Os 7 Exus ou Executores da Lei Kármica em suas paralelas passivas (cobranças relativas às causas e efeitos já construídos pelas ações negativas, precipitando o retorno e o choque) abriram os caminhos para essas almas insubmissas chegarem (após passarem por vários *locus*, inclusive os planos ditos Elementares, nos sítios vibratórios do planeta Terra, como os reinos mineral, vegetal, animal e os superiores pré-hominais) ao planeta através da encarnação e sua odisséia na roda reencarnatória. Assim é que os 7 Exus citados estendem suas vibrações aos 7 Exus Cabeças de Legião, em cada Vibração Original. Assim, vejamos quem são os 49 Exus que estão debaixo da vibratória dos 7 Exus Batedores Cósmicos ou Exus Cósmicos, isto é, que estão isentando-se dessa função kármica. São os Exus de 3º ciclo ou de Libertação, pois há os de 2º ciclo e os de 1º ciclo.

Os 7 Exus Cósmicos são: EXU 7 ENCRUZILHADAS — serventia direta de ORIXALÁ; EXU TRANCA-RUAS — serventia direta de OGUM; EXU MARABÔ — serventia direta de OXOSSI; EXU GIRA-MUNDO — serventia direta de XANGÔ; EXU PINGA-FOGO — serventia direta de YORIMÁ; EXU TIRIRI — serventia direta de YORI; EXU POMBA-GIRA — serventia direta de YEMANJÁ. Cada um desses *Chefes* coordena mais 7 Chefes de Legião, os ditos Exus de Lei ou Exus Guardiães. Dentro de cada Linha, um deles, o primeiro, está diretamente ligado ao Exu Cósmico. Assim estamos dando a HIERARQUIA CÓSMICA DO AGENTE MÁGICO E DA JUSTIÇA KÁRMICA.

ORGANOGRAMA DA HIERARQUIA DOS
EXUS CABEÇAS DE LEGIÃO

VIBRAÇÃO ORIGINAL DE ORIXALÁ EXU CÓSMICO DE ORIXALÁ — 7 ENCRUZILHADAS
1. EXU GUARDIÃO 7 ENCRUZILHADAS
2. EXU GUARDIÃO 7 PEMBAS
3. EXU GUARDIÃO 7 VENTANIAS
4. EXU GUARDIÃO 7 POEIRAS
5. EXU GUARDIÃO 7 CHAVES
6. EXU GUARDIÃO 7 CAPAS
7. EXU GUARDIÃO 7 CRUZES

VIBRAÇÃO ORIGINAL DE OGUM EXU CÓSMICO DE OGUM — TRANCA-RUAS
1. EXU GUARDIÃO TRANCA-RUAS
2. EXU GUARDIÃO TRANCA-GIRA

3. EXU GUARDIÃO TIRA-TOCO
4. EXU GUARDIÃO TIRA-TEIMAS
5. EXU GUARDIÃO LIMPA-TRILHOS
6. EXU GUARDIÃO VELUDO
7. EXU GUARDIÃO PORTEIRA

VIBRAÇÃO ORIGINAL DE OXOSSI
EXU CÓSMICO DE OXOSSI — MARABÔ

1. EXU GUARDIÃO MARABÔ
2. EXU GUARDIÃO DAS MATAS
3. EXU GUARDIÃO CAMPINA
4. EXU GUARDIÃO CAPA-PRETA
5. EXU GUARDIÃO PEMBA
6. EXU GUARDIÃO LONAN
7. EXU GUARDIÃO BAURU

VIBRAÇÃO ORIGINAL DE XANGÔ
EXU CÓSMICO DE XANGÔ — GIRA-MUNDO

1. EXU GUARDIÃO GIRA-MUNDO
2. EXU GUARDIÃO DA PEDREIRA
3. EXU GUARDIÃO CORCUNDA
4. EXU GUARDIÃO VENTANIA
5. EXU GUARDIÃO MEIA-NOITE
6. EXU GUARDIÃO MANGUEIRA
7. EXU GUARDIÃO QUEBRA-PEDRA

VIBRAÇÃO ORIGINAL DE YORIMÁ
EXU CÓSMICO DE YORIMÁ — PINGA-FOGO

1. EXU GUARDIÃO PINGA-FOGO
2. EXU GUARDIÃO BRASA
3. EXU GUARDIÃO COME-FOGO
4. EXU GUARDIÃO ALEBÁ
5. EXU GUARDIÃO BARA
6. EXU GUARDIÃO LODO
7. EXU GUARDIÃO CAVEIRA

VIBRAÇÃO ORIGINAL DE YORI
EXU CÓSMICO DE YORI — TIRIRI

1. EXU GUARDIÃO TIRIRI
2. EXU GUARDIÃO MIRIM
3. EXU GUARDIÃO TOQUINHO
4. EXU GUARDIÃO GANGA
5. EXU GUARDIÃO LALU
6. EXU GUARDIÃO VELUDINHO DA MEIA-NOITE
7. EXU GUARDIÃO MANGUINHO

VIBRAÇÃO ORIGINAL DE YEMANJÁ
EXU CÓSMICO DE YEMANJÁ — POMBA-GIRA

1. EXU GUARDIÃO POMBA-GIRA
2. EXU GUARDIÃO DO MAR
3. EXU GUARDIÃO MARÉ
4. EXU GUARDIÃO MÁ CANGIRA
5. EXU GUARDIÃO CARANGOLA
6. EXU GUARDIÃO GERERÊ
7. EXU GUARDIÃO NANGUÊ

Após darmos os nomes dos 49 Exus Chefes de Legião — ou Cabeças de Legião — devemos entender que os mesmos são chamados, como vimos, de **EXUS** de 3º Ciclo ou de Libertação dessa função. Cada um desses 49 Exus comanda verdadeiros exércitos, que têm seus comandantes, subcomandantes, chefes, subchefes, etc.

Não daremos a Numerologia dos Exus em virtude da mesma ser igual à do Plano da Umbanda. Assim, afirmamos: "o que está embaixo é semelhante ao que está em cima." Assim, os Exus de 3º ciclo compõem-se, segundo a Hierarquia, como Exus dos Orishas, Guias e Protetores. Todos esses Exus são ditos *Exus de Lei* ou mesmo *coroados*, *batizados*, *estrelados* e mesmo *cruzados*, de acordo com a função que ocupam dentro da Legião a que pertençam. Após essa ligeira elucidação, recordemos:

A Umbanda, em sua doutrina secreta ou esotérica, tem como pedra angular sobre o Plano Oposto ou Kimbanda, que 7 são os Exus que compõem a chamada Coroa da Encruzilhada ou a Cúpula dos Exus Guardiães. Já vimos que Exu é um agente executor da justiça kármica em nosso planeta. São esses Exus Guardiães uma verdadeira *polícia de choque*, encarregada de frenar os elementos do submundo astral ou baixo astral e de executar a Lei Kármica perante os Seres Espirituais. É o Exu Guardião, portanto, um Ser Espiritual situado além dos conceitos do Bem ou Mal, mas ligado ao conceito da Justiça e sua execução. Quando falamos *encruzilhada*, entenda-se os *entrecruzamentos vibratórios das linhas de força* ou *correntes elementais da natureza*, onde os Exus são chamados a atuar, manipulando-as para diversos fins. No sentido popular, passaram a ser as *encruzilhadas*, caminhos que se cruzam, nas quais é comum vermos certas oferendas aos vulgarmente chamados *compadres*, *homens da encruza* ou outros tantos nomes que qualificam e demonstram o grau de entendimento das humanas criaturas afins a essas práticas.

Dentro da Hierarquia desses agentes mágicos que estão dentro de uma função kármica definida, disciplinar e em sua fase final ou de libertação, há os Exus Coroados, que estendem seu comando aos Exus Batizados ou Estrelados e esses, por sua vez, comandam os Exus Cruzados. Os citados Exus são intermediários ou *emissários da luz para as sombras*, onde se subdividem em 3 Ciclos, de onde promovem comandos, subcomandos, chefia e subchefias, através das legiões, falanges, grupos e colunas.

Das *sombras* para as *trevas* há os Exus pagãos (1º ciclo), os quais arrebanham os *kiumbas*, *rabos de encruza* e toda sorte de almas aflitas, penadas, desesperadas e revoltadas.

Bem, após essa revisão, que achamos necessária para não perdermos o conceito global sobre Exu e suas funções, vamos entender um conceito deveras arraigado no Movimento Umbandista em sua grande maioria, sobre os ditos Exus das Almas. O que seriam, em verdade, se é que existem, os ditos Exus das Almas?

Sem grandes elucubrações, mas de forma simples, objetiva e real, tentemos responder, visando esclarecer muitos Filhos de Fé que ainda não têm um conceito formado sobre os ditos Exus das Almas. Em verdade, os Exus das Almas existem e trabalham também dentro de funções kármicas bem definidas, não sendo, como muitos querem, emissários de OMULUM que é considerado, sem nenhum fundamento, como o dono dos cemitérios ou o SENHOR DA MORTE. Não estamos com isso afirmando que não existam os Exus que atuam na órbita dos cemitérios. Claro que eles existem, mas não no sentido que muitos querem lhes atribuir, algo que veremos logo mais, quando falarmos sobre o submundo astral. Bem, os Exus das Almas são aqueles que trabalham ou manipulam as energias livres (Exus de 2º Ciclo). Como energias livres, entendemos toda transformação de matéria em que há liberação de energia. A matéria física, transformando-se em matéria astral, libera energia física ou produz resquício de energia. A morte física, ao liberar o corpo astral do corpo físico denso e do etérico, libera energia, sendo que essas energias, se não forem transformadas ou armazenadas, serão utilizadas por Entidades malfazejas, nas mais diversas formas. Muitos Espíritos desencarnados andam em busca de sensações e energias livres que lhes sustentem seus desejos e objetivos escuros. São como verdadeiros vampiros; aliás, são Espíritos vampiros, de aspecto horripilante, que aterrorizam várias criaturas não acostumadas com suas infelizes manifestações... Esses Seres Espirituais estão sempre próximos dos cemitérios ou dentro deles, ou nos matadouros, nos açougues, nas tão habituais churrascarias, nas casas de prostituição, nas casas noturnas onde há vários vícios, tais como tóxicos, álcool e exacerbação da luxúria etc. Não fica difícil também perceber que nas encruzilhadas de ruas, onde há uma profusão de correntes mentais as mais disformes possíveis, coaguladas e condensadas, eles também orbitam, em busca de satisfazer seus desejos e necessidades mórbidas. Eis, pois, uma real interdição de se fazer as *oferendas ritualísticas* a Exu Guardião nessas encruzilhadas de ruas, onde passam transeuntes de todos os matizes e estirpes espirituais, sejam carnados ou desencarnados. É por isso que muitas Entidades chamam essas encruzilhadas de ruas de *portas cruzadas*. Sim, são verdadeiras "portas", tanto de entrada como de saída, para as mais baixas regiões do submundo astral e mesmo para as regiões mais baixas e grosseiras do *túnel de triagem*, já em plena zona de transição com o baixo mundo astral. São também essas encruzilhadas de ruas, portas que se abrem ao que há de mais escuro em forças e Seres Espirituais que orbitam nos cemitérios. Esses Seres Espirituais que orbitam nas encruzilhadas de ruas são os chamados *Kiumbas*, que estão a mando de verdadeiros *magos-negros* que se encontram em suas cavernas ou em seus reinos de feitiçaria e de bruxaria, nas covas ou cavernas de zonas subcrostais, como veremos logo mais. Esses kiumbas, Espíritos velhacos e trapalhões, verdadeiros marginais, arrebanham as almas penadas, aflitas e desesperadas, as quais vão engrossar a falange maldita do ódio e da revolta, são coordenadas por verdadeiros *magos-negros, gênios das trevas, filhos da insubmissão e da revolta*, os quais mantêm verdadeiros exércitos de marginais de todos os estigmas e que, vez por outra, atacam as humanas criaturas que com eles se sintonizam ou se afinizam, através dos mesmos sentimentos, desejos e ações nefastas. É contra esse estado de coisas e fazendo oposição a esses Seres que atuam os EXUS DAS ALMAS, comandados pelos EXUS DE LEI. Os Exus de Lei estendem seu comando e vibratória a esses Exus, os quais são denominados *cruzados*. São pois chamados "das almas" em virtude de lidarem com as almas e suas emanações. Todos esses Exus são valorosos *Guardiães das Sombras para as Trevas*, sendo muitos deles chamados de AGENTES DO EXU CAVEIRA* que na verdade é um Exu de Lei que comanda todos os Exus das Almas, sendo um de seus auxiliares avançados o Exu Tranca-Ruas das Almas, o qual é elo de ligação entre a Encruzilhada de Lei (os *Entrecruzamentos Vibratórios dos Orishas*) e o Campo do Pó (os *Entrecruzamentos Vibratórios Humanos* — das correntes de pensamentos pesados, que orbitam invariavelmente no *campo do pó* ou *cemitério*). É pois completamente errôneo atribuir-se ao Exu Caveira certos trabalhos de magia negra feitos nos cemitérios. O que ocorre é que seus subplanos, vez por outra, são subornados. Sim, há suborno e deixam "passar em branco", ou até ajudam, determinados magos-negros desencarnados e mesmo encarnados em seus trabalhos maléficos feitos com as energias livres e deletérias dos cemitérios, manipuladas e endereçadas por esses *caudas de subgrupos* (1º Ciclo), os quais, quando são pilhados, são enviados a certas "zonas do astral inferior", onde estacionam através de profundos transes hipnóticos, através de efeitos mágicos promovidos pelos comandantes do exército do Exu Caveira, os quais lhes manipulam a *tela mental* visando equilibrar-lhes emoções e sentimentos. Isso, às vezes, pode demorar séculos. Como vemos, nada fácil e nada de irresponsável tem o trabalho ou função do Exu Caveira e sua corrente. Também aproveitamos a ocasião para afirmamos que o Exu Caveira raramente se apresenta à clarividência e quando o faz não é na forma de esqueleto ou caveira. Seus enviados por baixo, os seus "criados", esses sim podem se apresentar como esbranquiçados e macilentos ou encapuzados, percebendo-se nitidamente as 2 órbitas oculares vazias. Não obstante serem Espíritos muito endividados, estão cumprindo sua parte, e estão na senda da reabilitação, claro que tudo na dependência de suas vontades e desejos, que são frenados e fiscalizados. Mas aí, como em qualquer *locus*, há o livre-arbítrio (nessas regiões, às vezes, o livre-arbítrio é relativíssimo e quase nulo). Salve pois o trabalho desse GRANDE AGENTE DA MAGIA DAS ENERGIAS LIVRES, pelo seu trabalho incansável, há milênios, em favor da melhoria do planeta, reajustando as almas insubmissas e ignorantes e aparando arestas do submundo astral, onde, através dele e seus comandados, atua a Misericórdia Divina.

Falando sobre os Exus e suas funções, não podemos deixar de citar que quem pratica as ações maléficas, como gênios do mal, não são os Exus de Lei, mas sim os marginais do astral, os quais são combatidos e frenados pelos verdadeiros Exus. Assim, carecem de maiores fundamentos os Filhos de Fé que os evocam para serem veículos de choques contundentes ou correntes maléficas que pretendam atingir outro Ser Espiritual, visando seu malefício. Quem em verdade recebe os *ebós* como carnes sangrentas, regadas a álcool ou outra qualquer bebida excitante, nas encruzilhadas de ruas e mesmo na "kalunga pequena" (cemitério), não são os verdadeiros Exus de Lei, e sim os Exus Pagãos e os Kiumbas, ambos "linhas de frente" dos magos-negros, que de suas cavernas ou covas subcrostais os comandam nas mais baixas correntes mágicas (magia negra) ou mesmo nas correntes de atritos e perseguições a quem eles querem deleteriamente atingir, ou ainda aos Filhos de Fé que com eles se afinizem ou se sintonizem. São esses exus pagãos e *rabos de encruzas* que, quando pilhados pelos verdadeiros exus de lei, são disciplinados em verdadeiro "cárcere astral" que os impede de reencarnar, pois eles estão sedentos das sensações humanas que ainda precisam esgotar. Em obediência à Lei Kármica, Exu não lhes vincula o "passe reencarnatório", algo que os atormenta, levando-os às vezes, a verdadeira alienação mental, com completa deterioração de sua constituição astral, podendo assim permanecerem, em estado de latência, vários séculos. Como vínhamos falando, são esses marginais do astral e seus comandantes, os magos-negros, que se comprazem em fazer o mal e atender aos baixos desejos ou paixões desenfreadas das humanas

---

* Nota do médium — A pedido do Sr. 7 Espadas — Não obstante o Exu Caveira ser um guardião de Lei, com funções definidas, suas Correntes de ação são pesadíssimas. Não é, pois, aconselhável evocá-lo, a não ser por intermédio de uma Entidade Superior (Caboclo, Preto-Velho) que sabe como fazê-lo, ou por um médium-magista de fato e de direito. Com isto apuramos que também não se deve evocar os Exus de sua faixa, principalmente de seus subplanos, tais como Exu Cruzeiro, Exu Kalunga, Exu 7 Catacumbas, Exu Tridente e outros, sem o devido conhecimento e a devida oportunidade.

criaturas, não os Exus de Lei, que têm funções kármicas até no reencarne, em seus aspectos técnicos ou de execução...

Após essas ligeiras explicações que se faziam necessárias, descreveremos agora como são as zonas subcrostais onde habitam os magos-negros, Seres Espirituais encarcerados no mal deliberado, juntamente com seus verdadeiros "escravos", para que muitos Filhos de Fé possam melhor entender as funções kármicas do Exu Guardião ou Exu de Lei, aprendendo então a distinguir o verdadeiro Exu de Lei daqueles que querem se passar por eles, mas que realmente são Filhos das Trevas, com suas miopias espirituais e outras distorções conscienciais. Assim, Filho de Fé, para seu aprendizado, desçamos às zonas subcrostais, onde almas insubmissas nas trevas exteriores e interiores situam-se após a morte física, podendo aí permanecer séculos, milênios! Respeitosamente, com *agô* do CORDEIRO DIVINO, penetremos desde o *túnel da triagem* até as zonas abismais, já na esfera subcrostal do planeta Terra.

No plano astral, em sua zona de transição, encontra o Ser Espiritual que desencarna no planeta Terra, salvo raríssimas exceções, o *túnel da triagem* e, após período relativo de permanência nesse *locus* astral, tudo na dependência individual do Ser Espiritual, é ele enviado ao seu plano afim. Como dissemos, todos são reconhecidos pela cor de seus auras, que como *cartão de visita*, identifica o Ser Espiritual desencarnado. Nessa zona ou *túnel de triagem vibratória* há "postos avançados" de todos os planos ou zonas do astral superior, os quais albergam por tempo determinado seus habitantes, até que os mesmos estejam, após *rastreamento vibratório* e até mesmo *processos de descorticação do corpo etérico*, feitos por técnicos nesse mister, completamente livres e desimpregnados das últimas influências do corpo físico denso e etérico. Claro que os corpos mental e astral passam por rigorosa inspeção, sendo que muitos saem desses postos avançados para zonas de recuperação, e farão uma *estadia* em verdadeira *Estação de Luz*, idêntica em funções àquelas que, aqui por baixo, chamamos de "estação de águas", onde pessoas vão convalescer dos mais variados males. Mostramos o que acontece, após o desencarne, com o Ser Espiritual de consciência limpa e tranqüila, que na medida do possível não contraiu grandes débitos perante a Lei Kármica, *o que não é comum observarmos*, pois como todos sabem, há Seres Espirituais que se encontram presos aos seus despojos físicos em pleno túmulo, sentindo todos os processos da decomposição orgânica, ficando completamente aterrorizados com seus próprios espectros. Assustam-se com seus próprios fantasmas!... Um dia eles se libertarão, e para se orientarem quanto ao caminho a seguir, chegarão ao *túnel da triagem*, de onde serão enviados aos seus *locus* afins. Como os Filhos de Fé devem imaginar, o *túnel de triagem* é realmente um local muito movimentado. Milhares de Seres Espirituais, em período integral, são atendidos pelos responsáveis e toda sua gama de prepostos. Fica claro que quem comanda essa zona são os Exus Guardiães de altíssimo grau hierárquico. Há também, em pleno túnel de triagem, zonas ou "portas vibratórias" de acesso a várias regiões, tanto para o Astral Superior como para o astral inferior e daí às cavernas do submundo astral, das zonas abismais e sub-abismais. Em todas essas portas vibratórias que dão acesso aos planos afins há verdadeiros *guardiães*, com todo o suporte vibratório-magnético que até contunde e fustiga corpos astrais embrutecidos, impedindo a entrada e a saída sem o "passe". Quando digo porta vibratória, quero dizer uma região de acesso, que é mantida toda magnetizada e guardada pelo Guardião Superior (Exu de Lei), com toda sua falange fiscalizadora. Realmente, são fronteiras vibratórias, tal como aqui no plano físico denso, ninguém cruza sem seu *passe* ou *passaporte*.

Após ligeiras noções sobre o *túnel de triagem vibratória*, atravessemos uma das "*portas vibratórias*" de acesso ao submundo astral. Desespero, dor, revolta e angústia nos aguardam! À medida que formos descendo e revelando os abismos e sub-abismos, novos e indescritíveis quadros nos deparam, onde surgem Seres encarcerados no mal e na revolta, cujos corpos astrais exibem aspectos horripilantes e muitas vezes nauseabundos aos menos acostumados a *essas descidas*. Muitos, com aspectos disformes, que só de longe lembram-nos que foram humanos, degradaram-se pela permanência no mal, não possuindo às vezes nem Corpo Astral. É como se tivessem tido uma "segunda morte". Perderam o controle da mente consciente e caminham em descida vertiginosa para os mais recuados abismos e subabismos, onde estão ou vão cumprir *penas impostas pela prática do mal nas suas várias reencarnações*. Após esse alerta, respeitosamente, entremos no mundo das TREVAS e dos infelizes, embora vivam em total desatino, achando-se *senhores totipotentes* e melhores que qualquer outro Ser do universo. Um dia eles despertarão; aguardemos o sábio tempo, ele é o grande mestre...

Antes de iniciarmos a descida, passamos por guardiães dessas zonas e, com seus avais e assistência, começamos a descida.

*A primeira camada, aparentemente compacta, é para nós, Seres desencarnados, como se fosse uma *poeira*, sendo-nos válida a assertiva dos nobres cientistas terrenos, quando dizem que *a matéria é vazia*. Assim, reafirmamos que essa 1ª zona subcrostal, estendendo-se por quilômetros para baixo da superfície, se apresenta como matéria não densificada, claro que isso para o Ser astralizado, ou seja, que não tenha corpo físico denso. Essa zona é *insólita* e *insalubre*, apresentando vez por outra cavernas e tendo luz mortuária. É uma paisagem realmente desoladora, própria daqueles que vivem alienados de si mesmos, não cogitando de melhoras interiores, tal qual o meio exterior em que vivem. *Os Seres Espirituais dessa zona são caracterizados pela inconsciência própria das almas endividadas e culpadas.*

A *segunda região* é montanhosa. São regiões extremamente escuras. As montanhas e encostas são completamente úmidas, viscosas, mais parecendo emanar uma secreção pútrida, própria de região trevosa. Descendo as montanhas, vêem-se verdadeiros paredões de quilômetros de profundidade. Vez por outra o silêncio é quebrado por gemidos ou mesmo alguns risos sarcásticos, como os de alguém que houvesse enlouquecido. *Nessa zona os Seres não têm olhos*. E para que precisariam de olhos, se nada enxergam? Muitos estão rastejando pelo chão, como vermes e, como tais, muitos se encontram com suas mentes completamente alienadas e despedaçadas. A par desses Seres, há outros que mais lembram batráquios e répteis. Sim, Filhos de Fé, há Seres Espirituais que desceram tanto, que deterioraram a forma do corpo astral, tornando sua morfologia parecida com determinados seres do reino animal. Em outras palavras, estamos dizendo que eles se "animalizaram". Quanto mais instintivos foram, mais se aproximaram dos animais que lhes dizem respeito. Para não fugir à caridade e por comiseração, não diremos porque assim se encontram, restando saber que essas zonas de tristeza e de penas *não são eternas; são meios de que se vale a Lei para, através do mal e seus efeitos, curar aqueles que o praticaram*. Nessa zona, confundem-se vários Seres Espirituais com corpo astral totalmente adulterado, como verdadeiros animais. Assim, há desde os vermes até monstruosos antropóides, aves de rapina, peixes etc. As almas caídas sucumbiram, vítimas de si mesmas, no processo animal, nos diversos *philos*, até chegarem ao unicelular, onde a mente fica obliterada, como se houvesse uma total fragmentação e ficam hibernando em estágios pré-humanos. É triste para este Caboclo apontar tal cenário do submundo, mas ele existe e é necessário que falemos sobre o mesmo, pois sabemos que, na dependência da corrente de pensamentos ou mesmo de atos menos felizes, muitos Filhos de Fé encarnados no planeta, não raras vezes, se sintonizam com essa "zona condenada", onde há o choro e o ranger de dentes. É por isso que, em se tratando de muitas doenças, a medicina terrena não consegue explicar sua etiologia e menos ainda os processos terapêuticos. É dessas zonas condenadas que muitos Filhos de Fé, por sintonia, atraem, através de corrente sugadora, essas estranhas moléstias.

Vamos descer ainda mais, lembrando que a cada 33 metros, aproximadamente, a temperatura aumenta (vide Capítulo V).

** Entremos nas zonas abismais, nos abismos e sub-abismos, com suas verdadeiras covas. É bom que não nos esqueçamos que em todas essas zonas há os

---

* Nota do médium — Esta descrição do Caboclo Sr. 7 Espadas, vem nos confirmar que o fabuloso Dante Alighieri não estava de todo errado, pelo contrário...

** Nota do médium — Na portentosa obra *Umbanda e o Poder da Mediunidade*, de W. W. da Matta e Silva (Pai Matta), encontraremos uma descrição similar, o mesmo acontecendo no livro *O Abismo*. Como vimos, a verdade é uma só.

guardiães afins, todos é claro a mando dos exus guardiães. Frenam, encarceram e fiscalizam o submundo astral, impedindo o assalto de Seres mais satanizados que se localizam em zonas mais internas. Nessa zona, temos almas há milênios encarceradas no mal, que desviadas se encontram das Leis Divinas. Aí encontraremos Seres que se "vegetalizaram" ou se "mineralizaram". São verdadeiros *homens-plantas* e *homens-pedras*. Assim estão, pois se precipitaram em atos que os fazem viver de forma "vegetal", vivendo aprisionados no que poderia se chamar de inércia aparente. São corações endurecidos que foram caindo, caindo até atingir a inconsciência. *Começaram a percorrer para trás a escala da evolução.* Irão até o mineral e descerão um pouco mais. Nessa ocasião, poderão sofrer uma espécie de "explosão atômica" que desagregará o próprio Ser. Claro que desintegrará as células do corpo astral, sendo que a consciência, que constitui o verdadeiro Ser Eterno, não se desagrega, mas volta a um estado de tão grande alheamento que é como se ali não existisse um Ser dotado de possibilidades espirituais perfectíveis. É certo que um dia retornará, através da viagem de volta, como quem, cansado da permanência no *quase nada*, reiniciasse a conquista de si mesmo. Há no universo correntes de vida que arrastarão para cima ou para baixo, para dentro ou para fora, para o *ser* ou para o *não ser*! Assim, Filho de Fé, *evoluir é conquistar o conhecimento de si próprio, elevando-se aos patamares superiores da* **CONSCIÊNCIA**!

Desçamos mais, indo ao encontro do centro da Terra, onde há o comando do *Reino do Mal*, dos insubmissos e revoltados. Embora o núcleo da Terra seja incandescente, do ponto de vista astral, nessa região, há *locus* de enregelar, tão distantes se encontram esses locais da ação do Sol. Antes de prosseguirmos, queremos ressaltar que, quando dizemos *Reino do Mal e dos insubmissos*, não estamos querendo dizer de *um estado permanente*. O Mal, como sabemos, é a ausência, no tempo-espaço, do Bem. O mal é apenas resultado da inconsciência das criaturas. Assim, as Falanges do Mal vivem e existem dando cumprimento à própria Lei Maior. Um dia, a força da mesma Lei os arrastará de novo à superfície para sofrer por sua vez e viver.

Esses são os EMISSÁRIOS DO DRAGÃO, símbolo das forças do mal, insubmissos aos poderes do CORDEIRO DIVINO. Há sempre, no fundo da Terra, um ser-dragão que domina o *reino dos dragões*. Isso não é somente no planeta Terra; em todos os mundos de vibração semelhante à da Terra, existem os *Emissários* ou *Filhos do Dragão*, ou seja, aqueles que não aceitam as Leis Divinas e só evoluem sob a força compulsória dessa mesma Lei. São Seres terríveis, perversas Entidades que governam essa zona com intensa crueldade. Incapazes de cumprir as Leis Divinas, organizam-se para o mal. Escravizam e fazem sofrer quem por lá habita. Essa região é o verdadeiro *império do dragão*, com toda sua corte de malfeitores universais milenares. Mesmo assim, os Emissários da Luz podem, não todos, é claro, descer a essas zonas ou *império do dragão*, apenas para fiscalizar ou para aprendizado. Nessa zona, não interferimos com as humanas criaturas, tanto as que se comprazem de sua situação quanto as revoltadas e infelizes que são as escravas dessa zona. O que há, vez por outra, é o "fogo purificador" que desce a essas zonas trevosas, visando libertar alguns "escravos" já conscientes de seus erros milenares e que já reconhecem que só o Bem é o caminho para a LIBERTAÇÃO. Essa descida é feita diretamente pelo Comandante da Coroa da Encruzilhada, com *agô* dos **7** Exus Cósmicos e com a devida autorização dos Planos da Luz. Fora essas esporádicas descidas, não há entrechoques entre os povos do CORDEIRO DIVINO e os do DRAGÃO. Há respeito, com vigília mútua. É, Filho de Fé, Caboclo 7 Espadas está descrevendo só o permissível, aquilo que não venha trazer traumas a muitas almas que nem por sonho ou pesadelo imaginam que esse mundo de trevas e sofrimento se ajusta nas regiões subscrostais profundas, em suas covas, abismos e sub-abismos.

Para que o Filho de Fé e leitor amigo não se esqueça, estamos descrevendo regiões a milhares de quilômetros da superfície terrena. Estamos em plena zona subcrostal profunda.

Voltando a descrever a zona ou o *Reino do Mal*, não podemos deixar de citar que o comando dessa zona está nas mãos dos revoltados e insubmissos, os quais comandam ou escravizam os que foram negligentes e omissos. Há uma dependência entre eles como há entre *o traficante e o viciado em drogas*. Com isso, queremos afirmar que neste submundo astral há realmente os Filhos do Mal, gênios das trevas, como há também os incautos (almas penadas e vingativas), os quais são arrebanhados por esses Seres perversos, Senhores das Trevas, do submundo astral, das covas e subcovas do baixo astral. É dessas zonas que vibratoriamente partem projeções para a superfície da Terra, onde muitas Almas se afinizam ou são iguais aos habitantes abismais, só que encarnados. É por isso que nem nos tempos negros da Atlântida viu-se tanta bruxaria e feitiçaria como nos dias atuais. Na verdade, o que impera hoje não é nem o que poderíamos qualificar de Kimbanda, e nem de Kiumbanda; *há mesmo o* **BRUXEDO**, com as subpráticas de magia negra. Como dissemos, os que estão nas zonas abismais não "sobem" em virtude de não burlarem a vigilância dos Guardiães da Zona Pesada, mas suas vibrações ou emanações mentofluídicas, *segundo a Lei*, não podem ser desagregadas e acabam por alcançar as camadas ou zonas que citamos, podendo interpenetrar até o *túnel de triagem vibratória*. Assim, essas zonas subcrostais vivem em simbiose entre si e com as humanas criaturas que com elas se afinizem. Em verdade, é triste, mas na atual conjuntura do planeta, raras são as criaturas encarnadas que, através de seus atos e mesmo corrente de pensamentos, não se sintonizem e se afinizem com os Seres das zonas subcrostais abismais.

Como vêem, a tarefa não é fácil por parte do plano astral superior para frenar e mudar o atual estado de coisas. No Movimento Umbandista de fato e de direito, suas Entidades Espirituais procuram de todas as formas escoimar do planeta essas correntes negras e deletérias, através da orientação aos Filhos de Fé conscientes, para que gradativamente e num crescente possam ser porta-vozes dessas entidades, fazendo com que se mude certo estado de coisas que só têm prejudicado o evolutivo do próprio planeta. Por baixo, no plano dos Exus Guardiães, sabemos que a coisa é muitíssimo pior e mais grave. Não são raros os Filhos de Fé que por "dá cá aquela palha" acham-se no direito de evocar Exu, os mais baixos é claro, ou seja, os Exus Pagãos, para atacarem esta ou aquela pessoa, para vingarem-se disto ou daquilo. Enfim, é o orgulho sobrepondo-se ao *bem* e ao bom senso. Não condenamos a defesa contra as correntes de atrito e choque provenientes de cargas mandadas ou de projeções vibratórias através dos baixos sistemas de oferendas que visam agredir. Não, não somos contra e até ensinamos como defenderem-se, mas daí a atacar vai uma distância meridiana!

Pior é quando nos deparamos com um médium-magista ou mesmo um mago atacando para aniquilar mesmo e, se não intervirmos, acabam desencarnando os seus alvos. Esses, os magos ou médiuns-magistas, são exacerbados em seus brios e, como processo mnemônico, lhes restabelecemos a consciência de épocas recuadas, em que usavam a magia como agressão, conquista e poder. Importante é que, após nossa atuação, esquecem-se com facilidade de determinados trabalhos, como também esquecem e perdoam, de verdade, seus detratores ou mesmo agressores. O mesmo não acontece quando deparamos com verdadeiros magos-negros encarnados que são pontes vivas de magos-negros desencarnados. Em geral, seus trabalhos nunca são feitos sozinhos, mas sim com a interferência direta do submundo astral que lhes obedece fielmente. Há uma relação de dependência vibratória entre os 2 planos, no caso do mago-negro de que estamos falando. Ele é alimentado e consegue seus intentos através de seus comparsas do astral inferior. Por outro lado, os mesmos obtêm do mago-negro elementos de que necessitam para satisfazerem seus instintos e desejos, não poucas vezes utilizam-no na satisfação de seus desejos libidinosos (é como se o mediunizassem no ato sexual, por exemplo) e outros tantos vícios. Como vêem, fica difícil quebrar esta recíproca corrente de sugação. São parasitas uns dos outros, e se comprazem disso, pois aparentemente conseguem seus objetivos, tanto os encarnados como os desencarnados. A fim de elucidarmos os verdadeiros Filhos de Fé que querem sempre mais aprender para melhor servir seus semelhantes é que mostraremos, de forma exemplificada mas real, como atuam os magos-negros desencarnados e encarnados, e como são feitos seus trabalhos ou *suas artes mágicas inferiores*. Devemos destacar que há operadores de magia encarnados que trabalham com elementos de reação e projeção mágica grosseiros, mas que devido aos seus auxiliares desencarnados de baixíssima estirpe, às vezes conseguem seus objetivos. Esses auxiliares desencarnados, às vezes, "apelam" para a força bruta, para a violência, e "batem" nos corpos astrais das criaturas por eles visadas, na expectativa de matá-las, algo que é claro não conseguem, mas ferem os centros do corpo astral, trazendo como conseqüência ao corpo físico denso os tão famigerados distúrbios neurovegetativos, tais como sudorese, dores de estômago, sensação de desmaios, batedeira no peito (ligeira taquicardia), sensação de aperto, depressão, sensação dolorosa no corpo todo e dores na cabeça refratárias aos mais potentes analgésicos. É claro que o indivíduo visado por algum motivo estava predisposto ou tinha "abertura de entrada" para essas forças agressivas. Outros operadores da baixa magia, já mais sutis, não utilizam e nem matam os bichos de 2 ou 4 patas, o que muitos dizem ser o supra-sumo da bruxaria ou feitiçaria e que nunca falha! Usam de elementos próprios do indivíduo a ser atingido; sabem catalisar determinadas energias, atraindo-as e depois projetando-as sobre suas vítimas. Também utilizam-se de Seres astralizados que se encarregam de desmaterializar certas energias ou mesmo objetos para materializá-los próximo ao indivíduo visado ou mesmo dentro de algum órgão seu, que sem dúvida será atingido, e se não cuidado a tempo poderá realmente fazê-lo desencarnar. Muitos perguntarão: Como pode alguém tirar a vida de um seu semelhante através da ação mágica inferior contundente? Seria o mesmo que perguntar, Filho de Fé, por que há ciúmes e homicídios, que com uma arma inferior contundem e matam... Isso em nível individual, pois qual magia negra maior haveria que os tão famigerados mísseis, bombas etc.? Não são as mesmas coisas? Claro que sim! As magias são diferentes, mas ambas matam. Com isso, queremos frisar que a dita *macumba* ou *feitiço* existe e, como tal, mostra o estado de atraso em que se encontra o planeta Terra e sua humanidade. A mesma humanidade que promove a guerra fratricida...

Mas retornemos a descrever o funcionamento do trabalho feito dentro da magia negra. Dizíamos que os magos-negros usam de elementos pertencentes ao indivíduo visado, como também procuram saber de todas as atitudes do indivíduo que será enfeitiçado. Após conseguirem o objeto desejado, pertencente ao indivíduo, fazem determinados trabalhos de imantação, condensação e projeção das energias deletérias, as quais alcançarão a vítima através do objeto pessoal, o qual, como elemento radiante, emite freqüências peculiares às do indivíduo, sendo pois *rastro astroetérico* para os projéteis mágicos inferiores conseguirem atingir seu alvo. Muitas vezes, seguindo o rastro astral, os auxiliares desencarnados rebaixam o campo vibratório próximo ao indivíduo, fazendo-o ficar à mercê das cargas que lhe foram arremessadas, através de seu próprio objeto. Citaremos, por simples exemplo, um trabalho feito e desfeito por determinada corrente de Exu de Lei. O trabalho foi feito com o "povo do cemitério" e lá foi entregue. Constava de 2 bonecos amarrados e perfurados em certas regiões com alfinetes. A cor da fita era preta e vermelha. Junto com esses bonecos, foram enterrados, em uma catacumba no cemitério, um alguidar que recebia os bonecos, repletos de pipoca no dendê com pimenta, e sobre eles, uma tesoura aberta. Tinha também objetos das duas pessoas visadas. Expliquemos o trabalho:*

O trabalho era para que 2 pessoas, um homem e uma mulher, fossem prejudicados. Cada boneco os representava. A fita vermelha e preta, amarrando-os, servia para que os mesmos sofressem em conjunto as agressões de que seriam vítimas. A fita preta servia para fixar as correntes de pensamentos inferiores e a vermelha para movimentar o trabalho. Os alfinetes foram enfiados em determinadas regiões que eles queriam atingir. A pipoca com o dendê era o "estouro", as brigas que deveriam acontecer com os 2 indivíduos. A pimenta era para que houvesse nos órgãos afetados maiores desarranjos, bem como a pipoca com pimenta também serviria para atingi-los na pele, produzindo feridas e processos alérgicos com grande prurido e coceira, desestruturando o campo emocional. Por fim, a tesoura era "corte", para produzir sangue ou cirurgia nos indivíduos. Como vimos, todo esse *bozó* (feitiço) foi entregue no cemitério, enterrado em uma catacumba. É claro que, além dos elementos citados, houve uma oferenda feita para certa classe de Exus Pagãos e seus kiumbas e mesmo alguns rabos-de-falange corruptos, que se deixaram

---

* Que não se animem os incautos, não é simplesmente repetindo o que expusemos que se obterá malefício a quem quer que seja. É claro que deixamos de citar o essencial, portanto...

subornar. O trabalho surtiria efeito, pois além do trabalho feito, a sua contraparente etérica já havia sido enviada pelos Espíritos inferiores que assessoram o mago-negro encarnado. Foi colocado no cemitério em virtude das energias livres e mesmo de toda classe de bactérias e fungos patogênicos que lá existem serem direcionados aos indivíduos, através de seu rastro vibratório ou endereço astrofísico. Os indivíduos a serem atingidos, após 15 dias do trabalho ter sido arriado (entregue) no cemitério, começaram a sentir fortes dores na região gástrica, sendo que os facultativos terrenos, *sem reconhecerem a etiologia*, suspeitaram de apendicite. Já se preparavam para a apendicectomia quando um amigo do casal, que era médium-magista, ficou sabendo que os dois, ao mesmo tempo, iam operar-se. Logo desconfiou de trabalho feito... Firmou sua gira e seu Exu Guardião, Exu 7..., enviado do Caboclo 7..., ordenou-lhe determinado trabalho, que quando terminado fez as 2 pessoas de nosso caso sentirem-se como se nada houvesse acontecido com elas, sendo dispensadas do hospital sob o olhar perplexo dos nobres médicos terrenos. Quanto ao feiticeiro, como muitos gostariam de saber "quem foi que fez", "quem mandou", se "vai ser devolvido", informamos: o astral superior e mesmo os Exus Guardiães não são, no seu modo de ver, agir e sentir, iguais às humanas criaturas encarnadas. O nosso interesse é desmanchar, sem dar nomes e muito menos devolver, o que aliás seria *punitivo*. Para trás com esses conceitos e atos de vingança! Não é da Lei que quem deve, deve pagar? Não venhamos querer fazer justiça com as próprias mãos! Há veículos próprios para isso e com toda certeza terão toda isenção de ânimo, caso diferente da maioria dos Filhos de Fé, que nem bem desmancham um trabalho de magia negra através das energias e conhecimentos aplicados da magia branca, já querem devolver o trabalho usando, é claro, forças da magia negra, o que é um contra-senso, não é? Mais uma vez afirmamos que não somos contra a defesa, tanto que a mesma foi feita no caso que contamos. Só refutamos e repulsamos com toda a força de nosso Ser a vingança, a devolução do trabalho. Após citarmos as zonas do submundo astral e os trabalhos de bruxaria, resta-nos explicar aos verdadeiros Filhos de Fé como podem livrar seus terreiros e a si mesmos dessas correntes mágicas inferiores, bem como livrarem-se do ataque infernal dos "filhos do submundo astral", através das correntes certas, do verdadeiro assentamento na tronqueira e de certas oferendas em certos sítios vibratórios onde os Exus Guardiães recebem as oferendas para fins diversos, claro que tudo dentro de uma linha justa.

Antes de adentrarmos no âmbito das oferendas ritualísticas para os Exus Guardiães, é bom que recordemos que as oferendas são reposições para a Natureza de algo que se tirou ou vai se tirar. É a própria manutenção do equilíbrio mágico-vibratório, mantendo inclusive a própria vida física, pois movimenta as forças vitais. Assim, entendamos oferenda como visando algum benefício e nunca achando que a oferenda é para os Exus dela se comprazerem ou degustarem as iguarias e bebidas que se lhes ofereçam. Essa última hipótese, que aliás já refutamos, reflete, infelizmente, o conceito que muitos Filhos de Fé têm sobre Exu. Para muitos, Exu é o *rei da barganha*; basta pedir a ele isto ou aquilo e pagar-lhe com oferendas, que o mesmo se compraz e tudo se consegue! Isso até pode acontecer na Kiumbanda, com os Kiumbas e Exus Pagãos, mas nunca com o verdadeiro Exu Guardião, que mais uma vez afirmamos ser o *agente mágico cósmico executor da lei de causa e efeito*, estando acima dos conceitos do bem e do mal, mas ligado ao conceito de Justiça. Não estamos com isso afirmando que Exu de Lei, dentro da linha justa, não possa ajudar os Filhos de Fé em seus pedidos, em suas necessidades ou dificuldades! Claro que ajuda, até através das oferendas ritualísticas, mas tudo relacionado com a magia vibratória, e nunca com a necessidade que eles tenham disto ou daquilo, isso jamais! Os próprios filhos da nação africana, ou seja, dos ditos Candomblés, como dizem por lá, sabem que Exu é *Elebó*,* isto é, veículo de comunicação mágica, transportando ou restituindo força ou princípio

---

* Obs. Nós da Umbanda fazemos diferenciação entre Força Exu (Exu bara) e o Exu Entidade. Exu bara ou elegbara são as forças sutis que, como sabemos, a tudo presidem. Aí que está a diferença fundamental entre o Candomblé e a Umbanda. E mesmo Exu, Entidade Sobrenatural, segundo os Yorubas, e pouquíssimos são sabedores, tem *qualidades*. Exemplo:

(*axé*). É também o Elebara, o Senhor das forças que se cruzam nos caminhos vibratórios (*lonan*), sendo pois princípio básico e dinâmico de expansão (energias direcionadas) e crescimento (energias refeitas). É como falamos, segundo o conceito hermético de Umbanda, o Senhor dos Entrecruzamentos Vibratórios ou Caminhos (trajetórias) das Linhas de Força, sendo pois o AGENTE DA MAGIA UNIVERSAL.

Dentro dessas forças cósmicas, como Senhores de seus movimentos, mais ligados à terra-a-terra, temos os Exus do *fogo*, da *água*, da *terra* e do *ar*. Isso, em magia, num primeiro ângulo de interpretação, pode significar: os Exus do fogo: — aqueles que manipulam as energias radiantes; os Exus da água: — aqueles que manipulam os elementos fluentes; os Exus da terra: — aqueles que manipulam os elementos em coesão ou condensados; os Exus do ar: — aqueles que movimentam os elementos expansivos. Num segundo e terceiro ângulos de interpretação, revelam os elementos e as funções inerentes a cada Exu, que, por ser profundamente hermético seu conhecimento e manipulação, deixaremos para a Iniciação, a qual é dada no interior dos Templos Iniciáticos ou Ordens Iniciáticas. Manipulam e ordenam, segundo as Leis Cósmicas superiores, os Elementares, que também se agrupam, segundo seu estágio evolutivo, em Elementares do fogo, da água, da terra e do ar. São também os Exus Guardiães, como manipuladores das Linhas de Força, Senhores dos Elementais e Formas-pensamento, que eles usam para vários fins, segundo a necessidade, surgindo assim o Elemental inferior. E como os Exus Guardiães movimentam essas Linhas de Força e como controlam e frenam todos os Elementares e certas Formas-Pensamento? Os mecanismos são através de sutilíssima e especializada movimentação da magia astroetérica, a qual é toda fundamentada na *origem* das ditas *forças sutis da Natureza* e de seus Senhores Vibratórios, os Orishas. Esses Senhores da Luz transmitem suas forças através de seus pontos de origem, isto é, através dos *pontos cardeais* de onde elas emergem ou por onde elas vêm. Assim é que do *norte* temos o Exu Pinga-Fogo (terra); do *sul* temos o Exu Gira-Mundo (fogo); do *oeste*, Exu Tranca-Ruas (água); do *leste*, Exu Marabô (ar). No *entrecruzamento dos 4 elementos* temos a ação do Exu Tiriri. Na *movimentação superior*, temos, na *linha de força mental feminina*, o Exu Pomba-Gira e na *linha de força mental masculina*, o Exu 7 Encruzilhadas. Também podemos, para fins mágicos, equilibrá-los na *roda cabalística da encruzilhada*, que, segundo os pontos cardeais, assim se representa:

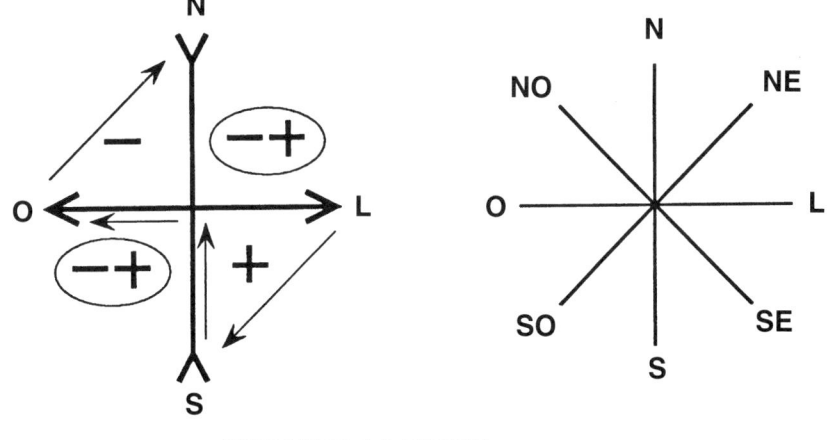

VIDE TABELA A SEGUIR

AGBO (dinâmica de reprodução)
YANGI (protoforma de Exu)
INÁ (fogo)
ODARA (oferendas)
LONAN (caminhos)
ALAKETU (multiplicação)
ENUGBARIJO ("Boca Coletiva" — ADIVINHAÇÃO)
OLOBÉ (diferenciação dos Seres)
ELEBÓ (oferendas — dinâmica).

NORTE	**EXU PINGA-FOGO**	serventia de YORIMÁ (PAI GUINÉ)
SUL	**EXU GIRA-MUNDO**	serventia de XANGÔ (CABOCLO XANGÔ KAÔ)
LESTE	**EXU MARABÔ**	serventia de OXOSSI (CABOCLO ARRANCA-TOCO)
OESTE	**EXU TRANCA-RUAS**	serventia de OGUM (CABOCLO OGUM DELÊ)
NORDESTE	**EXU TIRIRI**	serventia de YORI (TUPANZINHO)
SUDESTE	**EXU 7 ENCRUZILHADAS**	serventia de ORIXALÁ (CAB. URUBATÃO DA GUIA)
SUDOESTE	**EXU POMBA-GIRA**	serventia de YEMANJÁ (CABOCLA YARA)
NOROESTE	**EXU ... (?)**	

No centro vibratório "gira" e comanda os demais Exus o COMANDANTE-MOR DA ENCRUZILHADA, que não tem nome pronunciável, muito menos esses nomes ditos esotéricos tirados da Cabala Hebraica, que como vimos está adulterada e completamente oposta à verdadeira Cabala, de onde proveio, isto é, do astral superior. Portanto, é errôneo qualificá-los, de forma inverossímil, com nomes da Cabala Hebraica, mesmo porque Exu é um *agente cósmico regulador e* **executor da justiça kármica**.

O Filho de Fé atento deve ter observado que quando demos a *Roda Cabalística da Encruzilhada* não demos o "nome de guerra" do Exu oposto ao Exu 7 Encruzilhadas. Assim o fizemos em virtude desse Exu ser responsável direto, em suas funções kármicas, pela manutenção ou dissipação de várias energias, inclusive a vital, portanto...

Vejamos agora os 4 TRIÂNGULOS FLUÍDICOS, que são formas geométricas obedientes a certas injunções vibratórias e que movimentam certas energias, essas mesmas que os Exus manipulam e direcionam aos seus diversos objetivos, através de suas funções. Esses *triângulos* são variações dos 4 Triângulos Vibratórios dos Orishas. Os 4 Triângulos são:

Esses *triângulos* são sinais que movimentam *clichês* relativos à imantação de forças de Orishas correspondentes, através da magia astro-etérica. Para fins práticos, relacionamos os 7 Orishas com os 4 Elementos; isso é verdade, levando-se na devida conta os Senhores Primazes, Secundários, etc.

Ao darmos os 7 Triângulos Fluídicos dentro da alta Magia, em que os Exus Guardiães devidos obedecem e manipulam suas forças, daremos também as oferendas que Exu Guardião recebe, dentro da linha justa de pedidos, descargas ou mesmo preceitos de ligação.

Para que o Filho de Fé não se embarace e não venha confundir o que explicaremos, daremos detalhadamente os processos de oferenda:

1. O local dessas oferendas deverá ser sempre *uma mata*, ou numa *encruzilhada* ou numa *clareira dentro da própria mata, e nunca em encruzilhadas de ruas ou cemitérios*.
2. O melhor horário deverá ser sempre o das 21 horas à zero hora. Depois de zero hora não é aconselhável abrir-se a encruzilhada sem *saber* o mistério certo, para quem se deve abrir e como abrir, muito principalmente como fechar e para quem se deve fechar.
3. Sempre que possível, escolha as Luas propícias, tendo ciência de que tudo que necessita evoluir e crescer deve ser feito na *fase crescente* (da *Lua nova* ao final da *crescente*). Tudo que deve involuir e ser dissipado (descarga) deve ser feito na *fase min-*

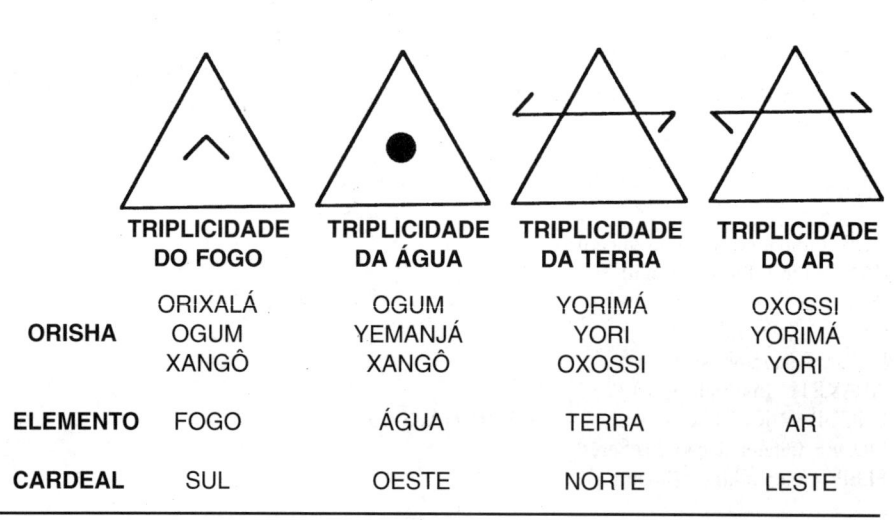

	TRIPLICIDADE DO FOGO	TRIPLICIDADE DA ÁGUA	TRIPLICIDADE DA TERRA	TRIPLICIDADE DO AR
ORISHA	ORIXALÁ OGUM XANGÔ	OGUM YEMANJÁ XANGÔ	YORIMÁ YORI OXOSSI	OXOSSI YORIMÁ YORI
ELEMENTO	FOGO	ÁGUA	TERRA	AR
CARDEAL	SUL	OESTE	NORTE	LESTE

guante (do início da *Lua cheia* ao final da *Lua minguante*).

4. As oferendas darão maiores resultados se forem feitas nos dias correspondentes do próprio Orisha e seu elo de ligação e serventia, que é o Exu Guardião.

5. * As oferendas ao Exu Guardião cujos pedidos sejam dissipações várias, descargas, bem como algo que precise de movimento rápido, deverão ser feitas sobre pano na cor *cinza-claro*. As oferendas para fixar e mesmo para preceituar o Exu Guardião que se queira, dentro de uma "afirmação", deverão ser feitas sobre pano na cor *cinza-escuro*. A cor de pemba do traçado, em ambos os casos, será o vermelho, nunca usando-se o *preto*. Em ambos os casos, o formato do pano deverá ser triangular (70 cm).

6. As velas serão sempre comuns, sendo que para pedidos de ordem material, pedidos esses dentro da linha justa, o número de velas seja par; para pedidos de ordem espiritual, tais como descargas ou cortes de negativos, o número de velas seja ímpar. As velas devem ser brancas ou vermelhas, tudo na dependência de cada caso, e quando se tem dúvidas usa-se a vela *branca*.

7. Os elementos materiais que têm equivalências mágicas positivas dentro das oferendas aos Exus Guardiães são:

a) CONTINENTES — *deverão ser de barro*, sendo abertos (alguidar) ou fechados (panelinhas sem tampas), na dependência dos pedidos ou trabalhos de ordem mágica.

b) CONTEÚDOS — charutos — *elemento ígneo-aéreo*: deverão ser colocados em leque, com o lume para fora, dentro de um pequeno alguidar com 7 cruzes (feitas de pemba) em seu exterior.

— aguardente ou álcool ou éter — relativos aos elementos *líquido-aéreos*: devem ser colocados em pequenos alguidares ou panelinhas, como já dissemos, segundo o caso e necessidade. No referente aos elementos *líquidos*, usa-se o mais ou menos volátil segundo as necessidades, lembrando que a oferenda e seus elementos são energias condensadas ou um rebaixamento vibratório de energias do plano imediatamente superior, que é o plano astral. Há uma mutação muito grande dos elementos. Resultando daí a dinamização e a própria movimentação de forças mágicas que se colocarão em ação. Como sabemos, a magia é uma *concentradora, capacitora* e mesmo *condensadora de energias*, que ao ser manipulada ou detonada libera várias energias, alcançando o objetivo visado. Ainda falando dos líquidos, pode-se até colocar água, tudo na dependência de ser o pedido fixação e atração ou repulsão e dissipação. Não esquecer que, se for usado o éter sulfúrico, tem o mesmo em sua composição, que o difere do álcool, além de sua estrutura molecular, o elemento *enxofre*, deveras conhecido por suas várias propriedades, inclusive na medicina terrena, onde é usado para amenizar certas *moléstias da pele*, além da função anti-séptica. Na *química oculta*, é o mesmo bipolar, sendo também receptor de cargas positivas ou *neutralizador*. Outro elemento pouco usado, mas que agora explicaremos aos Filhos de Fé, são os *minerais*, em especial as pedras. Nas oferendas que se prestam para dissipação de correntes de negativos, um pequeno alguidar pode conter uma pedra de qualquer tamanho (condizente com o alguidar, que deverá ser pequeno de preferência), na cor *clara*, pois é ela radiante, refletindo as cargas que terão de ser dissipadas. Ao sal também se empresta essa função. No caso da oferenda ser para um pedido de fixação, ou mesmo para perseverar, ou até para segurar algo, dentro da linha justa, é claro, deverá ter uma *pedra preta* ou escura dentro de uma panelinha de barro. Poderá também ser o carvão mineral. Após essas explicações, o Filho de Fé consciente encon-

---

* Nota do médium — o Sr. 7 Espadas, quando citou a cor cinza para os pontos de fixação ou "assentamento" da oferenda, deveu-se ao fato de na cor cinza-claro haver predominância do branco em relação ao preto; portanto a cor cinza-claro torna-se reflexiva, expansiva e dissipativa. Na cor cinza-escuro há predominância do preto em relação ao branco, portanto fixadora, coesiva e retrativa. O Sr. 7 Espadas, dando a cor cinza, usou técnica avançada de cromatismo com as Correntes do Exu Guardião, onde o mesmo atua tanto em processos reflexivos como de absorção (linhas de forças). Pode-se, é claro, usar o pano na cor vermelha, e outras, nos seus diversos formatos, que atendem a várias finalidades, mas isso...

trará diretrizes seguras para fazer suas oferendas corretamente, dentro do que há de mais sério e justo na *magia dos Exus*. Para terminarmos, faltou-nos citar as ervas ou flores. As ervas deverão ser usadas para as descargas e as flores somente para pedidos de ligação ou para preceituar a Vibratória de Exu. As flores são elementos considerados *etéricos superiores*. Como vimos, nas oferendas aos Exus Guardiães entraram elementos sólidos, líquidos, gasosos e etéricos. Dentre esses, temos os elementos materiais, astrais e mentais. Há também os elementos minerais, vegetais e animais (a presença vibratória do homem em sua fisiologia, a qual é automática, instintiva). Todos esses elementos são transformados e interagem entre si e, dentro das transformações, segundo o poder do operador ou mesmo do médium-magista, deverão alcançar o objetivo visado. As velas acesas, como vimos em outro capítulo, são amplificadores vibratórios e repetidores da idéia projetada sobre os diversos elementos da oferenda (ligada ao elemento ígneo).

Para terminarmos, só nos falta citar aquilo que é o mais importante dentro da oferenda, ou seja, o pano que servirá de mesa para os assentamentos e o sinal riscado, que em nosso caso será o *triângulo fluídico* ou escudo fluídico em ligação com os 7 Exus Cabeças de Legião. Os *7 triângulos fluídicos* que se afinizam com os 7 Exus Guardiães são:

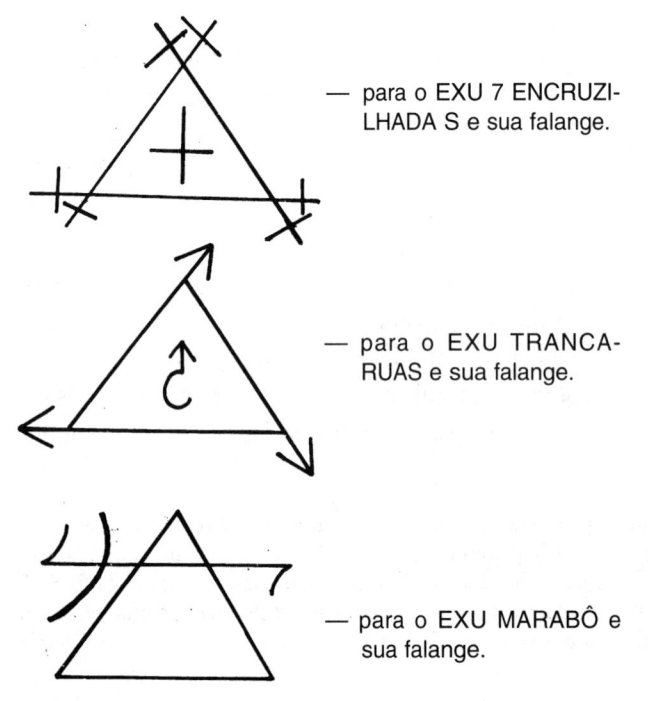

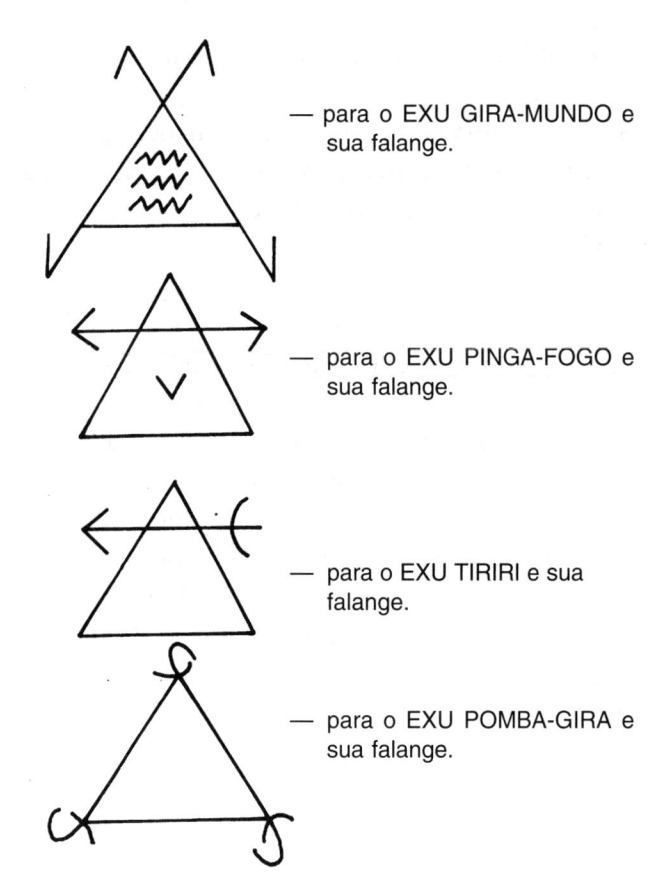

— para o EXU 7 ENCRUZILHADAS e sua falange.

— para o EXU TRANCA-RUAS e sua falange.

— para o EXU MARABÔ e sua falange.

— para o EXU GIRA-MUNDO e sua falange.

— para o EXU PINGA-FOGO e sua falange.

— para o EXU TIRIRI e sua falange.

— para o EXU POMBA-GIRA e sua falange.

Todos esses escudos fluídicos deverão ser usados na pemba vermelha. Para encerrarmos esta parte, queremos frisar que na encruzilhada de mato não se deve deixar nada que venha "sujar" o preceito ou mesmo a própria mata. Que não se deixe no local garrafas de vidro ou qualquer outro recipiente, ou mesmo elementos não condizentes com a oferenda. Lembremos que nas oferendas para pedidos e fixações, o indivíduo a ser beneficiado deverá voltar-se para os cardeais *leste* e *oeste*. Caso a oferenda seja para pedidos de descarga ou dissipação, o indivíduo a ser beneficiado deverá voltar-se de frente para o cardeal *sul* ou *norte*. Além dos escudos fluídicos, daremos a Lei de Pemba, apenas em suas *flechas* e *chaves* simples, relativas aos 7 Exus Cabeças de Legião ou Exus de Lei. O ponto completo, em sua *raiz*, e mesmo os sinais negativos e dissipadores de Exu, deixaremos para o interior da Iniciação, não sendo aconselhável abrir-se certas *chaves* que poderiam ser usadas para prejudicar, portanto...

Assim, antes de darmos as 7 *flechas* com as 7 *chaves*, daremos um assentamento para Exu Guardião que deverá ficar nas tronqueiras, formando verdadeiros *escudos vibratórios defensivos* contra as cargas oriundas das humanas criaturas ou mesmo dos Seres astralizados inferiores, impedindo o ataque desses Seres astralizados ao próprio terreiro. É uma verdadeira *ferradura magnética repulsiva* de cargas inferiores, sejam de ordem astral ou mental.

Esse assentamento consta de uma madeira (pinho) com o ponto riscado do Exu Guardião ou mesmo com o *triângulo fluídico* de um dos 7 Cabeças de Legião que seja afim ao médium-chefe, tendo-se o cuidado de direcioná-lo no *eixo norte-sul*,* sendo a entrada pelo *norte* e a saída pelo *sul*. Sobre o mesmo vão duas pedras: um cristal leitoso do lado direito e um ônix ou ágata preta do lado esquerdo. No centro do ponto riscado ou *triângulo fluídico*, crava-se um ponteiro (punhal) de formato específico. Caso não se tenha, qualquer um serve, depois de imantado adequadamente. A função do ponteiro é a de penetrar, aprofundar-se na matéria física e em seus equivalentes no plano etérico e astral. O ponteiro visa portanto alterar continuamente a matéria, alterando-lhe a contraparte etérica e astral, propiciando um campo eletromagnético ou mesmo certos fenômenos eletrostáticos que poderão até desestruturar e desagregar certas larvas, não nos esquecendo da propriedade da eletricidade que diz que "as cargas elétricas fogem pelas pontas", havendo com o uso do ponteiro desestruturação eletromagnética de larvas, formas-pensamento etc. Deve-se deixar uma vela de 7 dias acesa, juntamente com 1 copo de barro em que se misturam álcool, água e éter. Deve-se também deixar o charuto e a erva propícia ao Exu para o qual foi feito o dito assentamento. Em geral, as ervas a serem usadas são *guiné, arruda, comigo-ninguém-pode, espada-de-ogum, aroeira, folha de bananeira*, etc. Isso feito na hora planetária favorável e na Lua nova ou mesmo na crescente, constituirá um poderoso *escudo defensivo do terreiro*, bem como um organizador e emissor das correntes positivas dirigidas ao terreiro, além de desestruturar e dissipar cargas ou correntes negativas, mesmo as provenientes da baixa magia. Ao falarmos de correntes, magia e Exu, não poderíamos deixar de citar a queima de pólvora, que muitos usam sem conhecer ao mínimo seus reais e verdadeiros fundamentos, bem como seus benefícios e seus malefícios quando usados por quem desconhece suas ações e reações. Vejamos, pois, dentro da alta magia, o RITUAL DO FOGO. Consiste na queima ritualística de um elemento líquido, que se transforma em *éter ígneo* (aconselhamos o éter sulfúrico ou mesmo álcool etílico), juntamente com um elemento sólido (a pólvora envolta num papel grosso), que em contato com o fogo se transforma em elemento gasoso. Percebe-se que os 4 elementos são colocados em jogo ou em ação mágica. Quando há o elemento explosão, há um deslocamento de ar, o qual, por equivalência, desloca camadas etérico-físicas. Essas, ao serem deslocadas, desestruturam a composição de certas larvas deletérias ou cargas negativas, que são dissipadas. Nesta forma de utilizar-se o *ritual do fogo* há ciência, magia, desimpregnando e purificando o campo astral do ambiente e das pessoas que porventura estejam debaixo de cargas pesadíssimas ou mesmo prestes a contraírem determinadas moléstias pela queda imunológica provocada pelas cargas negativas oriundas do submundo astral ou das projeções das humanas criaturas de baixa estirpe espiritual. Este é o aspecto certo de se usar o elemento *fogo*, com o sinal riscado correspondente, a oração, as palavras cabalísticas etc.

Agora, quanto a esse negócio de "dar fogo" por qualquer motivo, está o indivíduo se arriscando a tremendos entrechoques de ordem astral, principalmente devido aos impactos oriundos das demandas que se abrem com os emissários do submundo, que ao contrário, tornam-se mais irados por terem seus corpos astrais fustigados pelo deslocamento vibratório. Portanto, só deve "dar fogo" quem está ordenado para tal e tenha suficiente experiência nas lides da magia etérico-física. No epílogo deste capítulo, queremos também dar uma pequena palavra sobre as GUIAS DE EXU o seus ESCUDOS DEFENSIVOS. As guias de Exu devem ser de correntes de ferro ou aço, podendo conter 2 ou 3 contas de vidro vermelho (o vidro é isolante, servindo para essa função, e o vermelho é uma cor de corte de negativos), tendo em sua ponta a *chave* do Exu Guardião. Sabemos que, no momento do Movimento Umban-

---

* Obs. — Eixo magnético em que as Forças "nascem" no norte e "morrem" no sul.

dista, poucos ou raríssimos médiuns têm as verdadeiras *guias* dos Exus Guardiães, que são utilíssimas nas defesas vibratórias para o médium atuante e que, vez por outra, contraria muitas ações de Seres do submundo astral, os quais sempre que podem tentam de todas as formas se vingar, não descansando enquanto não conseguem seus intentos. Essa *guia* ou *talismã da encruza* quebra as correntes de ira, perseguição e ódio, dando resistência ao médium que querem atingir. O modelo que se segue explica o formato da guia.

Como dissemos, demos uma *chave geral*, pois cada Exu tem a sua particular, algo que até o identifica e qualifica sua função e grau. A imantação deve ser feita na tronqueira, deixando no 1º dia de Lua crescente sobre uma pedra branca, e no 2º e 3º dias sobre uma pedra de ônix. Após isso, perfume-a com o sumo de *arruda + alfazema*. Assim, está a mesma pronta para ser usada, dentro do que há de mais justo e positivo sobre os *talismãs defensivos do Exu Guardião*. Essa guia, com a *chave geral*, serve para qualquer Exu. O sinal relativo aos Exus está firmado dentro da alta magia; são sinais cabalísticos e não os *famigerados tridentes*, que em verdade são elementos agressivos, tendo aceite e ligação apenas dentro da Kiumbanda e seus subplanos.

Agora, Filho de Fé, preste atenção, pois daremos a *grafia astral* ou Lei de Pemba dos 7 Exus Guardiães, em seus aspectos simples, mas deveras utilíssimos, servindo para evocá-los para fins positivos. Fazer o contrário é atrair sobre si a justa cobrança que vem pelas correntes do submundo astral, ficando o Filho de Fé debaixo de tremendo impacto astral... Assim, os 7 sinais compostos de *flecha* e *chave*, que se referem aos 7 Exus de Lei, são:

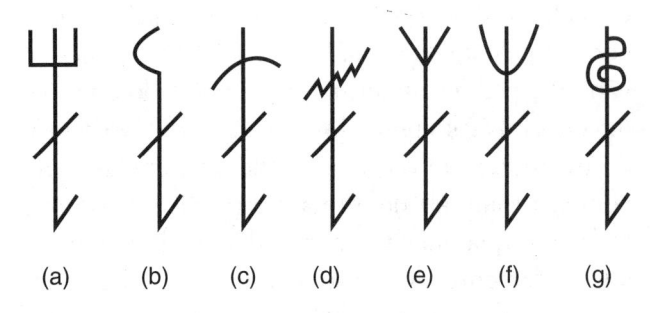

* a) EXU 7 ENCRUZILHADAS; b) EXU TRANCA-RUAS; c) EXU MARABÔ; d) EXU GIRA-MUNDO; e) EXU PINGA-FOGO; f) EXU TIRIRI; g) EXU POMBA-GIRA.

Como podem perceber, as *flechas* são direcionadas de cima para baixo, mostrando a atividade do Exu Guardião no terra-a-terra, mas mostrando que sua função vem coordenada por cima, isto é, com ordens dos Orishas e seus prepostos, os *guias*, os **protetores** etc. Ao encerrarmos o capítulo referente a Exu, nos encontramos muito próximos do término deste livro. Antes porém de nossas palavras finais, vamos ao último capítulo e, como verá o Filho de Fé, mesmo o livro terminado ainda permaneceremos juntos nos séculos que ainda necessitamos para fazermos ressurgir o Aumbandan, que trará a tão desejada *paz*, *harmonia* e *fraternidade* à GRANDE FAMÍLIA TERRENA.

Avante, Filho de Fé, estamos terminando para começar, graças ao Pai Supremo. E vamos às 7 Fases da Umbanda...

---

* Nota do médium — O Sr. 7 Espadas ao "revelar" as flechas e chaves dos Exus Guardiães, fê-lo sem demonstrar certas minúcias das chaves negativas (de polaridade) necessárias dentro da magia dos sinais riscados, mormente nas tão propaladas descargas ou desimpregnações vibratórias. Somos sabedores de que há 7 chaves negativas e desagregadoras, que em desdobramentos sucessivos geram as 57 Chaves ou "sinais negativos". Esses, por motivos justos, aqui não foram apresentados, guardando-se os mesmos para o recôndito esotérico do templo, onde os verdadeiros Iniciados encontrarão suas raízes em minúcias, claro, segundo seus graus de merecimento.

Capítulo XVIII

Movimento Umbandista e suas 7 Fases — Evolução Planetária — Funções das Fases — Missão do Movimento Umbandista — Considerações Finais

F ilho de Fé e leitor amigo, após abordarmos de forma até minuciosa certos ângulos-chave sobre a Umbanda e o Movimento Umbandista, chegamos ao último capítulo desta despretensiosa e singela obra.

Esperamos que tenha ficado claro a todos *a distinção que fizemos entre a verdadeira* UMBANDA ou AUMBANDAN e o *Movimento Umbandista.*

Expusemos reiteradas vezes, a fim de ser bem assimilado, que *o Movimento Umbandista pretende* **restaurar** *a verdadeira* Umbanda.

Este Movimento Umbandista, que teve sua fase embrionária vários anos antes do "teórico descobrimento do Brasil" desde a fundação da Escola de Sagres, a qual obedecia a nobres planos dos emissários de Oxalá, para o ressurgimento do Aumbandan em terras brasileiras, tem sua infância iniciada apenas no século XIX, em pleno ano de 1889, aqui em *terras brasileiras*. Este Movimento Umbandista também chamado imperfeitamente de Umbanda, foi lançado no seio da grande massa humana obedecendo a sábios e transcendentais programas evolutivos traçados pelo Governo Oculto do Planeta Terra.

Este Movimento Umbandista em suas fases iniciais tem por objetivo expresso lançar no seio da grande massa humana os *verdadeiros fundamentos da Lei Divina* e sua real aplicação, elevando o tônus moral-kármico da Comunidade Planetária.

Este Movimento, como dissemos, nasceu para organizar, estruturar e separar o joio do trigo, aquilo que a grande massa de crentes vinha e vem praticando como cultos afro-brasileiros.

Este dito culto afro-brasileiro alberga crenças, há milênios degeneradas, oriundas de Seres das Raças Vermelha, Negra, Amarela e Branca que miscigenaram-se, sincretizaram-se, norteando o sentimento místico-religioso de uma coletividade que já alcança mais de meia centena de milhões de adeptos. Claro está que, além deste fator primordial por nós apontado, há os objetivos maiores que, no decorrer do tempo, serão alcançados. Vimos também como a Raça Vermelha, a primeira a habitar o planeta Terra, tinha conseguido alcançar o apogeu e dentro desta o surgimento da Umbanda ou Aumbandan. Há quase 1 milhão de anos, no seio da portentosa Raça Vermelha, surgia ou era revelada ao ser terreno o AUMBANDAN — a PROTO-SÍNTESE CÓSMICA. Essa Proto-Síntese Cósmica em sua face externa possuía a chave do *conhecimento uno* ou *integral* na então chamada Proto-Síntese Relígio-Científica. Assim, o Movimento Umbandista atual, pretendendo restaurar a verdadeira Umbanda, reunirá o Conhecimento Humano em um *único bloco.* O Conhecimento Humano atual baseia-se em 4 pilares, os quais encontram-se dissociados entre si. Estes 4 pilares, como vimos, são: a Religião, a Filosofia, a Ciência e as Artes. A união inteligente deste Conhecimento em um único bloco é chamada Proto-Síntese Relígio-Científica. A dissociação ou a cisão da Proto-Síntese Relígio-Científica é responsável pelo atual atraso moral e evolutivo da coletividade terráquea. É, pois, de transcendental importância reunirmos o Conhecimento Humano em um único e integral sistema, o qual tornará toda a humanidade solidária e fraterna. O Movimento Umbandista, como vemos, terá trabalho árduo e hercúleo a realizar e as Hierarquias Constituídas, em obediência ao Governo Oculto do Planeta Terra, já enviou seus emissários, que iniciaram seu trabalho de interpenetração no seio da grande massa, em que há uma infinidade de graus de entendimentos e graus conscienciais. Esse trabalho deverá ser feito de forma lenta e serena, em que vários Emissários da Luz se predispõem a descer para entregar seus corações e conhecimentos a vários Filhos de Fé, na expectativa de que eles tenham uma nova visão do planeta e muito principalmente de si mesmos. Este movimento será feito em *7 fases* sucessivas e entrelaçadas, que sucederão uma à outra. Em última análise, essas *7 fases* restaurarão a Proto-Síntese Cósmica.

Para não perdermos o fio da meada, relembremos que a fragmentação do *conhecimento humano uno* teve o seu apogeu em plena Raça Atlante, pelos motivos já demonstrados em outros capítulos. Daquela época até nossos dias, as fragmentações sucederam-se umas às outras, fazendo com que o *conhecimento uno* ou a *tradição do saber* fosse completamente esquecida pela grande massa humana. Apesar dessa fragmentação vir se arrastando por centenas de milhares de anos por determinação do Governo Oculto do planeta Terra, em vários povos encarnaram Grandes Missionários, os quais visavam restabelecer a Síntese perdida, pois, se assim não fosse, a situação kármica estaria muito mais deteriorada. Vários povos em todos os continentes, através de Grandes Missionários e alguns raros Iniciados, guardaram a seu modo as *grandes verdades* e a *tradição do saber*. Guardaram-nas no interior de raros Templos ou Escolas Iniciáticas, as quais não eram e nem podiam ser acessíveis à grande massa humana. Como simples exemplo podemos citar os povos egípcios, hindus, chineses, tibetanos, americanos, mongóis etc., que possuíam suas Ordens Iniciáticas, as quais velavam a grande TRADIÇÃO DO SABER e que, vez por outra, eram vilipendiadas e destruídas de todas as formas possíveis e imagináveis, sendo até hoje vítimas das mais sórdidas e descabidas atitudes humanas, que visam destruí-las. Uma das últimas investidas contra a *tradição do saber* foi há mais ou menos 6 mil anos, na Ásia, em terra hindu, onde o príncipe Irshu, através de um grande cisma, destruiu, quase que por completo, as Sínteses que restavam. Essas Sínteses, que iriam se fundir num único Conhecimento, eram veladas pela Ordem Dórica, que sucumbiu diante da Ordem Yônica, a qual pregou a dissolução e fragmentação de todo o *conhecimento uno*. A partir desta grande CISÃO, perseveram até nossos dias em todo o planeta a desigualdade, as injustiças sociais, o egoísmo e a agressividade, enfim um séquito de discriminações do homem ao próprio homem. Como dissemos, esse Cisma de Irshu culminou com uma série sem fim de cisões, que desde o final da 3ª Raça-Raiz, a Lemuriana, tinham tido início. Assim a humanidade vinha se arrastando e em grande parte ainda vem, quando a Misericórdia do SENHOR JESUS, através de toda a sua Hierarquia, resolveu lançar no seio da grande massa humana, aqui em terras brasileiras, um MOVIMENTO que, através de um culto chamativo, simples, objetivo e direto, atendesse à carência espirítica em que se arrastava e se arrasta a grande maioria dos Seres humanos. Atenderia aos simples, aos humildes, aos injustiçados, aos pobres, aos ricos, enfim a todos, independentemente de cor ou raça. Derrubaria os velhos tabus das religiões dominantes, com seus cultos exteriores que são improdutivos e inócuos e que com seus dogmas milenares vinham e vêm impedindo o progresso da humanidade terrena. Assim esse Movimento foi lançado, *a priori*, no Brasil, pois aqui temos um miniplaneta, onde todas as raças têm seus representantes, para gradativamente, através de várias formas, alcançar todo o planeta. Por motivos já vistos em outros capítulos, a Hierarquia Planetária resolveu incrementar a reimplantação da Síntese Perdida, que sempre foi chamada Umbanda ou Aumbandan, em astral e solo brasileiro.

Os integrantes da Cúpula do Governo Oculto do planeta Terra, ao lançarem o Movimento Umbandista no Brasil, como dissemos, tinham um programa que deveria ser desenvolvido a longo prazo, mas que no seu final faria ressurgir o Aumbandan — A Proto-Síntese Cósmica. Este programa foi dividido, obedecendo sábio planejamento do astral superior, em 7 fases sucessivas e entrelaçadas. O Movimento Umbandista iniciou-se através de um dos quatro pilares do Conhecimento humano. Não poderia ter sido outro que não fosse o da Religião. Deve ficar bem patenteado que o Movimento Umbandista surgido no Brasil visa restabelecer a Proto-Síntese Cósmica, restaurando antes a Proto-Síntese Relígio-Científica, iniciando-se esta pelo aspecto *religioso* que, como sabemos, encontra-se completamente deturpado em todo o planeta. Essa primeira tarefa, ou seja, de reorganizar a *unidade religiosa*, viria, como veio, através de mil amalgamações, mitos, crendices e superstições várias que culminariam com o surgimento do *sincretismo*. O *sincretismo religioso* por dentro do Movimento Umbandista, além de seus aspectos anímico-psicológicos, visando adaptar e abarcar todos os níveis e graus consciencias, tem uma *função oculta* muito mais ampla e abrangente. O seu objetivo final é *sincretizar* a Religião com a Filosofia, com a Ciência e com as Artes, e assim sucessivamente. Visa, num 1º estágio, a Proto-Síntese Relígio-Científica e num 2º estágio, alcançar a Proto-Síntese Cósmica.

Com o exposto, de forma simplificada, deve o Filho de Fé e leitor amigo ter entendido as *intenções* do Governo Oculto do planeta Terra ao lançar no Brasil o Movimento Umbandista e o porquê do mesmo na atualidade se revestir das características próprias que atendam à dita coletividade dos cultos afro-brasileiros. Objetivamente citaremos as *7 fases* que passará o Movimento Umbandista e em paralelo ou analogicamente a *mentalidade humana*.

O período das 7 Fases do Movimento Umbandista fará ressurgir das brumas do passado e do esquecimento a verdadeira SÍNTESE DAS SÍNTESES, a Proto-Síntese Cósmica. Para melhor entendimento das *7 fases do* Movimento Umbandista, o Governo Oculto entregou cada *fase* a um Orisha, pois cada Orisha Ancestral ou Linha Vibratória tem uma função kármica definida sobre a coletividade, hoje Umbandista, amanhã Universal. Dentro de uma *fase*, que estará sob o beneplácito de determinado Orisha Ancestral, os demais Orishas Ancestrais também estarão presentes e atuantes, mas de uma forma auxiliar.

Nunca devemos esquecer que o *trabalho* dos 7 Orishas Ancestrais é *entrelaçado*, dentro, é claro, das intermediações vibratórias e kármicas. Essas *7 fases* dentro do Movimento Umbandista serão o *termômetro*, o *parâmetro* para medirmos a evolução planetária. Fica claro, pois, que o Movimento Umbandista não visa somente o Brasil, iniciou-se por ele mas abarcará todo o planeta. Assim, fará ressurgir um só POVO, uma só LÍNGUA, uma só PÁTRIA e um só PASTOR. Iremos ao encontro da *Fraternidade Universal* no congraçamento harmonioso de todos os HOMENS. Nesses dias abençoados deixará o homem o nacionalismo exclusivista e erguerá para todo o sempre a *bandeira branca da* PAZ, a *bandeira planetária* no *solo uno* e *Único* chamado planeta Terra. Haverá chegado a todos, nesse tempo, uma ERA DE PAZ, TRABALHO e COOPERAÇÃO, onde todos se ajudarão. Todos se erguerão entendendo que *magnânima* é a *misericórdia* do Senhor Jesus (Isho). É do surgimento desses áureos tempos, em que reinará a FRATERNIDADE UNIVERSAL, que se ocupa o Movimento Umbandista em sua face oculta ou esotérica. Não se esquecendo que para isso acontecer há necessidade de preparar-se a mente e o coração de todos, algo que já vem sendo feito, tanto por cima, no astral superior, como por baixo, aqui no plano físico denso. Vendo como se entrosarão as *7 fases* do Movimento Umbandista, por dentro dos ditos terreiros, que serão os alicerces para uma nova mentalidade humana que surgirá, entenderemos melhor o caminho que a *comunidade planetária* haverá de trilhar.

As *7 fases* do Movimento Umbandista, por dentro dos terreiros, serão o indutor kármico e moral para as transformações que ocorrerão no planeta. Essas *7 fases* reorganizarão a mente dos adeptos umbandistas, reorganizando a *mente planetária*.

Grandes mudanças nos aguardam. Vejamos pois como atuará cada *fase*, e entenderemos melhor todos os processos sábios e magnânimos de que se utilizam os Senhores da Banda, os ditos Orishas — Senhores da Luz.

As *7 fases* serão consecutivas e entrelaçadas:

A 1ª FASE — a atual — é a de OGUM; a 2ª FASE é a de OXOSSI; a 3ª FASE é a de XANGÔ; a 4ª FASE é a de YORIMÁ; a 5ª FASE é a de YORI; a 6ª FASE é a de YEMANJÁ e a 7ª FASE é a de ORIXALÁ.

1ª FASE — A FASE DE OGUM
OGUM
O SENHOR DO FOGO DA GLÓRIA OU DA SALVAÇÃO

Com Ogum, em pleno século XIX, inicia-se no Brasil o Movimento Umbandista. Inicia-se na transição do Brasil Império para o Brasil República. Muitas Entidades do astral superior, GUARDIÃES DOS

MISTÉRIOS DA TRADIÇÃO OCULTA, representada pela Cruz, obedecendo nobres desígnios superiores, lançam por todas as partes do território brasileiro, por dentro dos ditos cultos afro-brasileiros, o possante vocábulo UMBANDA, que servirá de *bandeira redentora e abarcadora de milhões de consciências*.

À frente do Movimento Umbandista, como poderoso *ponta-de-lança*, como *frente redentora*, temos o Orisha Ogum. Lembremos que Ogum foi o Orisha encarregado de arrebanhar e direcionar os primeiros habitantes do planeta, conduzindo-os aos ajustes necessários à nova realidade que surgira como *Luz abençoada* e *redentora*. Assim é que, obedecendo a diretrizes da Confraria do Senhor Jesus, Ogum torna-se o *condutor* e *arrebanhador do* Movimento Umbandista, por dentro dos cultos afro-basileiros. Este *GUERREIRO CÓSMICO*, em favor da Luz, tem como missão *abarcar o maior número de pessoas no menor espaço de tempo possível*. O objetivo primeiro é incrementar a evolução espiritual das humanas criaturas que estejam ligadas aos cultos afro-brasileiros. Afastá-las das garras nefandas do baixo mundo astral. Iniciá-las na senda da Luz, livrando-as dos rituais improdutivos e maléficos, que as sintonizam com os magos-negros de todos os tempos, propagadores da magia negra, que desde a Atlântida tem sido responsável pelo atravancamento da coletividade planetária terrena. É, pois, por dentro destes rituais miscigenados, confusos e deletérios, que abnegados Emissários de Ogum lançam o Movimento Umbandista. Preconizam um culto simples, objetivo e direto que atenda ao maior número de consciências, livrando-as de sistemas místicos atávicos, deturpados e intoxicados de ódio racial. Nascendo o Movimento Umbandista, inicia-se a grande tarefa de transformação da mentalidade humana, obediente à nova era que surgirá com o 3º milênio. Essa nova mentalidade do Ser Espiritual encarnado devia iniciar-se pelo Brasil — Terra da Luz — e por dentro dos maiores conflitos kármicos, místico-raciais e que congregasse todas as raças, ou seja, os negros, os brancos, os amarelos e os remanescentes da Raça Vermelha. E assim foi feito. Há quase um século (1889-1988) por dentro dos ditos cultos de nação africana, aproveitando-se também do misticismo da dita pajelança de nossos índios atuais, começaram a baixar, nos ditos terreiros, os Emissários de Ogum, trazendo como bandeira de seu Movimento o possante vocábulo UMBANDA — A PROTO-SÍNTESE CÓSMICA. A Lei Divina estaria ressurgindo, gradativamente, no seio da massa em conflito kármico e por dentro da Terra da Luz — o Brasil. Nesse instante de nossa apagada descrição do nascimento do Movimento Umbandista, não podemos olvidar o trabalho ímpar de vários pioneiros espirituais e dentre Eles o abnegado e portentoso, por sua luz, Caboclo Urubatão da Guia (Arashamanan), da Vibratória de Orixalá, o qual, como sabemos, é o "Condutor da Confraria dos Espíritos Ancestrais". Dirigidas por este MAGO DA LUZ, 9 Entidades da mais alta Escola da Espiritualidade Superior traçam os planos para o Caboclo Curuguçu preparar o advento do Caboclo 7 Encruzilhadas. Tanto o Caboclo Curuguçu, como seu superior na Hierarquia, o Caboclo 7 Encruzilhadas, são da Vibratória de Ogum, de Ogum de Lei. Que fique bem claro aos Filhos de Fé e simpatizantes do Movimento Umbandista, que o Movimento não se iniciou com a descida do Caboclo 7 Encruzilhadas em 1908 e sim em fins de 1888 e início de 1889. O Caboclo 7 Encruzilhadas foi o encarregado, por ditames superiores, de ser o *porta-voz oficial* do astral superior a ditar as primeiras normas do Movimento Umbandista em 15 de novembro de 1908, no Rio de Janeiro. É importante que o Filho de Fé e o pesquisador honesto vão entendendo o porquê de ter sido no dia 15 de novembro e no Rio de Janeiro. Sim, devido à história do Brasil...*

Quando dissemos que o Caboclo 7 Encruzilhadas ditou as primeiras normas do Movimento Umbandista, queremos afirmar que esse portentoso Ca-

---

* Nota do médium — Com a liberação da Escravatura Negra em 1888, o Plano Astral Superior, através de seus mentores, resolveu "alforriar" muitas almas, fazendo ressurgir o vocábulo Umbanda. Em 1889, aproveitando-se da mudança do regime político, os mentores do Plano Astral Superior modificaram também certos cultos, direcionando muitas consciências para o ressurgimento da Umbanda (1903). Notemos que neste 1989 fazemos cem anos de Proclamação da República, tendo o Brasil passado por um ciclo e se preparando para entrar em outro (em 1989 tivemos as eleições presidenciais). Aproveitando-se das analogias de datas, relembramos que há 33 anos (interessantíssimo...) o Sr. W.W. da Matta e Silva lançava a famosíssima obra *Umbanda de Todos Nós*, e agora... (*Umbanda de Todos Nós* foi lançada em 1ª edição em final de agosto e setembro de 1956 pela Editora Esperanto.)

boclo definiu e fez distinção importante entre o ritual desse Movimento e o que havia até então, seja no dito espiritismo de Kardec (Kardecismo), nos cultos de nação africana ou nas Macumbas cariocas e de outras plagas brasileiras. Definiu dizendo que: "A Umbanda seria um Movimento onde se pregaria a igualdade e a caridade em todas as suas formas de expressão. Seria através de um ritual simples onde seus médiuns trajariam apenas vestimentas brancas, sem o som dos atabaques e palmas e onde não haveria matança de animais, nem para o desmancho ou quebra das demandas e muito menos para fins votivos." Para a época, era o suficiente. Aliás, muitos que se dizem adeptos do culto organizado pelo Caboclo 7 Encruzilhadas e seu valiosíssimo e honestíssimo aparelho mediúnico, o filho Zélio Fernandino de Moraes, assim não seguem de há muito, infelizmente. Esperemos, o tempo reorganizará tudo, mas até lá esclareçamos e trabalhemos. Para encerrarmos a descrição da fase de Ogum, que continua até hoje e continuará até o ressurgimento da verdadeira Umbanda, assim como as demais 6 Vibrações Originais, resumamos esta fase que, mais uma vez citamos, iniciou-se entre 1888-1889 e não tem tempo previsto de término, assim como as demais 6 Vibrações Originais que, exceção seja feita a Orixalá, podem ser viventes em vários terreiros. Com isto afirmamos que segundo o grau kármico consciencial da coletividade terrena, podemos ter as 6 fases viventes, uma predominante, é claro. Mas no cômputo geral do Movimento Umbandista estamos na fase de Ogum, que agora tentaremos resumir:

1. A fase de Ogum iniciou-se entre 1888 e 1889 (com o término da escravidão e o início do Brasil República).
2. O Caboclo Urubatão da Guia e 9 possantes Entidades estruturaram a fase e todo o Movimento.
3. O marco inicial foi em 15 de novembro de 1908, através do Caboclo 7 Encruzilhadas no Rio de Janeiro.
4. A fase de Ogum objetiva abarcar o maior número de pessoas no menor espaço de tempo possível. São os clarins de Ogum que estão soando, traduzindo simbolicamente o sentido e os objetivos desta fase.
5. Esta fase permanecerá, nas demais Vibrações, se alternando até chegarmos em Orixalá.
6. O 3º milênio, ou seja, o próximo período de mil anos, será o tempo necessário para que se processem as 7 fases do Movimento Umbandista e da mudança de mentalidade planetária.
7. Entendamos que dentro da fase de Ogum teremos 7 subfases, representadas pelos 7 Orishas de Ogum. São os *entrelaçamentos kármicos* e a *unidade de trabalho* sendo processados. Vejamos agora a 2ª fase — a fase de OXOSSI.

2ª FASE — A FASE DE OXOSSI
OXOSSI
O SENHOR DA AÇÃO ENVOLVENTE

Com o Senhor dos Exércitos (Ogum) convocando e abrindo os caminhos, surge OXOSSI, o *caçador* que abarca as Consciências, para gradativamente iniciá-las na Doutrina da Luz.

Oxossi é o *caçador da mata virgem*, simbolizando sua ação envolvente sobre as consciências ainda distanciadas das *grandes* verdades universais. É pois, SENHOR DA DOUTRINA — modificando inteligências e consciências. Atua catequisando a grande massa de crentes do atual Movimento Umbandista.

O trabalho catequisador desta Vibração Original é de suma importância para a elevação consciencial dos crentes e adeptos do Movimento Umbandista, o qual é caracterizado por uma série infindável de graus conscienciais os quais norteiam outras tantas *unidades religiosas* tidas como terreiros. Atua também iluminando as trevas da ignorância, que infelizmente campeiam por esses terreiros em todo o Brasil. Arrebanhará e ajustará uma *doutrina* a ser seguida por toda a coletividade tida e havida como umbandista. É ainda pouco conhecida a verdadeira e real função kármica de Oxossi pelos Filhos de Fé da atualidade. Como médico das almas, Oxossi curará as chagas e ensinará a substituição do ódio pelo amor, da luta pela trégua, da insubmissão pela submissão às Leis Divinas. Aguardemos o tempo e o trabalho sereno e constante do grande *Caçador das Almas*, o qual preparará o advento de uma nova fase para a humanidade terrena e abrirá caminhos para a fase de Xangô. Para que fiquem bem patenteados os objetivos da fase de Oxossi, façamos um pequeno retrospecto:

1. A fase de Oxossi inicia-se por dentro da fase de Ogum, na subfase de Ogum Rompe-Mato, que como sabemos é o intermediário de Ogum para Oxossi. Com isso afirmamos que dentro de uma fase surge nas subfases a fase da Vibração subseqüente. É o entrelaçamento kármico vibratório e o trabalho UNO se processando.
2. A fase de Oxossi objetiva, por dentro dos cultos afro-brasileiros, trazer uma Doutrina Una, *a priori* adaptada a determinados subgrupos do Movimento Umbandista, para depois reuni-los em uma só doutrina, a qual visa à reimplantação da Proto-Síntese Relígio-Científica e *a posteriori* o ressurgimento de Aumbandan — A Proto-Síntese Cósmica.
3. É e será de vital importância a atividade kármica de Oxossi nos primórdios do 3º milênio — o milênio da reconstrução e renovação.
4. Sob a supervisão de Ismael nas esferas galáticas e de Caboclo Arranca-Toco (alegoria feita ao retirar os obstáculos da mata virgem do entendimento) teve início sua fase com o Caboclo Araribóia* — sapientíssimo e poderoso emissário das Cortes de Oxossi, o qual vem atuando incansavelmente na doutrina, tanto no plano astral como no plano físico denso. Tem preparado no plano astral, através de sua *Choupana do Entendimento* em pleno *Juremá*, vários porta-vozes da Umbanda do futuro, hoje já presente e vivente. Aqui por baixo, no plano físico denso, tem membros de sua falange em todos os terreiros, principalmente nos mais predispostos ao conhecimento das Verdades Universais e que não tenham preconceitos e nem se julguem melhores que os demais. É uma verdadeira catequização da Luz para as Sombras. Salve pois o GRANDE CAÇADOR DAS ALMAS — o SENHOR OXOSSI e sua missão redentora.

3ª FASE — A FASE DE XANGÔ
XANGÔ
O SENHOR DAS ALMAS

A atividade kármica da fase de Xangô prende-se ao selecionamento daqueles que venceram, ou melhor, foram sensíveis às 2 fases anteriores. É *aquele* que virá aferir a *balança da lei*. Ao aferir a *balança da lei*, selecionará a coletividade afim aos princípios das fases seguintes.

No momento estas Entidades Espirituais já se encontram presentes em alguns terreiros. Por dentro da grande massa de crentes e mesmo de médiuns atuantes, a Vibratória de Xangô atua na subfase de Ogum Beira-Mar (na fase de Ogum) e atuará na subfase do Caboclo Cobra-Coral na subfase correspondente de Oxossi. Quando esta fase estiver atuante em sua totalidade, reinará sobre a Coletividade Umbandista a JUSTIÇA UNIVERSAL, o mesmo acontecendo com a mentalidade planetária. É bom frisar-se que, juntamente com as Entidades que militam na Vibratória de Ogum (1º lugar) e as que militam na Vibratória de Oxossi (2º lugar), as de Xangô (3º lugar) constituem o maior número de Entidades atuantes por dentro dos terreiros. Como esta fase em sua íntegra está distante de nossa realidade atual, fiquemos por aqui com os conceitos relativos à atividade de Xangô, mas para deixar bem transparente nossa descrição, façamos um pequeno retrospecto:

1. A fase de Xangô inicia-se por dentro da fase de Ogum, na subfase de Ogum Beira-Mar, que como sabemos é o intermediário de Ogum para Xangô.
2. A fase de Xangô tem como finalidade, por dentro dos cultos afro-brasileiros, trazer o equilíbrio da Balança Kármica; após o balançar e contrabalançar, selecionará aqueles que deverão seguir avante no caminho. É Xangô portanto o *selecionador*, aquele que aferirá a Coletividade Umbandista em seu aproveitamento em relação aos fundamentos das fases de Ogum e Oxossi.
3. As Entidades de Xangô, emissários de Mikael, componentes da Corrente das Santas Almas do

---

* Caboclo Araribóia — Orisha menor de Oxossi intermediário para Ogum.

Cruzeiro Divino, que como vimos é de *ação e execução* sobre os Seres Espirituais encarnados que têm atuado no Movimento Umbandista, é o Caboclo Xangô 7 Montanhas, intermediário para Ogum.

4. Após este selecionamento, que sem dúvida ficará para o 3º centenário do 3º milênio, estará a Coletividade Umbandista apta a interpenetrar nos mistérios do Mestrado de todo o Conhecimento, enfim se encaminhando para o ressurgimento da Proto-Síntese Relígio-Científica. Assim, ao terminar a fase de Xangô, inicia-se a fase de YORIMÁ, à qual respeitosamente pedimos agô para descrevê-la.

4ª FASE — A FASE DE YORIMÁ
YORIMÁ
O SENHOR DA LEI REINANTE

Esta 4ª fase se caracterizará realmente pela LEI REINANTE, isto é, a Coletividade Umbandista terá alcançado a sua *maturidade* e caminhará rumo a novos patamares evolutivos, que nessa época serão plenamente conscientes para todos. Todos buscarão os novos patamares, utilizando-se para isto da mentalidade vigente na dita fase de Yorimá. É o início do Mestrado da LEI. Será também os primórdios da verdadeira INICIAÇÃO CÓSMICA, a qual também será vivenciada nessa fase. Essa fase, hoje, pode ser encontrada em raríssimas unidades religiosas do Movimento Umbandista em sua face esotérica ou iniciática. A maior parte das humanas criaturas nem desconfia desta fase, só conhece mesmo os ditos Pais-Velhos ou Pretos-Velhos, que muitos insistem em ligá-los apenas a ex-escravos. Os Emissários de Yorimá, com sua humildade e sabedoria, entendem a atual concepção dos Filhos de Fé, mas sempre que podem lançam a semente do despertar de uma *nova era*, que surgirá no raiar dos novos tempos do 3º milênio. Nesses tempos reinará por todo o planeta a Paz, a Harmonia, a Justiça e a busca incessante da Iniciação Cósmica. Teremos a humanidade menos materializada e muitíssimo espiritualizada. Em suma, é isto que nos reserva a fase de Yorimá. Esta fase também foi iniciada na fase de Ogum, na subfase de Ogum de Malê, pelo Pai Benedito. A seguir continuará na fase de Oxossi, na subfase do Caboclo Tupinambá, com o Pai Joaquim. Essa fase teve sua amostra através do Pai Guiné, o qual permitiu que seu discípulo encarnado (seu médium), o Filho W. W. da Matta e Silva, escrevesse desvelando certos fatos e fundamentos inéditos à Coletividade Umbandista e de maneira geral aos adeptos dos cultos afro-brasileiros. Ao encerrarmos esta humilde descrição da fase de Yorimá, façamos um pequeno resumo, para que fiquem bem firmados, por todos os Filhos de Fé, os fundamentos desta fase:

1. A fase de Yorimá será caracterizada pela LEI REINANTE, a Lei sendo entendida em sua Essência por toda a humanidade.
2. Terá surgido no Movimento Umbandista da época uma era de trabalho, paz e harmonia, que será patamar importante para as novas fases.
3. Esta fase teve seu início por dentro da fase de Ogum, através do Pai Benedito. Na fase de Oxossi, será através de Pai Joaquim. Na fase de Xangô, será através de Vovó Maria Conga.
4. Não se pode deixar de citar o portentoso — em Luz e Sabedoria — Pai Guiné, o qual, através de seu aparelho mediúnico W. W. da Matta e Silva, descortinou o que será a Umbanda do futuro, através de suas 9 obras, as quais constituem marco importante da literatura umbandista e, muito mais que isso, o sinal de novos tempos que estão surgindo e ainda surgirão por dentro da coletividade do Movimento Umbandista e pelos crentes dos cultos afro-brasileiros. Ao encerrarmos esta fase, na metade do 3º milênio, entraremos na portentosa fase de Yori, à qual humildemente pedimos *agô* para descrevê-la.

5ª FASE — A FASE DE YORI
YORI
A POTÊNCIA DA PUREZA CÓSMICA

Nesta fase teremos o nascimento de uma nova mentalidade planetária e muito principalmente por dentro do Movimento Umbandista. São os Senhores da Potência da Pureza Cósmica agindo, atuando com suas poderosas e não menos sutis e puras vibrações. Todo Movimento Umbandista estará convicto de que a *pureza interior* é o caminho, é a via para a tão propalada paz interior. Esses Mestres no conceito do Puro e do Bem estarão unificando o Movimento Umbandista. Todos falarão uma só língua, propagarão uma só doutrina e se entenderão. Será a consolidação da Proto-Síntese Relígio-Científica. O Conhecimento Uno e Integral se fará presente e atuante. Esta forma de ser e agir trará a alegria interior e fará com que o planeta Terra extermine para sempre o ódio, as disputas, o egoísmo e o orgulho destruidor, fazendo reinar uma mentalidade renovada e una. Nesses tempos, as fronteiras dos países estarão deixando de existir. É claro que, antecedendo esta maturação espirítica, a qual trará plena justiça social planetária, se unirão primeiro os continentes, isto é, a América será uma só, sem fronteiras. A Europa também deixará o nacionalismo exclusivista e imperialista e entrará na Era Espiritualista. A Ásia e a África também sofrerão as mesmas transformações. É o planeta Terra, amadurecido e elevado ao nível das demais Casas Planetárias felizes e cônscias de suas atividades e finalidades.

Mas voltando à nossa realidade atual, a Vibração de Yori, as ditas CRIANÇAS da Umbanda raramente atuam nos terreiros em sua verdadeira potência; atuam travestidas de acordo com as mentalidades que as evocam. O seu trabalho se atém mais no plano astral superior, sendo rara, como dissemos, sua atuação nos terreiros. Não obstante, por dentro da subfase de Ogum Megê, temos a atuação de Yari, portentoso Orisha Menor, Pai Ancestral da humanidade terrena. Atuando com sua poderosa legião, na mente e no coração de todos os Filhos de Fé, quando tem oportunidade de encontrar filhos habilitados e que sejam pontas-de-lança do Movimento Umbandista, transmite-lhes mensagens edificantes, revelando-lhes certos ângulos do porvir. Como os Filhos de Fé podem perceber, deixamos de citar a atuação desta Vibratória por dentro das demais que a antecedem, exceto Ogum. Isto deve-se aos demais Emissários de Yori estarem completamente ligados a outras Esferas Superiores Transicionais em pleno *Yoriá*, estruturando o *campo mental* e *astral* da futura humanidade que estará surgindo. Também, antes de encerrarmos a descrição desta *poderosa fase* que mudará completamente a face do planeta, em seus aspectos geofísicos, étnicos, morais e sociais, devemos dizer que não resumiremos esta fase como fizemos com as demais em virtude de, para o momento, termos deixado bem claro seus objetivos. Assim, vejamos e procuremos entender os objetivos e funções da fase da Vibratória de Yemanjá, a qual será a próxima a ser descrita. Seu *agô*, Yemanjá — Caboclo vai revelar sua fase.

6ª FASE — A FASE DE YEMANJÁ
YEMANJÁ
A POTÊNCIA DO AMOR CÓSMICO

Esta fase se caracterizará por ser o início ou a GESTAÇÃO DOS PRINCÍPIOS ESPIRITUAIS na humanidade. É o *duplo gerante* atuando na Coletividade Planetária. No Movimento Umbandista esta fase trará os primeiros indícios para o ressurgimento da Proto-Síntese Cósmica — o Aumbandan. Como sabemos, o Aumbandan resume os fundamentos totais do *amor* e *sabedoria* entrelaçados. A fase de Yemanjá se caracterizará pela *conscientização* e *sublimação* do *sentimento*, ou seja, do *amor universal*, a FRATERNIDADE UNIVERSAL. No contexto planetário teremos a consolidação da Proto-Síntese Relígio-Científica, norteada pelo *amor cósmico*. Em nível sociopolítico teremos a reunião de todos os continentes, não haverá mais países, haverá somente o planeta Terra. Falar-se-á em Coletividade Planetária, será a era da fraternidade e confraternização dos povos, que muito lutarão para além de possuírem uma só pátria, a PÁTRIA TERRA, terão também um só ideal, o ideal do Amor Universal. Por dentro do Movimento Umbandista atual, a fase de Yemanjá entrou pela subfase de Ogum Yara, através da Cabocla do Mar.

O importante é entendermos os objetivos desta fase e que isso acontecerá próximo ao final do 3º milênio.

Sobre a fase de Yemanjá, é o que pudemos revelar, importando-nos que procuremos atuar de conformidade com os tempos atuais, para estarmos preparados para os tempos futuros onde reinarão a PAZ e o AMOR UNIVERSAL.

7ª FASE — A FASE DE ORIXALÁ

ORIXALÁ
A POTÊNCIA DO VERBO DIVINO

A POTÊNCIA DO VERBO DIVINO — ORIXALÁ — na verdade sempre atuou, da primeira à última fase, supervisionando o Movimento Umbandista.

Foi, como vimos, através da potência do Verbo Divino que a Hierarquia Crística arrebanhou para o planeta Terra sua coletividade afim. Foi também a Vibratória de Orixalá quem convocou os "estrangeiros" e, com eles Seres Espirituais de elevadíssima posição dentro da Hierarquia Galática. Muitos vieram de suas Pátrias Siderais, sob o beneplácito de Orixalá, para incrementar a evolução de seus irmãos terrenos, os quais eram menos experientes. Assim é que se tornaram grandes tutores e condutores morais da coletividade terrena. São aqueles que chamamos Tubabaguaçus ou Tubaguaçus, os verdadeiros PAIS DE RAÇAS. Lembramos também ao Filho de Fé e leitor amigo que eram eles fundadores por cima, no astral superior, da pura Raça Vermelha, estando à sua mercê, até os nossos dias, o destino kármico de nosso planeta. Assim reexplicando, estamos afirmando que na verdade a 1ª fase iniciou-se com Orixalá e a última também encerrar-se-á com Orixalá. O alfa e o ômega, o princípio e o fim, como dizia Jesus. É o que será para o Movimento Umbandista a Vibratória de Orixalá.

Assim, com a fase de Orixalá terminarão as 7 Fases do Movimento Umbandista, bem como a evolução consciencial-moral da humanidade terrena, isto no clarear do 4º milênio — O *milênio da raça transmutada*.

Antes de encerrarmos o capítulo façamos uma pequena sinopse sobre o que expusemos.

FASES	MOVIMENTO UMBANDISTA	CONSCIÊNCIA PLANETÁRIA
1ª fase OGUM	O SENHOR DOS EXÉRCITOS que com seus clarins abre os caminhos para todos. Culto simples, objetivo e direto, que abarque o maior número possível de Consciências Espirituais. É o início do DESPERTAR CONSCIENCIAL.	Nesta fase temos a humanidade se digladiando e sem rumos planetários ou coletivos. Completa dissociação social, cultural, política, econômica e religiosa. Todos serão chamados a despertar através de problemas comuns, dores, sofrimentos, etc. Será o início de um despertar para uma nova mentalidade.
2ª fase OXOSSI	Após o chamamento de Ogum, haverá a CONSCIENTIZAÇÃO. É o CAÇADOR DAS ALMAS que abarca as consciências. É o início da REAL DOUTRINA.	Novos conceitos surgirão no âmbito social, político, econômico e religioso. Haverá início dos rudimentos da Fraternidade Universal, inclusive de UNIÃO entre os povos.
3ª fase XANGÔ	O SENHOR DA BALANÇA. O SELECIONADOR. Aquele que selecionará os que levarão o Movimento Umbandista. Selecionará as almas afins à evolução planetária. Outros serão relegados a planetas inferiores, até se regenerarem e poderem participar da coletividade terrena.	A JUSTIÇA CÓSMICA. Reinará no planeta justiça social, política, econômica e religiosa. Haverá, pois, mudança de mentalidades, com o completo banimento do egoísmo, ódio, orgulho e vaidade.

FASES	MOVIMENTO UMBANDISTA	CONSCIÊNCIA PLANETÁRIA
4ª fase YORIMÁ	O SENHOR DA SABEDORIA E DA HUMILDADE — os primórdios da INICIAÇÃO. Novos rumos para o Movimento Umbandista. Filhos de Fé experientes e humildes.	A humanidade terrena estará amadurecendo os conceitos de Paz e Harmonia. Estará se preparando para os ensinamentos da Iniciação Cósmica. Haverá uma maturidade sócio-política-cultural, onde falar-se-á em projetos de "planeta Terra" como uma só Pátria.
5ª fase YORI	É o FILHO INICIADO NOS MISTÉRIOS DO COSMO. É o MAGO DA PUREZA. É aquele que com sua pureza incrementa na mentalidade do Movimento Umbandista novos rumos para os novos ensinamentos que surgirão, sendo uma época de Paz, Harmonia e Alegria. Estamos caminhando para a PROTO-SÍNTESE RELÍGIO-CIENTÍFICA.	A humanidade terrena nasce para uma nova realidade — é a FASE DA PUREZA INTERIOR. O Conhecimento torna-se uno, ressurgindo a PROTO-SÍNTESE RELÍGIO-CIENTÍFICA. O homem descobrirá cientificamente que a MORTE é uma UTOPIA.
6ª fase YEMANJÁ	A MÃE GERADORA — propicia condições para os futuros Iniciados nos Mistérios da Vida. É o florescer do sentimento nobre: O AMOR CÓSMICO.	Nessa fase o AMOR CÓSMICO reinará sobre a Terra. Os países já estarão unidos como continentes. Haverá pleno equilíbrio social, econômico e político. Falar-se-á em Comunidade Planetária. Todos saberão que estamos prestes a entrar em sintonia com nosso TUTOR PLANETÁRIO — o Cristo Jesus e com a fase de Orixalá.
7ª fase ORIXALÁ	O PRINCÍPIO ESPIRITUAL em ação na humanidade. A SABEDORIA CÓSMICA — A LUZ DIVINA EM AÇÃO.	O AMOR UNIVERSAL — A SABEDORIA UNIVERSAL relembrarão os atos do Cristo Jesus, os quais serão inerentes à humanidade terrestre. Neste tempo áureo haverá o reencontro com a PROTO-SÍNTESE CÓSMICA, que colocará a Terra na posição de um planeta de elevação. Teremos uma humanidade diferente em sua constituição somática e psíquica espiritual (corpo físico mais sutil e não sujeito às intempéries das doenças).

Após esta sinopse demonstrativa, acreditamos ter deixado o Filho de Fé e leitor amigo com uma visão de síntese, de unidade, de conjunto das 7 FASES DE AÇÃO DOS ORISHAS, tanto no que se refere à sua atuação externa ou exotérica, popular, por dentro de muitos terreiros, como à sua atuação interna ou esotérica por dentro das concepções sociais, políticas, étnicas, econômicas e religiosas de todo o planeta.

Podemos, assim, dizer que tanto o Movimento Umbandista como as CONCEPÇÕES CONSCIENCIAIS PLANETÁRIAS terão um caminho a ser trilhado e, no decorrer dos tempos, passarão por uma da 7 Fases, carregando sempre o peso da experiência das retrofases.

OGUM ⟶ Tocou os clarins de seus exércitos convocando a todos;

OXOSSI ⟶ Estende suas vibrações envolventes, como Caçador de Almas e ministra-

XANGÔ → Após a fase da doutrina haverá o selecionamento, a seleção, o exame das coisas aprendidas com a Doutrina;

YORIMÁ → Aqueles que foram selecionados passarão por uma fase de *maturação* em suas concepções, advindo a experiência;

YORI → Após a maturação, haverá o *nascimento* para uma nova realidade. As sínteses trarão a todos a *pureza* e a *alegria* das *crianças de coração* — os *puros*;

YEMANJÁ → Após o nascimento, a Mãe Sagrada conduzirá a todos com seu *amor sublimado*, ao Entendimento maior, a uma Realidade Imutável;

ORIXALÁ → O Amor Sublimado trará a *sabedoria integral* — a Tradição do verdadeiro Iniciado, o qual já adquiriu o binário do *amor e sabedoria*.

Ao término desta fase novamente atuará Ogum e as demais Vibrações em outro nível, com outros objetivos; enfim, essas 7 Fases são cíclicas e rítmicas, atuando de forma ininterrupta, até o *instante* em que o Ser Espiritual astralizado deixe o universo astral, se desvinculando e neutralizando o karma constituído, e parta ao encontro de sua **REALIDADE-UNA** no Cosmo Espiritual. Após esta descrição sobre os objetivos e finalidades das 7 Fases, estamos encerrando o capítulo, o qual também encerrará o livro.

Assim, Filho de Fé e amigo leitor, chegamos ao final de nossos humildes e despretensiosos apontamentos que se transformaram neste livro. Este livro, em verdade, pretendeu mesmo ser uma conversa, uma longa conversa com todos. Caboclo espera que todos tenham tido com esta nossa conversa uma idéia mais real e consistente do Movimento Umbandista e principalmente de seus objetivos, que visam fazer ressurgir a Proto-Síntese Cósmica — o Aumbandan.

Antes de encerrarmos esta nossa conversa com o Filho de Fé e amigo leitor, Caboclo quer ressalvar que muitos dos conceitos esposados nesta obra não coincidem com muitos dos atualmente vigentes, tanto no âmbito místico-religioso, principalmente nos ditos cultos afro-brasileiros, como no âmbito científico. Na realidade não quisemos e não queremos polemizar, nossa função é esclarecer e às vezes revelar, mas sempre respeitando a opinião e os conceitos esposados por outros.

Claro está que não somos os *donos da verdade*, muito menos tivemos ou temos esta pretensão. Sabemos, sim, da existência de uma VERDADE INTEGRAL ABSOLUTA, sendo as demais verdades relativas e aplicáveis a uma época, a determinados graus conscienciais. Não seríamos nós, pois, intransigentes, a faltarmos com o bom senso e com o sentimento fraterno, achando-nos *donos exclusivos das verdades*. Não temos essa intransigência e aceitamos a todos como são, bem como suas concepções, sejam elas coniventes ou completamente adversas às nossas. O que não queremos é polemizar sem que isso traga real proveito a todos.

Portanto, em alguns capítulos expusemos determinados conceitos, tal como o da origem *autóctone* do homem americano, que não coincidem com o do ensino acadêmico oficial.

Aliás, fomos além. Dissemos que a origem do homem foi em pleno Planalto Central Brasileiro, na era *terciária* e não na era quaternária, como é do ensino oficial acadêmico. Nosso conceito foi totalmente oposto ao do nobre Rivet que apregoa e defende a *teoria multirracial*, a qual respeitamos mas de que discordamos. Acreditamos que se Rivet tivesse a visão astral aguçada, com muito mais propriedade que nós descreveria aquilo que de forma descolorida apresentamos. Entenderia perfeitamente a origem do homem planetário, e muito principalmente do homem americano, que não teve sua origem através das 4 correntes, malaio-polinésia, australiana, esquimó e asiática. Aconteceu justamente o contrário. Aguardemos os tempos serem chegados. Eles chegarão e mostrarão que...

Outrossim, muitas vezes citamos e até explicamos a etimologia dos vocábulos Babalawo, Babalorisha e outros. Só não citamos, o que faremos agora, o vocábulo Babá. Este vocábulo ficou consagrado no uso e na denominação de "Pai ou Mãe-de-Santo". Na verdade, Babá é a corruptela de Tubabá. Os demais usos já vimos em outro capítulo.

A respeito do mediunismo, mediunidade e suas modalidades, fundamentos e fisiologia de sua fenomênica, não os descrevemos na íntegra; aliás, fizemo-lo muito superficialmente, deixando a oportunidade, devido à importância de que se reveste, para uma obra futura, que trate apenas do assunto. O mesmo acontece com outros temas. Já estamos preparando o Arapiaga (o "cavalo") para escrevermos uma obra que versará somente sobre mediunidade. (*Umbanda — O Elo Perdido*.)

Assim, queremos que fique bem claro aos Filhos de Fé que os conceitos esposados neste livro não têm a pretensão de serem *definitivos*. São os mais condizentes para os nossos tempos. Novos tempos virão e com eles mais Fundamentos.

É importante entender-se que, quanto mais evolui o Ser Espiritual, mais próximo encontra-se da VERDADE INTEGRAL ABSOLUTA.

Assim, Filho de Fé e leitor amigo, ao chegarmos ao epílogo de nossa conversa, queremos agradecer-lhes a companhia, a tolerância e a amizade dispensada ao Caboclo. Creia que Caboclo guardará você na mente e no coração por todo o sempre. Fizemos uma amizade indissolúvel e indestrutível.

Filho de Fé e leitor amigo, Caboclo não vai se despedir seguindo os ditames do convencionalismo terreno, quer apenas guardá-los no "coração do espírito".

Está chegando a hora de Caboclo ir a "oló", o galo já cantou e meu Orisha, lá no Humaitá, já me chamou. Mas antes, Caboclo quer deixar fixado no papel, nestas últimas linhas, as vibrações de agradecimento de meu âmago espiritual a todos os Filhos de Fé e muito principalmente ao "nosso cavalo" que, apesar das incompreensões de que foi vítima e será vitimado, nunca deixou de ceder-nos sua indumentária astropsíquica para que pudéssemos escrever este livro, e que a *força* de Caboclo movimentada com a *sabedoria* de Preto-Velho e o *amor* de Criança que sintetizam o Aumbandan ilumine-nos a todos. Caboclo vai a "oló". Saravá, Filho de Fé e leitor amigo, Caboclo estará sempre com você. Nos reencontraremos em nossa próxima conversa.

SARAVÁ OXALÁ.

SARAVÁ OS 7 ORISHAS.

SARAVÁ AUMBANDAN — A PROTO-SÍNTESE CÓSMICA.

YAMA... UTTARA...

                                        OGUM...Ê...Ê...Ê...

ARA... SAVATARA... ANAUAM...

EUÁ... ANAUAM... RÁ-ANGA... MACAUAM...

Adendo

Neste adendo à quarta edição de *Umbanda — a Proto-Síntese Cósmica*, decidimos incluir algumas considerações a respeito das atividades da Ordem Iniciática do Cruzeiro Divino no intuito de mostrar como os ensinamentos de Mestre Orishivara, expressos nesta obra e em outras, têm sido colocados em prática.

Sim, por mais coerentes e profundos que fossem os conceitos estendidos a nós pelos Mestres Astralizados, se não colocássemos em prática e não tivéssemos um método para transmiti-los efetivamente aos demais irmãos planetários, estaríamos diante de doutrina estéril, de mais uma utopia sem realização no planeta.

Ao contrário, sempre aprendemos com Mestre Orishivara que não podemos dissociar a teoria da prática, da mesma forma que não se deve distanciar o espírito da matéria. Infelizmente, não é isso que encontramos como regra entre a maioria de nós seres humanos, que professamos princípios que estão longe de serem seguidos, resultando disso uma sociedade saturada de conflitos, sejam de interesses de grupos ou no interior de cada pessoa.

Como Mestre Orishivara nos explica, seus ensinamentos correspondem ao que se mostra como mais apropriado para a coletividade que atingem no momento em que são transmitidos. Compreende-se que novos enfoques nos são oferecidos com o passar do tempo, à medida que conseguimos colocar em prática as lições anteriores. Assim tem sido ao longo dos anos, mas também reconhecemos que se desdobramos alguns aspectos e aplicamos outros, ainda há muito o que se apreender.

Em conseqüência da aceitação de que o aprendizado, a vivência e a própria evolução são processos dialéticos, não cabendo na espiritualidade superior qualquer forma de dogmatismo, podemos nos sentir livres e felizes para realizar o que o momento nos pede, atuando ora através de livros, ora no templo ou em novas empreitadas, como a Faculdade de Teologia Umbandista, mas sempre na vida, em favor da Umbanda e de todos os irmãos planetários.

Além da boa vontade e dos princípios que nos foram transmitidos, é preciso uma estrutura que promova o caminho que leva da idéia, ao planejamento até a realização. É preciso uma ideologia (na melhor acepção do termo) e um método para aplicá-la. É sobre isso que falaremos nas linhas abaixo, como tudo isso acontece na Ordem Iniciática do Cruzeiro Divino na atualidade.

ESCOLA DE SÍNTESE – UMA VISÃO INÉDITA DA UMBANDA

A Escola de Síntese é a formalização do pensamento filosófico e doutrinário propagado pela Ordem Iniciática do Cruzeiro Divino. Não se trata de escola como instituição de ensino, mas sim de uma filosofia própria, baseada em Conhecimento, Ética e Método.

Dentro do Movimento Umbandista, a Escola de Síntese ocupa uma posição de vanguarda visto que procura o entrelaçamento perfeito de todos os setores da gnose humana consubstanciados em uma forma de conhecimento integral que percebe a Essência de todas as coisas agindo na Forma. Apresenta de forma explícita os valores espirituais passíveis de serem observados apenas de maneira subliminar em outros setores da Umbanda.

A Doutrina do Tríplice Caminho, revelada em meados da década de 90, bem como toda a dialética e metafísica que constituem a Escola de Síntese representam uma resposta às necessidades planetárias de um sistema de conhecimento e desenvolvimento espiritual progressivo, fundamentado nos princípios da lógica e da razão, associados à efetiva intervenção dos emissários do Astral Superior, propondo uma mudança de valores consistente sem, contudo, contrapor-se às ciências de nossa era.

A apresentação de uma filosofia concisa e profunda só é possível devido ao momento atual reunir condições favoráveis para a introdução do aspecto cósmico da Umbanda. Esses fatores, até então desvelados nos estágios avançados da Iniciação, estão agora abertos, cabendo a cada um a capacidade de trilhar o caminho necessário para vivenciá-los.

Ainda que muitos não estejam aptos a apreender as verdades transcendentais guardadas no bojo da Umbanda, nem por isso seus emissários, os mestres astralizados, deixam de se manifestar em todos os templos, levando a luz da doutrina na medida que a mesma possa beneficiar seus receptores.

Assim, em muitos locais, os Mestres Astralizados utilizam-se de arquétipos para transmitir, de forma suave e até inconsciente para os receptores, os conceitos necessários à evolução de todos.

A simplicidade está em todos os cultos de Umbanda, especialmente naqueles em que se apresentam as entidades nas formas do jovem, do adulto e do velho, seguidos pelos guardiões que fazem a conexão do processo início, meio e fim, com o renascimento de outro ciclo. Assim, imitando a vida, a Doutrina do Tríplice Caminho ensina a viver.

A finalidade da Escola de Síntese é fazer ressurgir o conhecimento de síntese em todo o planeta. Assim, através do processo denominado Iniciação, faz com que seus discípulos aprofundem-se nas verdades cósmicas, começando pelo entendimento de si mesmo e de seus semelhantes.

Nessa caminhada rumo à Realidade incondicionada, o Ser liberta-se progressivamente dos laços mundanos e desenvolve uma consciência sagrada, que vê a todos como sagrados, que vê o universo como sagrado e transcende todos os conflitos e dualidades.

A Escola de Síntese, pelo seu Conhecimento, Ética e Método, pretende resgatar a realidade do Homem e propiciar à humanidade condições para retornar ao seu estado natural de harmonia e evolução.

A DOUTRINA DO TRÍPLICE CAMINHO

A Ordem Iniciática do Cruzeiro Divino propaga, ensina na teoria e na prática e sustem a Doutrina do Tríplice Caminho como meio evolutivo para todo o Ser Humano conquistar a Felicidade e a Libertação da Dor e do Sofrimento.

A Doutrina do Tríplice Caminho promove as condições necessárias para a realização da Paz Mundial, pois auxilia a cada indivíduo na conquista da Paz Interior. Assim a Paz mundial será a conseqüência do Ser Humano renovado, com uma consciência amplificada de sua vida como Espírito Eterno, imperecível em sua Essência e, principalmente, em concordância com as Leis Divinas.

Para tanto, utiliza-se de três caminhos interligados, a Doutrina Tântrica, a Doutrina Mântrica e a Doutrina Yântrica, para direcionar cada indivíduo rumo à sua própria evolução espiritual, ensinando-o a aperfeiçoar a si mesmo e evitar criar causas que sejam deletérias para sua própria evolução.

Com isso, é claro, o indivíduo que busca sua Autocura evita as agressões à Natureza, aos seus semelhantes e a si mesmo, aprimora-se e contribui para melhorar a atmosfera planetária com sua Paz Interior que se reflete no meio ambiente.

As Doutrinas do Tríplice Caminho baseiam-se em analogias com os eventos da Cosmogênese, quando se produziram os três fenômenos da Criação: a

Luz, o Som e o Movimento, criando respectivamente, a Doutrina Tântrica, a Doutrina Mântrica e a Doutrina Yântrica. Sendo o Homem comparável ao Universo, pela Lei das Analogias, temos os Organismos Mental, Astral e Físico representando os três fenômenos cosmogenéticos e se expressando através do Pensamento, do Sentimento e da Ação no plano das formas.

Através da prática dos Três Caminhos, o discípulo amplia sua concepção da Vida e atinge patamares superiores de entendimento da Realidade, desfazendo as ilusões das formações impermanentes. Compreende a Vida depois da morte física e entra em contato com aqueles que já estão livres das reencarnações, que são os Mestres Astralizados. Também aprende o conhecimento de Síntese, tanto no que se refere à humanidade como ao Universo como um todo. Cultiva a Simplicidade, a Humildade e a Pureza como meios para a Realidade.

Para trazer ao Homem o Equilíbrio na Mente, a Estabilidade no Coração e a Harmonia em suas Energias, a Doutrina do Tríplice Caminho faz com que ele reconheça e vivencie sua condição de Espírito Eterno, Imaterial e Imperecível, que habita um corpo físico e deve utilizar seus veículos de expressão como forma para voltar a sua Essência Espiritual, em sintonia com seus Genitores Divinos e com todo o Universo.

AS BASES DA PAZ MUNDIAL

A Paz Mundial, segundo a visão da Ordem Iniciática do Cruzeiro Divino, é o retorno ao processo evolutivo natural destinado ao Planeta Terra. As guerras constantes não são atributos intrínsecos do homem ou do planeta, mas uma conseqüência da perda da Tradição de Síntese que ocasionou a fragmentação do conhecimento e o afastamento da trilha evolutiva originalmente destinada aos espíritos encarnados em nosso planeta.

Com a perda da Tradição de Síntese sofremos um processo dissociativo em nosso Ser, apresentando como conseqüência uma visão fragmentária da realidade. A partir daí surgiram os conflitos devidos às oposições entre sujeito e objeto, entre as dualidades várias, entre o interno e o externo, entre espírito e matéria. A consciência de si mesmo tornou-se eclipsada e os conflitos internos se manifestaram como conflitos externos. Enfim, as guerras se instalaram primeiramente no "interior" do Ser e refletiram-se na Sociedade que construímos, no Planeta e no Conhecimento humano.

Portanto, para encontrarmos a Paz Mundial é necessário que encontremos a Paz Interna que depende da reintegração do homem com a realidade da qual se encontra afastado. O método ensinado pela Escola de Síntese é baseado em quatro pilares fundamentais: o Sagrado, o Homem, a Humanidade e a Natureza.

Em âmbito interno, a OICD é uma escola iniciática, que transmite os ensinamentos do Tríplice Caminho a seus discípulos que conduz à Unidade, à Síntese longe da fragmentação e dos conflitos. No plano externo direto, a OICD promove ritos e atividades várias abertas ao público leigo com o intuito de difundir os conceitos da Paz Mundial auxiliar diretamente no alcance da paz interna aos que procuram essas atividades.

Em nível mais universal e abrangente, a Ordem Iniciática do Cruzeiro Divino dispõe de uma fundação para a Paz Mundial que propaga os conceitos acima expostos através de ações diretas na comunidade e da convivência pacífica com outros setores filorreligiosos e grupos diversos da sociedade interessados na melhora da coletividade planetária.

A DOUTRINA DO TRÍPLICE CAMINHO E A AUTOCURA

Entendemos que a Doutrina do Tríplice Caminho é, na verdade, um *continuum* de evolução que orienta o Ser Espiritual à Autocura. Como três Doutrinas Integradas, os três caminhos convergentes vão mostrando, à medida que o discípulo avança, as formas para purificar seu corpo físico, seus sentimentos (Organismo Astral), e seus pensamentos (Org. Mental), entrando em contato com sua Essência Espiritual e seu Genitor Divino.

Como observamos, as Doutrinas Tântrica, Mântrica e Yântrica são os caminhos da Tradição Cósmica, muito além do que se entende hoje em dia por Tantra, Mantra ou Yantra. Na verdade, são vocábulos universais pertencentes ao Verbo Divino, que atualmente estão seriamente deturpados em seus conceitos, devido à fragmentação do Saber.

A Verdadeira Triunidade foi ensinada nos primórdios da civilização humana, ainda na Raça Primeva, nas esquecidas Pangéia e Lemúria, por aqueles que hoje não mais encarnam no Planeta e que são nossos Ancestres Ilustres, compondo a Confraria Cósmica de Aumbandan.

Esses Mestres Astralizados fazem chegar a Tradição Cósmica até a coletividade encarnada através de seus porta-vozes, Mestres Espirituais Encarnados que estão em todos os povos, introduzindo os conceitos necessários para fazer ressurgir a Proto-Síntese Cósmica, o AumBanDan, patrimônio espiritual da Humanidade como um todo.

O Movimento Umbandista do Brasil e do Mundo trabalha abertamente para reimplantar o AumBanDan e recebe o auxílio direto dos Espíritos da Confraria Cósmica de Umbanda que se apresentam através da mediunidade de seus discípulos que encarnaram com esse compromisso.

No Brasil e no Mundo há uma grande variedade de Rituais Umbandísticos, que atendem aos vários graus conscienciais que compõem a coletividade planetária. A Ordem Iniciática do Cruzeiro Divino tem seus Rituais em acordo com a Escola de Síntese, da qual é a Casa-Raiz.

A finalidade de Aumbandan é devolver ao Homem sua cidadania espiritual, e sabe que isto só será possível quando estivermos irmanados, vencendo as barreiras do orgulho, da vaidade, das ilusões do Ego (egoísmo), banindo de vez os três maiores venenos do Planeta: a Ignorância, o Ódio e a Inércia Espiritual.

Propiciar a Autocura, a renovação de valores para uma vida espiritual e material saudável, livre das doenças do Corpo e da Alma é a proposta de trabalho da Ordem Iniciática do Cruzeiro Divino e seus Templos Filiados que procuram levar as lições e o auxílio dos Mestres do Tríplice Caminho a todos que assim desejarem e precisarem.

OS SETE ARASHAS – SUPREMOS CURADORES DO MUNDO

Quando se fala em Autocura na Umbanda, não pensamos diretamente na cura das doenças do corpo, mas na cura das **causas das doenças** que estão, em realidade, na Essência do Ser. Ali estão fincadas as raízes de todas as doenças do pensamento, do sentimento e do corpo, que consomem o indivíduo através de três venenos: a Ignorância, o Ódio e o Apego.

Para alcançar a Autocura o discípulo precisa penetrar na sua própria Essência, descobrir-se como Ser Espiritual eterno, imaterial, vazio de qualquer condição de tempo-espaço ou energia-massa. Ao mesmo tempo deve aprender como o Espírito imanifesto, vazio em essência, manifestou-se no mundo material, no Universo Astral, agregando sobre si condensações de energia que constituíram seus veículos dimensionais, os sete corpos.

Perceberá então que a energia que forma o universo é diferenciada em sete faixas vibratórias, que se expressam no Organismo Sutil como sete centros de iluminação, que o conectam com o Cosmos e com seu Genitor Divino, fazendo circular a energia no incessante ciclo da vida e coordenando as funções orgânicas no plano denso.

Sobre esses fundamentos, podemos compreender que os Sete Centros de Iluminação estão relacionados à setessência da matéria, e deveriam estar em conexão com os Sete Arashas e seus poderes volitivos. O distúrbio de função dos Centros de Iluminação é sinônimo de doenças, pois pressupõe baixas vibrações e perda da conexão com a Suprema Consciência Una e com o Universo.

A Autocura de Aumbandan busca fazer a canalização com o poder volitivo dos Arashas — Supremos Curadores do Mundo, Senhores da Luz e da Criação, para restabelecer a atividade normal dos Centros de Iluminação que voltarão a vibrar em consonância com o universo e, pelo processo de identificação, devolverão a condição de não-dualidade em relação aos Cosmos e à Essência-Una.

Por isso, em nosso rito, louvamos os Sete Arashas Oshala, Ogun, Oshossi, Shango, Yorima, Yori e Yemanja, através de seus nomes sagrados e vibrados em Mantras, Yantras e Tantras, como caminho para o reencontro com a Essência.

MOVIMENTO UMBANDISTA E AUMBANDAN

O Movimento Umbandista é um movimento filorreligioso surgido no início do século vinte, através da congregação de todas as raças em torno de um sistema filorreligioso aberto, capaz de permitir a expressão de várias heranças culturais sem a necessidade de confrontamento ou cizânia. Assim, ocorreu o sincretismo entre o sentido religioso de povos distintos em suas tradições regionais, como os ameríndios, os africanos, os europeus e asiáticos.

Além do sincretismo, como amortecedor das diferenças sociais, culturais e étnicas, outro fator que garantiu a convergência de várias culturas sobre o Movimento Umbandista foi sua condição não dogmática, não sectária, expressa pela enorme variedade de ritos e entendimentos compreendidos sob o manto da Umbanda. O gráfico abaixo mostra os diferentes grupos que confluíram para o movimento umbandista e suas contribuições:

```
                    RAÇA AMARELA
                    Orientalismo,
                    Budismo indiano-
                    tibetano-chinês,
                    Taoismo,
                    Brahmanismo
                          ↓
    RAÇA NEGRA                          RAÇA VERMELHA
    Pajelança africana,  MOVIMENTO      Pajelança indígena,
    Egípcios, Meroés, →  UMBANDISTA ←   predominância dos
    cultos de nação                     "cultos da Jurema",
                                        antigo Muyrakitan e
                                        Tembetá
                          ↑
                    RAÇA BRANCA
                    Fundamentos cristãos,
                    judaicos, islâmicos,
                    incluindo o kardecismo
```

Apesar do aspecto de mosaico que esse movimento adquiriu durante sua formação, pouco a pouco, sua real função foi-se delineando a partir da constatação de que alguns conceitos passaram a se apresentar de forma universal em todos os segmentos da Umbanda. Esse conceitos foram: o culto às Potestades Divinas sob o nome de Orishas ou Arashas como genitores divinos dos seres humanos; a louvação aos Ancestrais que se manifestavam através de um triângulo de apresentação, nas formas de Crianças (representando a Pureza e o Amor), Caboclos (representando a Fortaleza e a Ação) e Pais Velhos (representando a Sabedoria e a Humildade); a doutrina da reencarnação; a ligação sagrada com a Natureza e seus espíritos, entre outras.

Assim, o Movimento Umbandista tornou-se foco de convergência capaz de receber a todos, com a importante característica de apresentar uma variedade de ritos e cultos também no sentido vertical, quer dizer, desde cultos mais ligados à forma e à matéria até aqueles mais ligados à essência espiritual. A conseqüência disso é que, além dos vários grupos culturais, também todas as camadas encontraram na Umbanda um local afim, já que sua variedade se adequa aos inúmeros graus conscienciais ou de entendimento dos consulentes de todos os templos.

Por fim, a Umbanda, em seu movimento incessante de renovação, revelou seu real propósito que é de colaborar para o ressurgimento do Aumbandan, a Tradição de Síntese, detentora da Realidade-Una e Primeva, de onde surgiram todas as tradições da Terra. Essa é a profunda intenção e destino do Movimento Umbandista, trabalhar para o resgate do Conhecimento-Uno, patrimônio de toda a humanidade, foco de convergência da Filosofia, da Ciência, da Arte e da Religião, os quatro pilares do conhecimento humano.

Se a Umbanda foi colocada no centro do quadrilátero no gráfico anterior, como ponto de convergência de manifestações culturais diversas, estabelecendo uma relação no plano bidimensional, devemos entender o Aumbandan como acima desse plano de atuação exposto, constituindo o topo de uma pirâmide cujos lados foram representados acima. Sua posição, portanto, é o ponto que estabelece a formação tridimensional da pirâmide, estando acima de

AUMBANDAN

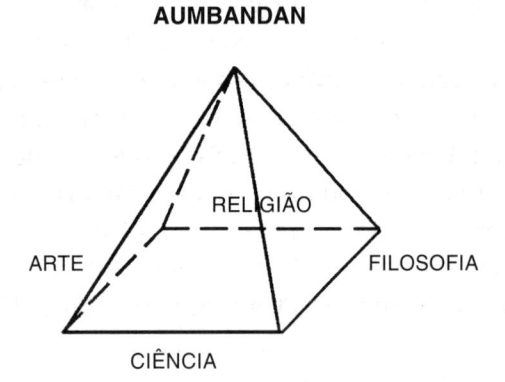

(pirâmide: RELIGIÃO, ARTE, FILOSOFIA, CIÊNCIA)

manifestações unilaterais, sem a supremacia de nenhuma etnia, cultura, ou compreensão.

O Aumbandan é o ponto de origem de todas as tradições, é a Proto-Síntese Cósmica perdida pelo homem nas noites do tempo, que continua a regular a vida no Universo Astral apesar de sermos inconscientes de sua existência. A Ordem Iniciática do Cruzeiro Divino trabalha para a restauração dessa Síntese Cósmica, que compreende o homem em sua Essência, em sua Existência e em sua Substância, que voltará a brilhar sobre o planeta no futuro que todos construiremos passo a passo.

CONVERGÊNCIA FILORRELIGIOSA

O mundo contemporâneo tem como estandarte o culto ao individualismo, a apologia do Ego, que sustenta a pluralidade de opiniões como se a mesma fosse sinal de liberdade de expressão. A grande diversidade de filosofias, ciências, artes e religiões, de uma certa forma, é também conseqüência desse processo de isolamento em busca da individuação onde, cada vez mais, tornamo-nos distantes uns dos outros ressaltando as diferenças e olvidando as semelhanças.

O processo de convergência para a Paz Mundial procura não apenas a convivência pacífica, mas principalmente a busca da origem comum de todos, da Ciência do Ser, até alcançarmos a identificação total entre todos.

Apesar de todas as diferenças existentes entre as pessoas, na verdade, temos muito mais em comum do que julgamos. A causa disso é que perdemos o conhecimento da Ciência do Ser, da manifestação do princípio divino em todo o universo, inclusive nos homens. Vivemos na diversidade por estarmos fragmentados em nossa consciência, distantes de nossa origem que é também nosso destino final.

A Tradição de Síntese-Aumbandan contém em si os princípios que regem toda a criação, seja no nível macrocósmico ou no microcósmico. Tudo o que existe obedece às Leis de formação do Universo e o fato de não compreendermos as mesmas não impede que continuem atuando tanto em nós, indivíduos, como em toda a energia-massa do universo.

Devido à fragmentação do Homem, essa Tradição de Síntese dividiu-se em compreensão do que é abstrato e do que é concreto, em númeno e fenômeno. As leis que regulam os fenômenos tornaram-se objeto de estudo da Ciência no geral, e também da Arte. Quer dizer, toda e qualquer forma de manifestação em energia-massa obedece a leis científicas, compreender a harmonia das formas faz parte da Arte.

Por outro lado, o estudo das causas abstratas que incidem sobre a matéria gerando os fenômenos não pode ser simplesmente apreendida pela ciência concreta, é preciso estar de posse dos instrumentos da Ciência do Espírito para compreender os númenos, as idéias que antecedem a forma. Isso tudo faz parte do campo de atuação da Religião e da Filosofia.

Infelizmente, após perdermos a Tradição de Síntese, acabamos por perder também a Filosofia, a Ciência, a Arte e a Religião integrais e primevas. Como conseqüência passou a existir fragmentação também nesses campos, surgindo várias filosofias, religiões etc muitas vezes opostas entre si.

Para exemplificar, vemos que as Religiões são formas particulares e parciais de ver o Sagrado que todas buscam. Fica claro que quanto mais nos aproximamos da convergência, menos observações parciais, regionais ou sectárias existirão, predominando a universalidade sobre a individualidade.

O processo de convergência faz parte do reencontro do Homem consigo mesmo. Não quer dizer apenas convivência pacífica, embora este seja talvez o primeiro passo. Temos que nos dirigir para os princípios, para a origem de tudo e vermos o Todo como Uno.

A SOCIEDADE NA VISÃO DE AUMBANDAN

Para o Aumbandan a Sociedade ideal é uma sociedade baseada no cooperativismo, interessada no bem comum e na evolução espiritual de todos. Seus valores são universalistas e não separatistas, isso significa a extinção das discriminações e mesmo das barreiras geopolíticas e de linguagem.

Além disso, a escala de valores da sociedade preconizada pela Umbanda baseia-se no fato de que somos espíritos eternos imersos na matéria transitória. Portanto, nosso maior interesse não deve estar calcado nos bens impermanentes, perecíveis, mas na conquista de atributos superiores de personalidade que nos sintonizem cada vez mais com os Planos Ariândicos.

Para a concretização dessa nova era de paz e evolução para o nosso planeta é preciso uma mudança na visão que se tem do poder político e dos governos. Os líderes dessa nova sociedade deverão ser aqueles que se destacarão pela Sabedoria, pelo Amor, pela Capacidade de auxiliar a todos na jornada evolutiva. Serão aclamados por serem os mais capazes de acelerar a evolução planetária, por não estarem presos a desejos egoísticos e por conhecerem as formas da libertação, tendo maior experiência kármica. Ou seja, pessoas compromissadas com o bem coletivo acima do individual e dispostas a se doar inteiramente a essa tarefa.

O desenvolvimento necessita ser plenamente sustentado, sem agressão à natureza, com modificações na economia, no comércio e até mesmo na forma de alimentação. É possível uma relação de equilíbrio entre o uso que fazemos dos recursos naturais e a capacidade de renovação do planeta desde que vivamos de forma racional, sem pensar apenas na satisfação dos desejos dos sentidos.

Isso significa uma relação mais harmônica do Homem com a Natureza e o Cosmos, reconhecendo seu caráter sagrado e, ao mesmo tempo, conhecendo o funcionamento da energia em seus aspectos mais sutis, sabendo como agregar sobre si mesmo o necessário para sua manutenção física.

Como corolário do esforço para o surgimento de uma nova sociedade, teremos o homem vivendo com toda a plenitude que a existência possa permitir, seremos todos cidadãos planetários; não apenas com uma melhor distribuição das riquezas mas também com uma nova visão sobre o que seja a própria riqueza em si.

A PAZ MUNDIAL

Paz não significa apenas a ausência de guerras, de disputas políticas, sociais ou econômicas; mais do que isso, paz é um estado de tranqüilidade e progresso social, caracterizado pelo relacionamento saudável e cordial entre indivíduos ou povos. O estado de Paz ou Guerra observado em uma sociedade é, na verdade, o reflexo coletivo do grau de Paz interior de cada indivíduo.

Em sentido mais amplo, podemos dizer que "paz" é o ambiente gerado no contato de indivíduos em estado de pleno equilíbrio mental, emocional e físico. A Fundação Arhapiagha para a Paz Mundial investe no Indivíduo como unidade fundamental da sociedade e propõe formas de se alcançar a Paz interior para dar paz ao mundo.

Para haver Paz externa é preciso haver Paz interna. Nossas energias maiores devem ser empregadas no intuito de resolvermos nossos conflitos interiores e deixar que nosso exemplo contagie os demais. É muito pouco produtivo despendermos esforços para transformar o mundo externo de maneira impositiva.

É claro que estando o indivíduo em Paz consigo mesmo, naturalmente estará em paz em seu lar, com sua família, no trabalho, etc; não mais agredirá a seus semelhantes, à natureza e, principalmente, a si mesmo.

Como ponto primordial para a conquista da Paz Interna e Externa, devemos ter sempre em mente a questão da interdependência. O que quer que aconteça com um indivíduo ou o meio ambiente afeta, em maior ou menor proporção, a todos os habitantes do mundo. Como conseqüência disso, não podemos esperar ter paz ou sermos felizes se todos não experimentarem igualmente esta condição.

Assim, a Fundação Arhapiagha para a Paz Mundial propõe que, para alcançar esses objetivos, o homem deve alcançar a harmonia com quatro fatores básicos e interligados: com o próprio Indivíduo, com a Comunidade, com a Natureza e com o Sagrado. As ações desenvolvidas por esta fundação visam, portanto, criar condições para que estes quatro objetivos sejam atingidos de maneira mais rápida e suave possível.

O HOMEM

Cada indivíduo é um universo em si mesmo, a vastidão interior é comparável à vastidão do cosmos. Raros são os que buscam conhecer a vastidão interior, a maioria prefere poupar-se o trabalho, mantendo-se na ignorância. O resultado é a criação de um hiato, um abismo entre o interior e o exterior, gerando a dualidade e o conflito, o sujeito e o objeto. A dor e o sofrimento são conseqüências dessa fragmentação que se espalha por tudo que o homem toca.

A personalidade humana expressa-se através de pensamentos, sentimentos e ações; deveria haver um perfeito entrelaçamento dessas três instâncias. Para termos Paz devemos direcionar nossos Pensamentos no sentido da Sabedoria; nossos sentimentos no sentido do Amor; nossas ações no sentido da Evolução.

Três são os venenos causadores das distorções da personalidade: *egoísmo, vaidade e orgulho*.

Se um indivíduo quer ter Paz interior, deve procurar eliminar estes venenos, cultivar a **humildade, a simplicidade e a pureza** de intenções. Deve ter paciência e perseverança. Saber que o caminho é longo e demorado, que a conquista maior (de si mesmo) é feita no silêncio. Compreender que o crescimento leva o homem a servir, não a ser servido; que os maiores tesouros são imateriais e eternos. Queremos propagar essas realidades e acreditamos que com esforço poderemos criar uma nova sociedade, um novo homem, livre desses venenos, e seremos todos mais felizes.

A HUMANIDADE

A busca da paz e da felicidade é inerente a qualquer indivíduo, não há quem busque, deliberadamente, o sofrimento e a dor. Ainda assim, mesmo com todos os indivíduos do planeta buscando a alegria e a felicidade, o que encontramos é uma humanidade triste, doente, desconsolada e sofrendo dores atrozes, morais e físicas. Por que será que o resultado é exatamente o oposto do esperado? Será que o sofrimento é uma contingência inevitável da vida e estejamos todos destinados a padecer desde o nascimento até a morte? Acreditamos que não, e que é possível alcançarmos a felicidade de todos.

O problema maior não é o desejo de ser feliz e de ter progresso, mas sim o que consideramos felicidade e progresso e a maneira que buscamos atingi-los. Enquanto acreditarmos que para ter sucesso precisamos ser melhores que os outros, ter poder sobre nossos semelhantes ou acumular bens materiais, continuaremos vítimas do sofrimento e da insatisfação. O sucesso não é determinado pela comparação entre indivíduos, mas sim pelo quanto alguém progride em relação a si mesmo e ao seu próprio potencial.

Por outro lado, a felicidade não pode ser encarada como um objeto absoluto, uma meta pré-determinada. A felicidade maior está justamente em poder contemplar a eterna mutação da vida e acompanhá-la de forma suave e natural, se modificando e se aperfeiçoando a cada dia.

Por fim, o maior obstáculo para sermos felizes é o fato de que buscamos a felicidade do eu, a realização pessoal. Funcionamos em sociedade como um "cabo de guerra" com inúmeras cordas dispostas de maneira radial, como uma estrela, em que cada um puxa para seu lado e ninguém sai do lugar.

Em síntese, se você quer ser feliz, faça seu próximo feliz.

A NATUREZA

A harmonia com a Natureza é um dos fatores primordiais para termos Paz interna e externa. Nossa vida origina-se e é mantida pela Natureza e seus reinos mineral, vegetal e animal. Entretanto, o homem trata o meio ambiente com descaso, destruindo-o e espoliando os recursos naturais. A postura da humanidade em relação ao planeta e à natureza se dá nos moldes do parasitismo inconseqüente, no qual o parasita explora o hospedeiro até a morte, ocasionando a morte também para si próprio.

O homem não está para ser parasita da Terra, sua relação deve ser de simbiose com o planeta, dando oportunidade para o progresso mútuo. A insistência em destruir a natureza traz conseqüências desastrosas para a própria humanidade, já que a interferência negativa sobre o equilíbrio natural dos ecossistemas provoca efeitos invariavelmente nocivos ao homem. Como exemplos citamos: a destruição da camada de ozônio, o efeito estufa, os cataclismos, as doenças contagiosas; todos, em última instância, produtos da insensatez humana.

Devemos evitar destruir e, na medida do possível, reconstruir o que danificamos no meio ambiente. Precisamos reciclar materiais; produzir menos lixo; encontrar alternativas alimentares sustentáveis; evitar a exploração e esgotamento das riquezas minerais (elas são responsáveis pelo equilíbrio eletromagnético planetário).

Além desses aspectos, acreditamos que a Natureza seja fonte de remédio e tratamento para nossas desarmonias. Se o desenvolvimento do ser humano (ontogênese) repete o desenvolvimento da vida no planeta (filogênese), temos representações dos reinos naturais em nosso organismo. Enquanto a Natureza ainda preserva uma certa harmonia, o ser humano perdeu a sua própria. O convívio harmônico com a Natureza pode restaurar o equilíbrio do indivíduo, não apenas pelos alimentos físicos, mas principalmente mentais e afetivos que absorvemos de maneira mais ou menos inconsciente.

Pretendemos demonstrar que a forma que o Homem trata a Natureza é a exteriorização do tratamento que o homem dá a si mesmo, ou seja, de uma maneira imediatista, gananciosa, ignorante e egoística. Queremos ajudar ao homem aprender a tratar de si mesmo ensinando-o a observar a Natureza.

O SAGRADO

Todos os povos do planeta têm suas formas peculiares de se relacionar com o Sagrado, com as realidades divinas. Todas as religiões ou manifestações místicas devem ser igualmente respeitadas, tendo a garantia de liberdade de expressão.

O grande paradoxo é que, embora as religiões devam ser motivo de concórdia e união entre os povos, o que se observa na prática é que têm servido para separar indivíduos e nações.

A Fundação Arhapiagha para a Paz Mundial acredita que é possível criar uma integração e harmonia entre todas as religiões, basta ressaltarmos os pontos que todas as doutrinas têm em comum para promover a união, e não nos basearmos nas diferenças para fazer separações. Sabemos que todas as religiões pregam a Fraternidade, a Caridade, o Amor, a Sabedoria, a Humildade, entre outros elevados propósitos; precisamos apenas vivê-los e compartilhá-los.

Acreditamos que todo indivíduo necessita pensar sobre o Sagrado, sobre as realidades intangíveis, sobre o Eterno, que não teve início e não terá fim. Não podemos ter medo ou vergonha de buscar colocar nossa forma de ver essas questões em nosso cotidiano. A sociedade atual quer passar uma idéia falsa de que a realidade, o progresso e a ciência sejam, necessariamente, ateístas e desvinculados do espírito e que toda religião seja tolice ou fantasia gerada pela ignorância dos fenômenos naturais.

O conceito da Divindade, com pequenas variações de visão, é inato a todo ser humano; este fator deve ser considerado por todo aquele que deseja alcançar a Paz. Mais que isso, deve o homem procurar, segundo suas tendências e afinidades, o sistema que melhor lhe proporcione este relacionamento saudável com o sagrado, com o abstrato e procurar tornar cada instante da sua vida igualmente sagrado e devotado aos princípios que acredita.

A Escola de Síntese Remete à Convivência Pacífica

A Assembléia Geral das Nações Unidas, em 10 de Dezembro de 1948, proclamou a Declaração Universal dos Direitos Humanos. Este foi um passo importantíssimo no sentido da Paz Mundial, não apenas pelo conteúdo da Declaração que, de certa forma, consiste em uma necessária adaptação à sociedade moderna de princípios filorreligiosos há muito existentes, mas principalmente por estabelecer como prioridade a observância desses princípios adaptados em todos os países filiados e permitir que a Assembléia pudesse interferir quando esses direitos fossem violados. Talvez esse tenha sido o primeiro passo mais concreto para o início da comunidade global, pois esse instrumento era e é capaz de ultrapassar, sem necessidade de vistos, as barreiras geopolíticas e sócio-religiosas.

Embora haja um hiato considerável entre a teoria e a prática, até nas questões mais severas e inadmissíveis como o trabalho escravo, que ainda existe declarada ou disfarçadamente, acreditamos que alcançar a garantia desses direitos para o ser humano é o mínimo indispensável para qualquer progresso espiritual efetivo. É claro que há uma parcela pequena, mas significativa, da população mundial que vivencia conceitos mais avançados que os citados; por exemplo, alguns já entendem que a garantia de propriedade é irrelevante quando consideramos que, em realidade, não existe propriedade privada ou estatal, bens móveis ou imóveis e até nosso corpo não nos pertence, pois todos alcançaremos o outro lado da vida e, com a morte do corpo físico, deixaremos para trás todos nossos pertences. Só restarão os tesouros que o ladrão não rouba e a traça não rói...

A Umbanda orienta que estejamos em Paz, que possamos dar valor e sentirmo-nos abençoados a cada dia de vida, nossa e dos outros, que sejamos simples e tratemos a todos com respeito, fraternidade e caridade. Liberdade, Fraternidade e Caridade: esta é uma boa meta a seguir. Esqueçamos, portanto, as desavenças sociais e, principalmente, religiosas, todas tão efêmeras. Se temos convicção do que tomamos como nossos valores místicos, não devemos temer a ninguém, nem impor nossa visão a quem quer que seja; devemos simplesmente seguir o caminho que escolhemos e até mudar se acharmos certo, mas, no final da vida, do outro lado, comprovaremos nós mesmos até onde alimentamos ilusões. Quando este momento chegar, nada vai adiantar que você tenha convertido dez milhões de pessoas se você não converteu a si mesmo, de verdade.

A postura da Ordem Iniciática do Cruzeiro Divino e seu Mestre Espiritual – Mestre Arhapiagha é, no que se refere ao contexto brasileiro e universal da Umbanda, de buscar sempre a Paz e a União. Mestre Arhapiagha tem lutado para derrubar as barreiras existentes entre as religiões e, principalmente, dentro do próprio Movimento Umbandista. Sobre isto, duas questões básicas devem ser ressaltadas:

1ª - Mestre Arhapiagha deseja estender os limites de integração dos umbandistas com todos os povos, independentemente dos credos ou de qualquer outra limitação. Devemos ter respeito com todas as formas de pensamento religioso. Acreditamos que devemos buscar a melhora interior, mas esta não está desvinculada da melhora do planeta. Entendemos que é dever fundamental de todas as religiões dar o exemplo de união e paz ao mundo. Exercendo este papel, estaremos sendo verdadeiros sacerdotes da humanidade.

Na verdade, a Umbanda preconiza que todas as filosofias religiosas se unam e busquem viver os princípios comuns a todos e fazer renascer a Proto-Síntese Relígio-Científica, com a perfeita integração entre Filosofia, Ciência, Arte e Religião. A partir daí estaremos aptos a avançar para a Proto-Síntese Cósmica que une a Sabedoria e o Amor Cósmicos e faz a perfeita integração entre Espírito e Matéria. É a própria Lei Divina Revelada, o AUMBANDAN ou OMBHOUDDHA, que também significa, Hieraticamente – A POTÊNCIA DOS ILUMINADOS.

Existem pontos de contato entre as filosofias místicas, todas guardam consigo fragmentos da Tradição Primeva. Se somarmos esforços encurtaremos o tempo que levará para esta Tradição se restabelecer definitivamente no solo terreno. Todos podem e devem contribuir, shintoístas, taoístas, hindus, jainistas, budistas, culto de nação africanos, mulçumanos, judeus, católicos e protestantes, druidas, cultos ameríndios etc. Enfim, todos sem exceção têm o que fazer pela humanidade; temos que deixar as rusgas do passado e agir positivamente hoje.

2ª – Mestre Arhapiagha é contra qualquer tipo de distinção ou discriminação dentro do Movimento Umbandista. Acredita que somos todos igualmente importantes, independentemente do tipo de ritual que as pessoas venham a seguir. A marcha da evolução acolhe a todos e se há uma escada, todos os seus degraus são igualmente necessários. Por esses motivos é que deixamos de usar a denominação de "Umbanda Esotérica", herdada do Mestre encarnado Matta e Silva, pois acredita que a **Umbanda é uma só**.

Qualquer templo tem seus aspectos internos e outros públicos; há alguns templos que aprofundam-se mais nos aspectos iniciáticos, como a Ordem Iniciática do Cruzeiro Divino, mas esta é uma faceta da OICD, que também considera fundamental o atendimento às pessoas que procuram o Templo. Da mesma forma, considero que todos os graus conscienciais são merecedores do mais amplo e irrestrito respeito; que todos merecem atendimento adequado e, assim pensando, mantém os agrupamentos que possam atender a essas pessoas em suas necessidades e capacidade de entendimento. Hoje, a Ordem Iniciática do Cruzeiro Divino é uma grande família, que já não cabe em uma única casa, mas que mantém os elos de carinho, fraternidade e respeito entre todos, independentemente de onde se encontrem as pessoas.

Por isso é que fundamos uma nova-velha escola, a Escola de Síntese, que não faz distinções e procura a confraternização, no Movimento Umbandista. Entendemos que o trabalho desenvolvido por todos os confrades é importantíssimo. Se há um pastor e um rebanho é porque o pastor é o melhor para o seu rebanho e vice-versa. Apenas a Ordem Iniciática entende que a reunião de todos, em volta de um mesmo propósito dará à Umbanda seu devido valor e representatividade social, podendo colaborar na erradicação do sofrimento e da miséria em todos os âmbitos.

Esperamos que todos percebam a obviedade de que a Ordem Iniciática do Cruzeiro Divino não pretende qualquer tipo de controle político ou religioso, nem reclama supremacia sobre quem quer que seja. Nós, sinceramente, desejamos convidar a todos os Mestres de todos os Templos para formarmos uma irmandade, uma congregação de consenso que busque a convivência pacífica e com forças multiplicadas entre as várias formas de rituais.

Procuremos a simplicidade, buscando o que é verdadeiro para todos, a cura de todos os males do homem, físicos e espirituais. Encerramos relembrando:

"O Homem Sábio é aquele que respeita a todos, tem poucos apegos e procura viver com simplicidade crescente."

Aos nossos Irmãos Planetários peço que aceitem nossas bênçãos de Paz e Luz e votos de uma longa vida de realizações espirituais.

Discípulos de Mestre Arhapiagha

A Vertente Una do Sagrado

O Sagrado é a Espiritualidade universal, inerente a todos os Seres Humanos, corresponde à Essência de cada um de nós e transcende ao corpo físico, assim como a toda forma de energia. O Sagrado é, portanto, atemporal, adimensional — Eterno e Infinito.

Nossa consciência oscila entre a percepção das formas temporais e a percepção do Ser-em-Si, do Sagrado dentro de nós, que não tem forma, nem tempo. Infelizmente, nossa sociedade atual polariza-se na Realidade material, esquecendo-se da Realidade Espiritual. Já não percebemos que a realidade material é apenas uma manifestação do Espírito e que, assim como teve início, terá fim.

A conseqüência direta da hipervalorização da forma em detrimento da Essência é que passamos a pautar nossos valores e relações sociais em função das diferenças aparentes que existem entre nós. Advêm daí os vários preconceitos e discriminações como os relacionados com a etnia, com o sexo, com a cultura, com o nível sócio-econômico, com a religião etc.

Temos uma sociedade que dá mais valor à diferença do que à semelhança de todos nós. Favorecemos assim o egoismo, o exclusivismo e o separatismo.

Estamos acostumados a pensar de forma analítica, vemos a diversidade aparente da natureza perceptível aos nossos sentidos e acreditamos que a pluralidade é a característica do Real. Não percebemos que se não tivéssemos as limitações que "cercam" nossa consciência, seríamos capazes de ver que são as mesmas partículas subatômicas que formam toda a existência no plano microscópico e que estamos todos inseridos em um grande contexto universal, onde tudo está interligado, no plano macrocósmico.

Quando a Escola de Síntese afirma: — Nossa Pátria é o Planeta Terra; quer dizer que percebe a imensa família planetária que representa a Humanidade e que temos nossos destinos entrelaçados. A interdependência é o guia da Ética proposta por essa Escola de pensamento filosófico. Todo esforço que fazemos no sentido do autoconhecimento remete à identificação com o outro e passamos a entender o Bem como algo necessariamente coletivo; não existe Bem quando é só para um e não para todos.

Com esses conceitos em mente, podemos definir Convergência e os princípios que podem nortear este processo.

A Convergência aponta para o Sagrado, este, por sua vez, é a Unidade e Universalidade de todas as coisas e por essa visão não dualista compreende todas as faces da Realidade Espiritual e Material e está presente em todos os Seres, assim como em todos os setores que buscam a vivência desse mesmo Sagrado.

Por conseguinte, entendemos que todas as Religiões são boas, todas contêm o Sagrado dentro de si e merecem ser respeitadas e louvadas em seus veneráveis propósitos. O primeiro passo da Convergência é a Convivência Pacífica, algo que somente se instalará quando começarmos a dar mais valor à semelhança entre todos os setores filo-religiosos, compreendendo que as diferenças atendem à variação de entendimento do Sagrado que nós, seres humanos, possuímos.

O segundo passo da Convergência é a compreensão da Vertente-Una do Sagrado. Passamos de uma visão fenomênica que ressalta as diferenças para um visão mais aprofundada, interessando-nos a semelhança estrutural, os princípios que formam todas as religiões.

Como podemos observar no diagrama a seguir, todos acreditam em uma Realidade Divina, perfeita, eterna, Una e imaterial. Os Cristãos chamam Deus; os islâmicos, Allah; os judeus, Ieve; os budistas Nirvana ou Mente Incriada; os Taoístas, Tao; os vedanta, Brahman e assim por diante. Desta forma, temos o topo de nossa Vertente-Una.

Existem, também, em todos os setores, Potestades Divinas que coordenam o Universo, as formações da matéria, as leis que regulam a evolução dos seres, com nomes diferentes segundo cada setor, mas com funções semelhantes.

A seguir, temos os Ancestrais Ilustres da humanidade, seres que viveram no planeta, encarnados e que foram veículos da manifestação do Sagrado em sua pureza. Foram os grandes patriarcas, profetas de todos os povos, grandes líderes da humanidade que revelaram meios, métodos e regras para a união do homem com o Sagrado. Os princípios ensinados por estes augustos condutores de raças foram sempre os mesmos, apenas adaptados a cada local e situação.

Por fim, temos a humanidade terrena que ainda se digladia tentando fazer prevalecer a idéia de um sobre os outros, buscando a satisfação dos sentidos como forma de realização da personalidade temporal. Essa mesma humanidade necessita engajar-se neste processo de verticalização que conduz ao Sagrado, ao destino ultérrimo da nossa coletividade planetária.

Esperamos uma nova sociedade, condizente que a natureza sagrada de todos os seres. Reinará no planeta a Paz Mundial e viveremos a Felicidade também durante a vida terrena, pois o Sagrado não é algo para se almejar para depois da vida física, mas para se realizar hoje e aqui.

A Umbanda, humildemente, pretende contribuir com nossa família planetária nessa caminhada, por isso abre suas portas em todas as direções para receber e aceitar as pessoas como elas são e, lentamente, dar-lhes subsídios para serem mais felizes e conquistarem paz interior que se reflete na Paz do Mundo.

A Escola de Síntese preconiza, na teoria e na prática, a Universalidade e a Unidade de todas as coisas que nos remete à Paz Mundial e à Convergência. Este é o princípio que sustenta todas as nossas ações, mesmo quando atuamos no campo da pluralidade, respeitando o momento de cada um, com a certeza de que somos todos sagrados.

Entendemos que a finalidade da Umbanda é reunir o Homem com sua Realidade Espiritual através de três etapas:

1ª Reunião com os Ancestres Ilustres (Ritos mediúnicos)
2ª Reunião com as Potestades Divinas (Ritos de Canalização com os Arashas)
3ª Reunião com a Divindade Suprema (Identificação com a Consciência-Una)

Vejamos no esquema abaixo as Hierarquias espirituais como são entendidas pela Escola de Síntese e cada um poderá transpor este sistema para todos os demais setores filorreligiosos.

VERTENTE–UNA DO SAGRADO

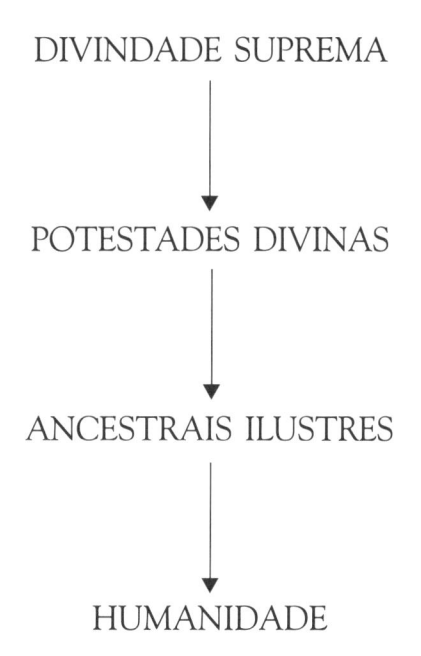

DIVINDADE SUPREMA
↓
POTESTADES DIVINAS
↓
ANCESTRAIS ILUSTRES
↓
HUMANIDADE

> *"O Sagrado é a Espiritualidade Universal, inerente a todo o ser humano, imaterial e atemporal."*

O Sonho Concretizado

Todos desejamos a Paz no Mundo, a resolução dos conflitos que nos causam tensões, sejam elas as guerras entre os povos ou a batalha cotidiana que cada um de nós enfrenta para conquistar, em primeiro plano, a sobrevivência e, quando muito afortunados, uma boa qualidade de vida.

Apesar da vontade global de conquista de uma estrutura social diferente, a impressão que temos é a de que tendemos à manutenção das desigualdades ou até ao agravamento das mesmas.

Duas causas podem ser apontadas para a persistência da fome, da doença, da guerra e da morte devastando nossa família planetária:

- a primeira é a insistência em manter uma sociedade baseada em competição e em valores político-econômicos que sobrepujam os valores humanos (individuais ou sociais). Assim, as soluções de progresso e globalização são sempre reféns da necessidade do lucro e, invariavelmente, ineficazes para a maioria. Temos, por conseguinte, uma sociedade estática, com uma pequena elite no centro e a grande maioria da população na periferia, à margem dos processos de decisão e cultura.
- a segunda causa é que os setores empenhados na busca da Paz, sejam ligados à filosofia, à ciência, à religião ou à arte, pensam e atuam de maneira isolada, tomando caminhos divergentes, aumentando as tensões sociais.

Neste contexto, funda-se a Faculdade de Teologia Umbandista (FTU) como alternativa para a mudança do estado atual. Esta iniciativa pretende representar uma mudança de paradigmas, provocando um abalo positivo e pacífico nessa estrutura estática com uma transformação qualitativa dos valores contemporâneos. Explicaremos agora como a Faculdade de Teologia Umbandista se credencia para colaborar com a realização de uma sociedade mais justa.

A Umbanda é habitualmente tida como cultura de periferia, até mesmo marginalizada e estigmatizada como idolatria pagã. Na verdade, a Umbanda oscila entre periferia e centro, focalizando suas ações onde é mais necessária.

A Umbanda procede dessa forma porque entende que não há, em essência, qualquer diferença entre os que se encontram na base da pirâmide social e os que se posicionam, por força político-econômica, no topo. Além disso, a Umbanda prima pela universalidade de seus princípios e fundamentos filosóficos e doutrinários, podendo, de maneira singular, receber a todos os irmãos planetários oriundos de quaisquer setores filorreligiosos ou estratos socioeconômicos, culturais ou étnicos.

A fundação da Faculdade de Teologia Umbandista representa um avanço para a Umbanda porque, no momento em que se dirige da periferia ao centro, arrasta consigo tudo o que existe na periferia, não apenas umbandistas mas a sociedade como um todo.

Outra questão fundamental é que a Faculdade de Teologia Umbandista preconiza a unidade e a universalidade de todas as coisas, promovendo a convergência que se consubstancia na Paz Mundial. Na prática, significa respeitar todos os setores filorreligiosos como corretos em seus pontos de vista, gerando uma convivência pacífica entre todas as religiões. A seguir, propõe a convergência, mostrando que o Sagrado está além dos pontos de vista e que podemos todos, gradualmente, transitar das formas particulares de entendimento para habitar na essência de todas as religiões que é o Sagrado, a Realidade-Una.

Convidamos todos os irmãos planetários a conhecerem a sede da Faculdade de Teologia Umbandista, suas propostas e programa curricular.

INSTITUIÇÕES CONDUZIDAS PELO AUTOR

Ilé Oká 7 Lajedos
Rua Chebl Massud, 157 – Água Funda
CEP 04156-050 – São Paulo (SP) – Brasil

Ilé Funfun Àṣè Awo Oṣo Òògun
Rua Arariboia, 83 – Nova Itanhaém
CEP 11740-000 – Itanhaém (SP) – Brasil

Ile Oká 7 Estradas
Rua Rogê Ferreira, 3605 – Nova Itanhaém
CEP 11740-000 – Itanhaém (SP) – Brasil

Ordem Iniciática do Tríplice Caminho
Rua Paraguassu, 306 – Nova Itanhaém
CEP 11740-000 – Itanhaém (SP) – Brasil

Ifé – Instituto Fá de Estudos e Pesquisas da Cultura e Religião Afro-negra e Afro-asiática.
Rua Beritiba, 3376 – Nova Itanhaém
CEP 11740-000 – Itanhaém (SP) – Brasil

Mídias sociais e sites também dirigidos pelo autor:

Facebook: Página F. Rivas Neto. Endereço: www.facebook.com/frivasneto/
Facebook: Página Ordem Iniciática do Tríplice Caminho – Templo da Confraria das 7 Estrelas.
Endereço: https://www.facebook.com/triplicecaminho/
Facebook: Página do Ifé. Endereço: https://www.facebook.com/ifeafro/

Sites:
Espiritualidade e Sociedade na visão das Religiões afro-brasileiras
Endereço: http://sacerdotemedico.blogspot.com.br/

Encantaria do Brasil
Endereço: https://encantariadobrasil.com/

Umbandas
Endereço: https://umbandas.com/